千古の流れ

近世神宮考証学

吉川竜実

弘文堂

横山大観画「皇大神宮の図」
（神宮徴古館所蔵）

序文

平成の御代はじめに神宮に奉職し今年で二十八年目の春を迎えた。その間、平成二年秋に挙行された今上陛下の即位礼及び大嘗祭後の神宮御親謁の儀、翌年春に執行された立太子礼後の皇太子殿下の神宮御参拝の儀、その二年後の同五年秋に斎行された第六十一回神宮式年遷宮遷御の儀、それから二十年を経て同二十五年秋に行われた第六十二回神宮式年遷宮遷御の儀という、四つの大きな厳儀に奉仕させていただけた感激と我が身の幸せを感じずにはいられない。中でも今次遷宮は神宮史上空前の盛り上がりを見せたといわれ、平成二十五年の参拝者は実に千四百二十万四千八百十六人を記録し、その勢いは翌二十六年にもほぼ継続され千八十六万五千百六十人の参拝者を数えた。そして同二十七年には参拝者数が八百三十八万二千二百七十八人とやや減少したものの、今次遷宮では日本の伝統文化に回帰し本物を志向する若い世代の参拝者の激増が顕著であったことから、必ずやその世代を中核とし、これからも伊勢参宮の熱は決して覚めることなく第六十三回神宮式年遷宮が本格的に始動するまで、年間八百万人の参拝者数が維持されることを信じ願って止まない。またそのためにも、終戦後の昭和二十八年秋に斎行された第五十八回神宮式年遷宮の完遂を受けられて、翌年四月に神宮行幸の嘉例を開かれた昭和天皇さまが、

伊勢の宮に詣づる人の日にましてあとをたたぬがうれしかりけり

という御製をお詠みになられたが、この御製でお示しになられた大御心に添い奉るよう微力ながら全力を尽くして神明奉仕と神宮学の研鑽にあたっていきたいと思う。

さて本稿においては、先ず第一編で、平安初期の延暦儀式帳の撰進を一つの大きな起点として、凡そ千二百年以上にわたって連綿と培われてきた、神宮が拠って立つところの学問である神宮根拠の学、換言すれば神宮祭祀の永遠性と厳正とを護持する護教学の「神宮学」について、神代から明治期に至る歴史の流れとその特徴を、各時代に著された神宮古典の系譜に基づき明らかにする。

次に第二編では、江戸後期に活躍した内宮禰宜の中川経雅について、先学から学び得た彼の伝記研究を基に筆者の見解も加えながら学問を中心とした経雅の略歴を披瀝し、『大神宮儀式解』執筆の動機や成立時期に関し改めて検討して、経雅が神宮学に本居宣長の国学を積極的に採り入れて近世「神宮考証学」を樹立したことを考察する。また宣長の『古事記傳』との比較より導き出された『儀式解』の特徴や記述法等を論じ、同書が後進に与えた影響にも言及する。続いて経雅が親愛なる子孫を慈しんで自らが持てる全ての学識と経験とを傾注して記された教訓書であり遺言書でもある『慈裔真語』について、その詳しい成立事情や執筆に至る具体的な動機や想い、或いはその内容構成や執筆理念等を明白にすべく考証を施し、併せて祠官心得にはじまる修身訓や斉家論、また処世術や学問教育法・人生観等、彼の全人格的な赤裸々な姿を彷彿とさせる『慈裔真語』の有する真価を究明して経雅の真の人物像に迫った。このような経雅の樹立した近世神宮考証学は、やがて同宮禰宜の薗田守良によって継承され、その影響は内宮から外宮へと及ぼされることとなり、外宮権禰宜の足代弘訓や橋村正兌といった人物が発展させ、幕末に御巫清直が登場して近世神宮考証学を大成する。

それから第三編では、近世神宮考証学を総括する意味を込めて、その大成者である清直を論評すべく彼の八十三年にわたる生涯を四つに区分して清直の経歴を辿ることとし、各時期における彼の主要な斎庭奉仕と学問傾向を論じて清直の神宮考証学の特徴を考究、そして従来の清直研究で希薄であった思想面に着目し、彼の考証基準となった思想である「神朝廷論」を検証する。続いて清直の神宮古伝研究の粋を集めた『神朝尚史』について、その構成や内容をはじめ考証理念に関し考察し、明治二十二年の第五十六回神宮式年遷宮が『神朝尚史』編纂の大きな契機となっていることを指摘した上で、その成立事情を明白にし平田篤胤の影響についても論考する。更に年間千五百回ともいわれる神宮恒例祭の約半分を占め、且つ外宮祭祀の生命線と称される常典御饌の総合的な研究の中で、特にその高みにのぼった清直の『御饌殿事類鈔』を通して、外宮の御鎮座と御饌殿との関係をはじめ殿舎及び神座（装束）・神饌、或いは行事次第の変遷と総御饌との関連を考証すると共に、また実際に奏上されてきた祝詞と祭祀空間の分析より常典御饌の意義を鮮明にすることを試みた。

最後に補論として、清直の考証に基づいて描画された神宮神事絵画について紹介し本稿の内容を補完することに充てている。

尚、筆者が未だ浅学非才の神宮学研究の学徒であるため、本書には表現上不備な点や論証不明な点等、多々認められることと思われるが、その点はどうかご容赦とご寛恕の程をお願いし、他日を期してご批判とご教示を衷心より仰ぐ次第である。

目次

第三編　御巫清直の研究

第一編　近世神宮考証学成立の過程（総論）

――神宮古典系譜図について――

一　はじめに

『神宮古典系譜図』について、その縦軸は神代から江戸・明治までを時間軸で表している。またその横軸は左側の欄に皇大神宮（内宮）関係の著作及び著者を、右側には豊受大神宮（外宮）関係の著作及び著者を、中央には朝廷（大宮司及び祭主も含む）や神宮外部の著作及び著者と明治以降に神宮司庁によって編纂された書物の三つに分類して掲示する。そして神宮学を俯瞰する際に重要な事項についても順次提示することとした。この系譜図に基づき近世神宮考証学成立の過程を見てみたい。

尚、本稿においては皇大神宮の創祀以来、平安初期の延暦儀式帳の撰進を重要な起点として現在に至るまで凡そ二千年にわたって連綿と培われ継承されてきた、神宮が拠って立つところの学問である神宮根拠の学、換言すれば神宮祭祀の永遠性と厳正とを護持する護教学の「神宮学」と江戸後期にその神宮学に本居宣長の国学を積極的に採り入れて中川経雅《なかがわつねただ》が樹立し、薗田守良《そのだもりよし》が継承、足代弘訓《あじろひろのり》や橋村正兌《はしむらまさとき》が発展させて、御巫清直《みかんなぎきよなお》が大成させた近世「神宮考証学」とは区別して論ずることとし、その「神宮考証学」は当然「神宮学」に含まれることを附言しておきたい。

二　古代（神代～平安）

先ず〈神代〉については、天照大御神が天忍穂耳尊または天孫瓊瓊杵尊に下された重要な神勅である三大神勅、つまり宝鏡奉斎の神勅・天壌無窮の神勅・斎庭稲穂の神勅を重要事項として最初に掲げた（『古事記』『日本書紀』）。これは神宮が存在し、またその祭祀が凡そ二千年に亘って繰り広げられてきた、まさしく依拠するところの最極の神勅ということができる。そして〈崇神・垂仁〉朝については、第十代崇神天皇の御代に神人分離が行われ、第十一代垂仁天皇の御代に内宮が創祀されることとなり（『日本書紀』『皇太神宮儀式帳』）、一方、外宮の方は第二十一代雄略天皇の御代に創祀された（『止由気宮儀式帳』）。

それから〈天武・持統〉朝には、第四十代天武天皇が二十年に一度の式年遷宮を発意され、第四十一代持統天皇がその第一回を実施され〈内宮は四年（六九〇）・外宮は六年（六九二）〉、ここに式年遷宮が創始されたのである（『太神宮諸雑事記』『二所太神宮例文』）。次に〈奈良〉時代には、中央で先ず『神祇令』〈大宝元年（七〇一）〉が成立し、国家の祭祀として神宮の神御衣祭と神嘗祭とが明記される。続いて『古事記』〈和銅五年（七一二）〉と『日本書紀』〈養老四年（七二〇）〉の神代巻を中心として天照大御神のご事蹟が雄弁に物語られている。そして『万葉集』〈天平宝字三年（七五九）以後〉にも神宮に関する歌が多数見られる。

〈平安〉時代になると、第五十代桓武天皇の御代に伊勢で編纂された神宮最古の文献が著される。つまり延暦二十三年（八〇四）三月に『止由気宮儀式帳』が、同年八月に『皇太神宮儀式帳』が成立することとなる。この両宮儀式帳と〈奈良〉時代に取り上げたところの中央で編纂された書物とを照合し補完しあうことにより、〈神代〉から〈平安〉前期までの神宮の概要が窺い知られる。そしてこの両宮儀式帳の撰進というのは、謂わば神宮学の嚆矢を告げるものであり、また起点となる出来事であったといっても過言ではないと考えられる。それは神宮最古の文献であると共にすべては儀式帳の内容に帰結するからである。その内容は①祭神・鎮座・宮域・殿舎②遷宮③別宮と摂末社④職掌人⑤神領（神田・神戸）⑥年中行事の六項目に集約され、『大神宮式』編纂の根本史料となった文献であっただけに、簡潔ではあるが神宮における重要事項をすべて網羅する総論的な性質を有する書として位置づけられる。この儀式帳の包含する内容が時代を追うごとに細分化されて後世色々な書物が概ね出来上がっていくこととなる。

次に中央では『古語拾遺』〈大同二年（八〇七）〉が斎部広成によって編纂される。この書には記紀に載せられていない神宮についての斎部氏独自の貴重な伝承が見られる。続いて『先代旧事本紀』全十巻〈弘仁十四年（八二三）以降〉が物部氏独自の伝承を折り込みながら著述されており、その中でも第三巻「天神本紀」・第五巻「天孫本紀」・第十巻「国造本紀」は重要であり、とりわけ中世伊勢神道や伊勢流祓に強い影響を与えており、近世には出口延佳も『鼇頭旧《ごうとうく》事紀《じき》』を出版している。そして神宮祭祀の厳修とその経営を実質上統括した禰宜家（内宮は荒木田氏、外宮は度会氏）の荒木田氏が自己の出自をただす意味で延喜七年（九〇七）に『伊勢天照皇太神宮禰宜譜図帳』を執筆している。それから約二十年後の延長五年（九二七）には都で古代法典『延喜式』全五十巻が成立し、その巻第四『大神宮式』・巻第五『斎宮式』・巻第八『祝詞式』は王朝国家における神宮を最も明確に知り得る恰好の史料となっている。

〈平安〉後期の永保元年（一〇八一）頃に荒木田氏は代々書き綴ってきた神宮の事蹟を編年体で纏めた『太神宮諸雑事記』を編述し、この書より第一回遷宮の斎行や古代の遷宮、また天武天皇のご発意の事由等を窺知することができる。そして〈平安〉末期の文治二年（一一八六）には参詣記類の嚆矢を告げる『東大寺衆徒参詣記』

が重源一行の僧侶によって作成されている。

鎌田純一著『中世伊勢神道の研究』によると、この頃より〈鎌倉〉初中期にかけて、外宮禰宜家の度会氏が中心となって神宮古伝承をもとに道教や仏教思想を巧みに採り入れ、祠官修養と神宮外部への説教材料として『天照坐伊勢二所皇太神宮御鎮座次第記』『伊勢二所皇太神御鎮座伝記』『豊受皇太神御鎮座本紀』『造伊勢二所太神宮宝基本記』『倭姫命世記』（太神宮本記下巻ともいわれる）の所謂神道五部書や『神祇譜伝図記』（太神宮本記上巻ともいわれる）等を次々と生み出し、中世伊勢神道を提唱したといわれ、これらの書を作成したグループが外宮に存したことを推定されている。

三　中世（鎌倉～室町）

中世の〈鎌倉〉初期には、内宮禰宜家の岡田成良によって現存最古の遷宮記である『建久元年遷宮記』〈建久元年（一一九〇）〉が執筆され、中世頻繁に斎行された仮殿遷宮における現存最古の記録にあたる『建久九年假殿遷宮記』〈建久九年（一一九八）〉も成良に近い内宮禰宜家の人の手により成立している。そして儀式帳に継ぐ年中恒例祭について詳しく記された『皇太神宮年中行事』〈建久三年（一一九二）、後に藤波氏経の寛正加注あり〉が同じく内宮禰宜家の井面忠仲によって作成された。それから正確には比定できないが大宮司家によって承元四年（一二一〇）頃に神宮と京都の記録をもとに御鎮座から鎌倉時代までの神宮の重要記事を編集した『神宮雑例集』が作られている。この時期の外宮度会氏の活動としては専ら伊勢神道の深化にあったと見られ、伊勢神道と密接不可分の関係にあった伊勢流祓の完成がなされたことが建保三年（一二一五）以前に成立した『中臣祓注抄』の存在によって窺われる。そして内宮禰宜家の家田氏良は神宮経済の安定を意図して、貞応元年

（一二二二）頃に『神宮雑書』という所領関係の本を纏めている。
　平泉隆房著『中世伊勢神宮史の研究』の論説にもあるように、『建久元年遷宮記』の執筆からこの『神宮雑書』の編纂に至る岡田成良をはじめとする内宮禰宜家の人々の文筆活動を神宮学を形成する一つのグループとして捉えることが可能であると考えられる。その余韻として鎌倉後期の延慶二年（一三〇九）頃に『伊勢天照皇太神宮禰宜譜図帳』の後を書き継いだ『皇太神宮延喜以後禰宜補任次第』が成立することとなったと思われる。尚、大宮司家では寛元四年（一二四六）に河辺《かわべ》長則《ながのり》が大宮司の年中神事奉仕を記録した『太神宮司神事供奉記』を執筆している。

〈鎌倉〉中期には、神宮祭主家においてその出身者の通海が正応元年（一二八八）に中世鎌倉期を代表する参詣記である『大神宮参詣記』を著述している。この書には中世伊勢神道の影響の見られることが既に指摘されているが、この神道説を継承し発展させた中心人物として外宮において一禰宜（長官）西河原行忠（一二三六～一三〇五）が輩出される。行忠の代表作としては亀山上皇の叡覧に浴した弘安八年（一二八五）成立の『伊勢二所太神宮神名秘書』や文保元年（一三一七）頃に著述された『古老口実伝』等がある。

〈鎌倉〉後期には行忠の薫陶を受けた外宮禰宜の檜垣《ひがき》常昌《つねよし》（一二六三～一三三九）が活躍し、度会氏の出自をただした『元徳注進度会系図』〈元徳元年（一三二九）〉を作成すると共に伊勢神道書としては建武二年（一三三五）に後醍醐天皇の中宮藤原廉子の命を受けて『太神宮両宮之御事』を注進した。『群書解題』では神宮祠官の補任類を主に類従し、式年遷宮が天武天皇の御宿願であったことも記述する『二所太神宮例文』〈嘉暦三年（一三二八）頃〉を常昌作とするが、常昌の著作かどうか断定はできないものの可能性は充分にありえることであろう。それから中世伊勢神道を大成させたのが外宮長官禰宜の村松《むらまつ》家行《いえゆき》（一二五六～一三五六）であり、その活動は〈南北朝〉まで続いた。家行の代表作としては『神道簡要』〈文保元年（一三一七）〉や北畠親房に影響を与えた『瑚璉集』〈鎌倉末期〜南北朝〉等が挙げられ、とりわけ『類聚神祇本源』〈元応二年（一三二〇）〉の成立は中世伊勢神道の大成を意味している。

〈南北朝〉においては、先ず外宮度会氏による、所領関係の『神鳳鈔』〈延文五年・正平十五年（一三六〇）頃〉が編纂され、中世伊勢神道で尊重された伊勢流祓の『一切成就祓』も成立し親房や吉田神道にも影響を及ぼしている。参詣記類では、坂十仏が家行と会見しその教示を基に『伊勢太神宮参詣記』〈康安元・正平十六年（一三六一）〉を著述している。内宮禰宜の荒木田氏においては、長暦二年（一〇三八）斎行の第十九回式年遷宮以来十五度の遷宮記録からの抄出記事を纏め、中世期の遷宮を見る場合の指針となる『遷宮例文』〈正平十八年・貞治二年（一三六三）〉が編集されている。

凡そ〈鎌倉〉中期から〈南北朝〉までは、外宮禰宜の中世伊勢神道を唱道する西河原行忠・檜垣常昌・村松家行の活躍が神宮史上顕著であり、これらの人々を神宮学を構成する一つのグループと見なすことができると思われる。

〈室町〉中期には、内宮では長官禰宜の藤波《ふじなみ》氏経《うじつね》（一四〇二〜一四八七）が登場する。氏経の代表作としては約五十年間にわたって書き続けられ、包含する記事内容の豊富さにおいて他の神事記の追従を許さない室町期を代表する神事記である『氏経神事記』〈永享四年（一四三二）〜文明十八年（一四八六）〉や中世伊勢流祓について記された檜垣常昌本を書写して外宮度会氏の中世伊勢神道を内宮側も受容していたことを示唆する『氏経卿記録』〈文明六年（一四七四）〉、そして数多ある歴代遷宮記の白眉と称讃され、氏経の神忠と努力によって実現した中世最後の第四十回内宮式年遷宮を記録した『寛正三年造内宮記』〈寛正三年（一四六二）〉等がある。それから氏経の周辺で注目される内宮祠官としては内宮大物忌父家の岩井田《いわいだ》尚重《なおしげ》が挙げられ、『尚重祓抄』という中世伊勢流祓を代表する書を編纂している。このような氏経の学統を継承したのが甥にあたる長官禰宜まで勤めた薗田《そのだ》守《もり》晨《あさ》（一四六六～一五一六）であって、守晨は『永正記』〈永正十年（一五一三）〉という神宮の斎戒について詳細に記した好書を著作している。その守晨の実弟にして俳祖と仰がれたのが同じく長官禰宜の薗田《そのだ》守武《もりたけ》（一四七三～一五四九）であり、守武は神道の教訓的な境地を詠んで、後世「伊勢論語」とも称された『世中百首』〈大永五年（一五二五）〉を執筆する。以後、連歌・俳諧は和歌と同様に神宮祠官必須の教養となる。

　このような藤波氏経をはじめとした薗田守晨・守武の内宮禰宜を勤めた祠官たちを一つの神宮学術グループ（氏経学）と捉えることができると見られ、やがて近世の神宮考証学の成立に多大な影響を及ぼすこととなる。

　一方このグループと同時期に外宮で神宮史上注目されるのは御《み》炊《かしき》元長《もとなが》（一三八四～没年不詳）の存在である。元長の代表作としては神宮はじめ神祇に関する自詠の和歌百首を綴った『詠太神宮二所神祇百首和歌』〈応仁二年（一四六八）、後世この歌集に倣い龍熙近《りゅうひろちか》は『太神宮神祇和歌続百首』を、御巫清直は『新続太神宮神祇百首和歌』を編修〉や参詣記類ではじめて神宮祠官自らが執筆した『参詣物語』〈文明十三年（一四八一）〉があり、両書とも中世伊勢神道の強い影響下にあることが指摘されている。

　氏経の後、内宮式年遷宮は残念ながら中絶し、外宮式年遷宮は既にそれに先立つ室町前期の永享六年（一四三四）斎行の第三十九回遷宮を以て中絶していた。それから朝廷にとって一番大切な神宮の恒例祭祀である神嘗祭奉幣、つまり例幣も文正元年（一四六六）以後中絶の憂き目に遭うこととなった。勧進聖の第三代慶光院清順上人の助力によって永禄六年（一五六三）外宮の第四十回式年遷宮が斎行されるが、実に百三十年ぶりの外宮遷宮の再興であった。

四　近世・近代（安土桃山〜明治）

近世黎明期の〈安土桃山〉期には、第四代慶光院周養上人の諸国勧進の活動が実を結ぶと共に、為政者の織田信長・豊臣秀吉の遷宮費の供出によって、天正十三年（一五八五）に両宮揃い踏みで第四十一回式年遷宮が斎行される運びとなった（『天正十三年御遷宮記』及び『天正十三年造宮記』〈藤波氏晴執筆・天正十三年成立〉、『外宮天正遷宮記』〈黒瀬益弘編纂・寛文三年（一六六三）成立〉）。この遷宮は内宮にとっては実に百二十四年ぶりの遷宮復興の快挙であり、外宮の方は二十三年ぶりの遷宮となった。

〈江戸〉初期の慶長十四年（一六〇九）には、第四十二回式年遷宮が挙行され、徳川家康は信長・秀吉の遷宮に対する方針をほぼ継承し遷宮費はすべて徳川将軍家が負担することとし、この遷宮以後は二十年ごとに式年遷宮が確実に行われるようになった。徳川将軍家の安定した幕政下で、神宮では恒例祭祀をはじめ殿舎等諸般にわたって古儀復興に向けた機運が醸成され、幕末まで継続し熟成されていった。このような情勢の中、先ず外宮では大物忌父《おおものいみのちち》家が子良《こら》（大物忌）の年中神事を本格的に纏めた『子良館年中行事』〈天正十九年（一五九一）〜寛永二十年（一六四三）〉を編纂している。そして約百八十年間中絶していた例幣が正保四年（一六四七）に復興する運びとなり、内宮では『勅幣中興記』（全三巻）が記された。

〈江戸〉期においては内宮よりも先に外宮で学問的機運が高まっている。その中心人物が外宮権禰宜の出口《でぐち》延佳《のぶよし》（一六一五〜一六九〇）であり、延佳は同志約七十名と共に外宮祠官の学問研究所兼図書館として慶安元年（一六四八）に豊宮崎文庫を創設した。外宮ではこの文庫を中心センターにして、〈江戸〉初期から中期まで学問的機運が一気に高揚したのであった。その学問の中核となったのは荒廃していた中世伊勢神道に江戸期における官学であった儒学を積極的に採り入れて、延佳が再構築して提唱した近世伊勢神道である。延佳の近世伊勢神道書の代表作としては承応元年（一六五二）に後光明天皇の叡覧の栄に浴した『陽復記』〈慶安三年（一六五〇）〉や『太神宮神道或問』〈寛文六年（一六六六）〉が挙げられる。また延佳は爆発的なお伊勢詣りであるお蔭詣りの誘発を図るべく『伊勢太神宮神異記』〈寛文六年（一六六六）〉を執筆、神道古典の普及も企図して広く神道古典の諸本を集めて校合し『鼇頭古事記《ごとうこじき》』〈貞享四年（一六八七）〉や『鼇頭旧事紀』を出版する等神道及び神宮の民衆教化にも力を注いだ（延佳学）。

　延佳に始まる近世伊勢神道家としては、神仏の一致を説いた『神國決疑編』〈寛文元年（一六六一）頃〉の著者である龍熙近（一六一六～一六九三）や延佳門下の逸材と称され実父晩年の著『伊勢二所皇太神宮遷宮次第記』を元禄九年（一六九六）に補完すると共に、両宮儀式帳所載の殿舎を考証し『太神宮殿舎考証』を執筆した出口延経《でぐちのぶつね》（一六五七～一七一四）、或いは名著『万葉代匠記』を著し国学の始祖とも称えられる契沖と親交が厚く『倭姫命世記鈔』〈貞享四年（一六八七）〉を著述した中西信慶《なかにしのぶよし》（一六三一～一六九九）や神道的死生観を探求した『神道安心物語』の著者である中西直方《なかにしなおかた》（一六三四～一七〇九）等が列挙される。

　一方この時期に活躍した内宮祠官としては、『神事提要』〈貞享四年（一六八七）頃〉の著者で元禄十二年（一六九九）に室町期の乱世に中絶して久しかった神御衣祭を復興する原動力となった禰宜の薗田守夏《そのだもりなつ》（一六六八～一七二四）の存在しか見られない。しかし外宮の対豊宮崎文庫の活発化を意識してか、外宮に遅れること三十八年、貞享四年（一六八七）に内宮権任層が内宮文庫（後の元禄三年に林崎へ移転し林崎文庫と改称）を内宮前丸山の地に創設している。

　翻って外宮では先の延経の門人にしてその学統を継いだのが、『子良館年中行事』に次ぐ大物忌の年中神事を記述した『外宮子良館祭奠式』〈貞享四年（一六八七）〉の名著で知られる大物忌父を約六十年間にわたって勤めた黒瀬《くろせ》益弘《ますひろ》（一六四一～一七三二）や近世の外宮遷宮記を代表する『寶永六年外宮遷宮記』〈享保八年（一七二三）〉を編集した禰宜の松木《まつき》智彦《ともひこ》（一六七九～一七五二）、我が国の大道が神道であることを鮮明にする『神道明辨』〈元文二年（一七三七）〉を著した権禰宜の久志《くし》本常彰《もとつねあきら》（一六七五～一七五二）等である。この三人に共通するのが、近世の外宮儀式帳と称讃され外宮年中行事の規範となった『豊受皇太神宮年中行事今式』〈享保十五年（一七三〇）〉の編纂に従事したことであった。因みに『五部書説辨』において伊勢神道の根本経典ともいえる神道五部書を徹底的に検証し批判した吉見《よしみ》幸和《ゆきかず》も延経門下である。

概ね〈江戸〉初期から中期に至る延佳から常彰までの豊宮崎文庫を拠点とした近世伊勢神道家及び外宮祠官たちを神宮学の一群を為すグループと見なして差し支えないであろう。

この頃内宮では、外宮の『寶永六年外宮遷宮記』に対して近世の内宮遷宮記を代表する『享保内宮遷宮諸祭行事記』〈享保十八年（一七三三）〉を内宮禰宜の中川経林等が編纂し、また『豊受皇太神宮年中行事今式』によく比肩され、関白九條兼香の命で中川経豊等が撰述した『元文年中行事』〈元文四年（一七三九）〉は近世の内宮年中行事の規範となった。また『外宮子良館祭奠式』と同じ性質を有する子良館が管掌する年中行事を綴った『内宮子良年中諸格雑事記』〈寛保元年（一七四一）〉が地祭物忌父《とこまつりのものいみのちち》の原時芳の手によって執筆されているのは注目される。

〈江戸〉後期には、今度は内宮祠官の活動が神宮史上の前面に出てくることとなる。その起因をつくったのが内宮禰宜の中川経雅（一七四二～一八〇五）である。経雅の代表作は内宮儀式帳に本格的な注解を施し安永四年（一七七五）に脱稿した『大神宮儀式解』である。この書で明らかなように、経雅は延暦儀式帳の撰進以来培われてきた神宮学に、『日本書紀通証』を著した谷川士清の娘婿で、衰退した林崎文庫の中興を天明二年（一七八二）に成し遂げた内宮権禰宜兼副大物忌父の蓬莱尚賢《ほうらいひさかた》（一七三九～一七八八）を介して本居宣長と師友関係を結び、宣長が『古事記傳』の完成等で大成させた国学を積極的に採り入れて近世神宮考証学を樹立した。この近世神宮考証学に連なる人物としては、宣長門下の内宮権禰宜兼日祈内人《ひのみのうちんど》で神宮史上初の遷宮啓蒙書となる『寛政遷宮物語』〈寛政元年（一七八九）〉を著述した菊谷末偶《きくやすえとも》（一七二五〜一八〇一）や『万葉考』を執筆し後の国学者に多大な影響を与えた賀茂真淵の門下生で万葉集の優れた研究書『万葉考槻の落葉』〈寛政十年（一七九八）〉を著した内宮権禰宜の宇治久老《うじひさおい》（一七四六〜一八〇四）、また末偶の実子で経雅に直接師事し『寛政遷宮物語』の続編ともいえる『享和公卿勅使物語』を著すと共に『内宮外宮之辨』〈寛政六年（一七九四）〉で鋭い両宮論を展開した内宮権禰宜兼日祈内人の益谷末寿《ますやすえほぎ》（一七六四〜一八二八）等がいる。そして経雅に始まる近世神宮考証学を継承したのは、神宮の大百科辞典ともいえる『神宮典略』〈天保二年（一八三一）頃〉や江戸期の優れた律令研究と評される『新釈令義解』を著述した内宮禰宜の薗田守良（一七八五〜一八四〇）であった。

外宮においては、この内宮側の経雅が樹立し守良が継承した近世神宮考証学の影響を受けて、本居春庭の門弟で寛居《ゆたい》塾を創設した外宮権禰宜の足代弘訓（一七八四〜一八五六）は宣長著『うひ山ぶみ』の神宮版ともいえる『まなびのみちみち』〈天保十一年（一八四〇）〉を執筆すると共に、六国史からの部類記で仁孝天皇の天覧を賜った『続日本後紀人名部類』等を編纂したのをはじめ、『古史成文』を著作した平田篤胤の門下生で外宮権禰宜の橋村正兌（一七八五〜一八三七）が『外宮儀式解』〈文化十三年（一八一六）頃〉を著述して神宮考証学を大いに発展させた。そして幕末から明治にかけて活躍する外宮御巫内人で弘訓門下の御巫清直（一八一二〜一八九四）が宣長も注目した『倭姫命世記』に内在する太神宮本記の古文を摘出すべく研究した『太神宮本記帰正鈔』〈元治元年（一八六四）〉等数多の神宮に関する考証類を著述して、経雅に始まり守良が継承し、更に弘訓や正兌が発展させた近世神宮考証学を最終的に大成したのであった。

〈明治〉初期に及んでは、明治四年（一八七一）及び同五年（一八七二）に神宮御改正が断行され、これまでの荒木田・度会両氏の神宮家をはじめ旧社家の世襲制が廃されて神宮祠官の面々が一新されることとなった。このような情勢の中、守良の学統の継承者であり幕末も内宮禰宜として奉仕し御改正後には長官禰宜となった薗田《そのだ》守宣《もりのぶ》（一八二三〜一八八七）は、それまでの神宮祭祀の古儀を尊重しつつ近代明治にふさわしい形態を整えた年中神事の規範となる『神宮明治祭式』の上梓〈明治八年（一八七五）〉にあたっての中心人物であった。また〈明治〉中期には、元内宮権禰宜兼宮守物忌父《みやもりのものいみのちち》で御改正以後は神宮主典まで勤めた孫福《まごふく》弘孚《ひろまさ》（一八三〇〜一九〇五）は『神宮明治祭式』以前の神宮祭祀の旧儀を後世に伝えるべく近世の内宮年中行事規範の書といわれた『元文年中行事』に私註を施した『皇太神宮年中行事当時勤行次第私註』〈明治二十四年（一八九一）〉を著述している。

〈明治〉後期になると、神宮全体として総合的に神宮の古儀故実に関する史料を輯録した編纂物が作られることとなる。その初めにあたるのが明治三十二年（一八九九）に発刊された『古事類苑』神祇部所収「大神宮」篇である。しかしこれでは未だ不充分として、それを補完する目的を以て編纂されたのが『大神宮故事類纂』であって、元神宮禰宜の松木《まつき》美彦《よしひこ》と清直の養嗣子で元神宮権禰宜の福井《ふくい》清生《きよお》等が中心となって明治四十四年（一九一一）に完成し、ここに近世神宮考証学がもたらした精華とその余光を窺うことができるのであった。

五　おわりに

『神宮古典系譜図』から近世神宮考証学の成立に至る過程を概観した場合、最も重視されるのは〈室町〉期から〈江戸〉期へ向かう神宮学の流れではないかと思考される。

そこで注目されるのが、藤波氏経はじめ薗田守晨・守武といった内宮禰宜を勤めた神宮学術グループ〈氏経学）ではなかったかと思われる。それは先ず〈江戸〉初期から中期にかけて、出口延佳から久志本常彰までの豊宮崎文庫を拠点とした近世伊勢神道家及び外宮祠官たちを神宮学の一翼をなすグループ（延佳学）と捉えたが、その延佳もたとえば『伊勢太神宮神異記』下において守晨・守武を讃え氏経の学術グループを顕彰していたことが窺われるからある。そして延佳たち外宮祠官の一群に次ぐグループとして〈江戸〉後期に、中川経雅が神宮学に国学を導入し近世神宮考証学を樹立し薗田守良等がそれを継承していくという内宮祠官たちの一群の存在があり、その経雅が『大神宮儀式解』を著作するにあたり一番意識した神宮学者が氏経であって、氏経関係の書を考証史料の根本に据えて考証しており、また菊谷末偶も氏経著『寛正三年造内宮記』に倣って『寛政遷宮物語』を執筆しているからであり、氏経は経雅たち内宮祠官の神宮考証学グループにとって憧憬の的ではなかったかと類推される。やがてこの流れは外宮祠官に影響を及ぼし弘訓や正兌等が輩出し神宮考証学を大いに発展させ、最終的に幕末に清直が神宮考証学を大成することとなる。このようなことから考察すると、近世神宮考証学成立の基点は氏経学に置かれるものと見られ、そして本居宣長の代表作『古事記傳』は、延佳が校合編纂した『鼇頭古事記』がなければおそらく成立し得なかったであろうといわれることも加味して、その成立過程を各時期と共に図示すると次頁の図の如くとなる。

〈室町中期〉	〈江戸初中期〉	〈江戸後期〉			〈幕末〉
氏経学 →	延佳学 →	経雅の神宮考証学の樹立 →	守良の神宮考証学の継承 →	弘訓・正兌等の神宮考証学の発展 →	清直の神宮考証学の大成

しかしながら江戸後期の近世神宮考証学が室町中期の氏経学を直接的な基点として成立したとはするものの、いきなり氏経学より始まるのではなく、たとえば鎌倉前期の『建久元年遷宮記』をはじめ室町中期の『寛正三年造内宮記』や同後期の『永正記』でも、祠官たちは必ず先例を調査して現行神事の次第や作法の是非を問うという考証を施してから事に当たっていることが認められるので、このような考証に関する姿勢や仕方は各時代とも一貫して神宮学の底流に流れていたと思われる。従ってこのような伝統的な神宮学の仕法がベースとなって、室町期の氏経学から江戸期にかけて一気に近世神宮考証学の華が開いたのではないかと考えている。

また、『神宮古典系譜図』から窺われる近世神宮考証学成立の過程における二つの大きな傾向についても指摘しておきたい。

先ず一点目の傾向としては、〈平安〉期から〈室町〉期にかけては、神宮の祭祀と経営を実質上統括する禰宜層が神宮学の主体を担っていたといえることである。この層にはもちろん神宮家と呼ばれた禰宜になれる資格を有した権禰宜の権官たちも含まれている。そして〈江戸〉期に入ると、神宮学の主体はむしろ禰宜層から禰宜になれない権禰宜の権任層へと裾野を広げて推移していき、やがて豊宮崎・林崎両文庫を中心に権任層が神宮学の主な担い手となったという傾向の顕著なことである。

次に二点目の傾向としては、神宮史における内宮と外宮のあくまでも学問上の興隆時期についてであるが、交互に移り替わっていくという「内外宮学問交替論」ともいうべきものが看取されるかもしれないことである。則ち〈平安〉初期の両宮儀式帳の撰進以来、その中期には、内宮側では『伊勢天照皇太神宮禰宜譜図帳』『太神宮諸雑事記』という書物が編纂されているが、外宮には全く編纂物が見られない。しかしその末期から〈鎌倉〉初期にかけて、仮に神道五部書を経典とする中世伊勢神道が成立していたとするならば、外宮側で学問の興隆がなされていたと考えられる。そしてその〈鎌倉〉初期には、『建久元年遷宮記』や『皇太神宮年中行事』等を編纂する内宮禰宜のグループが前面的に出てきており、外宮の方はその伊勢神道を除外するならば学問の機運はやや薄らいでいるのではないかとも見られる。一方その後期と〈南北朝〉には、西河原行忠をはじめとする外宮禰宜のグループが専ら中世伊勢神道を実践して隆昌し、内宮祠官はその間息を潜めた状態となっている。次に〈室町〉期に入ると藤波氏経のグループが活躍し内宮側での学問が際立っているが、外宮側はあまり表面に出てこない。そして〈江戸〉初期から中期にかけては、近世伊勢神道と豊宮崎文庫の創設に象徴されるように、出口延佳のグループの外宮祠官たちが内宮側を押さえて興隆を果たしている。しかしその後期になると、蓬莱尚賢の林崎文庫の中興や宣長の国学を採り入れてやがて近世神宮考証学が成立していったことに象徴されるように、中川経雅の内宮祠官たちのグループが逆に外宮側を押さえて学問の隆昌を誇っていたと見られる。それからその末期には、このような内宮側の影響を受けて足代弘訓や御巫清直等の外宮祠官たちがその神宮考証学を発展大成させ、明治初年に神宮御改正が断行され、内宮と外宮は統合され、以上のような「内外宮学問交替論」は終焉を迎えたのではないかと思考される。

第二編　中川経雅の儀式研究

第一章　経雅の『大神宮儀式解』執筆

一　はじめに

中川経雅《つねただ》（一七四二〜一八〇五）は、安永二年（一七七三）十一月、三十二歳の時に一禰宜・井面守和卿の闕替として栄えある皇大神宮禰宜・正四位下に叙任され、この時、位階によって先補の禰宜二人を超えて十員禰宜の第八座（八禰宜）に就くこととなった。その感激から神宮奉仕規範の書と仰がれてきた『皇太神宮儀式帳』の詳細な注釈書である『大神宮儀式解』三十巻の著述に鋭意取り組み、二年余りを経た同四年（一七七五）閏十二月に脱稿・校合も終了し、その後、本居宣長の批評を仰いで天明元年（一七八一）頃に完成するという挙を成し遂げた。この快挙は同時に経雅の手により近世神宮考証学が樹立されたことも示している。経雅は生来病弱で終生病いに苦しみながらも、齢を重ねると共に累進し、寛政六年（一七九四）三月に四禰宜・従三位となり、同九年（一七九七）七月には三禰宜まで昇ったが、文化二年（一八〇五）三月十三日に薨去した。行年六十四であった。

ところで、これまでの経雅に関する代表的な研究については、先ず「中川経雅卿傳」(1)（増補大神宮叢書『大神宮儀式解後篇・外宮儀式解』附録所収）が最も詳しい伝記研究として挙げられる。次に、経雅の『古事記傳』の書写歴と同書版本に影響を与えた経雅の所見について論じられた、岡田米夫氏「古事記傳稿本の基礎的研究」という重視すべき論文がある。(2)続いて、池山聡助氏「本居宣長翁と中川経雅卿」では専ら経雅と宣長の交友関係に焦点をあて、岡田氏が指摘された『古事記傳』と『儀式解』の成立に至る互助関係を補強し、経雅の人となりも浮き彫りにして両者をめぐる国学者たちの動向にまで論及された好論がある。(3)また、垂加神道はじめ国学を修め林崎文庫中興の祖と讃えられた副大物忌父兼神宮権禰宜の蓬莱尚賢と経雅の学問的な交流関係、及び経雅の尚賢を通じての谷川士清への学問的傾倒を論述された、北岡四郎氏の「士清をめぐる人々」と「蓬莱尚賢の伝」という注目すべき論考がある。(4)それから、経雅の自伝も含めた慈愛あふれる子孫への遺言集ともいうべき『慈裔真語』を通して経雅の教育論と実像に迫られた、中西正幸氏「神家の明訓」等が代表的な研究論文であろう。(5)これらの論考は、いずれも優れたものであって大変学ぶべき点が多く、経雅の人物研究や伝記研究には必読のものであるといっても過言ではあるまい。しかしながら、未だ『儀式解』自体について真正面から取り組まれた研究というのは皆無に等しく、その内容についても充分吟味され評価されているとはいえないのが現状である。従って、本稿においては、先ず先学から学び得た経雅の伝記研究を基に筆者の見解も加えながら彼の学問を中心とした略歴を披瀝する。次いで『儀式解』執筆の動機や成立時期に関して改めて検討すると共に、近世神宮考証学の樹立についても考察する。そして宣長の『古事記傳』との比較より導き出された『儀式解』の特徴や記述法等について論説し、同書が後進に与えた影響についても論及してみたいと思う。

二　中川経雅について

国学者本居宣長と師友関係を結び、不朽の名著『大神宮儀式解』（以下『儀式解』と略称）の著者として世に名高い近世神宮考証学を樹立した、中川経雅は寛保二年（一七四二）九月四日、皇大神宮（内宮）七禰宜・中川経行（後に三禰宜まで累進・のち経正と改名）の長男として神都宇治に生を享けた。幼名を岩五郎、通称を豊後・尚侍と称した。延享四年（一七四七）九月二十一日、六歳にして従五位下に叙爵し内宮権禰宜に補任されたのを皮切りに、宝暦十三年（一七六三）十一月二十七日には正五位下に、明和五年（一七六八）正月十一日には従四位下に、同八年（一七七一）四月二十八日には従四位上に叙された。安永二年十一月十三日、三十二歳の時に一（長官）禰宜・井面守和卿の闕替として栄えある内宮禰宜・正四位下に叙任された。この時、位階によって先補の禰宜、藤波氏式《うじもち》・薗田守諸《もりつら》を超え十員禰宜の第八座に就くこととなった。その感激から新任禰宜の重要儀礼であった百日参籠の間に『儀式解』全三十巻の著述に鋭意取組み、同四年（一七七五）閏十二月九日に脱稿、同月二十九日には校合を完了させるという挙を成し遂げた。この辺りの事情については宣長著『大神宮儀式解序』に詳しい。その後、齢を重ねると共に官位を上げ、寛政六年（一七九四）二月十一日には四禰宜に昇進、翌三月二十三日に従三位となり、同九年（一七九七）七月二十七日には三禰宜まで累進したが、生来病弱で終生病いに苦しみ、文化二年（一八〇五）三月十三日に薨去。行年六十四であった。墓は伊勢市宇治浦田町今北山に存する。

その人柄については、経雅の遺言集であり教訓書でもあった『慈裔真語』が物語るように、為人寛仁にして人格円満、何よりも心配りの行き届く人であり、よく家を斉え家族隣人をこよなく愛して撫育、とりわけ禰宜を輩出する神宮家の行末と安泰については何かと心身を砕いた。また、数々の著作が示すように博学多識であると共に、長官政所や神宮使（対朝廷・幕府）を度々勤め山田奉行との折衝にあたる等、事務的才能にかなり秀でた面もあった。当時、神宮の典籍や故実に通暁する第一人者で神宮学の重鎮として、その高名は遠近に聞こえ、伊勢参宮に訪れた文人墨客の多くは、彼の門を叩いて『儀式解』の書写と神道古典の教示及び扁額の揮毫等を懇望したと伝えられる。

このような経雅の特筆すべき神宮奉仕と学問を中心とした履歴については、寛延元年（一七四八・七歳）、父経行神主から手習・読書及び孝経・論語等の経書を学び始め、寛延年中（一七四八～一七五〇・七～九歳）には鶴山和尚より国歌の詠習の指導を受けた。宝暦九年（一七五九・十八歳）、守和卿から読書及び国歌・連歌の詠習を学ぶと共に、高林舎人了浄に付いて経書の読習に励んだ。その後三年間（十八～二十歳）は大病を煩ったが、宝暦十二年（一七六二・二十一歳）七月から翌十三年（一七六三・二十二歳）五月まで江戸に遊学し江府の社寺及び古蹟を経歴、下野・常陸等諸国における風俗の見聞を果した。また、若年の頃より藤波氏彦卿に算術（乗除・立法・平法・差分・異乗・同除等の法）を学び修得した。明和年中（一七六四～一七七一・二十三～三十歳）に至っては、守秀長官家の政所として公用（主に遷宮雑事の沙汰、山田奉行への言上、京都・江戸に神宮使として参向数十度）を勤仕した。その時に長官家の家事・官事・宮務を日録し、後に『明和記』全二十巻を編纂する。神宮使として上京した際に山科中納言頼言《よりとき》卿・山中玄蕃権助秀品に師事して衣紋道（束帯・衣冠以下の著法、闕腋帯剣の作法）を習得し、更に曽我部式部元寛・近藤斎宮孟彪《もうちゅう》・里村昌桂《しょうけい》法眼・坂秋斎《しゅうさい》から国史・国歌・連歌・律令を学んだ。また、江戸に赴いた際には羽倉東蔵御風《のりかぜ》・楫取魚彦《かとりなひこ》・須藤文治郎元昞に付いて律令・国歌・詩文の研鑽に努めた。この間の明和二年（一七六五・二十四歳）二月に守屋伊久子と結婚（明和三年正月より安永八年六月までに四男三女が誕生す）。それまで他家相続の話が頻繁に持ち込まれたが、父経正神主が別家して興した中川家（新中川家と称す）を尊重死守すべく拒絶した。明和四年（一七六七・二十六歳）六月十二日、度会郡田邊村の荒木田二門氏社の造替遷宮に奉仕し、同年十一月二十七日に執行された神服部機殿神社と翌二十八日に執行された神麻續機殿神社の遷宮に七禰宜・中川経高に従って勤仕し、『明和四年両機殿遷宮記』一巻を著した。同五年（一七六八・二十七歳）九月二十四日斎行の瀧原・同竝宮の遷宮と同月二十七日に執行され父経正神主が奉遷使を勤めた伊雑宮の遷宮に奉仕した。明和六年（一七六九・二十八歳）九月斎行の第五十回内宮式年遷宮においては父母逝去の仮服のため奉仕が叶わず、新中川家も大いに困窮した。

次いで、安永二年（一七七三・三十二歳）二月に『儀式解』著述の用意として『大神宮儀式帳頭註』一巻を述作。同年六月から十一月まで守和・守浮長官家の家事・官事・宮務等を精力的に指揮した。同年十一月十三日にめでたく正員禰宜に転補。転補の後は日々の在状・諸神事・参勤の面々・勤仕作法を日録して（後に『経雅記』〈巻数不明、現存十七巻〉として結実）、『日本書紀通證』を著した谷川淡斎士清並びに『古事記傳』を著した本居春菴宣長と師友関係を結んで専ら国学・国歌（日本紀・続日本紀・万葉集・令義解熟読、古事記・日本紀・続日本紀以下・姓氏録・職原抄等校合）の修養に努め、更に神宮の旧記・朝家の記録約四百巻を謄写した。同四年（一七七五・三十四歳）閏十二月九日、百日参籠中に執筆し始めた『儀式解』を足掛け二年で脱稿し校合する。同七年（一七七八・三十七歳）五月より神宮家の困窮を救済すべく各家に積立をなさしめ、この年には経理的才能を発揮して殿舎末社造替修覆仕様内積帳の算用を行った。天明元年（一七八一・四十歳）正月十七日に七禰宜に昇進。同年十一月十九日、長男の経綸《つねお》が十禰宜に補任される。この時、禰宜任料を年賦とするよう祭主に示談し、八禰宜となった中川経陰と九禰宜となった井面守訓の計三人の補任に関する雑事を処理した。同三年（一七八三・四十二歳）七月七日、浅間山の噴火の鳴動を聞き心身を労して同月十一日に発病、世上必死が伝えられる。以後約五年間に亘って病に苦しむ。同八年（一七八八・四十七歳）四月十日、経綸や守訓・岩井田尚徳等を伴い荒木田二門氏社をはじめ氏寺の田宮寺、積良村に存した二門山宮祭場の古蹟等を巡拝し、紀行文『氏神まうでの記』一巻を著述する。寛政元年（一七八九・四十八歳）二月十七日に室伊久子が死去、愁い悲しむもそれを乗り越え、同年九月一日斎行の第五十一回内宮式年遷宮に五禰宜として滞りなく奉仕。続いて翌二年（一七九〇・四十九歳）八月八日執行の月読宮の遷宮において奉遷使を勤めた。同四年（一七九二・五十一歳）頃、和文をよく見明らめるべく『清波瀲《きよなぎさ》（渚）集』七十巻を編纂した（後に増補して八十巻となるも、現存は四十九巻）。享和元年（一八〇一・六十歳）三月十七日には、元文五年（一七四〇）以来凡そ六十年ぶりの盛儀となった公卿勅使差遣の臨時奉幣斎行に三禰宜として奉仕し、『享和伊勢公卿勅使参宮行事記』一巻を記した。寛政年間より薨去に至るまで、宣長はもとより本居春庭・大平をはじめ松平康定、小篠敏《おざさみぬ》や千家俊信《せんげとしざね》等諸国の鈴屋門下生と学問上広く交友した。その交友関係等については『経雅卿雑記』（巻数不明、現存十一巻）に詳述されている。

その生涯を貫く神宮奉仕と神宮考証学研鑽の精神については、『儀式解』巻第三「禰宜職祝定」の条項における注解で、

大御神をあがめ尊《タフト》み寶祚を祝し忠勤を抽《ヌキ》むづるは、御國《ミクニ》に住《スム》と住《ス》む人の大要なり。況《マシテ》祠職の身《ミ》として是《コレ》をゆるがせにせんや。孝徳紀、大化二年三月云々、天ニ無二雙《フタツノヒ》日一、國ニ無二貳《フタツノキミ》王一。萬葉十八、賀二陸奥國出一レ金詔書一歌、都加倍之官《ツカヘシツカサ》、海行者《ウミユカバ》、水都久屍《ミヅクカバネ》、山行者《ヤマユカバ》、草牟須屍《クサムスカバネ》、大皇乃《オホキミノ》、敝尓許曾死米《ヘニコソシナメ》、可敝里見波勢自等《カヘリミハセジト》、許等《コト》太弖《ダテ》、丈夫乃《マスラヲノ》。文徳實録、仁壽二年二月、和氣《ワケ》ノ朝臣仲世、奉公忠謹、毎レ至二ル寢臥一ニ、首《カウベ》向二フ宮闕一ニ。古今集二十、常陸歌、筑波根の此面《コノモ》彼面《カノモ》に影《カゲ》は有れど君が御蔭《ミカゲ》にます蔭《カゲ》は無《ナ》し。鎌倉右大臣實朝歌集、山は裂《サ》け海《ウミ》はあせなむ世《ヨ》なりとも君にふた心わがあらめやも、（此歌新勅撰集に入たり。）など見えたり。朝廷《ミカド》の臣等《オミタチ》如斯《カク》いひ置《オ》かるゝを祠官たるもの亦《モ》此ノ意を得、如此《カヽル》有實《マコト》厚の心を以て大御神に奉仕《ツカヘマツル》べし。ゆめ怠《オコタ》るべからず。景

行紀、四十年十月壬子ノ朔癸丑云々、於レ是倭姫ノ命取二草薙ノ劒一ヲ授二日本武ノ尊一ニ曰、慎之莫怠也《ツヽシミテナオコタリソ》、とあり。あがめ尊《タフト》ぶべき御言《ミコト》なめり。

と述べ、(6)また、『慈裔真語』の最終条文においても、

400 一、世中を經るに己か口才・智惠をたのむべからす、さる人のなす事ハ皆心のことくならさるもの也、た〻正直をもてし徳をつむへし、世の事を何くれ思慮して心氣を費し、又他門の家事に勞して暇を費し、同僚・族從の人の所行の善からぬを彼是腹立し、これを糺正せんとして肺肝をくたき心神を悩しむる事、能く考れハ益なき事なり、所謂求るハ苦也とハこれなるへし、御宮の御威光にか〻り神宮同僚・後代の瑕瑾となり、又ハ我か子孫の家事、後代の敗れとなりて捨置かたき事ハ、見聞に随ひ助て心を用へし、四大ハ日々に衰へ心神ハ夜々に晴きを、己か身の老行たるをも顧る心なく、ことに百年の壽を以千年の謀をなし、限ある命を以て限りなき雑事に日々夜々心を苦しめ腹を立、身をそこなふハ至愚といふへし、世事をとれハ何くれにつきて人を恨めり、守武神主の、いくつともなき世の中の月花に恨口舌ハあちきなきかなといへり、世の中ハ多し、た〻己か物を己か物としてこれを不レ失、他のものをもとむへからす、祠官たるものハことに清淨を先とし、惡事に不レ觸、敬み慎み怠なく神事に供奉し、天津日嗣の長からん事と天か下の平に五くさの穀豐ならん事を祈り、且ハ己か身をそこなふ事なく子孫長久にして家名を失はさる事を計るへし、ゆめ忠と孝とを忘る〻事なかれ

と主張すること等より、(7)経雅の胸中には常に神宮家の一翼を担う新中川家出身の祠官としての自覚と誇りがあ

り、そして、皇祖天照大御神に皇室の弥栄と国家の平安をひたすら祈り続ける篤き敬神の念が淀むことなく流れていたといえる。

経雅の学問の特徴は、神宮の中枢に位置してその経営と大御神の祭祀の厳修を一手に担う禰宜として実践的な学問を生涯志向したことにあったといえる。『慈裔真語』短歌部収載の、

短歌1　禰宜といふ事たにしらて千早振神にハいかにつかへまつらん
短歌49　禰宜職ハ君の八千代と天か下のしつかなるとを禰き祈るのみ

の二首の歌が象徴的にそれを表しているであろう。(8) 代表作の『儀式解』をはじめ権禰宜時代の神事日記である『明和記』や禰宜時代の『経雅記』、また『享和伊勢公卿敕使参宮行事記』一巻や『大神宮領奉行次第記』一巻等、彼の著作はすべて禰宜職を全うするための職務遂行上欠くことの出来ない知識や智恵を得るものであり、また後進にそれを惜しみなく与えるものであった。

三　『儀式解』の執筆と神宮考証学の樹立

経雅の『儀式解』執筆に関して、これまで端的にして最も要領よく解説したのは、左の増補大神宮叢書附録「中川経雅卿編著解題」の当該項目である。つまり、

本書は皇大神宮儀式帳の註釋書にして、安永二年十一月、卿が皇大神宮禰宜に補せられ、常例により、習禮

の爲、齋館に參籠すること百日百夜、この間自ら神家に生れて榮職に登り、剩へ先補の二人を超えたる事を偏に大御神大君の御恩と深く感激し、廢絶せる舊儀を興し、神地を復舊すべき大願を發し、大神宮儀式の註釋の筆を執るといふ。卿は是より前既に儀式帳の研究を進めつゝありしものと見え、安永元年十二月儀式帳を謄寫し、同二年二月自己の所見を頭註したることあり。この本轉寫されて大神宮儀式帳頭註といふ。かくて拮据經營二年にして、安永四年閏十二月九日に至りて一旦稿を了へ、同二十九日校合を了る。後數年に亘り、本居宣長翁の所見を伺ひ、批評を請ふ。翁はこれに對して所考を註して送り返せしが、翁自身も亦得る所甚だ大なりし事を謝したる旨、屡その書簡に見ゆ。翁はまた序を草してこれを贈り、後また需によりて、絹本細字書一軸に認め、これを卿に贈りしことあり（松阪市奥野正之助氏藏）。右の外皇大神宮禰宜薗田守諸及び同宮權禰宜日祈内人菊屋末偶等跋文を草してこれを贈る。共に本書の巻頭及び巻尾に収載せらる。

とあって[9]、凡そ、

①『儀式解』執筆の動機は、安永二年十一月に図らずも先補の禰宜二人を超え栄えある皇大神宮禰宜の第八座に任じられた感激に起因すること

②『儀式解』の執筆には、廃絶した旧儀と神地の復興という請願が込められていたこと

③『儀式解』執筆の開始時期は、禰宜補任における常例の習礼のために百日参籠した際であったこと（但し、『儀式解』執筆の準備は、安永元年十二月『皇太神宮儀式帳』を謄写、同二年二月自己の所見を頭註した『太神宮儀式帳頭註』の存在より禰宜補任以前に既に行われていたと見られる）

④経雅が『儀式解』の脱稿を果したのは、禰宜就任から足掛け二年余りを経た安永四年閏十二月九日であっ

て、その校合が終了したのは同月二十九日であること
⑤『儀式解』を脱稿し校合した後、経雅は数年にわたって宣長の批評を仰ぎ享受して改訂がなされたこと
の五つの重要事項が説かれている。これらの事項について改めてその是非を検討してみたいと思う。この内の①から④までの事項を検討するにあたっては、次の三つの史料を重視しなければならないと思われる。つまり、一つ目の史料は、経雅の畏友であった宣長が『儀式解』を推奨すべく寄せた「大神宮儀式解序」にある、

Ⅰ（略）いづれとなく御國《ミクニ》の榮《サカ》えと。もろともにさかえませひろりませと。よとゝもに。ねがひわたる心には。たまあへらむ人もがも。いかで〳〵おもほしき事をだに。問《トヒ》さけ語《カタリ》さけてんと。おくとはなげき。ぬとはしぬぶしるしありて。雲《クモ》ばなれそぎはをれども。度會《ワタラヒ》がたにその人得《ヒトエ》たり。其人は。荒木田《アラキダ》経雅《ノツネタダノ》神主となもいひて。天《アメ》の下《シタ》にはいづれはあれど。此ノ大御神の宮の宮人。此ノ宮人もさはなるが中に。禰宜《ネギ》ちふつかさもさはなるが中に。員《カズ》さだまれる十《トヲ》のつかさの正《タヾ》しきが内《ウチ》にさへなもありける。安《ヤス》らに永《ナガ》き此ノ御代の名の二《フタ》とせといひし年のかむな月に。その長《ヲサ》なりしつかさの石隠《イハガクレ》によりて次々《ツギツギ》なるはつぎつぎにのぼりて。しり一人《ヒトリ》闕《カケ》たりける時に。此かはりにをとかたへのつかさ相議《アヒハカ》りて。此ノ神主をなもえり出ける。此神主。そのかみ位《クラヰ》はひろい四《ヨ》つの位《クラヰ》の上《カミ》つしなにも有けるを。此正《タヾ》しき員《カズ》にし入《イ》るときは。時《トキ》と無《ナ》く一《ヒト》きざみあげたまふちかき代のさだめにしあるを。今二人《フタリ》もとより員《カズ》の内《ウチ》なる。はた同《オナ》じ階《シナ》なりければ。此人《コノヒト》たちを立こえて。しかゆくりなく。のぼりなんもいかにぞや。あるがうへにをぢなきおのれ。其《ソノ》つかさにはたへじものと。二《フタ》たび三《ミ》たびいなびたまふを。なほなほとしひられて。さはかの人たちも。おほぢ父《チヽ》のたばらずてやみにし位一《クラヰヒト》きざみをこひまをされて。たまひなん次《ツギ》にこそのぼらめ。さらずばいかでと猶もうべな

ひたまはぬを。　人こえてのぼる事はし。　近《チカ》き世《ヨ》にこそめづらなれ。　いにしへにはあとおほかれば。　何《ナニ》かそれはゞかるべきわざにもあらずと。　あながちにさだめあへるにぞ。　其年《ソノトシ》の霜月《シモツキ》に。　鈴鹿《スヾカ》山《ヤマ》うちこえてみやこにのぼり。　大朝廷《オホミカド》にまゐでゝ。　こひまをしたまひけるに。　其月《ソノツキ》の十《トヲ》まり三日《ミカ》の日《ヒ》。　つひにかのかはりに治《ヲサ》めたまひて。　又四日《マタヨカ》といふに。　さだまりのごと。　かの一《ヒト》きざみをも。　たまひてければ。　其級《ソノシナ》のついでのまにまに。　つひに彼二人《フタリ》の上《カミ》にさへ立《タチ》て。　位《クラヰ》はおほき四《ヨツ》のくらゐ職《ツカサ》は八《ヤツ》にあたるつかさと。　荷《ニナ》ひもあへぬよろこびを。　馬《ウマ》にふつまにおほせもて。　かへり参《マヰ》りたまひては。　あとのまにまに。

Ⅱ日《ヒ》百《モヽ》日《カ》夜《ヨ》百《モヽ》夜《ヨ》大宮《オホミヤ》の邊《ベ》の齋殿《イミドノ》にいみごもりいませるほど。　うつらうつらおもはれけらくは。　おのれ今し。　おやのついでをあやまたずて正《タヾ》しき員《カズ》に入《イリ》ぬるだにあるを。　さきにたてりし二人《フタリ》をしもこえて。　かくまですゝみのぼることゝ。　大御《オホミ》神《カミ》のあつきたふとき大御《オホミ》蔭《カゲ》をかたじけなみ。　皇朝《スメラミカド》のふかきかしこき大御《オホミ》恩《メグミ》をかたじけなみて。　たゞなほやあるべき。

Ⅲますみの鏡《カヾミ》あきらけき此ノ大御世にあたりて。　玉《タマ》の緒《ヲ》の絶《タエ》にし神態《カンワザ》をもつぎてしが。　舊衣《フルコロモ》すたれたる神《カン》地《ドコロ》をもおこしてしがと。　焼大刀《ヤキダチ》のとごゝろを。　梓《アヅサ》の弓《ユ》腹《ハラ》ふりおこして。　盛《サカリ》なりけんいにしへのあとを。　さゝの葉《ハ》にうつや霰《アラレ》のたしだしにたづぬとしては。　此延暦《コノエンリヤク》の儀《ノリ》のふみなも。　此ノ大宮にはあるが中《ナカ》にふるき正《タヾ》しき書《フミ》なりければ。　此書《コノフミ》のくだりくだりを。　つばらかにわきだめ明《アキ》らめさだめずては。　えあらじものと。　おもほしそめてし心ざしい。

Ⅳなゆ竹《タケ》のたわみなく。　神道《カミヂ》の山《ヤマ》のおくかを深《フカ》めて。　いやすゝみにすゝみゆき。　度會《ワタラヒ》の大川水《オホカハミヅ》の。　いやたらひにたらひゆきて。　同《オナ》じつゞきの四《ヨ》とせといふ年《トシ》の後《ノチ》の十二月《シハス》にその事をへて。　此こゝばく巻《マキ》のふみをなも。　いさをしくえらびなしたまひける。

Ⅴ此書《コノフミ》見れば。　此ノ大宮のいにしへの儀《ノリ》のあとはし。　くもり夜《ヨ》の月《ツキ》のおほゝしきところもなく。　ふりつむ雪《ユキ》のいちじろくなも有りければ。絶《タエ》にし神わざも今皆つがれなむ。廢《スタ》れたる神どころも。今ことごとにおこりなむ。うれしかも。おむかしかも。（略）

（付番号・改行筆者行う）

との序文である。[10] また二つ目の史料としては、経雅より先補の禰宜で宣長門下の優れた考証学者でもあった、皇大神宮十禰宜の薗田守諸が『儀式解』の完成を讃えた、

（前　略）

α經雅《ツネタヾ》恐三此ノ書ノ年代久遠ニシテ而言屬二コトヲ孟浪一。多與二吾神道一舛馳背行ス矣。窮二日ノ之力一ヲ。挍二定之一。博考二古史一。採二摭群言一ヲ。以立二訓傳一ヲ。文少二ク微辭一。語有二深意一。漸至二乙未ノ之冬一ニ脱稿ス。

β予守諸《モリツラ》恭披二閲之一。若レ窺二フカ牖ノ中之日一ヲ。他ノ豐受祠官ノ之擬作ノ之書一切不レ取。經雅《ツネタヾ》渉二猟シ篇籍之囿一ニ。家書萬巻。無二シ巻トシテ無一レキハ不二ルハ通暁一セ也。頗明二乎故實一ニ。能該二古今ノ一ヲ。

γ安永年間。轉二補正員一。越二乎位次一。擢セラレテ班至レル八ニ。優學入二乎聖域一。耀穎ノ之才。可レ謂レ形二ハルト乎文墨一ニ也哉。

と著した跋文である。[11] そして三つ目の史料は、経雅自らが、

A恭撿ニ。珠城ノ朝倭姫皇女鎮二大御霊ノ鏡於鈴河之上一ニ。天見通命掌二大御神態ヲ於神山之下一。正レ位分レ職。而禮奠興行。霊應維新。以レ節捧二金幣一。祝二寶祚之无窮一。以レ時擎二盛饌一。祈二年穀之豐登一ヲ。其ノ禮隆盛。其ノ式最厳也。

B而随二年往月来一。或興或廢焉。故洎二平安朝一。勅令レ奏二其禮奠規範一ヲ。祠部應二其令一。悉注二本宮之祭祀職掌之常典一上レ之。延暦神宮儀式是也。

C曾テ聞。律ハ以二懲粛一爲レ宗。令ハ以二勸誡一爲レ本。格ハ則量レ時立レ制。式ハ則補レ闕拾レ遺。四ノ者相須足二垂範一。

D自二延暦之古一。至二安永之今一。因二星霜千變風俗百易一。雖二事沿儀革一。本宮猶遺二上古之風儀一者。一頼二此儀式之存在一ニ也。是レ水源遠ク下流不レ絶之謂乎。

E雖レ然其所レ注年已ニ久而言尤簡也。以レ今視レ之。則殆至レ叵三明二察其ノ事状一ヲ。經雅《ツネタマ》憂レ之而不レ止。

F粤ニ安永癸巳仲冬。爲レ申二一禰宜守和《モリカツ》ノ卿闕替一上二皇都一。同月十三日轉二補彼替一ニ之日。叙二位級一超二先補二人一。著二十員禰宜之第八座一ニ。歸二神都一ニ之時。因二准先跡一。爲レニ修二其禮一候二于齋庤一ニ百日焉。旦夕習禮之際。熟思。以二非器一超二先補之族一。以二不才一任二清撰之職一ニ。仰ケバ之天恩彌高。俯セバ之卑陋益懼。朝ニハ仰二寶祚之永隆一。暮ニハ愧二微弱之短才一也。然居二其職一而不レ知二其職一。則進二退其ノ業一ヲ如レ之何。欲下識二盛時之舊典一ヲ正中サント末代之紕繆上ヲ。則無レト如シクハ因二ルニ延暦儀式一ニ。即執二讀之一。

G雖丁連城之ノ寶非三貧寒之所二ニ能市一。高世之ノ器非丙浅俗之所乙ニ能識甲。然トモ至レルハ遠ニ於レ近舐レ糠及レ米。故ニ忘二卑陋之見一。審二儀式全篇訓解一ヲ。立テ思矣居テ思矣。注下劣身愚考ノ所上レヲ覃フ。兼二攬古老之口授一ヲ。擧二用世俗之鄙諺一。又雖二古老先輩之説一。習二中世烏亂之雑説一ニ者ハ擯二斥之一。再四需二正史所一レ録。且以二諸籍所見一抄二出於其ノ首一ニ。乙未潤臘功既ニ成。以爲二參拾巻一。名號二大神宮儀式解一也。

H然恐クハ以レ今計レ古以レ此察レ彼。不當惟レ多。所レ言或ハ麁或ハ迂。以下未レタ及二不惑一之年不レ辨二菽麥一ヲ之才上。漫採レ毫次爲《ツクル》二之ガ解一ヲ。一以懼レ之。一以愧レ之。雖レ然所二管見一亦非レ可レニ廢レ之ヲ。唯依二心緒所ニ一レ向。任セ二筆刀所ニ一レ之ク編二次之一ヲ。耕種功浅。収穫不レ多。庶幾ハ其ノ紕繆臆見ハ。後来之ノ識者宜レ正レ之云爾。

安永乙未後十二月日

禰宜荒木田神主經雅《ツネタマ》

（付番号・改行筆者行う）

と記した跋文である。[12] この三つの史料に基づいて以下考察を加えることとする。

①については、宣長序文Ⅰ・Ⅱと経雅跋文Fと守諸跋文γの意図する内容より、『儀式解』執筆の動機が、安永二年十一月に図らずも皇大神宮禰宜の第八座に補任された感激にあったことを窺知できるので、①の事項は追認してよいであろう。しかし、この指摘が是であるとはいえ、なぜ経雅が『皇太神宮儀式帳』の研究に一途に打ち込み三十巻にも及ぶ大著の『儀式解』を完成させたのか、その真なる動機とは一体何んであったのかという説明が欠落していると思われる。筆者はこの点は重要な事柄であると考えているので考察を施しておきたい。そこで、先ず経雅跋文BとDに「故泊二平安朝一。勅令レ奏二其禮奠規範一ヲ。祠部應二其令一。悉注二本宮之祭祀職掌之常典一上レ之。延暦神宮儀式是也。」「自二延暦之古一。至二安永之今一。因二星霜千變風俗百易一。雖二事沿儀革一。本宮猶遺二上古之風儀一者。一頼二此儀式之存在一ニ也。是レ水源遠ク下流不レ絶之謂乎。」とあることと、池山聡助氏も「本居宣長翁と中川経雅卿」において『儀式解』執筆の起因説明に替えて引用された、同Fの「以二不才一任二清撰之職一。（略）然居二其職一而不レ知二其職一。則進二退其ノ業一ヲ如レ之何。[13] 欲下識二盛時之舊典一ヲ正中サント末代之紕繆上ヲ。則無トレ如シクハレ因ルニ二延暦儀式一ニ。即執二讀之一。」とに注視し、更に『慈裔真語』斉家・履歴に該当する条項の、

173（略）殊延暦儀式ハ當宮の規範たる書なり、祠職の身としてこれを識得すんハ、いかてかその職を勤むるに堪んと、安永二年冬より同四年冬に至り、これを解して全部三十巻を編述（略）

68―②又神家に生るゝ族ハ神祇道を學ひ、代々國史惣て朝家の記録・神宮古記常によみ勘ふへきなり、古實なき人ハ事々に付て不便なり、日月天下に明らかなりといへとも盲者この明をしらす、雷霆國土を動すといへとも聾者其音を聞す、よくこの意を辨知るへし、予（経雅）父神主終焉の後、家禄なく、家貧しく、正員禰宜職任料用途のたくはへ無きまゝ三十有餘歳まて権禰宜たりしに、安永二年十月廿一日、井面一禰宜守和卿薨去により傍輩の議定に任を彼卿の替職を款望し、同年十一月七日、當地を發し、同月十日、京着し、同月十三日、正員禰宜守和卿の替に補し、藤波八氏式・薗田九守諸両神主先補たりといへとも逆退せしめ、位階によりて直に予（経雅）八座となりぬ、其節百日習禮參籠の時、延暦大神宮儀式の件々・古今沿革の次第・現存中絶の事共古記を引合せ見るに古代記す所にして今これをよむに明ならぬ事ありし故、予所存のまに〳〵これを解しぬ（略）

と記述していること等から勘案すると[14]、それはおそらく経雅が禰宜として職務を遂行するにあたり、その規範や本義を追求するのに典拠となり得る根本史料が必要であって、その必要性を満たす唯一の史料として神宮最古の書である『皇太神宮儀式帳』を想定したことは明白であろう。そして、経雅はこの書を研究しその真価を見極めることによってのみ自己の職責を全うすることができると決意したからに他ならないと思われる。これが『儀式解』執筆の真なる動機ではなかったかと考察されるのである。

②については、宣長序文Ⅲ・Ⅴの「玉の緒の絶にし神態をもつぎてしが。」「此書見れば。此ノ大宮のいにしへの儀のあとはし。くもり夜の月のおほゝしきところもなく。ふりつむ雪のいちじろくなも有りければ。絶にし神

わざも今皆つがれなむ。」の文と経雅跋文B・D、並びに同Fの前掲史料よりすれば、『儀式解』の執筆には廃絶した旧儀の再興という請願の一つが込められていたことは事実であろう。また、もう一つの請願であった廃絶した神地の復興に関しても、宣長序文Ⅲ・Ⅴの「舊衣すたれたる神地をもおこしてしがと。」「廃れたる神どころも。今ことごとにおこりなむ。」との記述より是認されよう。故に、②の事項も的確なものであったことが容認される。この『儀式解』執筆の際に経雅が抱いた二つの請願というのは、実は皇大神宮御鎮座以来、禰宜職が担う祭祀の厳修と神宮の経営という二大責務に自ずと通じるものであったと見られる。それは『儀式解』巻第三「禰宜職祝定」項で、

さて大御神の宮の禰宜に任《メサ》れてよりは、天皇皇子等の大御命《オホンイノチ》永く久く天の下静《シヅカ》に、百官ニ供ヘ奉人等人民等平《タヒ》らかに、五穀物豊《イツクサノタナツモノユタカ》ならんことを平日《ツネ》に大御神に祈申《ノミマヲ》すとなり。如此る例によりて昔より今の代まで朝暮の悃祷怠慢《オコタル》こと無し。（略）職掌の最要たればなり。

と語られ[15]、『慈裔真語』祠官心得・禰宜の項目に分類される条文でも、

2 一、大神宮の正権禰宜は皇家清撰の器なり、 寶祚の長久を祝し、皇子達の栄光・百官平安・四海安穏・五穀豊饒を祈り、諸神事・恒例・臨時御祈怠なく仕奉れる事、禰宜當然の務なり、若これを怠らハ早く家系を擯抜すへし、神地に生れ父祖相承の職に補し、かゝる任あるゆゑに人敬して禮を正しくす、神事・御祈・神宮の御用ハいふに及はす、家事をよくつとめ怠慢を致すへからす、遠祖天見通命より今の世に至り系統連綿して、生命を安んし卑事をも務めさるハ、寔に 皇大神の恩澤・祖先創業の厚徳なり、大

凡人たる者位職禄のみを備ふるを貴としとす、禰宜職に任し、位階を申、職田及野後村等の禄地を給へり、この三つを備ふる事大なる幸ならすや、行住座臥猥に心得ましきなり、諸神事・旬日參拜・勤番等式の如く、齋館に侯し、不浄に不レ觸、殺生を禁すへし、自餘進退心を用ひ忌愼へきなり、又年中式日神事作法、古老に尋ね記録を検へ識得すへし、正員禰宜に轉補せすとも祠官の身としてハ、諸神事各覚悟すへき也、権禰宜補任後ハ神事參拝してよく検知し置へし

と述べられており、(16) 祭祀の厳修という責務を突き詰めれば自ずと廃絶した旧儀の再興を願わずにはいられなくなるであろう。また神宮の経営という責務については『儀式解』巻第二十「神郡本記行事」項において、

○上代二郡のさまかくのごとし。其後增加て神八郡となりし次第、右に擧《アゲ》しを見るべし。武家國政にあづかる世となりても、追々に神領を寄附せられぬ。雑例集、神鳳抄、東鑑、氏經卿ノ日次ノ記、神領目録、大永文明廳宣等に委く注せり。その記文を披《ヒラキ》て見るべし。今の宮川より以東《ヒガシ》を神領とし、守護使不入なり。且此外に大神宮及豐受宮ノ御領、多氣郡齋宮村、上野村、平尾村、竹川村、有爾中村、内宮神主領、度會ノ郡野尻ノ里村、岩内村を寄られ、内宮御領、度會ノ郡佐八村、田邊村、田宮寺村以下の神田古のごとく、和州濃州神税を上り、其ノ餘處々の神戸御薗御廚かたのごとく残りつれど、古世にくらぶれば九牛の一毛なり。

と論じられ、(17)『慈裔真語』祠官心得・経営に含まれる条項にも、

一、神宮家の族ハ神鳳抄・神領目録をはしめ古来神戸・御厨・御薗等の事跡覚悟すへきなり、又當時所知神領齋宮・上野・平尾・竹川・有爾中村等の五ケ村并野後里村・岩内村・田宮寺村・佐八村将軍家の御朱印高覚悟すへし、又件の村々石高并免割以下の事相糺して覚悟専要也、延享二年四月、神領持高帳を點検し置へし、面々収納勘定目録、庄屋・百姓等差出せる時、覚悟無くてハ糺明しかたし、殊勘定失錯度々ありて改しむる事あり、其儘に通行後々に至り存誤りて納米の員數を減し、或他家に収納せし事とも有りて、予経雅度々糺明して舊のことくせし事あり、又年々百姓等所レ送の米麁悪せしむへからす、又四斗俵一表此升數、例升四斗二升あるへし、よく計とるへし、貫目を以納る時ハ十七貫目たるへし、又右米を送る時受取書を相渡せり、此書付年號を書へし、月日計にて遣し、又ハ支干のみに而後々まぎれたる事あり、よく〳〵計へし、殊禰宜中職田の事、卒闕せし人の収納せしを、其替として補したる禰宜受續て収納せしむるなり、當時八員の職田存在但有レ差一員ハ大土社の東、字ハ鷹依の神田、一宇田村・鹿海村・楠部村在住の者作れり、其粗（祖）米を上らしめ、これを収納し一員ハ一向沙汰に及ハす、是又折々心を付絶行さる様心得へし、又杉谷米の事、藤波・澤田の両家より受取方心得置へし、濃州安八郡神税・大和宇陀郡神末村以下、大淀・大乃木等を始、所々神税米進納の事、常に覚悟すへし、又百姓の訴訟及願筋あらハ早く糺明すへし、年月を經るハ百姓の難渋・村里の失却多くて不慈の至なり

と記述されているように、(18) いかなる時代にあっても神宮経済に安定性をもたらす基幹は神地の確保に尽きるのであって、それも廃絶した神地の復興を果し、より経済的な安定をはかろうと願うのは自然な帰結であったと考えられる。ところで、宇仁一彦氏は『内宮長官藤波氏經神主を讃う』で藤波氏経（一四〇二～一四八七）の皇大神宮長官禰宜就任について、

寛正三年（一四六二年）八月九日一禰宜満久の卒去によつて一座の禰宜となつた。時に六十一才。一座の禰宜は長官といつて、御正殿の御鎰《みかぎ》と御政印《みしょういん》を預る。御鎰を預るということは宮中御守護と祭祀執行の責任を執ることであり、御政印を預るということは、神宮御経営と対外交渉の責任をとるということを意味するのである。

と、長官禰宜が御正殿の御鎰と御政印とを預かるのは、詰まるところ祭祀の厳修責任と神宮の経営責任の二大責務を担うことを意味すると論じられている。[19] もちろん全面的な責任は長官禰宜にあるものの、長官を支え補佐する傍官禰宜についてもそれに準ずる責務が付与されていたことは当然であろう。そしてこの二大責務は各々別々に存在するものではなく、例えば『慈裔真語』祠官心得・経営項目に該当する条項で、

139　一、當國ハ勿論、遠近國々に古来散在の神戸・御厨・御薗等を始、殊志摩國嶋々貢物・例進の品々、常々覚悟すへし、殊國崎神戸は肝要の供進物也、舊例検知し元文願の事とも考置へし、又神事所用の土器ハ有爾郷より調進す、料田公義の御朱印あり、三祭節日調進の員數、土器小数帳相違なき様常に心を用へし

と説かれた[20]、祭祀の厳修には欠かせない神地からの御料供給の大切さからしても、両者はいわば一体的な関係にあって、『儀式解』執筆の請願であった廃絶した旧儀と神地の復興というのは、取りも直さず経雅の禰宜職における規範や本義の追求から自ずと導き出されたものであったと見られる。

③については、宣長序文Ⅱと経雅跋文Fの「歸二神都一ニ之時。因二准先跡一。為レニ修二其禮一候二于齋庤一ニ百日焉。旦夕習禮之際。熟思。」との記述より思慮すると、『儀式解』執筆の開始時期は、新任禰宜における常例の習礼のために百日参籠した際であったことが確認でき、[21]③の事項も認められよう。そしてこの百日参籠こそは禰宜補任時における恒例の重大儀礼であって、禰宜としての自覚を高めるべく、俗世間とは遮断された神域にある斎館において清浄にも清浄を期しながら、神宮で継承されてきた神拝・御祓作法の習得（習礼）はもちろんのこと、内宮文殿等に保管し伝承されてきた貴重な書籍を調査研究し古儀を究明する等、新任禰宜誕生のいわば胎動期間であり、満を持してこの時より『儀式解』の執筆が開始されたのは、これも経雅の禰宜としての職務遂行上における規範や本義を追求することに起因するものと見られる。

④については、宣長序文Ⅳと守諸跋文αと経雅跋文G・Hとの記述よりすると、『儀式解』の成立時期は安永四年冬であって、脱稿した日付及び校合を終えた日付については、『儀式解』巻第三十の最終条に、

大神宮ノ儀式、愚考右のごとく思ひ出見るまゝ聞まゝ書付侍《カイツケハベ》れば、言辭《コト》かさなりまたいふ所迂遠なり。是非は見る者取捨《トリスツ》べし。時は安永四年閏十二月甲辰ノ朔壬子の日荒木田ノ神主經雅《ツネタヾ》がいふ。

とあり、[22]『経雅記』第三巻安永四年閏十二月二十九日の条には、

一、同日、延暦大神宮儀式解草案校合畢、右注解去安永二年冬、予経雅爲二當職新任習禮一、候二于齋殿一之時、讀二延暦大神宮儀式一之處、古代所レ注、今世難レ解了件々有レ之、仍興二所存一以二古記一式文校正之、至二今月九日一編二件解全部參拾巻一也、尚尋二古老之説一可レ考二正之一、近々遣二件解三十巻於飯高

郡松坂住平宣長之許一、可レ聴二彼所存一也

と存することからも、[23]④の指摘通りに一旦脱稿したのは安永四年閏十二月壬午（九）日であって、校合が終了した日は同二十九日となることを確認できる。

⑤については、既に池山聡助氏が前掲論文で宣長の書簡より綿密なる考証を施され、

経雅記に見える如く、本書を浄書してその所存を聞くために松坂なる翁のもとに送り、翁はこれを二冊宛読了しては、おのおの所見を書き入れて送り還した。（略）安永八年二月四日の書状は、正月十三日の書状に対する返書であるが、同じく儀式解二巻を閲了したことが見える。（略）かくして三十巻を読み終るにいつ頃までかかったかは不明であるが、天明元年閏五月十二日経雅卿に充てた書状（宇治山田市白井清栄門氏蔵国学院雑誌十一ノ七）にはもはや儀式解の事は見えないから、すでに終了していたであろうと想像せられる。

と述べられており、[24]安永四年（一七七五）閏十二月二十九日から天明元年（一七八一）閏五月十二日までの約五年間に、宣長が『儀式解』を二冊ずつ閲読しては意見を付し経雅の元に送還しては、その意見に基づき経雅が『儀式解』を改訂したことは間違いないと思慮されるので、⑤も首肯されて良いであろう。私見によると、『儀式解』は安永四年の時点では宣長の著した『古事記傳』から多大なる影響を受けて一旦脱稿と校合が終了しただけであって、その後凡そ五年の歳月をかけ直接、宣長の所見を仰ぎ享受して同書改訂作業の完了する天明元年頃を『儀式解』の正式な完成時期と見なければならないと思慮する。そしてこの『儀式解』の完成というのは、経雅の手により神宮学に宣長の大成した国学を積極的に採り入れて、近世神宮考証学が樹立したことを意味する出来

事であったといえよう。

以上のことより、増補大神宮叢書附録「中川経雅卿編著解題　大神宮儀式解」説明の①〜⑤はすべて追認されることが容認できた。しかしながら『儀式解』執筆における真の動機については、不慮の禰宜補任の感激に基づくという動機もさることながら、経雅が禰宜の職務を遂行するにあたり、その規範や本義を追求するのに典拠となり得る唯一の根本史料として神宮最古の書『皇太神宮儀式帳』を想定し、この書を研究しその真価を見極めることによってのみ自己の職責を全うできるとした決意にこそ求められるべきであって、強調されなければならないと思われる。そして、『儀式解』の執筆に込められた廃絶した旧儀と神地の再興という請願は、禰宜職が担う祭祀の厳修と神宮の経営という二大責務に対する、経雅の本義追求から自ずと導き出されたものであることが思考された。この二つの私見を付言しておく必要性のあることが指摘されよう。

それでは、次に経雅の神宮考証学について考察してみたい。それを考察する場合、『慈裔真語』修身の学問・教養に分類される左の68―②の条文は重視しなければならない。即ち、

i　延暦當宮儀式・建久年中行事記寛正増加・荒木田氏系圖ハ禰宜至要の書なり、常に机右を遠さくへからす、又年中神事行事遂(逐)一存知し置へし、殊に新古沿革の次第、古實に暗けれは事に付て舊例を亂し恐るへく耻へきの限りなり、又神宮家々系譜常に心を用ひ生卒・叙爵・昇進年月名の傍に書付へし、

ii　詠歌ハ本邦の古風必詠習ふへし、連歌ハ神家中古よりの習俗なり、常に嗜むへし、但し萬葉集・古今集・後撰集・六帖等もて法則とすへし、拾遺集已下の撰集ハ法則とせす、博覧のため渉猟すへきなり、連歌をたしなむ時ハ伊勢物語・源氏物語をよく見るへし、

iii　又平日進退心得のため守武神主の世中百首よく〳〵味ひよむへし、

iv　又讀書學文の次第ハ孝經・論語・禮記・左傳・毛詩・周禮・儀禮・周易・尚書をよみ習へし、御國の書を解了する便とすれハ古注の方然へきなり、

v　次に古事記・日本書紀・代々國史・古語拾遺・律現存するは名例律・衛禁律・職制律・賊盗律なり、此外ハ當時闕たり、後々心懸け尋出すへし・令義解・同集解・弘仁式・儀式・延喜式・神宮の諸記文熟覧すへきなり、漢學ハ外國の道也、これを信して先とし國史及神宮の記文を不レ信か故に、次にするにハあらされとも、漢字を不レ知、字義を辨せされば諸書讀得かたし、但漢學は不レ爲とも神宮の記文・律令ハ必讀へきなり、

vi　又口宣・宣旨・御教書・下文・補任符并神宮解状・注進状・廳宣・番文・諸補任符・下文以下書法古實常に覚悟すへし、

vii　又萬葉集・空海性霊集・同便蒙・倭名鈔・新撰字鏡・本朝文粋等讀み考へ、古代の風義を検し、且ハ假名用法を正すへし、古風を不レ知假名正しからされは古書古記記す所の本意を見過るへき事多々なり、詩文暇を得嗜へし、空海の性霊集・本朝文粋ハ能く見るへき書なり、解状・注進・言上文を書けるに便有もの也、

viii　御國の語古今の旨を明らめ、二合・三合・發語・助語・雅語・俗語各能々考知へし、古語にくらく反切に暗からハ古書見難かるへし、雑書ハ心の趣所に随へき也、

ix　筆跡ハ強て嗜かゝる事に暇を費へからす、象形・指事・會意・指聲・轉注・假借の六義を辨し、字数多く知を善とす、又能ク字畫を正し書習へし、能書の人字畫を誤り字の用法を不レ知は惡筆に勝りて見苦しきなり、

x　又神宮古記文・國史を讀み和歌等學ひ習へる外ハ専務たらす、雑々の書籍・諸藝彼方に入、此方に入、亂雑に其事を習ひ學へは彼此共に上達せす、心得有へし、心の趣く所一・二ヶ事を定て學ふへきなり、専

ら各利に役せらるゝ人多し、ゆめ忽に心得へからす　（付番号・改行筆者行う）

とあるもので、[25] 経雅は先ず祠官修養の枢要となる勉学について諭し（右史料ｉに相当）、続いてその他に必修すべき学問とその習得法についても種々説明を施している（右史料ii〜xに相当）。この訓育は経雅の神宮考証学を象徴するものと捉えられるが、その彼が最も敬慕し影響を受けた人物及び学問として、筆者は戦国乱世にあって神宮故実をよく尊重遵守し後世に伝えた、経雅と同じ荒木田二門出身の皇大神宮長官禰宜、藤波氏経とその学問（以下、氏経学と称す）を挙げたいと考えている。なぜならば、その根拠としては、

ⓐ　経雅と氏経とは、時代を超えて、禰宜に補任された情況がよく類似しており、両者ともその感激より弥々神明奉仕に万全を期し、禰宜としての職務追求により、経雅の場合は『儀式解』を、氏経の場合は『建久年中行事記寛正増加』や『氏経神事記』はじめ『寛正三年造内宮記』等を執筆し、神宮の故実と伝統を伝承すべく偉大な学問的業績を後世に遺し得たこと

ⓑ　経雅の神宮考証学の中心に位置する『儀式解』の執筆には、『慈裔真語』を手掛かりとして検証すると、氏経学が必要不可欠であったこと

の二点が考慮されるからである。

先ずⓐについて考えるに、経雅の禰宜補任の状況については、安永二年十一月十三日（経雅三十二歳）、図らずも一禰宜、井面守和卿の闕替として栄えある皇大神宮禰宜・正四位下に任叙され、位階によって先補の禰宜二人を超え十員禰宜の第八座（八禰宜）に就くこととなり、その感激から廃絶した旧儀と神地の復興を請願し『儀

式解』の執筆に鋭意取組み、足掛け二年余りの安永四年閏十二月二十九日に脱稿。『儀式解』執筆の真なる動機が、禰宜の職務規範と本義を『儀式帳』に希求し、この書を研究することによってのみ、禰宜の二大職務ともいうべき祭祀の厳修と神宮の経営、換言すれば『儀式解』執筆の請願であった廃絶した旧儀と神地の復興とが全うされるという、経雅の決意にあったことは既に論述した。

一方、氏経における禰宜補任の情況はどうであっただろうか。『氏経神事記』（『氏経卿日次記』とも称す）冒頭には、

今度轉任事、氏經自二四月比一在京之處、七月三日、一經博卿逝去由、飛脚《舟木新左衛門》同四日申上尅ニ京著、氏貫神主望申、武家御執《奏》事申上處、神宮之故實毎事被二相尋一、其上今外宮造營折節轉任在國不レ可レ然之旨諸奉行支申、仍自二公方様頭人《津掃部頭、》開闔一《齋藤加賀守、》以二両使一、在國不レ可レ叶之旨被二仰出一止レ望、仍氏經捧二養父經満神主之款状一置二雑掌一猶經満神主為二子細談合一、同七日勢州ニ令二下向一、爰同八日、有二禰宜望輩一者可レ申二沙汰一之由自二頭人一氏貫許ニ被レ命、仍氏經之款状ヲ被レ捧、今度望人數、經満《従四位下》、經實《正五位下》、成春、經朝《従五位上》、氏經、守喜《従五位下》、守春等也、此等各理運可二注申一之由、自二公方様一《普光院殿》被二仰出一、祭主清忠卿各理運段被二注申一中ニ氏經ハ神宮故實ヲ傳家之由被二注申一、有レ御二覧是一而云二上首一云二年齢一可レ爲二經満一之由御定、暫有二御思安一而、但爲レ神可レ爲二氏經一之由被レ仰則御執奏、仍被二宣下一畢、氏經廿五日上洛之處、令二轉任一之由父氏貫神主被レ申、乍レ捧二養父經満之款状一争諍乎、其上令（今カ）両父ヲ令二超越一之條、且神慮叵レ測、且背二仁儀禮一之條、迷惑進退谷之處、氏貫相計申二沙汰一、既被二宣下一上者、不レ可レ及二是非一旨被レ命、仍傳奏三條按察大納言殿ニ御禮分持參處、禰宜者爲二御祈禱一被レ補者也、禮分事不レ可レ然之由被レ仰、悉被二返下一畢、其後經朝、氏久、經見等轉任之時、同傳奏一銭モ不レ召云

云、今度氏經轉任次第不慮儀共也、仍殊凝二信心一無レ憚ニ以二自由之儀一、神事供奉不レ可二懈怠一、亦別宮等
祭禮必自身可二參勤一之旨誓願ス、

とあって、[26]氏経三十一歳の永享四年（一四三二）七月初旬、禰宜の欠員ができ氏貫（氏経実父）が後任を願い出たが、神宮故実に詳しい氏貫は当時京都にあって外宮御造営について朝廷の諮問に預かっていたので、朝廷は氏貫が禰宜となり伊勢へ戻られては困るので願いを聞き入れることはできなかった。そこで氏貫は氏経を推挙することとなり、禰宜職をめぐっては中川経満（氏経養父）以下七人の競望となったが、当時、公方であった足利六代将軍義教は、席次と年齢からすると経満が順当であると一応は考えたが、「神の為」には氏経であると決め直して朝廷に執奏。祭主清忠も氏経には神宮故実を伝える家との注申を添えていたので、実父並びに養父を凌いで、氏経が栄えある皇大神宮禰宜に補任されることとなった。このような不慮の禰宜補任の情況に氏経は深く感激しつつ、再度引用するが「今度氏經轉任次第不慮儀共也、仍殊凝二信心一無レ憚ニ以二自由之儀一、神事供奉不レ可二懈怠一、亦別宮等祭禮必自身可二參勤一之旨誓願ス」と神明に誓うこととなった。

以来、氏経は五十六年の生涯を通じて、神宮史上数ある神事日記の中で白眉とされる『氏経卿日次記』を書き続けたのをはじめ、建久三年（一一九二）に井面忠仲が著わした『建久年中行事』を寛正当時の状況も補いながら書写し、『儀式帳』に次ぐ年中祭祀の奉仕規範となる貴重な中世史料『建久年中行事寛正増加』を後世にもたらし、また、氏経自身が全責任を負って勤仕した遷宮記録である『文安二年内宮假殿遷宮記』『寛正三年造内宮記』『文明十一年風日祈宮遷宮記』等を執筆したのであった。

それから、氏経の手を経て今日我々に伝えられた貴重な古記録も数多く存する。例えば、神宮の中世所領関係史料の『神鳳抄』や『天養記』は現在共に重要文化財であり、国宝『玉篇』（紙背文書『皇太神宮禰宜譜図帳及禰

宜補任次第』）は氏経子孫の藤波家に伝わったものであった。これら神宮を研究する上で欠かすことのできない数多くの史料は、偏に氏経の不慮の禰宜補任に対する感激と、その職務追求からなされた所産（＝氏経学）であったと思われる。永享四年に氏経の禰宜補任がなければ、きっと式年遷宮が百二十年間中絶する以前の情況を正確に伝える中世神宮史料群は、今日見られるような形で遺されたかどうか甚だ疑問である。

以上のことから鑑みれば、経雅（三十二歳）と氏経（三十一歳）とは、時代を超えて、ほぼ同年齢で図らずも禰宜に補任された感激を以て、その職務追求から、経雅の場合は『儀式解』を、氏経の場合は『氏経卿日次記』をはじめ『建久年中行事寛正増加』『寛正三年造内宮記』等を執筆し、神宮故実の伝統を伝承すべく偉大な学問的業績を後世に残し得たことが解明されたといえよう。

次にⓑについて考察するに、宇仁一彦氏が「大神宮儀式解の著者荒木田經雅神主を偲ぶ―百五十年祭に際して―」において、

> 大神宮儀式解の内容に關する批評は、此の倉卒の一文のよくするところではない。博引旁証精緻を極め、敢て奇説を唱うることなく、難解の箇所には疑問を存し、実に穏健中正な態度がとられている。語義については谷川士清、本居宣長の説が最も多く引かれ、祭祀行事に關する考証に至っては神主の独擅場となっている。今日儀式帳を容易に讀み得るのは、經雅神主の學問的業績に負うこと勿論であるが、儀式解の著によって儀式帳の重要性が宣揚せられ、後進が與えられた精神的影響の大きいことにこそ注意しなくてはならない。

と述べられ(27)、『儀式解』の有する二つの大きな特徴（甲・乙）として、（甲）「語義については谷川士清、本居宣長

の説が最も多く引かれ」ており、また（乙）「祭祀行事に關する考証に至っては神主の独壇場となっている」との興味ある指摘がなされていることをまずは押さえておきたい。そこで実際に『儀式解』を繙いて、（甲）の語義解釈について確認すると、「谷川士清、……」「平宣長、……」という形式で士清や宣長の説（＝国学）がたくさん散見でき、[28]『慈裔真語』修身の学問・教養に相当する条文にも、

148　一、（略）國學ハ祠官の族、身のつとめ家のつとめなれハ、是を廢てハ父祖の跡をつきかたし、（略）

とあって、[29]経雅は国学を神宮祠官肝要の学として位置付けていたことが判然としており、宇仁氏の指摘通り『儀式解』における語義解釈には、国学を多用しての解釈論を展開していることが認められよう。つまり、このことは経雅の神宮考証学の大きな特徴の一つ（羽翼にあたる）に国学の多大なる影響があったことが首肯されるのである。そして（乙）の祭祀行事の考証は経雅の独壇場であったとの指摘については、『儀式解』において数多の神宮独自の史料を駆使して、『儀式帳』のあらゆる祭祀行事に関する條文に注解を施していることが見られるので、これも宇仁氏の指摘通り経雅の独壇場といっても差し支えないことを確認できるが、この興味ある指摘は残念ながらここで止まっており、その具体的な学問について何ら言及されていない。しかし筆者はその学問こそが、経雅の神宮考証学の根幹をなすものであって、実はそれが氏経学にあったと想定している。この想定の是非を『慈裔真語』を手掛かりとして、今から検証してみたい。同書祠官心得の襧宜項目に分類される条項には、

77　一、神宮家の面々常に讀むへきハ延暦大神宮儀式・建久年中行事・同寛正增注・代々御遷宮記・永正記机右を放へからす、（略）

97　一、代々長官宮務の日記一覧すへし、これに暗けれハ宮務ハ執かたかるへし、古代神宮舊記・近世日次の雑記をも不レ知して事をはからへるハ危殆累卵のことし

135　一、禰宜・権禰宜并諸内人・諸物忌・諸職掌人款望の先例・同任用の時、位階を申、作法・補任符の様等、古記・近例の旨能々糺明し置へし、氏經卿日次記・公文筆海・公文翰林・公文初心等の抄常に考へ置へし（略）

とあり、[30]この77条から神宮祠官机右の書として『儀式帳』に次いで、まず氏経関与の書である㋐『建久年中行事』『同寛正増注』が挙げられ、次に㋑代々の『遷宮記』と㋒『永正記』を取り上げていることが看取される。そして97条からは神宮の宮務には代々長官宮務の日記を一覧しておく必要性が諭され、わけても135条で禰宜職以下款望の際には、その長官宮務の日記の雄と賞賛される㋓『氏経卿日次記』を筆頭に挙げて説かれていることが認められる。それでは次に、これら『慈裔真語』で重視された氏経関係諸書がいかに経雅の神宮考証学、引いては『儀式解』にどのような影響がもたらされているのか、実際に確かめてみよう。先ず㋐『建久年中行事』『同寛正増注』については、櫻井勝之進氏は『伊勢神宮』の中で、

私どもはいま神宮の古儀を知るためには儀式帳や延喜式とともに建久三年（一一九二）につくられた『皇大神宮年中行事』を貴重な史料としているが、この建久年中行事はじつに氏経神主のおかげで今日に伝えられたのである。そこには寛正五年（一四六四）当時における奉仕の実際も書き加えられて、平安末期から室町時代にかけてのくわしい事情がわかる、これは唯一の記録である。

と論ぜられ、[31] 氏経が伝えた寛正加注も含めた『建久年中行事寛正増注』の重要性を示唆されているが、経雅が『儀式帳』を研究し注解を施す際、最も必要だったのはこの『建久年中行事寛正増注』であって、『儀式帳』を解く鍵とまでいっても過言ではなかろう。『建久年中行事寛正増注』奥書には、

本書
夫五十鈴原御鎮座者、漸及二一千四百八十餘年一、其間累葉相承之輩、祭禮拝禮勤、尋二舊跡一致二其拝趨一者也、然而世及二澆季一、人多有二懈怠不信之意一、而省略相交歟、仍且爲レ勸二敬神之心一、且爲二萬代亀鏡一、供奉神事次第、供祭調備作法、詞舞拝禮議(儀カ)式、大概勒レ是、不レ顧二後生之嘲一、殊不レ恥二惡筆一、注二置此一巻一之條、只偏依レ存二神忠功一也、

寛正五年甲申三月　日

皇太神宮一禰宜氏經

右件年中行事者宮掌大内人忠仲注置之者也、然後権禰宜常通匡興等令二相傳一焉、爰亦一禰宜従三位氏經卿、於二上代之説一者不レ改レ之、記二當時議(儀カ)式一、是偏傳二當家一秘蔵、依レ有二古質一也、然之間去文明八九暦之比、以下及二八十一老筆上令二書寫一、與二之於予一、慈恩之至雖レ爲二歡喜心一、依二度々亂一令二失却一者也、雖レ然又以二彼卿之自筆遺本一書レ之矣、是便積善家有二餘慶一故乎、件氏經依レ多二敬神心一、一座令二昇進一遂二上階一訖、其皇太神宮禰宜等者、致二天下御祈禱一、國家第一重職、朝家清撰之器也、誰尋二氏經之舊跡一、不レ仰レ之乎、

明應第三甲寅十二月十三日

孝孫太神宮禰宜守晨在判

右本者以二守晨自筆一令二書寫一畢

于時明應八年七月廿六日　　皇太神宮禰宜守保
守彦
京都ヘハ守保ト□
神宮テハ彦

右件書者爲二禰宜後代亀鑑一之間□□□□（令書写者カ）也
于時元和三丁巳年今月今日（以下破損）

元禄六癸酉年仲春吉日　　中川四神主經冬印

事崇二舊蹤一教随二先哲一、兎園之冊載在二于茲一、曾祖經冬加二修理一蔵二于家一、積年暫使二白魚棲一、頃日不レ便二乎披飜一、僕偸二齋居之隙一補、以長傳二子孫一、讀レ之懋レ之、神忠勿レ怠レ敬哉

享和三年仲冬既望　　禰宜荒木田經誼　　（傍点筆者付す）

とあり、(32) この奥書により本書は氏経がその将来を嘱望し禰宜に推挙した外孫の薗田守晨（一四六六～一五一六）に、戦国乱世にあって神宮故実の伝統を明らかにし、その亀鑑を示すべく寛正五年三月に加注し書写して与えた書であり、その最善本は中川経冬所蔵本であったことを知り得る。その経冬所蔵本を現に経雅は叔父の経相（中川本家当主）より借り受けて、明和元年（一七六四、経雅二十四歳）閏十二月に書写しているのである。(33) また『儀式解』巻第三「禰宜職祝定」項では、

さて大御神の宮の禰宜に任《メサ》れてよりは、天皇皇子等の大御命《オホンイノチ》永く久く天の下静《シヅカ》に、百官ニ供ヘ奉人等人民等平《タヒ》らかに、五穀物豐《イツクサノタナツモノユタカ》ならんことを平日《ツネ》に大御神に祈申《ノミマヲ》すとなり。如此る例によりて昔より今の代まで

朝暮の悃禱怠慢《オコタル》こと無し。その告刀、年中行事、（正月十一日、）天ノ下知シ食ス寶ノ位無レ動、常石ニ堅石爾夜ノ守日ノ守ニ護リ幸ヒ給ヒ、阿禮坐ス御子達ヲモ慈給ヒ、百官奉仕人《モヽツカサニツカヘマツルヒトタチ》等ヲモ慈給、四方ノ人民ノ作食ル五ノ穀豐饒ニ恤幸ヘ給ヒ云々、と見え、其ノ餘年中諸祭ノ告刀此ノ事の漏《モレ》たるは無《ナ》し。職掌の最要たればなり。

と説かれ、（34）『儀式帳』所載の禰宜の奉仕精神を記した貴重な条文注解に、経雅は『建久年中行事（寛正増注）』（35）正月十一日条の告刀文に基づき解説したのであった。その上、右史料の割注で「本宮祠官位職を申す款状にも、皇大神宮祠官者、朝廷奉祈之職、皇家清撰之器也、と注せり。是古今の例なり。」と記述される禰宜を表わす特異な表現について は、『経雅記』第五巻安永六年正月朔日条に、

（傍線筆者付す）

一、同日、予（經雅）・九氏式・十守諸安永二年加階至二今年一五箇年也、仍任レ例可レ申二一階一之間、自二舊冬一令二示談一、今日調二款状等一付二四經高一令レ捧レ之、其状云、

皇太神宮禰宜正四位下荒木田神主經雅解申進二祭主三位裁一事

請殊蒙二　天恩一、因二准先例一、關二正四位上之　宣下一、彌抽二御祈禱之忠勤一状

右謹検二舊典一、太神宮禰宜者　朝廷奉祈之職、皇家清撰之器也、因レ茲浴二　朝恩一、關二順次之加階

一、致二御祈禱一者、　聖代之佳例、　神宮古今之通規也、爰經雅、安永二年十一月十六日、被レ叙二正四位下一、励二丹誠一者五二年于斯一、伏望請　天恩以、因二准先例一、除二正四位下一、授二正四位上加階

一、益抽二　寶祚長久・國家安全之御祈禱之忠勤一者哉、　經雅誠恐誠惶謹言

安永六年正月　　　　禰宜正四位下荒木田神主經雅上

と見られ、[36]実際に経雅も位階昇叙の款状で使用しており、この表現は先に掲出した『建久年中行事寛正増注』奥書に存する守晨識語の「皇太神宮禰宜等者、致二天下御祈禱一、國家第一重職、朝家清撰之器也、誰尋二氏經之舊跡一、不レ仰レ之乎、」とあった表現に倣ったものであると見られ、おそらく氏経以来代々の神宮祠官が尊重し遵守してきた表現であったと思われる。だから経雅も『慈裔真語』祠官心得の禰宜項目で分類された第一条で、

1　一、（略）殊に禰宜等ハ　寶祚長久・天下泰平を祈れる職なり、彌神事参勤怠たりあるへからす、皇大神と大朝庭の恩頼により國平らかに萬民安堵のおもひをなすなり、朝夕　寶祚の長栄を祈り奉るへし

とし、続く第二条において、

2　一、大神宮の正権禰宜は皇家清撰の器なり、（略）

と表現したものと考えられる。[37]

次に㋓『氏経卿日次記』については、先程も取り扱った禰宜補任並びに叙位階の款状にも関わることだが、経雅は『儀式解』巻第十六「禰宜内人物忌等職掌行事・禰宜」項で、

○禰宜は宣下職にて他の職掌人に異なり。當職を申すは公文抄に見えし如く、権禰宜款状を上れば、祭主これに擧状を副《ソヘ》て上卿に上り、上卿これを奏して勅許あるなり。その口宣案、氏經卿ノ日次ノ記に、

上卿今出川大納言
享徳三年七月廿三日　宣旨
以二皇大神宮権禰宜従五位下荒木田神主守則一、
宜レ令レ轉二補同宮禰宜經久闕替一、
蔵人頭右近衛権中將兼越後守源雅經奉
上卿勸修寺大納言
文明八年五月四日　宣旨
以二皇大神宮権禰宜従五位下荒木田經任一、
宜レ轉二補同宮禰宜永量闕替一、
蔵人頭右近衛権中將藤原實隆奉

と見え、蔵人より史に移し、史より祭主に申下文あり。今もたがはずて、口宣案、宣旨、祭主下文、司符等あり。文案皆古の如し。

と記述し(38)、禰宜が神宮きっての重職であり、その補任の宮務について『氏経卿日次記』を引用し説明していることが見られ、また『儀式解』巻第二「御鎮座」項では、天照大御神の伊勢御鎮座伝承について、『日本書紀』垂仁天皇二十五年三月条と同一書の条文を列挙した上で、

掛巻《カケマク》も畏《カシコ》き五十鈴の大宮地《オホミヤドコロ》は、大御神高天ノ原に御坐《オハシマ》せし時視《ミ》そなはし定《サダ》めたまひて、終に此所に鎮《シヅマ》り御坐《オハシマ》すなり。外宮儀式、天照シ坐ス皇大神云々、于時《トキニ》大長谷《オホハツセノ》天皇御夢爾誨覚賜久《ヲシヘサトシタマハク》、吾《アガ》高天ノ原ニ坐氏見志眞《ミソナハシマ》

岐《ギ》賜《タマヒシ》志處《トコロ》爾《ニ》志《シ》都《ヅ》真《マ》利《リ》坐奴《マシヌ》、と見えたればかく大御意も鎮《シヅマ》りたまふべし。古老の傳《ツタヘ》に、大御神家田ノ田上ノ宮に御坐《オハシマス》の時、倭姫ノ命宇治土公の遠祖《トホツオヤ》大田ノ命に、汝國名《イマシガクニノナハ》は何《イカニ》と問《トヒ》たまふ時佐古久志呂宇遅國《ウヂノクニ》と申す、又好宮處《ヨキミヤトコロ》ありやと問たまふ時宇遅の五十鈴の川上は勝《スグレ》たる地《トコロ》なり、其所《ソコ》に翁が世八萬歳の間にも見しらぬ奇異物《アヤシキモノ》ありて月日の如く耀《カヾヤ》けり、小《ユキ》縁《ミ》の物ならじ、さだめて主出現御坐《アラハレオハシマ》すべし、其時に上《タテマツ》らんとかしこにまつれりと申せり、仍倭姫ノ命往《ユキ》て見《ミ》そなはせば、太古《イニシヘ》大御神うけひたまひて、豐葦原ノ瑞穂ノ國の中に伊勢ノ加佐波夜乃國《カサハヤノクニ》は勝《ヨキ》宮地なりと見そなはし定めたまひて、天上《アメ》より投下《ナゲオロ》したまひし天逆大刀《アメノサカタチ》、逆鉾《サカホコ》、金鈴《コガネノスヾ》これなり、いと悦《ヨロコボ》ひたまひ其所《ソコ》を宮處と定めて大御神を遷し奉りたまひしといへり。實《マコト》に古《フル》き傳《ツタヘ》なるべし。倭姫命世記にも此事を注し置きたり。又氏經卿日次ノ記、永享十年十一月廿五日一ノ禰宜守房神主巳下連署ノ注進、天照皇大神五十鈴ノ原之《ノ》御鎮坐者《ハ》、従二高天原一下二霊寶一ヲ下津磐根ニ大宮柱自《ヨリ》レ被《ラレシ》二太敷立《フトシクタテ》一以来無二其ノ動一之《ノ》處、又同年同月豐受ノ宮ノ禰宜連署ノ注進、號二今神明一ト致二大神宮ノ御殿造立一ヲ子細ノ事云々、謂二御鎮坐之《ノ》在所一ヲ者、往昔御降臨以前先自《ヨリ》二天上《アメ》一志天《シテ》投下降給布五十鈴御寶《イスヾノミタカラ》并日之《ヒノ》少宮圖形《ワカミヤノミカタド》文形《モヲ》等上、然後尋下自二高天原一所レ下之《ノ》驗物上ヲ、可レ有二御鎮坐一之由神宣之《ノ》間、有二美宮處一利度見定給布在所今之《ノ》宮地是レ也、と見ゆ。猶古老識者につきてよく思ひ明むべし。

と、[39]『止由気宮儀式帳』の意図するところを古老の伝えと共に、経雅は『氏経卿日次記』所収記事を尊重し注解に使用していることが認められる。これは経雅が神宮の古伝承を論じる際に本書を判断基準となる書として位置付けていたことを物語っているものと思われる。ところで、経雅には『明和記』と『経雅記』という二つの神事日記が存在する。この両書について「大神宮儀式解附録、中川経雅卿編著解題」当該項目では、

一、明和記　二十巻　　神宮文庫所蔵第一門第四三六八號二十冊自筆本

一（明和元年六月より同十月に至る）二（同年十一月より同閏十二月に至る）三（明和二年）四（明和三年正月より同五月に至る）五（同年六月より同十二月に至る）六（明和四年正月より同七月に至る）七（同年八月より同閏九月に至る）八（同年十月より同十二月に至る）九（明和五年正月より同四月に至る）十（同年五月より同八月に至る）十一（同年九月）十二（同年十月より同十一月十二日に至る）十三（同年十一月十三日より同十二月に至る）十四（明和六年正月より同四月に至る）十五（同年五月より同八月に至る）十六（同年九月）十七（同年十月より同十二月に至る）十八（明和七年）十九（明和八年）二十（明和九年正月より同安永元年十一月十九日に至る）

一、経雅記　巻数不明　　神宮文庫所蔵第一門第四二五三號三冊、第一門第四二五二號十二冊計十五冊自筆本

一（欠）二（安永三年七月より同十二月に至る）三（安永四年）四（安永五年）五（安永六年）六（安永七年）七（安永八年）八（欠）九（安永九年十月より同十二月に至る）十（欠）十一（天明二年）十二（天明三年）十三（天明四年）十四（天明五年）十五（欠）十六（天明六年七月より同十二月に至る）十七（天明七年正月より同六月に至る）十八（同年七月より同十二月に至る）十九―三十三（欠）三十四（寛政五年九月より同十二月に至る）以下欠

右の二書は卿が祠官としての公務に関する家牒にして、前者は正員禰宜轉補以前の筆録にかゝり、守秀長官家の公務を処理したる時代のもの、後者は正員禰宜轉補以後の筆録に属す。共に日記体の漢文を以て誌せり。慈裔真語に、明和年中に至りては、専守秀長官家の公用を勉め、本宮別宮の遷宮雑事の沙汰、日々長官家に出、度々御奉行所に参り、〇中略明和以来殊正員轉補の後は、日々在状諸神事参勤の面々勤仕作法を記して日々これを怠らず、後年の便とせんとす、と見ゆるもの是なり。

と解説されている。[40] この解説文で使用された『慈裔真語』173条中の文章を改めて見てみると、

173 一、（略）①其後明和年中に至りてハ、専守秀長官家の公用を勉め、本宮・別宮の遷宮雑事の沙汰、日々長官家に出、度々御奉行所に参り、殊神宮の御用、或年賀・臨時・賀慶等の神宮使となり、京都・江戸に往向事数十度なり、（略）轉任後家に在りてハ、専ら安濃津八町谷川淡齋士清・飯高郡松坂魚町本居春菴宣長につきて、國學・國歌を習ひ學ひ、その中ことに日本紀・續日本紀・萬葉集・令義解をよみ校へ、又神宮の舊記・朝家の記録、凡四百巻を謄寫してこれを蔵せり、又古事記・日本紀・續日本紀以下・姓氏録・職原抄等の類のことき板行の書といへとも、各古寫本を尋出し糺正し、古人の所考をその所々に記し、諸書を以數度校合を加へ、又明和以来、②殊正員轉補の後ハ、日々在状・諸神事・參勤の面々、勤仕作法を記して日々これを怠らす、後年の便とせんとす、（略）同六年、（略）父の遺跡を継まく日夜思慮するに、己を達せんと欲せハ先人を達すへきなれハ、學問・書寫の暇隙にも寛やかに心得すして、①守秀卿以来代々長官の家事を勤め、官事宮務を指揮し、其在状を家牒にしるして、後日の便にせんとし、（略）

（傍線・丸数字筆者付す）

とあって、[41] 解説文が指摘した通り右の傍線部①が『明和記』にあたり、傍線部②が『経雅記』にあたっていることを確認できる。つまり経雅は権禰宜時代に『明和記』を、禰宜時代には『経雅記』を著述しており、両書を繙くと、確かに『明和記』は経雅が権禰宜兼長官政所を勤めていたことを反映してか宮務記事が一番極立って多く執筆されており、一方の『経雅記』は禰宜という職務上からか祭祀奉仕の記載事項が充実している感のあること

が窺える。そもそも両書が執筆されたのは自分自身も含めた後世の祠官たちの実用の便に供するためであることは疑う余地がないであろう。しかしそれに留まらず『儀式解』を生んだ経雅の学問的基層に歴代祠官たちが遺した神事日記の持つ重要性を強く認識する部分があって、自らも神事日記を書き綴ったのではないかと推察される。なぜならば先に掲出した『慈裔真語』77条はじめ97条及び135条での記述内容は、神宮の宮務には代々長官宮務の日記と古代の神宮旧記や近世の日次記までを一覧しておく必要性が説かれ、且つ『氏経卿日次記』の重要性を主張するものであったからである。従って『慈裔真語』170条で、

170　一、時々見及へる書籍・古記寫書へし、又神事記以下書記怠へからす、紙ハ吉野紙・美濃紙用へし、墨ハ磨用へし、墨壷に溜用へからす、装潢米糊を用へからす、黄栢汁糊又ハ生麩を用ゆへし、杉原紙・糊入紙の類用へからす、紙魚の用心第一の事なり

と記して、[42]経雅は神事記の筆録を励行すると共に、それに資する筆記具までも指定したのではなかったかと考えられる。そして、『明和記』と『経雅記』が書き続けられた期間は、『氏経卿日次記』のように五十六年間の長さに及ぶものではないとしても、現存する両書より類推される期間は、明和元年六月（一七六四・二十三歳）から寛政五年十二月（一七九三・五十二歳）までであって、少なくともおよそ三十年間にも及んでいる。個人が実事を記録し続けた神事日記という点とその量からは、両書は近世神宮祠官の神事記録類において突出した存在であることは間違いない。宇仁一彦氏は『内宮長官藤波氏經神主を讃う』の中で『氏経卿日次記』を評して、

永享四年氏經神主が三十一才の時、禰宜に補任せられた次第に始まり、文明十八年十二月十五日「予は脚気

に館までも不參」と記して筆を擱いた五十余年の奉仕日記は、種々な意味で極めて尊い記録である。（略）神宮御經營関係では神領の実状が見られ、一般信仰状態では籠（修行者）や館（御師の宿坊）のこと、大橋勧進、将軍參宮の状況などが記されている。御山の立木保護の事、白拍子のことなど風俗史の方面からも興味の深いものがある。此の性質は公的記録ではなく、個人の記録としての神事日記であるが、私生活の事に及んでいないのは氏經神主の風格の高いことを示している。

と、氏経の『氏経卿日次記』執筆にあたっての基本的姿勢を論述されている。[43] 筆者もこの意見に賛同するものであって、どうも経雅はこの氏経の執筆姿勢に倣って『明和記』も『経雅記』も私的な要素は一切排除して、神宮祠官として公的な立場に基づく記載にのみ専念して筆が執られたものと解釈している。そのようなことから、経雅の『明和記』と『経雅記』は、いわば近世の『氏経卿日次記』と称しても良いのではないかと思っている。

それから㋑代々の『遷宮記』については、『儀式解』巻第七「新宮造奉時行事用物」項において、

當宮造替二十年一度の制は天武天皇の勅願に起れり。雑事記、天武天皇ノ白鳳十四年ノ官符、二所大神宮ハ自今已後廿年ニ一度新宮造替可レ奉二遷御一、宜二ク長キ例一トス者也、又朱雀三年九月廿日、依二左大臣宣一ニ奉レ勅伊勢二所大神宮ノ御神寶乎差二勅使一被レ奉レ送畢、色目不レ記、宣旨ノ状ニ稱、二所大神宮之《ノ》御遷宮ノ事、廿年ニ一度應レ奉レ令二遷御一、立爲二長例一也云々、抑朱雀三年以往之《ノ》例、二所大神宮ノ殿舎御門御垣等波、宮司相二待破損之《ノ》時一ヲ奉二修補一之例也、又持統女帝皇、即位四年庚寅、大神宮ノ御遷宮、同六年壬辰、豐受大神宮ノ御遷宮。大神宮例文、白鳳十三年當レ作二朱鳥五年一、例文誤寫。庚寅九月大神宮ノ御遷宮、持統天皇四年也、自二此御宇一造替遷宮被レ定二置廿年一、但大伴皇子謀叛時依二天武天皇之御宿願一也。寛正造内宮記、依二清見原天皇ノ御願一、持統天皇四年庚寅、有レ造二進東宮一ニ賜レフ令レ奉レ成二シ遷御一ヲ、其ノ後者ハ二十年ニ一

度、東西ニ打替打替遷幸御坐ス御事、雖レ爲二一事一不レ違二先規一ニ、奉二執行一シ者、古今ノ定例、神宮ノ忠勤也、といへり。持統天皇後遷宮は代々の記文神宮の古記往々に記し、建久假殿遷宮より以来は時々遷宮記文或假殿遷宮記文大凡連綿して存し明らかにみえたり。持統天皇已来は年限違《タガ》はず。仍此ノ儀式にも常ニ限二二十箇年一ヲ一度新宮遷奉と記せり。

と論じ[44]、神宮最大の厳儀である式年遷宮について、その起源の根拠を『太神宮諸雑事記』の記載に求め、それを補強する形で『大神宮例文』の記述を引用した上で、建久以来の数ある『遷宮記』の中で、特に氏経著『寛正三年造内宮記』を注出し、その条文に従って解説を加えているのは、経雅の『儀式解』における本書の象徴的な取り扱い方であると見られる。そして氏経の神忠と努力によって中世最後の式年遷宮であった寛正遷宮が無事に斎行された時点まで遷宮の古儀が厳守されてきたことを尊重する思考が経雅にあったからに相違ないであろう。その遷宮記録である『寛正三年造内宮記』は、多角的な視点による豊富な内容と数多の貴重な史料を包含するという両面から現存する遷宮記中、最も整備された書と称され「遷宮記の白眉」と絶賛されているが、経雅が遷宮を論じる際の大きな指針となったことは充分に首肯できるものと考えられる。因みに経雅の学友で宣長門下の菊谷末偶の名著『寛政遷宮物語』は『寛正三年造内宮記』を模範として、氏経学から多大なる影響を受けながら執筆されたことをここに披瀝しておく[45]。このような経雅や末偶に代表される江戸後期に活躍した神宮考証学者にとって、乱世でありながら遷宮をはじめとしたあらゆる神宮の古儀や伝統を後世によく伝承した氏経とその学問（氏経学）の存在というのは、やはり一つの大きな目標であり憧憬でもあったとさえいえるのかも知れない。

そして最後に㋒『永正記』については、経雅は『儀式解』巻第三「祓法定」項で、

神宮の祠官、諸穢、禁忌、假服、月水等の忌事よく思ひ明らめ、古法のごとくして少しも犯すべからず。必

しも私意を用べからず。喪葬令、法曹至要、法曹服假抄、類聚服假雜穢抄、文保記、永正記、明應服假令、天和服假令などを點検し、故實を失はずしてその事々糺正しはからふべし。ゆめ〱私意を加ふべからず。

と述べ、(46) 神宮祠官の触穢・禁忌・仮服等の斎戒規定に関する重要書の一つとして、薗田守晨が「故三品氏經卿之遺命蹤跡ヲ仁綷起、更以レ非二私曲一也」(47) として撰じた『永正記』を挙げており、『儀式解』巻第三「種々事忌定」項でも、

〇佛法を忌み嫌ふは（略）氏經卿神事記、永亨十三年辛酉正月十一日、近日宮中ノ館々參籠之ノ僧尼讀經之ノ沙汰在レ之、剰大般若經安置之ノ館在レ之云々、今日以二祓ノ事會合ノ次一ヲ一同ニ長官之館ニ參、此由ヲ被レ申、一ノ神主會テ無二存知一、急可二相觸一之返答云々、大般若經ノ事扇屋ノ館ニ安置之由風聞之間、被レ立レ使ヲ之處、則チ里ニ出ス之由申ス。年中行事、九月十七日、件ノ日祭禮、當時勤行之ノ儀式并昇殿忌火潔齋之ノ次第、能々可二思慮一也、又今日僧尼服氣之ノ輩女人ヲ不レ入二宿館ノ内一ニ。永正記、内外ノ七言、佛ヲ稱二中子一ト、經ヲ稱二染紙一ト、塔ヲ稱二阿良々伎一ト云々、致齋散齋及番直勤仕之ノ時、僧尼同宿同火禁レ之、修二佛事一ヲ日、神事參勤禁レ之。

（略）など見えたり。

とあって、(48) 氏経の編述書を代表する『氏経卿日次記』『建久年中行事寛正増加』と共に『永正記』を列挙しているが、これは経雅が氏経の学統を継承した守晨撰による『永正記』を、氏経学を構成する貴重な著作と認識していたからではないだろうか。(49)

これらの他にも氏経の編述及び関係諸書は『儀式帳』を明らかにする基本史料（指針）として『儀式解』の中

で縦横無尽に用いられている。しかし、ここではその個々について直接的な考証は差し控えるが、それらが『儀式解』のどのような箇所で重視され採用されているのか簡単に例証を挙げて説明を加えておきたい。例えば、氏経編著の『荒木田氏系図』は『儀式解』における禰宜職を輩出する家柄、天見通命を始祖とする荒木田氏の出自を論じる箇所で、また『内宮八箇請屋日記』は『儀式解』における皇大神宮大宮院をはじめとする各殿舎や祭祀施設の考証に、そして、氏経関係諸書の『神鳳抄』は『儀式解』における御遷幸地と神田・神戸等の神領地を論じる箇所で、また『寛正送官符』は『儀式解』における餝金物と御装束神宝の実証等に採用されていることが確かめられる。

以上のことから、経雅の神宮考証学には藤波氏経と氏経学の存在は重要であって、そもそも経雅と氏経とは禰宜に補任された情況がよく類似しており、両者ともその感激より弥々神明奉仕に万全を期し、皇家清撰の器と讃えられる禰宜としての職務追求により、経雅の場合は『儀式解』をはじめとした数々の著作を、氏経の場合は『氏経卿日次記』はじめ『寛正三年造内宮記』、或いは『建久年中行事』『同寛正増注』や『神鳳抄』等の編著書に代表される氏経学を確立したのであった。そして『慈裔真語』に記された神宮祠官が習得すべき訓戒を手がかりに氏経関与の編著書がいかに経雅の著書に大きな影響を与えるものであったかを検証すると、氏経学は『儀式解』に最も色濃く反映されているのをはじめ『経雅記』の執筆姿勢までも規定するものであったことが看取された。故に、経雅の神宮考証学の根幹をなすのはまさしく氏経学であって、その羽翼として国学の存在があったと考えて良いと思考された。因みに、神宮学に国学が本格的に採り入られ神宮考証学が形成されるようになった起因については、経雅が林崎文庫中興の祖と讃えられた内宮権禰宜兼副大物忌父で宇治年寄（谷川士清の娘婿）でもあった蓬莱尚賢《ほうらいひさかた》（一七三九～一七八八）を仲介として宣長と師友関係を結んだことに依拠するものであると推定される。

四　『儀式解』の特徴と本居宣長の『古事記傳』の影響

『儀式解』と本居宣長の『古事記傳』との関係についてはじめて論及されたのは、岡田米夫氏「古事記傳稿本の基礎的研究（上）（中）（下）」である。岡田氏は『古事記傳』の稿本は（1）第一稿本〈自筆初稿本〉・（2）第二稿本〈第一稿本の整理浄写本〉・（3）第三稿本〈第二稿本の増補訂正本〉・（4）第四稿本〈版下稿本〉の四種類に分類され、経雅が書写した『古事記傳』の稿本は（2）第二稿本にあたることを論じられ、その（1）（2）（4）の作成過程における特徴を分析すべく左の如き比較表を作成し考察された。

今本居本について一覧する期を得ないために、その寫眞版の稿本十七之巻（版本は巻十八）の巻頭及び巻之四十四の末尾とを、第二類の脱稿浄寫本なる尚賢・經雅手寫本幷びに酒井忠躬奉納本のそれと比較し、更に又これを版本と對比して、その然る所以を説明し、重ねて第一稿本の價値批判をも、行ってみたいと思ふ。

今これを左の實例についてみよう。

〔自筆初稿本第一稿本〕

古事記傳十七之巻正月廿三日始 四ノ五清書始

〇カムヤマトイハレビコノ命ソノイロセイツセノ命ト二バシラタカチホノ宮ニマシ〲テハカリ玉ハクイツレノトコロニマサバカ天ノ下ノマツリコトヲバタヒラケクキコシメサムナホヒムカシノカタニコソイテマサメトノリ玉ヒテスナハチヒムカヨリタヽシテツクシニ

〔第二稿本経雅本 尚賢本〕

古事記傳十七之巻

白檮《カシ》原宮《バラノミヤノ》上巻《カムツマキ》　本居宣長謹撰

古事記《フルコトブミノ》中巻《ナカツマキ》

神《カム》倭《ヤマト》伊《イ》波《ハ》禮《レ》毘《ビ》古《コノ》命《ミコト》自伊下五字以音

與《ソ》其《ノ》伊《イ》呂《ロ》兄《セ》五《イツ》瀬《セノ》命《ミコトト》囯伊呂二字以音

二柱坐高千穂宮《フタバシラタカチホノミヤニマシ〳〵テ》而議《ハカリ》云《タマハク》。

坐何地者平聞看天下之政《イヅレノトコロニマサバカアメノシタノマツリゴトヲバタヒラケクキコシメサム》。

〔現行版本〕

古事記傳十八之巻

古事記《フルゴトブミ》中巻《ナカツマキ》　本居宣長謹撰

白檮《カシ》原《バラノ》宮《ミヤノ》上巻《カミツマキ》

（神倭伊波禮毘古命より以下於吉備之高嶋宮八年坐までの本文は、上記第二稿本と全然同じなれば略して擧げず）

イテマシキ
○神倭イハレビコノ命御名義ハ傳十六ノ八十一丁ニ云ク〔書紀ニ諱彦火々出見トアルハ心得ヌ書ザマ也マツ此天皇ヲモ彦火々出見ト申セシヿノヨシハ傳十五ノ四十二丁四十三丁ニ云ルカ如シ然ルニコレヲ諱トシモカヽレタルハ漢國ノ史トモニ其帝諱某トアル例ニナラヒテナレトモ皇國ノ上代ノ天皇タチノ大御名ハ諱ト申スヘキニハアラズ凡テ尊ムヘキ人ノ名ヲ云フヿヲ忌ハヽカルハ外國ノ俗也名ハ本ホメ稱ニテソノ人ヲホ《ナ》メテ云モノナリカレ上ツ代ニハ名テフヿヲ多ク稱名ニモツケ大名持等トモ稱ヘタリ○下略

猶《ナホ》思東行《ヒムカシノカタニコソイデマサメトノリタマヒテ》。即《スナハチ》自日向發幸御筑紫《ヒムカヨリタヽシテツクシニイデマシキ》。故《カレ》到豐國宇沙之時《トヨクニノウサニイタリマセルトキニ》。其土人名宇佐《ソノクニビトナハウサ》都比古宇沙都比賣《ツヒコウサツヒメ》此十字以音二人作足《フタリアシヒト》一騰宮《アガリノミヤヲツクリテ》而獻大御饗《オホミアヘタテマツリキ》。自其地遷移而於竺紫之岡田宮《ソコヨリウツラシテツクシノヲカダノミヤニ》一年坐《ヒトヽセマシ〳〵キ》。亦從其國上幸而《マタソノクニヨリノボリイデマシテ》。於《ア》阿岐國之多祁理宮七年坐《ギノクニノタケリノミヤニナヽトセマシ〳〵キ》。自多下三字以音亦從其國遷上幸而《マタソノクニヨリウツリノボリイデマシテ》。於吉備之高嶋宮八年坐《キビノタカシマノミヤニヤトセマシ〳〵キ》。

神倭伊波禮毘古命御名義《カムヤマトイハレビコノミコトミナノコヽロ》上巻
傳十六丁（尚本「八十一葉」）ニ見ユ
書紀ニ諱ハ彦火々出見トアルハ心得ヌ書ザマナリ先ツ此ノ天皇ヲモ彦火々出見ト申セシヿノ由ハ傳十五ノ四十丁丁（尚本「四十葉四十葉」）ニ云ルガ如シ然ルニ是ヲ諱トシモ書レタルハ漢國ノ史ドモニ其ノ帝諱ハ某ト云例ニ倣《ナラヒ》テナレドモ甚《イタ》ク事タガヘリ皇國ノ上ツ代ノ天皇タチノ大御名ハ諱ト申スベキニアラズ凡テ尊ムベキ人ノ名ヲ呼《イフ》コトヲ忌憚ルハ外國ノ俗ナリ名ハ本ト其人ヲ美稱《ホメタヽヘ》テ云フモノニテ上ツ代ニハ稱名《タヽヘナ》ニモテ多ク名テフヿヲツケタリ大名持《オホナモチ》ナドノ如シ○下略

神倭伊波禮毘古命《カムヤマトイハレビコノミコト》、御名義《ミナノコヽロ》
上巻傳十七九十一葉に見ゆ
書紀ニ諱ハ彦火々出見とあるは、心得ぬ書ざまなり、先ツ此ノ天皇をも彦火々出見と申せしことの由ハ、傳十六四十六葉に云るが如し、然るに是レを諱としも書れたるは漢國乃史どもに、某帝ノ諱ハ某と云例ニ倣《ナラヒ》てなれども甚《イタ》く事たがへり、皇國乃上ツ代の天皇たちの大御名は、諱と申すべきに非ず、凡て尊むべき人乃名を呼《イフ》ことを忌《ミ》憚るは、本ト外國の俗なり、名ハ本ト其人を美稱《ホメタヽヘ》ていふものにて、上ツ代には、稱名《タヽヘナ》にも多く名てふことをつけたり、大名持《オホナモチ》などの如し、○下略

右を對照しつゝ讀み合はせてみれば、その自筆初稿本と第二稿本及び現行版本との間には、その整備発展に

ついて、著しい相違が見出されるであらう。例へば自筆初稿本は、その見出しが稿本巻次「十七之巻」の一行だけであり、本文註文は全部片假字交り文、又特に本文は片假字交りの書き下し文で段落の切り方も少ないし、註文も文章の推敲を經てゐない所が多い。これに對して第二の整理浄寫稿本では、巻頭の見出しも整ひ、本文には漢字も充てられて段落が整ひ、註文も推敲を經てゐる。また此れが現行版本となると、一層の整理が行き届き、巻頭見出しや巻次が改められ、註文は平假字交り文に直され、また稿本のときには覺えのまゝであつた引用文の丁数も、はっきり充てられてゐるのである。

そして、経雅の『古事記傳』稿本の書写について、

全部で十八冊、巻一之上版本巻一より巻十七版本の巻十八に至る各巻の手寫年次を示す奥書と墨付紙数とを擧げれば左の通りである。

第一之上巻（版本巻一）	八十六枚、	奥書「安永三甲午九月八日寫了	荒木田經雅」
第一之下巻（版本巻二）	五十七枚、	奥書「安永四乙未三月十日寫了	荒木田經雅」
第二巻（版本巻三）	五十六枚、	奥書「安永四乙未五月三日寫了	荒木田經雅」
第三巻（版本巻四）	五十七枚、	奥書「安永四乙未七月三日寫了	荒木田經雅」
第四巻（版本五巻六十三丁オまで）	六十七枚、	奥書「安永四年乙未十月十七日寫了	荒木田經雅」
第五巻（版本五巻六十三丁オ以下同六巻五十四丁オまで）	八十三枚、	奥書「安永六年丁酉正月十七日寫了	荒木田經雅」
第六巻（版本六巻五十四丁ウ以下同巻七全部）	百二十五枚、	奥書「安永六丁酉五月二十三日寫了	荒木田經雅」
第七巻（版本巻八）	八十三枚、	奥書「安永六丁酉八月廿九日書寫了	荒木田經雅」

第八巻（版本巻九）　七十八枚、奥書「安永六年丁酉九月晦書寫了　荒木田經雅」
第九巻（版本巻十）　八十一枚、奥書「安永六年丁酉十一月十一日寫了　荒木田經雅」
第十巻（版本巻十一）　九十二枚、奥書「安永六年丁酉十二月廿四日寫了　荒木田經雅」
第十一巻（版本巻十二）　七十一枚、奥書「安永七戊戌二月寫之了　荒木田經雅」
第十二巻（版本巻十三）　九十一枚、奥書「安永七戊戌後七月七日寫之了　荒木田經雅」
第十三巻（版本巻十四）　八十七枚、奥書「安永七年戊戌九月廿日寫了　荒木田經雅（経雅之印）」
第十四巻（版本巻十五）　百二枚、奥書「安永八年己亥正月十四日書寫之了　荒木田經雅（経雅之印）」
第十五巻（版本巻十六）　五十四枚、奥書「安永八年己亥二月廿五日書寫之了　荒木田經雅（経雅之印）」
第十六巻（版本巻十七）　百四枚、奥書「安永九庚子年三月十二日書寫之了　荒木田經雅」
第十七巻（版本巻十八）　八十七枚、奥書「天明二壬寅年八月二日寫了　荒木田經雅」

（略）

本文は片假字交り文で、毎項九行、一行大概二十字から二十三、四字詰で、左端に丁数が記されてゐる。頭註は尚賢手寫本のそれを殆んど踏襲したものであるが、尚ほ尚賢本に加筆した經雅自筆の頭註の外に、これには二三彼が新たに考へついた點なども書き加へられてゐる。又自筆の附箋も五ケ所程貼附されてゐる。而して經雅の頭註や附箋の中には、宣長に採用せられ、或は暗示を與へた意見も少くないやうである。例へば巻一之下版本巻二天津日嗣の條四十九丁ウに帖附されてゐる汗斯王・布利比禰命に関する附箋は、宣長の稿本のときの意見を版本に於て、充分訂正せしむるに役立つたと思はれるが如きものあるはその一例である。

經雅本が尚賢本の轉寫本であるといふことは、その頭註を殆んど全部踏襲してゐることや、又その手寫年月が皆な尚賢の手寫年月に少しづゝ遅れてゐることなどによつても知ることが出来る。但し經雅が尚賢から

> 借覧手寫したのは、稿本巻一から巻十六版本の巻十七までで、稿本巻十七版本の巻十八だけは尚賢本によつたものでないことは、此の巻だけが尚賢よりも尚賢は天明三年正月五日手寫先に手寫されてゐる経雅は天明二年八月三日手寫ことによつて知ることが出来る。又經雅本は尚賢本の送假字や頭註を必要に應じて取捨選擇或は節略してゐて、忠實に尚賢本を點寫したものと言ふことは出来ない。

と記され、経雅の書写歴をはじめ彼の意見が『古事記傳』の論説に影響を与えた例のあることを指摘、また経雅の書写本が尚賢転写本であるものの忠実な転写本とはいえないこと等を詳細に論考されたのであった。(50) この岡田説に基づき、池山聡助氏は前掲論文で、

> 本居翁が古事記伝の著述に専念された居たと時を同じうして、經雅卿は大神宮儀式解を執筆しつつあったのである。儀式解に随所に平宣長の説として引く所の文の出典が古事記伝である事が少なくない。勿論當時古事記伝は未だ上木されて居ないのであるから、儀式解に用ひたのは伝の稿本であった。經雅卿が古事記伝の稿本を書寫した事は、岡田米夫氏がかつて本誌上に公にされた「古事記伝稿本の基礎的研究」に於て広く世に紹介された所で、現存するもの神宮文庫に十五冊、静嘉堂文庫に三冊、一之上巻より十七之巻（板本十八巻）に至る十八冊である。即ち安永三年九月八日に一之上巻を寫し了ってから天明二年八月二日十七之巻を写し了ってゐる。十七之巻を除く外は学友蓬莱尚賢の書写本（同じく同文庫所蔵）を再写したものであらうと岡田氏はいふ。本書によって儀式解の註釈に幾多の補訂を加えたであらう事は想像に難くない。しかしながらまた一方古事記伝を卿が書写し閲読した上に於て、古事記註釈上の意見を翁に呈した事はこれまた少なくはなかったであらう。今一二の例をあげるならば、経雅手写の古事記伝稿本一之下四十九丁ウに一葉十四行の自

筆の附箋をつけているが、この稿本には汗斯王の異母弟として伊波都久和希以下八人の方々を上宮記によって載せてゐるのを、板本にはこれを削っているなどは、確かに經雅卿の意見を翁が参考したのであらう。（板本二ノ五十一ウ、増補全集一ノ一一九頁）これは岡田氏の指摘された例であるがそのほかに興味ある一例は、古事記出雲国譲りの段の伝に火鑽具の事を考證している条が見える。即ち古事記伝板本十四の六十三丁オ六行（増補全集二ノ七〇五頁）の割註に「今も大神宮忌火屋殿にて神供を炊く火ハ皆切火なり、其法ハよく枯たる桧の木口を切り、その木口の中央にすこしくぼみを付ヶて、又錐の柄の如くなる木を以て力を入れてかの木口をつよくもみて火を出すなり、右の杵ハ桧にても又ハ山枇杷といふ木にても作るとなり、」と見えてゐるが、この記事は稿本には全然見えない文句であって、經雅卿が安永七年の八・九月頃くわしくこの事を記し絵図まで添えて贈ったので、その後板下を作るまでに書き入れたものである。その事は安永七年九月十九日翁が蓬莱尚賢へ宛てた書状の末に「先達而御尋申候火ヲ切出ス法、此度八公よりくはしく御記し被ㇾ下、絵図迄御書被ㇾ下詳ニ相分リ大慶仕候、」と見えているのによって明かに察せられる。右のほかにも書簡の往復の中に学問上の意見の交換、質問の遣り取りがじつに頻繁である。大著述の成るや、けっして並々の苦労ではない。その裏面に翁に対して種々の忠言を惜しまなかった多くの友人や門弟があった中に、經雅卿も亦その一人として数へらるべきである。

と説かれ、『儀式解』に影響を与えた『古事記傳』はその第二稿本であったことを認めた上で、更に岡田氏が指摘された経雅の意見が宣長の『古事記傳』に反映されていることを補強する説を展開された。(51)両氏の見解はそれぞれ優れたものであって筆者も全面的にこれらを是認するものである。また、中野裕三氏は「『古事記傳』と神宮学者」において、宣長が『古事記傳』で提唱した、「神には、現御身や御魂実といった「体」があり、その「体」には、悉く神の御所為（「用」）が備わっているという、御霊の多元同時存在を主張」する学説をはじめ禍津日神や禊祓に関する見解、或いは天照大御神の伊勢鎮座は天孫降臨以前に高天原で既に大御神自身によって決定されていたとする論説等を『儀式解』で受容されていることを考証され、その一方で峻拒された宣長説として「黄泉の汚垢を物実として顕現した悪神禍津日神と皇祖天照大御神の荒魂とを同一神であると規定する学説」のあったことを実証された。[52] この中野氏が指摘された、宣長の『古事記傳』における諸論が『儀式解』では受容されたものと峻拒されたものがあったとする主張は大変優れたものであって首肯されるべきであろう。

しかしながら、筆者は『儀式解』と『古事記傳』との個々の条文や語句の解釈における相互作用、或いは『儀式解』で受容と峻拒された『古事記傳』の諸説等に関する問題もさることながら、経雅が『皇太神宮儀式帳』の全条文をいかに読み、いかに注解を施していったかという問題意識があり、その基本となる記述法について、おそらく先に岡田氏が考証を施された、宣長が『古事記傳』第二稿本で確立した記述スタイルを経雅は規範としたのではないかと推察しており、経雅の『儀式解』の執筆を論じるにあたってはむしろこの点に注視しなければならないと思っている。そしてこの記述法が『儀式解』の記述法を決定づけたものであると共に、引いてはその後の神宮考証学者における考証類の記述法をも規定することとなったと見ている。従って、『古事記傳』の特徴を提示している一之上巻の「記ノ成《イデ》キ始《ハシメ》」「記《コノフミ》ノ題号《ナ》ノ事」「訓《ヨミ》ノ事」所載の文章と『儀式解』の特徴を知る上で大切な巻第一「総説」の条項を掲出し、その比較から両書の共通する項目と相違する事柄を明らかにし、実際に『儀式解』の本文において『古事記傳』がどのように反映されたかを確認して、『儀式解』の記述法がいかに『古事記傳』の記述法を模範としたものであったかを以下検証していきたいと思う。

先ず『古事記傳』一之上巻「記ノ成《イデ》キ始《ハシメ》」では左の如き文章が見られる。

A故事《フルコト》シルス書《フミ》是ヲ漢ニ史ト云修撰《ツクラ》シメ玉ヒシ事物ニ見エタルハ、マツ豊御食炊屋比賣命ノ廿八年ニ聖徳ノ太子ノ命蘇我馬子大臣《オホホミ》ト共ニ天皇記及国記臣連伴造国造百八十部並公民等本記ヲ録シ賜フト書紀書紀トハ日本書紀ヲ云ニ有ゾ始メナル、又飛鳥浄御原宮ニ天下御《シロシメ》　シ天　皇《スメラミコト》　ノ十年ニ川島皇子《ミコ》等《ナド》十二人ニ大命　詔《オホミコトノラシ》テ帝紀及上古諸事ヲ記定シメ賜フトアリ、然トモ此二ッノ記《フミ》共ニ世ニ傳ハラス、於是《コヽニ》平《ナ》城《ラノ》宮ニ大坐々《オホマシ〳〵テ》而御　宇《アメノシタシロシメシ》　シ天津御代豊国成姫天皇ノ大御世和銅四年九月十六日ニ大御命《オホミコト》ヲ以テ太　朝臣《オホノアソミ》安万侶トフ人ヲシテ此ノ古事記ヲ撰録《ツクラ》シメ賜ヒツルヲ、同五年ト云年ノ正月廿八日ニナン其事終《ヲヘ》テ貢進《タテマツ》リケルト此序ニ見ユ續紀ニハ此事ハ見エスナリ、然レハ今ニ傳ハル記《フミ》ノ中ニハ此紀ゾ最　古《モトモフル》クハアリケル、然《サ》テ書紀ハ其後高瑞浄足姫天皇ノ大御世ニ至テ養老ノ四年ニイデキツト続紀ニ記サレタレハ彼《カレ》ハ此記ニ八年後《オクレ》テナン成有《ナレリ》ケル、然《サ》テ此記ハ字《モジ》ノ文《アヤ》ヲモカザラズテ専　古語《モハラフルコト》ヲム子トハシテ古ヘノ實《マコト》ノアリサマヲ失《ウシ》ナハジト勤《ツトメ》タルコト序ニ見エ、且《マタ》今次々《ツギ〳〵》ニ云カ如シ

また同書「記《コノフミ》ノ題号《ナ》ノ事」では、

B古事記ト号《ナツク》ル所以《ユヱ》ハ古ヘノコトヲシルス記《フミ》ト云意ノ外ナシ、書紀ニ浄御原ニ御宇シ、天皇ノ御代ニ川嶋ノ皇子等十二人ニ仰セテ国史ヲ撰セラルヽコトヲ云ルニモ記二定帝紀及上古之諸事一ヲトアル此ノ語即チ今ノ題号ノ意ト同シ、然《サ》テ此題号ハ書紀ノゴト国ノ号ヲモ挙ズウケバリテ只古事ト云ルコトイトコトワリニ叶《カナ》ヒテ貴キコトハ、異　国《アダシクニ》ヲ思ハズ天地ノヨリアヒノ極ミタヾ天ッ神ノ御子ノツギ〳〵所知看《シロシメス》食《ケ》国《クニ》ノ外ナキ心ナリ（略）然ルヨミモ聞エス、本《モト》ヨリ撰者ノ心ニモタヾ音《コヱ》ニテ訓《ヨメ》トニヤ有ケン、然《サ》レト彼ヤマトブミノ例《タメシ》ニナラハヾ布流許登夫美トゾ訓ベキ、又巻《マキ》ノ分《ワカ》チザマモ漢《カラ》ノニカヽハラズ迦牟都巻那迦都巻斯母都巻ト云ル、是ゾ御国ノ物言格《モノイヒザマ》ナリケル

と論じられている。そして同書「訓《ヨミ》ノ事」には、

C此記ハ古書ノ中ニモ殊ニ古語ヲ委ク考テ訓ヲ重《オモ》クスベキ所由《ユヱ》アリ、序ニ飛鳥ノ浄御原ノ宮ニ御宇天皇ノ詔命ニ家々ニアル帝紀及《マタ》本辞スデニ實ヲ失テ偽リカザリ多ケレバ今ソノ誤ヲ正《タヽ》シオカズハ幾《イクハク》 モアラデ其旨《ム子》ウセハテナン、故《カレ》帝紀ヲエラビ旧辞ヲ考テ偽リヲノゾキステヽ實《マコト》 ノカギリヲ後ノ世ニ傳エント詔《ノリ》タマヒテ稗田ノ阿礼テフ人ニ大御《オホミ》口《クチ》ヅカラ仰セ給テ帝皇日継ト先代ノ旧辞トヲ誦《ヨミ》ウカメ習《ナラハ》 シムトアルヲ熟味《ヨクアチハヒ》 テヨ、帝紀トノミハ云ハズテ旧辞本辞ト云ヒ、又次ニ安万侶ノ撰《コノフミツク》 述レルコトヲ云ル処ニモ阿礼ガ誦《ウカメ》 タル勅語ノ旧辞ヲ撰録ストアルハ専ラ古語ヲ旨トスル故ナリ、（略） 然《サ》テ其《ソ》ヲカノ阿礼ニ仰セテ口《クチ》ニ誦《ヨミ》ウカメサセ給ヘルハ如何《イカナル》故ゾト云ニ、万ノ事言《コトバ》 ニ云バカリ書《フミ》ニハカキトリガタク及ハヌコト多キ物也、殊ニ是《コ》ハ例ノ漢文ナレバ古語ヲタガヘサラン為《タメ》ニハイヨヽ書《カキ》トリガタキ故ニマヅ人ノ口《クチ》ニ熟《ツラ〳〵》 誦《ヨミ》ナラハシメテ後、其随《マヽ》ニイサヽカ違ヘズ書録《カキシルシ》 テ後ノ世ニハ傳《ツタヘ》 マク所念《オモホシメス》行大御心ナリケンカシ、（略） 然《サ》テ次ニ此記ヲ撰《ツク》レルコトヲ云ル処ニ元明天皇モ旧辞ノタガヒユクコトヲ惜《ヲシ》ミ給ヒ先紀ノ誤アルヲ正シ給ハントテ安万侶ニ仰セテカノ阿礼ガ誦《ヨミ》ウカメル勅語ノ旧辞ヲ撰録《シルサ》シムトアリ、此処ニモ旧辞トアルヲ以テ此天皇ノ大御心モ古語ヲ重《オモ》ク念看《オホシメシ》シコトヲサトルベシ、浄御原ノ天皇ハ撰録《フミシルス》 ニ及ビ給ハデ崩《カミアガ》 リ坐《マシ》シ故ニ、彼旧辞ハ阿礼ガ口《クチ》ニ留有《トヽマレリ》 シヲ平城《ナラ》ノ大御世ニ至《ナリ》テ事遂行《コトトゲオコナ》 ハセ玉ヘルナリケリ

D然《サ》テ安万侶ノ心ニモ古語ヲ重クセラレシコトヲイハヾ高天ノ原云々注ニ訓ニ高下ノ天一ヲ云ニ阿麻一、マタ天比登都柱ノ注ニ訓レ天如レ天ト云ルタグヒ（其由ハ其所々ニイハン）、又前ニモ云ル豊雲上野命須比智迩去命ノタグヒ読音《ヨムコヱ》ノ上リ下リヲサヘニ委ク教ヘタリ、如是《カヽ》レハ今コレヲ訓《ヨマ》ムニモ其意ヲ得テカヘス〳〵モ慎《ツヽシミ》 テ一字一言《ヒトモジヒトコト》モミダリニハ訓《ヨム》マシキ物ゾ

E然《サ》テモハラ古語ニカヘシテ漢文訓ヲツユバカリモ雑《マジヘ》ジトスルニ是《コレ》イト難キコトナリ、其故ハ古書ミナ漢文ニカキテ古語ノマヽナルガ无《ナケ》レハ何レヲ證《シルシ》トスベキ便ナキニ似タリ、サレバ古書ノ中ニ古語ノマヽニ載《ノセ》タル処々、サテハ続紀ナドノ宣命、マタ延喜式ノ八ノ巻ナル諸ノ祝詞《ノリト》ナド語ノ連《ツヾキ》ザママデ此方《コヽ》ノ語ノマヽナレバ先是等《マツコレラ》ヲ熟ク読《ヨ》ミ味《アヂハ》ヘテ古語ノフリヲバ知ヘキ也、サテ此記ト書紀トニ載《ノル》古ヘノ歌ドモヲヨク味フベシ、是ゾ露モ漢気《カラケ》ノマジラヌ御国ノ古語ニハ有ケル此歌ドモヲヨク見レバ言語《モノイヒ》《コトタラ》ハサラニモイハズ、古ヘノ代ノアリサマ人ノ心バヘマデオシハカリ知《シラ》レテ、後ノ世ノモノシリ人ドモノゴトク〳〵シク云アヘル義理深ゲナル説ドモノ古ヘニカナハヌコトハ著《イチ》明《シル》シ、次ニ万葉集ヲクリ返シ見ルベシ、二記ノ歌ノミハ廣カラ子バ事足ハズ、此集ハ歌数イト多ケレバ其中ニ古語ハアマ子クノコレリ万葉モ今ノ本ハ後ノ人ノ訓《ヨミ》アヤマリテ古語ナラヌコト多シ、ソハ假字ニ書ル歌、又ハ他ノ歌ノ例ナドヲヨク考ヘ合セテ古語ヲトルベシマツ上件《カミノクダリ》ノ書ドモヲヨク考ヘテ証《シルシ》トスベキナリ

と記載されている。(53) 一方、『儀式解』巻第一「総説」には次のように記述されている。(54)

a大神宮儀式《ダイジングウギシキ》は、桓武天皇御諱は山部《ヤマベ》、御謚は皇統彌照天皇と申奉る。光仁天皇第一の皇子なり。御母は皇太夫人高野氏新笠と申す。贈正一位乙継朝臣の女なり。寶亀四年正月十四日皇太子に立たまひ、天応元年四月二十五日位に即たまふ。の大御代延暦二十三年甲申八月當時の大神宮司大中臣ノ朝臣真継《マツギ》大神宮ノ禰宜神主公成《キミナリ》等上奏する由、即チこの儀式の最終《ヲハリ》に見えたり。皇大國《ミクニ》の事古《イニシヘノヨ》世にもとづき沿革せざるをもとゝする中に、神事は殊《コト》に舊儀に違《タガ》はぬを要《ムネ》とす。考課令ノ最條ニ、神祇祭祀、不レルヲ違二ハ常典一ニ、為二神祇官之ノ最一ト、とあり。故ニ百官を初め伊勢ノ神宮齋宮寮等の式《シキ》を定めたまはむ御心を興《オコ》したまひ、司々《ツカサツカサ》に命《ミコトノリ》ありて延暦中司々神宮等の常儀規範を覓《モトメ》たまひけるなるべし。其ノ後弘仁十年四月大納言冬嗣《フユツグ》の卿勅《ミコトノリ》を奉《ウケタマハリ》て弘仁格式を奏上し、又貞観十三年八月右大臣氏宗《ウヂムネ》公勅を奉て貞観格式を奏上せらるといへども、猶神宮の式委《クハシ》からず有けむ。弘仁式は今の世に遺《ノコ》れゝど神宮の事委《クハシ》く注《シル》さず、貞観式は絶《タエ》て世に傳《ツタ》はらねば知がたし。粤《コヽニ》延長五年十二月に至り、左大臣

忠平《タヾヒラ》公、大納言清貫《キヨツラ》ノ卿、神祇ノ伯安則《ヤスノリ》ノ朝臣、大外記久永《ヒサナガ》、左大史忠行《タヾユキ》勅を奉《ウケタマハリ》て百寮百官神宮等の格式を撰《エラビアツ》集めて延喜格式を奏上せらる。其ノ式今の代流布《ツタハ》れり。得《エ》て讀《ヨメ》るに大神宮の式は大凡《オホムネ》此ノ儀式及豐受ノ宮の儀式によりて記《シル》さる。延暦年間此ノ儀式奏上せさせたまふ意是をもて察《ミ》るべし。神宮朝廷無二分別一故に其ノ神態《カンワザ》作法等朝廷に准ずる事十にして八九に及ぶなり。惜むべし、延喜以前百官上《タテマツ》りし儀式の傳《ツタ》はらざるや。もとより其官司《ツカサツカサ》式文ありけるは、慶雲三年紀、二月神祇官記、と見え、元慶元年紀、四月、陰陽云々、寮式亦無二此文一、と見ゆ。延喜已前式文有る事見るべし。此ノ儀式は幸《サイハヒ》に傳はりて今世に遺《ノコ》れゝども寫誤漏脱すくなからず、僕經雅肝稚《キモワカ》くして是を校正し、式文古記を徴《シルシ》として、其ノ解を為事《ナス》夏蟲の冬冰《コホリ》を語るにひとしといへども、いまだ此ノ解を為《ツク》れる人無《ナ》し。故レ今童蒙の便にこれを解し古今沿革を知らしめむために、新古公私の書を論ぜず引用《ヒイ》て徴《シルシ》とせり。僕神家に生れしをもて其ノいふ所皆神宮の古説《フルキツタヘ》而已《ノミ》となし思ひまがへそ。

b○此儀式をよみ得《エ》んと思はゞ、古事記日本書紀以下の史、律令格式諸家の記及萬葉集等をはじめ、延喜以前の記文等を主《ムネ》と見るべし。然《サ》ならでは延暦前後の風俗《ナラハシ》に暗《クラ》く、文字の用《ツカヒ》ざま辨へがたからん。延喜よりくだりても、百年ばかりまでの記文は猶其たすけとなるべし。それより後の記文書籍のみ見て此ノ儀式を解せんとせば大に意《コヽロ》を誤《アヤマ》るべし。延喜已前の記文等を熟見《ヨクミ》て、さて古今の沿革を知らんために後の世の記文等を視《ミ》るべし。

c○此儀式をよむに強《シヒ》て訓《クン》のみ用ゆべきに有らず。孝徳天皇の御代の比より次第に大御國《オホミクニ》の風《フリ》、韓國《カラクニ》の風《フリ》にうつり、奈良ノ朝廷よりことに外國《カラクニ》のふりを習ひぬれば、祝詞《ノリト》宣命《センミヤウ》すら大御國の風《フリ》を忘れて音《オン》を用る事多し。其さま世々の記を視《ミ》て知るべし。但大御國の古語を違《タガ》へじとて必訓を用ゆべきは訓注を下《クダ》せり。日本書紀延喜式等訓注是なり。常には式部兵部刑部など音にていへど、神事儀式には訓《クン》にてよべり。其ノ訓も時によりて改メらる。神亀元年ノ紀、三月辛巳、左大臣正二位長屋ノ王等言《マヲス》、伏テ見二ニ二月四日勅一ヲ、藤原夫人、天下皆稱二大夫人一ト者レバ、臣等謹檢ニルニ公式令一ヲ、云ク皇太夫人、欲レ依二ント勅號一、應ニ失二皇字一、欲レレバ須《モチヒ》二ント令ノ文一ヲ、恐ハ作《ナル》二違勅一ト、不レ知レ所レ定メン、伏テ聴二進止一ヲ、詔曰、宜下シク文ニハ則皇太夫人、語ニハ則大御《オホミ》祖《オヤ》、追二收先勅一ヲ頒中下ス後號上ヲ。貞観七年ノ紀、三月七日、先レ是ヨリ刑部省奏言ス、承前之《ノ》例、訓二刑部省《ウタヘサダムルノ》一ヲ、號二訴訟《ウタヘノ》之司一云々、望請、訓二刑部省ノ三字一、将レ號二判《ノリコトワル》　法之司一ト、至レ是有レ勅云、宜レ號二定　詞之司一ト、といへり。又音《オン》を用ゆるは神祇令、凡六月十二月晦ノ大祓、東西《ヤマトカフチノフンヒト》　文部《ベ》上二祓ノ刀一ヲ、讀二祓ノ詞一ヲ、義解ニ謂ハ文部漢音ニテ所レ讀者也。陰陽式、儺祭ノ文用レ音ヲ、大學式、古人ノ云、此ノ式多用二漢音一ヲ。江次第ノ抄、對馬音ニ召也、召二參議一之詞用レ音不レ用レ訓、假令右近中将等也、と見えたり。此ノ儀式などは音にも訓にもかたよらずて相交《マジヘ》　てよむべし。必訓を用ゆべきは神堺《カンサカヒ》、國造《クニノミヤツコ》、遠祖《トホツオヤ》、聖朝《ミカド》、人夫《オホミタカラ》、五　穀《イツクサノタナツモノ》の類なり。音を用ゆべきは行事《ギヤウジ》、本記《ホンキ》、長上《チヤウジヤウ》、番上《バンジヤウ》　の類なり。悉《コトゴト》　く擧《アグ》るに遑《イトマ》　あらず。准へて知るべし。

d○此ノ儀式を世に内宮儀式帳と呼べるは俗稱に似たれど、説文、徐ガ曰、史籍或ハ借二帳ノ字一ヲ、と見え、承和四年ノ紀、正月辛卯云々、神祇官ノ帳。延喜四時祭ノ式、神名帳、などいへば儀式帳ともいふべきにや。小朝熊神鏡沙汰文、仁治内宮假殿遷宮記など、此書を引て儀式帳と記せり。又此書を引用すること、右沙汰文、正治元年大外記勘文に見ゆ。それより前の記文には引用する事見及ばず。

e○此ノ儀式内宮政印を捺《オシ》て上《タテマツ》　りしならん。詔書、官符、解文等の公文は皆印を用ゆ。即チ天皇御璽、諸司の印、これなり。又諸國神宮佛寺等大凡印を鋳下さる。（略）當宮政印は、雑事記、天平十一年十二月二十三日、大神宮ノ政印一面被二始置一已了、方二寸依二神祇官ノ解一ニ、所レ被二鋳下一也。雑例集、内宮政印ノ事、天平十一年十二月廿三日、被二始置一也、但方二寸依二禰宜石門ノ解状一ニ、神祇官上奏之《ノ》後、所レ被レ鋳二下印ノ一面一ヲ也、承暦三年二月十八日、外院焼亡之《ノ》次焼失、同七月廿三日、如レ本鋳改、（略）今ノ世件の政印存して神宮の公文《クモン》に奉レ捺こと古に違はず。

（『古事記傳』『儀式解』とも付番号・傍線筆者行う）

右の『古事記傳』と『儀式解』でそれぞれ説かれた執筆主旨の比較からすると、

① 『古事記傳』Aで、宣長は『古事記』は元明天皇の御代の和銅五年（七一二）正月二十八日に撰上された我が国最古の書であることを強調する。これに対して『儀式解』aで、経雅は『皇太神宮儀式帳』は桓武天皇の御代の延暦二十三年（八〇四）八月に撰上され、延長五年（九二七）十二月に完成した延喜の『大神宮式』制定の際の根本史料となったことを論じ、更に[55]『儀式解』eで、その撰上にあたって天平十一年（七三九）十二月に朝廷より鋳下された内宮政印が捺された公式文書（解文）であることも説く。両者ともそれぞれの書が由緒正しく歴史上重要な書であることを主張するのは共通しており、これは経雅が宣長の論法に倣ったものであると見られる。

② 『古事記傳』Bで、宣長は『古事記』という書名について、その意は「古ヘノコトヲシルス記《フミ》ト云意ノ外ナシ」とし、また異国を意識することなく「然《サ》テ此題号ハ書紀ノゴト国ノ号ヲモ挙ズウケバリテ只古事ト云ルコトイトコトワリニ叶《カナ》ヒテ貴キコト」と「彼ヤマトブミノ例《タメシ》ニナラハヾ布流許登夫美トゾ訓ベキ」ことを述べ、「巻《マキ》ノ分《ワカ》チザマモ漢《カラ》ノニカヽハラズ迦牟都巻那迦都巻斯母都巻ト云ル、是ゾ御国ノ物言格《モノイヒザマ》ナリケル」との三巻で構成されているのは我が国独自のものであることを主張する。これに対して『儀式解』dで、経雅は『内宮儀式帳』という書名は俗称に似ているが、『説文』や『續日本紀』等を参考にするとその呼称も間違いではなかろうと判断し、鎌倉期の『小朝熊神鏡沙汰文』や『仁治内宮假殿遷宮記』等で『儀式帳』

と題してその本文が引用されていることを指摘する。宣長が『古事記』という書名とその構成に我が国の独自性を強く見出し説くのに対して、経雅は『儀式帳』という書名についてはやや穏健な態度で論説を展開しているのが看み取れる。もちろん経雅は『古事記傳』Bの影響を受けて『儀式解』dを執筆したものと思われるが、両者の説き方の強弱の違いが見受けられる。

③『古事記傳』Cで、宣長は『古事記』は「此記ハ古書ノ中ニモ殊ニ古語ヲ委ク考テ訓ヲ重《オモ》クスベキ」と述べて何よりも古語の訓みを重視すべきことを説き、その事由を天武天皇が「故《カレ》帝紀ヲエラビ旧辞ヲ考テ偽リヲノゾキステヽ實《マコト》ノカギリヲ後ノ世ニ傳エント詔《ノリ》タマヒテ稗田ノ阿礼テフ人ニ大御口《オホミクチ》ヅカラ仰セ給テ帝皇日継ト先代ノ旧辞トヲ誦《ヨミ》ウカメ習《ナラハ》シ」められたことに求め、その御意志である「古語ヲ重《オモ》ク念看《オオホシメシ》シコト」を元明天皇が継がれて成立した書であることを説明する。これに対して経雅は先ず『儀式解』aで、『儀式帳』成立の起因を桓武天皇による「百官を初め伊勢ノ神宮齋宮寮等の式《シキ》を定めたまはむ御心を興《オコ》したまひ、司々《ツカサツカサ》に命《ミコトノリ》ありて延暦中司々神宮等の常儀規範を覓《モトメ》たまひけるなるべし」とした上で、『儀式解』cで、「此儀式をよむに強《シヒ》て訓《クン》のみ用ゆべきに有らず。孝徳天皇の御代の比より次第に大御國《オホミクニ》の風《フリ》、韓國《カラクニ》の風《フリ》にうつり、奈良ノ朝廷よりことに外國《カラクニ》のふりを習ひぬれば、祝詞《ノリト》宣命《センミヤウ》すら大御國の風《フリ》を忘れて音《オン》を用る事多し。其さま世々の記を視《ミ》て知るべし」と述べ「此ノ儀式などは音にも訓にもかたよらずて相交《マジヘ》てよむべし」と説いて音訓併用で『儀式帳』はよまれるべきであることを提唱する。つまり宣長は『古事記』は必ず訓でよむべき書であるとし、経雅は『古事記』成立より約百年の歳月を経た延暦年間に撰進された『儀式帳』は音訓併用でよむべき書であることを主張するという相違が認められる。

④『古事記傳』Dで、宣長は太安万侶が古語を重んじて『古事記』の語句に訓注を施し、且つ「讀音《ヨムコヱ》ノ上リ下リヲサヘニ委ク教ヘタ」る執筆姿勢を高く評価し、「如是《カヽ》レハ今コレヲ訓《ヨマ》ムニモ其意ヲ得テカヘス〲モ慎《ツヽシミ》

テ一字一言《ヒトモジヒトコト》モミダリニハ訓《ヨム》マシキ物ゾ」と強調する。この宣長の論説を全面的に経雅は受けて『儀式解』cで、「大御國の古語を違《タガ》へじとて必訓を用ゆべきは訓注を下《クダ》せり。日本書紀延喜式等訓注是なり。常には式部兵部刑部など音にていへど、神事儀式には訓《クン》にてよべり」と『儀式帳』における古語の訓を大切にする姿勢を示すと共に、『儀式帳』の全条文にわたって一言一句も妄りにすることなく徹底してよみ方を追求するという指針のもと、『儀式解』では『古事記傳』に倣って『儀式帳』の条文部分にはすべてヨミガナが付され、且つ注解部分ではそのヨミ方を万葉仮名で逐一書き記したものと考えられる。

⑤『古事記傳』Eで、宣長は『古事記』を正しく訓み解くにあたって「モハラ古語ニカヘシテ漢文訓ヲツユバカリモ雑《マジヘ》ジトスルニ是《コレ》イト難キコトナリ」とその困難さを吐露して、『續日本紀』掲載の宣命や延喜の『祝詞式』、或いは『古事記』『日本書紀』記載の歌謡、そして『万葉集』を挙げている。これに対して経雅は『儀式解』bで、『儀式帳』を正しく訓み解くには『古事記』『日本書紀』はじめ六国史、或いは律令格式諸家の記文及び『万葉集』、また延喜より下っても約百年内に著された記文を挙げている。私見によると、『儀式解』で経雅が『儀式帳』の条文のヨミ方を提示するにあたり、注解のところでその根拠となる例証を挙げる際には、基本的に宣長が説いた右の書を重視し、『古事記傳』の引用法に倣って積極的に活用しているのが認められる。中でも経雅が宣長同様に『古事記』『日本書紀』『万葉集』の三書を多用したのは、専ら『古事記傳』から習得した手法であったと考えられる。

の五つの事柄を看取できる。この内、特に③④⑤は緊要事項であると思慮されるので考察を施すべく、実際に経雅が『儀式解』を脱稿し校合も終了した安永四年閏十二月二十九日までに書写した「安永四年乙未七月三日寫了荒木田經雅」の奥書を有する『古事記傳』三之巻（版本四之巻）、及びその校合を終えた時点から天明元年閏五月十二日頃までの約五年にわたって宣長に『儀式解』の所見を求め、その所見に基づき『儀式解』に改訂の手を加え終わるまでの間に書写された「安永六丁酉五月二十三日寫了　荒木田經雅」の奥書を有する同書六之巻の中で筆者が採択した記載事項と、それに対応比較し得る『儀式解』の記事を次にそれぞれ掲出する。

即ち、『古事記傳』三之巻・六之巻には左の通り記されている。(56)

Ⓐ—(1)

於其嶋《ソノシマニ》天降坐而《アモリマシテ》。見立天之御柱《アメノミハシラヲミタテ》。見立八尋殿《ヤヒロドノミタテタマヒキ》。於是《コヽニ》問其妹伊邪那美命曰汝身者《ソノイモイザナミノミコトニナガミハ》如何成《イカニナレルト、ヒタマヘハ》。答曰吾身者成成不成合處一處在《アガミハナリ〱テナリアハヌトコロヒト、コロアリトコタヘタマヒキ》。爾伊邪那岐命詔《イザナギノミコトノタマヒツラク》。我身者成成而成餘處一處在《アガミハナリナリテナリアマレルトコロヒト、コロアリ》。故以此吾身《カレヲアガミノ》成餘處《ナリアマレルトコロヲ》。刺塞汝身不成合處而《ナガミノナリアハヌトコロニサシフサギテ》。為生成國土奈何《クニウミナサントオモフハイカニトノリタマヘバ》。訓生云宇牟下效此伊邪那美命答曰然善《イザナミノミコトシカヨケントコタヘタマヒキ》。爾伊邪那岐命詔然者吾與汝行廻逢是天之御柱而《イザナギノミコトシカラバアトナトコノアメノミハシラヲイユキメグリアヒテ》。為美斗能麻具波比《ミトノマグハヒセシムトノリタマヒキ》。此七字以音如此云期乃詔汝者《カクイヒチギリテスナハチナハミギ》自右廻逢《ヨリメグリアヘ》。我者自左廻逢《アハヒダリヨリメグリアハントノリタマヒ》約竟以廻時《チギリヲヘテメグリマストキニ》。伊邪那美命《イザナミノミコトマヅ》先言阿那邇夜志愛上袁登古袁《アナニヤシエヲトコヲトノリタマヒキ》。此十字以音下效此後《ノチニ》伊邪那岐命《イザナギノミコト》言阿那邇夜志愛上袁登賣袁《アナニヤシエヲトメヲトノリタマヒキ》。各言竟之後《オノ〱ノリタマヒヲヘテノチニ》。告其妹曰女人先言不良《ソノイモニヲミナコトサキダチテフサハズトノリタマヒキ》。雖然《シカレドモ》久美度邇《クミドニ》此四字以音興而《オコシテ》。生子水蛭子《ミコヒルゴヲウミタマヒキ》。此子者入葦船而流去《コノコハアシブ子ニイレテナガシステツ》。次《ツギニ》生淡嶋《アハシマヲウミタマヒキ》。是亦不入子之例《コモミコノカズニハイレズ》。

(2)

天降坐而《アモリマシテ》ハ阿麻久陀理《アマクダリ》ト訓ムモ悪《ワロ》カラ子ド猶阿母理麻志弖《ナホアモリマシテ》ト訓ベシ。万葉二ノ巻人麻呂ノ長歌ニ和射《ワザ》見我原乃行宮尓安母理座而天下治賜《ミガハラノカリミヤニアモリマシテアメノシタヲサメタマヒ》云々、又三ノ巻鴨ノ君足人ノ歌ニ天降付天之芳来山《アモリツクアメノカグヤマ》、又十三ノ巻長歌ニ葦原乃水穂之国丹手向為跡天降座兼《アシハラノミヅホノクニヽタムケストアモリマシケン》云々、又十九ノ巻家持ノ長歌ニ安母理麻之《アモリマシ》云々ナド有ニ依レリ。阿麻久陀理《アマクダリ》ト読ルハ廿ノ巻是モ家持葦原能美豆保国乎安麻久太利之良志賣之家流《アシハラノミヅホノクニヲアマクダリシラシメシケル》、コレ也。サテ安母理《アモリ》ハ即テ《ヤガテ》阿麻久陀理《アマクダリ》ノ約《ツヾマ》リタル古語也。天之御柱《アメノミハシラ》ハ即チ次ニ云八尋殿ノ柱也。別《コト》ニ立《タテ》賜フニハ非ズ。凡テ殿《トノ》ヲ造ルコトヲ云フトテ先ツ柱ヲ云フハ底津石根《ソコツイハ子》ニ宮柱《ミヤハシラ》布刀斯理《フトシリ》ナド古ヘノ常也。大殿祭ノ祝詞《ノリト》ニ天皇ノ御殿《ミアラカ》造リ奉ルコトヲ云ル（略）サテ天之《アメノ》ト云フハ天ナル殿舎《ミアラカ》ノ柱ノサマニ作リ立デタマフ故ニ添ヘテ云コト天沼矛《アメノヌホコ》ノ所ニ説《トケ》ルガ如シ。（略）見立《ミタテ》ハ二ツノ考ヘアリ。一ツニハ見《ミ》ハ借リ字ニシテ御立《ミタツ》也。其《ソ》ハ用ノ語ノ上ニ御《ミ》ト置クコト聞《キヽ》ナレズ思フ人アルラメド記中ニモ御合坐《ミアヒマス》御合為《ミアヒス》ト云ハ体、語ニナルナリ御寝《ミ子》坐《マス》、御立《ミタヽス》ナド例アリ。（略）此考ヘハイカヾアラン。二ツニハ凡ソ其ノ事ニ豫《アヅカリ》テ知リ行フヲ見須《ミズ》トモ聞須《キコス》トモ云フソノ見須《ミス》ヲ賣須《メス》トモ通ハシテ云リ。政《マツリコト》聞看《キコシメス》ナド云其意也。又唯耳《ミヽ》ニテ聞《キク》ヲモ聞《キコシ》看《メス》ト云。此ノ看《メス》モ其事ニ与《アツカ》リ知《シル》意ヨリ添《ソヘ》テ云也。（略）カヽレバ見立《ミタツ》ハ見志立《ミシタツ》ト云ニ同クテ二柱ノ神ノ殿造ルコトヲ御自與《ミヽアツカ》リ所知看《シロシメス》也。此考ヘヲ用ベシ。（略）八尋殿《ヤヒロドノ》ハ下木花之佐久夜毘賣《コノハナノサクヤビメ》ノ段ニモ作無戸八尋殿云々、書紀神代巻ニモ於秀起浪穂之上起八尋殿而《ワキタツルナミホノヘニヤヒロトノヲタテヽ》云々ナドアリ。又履中紀山城風土記ナドニ八尋屋《ヤヒロヤ》ト云フモアリ。倭姫ノ命ノ世記ニハ八尋機屋《ヤヒロハタヤ》テフモアリ。八ハ七《ナヽツヤツ》八ト数《カゾフ》ル八《ヤ》ニハアラズ。弥《イヤ》ノ約《ツヾ》マリタル語也。凡テ八重《ヤヘ》八雲《ヤクモ》、又八十《ヤソ》・八百《ヤホ》・八千《ヤチ》其外八某《ヤナニ》ト云コト古ヘノ常也。皆同ジコトニテ唯重《カサ》ナリ多《オホ》キヲ云リ。（略）尋《ヒロ》ハ両手《フタツノテ》ヲ伸《ノベ》タル長《ナガサ》ヲ云。今ノ人モ然《シカ》シテ一尋《ヒトヒロ》ト定ムル也。其《ソ》ハ手ヲ廣《ヒロ》ゲテ度《ハカ》ル故ニ一廣《ヒトヒロ》ゲ二廣《フタヒロ》ゲノ意ナルベシ。（略）サテ古語ノ状《サマ》ヲ味フニ夜比呂杼能《ヤヒロドノ》ト訓ヘシ。（略）サテ先ツ此殿ヲ見立《ミタテ》賜フハ女男《メヲ》共ニ住テ御合《ミアヒ》シ賜シ為《タメ》也。其殿立テ賜フコトマデハ云ハデモ有リヌベキヲ先ツ如此《カク》云フハ古ヘ妻問《ツマドヒ》スルニハ先ツ其ノ屋《ヤ》ヲ建シナラハシノアリト見《ミ》エテ、須佐之男《スサノヲ》ノ命ハ須賀《スガ》ノ宮作リモ都麻碁微尓夜弊賀岐都久流《ツマゴミニヤヘガキツクル》ト詠《ヨマ》シヽヲ見レバ専《モハラ》妻《ツマ》ヲ籠居《コメスヱ》ン為《タメ》ナルコト知ラレ、且ツ万葉三ノ巻勝鹿ノ真間《マヽ》ノ娘子カ墓ヲ見テ赤人歌ニ古昔有家武人之倭文幡乃帯解替而廬屋立妻問為家武《イニシヘニアリケンヒトノシヅハタノオビトキカヘテフセヤタテツマトヒシケム》云々是ハ契沖又師ノ考ヘハ異《コト》ナレド此《コヽ》ニ由アルコトヽモ思ハルヽ故ニ引ツ。人好ム方ヲ取レ。（略）

(3)

○汝身《ナガミ》。汝ノ字ハ常ニ漢文ニテハ那牟遅《ナンヂ》ト訓ミ、古書ニハ伊麻斯《イマシ》ト訓タリ。是モ悪シトニハアラ子ド、猶古語ヲ熟《ヨク》考ルニ上ッ代ノ歌ドモニ多《オホ》ク那《ナ》ト詠《ヨミ》、又那礼《ナレ》（吾ヲ吾《ワ》礼、己ヲ己《オノ》礼《レ》ト云如ク汝ヲ汝《ナ》礼《レ》ト云ナリ）・那兄《ナセ》・那泥《ナ子》・那妹《ナニモ》・汝者《ナヒト》（允恭紀ニ見ユ）・汝命《ナミコト》ナドモ皆那《ナ》ヲ本トシタル称也。（略）カヽレバ那《ナ》ト云ゾ専《モハラ》ナリケレバ今モ然《シカ》訓ムヘク覚《オボ》ユ。サテ伊麻斯《イマシ》ト云ルハ万葉十一ノ巻ニ伊麻思毛吾毛事應成《イマシモワレモコトナスベシヤ》、又十四ノ巻駿河《スルガ》歌ニ伊麻思乎多能美《イマシヲタノミ》云々、続日本紀高野天皇《タカヌノ》ノ大命ニ朕我《アガ》天先帝乃御命以《ノミコトモチ》天朕仁《アレ》勅之久天ノ下方《ハ》朕子《アガコ》伊末之仁《イマシニ》授給《サヅケタマフ》云々。是等ノ外ニハ見当《ミアタラ》ズ（万葉十四又後ノ物語ナドニ麻之《マシ》トモアリ）。偏ク云シ言ニハ非スト知ヘシ。続日本紀（九ノ十六丁十七丁、三十一ノ十五丁）宣命ニ美麻斯《ミマシ》トモアリ。サテ那《ナ》モ伊麻斯《イマシ》モ後ニハ下ザマノ人ニ云フ称ナレドモイト上ッ代ハ然ラズ。其ノ本ハ尊《タフト》ム語ヨリ出テ上下ノ別《ワキ》ナク云シ称也。サデ汝ノ字ヲ当《アテ》シテ思ヘバ其頃《コロ》ニナリテハ早ク尊ム方ニハ云ハザリシト見エタリ（略）汝身ヲ那賀美《ナガミ》ト訓ベシ。如何成ハ伊迦尓那礼琉《イカニナレル》ト訓ベシ。天之御中主《アメノミナカヌシ》ノ神ヨリ此二柱神マデハ誰産《タガウミ》生奉ルコトナク自《オ》ニ成リ出テ賜ヘレバ其ノ大御身《オホミヽ》ノ成リトヽノヒタル形状《アリサマ》ヲ如何《イカ》ナルゾト問《トヒ》賜フ也。成成《ナリ〱テ》トハ初メ成リソメシヨリ漸々《ヤウ〱》成リテ成リ畢《ヲハ》レルヲ云語也。繼々《コヒコヒテ》而、行々《ユキユキテ》而ナドノ如シ。不成合処《ナリアハヌトコロ》トハ欽《カケ》テ足《タラ》ハヌガ如キヲ詔《ノリタマ》ヘリ。即御番登《ミホド》ナリ。サテ於是《コヽニ》ヨリ一処在マテヲ於是《コヽニ》其妹《ソノイモ》伊邪那美ノ命迩《ニ》汝身者《ナガミハ》如何成《イカニナレルト》登問賜弊者《トヒタマヘハ》。吾身者《アガミハ》成成不成合《ナリ〱テナリアハヌ》処一処在《トコロヒトヽコロアリト》登答賜伎《コタヘタマヒキ》ト訓ベシ。

問曰、答曰ナトノ訓格《ヨミザマ》ハ訓例ニ云ルル如シ。

(4)

○伊邪那岐命詔。コノ詔ハ能理多麻比都良久ト訓ヘシ。聖武紀ノ始メ元正天皇ノ大命ニ詔賜都良久《ノリタマヒツラク》云々止負賜《シカ〱トオホセタマヒ》詔賜比志尓《ノリタマヒシニ》、又十ノ巻大命ニ勅豆良久《ノリタマヒツラク》云々止負賜宣賜志《シカ〱トオホセタマヒノリタマヒシ》、コレラニ依レリ。都良久テヘル例ハ記中須佐之男《スサノヲ》ノ命ノ御言ニモ白都良久《マヲシツラク》トアリ。サテ此所《コヽ》ノ御言ノ終《トヂメ》ニ登詔賜者《トノリタマヘバ》ト云コトヲ再読添《フタヽビヨミソフ》ベシ。（略）成餘処《ナリアマレルトコロ》トハフクレ出テ自ノ外ニ贅《アマレ》ルガ如キヲ詔《ノタマ》ヘリ。以ノ字ハ處袁《トコロヲ》ノ袁《ヲ》ニ当《アテ》テ読ベシ。刺《サシ》ハ挿入《サシイル》ルナリ。塞《フサギ》ニ属《ツキ》タル軽キ辞ニハアラズ。為《オモフ》三生《ウミ》二成国土《ナサントクニ》一奈何《イカニ》。国土ノ二字ヲ久迩《クニ》ト訓ベシ。（略）生成《ウミナス》ハ唯生《ウム》コト也。其《ソ》ヲ成《ナス》トモ添テ詔《ノタマ》フハ今ノ語ニモマヽ親子《オヤコ》ヲ成《ナサ》ヌ中《ナカ》ト云。竹取ノ物語ニモ己《オノ》カ成《ナサ》ヌ子《コ》ナレバ心ニモ従ヘズトアリ。生《ウム》ヲ成《ナス》トモ云ゾ。為ノ字ノコト（略）淤母布波《オモフハ》ト訓ベシ。迩々藝《ニヽギ》ノ命ノ佐久夜毘賣《サクヤビメ》ニ吾欲《アレモモフハ》レ目《メ》二合汝《アハサントイマシニ》一奈何《イカニ》ト詔ヘル、今ト語モ意モ似タルヲ思ヒ合セヨ。サテ語ノ終《ハテ》ニ奈何《イカニ》ト云コト記中ニモ例アリ。万葉十六巻隠耳戀者《コモリノミコフレハ》辛苦《クルシ》山ノ葉《ハ》従《ユ》出来《イテクル》月之《ノ》顕者《アラハレハ》如何《イカニ》。コレ今ト語勢《コトバツキ》ヨク似タリ。註訓レテ生ヲ云二宇牟《ウム》一ト。コヽノ生ハ宇美《ウミ》ト訓ムナルヲ如此云ルハ如何《イカニ》ト疑フ人有ン。凡用ノ語ノ訓注ドモヲ見ルニ天之常立ノ神ノ下ニ訓レ立云二多知一、神集々而訓レテ集云二都度比《ツドヒ》一ト、コレラハ其処《ソコ》ノ訓様《ヨミサマ》ノマヽニ注シタリ。又伊都之男建《イツノヲタケビ》訓レテ建云二多祁夫《タケフ》一ト、コハ多祁備《タケビ》ト訓ム所ナレドモ其《ソレ》ニ拘《カヽハ》ラス語ヲ居《スヱ》テ注セリ。今モ是ノ例也。且此ノ生ハ次々ニ多《オホ》カル語ニテ下效レ此トアレバ其《ソ》ガ中ニハ左右《カニカク》ニ活《ハタラカ》シテ訓ム所アレハ其等《ソレラ》ヲモ總《フサ》子テ語ノ居《スワ》リタル方ヲ以テ注セル　也。然善ハ斯訶余祁牟《シカヨケン》ト訓ムベシ。男《ヲ》神ノ詔《ノタマ》ヘルコトヲ諾《ウベナ》ヒタル御答《ミコタヘ》也。然《シカ》ハ吾モ然《シカ》思フテフ意ニテ然也《シカナリ》ト云ンガ如シ（然也ヲ然《シカ》トバカリ云ルコト後ノ物語ナドニモ多。カリ、又志訶理ト云ハ然有《シカアリ》ノ約マリタル語也）善《ヨケレ》ト一トツヾキノ語ニアラズ読《ヨミ》キルル心バヘニ有ベシ。余祁牟《ヨケン》ハ善加良牟《ヨカラン》ト云フニ同シ古語也。天智紀ノ童謡《ワザウタ》ニ多拖尼之曳《タヾニシエ》鶏武《ケム》（曳《エ》ハ即余《ヨ》也、ヤガテ同時ノ歌、三吉野ヲ美曳之努《ミエシヌ》トアリ）、万葉ニモ多《オホ》カリ。

(5)

○行《イユキ》二廻逢《メグリアヒ》是《コノ》天之《アメノ》御《ミ》柱《ハシラヲ》一而《テ》。凡夫婦《メヲ》ノカタラヒ為《セン》トシテ先ツ柱ヲ行廻《ユキメグル》ルコト上ツ代ノナラハシト見《ミエ》タリ。此《コヽ》ハ其ノ始メナルニ先ツ然態《サルワザ》ヲ為始《シハジ》メ賜フハ甚々《イトヽ》深キコトワリ有ルコトナラン。（略）行廻《イユキメグリ》逢《アヒ》ハ伊由伎米具理阿比《イユキメグリアヒ》ト訓ヘシ。如此《カク》語ヲ疊《タヽミテ》云ル古語ノ様《サマ》ナリ。分《ワケ》テ解《トカ》バ行《イユキ》ハ左右ヘ分レテ行歩《ユキアユム》也。廻リハ御柱ヲ廻ルナリ。逢ハ前《サキ》ニテ行會《ユキアフ》也。美斗能麻具波比《ミトノマグハヒ》。美斗《ミト》ハ御所《ミト》ナリ。所ヲ斗《ト》ト云コト意ノ冨斗能地神ノ下ニ説《トケ》リ。其《ソ》ガ中ニモ夫婦《メヲ》隠《コモ》リ寝《ヌ》ル所《トコロ》ヲモ分《ワキ》テ所《ト》ト云ケン。下ニ大穴牟遅《オホナムチ》ノ神ノ八上比賣《ヤカミヒメ》ニ美刀《ミト》阿多波志都《アタハシツ》トアル美刀モ今ト同シ（其由ハ其処《ソコ》ニ云ベシ）、又久美度迩《クミドニ》興トアル度《ド》モ是也（略）床《トコ》ノ斗《ト》、嫁《トツク》ノ斗《ト》ナドモ是カ（略）麻《マ》ハ宇麻《ウマ》也。宇《ウ》ヲ省《ハブク》例多シ。凡テ何《ナニ》ゴトニテモ可美《ウマク》物為《モノスル》ヲ宇麻《ウマ》云々《ナニ》ト云ルコト多シ。

書紀継体御巻ノ歌ニ女男ウマク寝《ヌ》ルコトヲ于魔伊祢《ウマイ子》トアル類也。宇麻《ウマ》ノ註ハ初段ニアリ葦牙比古遅ノ神ノ下具波比《グハヒ》ハ麻《マ》ヨリ連《ツヾク》故ニ例ニテ具《グ》ト濁レドモ古ヘ頭《ハジメ》ヲ濁ル語ナケレバ本ハ久波比《クハヒ》ニテ久比阿比《クヒアヒ》ノ約《ツヾマ》リシ語也比阿波《ヒアハ》ト。切《ツヾマ》ル也。凡ソ物二ツガ一ツニ合《アフ》ヲ久比阿布《クヒアフ》ト云。万葉十六ノ巻ニ尺度《サカド》氏ノ娘子《ヲトメ》ガ美《カホヨ》キ貴人《ウマヒト》ノヨバフヲバ聴《キカ》ズテナホ〳〵シキ醜《ミニクキ》男ニ逢《アフ》ト聞《キカ》シテ児部女王《コベノヒメミコ》ノ美麗物《ヨキモノハ》何所《イヅク》不飽《アカヌ》矣《ヲ》坂門《サカト》等《ラ》之《シ》角乃《ツヌノ》布久礼《フクレ》尓《ニ》四具比《シグヒ》相《アヒ》尓計六《ニケム》、コレ也是モ四《シ》ヨリ連《ツヾク》故ニ具《グ》ト濁ルモ今ト同ジ。(略)彼不成合処《カノナリアハヌトコロ》ト成餘処《ナリアマレルトコロ》ト宇麻久久比阿布《ウマククヒアフ》ヲ麻具波比《マグハヒ》トハ云ナラン俗ニ嫁《トツ》グヲ一ツニ為《ナル》ト云モ此意バヘナラン。（略）

(6)

○如此《カク》云期《イヒチギリテ》。コノ云ノ字諸本《イヅレノホンモ》之ト作《アル》ヲ云ノ誤ナラント延佳ガ云ル、実ニサルコト也。記中ニ之ト云ト相《タガヒ》ニ写シ誤レル所多カレバ今モ然《シカ》定メツ。伊比知岐理弖《イヒチギリテ》ト訓ベシ。自右廻逢自左廻逢《ミギヨリメグリアヘヒダリヨリメグリアハン》。カク右左ヲ定メ賜フハ故アルベシ。サレド其ハ神ノ御心ノ内ニ有テ何ノ故テフ傳ヘナケレバ凡人《タヾビト》ノ度《ハカリ》知《シル》ベキニアラズ。(略)約竟以《チギリヲヘテ》。コノ約ハ上ノ三段ノ約リヲ總《フサ子》テ云也。三段トハ初ニ以此《コノ》吾身《アガミノ》成餘《ナリアマレル》処《トコロヲ》云々《シカ〲》然善《シカヨケン》、コレ也。次ニ吾與汝行廻逢云々、コレ也。次ニ汝者自右云々、コレ也。知岐流《チギル》ハ行《ユク》サキヲ懸《カケ》テ云々セント互《カタミ》ニ云ヒ固《カタ》ムル也。竟《ヲヘ》ハ只軽ク見テモ有ナン、又極《キハ》メ尽《ツク》ス意ニモアルベシ。万葉十九巻春裏之《ハルノウチノ》楽終者《タヌシキヲヘバ》梅花手折《ウメノハナタオリ》毛致都追《ケチツツ》遊《アソブニ》尓可有《アルベシ》、コノ終者《ヲヘバ》モ春ノ中《ウチ》ノ楽《タヌシ》キコトヲ極メ尽サントナラバテフ意也。祝詞ドモニ称辞竟奉《タヽヘゴトヲヘマツル》トアルモ此意ゾ。以ノ字ハ弓《テ》ニ當テ訓ベシ。阿那迩夜志愛袁《アナニヤシエヲ》登古袁《トコヲ》。阿那ハ上件《カミノクダリ》阿夜訶志古泥《アヤカシコ子》ノ神ノ所ニモカツ〳〵云リ。古語拾遺ニ事之《ノ》甚切ナルニ皆称二阿那一トアリ。何事ニテモサシ當《アタリ》テ切《セチ》ニ思《オボ》ユルヲ阿那《アナ》云々《シカ〲》ト云。万葉ニハ痛《アナ》ナド書リ。書紀神武巻ニ大醜此ヲ云二鞅奈瀰你句《アナミニク》一トアリ。(略)迩夜志《ニヤシ》ハ迩《ニ》テフ語ニ夜志《ヤシ》テフ助辞《タスケコトバ》ヲ添《ソヘ》タルナリ。(略)夜志《ヤシ》ハ倭建ノ命ノ御歌ニ波斯祁夜斯《ハシケヤシ》此詞万葉ニ多シ。万葉ニ縦恵夜師《ヨシヱヤシ》。コレラノ夜志《ヤシ》ニ同クテ助辞ナリ。(略)愛《エ》ハ書紀一書ニ可愛此云レ哀《エ》。コレヲ本書ニハ可美《エ》、又一書ニハ善《エ》トアリ。是等ニテ顕《アラハ》也。雄略天皇ノ大御歌ニ吉野ヲ延斯怒《エシヌ》ト読セ賜ヒ、前ニ引ル善《ヨ》ケンヲ曳鶏武《エケン》トアル、又住吉《スミノエ》、日吉《ヒエ》ノ類古ヘ余伎《ヨキ》ヲ延《エ》ト云ルコト多シ。今モ然《サ》モ云也。（略）袁登古《ヲトコ》ハ古ヘハ袁登賣《ヲトメ》ト對《ムカ》フ称《ナ》ニテ下ニ訓二壯夫一云二袁等古一ト。書紀ニハ少男《ワカヲ》此云二烏等弧《ヲトコ》一少ハ若《ワカ》キヲ云ナドアリ。万葉ニモ壯士《ヲトコ》ナドヽ書テ若《ワカ》ク壯《サカリ》ナル男《ヲ》ヲ云シ也。老《オイ》タル若キヲ云ハス男ヲスベテ袁登古ト云ハ後ノコト也。又於《オ》ノ假字《カナ》ヲ書クモ非《ヒガコト》也。袁登賣《ヲトメ》ハ袁登古《ヲトコ》ニ對ヒテ若《ワカ》ク盛《サカリ》ナル女《ヲミナ》ヲ云。万葉ニハ處女《ヲトメ》、未通女《ヲトメ》ナド書レハ未ダ夫《ヲトコセ》嫁ヌヲ云ニ似タレド然ラス。既ニ嫁《シ》タルヲモ云フ。倭建命ノ御歌ニ袁登賣能登許能辨尓和賀淤岐斯都流岐能多知《ヲトメノトコノベニワガオキシツルギノタチ》云々トアル。此袁《ヲ》登賣《トメ》ハ美夜受比賣《ミヤズヒメ》ナルガ前ニ此ノ比賣《ヒメ》ニ御合《ミアヒテ》而御刀ヲ其許《ソコ》ニ置賜シコト有《アリ》。又軽 大子《カルノミコノミコト》ノ軽ノ大郎女《オホイラツメ》ニ奸《タハケ》テ後ノ御歌ニモ加流乃袁登賣《カルノヲトメ》ト詠賜ヘリ。是等嫁《トツギ》テ後ヲ云リ。又童《ワラハ》ナルヲ云ルコトモ多シ。終《ハテ》ノ袁《ヲ》ハ助辞ニテ袁登古余袁登賣余《ヲトコヨヲトメヨ》ト云ンガ如シ。此例古ヘ多シ。其八重垣袁《ソノヤヘガキヲ》ノ袁《ヲ》モ其八重垣袁作《ツク》ルト上ヘ意ノ廻《カヘ》ル袁《ヲ》ニハアラズ。今ト同ク八重垣余《ヨ》也。（略）サテ此ノ二句ノ御言ヲ書紀ニハ憙 哉遇《アナニヱヤヌ》可美少男焉《ヲトコヲ》、一書ニハ妍 哉可愛少男歟《アナニヱヤエヲトコヲ》。一書ニハ美 哉善少男《アナニヱヤエヲトコ》ト書リ。如此《カク》サマ〴〵ニ文字ハ異《カハ》レド上ッ代ニ如此様《カクサマ》ノ語ノ傳ヘハ此《コレ》ト彼《カレ》ト甚《イタクコト》異ナルコトハ無キ例ナレバ語ハ何レモ同ジカルヘシ。サレバ阿那而惠夜《アナニヱヤ》トアル註ハ憙哉、美哉ヘモ度《ワタ》ルベク哀《エ》ハ可美ヘモ善ヘモ度《ワタ》リテ訓ムベシ（略）且ッ此記ト見合テ右何レモ阿那迩惠夜愛袁登古袁《アナニヱヤエヲトコヲ》ト訓ベシ。（略）

(7)

○女人《ヲミナ》ヲハ（略）唯男《ヲ》ニ對ヘテ詔フナレバ袁美那《ヲミナ》ト訓テゾ叶フヘキ。袁美那《ヲミナ》テフ語ハ應神天皇・雄略天皇ナドノ大御歌、又万葉廿ノ巻家持歌ナドニ見ユ。即チ今袁牟那《ヲムナ》テフ是也。下ニ袁《ヲ》ヲ添ヘテ読ハ語ノ調ベヲ助《タスケ》ント也。愛袁登古袁《エヲトコヲ》ノ袁《ヲ》ニ同ジ。先 言《コトサキダチテ》ハ上ナルハ麻豆云々登能理賜《マヅシカ〳〵トノリタマヒ》ト訓ソ、此《コヽ》ハ同シ字ナガラ語ノサマ異也。許登佐伎陀知弖《コトサキダチテ》ト訓ベシ。万葉十ノ巻ニ春去者先鳴鳥乃 鶯 之事先立之君乎《ハルサレハマヅナクトリノウグヒスノコトサキダチシキミヲ》之将待《シマタン》事ハ借字ナリトアリ。古語ナリ。書紀ニモ先言ト書テ然《シカ》訓リ。不良。コノ訓ミハ近キ海ニ釣《ツリ》スル海人《アマ》ノウケナラ子ド思ヒ定メカ子テ種々《クサグサ》云ナリ。先ッ一ッニハ余訶良受《ヨカラズ》ト訓ムベキカ。（略）聖武紀ノ宣命ニ天下《アメノシタノ》君坐而《キミマシテ》年緒《トシノヲ》長久《ナガク》皇后《オホキサキ》不坐《マサヌ》事母《コトモ》一豆《ヒトツ》乃《ノ》善有良努《ヨカラヌ》行《ワザニ》在《アリ》トモ有レハ古語ニモ有也。（略）次ニ佐賀那志トモ訓ベシ。（略）其《ソ》ハ元《モト》ヨリ自《オノヅカラ》然ニ然有《シカアル》コトヲ云語也。佐賀那伎《サガナキ》ハ其ノ反《ウラ》ニテ自然然有《オノヅカラシカアル》ベキサマニ背《ソム》キ違《タガ》ヘルヲ云テ是モ古語ト見ユ。（略）サテ不良《サガナシ》ヲ佐賀那志ト訓ルハ垂仁ノ御巻ニ夫君王陵墓《キミノミハカニ》埋立生人是不良《イケルヒトウヅミタツコトハサガナシ》、推古ノ御巻ニ其大国ノ客等ノ聞之《キカン》亦《モ》不良《サガナシ》、コレラ也。次ニ布佐波受《フサハズ》トモ訓ベシ。源氏ノ物語花ノ宴ノ巻ニ布佐波志加良受《フサハシカラズ》ト云詞ノ河海抄ノ釋ニ不祥《フサハズ》日本紀トアリ。是レヲ見レバ彼ノ不祥ヲ然訓《シカヨメ》ル本《ホン》昔有ント見ユ。其《ソ》ハ八千矛ノ神ノ御歌ニ布佐波受トアルガ本《モト》ニテ布佐波志加良受ハ後ニ動《ハタラカ》シタル語ナリ。サテ此語ノ意ヲ考ルニ（略）宜シキ反《ウラ》ニテ宜シカラヌコトト聞エタリ。（略）又万葉十八巻ニ等理我奈久安豆麻乎佐之天布佐倍之尓由可牟登於毛倍騰与之母佐祢奈之《トリガナクアヅマヲサシテフサヘシニユカムトオモヘドヨシモサ子ナシ》、コノ布佐倍之尓《フサヘシニ》ハ幸ヲ得ントシテナリト師ノ説也布佐布《フサフ》・布佐比《フサヒ》ナド活《ハタラ》ク語ナルヲ布佐倍ト云フハ布佐波勢《フサハセ》ノ約リタルナリ。是等《コレラ》ヲ合セテ思フニ今ノ不良ヲモ布佐波受《フサハズ》ト訓ッベクオボユ。サテ右ノ三ッヲナラベテ今一ト度考ルニ始メノ二モ悪《アシ》カラ子ド後ノハ意モヨク叶ヘルガウヘニタシカナル古語ノ拠《ヨリドコロ》トモモアレバ思ヒ定メテ布佐波受《フサハズ》ト訓ミツ。告ハ常ニハ都具《ツグ》ト訓メドモ人ニ物ヲ云ヒ聞《キカ》ス意ニテ古ヘハ多クハ能琉《ノル》ト訓シ也。万葉ナドニテモ多クハ能琉《ノル》ニ用ヒタルヲ今ノ本ハ古語ニ昧《クラ》クテ都具《ツグ》ト訓ミ誤レル処ノミ多シ。（略）

(8)

○雖然ハ斯加礼杼母《シカレドモ》ト訓ベシ。此語万葉ニモ所々有リテ假字《カナ》ニモ然《シカ》書リ。久美度《クミド》ハ夫婦隠《メヲコモ》リ寝《ヌ》ル所ヲ云。久美《クミ》ハ許母理ノ約リタルテフコト既ニ豊雲野《トヨグモヌ》ノ神ノ処ニモ云リ。雄略天皇ノ大御歌ニ伊久美陀氣《イクミダケ》伊久美波泥受多斯美陀氣多斯尓波韋泥受能知母久美泥牟《イクミハ子ズタシミダケタシニハヰ子ズノチモクミ子ン》云々。コノ伊久美波泥受《イクミハ子ズ》ハ隠者不寝《コモリハ子ズ》ニテ伊《イ》ハ発語《コトオコ》ス辞也。久美泥牟ハ隠 将寝《コモリ子ン》也。書紀武烈ノ御巻鮪臣《シビオミ》カ歌ニ耶陛能矩瀰賀枳《ヤヘノクミガキ》テフモ隠《コモリ》垣也。（略）是等《コレラ》ニテ知ベシ。度《ド》ハ所ナルコトモ、又夫婦隠リ寝《メヲコモヌ》ル所ヲシモ別《ワキ》テ云コトモ上ニ説《トキ》ツ。（略）興《オコシテ》而ハ

(9)

多弖《タテ》、々トモ多知弖《タチテ》トモ訓マルレド此語ヲ他《ホカ》ニ考ヘ合スニ須佐之男命ノ段ニモ其櫛名田比賣《ソノクシナダヒメ》以久美度迩《クミドニ》起《オコシテ》而所生《ウミマセル》神《カミノ》名《ミナヲ》云々トアリ。今モ興ノ字ヲカキ此処《コヽ》ニモ起ノ字ヲ書テ立ノ字ナドヲ書《カヽ》ヌヲ思ヘバ淤許《オコ》志弖《シテ》ト訓ベキニヤ。(略) 如何《イカニ》マレ御合坐ヲ云ナリ。水蛭子《ヒルゴ》。コレヲ此ノ御子ノ名ト意得ルハ非《ヒガコト》也。凡テ水蛭ニ似タル兒《コ》ヲ然《シカ》云シナリ。子《コ》ヲ濁リテ読ベシ。(略) 水蛭《ヒル》ハ和名抄ニ本草ニ云水蛭和名比流《ヒル》トアリ。(略) 葦船ハ阿斯夫泥《アシブ子》ト訓ベシ。凡テ某船《ナニブ子》ト云フ例ミナ然也。阿斯能《アシノ》ト読《ヨマ》ヌコトゾ。(略)

○淡嶋《アハシマ》ハ前ニ引ル仁徳天皇ノ大御歌ニ阿波志摩《アハシマ》トアル島《シマ》也。又万葉三ノ巻赤人《アカヒト》ノ宿祢《スクネ》ノ歌ニ武庫浦乎《ムコノウラヲ》榜轉《コギタム》小舟《ヲブ子》粟嶋矣《アハシマヲ》背 尓《ソガヒニ》見《ミ》乍乏《ツヽトモシキ》 小舟《ヲフ子》、又四ノ巻丹比《タチヒ》ノ笠麻呂筑紫ノ国ヘ下ル時ノ長歌ニ淡路乎《アハチヲ》過《スギテ》 粟嶋《アハシマ》乎《ヲ》背《ソガヒニ》 尓見《ミ》管《ツヽ》云々、又七ノ巻ニ粟嶋尓《アハシマニ》許《コ》枳《ギ》将渡等《ワタラント》思 鞆《オモヘトモ》赤石門《アカシノト》浪未 佐《ナミイマダサ》和《ワ》来《ゲリ》、コレラニ依《ヨル》ニ淡路《アハヂ》ノ西北ノ方ニ在ル嶋ト見タリ。又十二ノ巻ニモ見エ、九ノ巻ニ粟小嶋《アハノコジマ》ト詠ルモ是ナルベシ。(略) 彼ノ大御歌、又万葉ノ歌ドモニテ阿波志摩《アハシマ》ト読コト明ラケシ。サテ淡嶋ト名《ナツケ》シ由ハ今吾所生《イマアガウメリ》之《シ》子《コ》不良《フサハズ》ト詔《ノタマ》ヘルヲ以テ思フニ源氏ノ物語帚木ノ巻ニ爪弾《ツマハジキ》ヲシテ云ン方ナシト式部ヲ阿波米悪《アハメニク》ミテ少《スコ》シ宜シカランコトヲ申セト責《セメ》賜ヘド云々。コノ阿波米悪《アハメニク》ミヲ河海抄ニ淡 悪《アハメニクム》ト釈《トカ》シタリ(略) 是古語ナルベシ。今モ此意ニテ淡《アハ》メ悪《ニク》ミ賜ヒシ故ニ淡嶋トハ名《ナヅ》ケケラシ(略) 是亦《コモ》不入子之例《ミコノカズニハイレズ》。カノ水蛭子《ヒルゴ》ハ流 去《ナガシステ》ツレバ本ヨリ御子ノ數ニ入レヌコト知《シラ》レタリ。故《カレ》淡嶋ヲ是亦《コモ》ト云リ。許礼《コレ》母《モ》ヲ許母《コモ》ト云フハ古語也。例ノ字ヲ訶受《カズ》ト訓ムコトハ他《ホカ》ニハ見當ラ子ド必然《シカ》云ベキ所也。書紀ニモ此亦《コモ》不以充兒數《ミコノカズニハイレズ》トアリ。サテ是等ヲ御子ノ數ニ入レヌハ不良《フサハズ》トテ淡《アハ》メ悪《ニク》ミ賜ヘル故ナリ。

Ⓑ—(1)

於是《コヽニ》詔云上瀬者瀬速下瀬者瀬弱而《カミツセハセハヤシシモツセハセヨハシトノリゴチタマヒテ》。初於中 瀬随迦《ハジメテナカツセニオリカ》豆《ヅ》伎《キ》而《テ》滌 時《ソヽギタマフトキニ》。所成坐神 名《ナリマセルカミノミナハ》。八十《ヤソ》禍津《マガツ》日神《ビノカミ》訓禍云摩賀。下效レ此 次《ツギニ》大禍津《オホマガツ》日神《ビノカミ》。此二神者所到其穢 繁國之 時《コノフタバシラハカノキタナキシククニイタリマセルトキノ》。因汚垢而《ケガレニヨリテ》所成之神者也《ナリマセルカミナリ》。次為直其禍而《ツギニソノマガヲナホサントシテ》。所成身名《ナリマセルカミノミナハ》。神直毘神《カンナホビノカミ》毘字以音。下效此。次《ツギニ》大直毘神《オホナホビノカミ》。次《ツギニ》伊《イ》豆《ヅ》能《ノ》賣神《メノカミ》拝三神也伊以。下四字以音。次《ツギニ》於水底滌 時《ミナソコニソヽギタマフトキニ》。所成 神《ナリマセルカミノ》名《ミナハ》。底津綿上津見神《ソコツワタヅミノカミ》。次底筒之男命《ツギニソコヅヽノヲノミコト》。於中滌《ナカニソヽギタマフトキニ》時。所成神名《ナリマセルカミノミナハ》。中津綿上津見神《ナカツワタヅミノカミ》。次中筒之男《ツギニナカヅヽノヲノ》命《ミコト》。於水上滌《ミヅノヘニソヽギタマフトキニ》時。所成神名《ナリマセルカミノミナハ》。上津綿上津見神《ウハツワタヅミノカミ》訓レ上云二宇閇一。次上筒之男命《ツギニウハヅヽノヲノミコト》。此三柱《コノミバシラノ》綿津見神者《ワタヅミノカミハ》阿《ア》曇連《ヅミノムラジラ》等之祖神以《ガオヤガミトモテイ》伊都久神也《ツクカミナリ》伊以下三字以音下效此。故阿曇連《カレアヅミノムラジラ》等者《ハ》其綿津見神之子《コノワタヅミノカミノミコ》。宇都志日金析命之子孫也《ウツシヒガナサクノミコトノスヱナリ》宇都志三字以音。其底筒之男命《ソノソコヅヽノヲノミコト》中筒之男命《ナカヅヽノヲノミコト》上筒之男命《ウハヅヽノヲノミコトミ》三柱神者《バシラノカミハ》墨江之三前大神也《スミノエノミマヘノオホガミナリ》。於是洗左御目時《コヽニヒダリノミメアラヒタマフトキニ》。所成神名《ナリマセルカミノミナハ》。天照大御神《アマテラスオホミカミ》。次洗右御目時《ツギニミギノミメヲアラヒタマフトキニ》。所成神名《ナリマセルカミノミナハ》。月讀命《ツキヨミノミコト》。次洗御鼻時《ツギニミハナヲアラヒタマフトキニ》。所成《ナリマセル》神名《カミノミナハ》。建速須佐之男命《タケハヤスサノヲノミコト》須佐二字以音。

右件《ミギノクダリヤ》八十禍津日神《ソマガツビノカミヨ》以下《リ》建速須佐之男命《タケハヤスサノヲノミコトマデ》以前十四柱《トヲマリヨバシラノ》神者《カミハ》因滌御身所生者也《ミヽヲソヽギマスニヨリテアレマセルカミナリ》。

(2)

上ッ瀬下ッ瀬橘ノ小門ハ上ニ云ル如ク川ノ落口ナルベケレバ其処《ソコ》ノ瀬々也。下巻遠ッ飛鳥宮ノ段（十七丁）歌ニ賀美都勢トモ斯毛都勢トモ見ユ。万葉ナドニモ多シ。速シハ弱《ヨワキ》ニ對《ムカヘ》テ云ヘレバハゲシキ意ヲ兼タリ。弱シハ緩《ノドヤカ》ナル也。サテ速キニモ弱キニモ瀬《セ》テフ言ヲ上ニ置ルハ古言ト聞ユレバ勢婆夜斯《セバヤシ》ト婆《バ》ヲ濁テ一言ニ読《ヨミ》、瀬《セ》弱《ヨワシ》モソノ心以テ読ベシ。弱キヲ取タマハヌハアマリ流レノ緩《ユルキ》処ハ潔カラヌコヽチスレバナルベシ。サテ書紀ニ興言《コトアゲシテ》曰クトアレバ、コヽノ詔云《ノリゴチタマヒテ》ハ能理碁知賜弖ト訓ベシ（ノリゴトシノトシ。ヲ切《ツヾメ》テチト云ナリ）。初《ハジメテ》ヲバ滌《ソヽギ玉フトキニ》時云々ト云処ヘ掛《カケ》テ心得ベシ。中ッ瀬ヘ係《カケ》テ云ニハ非ス。随ノ字ハ決《キハメ》テ誤写《ヒガウツシ》也。中ッ瀬ノ随《マニ〳〵》トテハ通《キコ》エズ。又此ノ字於ノ字ヲ用タル凡テノ例ニモ違ヘリ。是《コ》ハ降ノ字ノ誤ナラン（草書ヨリ誤リツベシ。此記ナドハ昔モ草ニハ書マジク思ハルレド草ノ似タルヨリ誤レル例多ク見ユ）。中ッ瀬尓淤理《オリ》ト訓ベシ。書紀ノ他田宮《ヲサダノ》ノ巻（七丁）ニ下《オリヰテ》二泊瀬中流《ハツセノカハナカニ》一ナドアルサマ也。大祓ノ詞ニ所謂瀬織津比咩ハ此《コヽ》ノ故事モテ称《タヽヘ》シ御名ニテ瀬降《セオリ》ノ意ナリ（今大神ノ穢ヲ滌キ去《ステ》坐ントシテ瀬ニ降《オ》リタマフト彼ノ神ノ大海原尓持出奈武トアルト全ク同意ナルヲ思フベシ。猶ヨリドコロアリ。次ノ禍津日ノ神ノ処ニ云リ。引合セミヨ）。迦豆伎《カヅキ》ハ水ノ中ニ入ルコトニテ潜ノ字ヲ書リ。此言中巻仲哀ノ段ノ歌（四丁五丁）書紀ノ神功ノ巻ノ歌（十二丁）ニモ見エ又万葉ナドニ多シ。（略）滌ハ曽々岐賜《ソヽキタマフ》ト訓ベシ。コレ即御禊《ミヽソギ》也。所成坐スベテ他ノ神等《タチ》ニハタヾ所成トノミ書ルヲ今汚垢《ケガレ》ニ因テ成ル神ニシモ如此《カク》坐ノ字ヲ添テ書ルコト故アリ。委ク首ノ巻ニ云リ。八十禍津日神《ヤソマガツビノ》。禍《マガ》ノコトハ次ニ云ベシ。津《ツ》ハ助辞日《ビ》ハ濁《ニゴ》ル例ニテ（借字ナルコトハサラ也）。次ノ直毘《ナホビ》ノ毘モ同シ。此ノ辞ノ意ハ勝速日命《カチハヤビノ》ノ下ニ云ベシ。八十《ヤソ》ハ禍《マガ》ノ多キヲ云ヒ大《オホ》ハ甚《ハナハタ》シキヲ云ニヤ。（略）穢繁国。繁ハ斯伎《シキ》ト訓ベキ借字也（古言ニ繁《シゲ》キヲ斯伎《シキ》ト云リ）。（略）然バ伎多那伎斯伎具迩《サレキタナキシキグニ》ト訓ベキニヤ。斯伎《シキ》ハ醜也。然由《サルヨシ》ハ万葉十三（十四丁）ニ小屋《ヲヤ》之四忌屋《シキヤ》尓掻所棄《カキステム》破薦《ヤレゴモ》乎敷而《シキテ》掻将折《カキヲラム》鬼之四忌手《シコノシキデ》乎指易而《サシカヘテ》（云々）（十六ノ巻ニモ為支屋《シキヤ》トアリ）トヨメル鬼之四忌手《シコノシキデ》ハ鬼《シコ》ノ志許草《シコクサ》ト同シ重《カサ子》言ナレバ四忌《シキ》モ醜《シコ》也。サテ四忌屋《シキヤ》トモアレバ斯伎国《シキグニ》トモ云ッベシ。上ニハ志許米岐穢国《シコメキキタナキクニ》ト云ヒ此《コヽ》ニハ其《ソ》ヲ下上《シタウヘ》ニシテ穢醜国《キタナキシキグニ》ト云ル。タヾ同ジコトゾ。汚垢ノ二字ヲ祁賀礼《ケガレ》ト訓ベシ（如此《カク》訓《ヨミ》テ垢《アカ》ノ意ハ足《タレ》リ。阿加ト訓ンハ悪《ワロ》ケレ）。因ノ字ハ所到ノ上ニ有《アル》意ニ看《ミ》テ時之《トキノ》汚垢《ケガレ》ト続《ツヾケ》テ心得ベシ

(3)

此方ノ漢文章ニハ如《カヽ》是《ル》コト常ニ多シ

○其禍《ソノマガ》トハ禍津日《マガツビ》ノ禍《マガ》ニシテ即チ穢国《キタナキクニ》ノ汚垢《ケガレ》ヲ云フナリ（マカレルヲト。訓ムハワロシ）。為直ハ那冨佐牟登志弖《ナホサムトシテ》ト訓ベシ（那冨須《ナホス》ハ令《ス》レ直《ナホ》也）。直《ナホ》スハ即チ滌《ソヽ》ギ清ムルヲ云ナリ（汚穢ヲ禍《マガ》ト云ヒ清ムルヲ直《ナホ》スト云ヨシハ下ニクハシクイフベシ）。（略）大直毘神《オホナホビノ》ヲ口決ナドニ既ニ清明ナル時ニ生ル神也ト謂フハカナハズ。直毘《ナホビ》ノ直《ナホ》ハ直カラザルヲ直ス意ノ御名ニテ既ニ直レルトハ異也（上ニ為レ直《シテ》サントアルヲ以テサトルベシ。同言ナガラナホキト云ハ既ニ直《ナホ》レルヲ云フ。ナホスハ直《ナホ》カラザルヲ直《ナホ》カラシム為《シワザ》ヲ云テ既ニ直キニ至レル意ニハ非《アラ》ズ。）サレバ此二柱ハ穢《キタナキ》ヨリ清《キヨキ》ニウツル間《アイダ》ノ神ニ坐ル也。又毘ヲ日ノ意モテトリ〴〵ニ云モミナ非コト也（コハ直《ナホ》ニ付キタル辞ナルコト四時祭式鎮魂祭ノ処ニ大直神トモカケルニテモ知ベシ。）（略）伊豆能賣神《イヅノメノ》。今ノ本ニ神ノ字無シ。コハ延佳ガ補タルゾヨキ。凡テ此ノ前ニモ後ニモ生マセル神テフ神ニ神トイワヌ例ナケレバ也（弥都波能賣ナドモ書紀ニハ神トハナ。ケレド此記ニハ神トアリ）。式出雲ノ国出雲ノ郡ニ神魂伊豆乃賣神社《カムムスビイヅノメノ》アリ。伊豆《イヅ》ハ既ニ汚垢《ケガレ》ヲ滌《ソヽギハラヒ》祓テ明《アカ》ク清《キヨ》マリタル意ニテ明津《アキツ》ノ約《ツヽマリ》タル言也（阿伎ハ伊ト約マル。）（略）サテ伊豆《イヅ》テフ言ノ例ハ書紀ノ神武ノ巻ニ時勅ニ道臣ノ（玉ハク）命一ニ今以ニ高皇産霊尊一ヲ朕親作《ミヽツカラセン》ニ顕斎《ウツシイハヒ》一用レテ汝ヲ為ニ斎主《イハヒヌシ》一ト授《サツ》ケテ以ニ厳媛之号《イヅヒメノナ》一ヲ而名其所置《ソノオケル》埴《ハニ》瓮《ベ》ヲ為《ナヅケ》ニ厳瓮《イツヘ》一ト又火ヲ名《ナヅケ》ニ為厳香来雷《イヅカグツチ》一ト水ヲ名《ナツケ》ニ為厳罔象女《イツミツハノメ》一ト粮《ヲシモノ》ヲ名《ナツケ》ニ為厳稲魂女《イヅウガノメ》一ト薪《カマギ》ヲ名《ナツケ》ニ為

厳山雷《イツヤマヅチ》一ト草ヲ名《ナツケテ》二為厳野椎《イヅヌツチ》一ト天皇嘗《マツリ》二玉フ其ノ厳瓮之粮《イツベノミケ》一ヲ。又垂仁ノ巻ニ以二天照大神一鎮《マリ》二坐シメテ於磯城厳橿本《シキノイヅカシガモト》一ニ而祠《イツキマツル》之云々。出雲国造ノ神賀ノ詞ニ伊都幣《イヅミテグラ》　又伊豆能真屋《イヅノマヤ》又伊豆能席《イヅノムシロ》　ナドアリ。是皆神ヲ祭ル時ノコトナレバ斎清浄《イハヒキヨメ》ツル意ニテ今ト同ジ。（略）カヽレバ今ノ御禊《ミソギ》ニヨリテ穢悪《キタナ》キ麻賀《マガ》ヲ神直ビ大直ビニ直シ清メテ直ク清ク明クナレルヲ伊豆能賣《イヅノメノ》神トハ申ス也。（略）注ニ并テ三神也ト云ハ上ノ禍津日ニ柱ハ云々而所成《シカ〳〵シテナリマセル》之神《カミナリ》者也ト既ニコトワレル故ニ今ハ其ノ次ヨリ三柱ヲ總言《スベイフ》也。

(4)

○次於水底。コノ次《ツギ》ニ底津《ソコツ》綿津《ワタツ》見《ミノ》神ノ次序《ツイデ》ヲ云也。（略）於中《ナカニ》。コハ水底水上《ミナソコミヅノヘ》ニ對《ムカヒ》タレバ必ス水中ト有ベキ（略）然云ル例アルベカラズ。サレバ唯中《ナカ》トノミ云ルニヤ底ト上トニ水ト云ヘバ中ハオノヅカラ其ノ中間トハ聞ユ。サテ於《ニ》レ中《ナカ》ト於《ニ》二水上《ミツノヘ》一トノ上ニ各《オノオノ》　次字ナキハ底中上ノ前後《ツイデ》ハナキニ似タレドモ此《コヽ》ノ事ノ様《サマ》ヲ思フニ必底ヨリ中上《ナカウヘ》ト次第《ツイデ》アルベシ。　上津《ウハツ》云々注訓レテ上ヲ云二フ宇閇《ウヘ》一トコレハ訶美ト訓ムマジキカ為《タメ》ノ注也。宇波都《ウハツ》ト訓ベシ。宇閇《ウヘ》ハ上某《ウハナニ》トツヾク言アルトキハ凡テ宇波《ウハ》ト云フ例ニテ書紀ニ上国此云二羽播豆矩你《ウハツクニ》一トアル類也。然ルヲ今宇閇《ウヘ》ト注シタルハ此ノ巻ノ中ニ伊都之《イツノ》男建踏建《ヲタケビフミタケビテ》　而トアル注ニ訓レ建云二多祁夫《タケブ》一トアルニ同ジクテ共ニ言《コト》ノ居《スワ》リタル方ヲ注シタルモノ也。

(5)

○綿津見《ワタヅミ》ノコトハ既ニ傳四ノ三十三丁云リ。祖神《オヤガミ》ハ意夜賀微ト訓ベシ。凡テ上ツ代ハ父母《チヽハヽ》ニ限《カギラ》ズ幾世《イクヨ》ニテモ遠《トホツ》祖《オヤ》マデヲ通《カヨ》ハシテ皆タヾ意夜《オヤ》ト云。（略）以伊都久《モテイツク》。記中此語多シ廿丁中ノ十六。廿七丁。以ハモテトス、モテハヤスナドノ母弖《モテ》ニ同シ是ヲ延佳カ伊弖《イテ》ト。訓ルハ甚《イタイタ》ク誤ナリ。祖神登母弖《オヤガミトモテ》云々ト訓ベシ。伊都久ハ斎《イツク》　ナリ。万葉十九ニ住吉尓伊都《スミノエニイツ》久《ク》祝之《ハフリガ》云々又春日野尓《カスガヌニ》伊都久三諸乃《イツクミムロノ》云々。（略）サテ此神ハ官帳ニ筑紫ノ前ノ国糟屋ノ郡志加海《シカノワタツミノ》　神社三坐並名神大トアル是也。コノ御社志賀《シカノ》島トニ云ニ有テ今ハ那珂ノ郡ニ属《ツケ》リトゾ。（略）此外ハ對馬ノ嶋上ツ縣ノ郡和多都美神社名神大下ツ縣ノ郡和多都美ノ神社名神大。和多都美ノ神社式ニモ国史ニモ見ユ。阿曇《アヅミ》ハ氏姓《ウヂ》連ハ加婆祢《カバネ》ニテ氏《ウヂ》姓加婆祢ノコトハ下巻遠ツ飛鳥ノ宮ノ段ニ委ク云。牟良自《ムラジ》ト訓ム万葉八中臣ノ朝臣武良自。続紀九。紀ノ朝臣牟良自ナド人ノ名ニモ見ユ群主《ムラジ》ノ意カ主ヲ自《ジ》ト云ハ宮主《ミヤジ》ノ如シ。戸主《トジ》主《アルジ》ノ自《ジ》モ此レナルヘシ。　其ノ群《ムレ》ノ中ノ主《ウシ》ト云意也。（略）其綿ノ其ノ字ハ許能《コノ》ト訓ベシ 字ハ漢文ノ格ニ従テカケレドモ御国ノ語ニテハ此《コ》ハ曽《ソ》。能《ノ》ニテモ加《カ》能ニテモワロシ。必《ス》許能《コノ》ト云ベキ所ナリ 宇都志《ウツシ》ハ顕也 書紀神代巻ニ顕此云二于都斯一ト。此外モ多シ。日金《ヒガナ》ハ式ニ信濃ノ国更級ノ郡氷鉇斗賣《ヒガナトメノ》神社。和名抄ニ同郡氷鉇《ヒガナノ》 比加奈 郷アリ 又斗女《トメ》テフ郷モアリ。此ヨリ出タル御名ナルベシ。其故ハ彼ノ国ニ安曇《アヅミ》郡モアリテ其ノ郡ニ穂高《ホダカ》神社 名神大 式ニ見エ、姓氏録ニ安曇ノ宿祢海神綿積《ワタツミ》豊玉彦ノ神子穂高見命《ホダカミノ》之後也。又安曇ノ連ハ綿積ノ神ノ命兒高見ノ命之後也ナドアレハ也。拆《サク》ハ又彼ノ国ニ佐久《サク》ノ郡アリ。此レニヨルニヤ。（略）サテ阿豆美《アヅミ》ト云由《ヨシ》ハ（略）海神ノ子孫ナル故ニ固《モトヨ》リ海人《アマ》ノコトヲ執《トリ》シ故ナルベシ。サテ其ノ宰《ミコトモチ》ニ為《ナリ》テイヨ〳〵其ノ事ヲ掌リツルヲ以海人《モテアマ》ツ持《モチ》ト負《オホ》セシナルベシ 麻《マ》ヲ略キ母智ヲ約テ美《ミ》ト云。ナリ。其例ハ既ニ前ニ云リ（略）是レニ依テ凡テ子孫トアルヲバ須恵《スヱ》ト訓ベシ。中昔モ今モ然《シカ》云也。

(6)

○筒之男《ツヽノヲ》 書紀ニ筒男ト書ルヲノミ見テ此記。ノヲモ考ヘズ都々《ツヽ》袁ト訓ハ非《アヤマリ》ナリ 筒《ツヽ》ハ都知《ツチ》ト同シキ由シ上 傳四ノ三十丁 ニ既ニ云リ。猶此ノ次ニモ云ヲ見ヨ。サテ其ノ都《ツ》ハ例ノ之ニ通フ助辞、知《チ》ハ男《ヲ》ノ称名《タヽヘナ》也。其例イト多シ。上ノ野椎《ノヅチ》ノ神ノ所ニ云リ、都知之男《ツチノヲ》ト連《ツヾク》例ハ建御雷《タケミカヅチノ》之男《ヲ》ナド也 傳五ノ十一丁。如此《カヽ》レバ筒ハ借字ニテ上ノ都ハ底津《ソコツ》中津《ナカツ》上津《ウハツ》ト上《カミ》ヘ属《ツキ》 綿津見ノ三柱ノ例ニテモ知ベシ、下ノ都《ツ》ハ之男ヘ属《ツク》言也。（略）墨江《スミノエ》。此神ヲ鎮祭《イハヘ》ル社ハ長門ノ国豊浦ノ郡筑前国那珂ノ郡壱岐ノ島壱岐ノ郡對馬下ツ縣ノ郡ナドニモ有テ何レモ住吉《スミノエ》トアレドモ此《コヽ》ハ津ノ国ノ住吉ヲ云ナリ 住吉ヲ須美与志ト唱ルハ後ノ世ノコトニテ、那良ノコロマデハ須美能延トノミ云ヘリ。マヅ此ノ記ニハ墨江トカキ、書紀万葉ニハ住吉ト書テモ須美乃延トヨミ、又万葉ニ墨之江清江須美乃延ナド有テ須美与志ト云ルコト一ツモナシ 此処《コヽ》ニ此ノ大神ハ鎮リ坐ルコトハ書紀息長帯《オキナカタラシ》比賣ノ命西ノ国ヨリ海路《ウミツヂ》ヲ帰リ上リ給フ所ニ云ク。（略）和名抄摂津国住吉《スミヨシノ》 須三与之 郡、神名帳此郡ニ住吉ニ坐神ノ社四座 並名神大月次相嘗新嘗 トアリ。四坐ハ私記ニ称二四坐一ト者神功皇后坐二別殿一歟ト云リ。（略）ナホ此ノ大神ノ御事ハ息長帯比賣ノ御段《クダリ》ニモ委ク云ヘシ。三前《ミマヘ》ハ三坐ニ同ジ（略）

(7)

○天照《アマテラス》大御神《オホミカミ》。照ハ弖琉《テル》ト訓マンモ誤《ヒガコト》ナラ子ド 神名帳ニ阿麻氐留神ノ社ト有。ナホ弖良須《テラス》ト訓ベシ。万葉十八 三十三丁 ニ安麻泥《アマテ》良須可未《ラスカミ》トアリ。其《ソ》ハ天《アメ》ヲ照《テラス》ト云トハ少《スコ》シ異リテタヾ弖琉《テル》ヲ延《ノベ》テ弖良須《テラス》ト云フ古言《フルコト》ノ格《サタマリ》ニテ 立《タツ》ヲ多々須ト云フガ如シ、天照スハ天ニ坐々《マシ〳〵》テ照リ賜フ意、高光《ヒカル》ト云ニ同ジ 三代實録元慶四年藤原ノ基経公ヲ太政大臣ニ任タマフ宣命ニ朕我《アガ》食《ヲス》国乎《クニヲ》平久《タヒラケク》安久《ヤスラケク》天照之治聞食須故波此ノ大臣之力奈利トアル。コハ此ノ大御神ニ准ヘテ天皇ノ天ノ下知看《シロシメス》ヲモ天照スト云リ。メヅラシキ詞ナリ（略）サテ常ニハ大神ト書テ意冨牟賀微《オホムガミ》ト唱奉ル。意冨牟《オホム》ハ大御《オホミ》ノ音便《コトツヾキ》ニテ轉《ウツ》レルナリ。物語文ナドニテ御ノ一字ヲ意冨牟ト読ムモ語ハ大御ニテ今ノ俗言ニ意美某ト云モ同ジ。サルヲ重言ト為ルハ誤ナリ万葉続紀式ノ祝詞ナドニモ多ク大御神ト書リ。サテ書紀ニハ於《コ、》是ニ共《トモニ》生《ウミマツリマス》二日ノ神一ヲ号《マヲス》二大日孁ノ貴《ムヂ》一ト、一書ニ曰天照ス大神《オホミカミ》、一書云天照ス大日孁《ヒル》ノ尊トアリ万葉ニモ天照ス日女之命《ヒルメ》トアリ○コヽニ天照大神ト申ス御名ヲ一書ニ曰トカキ給ヘルハヒガコトナリ。亦名トアルベキナリ。其故ハ此《コヽ》ヨリ次々ニハイヅコニモタヾ天照大神トノミ書タマヘレバ一書ノ説ニアラズ。若一書ノ説トセバ前後相違ヘリ。是ヲ御《ミ》照シ坐々《マシマス》天津日ニ坐々《マシマセ》リ。故《カレ》月日ハ今此ノ御禊《ミソギ》ニヨリテ始メテ成出《ナリイデ》坐テ此レヨリ前《マヘ》ニハ月日坐《マス》コトナシ。（略）月読ノ命。書紀ニ云次ニ生二月ノ神一、一書ニ云月弓ノ尊、月夜見ノ尊、月読ノ尊此ノ書紀ノ旨コヽロエヌコトドモアリ。マヅ日神ニ御名アリテ月ノ神ニ御名ノナキハイカヾ。三ツノ御名ハ皆一書ノ説ナレバ本書ニハアヅカラヌコトゾ。次ニ月夜見ト月読トハ文字ノ異ナルノミニテタヾ同ジ御名ナルヲ並ヘ挙ラレタルハイカニ。是ハ漢字ニカヽハル人ノ為ニハ云ハズ。古書ノ趣ヲヨク知レラン人ノタメニ驚シオクナリ。○弓モ読モ借字ナルヲ此等ノ字ニツキテ云フ説ナドハ例ノ論フニ足ラヌコトゾ。御名ノ義《コヽロ》、師説ニ綿津見《ワタツミ》山津見《ヤマツミ》ナドノ如ク美ハ持《モチ》ニテ月夜持《ツキヨモチ》ナリトアリ、然《サ》モ有ヌヘシ若此説ノ如クハ都久与美トヨムベキ古言ノ例ナリ。其故ハ月夜ヲバ都久与トノミ万葉ナドニモヨミテ都伎与トアルヲ見子バナリ。サレド姑ク旧キ訓ニシタガヒツ、又読《ヨミ》ハ黄泉《ヨミ》ノ国ノ与美《ヨミ》ト同シ語トモ聞ユルナリ。サテ此大御神モ即チ今天ニ坐々《マシマス》月ニ坐リ。男神ニ坐スコトハ疑ヒナケレド、猶イハヾ万葉ノ歌ニ月読壮子《ツキヨヲトコ》、月人《ツキヒ》壮《ヲトコ》、左佐良榎壮子《サヽラエヲトコ》ナドヨミ、倭姫命世記ニ伊勢ノ月読宮ノ御形《ミカタ》モ馬ニ乗《ノレル》男《ヲノ》形ニ坐ト見ユ。書紀ニ剱ヲ抜テ保食ノ神ヲ撃殺《ウチコロシ》タマフトアルモ男神ト聞エタリ。サテ此大神ノ御社ハ式ニ山城国葛野ノ郡此御社ノ起リ書紀顕宗天皇三年ノ所ニ見ユ、綴喜ノ郡、伊勢ノ国度會ノ郡、丹波ノ国桑田ノ郡、壱岐ノ国壱岐ノ郡此御社ハ右ノ顕宗ノ巻ノ文ニ壱岐縣主先祖云々ニ由レルカナドニ坐リ。建速須佐之男命《タケハヤスサノヲノ》。建速ノ意ハ上傳四建依別速日別ノ所ニ云リ。須佐《スサ》ノ事ハ下於ニ勝佐備ニ云々トアル所ニ云ヘシ。サテ此ノ須《ス》ヲ書紀ニ素《ス》ト作《カヽ》レタルニ依テ曽《ソ》ト唱奉ル清少納言枕草子ニモソサノヲトカケリハ訛《ヒガコト》也。古書何レモ須《ス》トカキ、書紀ニ素ノ字モ須《ス》ト曽《ソ》ト二音ニ用ル字ナルヲヤ。（略）

(8)

○所生者也ハ上ノ例ニヨレバ者ハ神ノ字ノ誤カ。又ハ者ノ上ニ神ノ字ヲ脱《オト》セルカ。サレド又本ノ随《マヽ》ニテモ有ナン。（略）

（付番号・傍線・句読点及び改行筆者行う）

それから『儀式解』巻第一には次の如く記載されている。(57)

㋐―(1)一　天照坐皇大神宮《アマテラシマシマススメオホミカミノミヤノ》儀式《ギシキ》并《ナラビニ》　神宮院行事事《ジングウキンノギヤウジノコト》。合　壱拾玖條《アハセテイチジフクデウ》。

(2)此ノ條は皇大御《スメオホミ》神《カミ》伊勢ノ國度會ノ郡宇治ノ五十鈴ノ宮に大御《オホミ》鎭《シヅマリマ》　坐したまふ御在状《ミアリサマ》及宮地の堺宮殿御門御垣等の名目丈尺を記せり。

(3)○天照坐《アマテラシマシマス》は阿麻氏良志萬志麻須と訓べし。萬葉集十八、大伴ノ宿禰家持七夕ノ長歌、安麻泥良須《アマテラス》、加《カ》未能御代欲里《ミノミヨヨリ》、とよめり。延喜神名式、對馬嶋下縣ノ郡阿麻氏留《アマテル》神社。日本紀ノ竟宴、物部安興得太玉命歌、阿麻氏流呵美《アマテルカミ》、とあれど、此處《コヽ》には坐の字有れば、必ズ安麻弖良志《アマテラシ》とよまずては合《カナ》はず。氏良須《テラス》は氏留《テル》を延《ノベ》たる詞にて意はいづれも同じ。摘《ツム》は都武なるを都萬須《ツマス》、立《タツ》は多都なるを多太須《タヽス》といふに同じ。坐を萬志麻須《マシマス》とよむは、上の萬志は坐《マシ》の義、下の麻須《マス》も即チ坐《マス》の義にて尊《タフト》ぶ詞なり。萬葉ノ三、春日ノ王ノ歌、王《オホキミハ》　者、千歳《チトセ》爾《ニ》麻佐武《マサム》、白《シラ》雲毛《クモモ》、三船乃山爾《ミフネノヤマニ》、絶《タユル》　日安良米也《ヒアラメヤ》。續日本紀ノ中、所々宣命、大坐々而《オホマシマシテ》、又於保麻之麻須《オホマシマス》など見ゆ。又たゞ萬須《マス》とのみも訓べし。

(4)○皇大神宮は須賣於保美加微乃美耶《スメオホミカミノミヤ》と讀べし。其ノ義次にいへり。

(5)○儀式は義志幾《ギシキ》とよむべし。儀式は本宮相殿の神の御名《ミナ》及四至《シシ》近堺遠堺を初め、皇大御神大倭《オホヤマトノカサヌヒ》　笠縫の里より國々に宮所覓《モトメ》たまひ、終に伊勢ノ國度會ノ郡五十鈴ノ川上に鎭《シヅマ》り坐《マシマ》す御在状《ミアリサマ》をいふ。

(6)○并は奈羅毘爾《ナラビニ》と訓べし。及の意ばへなり。

(7)○神宮院行事事は自武寓宇乃韋牟廼伎也禹自能許登《ジングウノヰムノギヤウジノコト》とよむべし。神宮は大神宮をいふ。院は限《カギリ》をたてし一《ヒト》かこみをいふなり。俗に壱《ヒト》くるわ弐《フタ》くるわといふが如し。下に大宮一院此一院の中正殿寶殿齋王候殿已下諸殿舍御門を載たり。御倉一院此一院の中殿四字を載たり。などあるにて明カなり。玉篇、院ハ周垣也、亦作レ寏ニ、韻會ニ、周圍有ニ垣墻一者ヲ曰レ院ト、と見えたり。今ノ世俗語に廓ノ内を韋武奈伊《キムナイ》といふ是なり。事《コト》は言《コト》の訓と相同じ。

(8) ○壱拾玖條は伊知自布久傳宇《イチジフクデウ》と訓べし。目録には壱條と見ゆ。拾玖條と作りては初の總数弐拾參條といふに合《カナ》はざれば寫シ誤るならん。但諸本皆同じければ其ノ條を別ち見《ミ》れどもとにかくに拾玖條に合《カナ》はず。いかなる数《カゾ》へ方《ザマ》あるに歟。

㋑―(1) 天照《アマテラシ》坐《マシマス》皇大神《スメオホミカミ》。所ニ稱《マヲス》天照《アマテラス》意保比流賣命《メノミコト》一。

(2) 天照坐は右に言へり。

(3) ○皇大神、こゝには須賣於保美加微《スメオホミカミ》とよむべし。按に皇大神と書《カ》くは後《ノチ》にて、大御神《オホミカミ》といふぞ大御國の語《コトバ》なるべき。仍て古事記には大御神《オホミカミ》とのみいへり。大神又は大御神といへば皆日ノ神に限る稱《ナ》なり。因て日本紀、神代ノ巻ノ上、伊勢ニ崇秘《イツキマツル》大神。又同皇極紀、四年正月、伊勢ノ大神。天長四年ノ紀、四月、伊勢奉幣宣命、貞観十一年ノ紀、十二月ノ詔等《ナド》には、五十鈴之川上爾坐ス皇大神、と記《シル》さる。皇は須賣《スメ》とよめり。賣《メ》を倍《ベ》に轉《ウツ》して須倍《スベ》といひ、下に良《ラ》の助辭を加《クハ》へて須賣良《スメラ》といふ。天下をすべしらすは最《イト》貴《タフト》ければ、統《スベヲサムル》ニ御四方《ヨオモヲ》一の意をとりて須賣《スメ》といふなり。谷川士清も、須賣良伎《スメラギ》は統《スメ》る君《キミ》の義《コヽロ》なり、天下をすべしろしめす君《キミ》なればなりといへり。儀制令ノ義解ニ、須明楽美御徳《スメラミゴト》。萬葉ノ一、御名部ノ皇女ノ御歌、吾大王《ワガオホキミ》、物莫《モノナ》御念《オモホシソ》、須賣神乃《スメカミノ》、同七、古歌之中、吾者不忘《ワレハワスレズ》、牡鹿之須賣《シカノスメ》神《カミ》、同十三、雑歌の中ノ長歌、石田之森之《イハタノモリノ》、須馬神爾《スメカミニ》、同二十、家持ノ長歌、安我須賣可未爾《アガスメカミニ》、奴佐《ヌサ》麻都利《マツリ》。日本紀竟宴、兵部卿貞保得ニ瑞歯別天皇一歌、数女良美己度《スメラミコト》、又藤原清經、得ニ橘豐日天皇一須女羅乃支美《スメラノキミ》、又葛井清鑑、得ニ秦酒公一数梅羅機彌《スメラギミ》、皆皇ノ字を加《クハ》へて其ノ神を尊《タフト》むなり。神の訓明見《アカミ》の意《コヽロ》といへり。鏡の中略といふは善からず。史記ノ注、鬼之《ノ》靈ヲ者曰レ神ト、と見ゆ。天照大御神の御《ミ》名《ナ》義《ノコヽロ》は普《アマネ》く天《アメ》が下《シタ》を御照《ミテラ》し坐《マシマ》す大御神《オホミカミ》の義《コヽロ》にて、即チ今のあたり御照《ミテラ》し坐《マシマ》す天津日《アマツヒ》なり。(略)又天《アメ》上に坐《マシマシ》て御照《ミテラ》し坐《マシマ》すには有《ア》らねど、麗《ウルハシ》く耀《カヾヤ》く状《カタチ》より天照をもて美稱とするあり。古事記、景行ノ段、多加比加流比能美古《タカヒカルヒノミコ》、高《タカ》照日《ヒカルヒノ》皇子なり。又雄略ノ段、多加比加流比能美夜比登《タカヒカルヒノミヤヒト》高照日宮《タカヒカルヒノミヤ》人なり。とよめり。高照は天照の心に同じ。貞観三年ノ紀、十月、天照《アマテラス》眞良《マラ》建雄《タケヲノ》命。山城ノ風土記、天照《アマテラス》高彌牟須比《タカミムスビノ》命、と見ゆ。是レ皆天下を御照し坐すの義ならず、稱美の詞のみなり。

(4)

○所二稱天照意保比流賣命一は安麻天良須於保比留米能美許等騰萬袁須《アマテラスオホヒルメノミコトトマヲス》とよむべし。皇大神とは日神に限る事なから、猶これを解して皇大神は日神大日靈尊ぞとことわるなり。意保日流賣命とのみいひぬべきを、天照の二字を冠《カヽブ》らせしは右にいふごとく天の下を御照《ミテラ》坐《シマ》す大御神なればなり。萬葉ノ二、柿本ノ朝臣人麻呂ノ長歌、天照日女命《アマテラスヒルメノ》。一云指上日女之命。古本、晝目《ヒルメ》謌《ウタ》、阿萬弖留耶《アマテルヤ》、比留女乃加見乎《ヒルメノカミヲ》、とあるに同じ。さて日ノ神を大日靈尊或人日靈《ヒルメ》は比賣《ヒメ》とよむべしといへど、神代巻、大日靈貴、此云二於保比屢咩能武智一とあれば比流米と訓む事明なり。とも申奉るは稗田ノ阿禮は言傳《イヒツタ》へぬにや、太安萬侶朝臣《オホノヤスマロノ》ノ古事記には見えず、天照大御神とのみ記せり。其御名義《ソノミナノコヽロ》、意保《オホ》は大《オホ》にて尊稱なり。大國主《オホクニヌシ》、大山祇《オホヤマヅミ》の大《オホ》と同じ。比流《ヒル》は日《ヒル》なり。其ノ比《ヒ》流《ル》は日良《ヒラ》の良《ラ》を流《ル》に轉《ウツ》しいふ。夜《ヨル》も夜良《ヨラ》なり。良《ラ》を流《ル》に轉して與流《ヨル》といふに同じ。古き代の詞にはすべて發語あり、助語あり、其ノ助語に良《ラ》といふ事多し。常に野《ノ》を能羅《ノラ》、中《ナカ》を奈加良《ナカラ》といひ、景行紀、四十年十月、曠野《アラノ》ノ訓、阿良乃良《アラノラ》、仁徳紀、二十二年正月ノ歌、云々箇辭古者呂箇茂《カシコキロカモ》。萬葉六、笠ノ朝臣金村ノ歌、荒野等丹《アラノラニ》、里者雖有《サトハアレドモ》。神楽歌、磯之前《イソガサキ》を伊曾良我左伎《イソラガサキ》。催馬楽、吾家《ワイヘ》を和伊遍良《ワイヘラ》。古今集ノ四、秋ノ上、遍昭ノ歌、里はあれて人はふりにし宿なれば庭もまがきも秋ののらなる。源氏物語、よもぎふの巻、かくいみじきのらやぶなれど。増鏡、新嶋守云々、水無瀬山わがふるさとはあれぬらんまがきはのらと人もかよはで、とよめり。その良《ラ》を轉じて留《ル》ともするなり。又良《ラ》を呂《ロ》に轉ずるは萬葉十四、常陸歌、筑波禰乃、禰呂爾可須美為、同巻、上野歌、伊香保呂爾、同十六、乞食者長歌、吾目良波《メラ》、また吾毛良者、と見ゆ。根を禰呂、伊可保を伊可保呂、目を目良、毛を毛良とよめり。されば比流《ヒル》はもと日良《ヒラ》なるを轉して比流《ヒル》といふを知べし。賣《メ》は女《メ》の訓に代用《カヘツカヒ》たり。女《ヲミナ》を倍《ベ》といふ。女神《ヒメガミ》に大苫邊《オホトマベ》、又大富邊《オホトンベ》、級長戸邊《シナトベ》などいふ、その邊《ベ》を米《メ》に轉ずるなり。婆備夫辨菩《バビブベボ》の轉は萬美武米母《マミムメモ》なれば、辨《ベ》と米《メ》と通ふ事知るべし。賀茂《カヨ》ノ眞淵、大日女《ヒルメ》の女《メ》は女《ヲミナ》の事にはあらじ、美《ミ》と米《メ》と通音《バンビブベイボ》なり、されば比留米《ヒルメ》は比留美《ヒルミ》にて、其ノ美《ミ》は毛智《モチ》の約《ツヾマ》れるなり、月夜持《ツキヨモチ》を月讀《ツキヨミ》といふに同じかるべしといへり。食物保護の神は保食神なり。それを宇氣母知《ウケモチ》の神といふをもおもひ合すべし。尊は美許登《ミコト》とよむべし。尊稱なり。古事記ノ上、八千矛ノ神ノ歌、夜知富許能加微能美許登《ヤチホコノカミノミコト》。萬葉ノ五、建部ノ牛麻呂ノ長歌、多良志比咩可尾能彌許等《タラシヒメカミノミコト》、とあり。又御名《ミナ》のみならず、天皇命《スメラミコト》、神命《カミノミコト》、皇子命《ミコノミコト》、父《チヽノ》命《ミコト》、母命《ハヽノミコト》、などいへり。平ノ宣長、美許等《ミコト》てふ語の意思ひ得ず、昔より人のいふは字《モジ》につきていふ説なれば承引《ウケ》がたし、さて許《コ》を濁《ニゴリ》てよむ人もあれど、古書皆清音の文字《モジ》を用《ツカヒ》たれば清《ス》みてよむべし、（略）初學者の為に古史の中一二をいふべし。古事記ノ上、伊邪那伎ノ命云々、於レ是洗二左ノ御目一時、所レ成《ナル》神ノ名ハ天照大御神云々、又此ノ時伊邪那伎ノ命、大歓喜詔ハク、吾者生レ子而、於二生終一、得二三ノ貴子一、即其御頸之玉緒《ミクビノタマノヲ》母由良邇《モユラニ》、取由良迦志而《トリユラカシテ》、賜二天照大御神一ニ而詔ハシク之、汝命《イマシミコト》者ハ、所レ知二高天原一ヲ矣、事依《コトヨサシ》而賜也。日本紀、神代ノ巻ノ上、伊弉諾尊伊弉册尊共ニ議曰、吾已ニ生二大八洲國及山川草木一ヲ、何不レ生二天下之主者《キミタルモノ》一ヲ歟、於レ是共生二日神一ヲ、號二大日孁貴一、大日孁貴、此云二於保比靈咩能武智一。同一書ニ曰、天照大神、一書ニ曰、天照大日孁ノ尊、一書ニ曰、伊弉諾尊云々、然後洗二左《ムチ》眼一、因以生神號《ナリマセルカミノミナ》ヲ曰二天照大神一、と見えたり。此ノ餘あぐるに遑《イトマ》あらず。考に尊《ミコト》にかへて貴といふ事他《ホカ》に見えず。奈良の朝唐風《ミカドカラザマ》を學《ナラ》ふ事専なれば尊命をわかつに准じ、日神の御事は他《ホカ》に似る事なからん事を欲して此ノ字を用《ツカ》ひ分《ワク》るにや。萬葉ノ二、柿ノ本ノ朝臣人麻呂ノ長歌、天照日女之命《アマテラスヒルメノミコト》、一ニ云、指上日女之命《サシノボルヒルメノミコト》。神代ノ巻ノ上、一書ニ、天照ス大日孁ノ尊、とす。又此ノ儀式も天照意保比《アマテラスオホヒ》流賣命《ルメノミコト》と注《シル》す。古キ傳へなるべし。此ノ大御神伊勢國に御坐《オハシマ》す事は、古事記ノ景行ノ段、即倭建ノ命云々、參二入伊勢ノ大御神ノ宮一ニ、拜二神ノ朝廷一ヲ。日本書紀、神代巻上、一書ニ曰、於レ是日ノ神方開二磐戸一ヲ而出焉、是ノ時以レ鏡入二其ノ石窟一ニ者、觸レ戸小瑕、其ノ瑕於レ今猶存《ウセズ》、此レ即伊勢ニ崇秘ノ大神也。垂仁紀、二十五年三月云々、天照大神誨二倭姫ノ命一ニ曰、是ノ神風ノ伊勢國ハ、則常世之浪重《シキ》浪歸國《ナミヨルクニ》也、傍國《カタクニノ》可怜《ウマシ》國也《クニナリ》、欲レ居二是ノ國一ニ、故レ随二大神ノ教一ノ、其ノ祠ヲ立二於伊勢國一ニ、とあり。自餘同事を注せる記文多し。盡ク擧るに不勝《タエザ》れば漏《モラ》しぬ。（略）

ウ—(1) 掛畏《カケマクモカシコキ》天照坐大神《アマテラシマシマスオホミカミ》月讀神《ツキヨミノカミ》二柱《フタハシラ》所稱《トマヲスハ》。伊弉諾尊《イザナギノミコト》伊弉冊尊《イザナミノミコト》共為夫婦《ミトノマグハヒシテ》所生《ウミマセル》神《カミナリ》。御形鏡《ミカタカヾミニ》坐《マシマス》。

(2) ○掛畏《カケマクモカシコキ》は加氣麻久毛可志許伎とよむべし。是レ等の御神は尊《タフト》くして詞《コトバ》にかけむもかしこきといふなり。〔萬久は牟を延せし詞なり。〕元明紀、慶雲四年ノ宣命、開母威伎《アケマクモカシコキ》、と見えて、是を阿氣萬久毛加志許伎《アケマクモカシコキ》とよめり。加《カ》氣末久《ケマク》、安計麻玖《アケマク》は同語なり。加安《カア》同韻なればなり。萬葉十、柿本ノ人麻呂ノ歌集ノ歌、子等名丹《コラガナニ》開之宜《カケノヨロシキ》、朝妻之《アサツマノ》、といふ加氣《カケ》に開《アケ》を用られぬ。考べし。〔印本には開の點を都氣《ツケ》と付たり。これは後人のよみあやまりなり。〕さて加氣末久《カケマク》と見えしは、萬葉ノ二、柿本ノ朝臣人麻呂ノ長歌、挂文《カケマクモ》、忌々伎鴨《ユヽシキカモ》、言久母《イハマクモ》、綾爾畏伎《アヤニカシコキ》、〔古事記上、阿夜訶志古泥神、とあり。此神名も同意によりて奉りけん。〕同三、大伴ノ宿禰家持ノ長歌、挂巻母《カケマクモ》、綾爾恐之《アヤニカシコシ》、言巻毛《イハマクモ》、齋忌伎可物《ユヽシキカモ》、吾王《ワガオホキミ》、同五、建部ノ牛麻呂ノ長歌、可既麻久波《カケマクハ》、阿夜爾可斯故斯《アヤニカシコシ》、多良志比咩《タラシヒメ》、同六、石上ノ乙麻呂ノ長歌、繫巻裳《カケマクモ》、湯々石《ユヽシ》恐石《カシコシ》、住吉乃《スミノエノ》、荒人神《アラヒトガミ》、〔繫を印本繋に作るは非なり。〕同十八、大伴ノ宿禰家持ノ橘ノ歌、可氣麻久母《カケマクモ》、安夜爾加之古思《アヤニカシコシ》、皇神祖能《スメロギノ》。源氏物語、賢木の巻、かけまくもかしこけれどもその神のあきおもほゆるゆふだすきかな、など見ゆ。畏はかしこみおそるゝにて、欵状、言上文などに誠恐誠惶謹言といひ、又文詞に阿奈加志許《アナカシコ》などいふに同じ。〔欽明紀、九年四月云々、可畏天皇、註曰、西蕃皆稱二日本天皇《ヨミザマ》一、為二可畏天皇一、などもみゆ。〕

(3) ○天照坐大神の御事及訓方上にいふがごとし。

(4) ○月讀神《ツキヨミノカミ》は都伎與美能加美とよむべし。又轉じて月弓《ツキユミノ》尊とも申シ奉る。御名ノ義は月夜《ツキヨ》持《モチ》の義《コヽロ》なるべし。毛智《モチ》の反美《ミ》なればなり。宇介毛知《ウケモチノ》神、久比奢母智《クヒサモチノ》神、佐比持《サビモチノ》神などの母智《モチ》も同じ。古事記ノ上、速秋津日子、日女ノ神因《ヨテ》二河海一ニ持チ別而云々、とあるを併セ勘ふべし。其ノ毛智《モチ》を美《ミ》に轉ずるは山津持《ヤマツモチ》を耶麻都美《ヤマツミ》山祇、海津持《ワタツモチ》を和多豆美《ワタツミ》海神といふ例なり。此ノ御神は、古事記ノ上、伊佐那伎ノ命云々、於レ是洗二左ノ御目一ヲ時所成神《ナレルカミノミナハ》名 天照大御神、次ニ洗二右ノ御目一ヲ時所成《ナレル》神ノ名ハ月讀ノ命云々、次ニ詔二月讀ノ命一ニ汝命者所《イマシミコトハシラ》レ知《セト》二夜之食國《ヨルノヲスクニ》一ヲ矣事依《コトヨサシタマフ》也。（訓レ食云二袁須一。）神代ノ巻ノ上、伊弉諾尊伊弉册尊共ニ議テ曰、吾《アレ》已ニ生二大八洲ノ國及山川草木一ヲ何不《ト》レ生二天下之主一ヲ者歟《ヤト》、於レ是共生二日神一ヲ云々、次生二月神一ヲ、（一書曰、月弓尊、月夜見尊、月讀尊。）其ノ光彩《ヒカリ》亞《ツゲリ》レ日《ヒニ》可二以配《ナラベテ》レ日《ヒニ》而治《シラス》一、故レ亦送二之ヲ于天一ニ云々、同一書曰、然後洗二左眼一因テ以生神ノ號ヲ曰二天照大神一ト、復洗二右眼一因以生神ヲ曰二月讀尊一云々、天照大神者可三以治二高天原一也、月讀尊者可三以治二滄海原ノ潮之八百重一ヲ也、とあり。自餘此ノ御神の事記せしは數を知らず。此處に其ノ要なるを擧《アグ》るのみなり。此ノ御神男神に御 坐《オハシマセ》ば、萬葉ノ六、湯原ノ王ノ歌、天爾坐《アメニマス》、月讀壮子《ツキヨミヲトコ》、同巻、大伴ノ坂上ノ郎女歌、佐々良榎壮子《サヽラエヲトコ》、とよみ、月ノ別名ヲ曰二佐散良衣壮士《サヽラエヲトコ》一ト也、と注せり。

(5) ○二柱所稱は布多婆志良登萬乎須波《フタバシラトマヲスハ》とよむべし。天照大御神と月夜見ノ尊二柱と申奉るはとなり。かくいひてその神の来由を下に語れり。

(6) ○伊弉諾尊伊弉册尊は以邪奈藝乃美許等以邪那美乃美許等《イザナギノミコトイザナミノミコト》とよむべし。御名ノ義は伊邪《イザ》は誘《イザナ》ふ義なり。（伊邪は俗に佐安《サア》と。いざなふに同じ）神武紀、戊午ノ年十一月癸亥朔己巳云々、兄磯城《エシキ》不レ承レ命、更遣二頭八咫烏一ヲ召ス之、時烏到二其ノ営一ニ而鳴テ之曰、天ノ神ノ子召レ汝ヲ、怡弉過怡弉過《イザワイザワ》、神功皇后紀、元年十二月ノ歌、伊弉阿藝《イザアギ》、又應神紀、十三年九月ノ歌、伊弉阿藝《イザアギ》、と見えゆ。共に伊弉《イザ》は誘《イザナ》ふ意なり。萬葉一、山上ノ臣憶良ノ歌、去来子《イザヤコラ》等、早日本邊《ハヤクヤマトヘ》、とよめり。これも同く誘《イザナ》ふ詞なり。古書皆率を伊邪奈布《イザナフ》とよむもこの意なり。新撰字鏡、率をも佉をも同くよみて勧二於人一ニ也と注せり。此ノ二神天の御柱を行回《ユキメグ》りたまひて、阿奈邇夜志《アナニヤシ》、愛袁登古遠《エヲトコヲ》、阿奈邇夜志《アナニヤシ》、愛袁登賣袁《エヲトメヲ》、といざなひたまふより稱奉《タヽヘ》れる御號《ミナ》なるべし。那伎那美の那《ナ》は能《ノ》と通《カヨ》ひてやすめ言なり、手之心を多奈許々呂、目之子を萬奈。許、間之部を萬那倍といふに同じ伎《ギ》は男の稱、美《ミ》は女の稱なり。古事記ノ上、沫那藝《アワナギ》、沫那美《アワナミ》、頬那藝《ツラナギ》、頬那美《ツラナミ》。延喜祝詞式、神魯伎《カミロギ》、神魯美《カミロミ》、など見ゆ。皆藝《ギ》は男、美《ミ》は女なり。（略）

(7)

○共為夫婦所生神は美斗能麻具波比之天宇美麻世流加美奈里《ミトノマグハヒシテウミマセルカミナリ》と訓べし。平ノ宣長、美刀乃萬具波比《ミトノマグハヒ》の義《コヽロ》を解して美刀《ミト》は御所《ミト》なり、久美刀《クミト》の刀も同じ、床嫁《トコトツグ》の斗《ト》も是歟、乃《ノ》は之《ノ》にてやすめ詞なり、麻《マ》は宇麻《ウマ》の上略、可美物為《ウマクモノス》るを宇麻云々《ウマナニナニ》といふ、具波比《グハヒ》は麻《マ》よりつゞく故具と濁《ニゴ》れども、本《モト》は久波比《クハヒ》にて久比阿比《クヒアヒ》の約《ツヾマ》りし語なり、凡物の二つがひとつに合《アフ》を久比阿布《クヒアフ》といふ、今世志久波須《イマシクハス》、目久波須《メクハス》といふも同じ、増鏡六、草枕云々、人々めをくはせつゝ、と見ゆ。即交會するをいふといへり。諾册二柱の神美斗能萬倶波比《ミトノマグハヒ》したまふことは、古事記ノ上、次ニ成神名《ナルカミノミナハ》、國之《ノ》常立ノ神、次ニ豊雲野《トヨクモヌ》ノ神云々、次ニ淤母陀琉ノ神、次ニ妹阿夜訶志古泥ノ神、次ニ伊邪那伎ノ神、次ニ妹伊邪那美ノ神云々、故二柱ノ神立《タヽシテ》二天ノ浮橋一ニ而、指二下其沼矛《ソノヌホコヲ》一以畫者《カキタマヘバ》、鹽許々袁々呂々邇《シホコヲロコヲロニ》畫鳴而《カキナシテ》、引キ上ル時ニ、自二其ノ矛ノ末一垂落鹽之《シタタルシホノ》累積成嶋《カサナリツモリナルシマハ》、是淤能碁呂《オノゴロ》嶋《シマ》、於《ニ》二其嶋《ソノシマ》一天降坐而《アマクダリマシテ》、見二立天之御柱一ヲ、見二立八尋殿《ヤヒロドノ》一ヲ、於《コヽニ》レ是問二其ノ妹伊邪那美命一ニ曰、汝ノ身者《ハ》如何成、答曰《コタヘタマハク》、吾身者《ハ》、成々《ナリナリテ》不二成合一處一處在《アリ》、爾《トキニ》伊邪那岐ノ命詔、我身者《ハ》、成々而《テ》成餘處一處在リ。故以二此ノ吾身ノ成餘處一、刺《サシ》下塞《フサギ》汝身ノ不二成合一處上ヲ而。為レ生二成國土一ヲ奈何、伊邪那美ノ命答曰《コタヘタマハク》、然善《ヨケン》、爾伊邪那岐ノ命詔ハク、然者吾レ與レ汝行二キ廻リ逢テ是天之御柱一而、為《セン》二美斗能麻具波比《ミトノマグハヒ》一、如此《カク》云期《チギリテ》、乃詔ク、汝者《ハ》自レ右廻リ逢ヘ、我者《ハ》自レ左廻リ逢ン、約竟《チギリオハリテ》以廻ル時、伊邪那美ノ命先言《コトアゲシタマハク》、阿奈邇夜志愛袁登古袁《アナニヤシエヲトコヲ》、後伊邪那岐ノ命言ハク、阿那邇夜志愛袁登賣袁《アナニヤシエヲトメヲ》、各言竟《ノタマヒヲハリテ》之後、告二其妹一ニ曰、女人《ヲミナノ》先レ言不良《サガナシ》云々、女人先レ言不レ良、亦還降《カヘリクダリ》改メ言ヘ、故《カレ》爾ニ反降、更ニ往二廻其ノ天之御柱一如レ先、於レ是《コヽニ》伊邪那伎ノ命先言、阿那邇夜志愛袁登賣袁《アナニヤシエヲトメヲ》、後伊邪那美ノ命言、阿那邇夜志愛袁登古袁《アナニヤシエヲトコヲ》、如此《カク》言竟而《ノタマヒヲハリテ》御合《ミアヒマシテ》、生二子《ミコ》淡道之穂之狭別嶋《ノホノサワケノシマ》一ヲ。神代ノ巻ノ上、二《フタ》柱神《ハシラノカミ》於是《コヽニ》降《アマクダリマシテ》二居彼嶋一ニ、因欲三共為夫婦《ミトノマグハヒシテ》産《ウマント》二生洲國《クニツチヲ》一、便以二磤馭盧《オノゴロ》嶋一為二國中之《ノ》柱一、而陽神《ヲガミハ》左旋《ヒダリヨリメグリ》、陰神《メガミハ》右旋《ミギヨリメグリ》、分《ワケ》ニ巡《メグリテ》國ノ柱一ヲ同《アヒ》ニ會《キ》一面《ヒトツオモテニ》一、時ニ陰神先唱曰、憙哉遇《アナニヤシアヒヌ》ニ可美少男《ウマシヲトコニ》一焉、陽神不レ悦曰、吾ハ是男子ナリ、理《コトハリ》當ニ先唱一、如何ニゾ婦人ノ反先レ言乎、事既ニ不祥《サガナシ》、宜ニ以改《アラタメ》旋《メグル》一、於是《コヽニ》二神却更ニ相遇《メグリアヒタマフ》、是行也《コタミハ》陽神先ヅ唱曰、憙哉遇《アナニヤシアヒヌ》ニ可美少女《ウマシヲトメニ》一焉、因問ニ陰神一ニ曰、汝身有ニ何成一耶、對曰、吾身有ニ一雌元之處《ヒトツノメノハジメノトコロ》一、陽神曰、吾身ニモ亦有ニ雄元《ヲノハジメ》之處一、思下欲以ニ吾身ノ元ノ處一合中汝身之《ノ》元ノ處上。於是《コヽニ》陰陽始テ遘合為夫婦《ミトノマグハヒシタマフ》、及ニ至産時《イタリテコウミマストキニ》一、先以ニ淡路洲一為レ胞、と見ゆ。所生を宇美萬世流《ウミマセル》とよむは、神功皇后ノ紀、足仲彦ノ天皇崩年十二月戊戌ノ朔辛亥、生ニ譽田ノ天皇《ヲ》於筑紫一ニ、故時ノ人號ニ其産所一ヲ曰ニ宇瀰一ト。古事記ノ上、訓レ生云ニ宇牟《ウム》一ト、と見えたり。宇瀰《ウミ》といふは夫婦《メヲ》の神のみづからうみたまふをいひ、阿禮萬世留《アレマセル》といふは宇麻《ウマ》の反阿《ア》にて宇麻禮《ウマレ》の約《ツヾマ》りたるなり。古事記、仲哀ノ段、其ノ御子者阿禮坐《アレマス》、（阿禮二字以レ音、）代々の紀の宣命又祝詞等に阿禮萬須《アレマス》又阿禮坐《アレマス》など見え、萬葉一、柿本ノ人麻呂ノ長歌、橿原乃《カシハラノ》、日別之御世從《ヒジリノミヨユ》、阿禮坐師《アレマシヽ》、同六、田ノ邊ノ福麻呂ノ歌集ノ中ノ長歌、阿禮将坐《アレマサン》、御子之嗣継《ミコノツギツギ》、とあり。これは其生れましゝを傍《ワキ》よりいふ詞なり。

神は和名抄、周易ニ云、天神曰レ神ト、和名加美《カミ》、と見ゆ。加美《カミ》の訓義考得ず。（鏡を中略して加美といふなどいひ、其餘何くれいへども皆うけがひがたし。）加美《カミ》に神《カミ》の字を假《カ》り用《ツカ》ひしは、易ノ係辭傳、陰陽不測之ヲ曰レ神ト、王弼ガ注ニ云、神ハ也者變化之《ノ》極、妙ニ萬物一而為レ言、不レ可ニ以レ形詰一。孟子、聖而《ニシテ》不レ可レ知、之ヲ謂レ神。史記ノ論法、民無ニ能ク名一クルコト曰レ神、といふによりて此ノ字をかりて用ゆ。平ノ宣長、此ノ神の字《モジ》になづみて其意をのみ思ふべきにあらず、實は古書どもに有る善神悪神諸の事をよく見て、神てふものゝ有さまを知るべし、異國の佛、聖人などの如くなるものと心得るは非《ヒガゴト》なりといへり。右天照大御神月讀神二柱の御神は、伊弉諾ノ尊伊弉冊ノ尊美斗乃麻具波比《ミトノマグハヒ》してうみたまへる所ぞといふなり。此ノ儀式は日本紀神代巻の所傳《ツタヘ》にしたがひ、古事記上に所謂左右の御目《ミメ》を洗て生《ウミ》たまふ神なりといふ説には據《ヨ》らず。

(8)

○御形鏡坐は美可多加賀美爾麻志萬須《ミカタカガミニマシマス》と訓べし。御形は皇大御神の靈《ミタマ》の御形《ミカタ》なり。上に相殿ニ坐ス神の御形はいへど、大御神の靈《ミタマ》の御形《ミカタ》をいはねば此處《コヽ》に擧たるなり。鏡は影見《カゲミ》の義なるべし。（氣を加に轉ずるは、竹村は多氣牟《タケム》良《ラ》なるを多可牟良《タカムラ》、酒杯は左氣豆《サケツ》伎《キ》なるを左可豆伎《サカツキ》といふにひとし。）萬葉十二、悲レ別歌、（歌主不レ記）白銅鏡《マスカヾミ》、手ニ《テニ》取持而《トリモチテ》、見常《ミレド》不足《アカヌ》、同十五、屬レ物ニ發レ思長歌、（歌主不レ記）安佐散禮婆《アササレバ》、伊毛我手爾麻久《イモガテニマク》、可我美奈須《カヾミナス》。和名抄、容飾ノ具、孫愐ガ切韻ニ云、鏡ハ照ニ人面一ヲ者也、和名加々美《カヾミ》、とあり、（一説加賀美は炫見《カヾミ》の義とも又赫見《カヾミ》の義ともいへり。）鏡は太古よりある物にて古事記をはじめ次にいふを視《ミ》るべし。大御神の御形は、古事記ノ上、求《マギテ》ニ鍛人天津麻羅《カヂタクミアマツマラヲ》一而科《オホセテ》ニ伊斯許理度賣《イシコリドメノ》命一ニ令レ作レ鏡ヲ云々、又曰、於是《コヽニ》副ニ賜其ノ遠岐斯《ヲキシ》八尺勾璁《ヤサカノマガタマト》鏡及草那藝ノ劔、亦常世ノ思金ノ神、手力男ノ神、天ノ石門別ノ神一ヲ而詔ハク者、此之《ノ》鏡者《ハ》、専《モハラ》為ニ我御魂一ト而、如レ拜《ムガ》ニ吾前《アガマヘ》一ヲ伊都岐奉《イツキマツレ》。神代巻ノ上、堀ニ天香山之五百箇眞坂樹一ヲ、而上ッ枝ニハ懸ニ八坂瓊之五百箇御統一ヲ、中枝ニハ懸ニ八咫鏡《ヤタカヾミ》一ヲ、（一名眞經津鏡）同一書ニ曰、由レ是日ノ神擧體不レ平、故以恚恨《イカリマシテ》、廼居ニ于天石窟一ニ閉《タテタマフ》ニ其ノ磐戸一ヲ、于レ時諸ノ神憂之、乃使ニ鏡作部ノ遠祖天糠戸者一ヲ造レ鏡云々、於是《コヽニ》日ノ神方開《アケ》ニテ磐戸一ヲ而出焉、是ノ時以レ鏡入《イレシカバ》ニ其ノ石窟一ニ者、觸レ戸ニ小瑕《コキズツケリ》、其ノ瑕於今《イマニ》猶存《ウセズ》、此レ即伊勢ニ崇秘《イツキマツル》之大神也、又一書曰、至ニ於日神閉ニ居于天ノ石窟一ニ也云々、於是天兒屋命堀ニ天香山之《ノ》眞坂木一ヲ、而上ッ枝ニハ懸《トリカケ》ニ以鏡作ノ遠祖天抜戸ガ兒石凝戸邊ガ所レ作八咫鏡《ヤタカヾミ》一ヲ、又一書、是ノ時天照大神手ニ持ニ寶鏡一授ニ天忍穂耳ノ命一ニ而祝テ之曰、吾兒視ニ此ノ寶鏡一當レ猶レ視レ吾、可下與ニ同レ床共上レ殿ヲ、以為ニ齋鏡一。古語拾遺、令三石凝姥ノ神ヲシテ鋳二日像之鏡一ヲ、其ノ状美麗、（是伊勢大神也、）と見えたり。此ノ御形を秘《ヒメ》奉らん料とて下（新宮造奉時行事并用物）に正體ノ御樋代一具あり。併セ考ふべきなり。（略）

㊁―(1) 供奉行事《ツカヘマツルギヤウジ》。天照坐皇大神《アマテラシマシマススベオホミカミ》乃伊勢國《ノイセノクニ》度會郡《ワタラヒノコホリ》宇治里《ウヂノサト》佐古久志留《サコクシル》伊須々《イスズ》乃川上《ノカハカミ》爾御幸行坐《ニミユキマシマス》時《トキノ》儀式《ギシキ》。

(2) 是より下は大御神の靈ノ御形古《イニシヘ》より朝廷《ミカド》にて天皇と同じ御殿《ミアラカ》に御坐《オハシマ》せしを大倭の笠縫の邑に祭り奉り、夫より國々宮所覓《マギ》たまへども大御心に合《カナ》はず、終に伊勢ノ國度會ノ郡五十鈴ノ原の大宮に鎮りたまひ、禰宜内人等奉仕《ツカヘマツル》の来由をかたるなり。

(3) 〇供奉は都加倍麻都留と讀むべし。（倍を音便にて布《フ》のごとくも牟《ム》のごとくも唱へり。下皆是に准べし。）上たる方につかへまつるすぢには總《スベ》ていふなり。被《ツカ》レ使《ハレ》たてまつるの意なり。雄略紀、十二年十月ノ歌、飫袁枳彌爾《オホキミニ》、柯拖倶都柯陪麻都羅武騰《カタクツカヘマツラント》、推古紀、二十年正月ノ歌、訶之胡彌弖《カシコミテ》、兎伽倍摩都羅武《ツカヘマツラム》、烏呂餓彌弖《ヲロガミテ》、兎伽倍摩都羅武《ツカヘマツラム》。萬葉十三挽歌、城上宮爾《キノヘノミヤニ》、大殿乎《オホトノヲ》、都可倍奉而《ツカヘマツリテ》、同十八、為レ幸二行芳野離宮一之時儲作長歌、可久之許曾《カクシコソ》、都可倍麻都良米《ツカヘマツラメ》、伊夜等保奈我爾《イヤトホナガニ》、など見ゆ。

(4) 〇行事は音にて藝夜宇自《ギヤウジ》と讀むべし。此ノ供奉行事の四字は下云々の題目にて平出すべきに似たれど然《サ》にはあらじ。今讀見るときはとり續《ツヾ》かぬ心地《コヽチ》すれど古き文にはかゝる事多し。

(5) 〇佐古久志留《サコクシル》は佐玖久之呂《サククシロ》の轉音、古《コ》の呉音は玖《ク》、留《ル》の呉音は呂《ロ》にて通《カヨ》へばなり。その義は幸釧《サククシロ》にて幸《サク》は稱美の辭、（幸魂《サキミタマ》、幸木《サキヽ》、幸鬘《サキカヅラ》などの如し。）釧は手に所纏《マケル》ものなり。古事記ノ下、仁徳ノ段、女鳥王《メトリノ》所二纏御手一之《マカセルミテニ》玉釧《タマクシロ》。萬葉一、柿本ノ朝臣人麻呂ノ歌、釧着《クシロツク》、手節埼二《タフシノサキニ》、（印本釧を劔に作るは非なり。手節《タフシ》は答志《タフシ》の假字なり。）同九、振田ノ向ノ宿禰ノ歌、吾妹子者《ワギモコハ》、久志呂爾有奈武《クシロニアレナン》、左手乃《ヒダリテノ》、吾奥手爾《ワガオクノテニ》、纏而去麻師乎《マキテイナマシヲ》、同巻、田邊ノ福麻呂ノ歌集、思二娘子一ヲ作ル長歌、玉釧《タマクシロ》、手爾取持而《テニトリモチテ》。（印本釧を釽に作るは誤なり。）和名抄、服玩ノ具、内典ニ曰、在二指上一ニ者名レ之曰レ環ト、在二臂上一ニ者名レ之為レ釧、涅槃經ノ文也、比知萬岐《ヒヂマキ》、同國郡ノ部、備中ノ國下道ノ郡ノ郷名釧代久志呂、〇同書、農耕具、釽、漢語抄云、加奈加伎、一云久之路とあり。字書、釧。折レ木為レ器、又裂也とあり。これは櫛代の意なるべし。服玩具なる釧とは別なり　字彙、釧ハ臂鐶也と見ゆ。されば釧は手《テ》に巻く物なるがそれに鈴を着《ツク》るなり。安康紀ノ允恭天皇四十二年十月の下歌、阿由辟能古輸孺《アユビノコスズ》、脚帯《アユビ》の子鈴《コスヾ》なり。脚帯は雄略紀初、脚帯、又皇極紀、元年十二月歌、阿庸比拖豆矩梨、擧始豆矩羅母。萬葉十七、大伴池主長歌、和可久佐能、安由比多豆久利、とあり。脚帯《アユビ》手作《タツクリ》の義といへり。と見ゆ。脚帯《アユビ》にも鈴を着《ツク》れば釧にも着べし。仍て幸釧《サキクシロ》の鈴とかけて五十鈴《イスヾ》の枕辭とせしなり。古事記ノ上、常世ノ思金ノ神云々、拝二祭佐久々斯侶伊須受能宮一ニ。神功皇后紀、仲哀九年三月の處伊勢ノ國之《ノ》百傳《モヽツタフ》度逢縣之《ワタラヒガタノ》拆鈴《サクスヾ》五十鈴宮《イスヾノミヤ》、と見ゆ。拆《サク》は幸《サク》の借字なり。こゝは拆鈴伊鈴と重詞にいふなり。（略）

(6)

〇御幸行坐時は伊傳於波之萬須登伎農《イデオハシマストキノ》とよむべし。また美由伎麻志萬須登枳能《ミユキマシマストキノ》ともよまむ歟。但シ伊《イ》傳於波之萬須《デオハシマス》とよめる方古く見ゆ。天智紀、九年五月ノ童謡、于知波志能、都梅能阿素弭爾、伊提麻《ウヂハシノツメノアソビニイデマ》栖古《セコ》。萬葉八、紀ノ女郎ノ歌、闇夜有者《ヤミナレバ》、宇倍毛不来坐《ウベモキマサズ》、梅 花《ウメノハナ》、開 月夜爾《サケルツキヨニ》、伊而麻左自常屋《イデマサジトヤ》、と見ゆるを思ふべし。此所《コヽ》を出御《ミユキ》の意なり。又美由伎は御行《ミユキ》の義にて朝廷《ミカド》より國々めぐりたまひ此處《コヽ》に御《ミ》行坐《ユキマ》すといふなり。幸の字を用るは古事記日本紀等多し。推古紀十七年四月には大幸と見えたり。蔡邕獨断ニ、天子ノ車駕所レ至賜ニ以二食帛一、民爵有レ級或賜二田租一、故ニ謂二之ヲ幸一ト、と見えて、出《イデ》おはします所の民には物たまひて各幸《サイハヒ》　をかゝぶる故に此ノ字を用《ツカフ》　といへり。

(7)

〇儀式は音にて藝志伎《ギシキ》とよむべし。訓には與曾保比《ヨソホヒ》とも阿里佐麻《アリサマ》ともよむべけれど、延暦の比かゝる事は音讀ならむ。是より大御神の行幸《ミユキ》ありし御在状《ミアリサマ》をいふより此處《コヽ》に如此《カク》ことわれり。

（付番号・傍線・文字囲及び改行等筆者行う）

先ず、③については、『古事記』の本文にあたる『古事記傳』のⒶ―(1)並びにⒷ―(1)では、一切音ヨミされることはなくすべて訓ヨミされているのに対して、『儀式帳』の条文にあたる『儀式解』の㋐―(1)及び㋓―(1)の

□部分においては、音訓併用のヨミが付されており、更に㋐—(5)(6)(7)及び㋓—(4)(7)の注解における□部分では条文を構成する語句のヨミ方が万葉仮名で書かれ、特に㋓—(4)(7)では音ヨミすべきことが説かれている。ここに宣長の『古事記』は訓ヨミすべき書であるとする『古事記傳』の立場とは違って、経雅は『儀式帳』は音訓併用でヨムべき書とする『儀式解』の有する大きな特徴が見出される。

次に、④については、宣長の説明を繰り返し引用するが「如是《カヽ》レハ今コレヲ訓《ヨマ》ムニモ其意ヲ得テカヘスく慎《ツヽシミ》テ一字一言《ヒトモジヒトコト》モミダリニハ訓《ヨム》マシキ物ゾ」の意を経雅がとりわけ尊び『儀式解』執筆の基本方針に据え、『儀式帳』の全条文に一言一句もおろそかにすることなく、『古事記傳』Ⓐ—(1)並びにⒷ—(1)に見られるように『古事記』本文を纏まりのあるところで的確に切り、その切られた本文にヨミガナを確実に付す記述法に倣って、『儀式解』㋐—(1)・㋑—(1)・㋒—(1)・㋓—(1)は記述されたものと考えられる。このことは『儀式解』執筆における直前の用意として谷川士清本『皇太神宮儀式帳』を謄写して自己の見解を頭注に付し安永二年二月に完成した『太神宮儀式帳頭註』では、

一　天照坐皇太神宮儀式並神宮院行事合一十九條

○儀式、常儀規式ヲ省略シタル語ナリ、○院、周圍有二垣墻一ト云意ニテ、一ト郭ヲ云、俗ニ院内ト云是ナリ、

天照坐皇太神　所二稱天照意保比流賣命一

○延喜式太神宮三座、天照太神一座、相殿神二座、○比流、晝也、夜ニ對ス、實ハ大日女ナルヲ日ル夜ルノルハ助字ニシテ延スノミ、野ヲ野良ト云如シ、良流相通日ル子日ル女對語ナリ、

掛畏天照坐太神月讀神二柱、所レ稱伊弉諾尊伊弉冊尊共為二夫婦合一所レ生神、御形鏡坐、（略）

○掛畏、言葉ニカケルモ恐多ト云コト、万十八、二十七丁可氣麻久母安夜爾加之古思皇神祖能可見能大御世爾云々、○共為夫婦《ミトノマクハヒシテ》、ミトハ御後《ミアト》ナリ、マクハヒハシクハスト云氣味、○所生、ウマレマスヲアレマスト云ハ、宇万ノ反阿也、○御形、太神ヲサス、

と記されており、[58]経雅が付した頭注部分を別にすると『儀式帳』全条文には一切ヨミガナが付されていないので『儀式解』の記述法が『古事記傳』に倣ったのは明白であろう。

そして『古事記』本文のヨミの根拠となる例証が逐一挙げられたり、また語句の解釈や説明、或いは語義考証を展開するのが、Ⓐ—(2)～(9)・Ⓑ—(2)～(8)であって、これが『古事記傳』の注解部分にあたっており、本文とは峻別された形式で記載されている。この宣長の記述法を模倣して執筆された『儀式解』の注解が、㋐—(2)～(8)・㋑—(2)～(4)・㋒—(2)～(8)・㋓—(2)～(7)と見られる。但し、注解文に関し『古事記傳』第二稿本が漢字・カタカナ交じり文で表記されているのに対して、『儀式解』では漢字・ひらがな交じり文で表記されているという相違が認められる。この相違を如何に理解するかであるが、宣長が現行『古事記傳』の注解本文に見られる漢字・ひらがな交じり文で表記するようになったのは、大野晋氏が筑摩書房版『本居宣長全集』第九巻所収「古事記傳解題」において、

> 本書の刊行については、宣長は自費で出版する計畫で、その刊行費用として、醫業からの収入、また門人からの謝禮を出版元に支拂ったという。しかし刊行の機が至らないため、門人であった尾張藩の家老、横井千秋は、それを見かね、永楽屋に命じて刊行を促進した。横井千秋は、本文を平假名にすることに賛成し、板下を宣長自身が染筆することを申入れた。しかし宣長は、長男春庭に板下を書かせた。天明七年（一

七八七）四月、春庭は巻十八から板下の執筆にかかり、巻十九、二十・三・四・五・六・七・八・九・一・二・十・十一・十二・十三・十四の順に進めて行った。

と説明されたように、[59] 宣長が『古事記傳』の板本を刊行するにあたって春庭に板下を書かせ始めた天明七年四月以降のことである。一方、経雅の『儀式解』の成立は、先述したように安永四年閏十二月二十九日に脱稿した時点から天明元年五月十二日までの約五年にわたって宣長の閲読と批評を経て現在見られる形に成ったと考えて差し支えあるまい。それは『儀式解』完成の下限である天明元年五月から凡そ二年後の同三年七月に、世上必死と噂された大病を患ってから以後の経雅は頻繁に体調を崩して病に苦しむことが多く、とても『儀式解』に再び改訂の手を加えるだけの気力も体力もなかったと推測されるからである。また『経雅卿雑記』第二巻二二四条には、

一、和文の事

○先輩加茂真淵 本居宣長の説に、すへて鴨長明の方丈記・海道記、其外寛永比の人々の和文といふハ和文ならす、漢文四六の體をひくかなましりにかきたるもの也、これ元来古今の假名序なとも漢文の序をかなにかきて用られたり、和文といふハかゝるものとあやまり来るより起れるなり、和文の本體ハ古くハ延喜祝詞式にのせられたる出雲の國造の神賀詞の體也、その後の物とても延喜祝詞式にあるすへての告刀、これ實の和文なり、此分別よく考て御國のふりの文を書へしといへり、實にさる事也、可レ味レ考

とあり、或いは『慈裔真語』では、

173一、（略）和文の事よく見明らめたくおもへとも便なし、明暦年中、水戸中納言光國(闕)卿古来の和文をあつめたまひ、これを扶桑拾葉集と名つけたまひ、全部三十五巻あり、得てよむにかにかくにもらされし事多かり、これ慶長治世後、間なけれハ事とゝのはす、よりてかゝるなるへし、恐あれとその考索のたらさるを補ひ、又光國(闕)卿薨去の後、何くれ和文も出来にけれハ、これをもあつめいれてすへて八十巻とし、これを清波瀲集と號たりけり（略）

という[60]、『清波瀲集』八十巻（現存四十九巻）の存在があって、常に和文の本質を明らかにしようと勤めていた姿勢が経雅には顕著であることや、それから岡田・池山両氏が経雅が与えた『古事記傳』への影響等を考え合わせると、漢字・ひらがな交じり文を使用して注解を施したのは『儀式解』が『古事記傳』に先行するものであり、宣長が『古事記傳』の注解文を板本で漢字・ひらがな交じり文と決定した事由の一つに、『儀式解』の注解における経雅の表記法の存在があったかもしれないと推測するものである。

それから宣長が『古事記傳』の注解で『古事記』本文を構成する語句のヨミを万葉仮名でⒶ—(2)~(9)とⒷ—(2)~(5)(7)の部分に窺われるように記したことを、経雅は重んじ踏襲して『儀式解』の注解で『儀式帳』の条文を構成する語句のヨミを万葉仮名で㋐—(3)(4)(8)と㋑—(3)(4)及び㋒—(2)(4)~(8)と㋓—(3)(6)の部分にある如く必ず記載したものと考えてよいのではなかろうか。

最後に、⑤については、宣長が最終的に弟子たちへ国学の道しるべを示すべく、『古事記傳』完成後まもない、寛政十年（一七九八）十月二十一日に脱稿した『うひ山ふみ』において、此道は、古事記書紀の二典《フタミフミ》に記されたる、神代上代の、もろ〳〵の事跡のうへに備はりたり、此ノ二典の上代の巻々をくりかへし〳〵よくよみ見るべし、（略）さてかの二典の内につきても、道をしらんためには、殊に古事記をさきとすべし、書紀をよむには、大に心得あり、文のまゝに解しては、いたく古への意にたがふこと有て、かならず漢意に落入べし。次に古語拾遺、やゝ後の物にはあれども、二典のたすけとなる事ども多し、早くよむべし、次に萬葉集、これは歌の集なれども、道をしるに、甚ダ緊要の書なり、殊によく學ぶべし、その子細は、下に委くいふべし、まづ道をしるべき學びは、大抵上ノ件リの書ども也。然れども書紀より後の、次々の御代々々の事も、しらでは有べからず、其書どもは、續日本紀、次に日本後紀、つぎに續日本後紀、次に文徳實録、次に三代實録也、書紀よりこれまでを合せて六國史といふ、みな朝廷の正史なり、つぎ〳〵に必ズよむべし、又件の史どもの中に、御世々々の宣命には、ふるき意詞ののこりたれば、殊に心をつけて見るべし、次に延喜式、姓氏録、和名抄、貞観儀式、出雲國ノ風土記、釋日本紀、令、西宮記、北山抄、さては己が古事記ノ傳など、おほかたこれら、古學の輩の、よく見ではかなはぬ書ども也、（略）其内に延喜式の中の祝詞《ノリト》の巻、又神名帳などは、早く見てはかなはぬ物也、（略）さて又漢籍《カラブミ》をもまじへよむべし、古書どもは、皆漢字漢文を借リて記され、殊に孝徳天皇天智天皇の御世のころよりしてこなたは、萬ヅの事、かの國の制によられたるが多ければ、史どもをよむにも、かの國ぶみのやうをも、大抵はしらでは、ゆきとゞきがたき事多ければ也、（略）さて上にいへるごとく、二典の次には、萬葉集をよく學ぶべし、みづからも古風の歌をまなびてよむべし、すべて人は、かならず歌をよむべきものなる内にも、學問をする者は、なほさらよまではかなはぬわざ也、（略）又伊勢源氏その外も、物語書どもをも、つねに見るべし、すべてみづから歌をもよみ、物がたりぶみなどをも常に見て、いにしへ人の、風雅《ミヤビ》のおもむきをしるは、歌まなびのためは、いふに及ばず、古の道を明らめしる學問にも、いみしくたすけとなるわざなり

かし、
（傍点筆者付す）

と道の学問における緊要書を詳しく提示しているが、(61) これらの書は専ら『古事記傳』の注解において縦横無尽に駆使された貴重な史料であって、『古事記傳』を論じる際には必須の書である。従って、『古事記傳』「訓ノ事《ヨミ》」で指摘された書だけでなく、この『うひ山ふみ』で説かれた書も加味して、宣長が『古事記傳』の注解部分で引用した例証を考察しなければならないだろう。そこで、宣長が『古事記傳』「訓ノ事《ヨミ》」と右の『うひ山ふみ』で説いた史料の中で『古事記傳』Ⓐ—(2)~(9)・Ⓑ—(2)~(7)でどのような書が例証として使用されているかを——部分で指示することとし、一方、経雅は『儀式解』㋐—(3)・㋑—(3)(4)・㋒—(2)(4)(6)(7)(8)・㋓—(3)(5)(6)でどのような書を例証として活用しているのかを同じ——部分で示すこととして、両者共通の書が『古事記傳』と『儀式解』の注解でどれだけ引用されているかを確認すべく表に纏めると、

書名	古事記傳	儀式解
古事記	Ⓐ—(2)(4)(5)(8)(9)・Ⓑ—(2)(4)(5)(6)	㋑—(3)(4)・㋒—(2)(4)(6)(7)(8)・㋓—(5)(6)
同歌謡	Ⓐ—(2)(6)・Ⓑ—(2)	㋑—(4)
日本書紀	Ⓐ—(2)(6)(7)(9)・Ⓑ—(2)(3)(4)(5)(6)(7)	㋑—(3)(4)・㋒—(2)(4)(6)(7)(8)・㋓—(5)(6)
同歌謡	Ⓐ—(4)(5)(6)(8)・Ⓑ—(2)	㋑—(4)・㋒—(6)・㋓—(3)(5)(6)
万葉集	Ⓐ—(2)(3)(4)(5)(6)(7)(8)(9)・Ⓑ—(2)(5)(6)(7)	㋐—(3)・㋑—(3)(4)・㋒—(2)(4)(6)(7)(8)・㋓—(3)(5)(6)
続日本紀宣命	Ⓐ—(3)(4)(7)	㋐—(3)・㋒—(2)(7)
三代実録宣命	Ⓑ—(7)	㋑—(3)

祝詞式	Ⓐ—(2)(3)(6)・Ⓑ—(2)(7)	㋒—(6)(7)
神名式	Ⓑ—(3)(5)(6)(7)	㋐—(3)
古語拾遺	Ⓐ—(6)	㋒—(8)
和名抄	Ⓐ—(8)・Ⓑ—(6)	㋒—(7)(8)・㋓—(5)
源氏物語	Ⓐ—(7)(9)	㋑—(4)・㋒—(2)

右の如く表示される。この比較表から、先ず経雅が『儀式帳』を正しく読み解くのにあたって、いかに宣長が『古事記傳』で『古事記』を読み解く際に使用した書を尊んでいるかを看取できる。また『儀式解』の注解部分で例証としてよく引用されているのは、『古事記傳』と同じく『古事記』『日本書紀』『万葉集』の三書であることが確かめられる。この三書を経雅が特に重んじ『儀式解』で使用したのは、奇しくも宣長が『うひ山ふみ』で「古事記書紀の二典《フタミフミ》に記されたる、神代上代の、もろ〳〵の事跡のうへに備はりたり」「二典の次には、萬葉集をよく學ぶべし」と諭したことを、既に『古事記傳』を熟読し書写することによって習得していたからであると思われる。そして『古事記傳』の注解部分における宣長の例証の引用法や論説法に倣って、『儀式解』の注解部分が執筆されていると類推される。それは、『儀式帳』の「天照坐皇大神・天照意保比流賣命」の語義解釈について、宣長が『古事記傳』のⒷ—(7)の部分で用いた例証の引用法や論説法を、経雅は充分踏まえた上で『儀式解』の㋐—(3)及び㋑—(3)(4)の部分の考証が施されたと見られ、また『儀式帳』の「月讀神」の語義解釈についても、『儀式解』の㋒—(4)の部分の注解では、『古事記傳』のⒷ—(1)（『古事記』本文にあたる）の部分が引用されると共に、Ⓑ—(7)に倣って執筆されているのが窺われ、更に『儀式帳』の「共爲夫婦」の語義解釈でも、『儀式解』の㋒—(7)の部分の注解では、『古事記傳』のⒶ—(1)（『古事記』本文にあたる）

の部分が引用されると共に、「平ノ宣長、美刀乃萬具波比《ミトノマグハヒ》の義《コヽロ》を解」してとⒶ―⑸の部分に見られる宣長説が紹介されており、明らかに『古事記傳』に準拠したことが理解し得るからである。故に、⑤の私見は是認されて然るべきであろう。

以上のことから勘案すると、経雅が『儀式解』執筆の際に『儀式帳』の全条文をいかに読み、いかに注解を施していくかにあたって、その基本となる記述法は、宣長が『古事記傳』第二稿本で確立した記述法を模範としたものであることが判明したと思われる。

このような宣長の『古事記傳』の記述法を模範とした『儀式解』の記述法は、神都後学に大きな影響を与え、その後の神宮考証学者の考証類の記述法も規定することになったものと窺知される。その例を挙げれば、近世神宮考証学を外宮で発展させた同宮権禰宜の橋村正兌は名著『外宮儀式解』で、

天照坐《アマテラシマス》皇大神《スメオホミカミ》。始《ハジメ》巻向《マキムクノ》玉城宮《タマキノミヤニ》御宇《アメノシタシロシメシヽ》天皇《スメラミコトノ》御世《ミヨ》。國國處處《クニグニトコロドコロニ》大宮處《オホミヤドコロ》求賜時《マギタマフトキ》。度會《ワタラヒ》乃《ノ》宇治《ウヂ》乃《ノ》伊須須《イスズ》乃《ノ》河上《カハラ》爾《ニ》大宮供奉《オホミヤツカヘマツル》。

天照坐は阿麻氐良志麻志麻須とよむべし。○天は諸神等《タチ》のまします御國なり。式の祝詞どもに、高天原《タカマノハラ》爾《ニ》神留《カムヅマリ》坐《マ》須《ス》云云、といひ、神代に神等の往来《ユキカヒ》ましゝ事跡《コトノアト》もて其國あることを知ルべし。○照坐は今目《マ》のあたり瞻望《ミサケ》奉《マツ》るが如し。かくて天を照し給ふ義《コヽロ》にはあらず。天に坐々《マシマシ》て御照《ミテラシ》臨《マセ》る意なり。故レ萬葉集には高光ともいへり。○皇大神は須賣意富美加美とよむべし。皇の言義《コヽロ》は下六十一丁にていふべし。凡て天皇の御上をいふ言なれば、神にも云へるなり。これ皇とは大君のことなるを尊みては神の御上にも附いふは、かの。天照とは日神のことなるを、他神をも尊てはしか稱へまをすに同じ　萬葉集第二に、吾大王《アガオホキミ》、物莫《モノナオ》御念《モホシ》、須賣神乃《スメカミノ》、また二十に、安我須賣可未爾、奴佐麻都利、吾皇神に幣奉りなり。などなほ多し。○大神上に出。（略）○始は波自米とよむべし。上の御靈鏡《ミタマカヾミ》の天皇の大御許を離《サカ》りましし時をさして云ッなり。こは下より反て云々 天皇乃御世與理始氐とよまむと云

人もあれど然らず。しか讀ては垂仁天皇の御世より後の御代御代を歴て、大宮地覓《マギ》給ひし如くに聞え、又此條の書體《カキザマ》もしか讀べきならば、言の随《マヽ》に始字を下に置べく、また上に置ば始の下に於字にてもあるべきに、然らざればかくよむべき外なし。○巻向ノ玉城宮は麻紀牟久能多麻紀能宮爾と訓べし。垂仁天皇ノ紀に、二年冬十月、更ニ都ス於纏向ニ、是ヲ謂珠城ノ宮、とあり。古事記には此宮を師木《ソ》ノ玉垣宮とあるは師木は後に城上《シキノカミ》城下二郡になれるほどの廣名《オホナ》にて、巻向は其内の小名なれば違へるには非ず。又玉城も玉垣も同じことなり 巻向は神名式に、大和國城上《シキノカミ》ノ郡巻向ニ坐ス若御魂《ワクミムスビノ》神社ある其所なり。五畿志にも、大和ノ城ノ上ノ郡穴師ノ村是レ也と見え、古事記に、麻岐牟久乃《マキムクノ》比志呂能美夜云云、景行天皇の宮地をよめる歌なり。萬葉集には此ノ地名幾許《イクラ》ともなく多く見えたり。○玉城宮は玉とは稱辭《ホメゴト》なり。城《キ》は字のごとし。古事記、神武天皇の大御歌に、宇陀能多加紀とよみまし、紀に同じ。此を契沖は高城なりと云り。本居ノ翁の説に、紀とは必しも後世の城《シロ》の如くしたゝかならねども、假初に垣結ヒ廻らし構《カマ》へたる處などをも云フなりと云ハれき。まして大宮所をや。○宮上に出。○御宇は阿米能志多志呂志米志々と訓ムべし。祝詞式に所知食とある注に、古語ニ云ニ志呂志女須ト、とあり。萬葉集には時代を分てる標《ハシガキ》に、某《ナニ》ノ宮ニ御宇天皇代《アメノシタシロシメシ、スメラミコトノミヨ》、としるし、歌には、巻一に、橿原乃《カシハラノ》、日知《ヒジリ》之御世従、阿禮座師《マシヽ》、神之《カミノ》盡《コトぐ》、樛木乃、彌継嗣爾、天ノ下、所知食之乎《シロシメシシヲ》云々、楽浪乃《サヽナミノ》、大津ノ宮爾、天ノ下所食兼《シロシメシケム》云々、巻十八に、多可美久良《タカミクラ》、安麻乃日嗣等《アマノヒツギト》、天ノ下、志良之賣師家類《シラシメシケル》云々、巻二十に、於之氐流難波乃久邇《ナニハノクニ》々、阿米能之多、之良志賣之伎等《ト》云々、など猶《ナホ》多し。（略）○天皇御世は須米良美古登《トキゴト》能美用と訓べし。（略）○國國處處は久邇久邇登古呂杼古呂爾とよむべし。國は岡部ノ翁の説に、界限《カギリ》の義《コヽロ》もて名《ナツ》けたり、東國にて垣を久爾と云フにて知ルべし。（略）○大宮處求賜時は大宮杼古呂麻疑多麻布登伎とよむべし。大宮處上に出。は永久《トコシヘ》に鎭坐むの處なり。この處も云もてゆけば、上の處々とある處に同じけれど、細く分ていへば是は宮地をいふなり。地をもトコロといふこと古く古事記に見え、内宮儀式物忌の職名に、地祭と云あるも、トコロマツリと訓べきこと其を他《ホカノ》書《フミ》に常祭と作る《カケ》にて知るべし。萬葉集巻一に、百磯城之《モヽシキノ》大宮處、巻六に、甚貴《アナタフト》大宮地など猶多く見えたり。○求《モト》は尋《タヅ》ね覓むる意なり。（略）○度會乃、上に出。○宇治乃伊須々は假字なり。字の如く讀ムべし。宇治は和名抄、伊勢國ノ度會郡ノ郷名に宇治とある是なり。名義は舊説あれど論らふにたらず。内の義《コヽロ》なりなど云は、清濁も違へるのみならず、其非《ヒガゴト》なるよしは、古事記傳にも、經雅卿の解にも辨へたるがごとし。○伊須々は古事記に伊須受とかき、日本書紀に五十鈴と書たれば、下の須濁《ニゴ》るべし。さて名ノ義《コヽロ》は經雅卿の説に、伊は借字にて五十の義《コヽロ》数多きをいふ、枝しげき槻を萬葉集に五十槻と書て、伊都伎と訓るが如し、上古鈴に関《アヅカ》る因《ヨシ》ありて、其鈴数口《アマタ》なれば、五十鈴と名《ナヅ》けぬらむ、（略）〇河上は加波良爾と訓ムべし。齊明天皇紀に、川上此ヲ云二フ箇播羅一ト、とあり。又此地を彼宮建久年中行事ノ歌に、宇治山のいすゞの原に云々、と有ルも五十鈴ノ川原の謂《イヒ》なるを、歌なればかくよめるなり。（然て此邊を五十鈴原と云が本にて、其所《ソコ》に在る川ゆゑに五十鈴川とも云なれば、上に云る經雅卿の説あたるべし。又五十鈴川と云川名が本にて、後に其邊の名にも及べるならば、末雅神主の説あたるべし。なほよく考へて定むべきことなり。）經雅卿は加波加美と訓ミて、其河上《カミ》は本トより水源の義なり、遙の下《シモ》流よりいへば大宮所は山口にて水源なり、是レより川上なほ遠ければとて、此所《コヽ》を水源《ミナモト》といひがたく思ふは古ヘノ意にあらず、と云へり。〇大宮上に出。〇供奉は都加閇麻都流と訓ムべし。供は説文に、設也、又通ジテ作レ共ニ向也、論語に、北辰居二シテ其所一ニ衆星共《ムカフ》レ之ニ、などあれば、作設《ソナヘマケ》て向ひ奉ずる意もて、此字を用ひたるならむ。（常に神事供奉といふも是なり。）〇奉は崇辭《タフトミゴト》なり。かくて造奉《ツクリマツル》と云フにおなじ。大宮の下に乎《ヲ》の字を添て心得べし。式の大祓ノ祝詞に、皇御孫之命乃美頭《ミヅ》乃御舎《ミアラカ》仕奉《ツカヘマツリテ》氐、とあるを、祈年祭ノ祝詞には、御舎乎《ヲ》仕奉と乎ノ字添て書るにて、義《コヽロ》明ラかなり。（略）

と記述していることや(62)、最終的に近世神宮考証学を大成した御巫清直が『太神宮本記歸正鈔』で、

五十一年甲戌遷木乃國奈久佐濱宮《キノクニナクサノハマミヤニ》積三年《ミトセ》之間奉《マツリキ》レ齋《イハヒ》。于時紀國造進《ソノトキキノクニノミヤツコタテマツル》二舎人《トネリ》紀麻呂良《キマロラ》又地口御田《トコロノクチノミタ》一。

〇五十一年甲戌ノ六字删ルへシ。下コレニ倣へ。（略）〇遷、積、之間ノ四字ヲ剜ルコトハ、大同本記ニ、従レ此幸行而木乃國奈久佐ノ濱ノ宮ニ三年奉レヒ斎リキ、其時紀ノ國ノ造進ニル地口ノ御田一、トアルニ據レルナリ。（略）〇紀國造ヲ、神祇本源、元々集、御鎮坐本縁等ニ引用セルハ紀伊國造ニ作ル。今ハ原本ト

大同本記トニ伊字無キニ随テ加ヘス。○麻呂良ノ下ニ、又イ、ト朱書セル本アリ。傍例ヲ捡スルニ必有ルヘキ字ナリ。（略）

○木乃國、古事記、萬葉集共ニ木國ニ作リ、日本紀、續日本紀以下倭名鈔等竝ニ紀伊國ニ作ル。○奈久佐濱宮、倭名鈔云、南海郡紀伊國名草奈久佐、ニ作ル。御遷幸圖説ニ云ク、奈久佐ノ濱ノ宮、紀伊ノ國名艸ノ郡毛見村ニアリ、府城ヨリ南一里半、南ハ山、北ハ濱、云ニ布引一、東ハ公田、西ハ海、兆域方一町許、寛文九年國主改牓シテ云ニフ禁断殺生一ト、ト云ヘリ。講述鈔コレニ同ス。（略）少異ハアレト名草濱宮ヲ毛見村ニ在トスルコトハ差ハス。（略）○紀國造、舊事紀、國造本紀ニ云ク、紀伊ノ國造、橿原ノ朝ノ御世、神皇産靈ノ命ノ五世ノ孫天ノ道根ノ命ヲ定ニ賜フ國造一ニ。古事記、境原ノ宮ノ巻ニ云ク、木ノ國ノ造之祖宇豆比古、又水垣宮ノ巻ニ云ク、木ノ國ノ造名ハ荒河刀辨、ト見エタリ。然レハ神魂命ノ後天道根命ヨリ相承シ、宇豆比古ノ子孫荒河刀辨、崇神天皇ノ御世現任タレハ、コヽニ紀國造ト謂フモノ荒河刀辨ナルヘシ。（略）○舎人、講述鈔ニ、漢書曹參傳ノ注ニ、舎人猶家人也、トアルヲ引テ、舎人ハ國造ノ家人ナリ、ト註スルハ甚非ナリ。日本書紀、仁徳天皇ノ巻ニ、近習ノ舎人、武烈天皇ノ巻ニ、近侍舎人、顯宗天皇ノ巻ニ、左右舎人、アリ。古事記、萬葉集ニモ舎人ト見エ、續日本紀ニ、内舎人大舎人アリ。職員令ニ、左右大舎人寮アリ。並ニ舎人ノ字ヲ止禰利ト訓ス。天皇及親王ノ左右ノ雑使ニ供スルモノヲ指ス稱呼ナリ。皇大神ハ萬事ヲ宸儀ニ准スル例ナル故ニ、近侍ノ使人ヲ同ク舎人ト謂ヘルナリ。（略）内人ヲ内舎人ト稱セシナレハ、内舎人略シテ内人ト稱スルコト彌著明ナルニ非スヤ。サレハ内人ト略書シテモ猶宇登禰《ウドネ》ト訓スヘキヲ、宇知宇登《ウチウド》或ハ宇知《ウチ》牟登《ムド》ナト唱フルハ故實ヲ忘レタル後世人ノ謬稱ナリカシ。（略）○紀麻呂良、履歴未タ考ヘス。疑ラクハ國造ノ子弟ナラムカ。（略）○地口御田、講述鈔ニ云ク、地口ノ義未レ詳、案ルニ俗ニ物ノ最初、或ハ第一ヲ稱シテ口ト云、山口祭、亦木口、坂口、谷口ノ類是ナリ、然レハ是レ地上第一ノ上田ノ義乎、ト云テ知久知ト訓シ、土ロノ意トス。又開國神都考ニ云ク、地ロノ御田ハ今其地ヲ去リ玉フニヨリテ、又鎮坐ノ國ヘノ道路ノ初ヲ祈リ玉フ料ノ御田也、ト云テコレモ知久知ト訓シ道ロノ意トス。両説何モ荒涼ニシテ信従シカタシ。依テ按ルニ、地ロノ地ハ田地ヲ謂フナルヘケレハ止古呂ト訓スヘシ。ロハ道ロ、山ロ、坂ロ、谷ロ等ノロニ同ク先其所ニ入リ始ル最初ヲ云フ辭ナリ。サレハ地ロ御田トハ田地ノ千代五百代ト多カルニ先其田地ニ入ル初ロノ田ヲ謂フ稱呼ナルヘシ。田地ノロニアルモノハ村民ノ居ニ近クシテ耕作ニ便利ナルヲ以テ自ラ貴寵スレハ敬神ノ餘リ之ヲ進奉スルナリ。

と論述していること等を指摘できる。(63) これらの例文には一見して『儀式解』の記述法が踏襲されていることを看取できると共に、神宮考証学の樹立を告げる経雅の『儀式解』の及ぼした影響の強さと、その基点を表明する格好の例証としても捉えることが可能ではないだろうか。『寛政遷宮物語』の著者として世に名高い宣長門下の皇大神宮権禰宜兼日祈内人の菊谷末偶が『儀式解跋』において、

此儀式帳《コノノリブミ》はや。たましきの平安宮《タヒラノミヤ》に天津日嗣《アマツヒツギ》しろしめしはじめし天皇《スメラミコト》の大御代《オホミヨ》に。かけまくもかしこき天《アマ》津《ツ》皇神祖《カミロギ》をいよゝますます崇《アガ》めたまひ禮《キヤ》まひたまふとして。神《カミ》の朝廷《ミカド》のくさぐの大御祭《オホミマツリ》の御儀式《ミヨソヒ》など。つばらにしろしめさむの大御意《オホミコヽロ》もて注《シ》るし奉《マツ》らしめたまひける大御命《オホミミコト》をかしこみうけたまはりて。假菴《カリイホ》の露《ツユ》のもるゝこと無《ナ》く。木際《コノマ》の月の隈《クマ》もおかず。しるしてたてまつれる書《フミ》にしあれば。此神宮《コノカンツミヤ》の職掌《ツカサ》人等《ビトラ》はさらにもいはず。天《アメ》の下《シタ》にありとある古《フル》ことしぬぶ伴《トモ》がらは。ことに賞《メデ》たふとむべきふみになもありける。しかはあれども文辭《フミコトバ》も何《ナニ》もいたくあがれる大御代より。くちづからいひ傳《ツタ》へたる大御國風《オホミテブリ》あやまたずかきつらねたる宮《ミヤ》びごとになもあめれば。やうやく降《クダ》ちぬる後《ノチ》の世《ヨ》のことわりもて。かにかくにからがへつるこ

とゞもは。村膽《ムラキモ》のこゝろゆかざるふしのみぞおほかる。そも〳〵この書《フミ》はしも。奥山の大峡《オホガヒ》小《ヲ》峡《ガヒ》にたてる木《キ》を。忌斧《イミヲノ》もて伐《キリ》とり来《キ》たる黒木《クロキ》のまゝなる物《モノ》なるを。建久永仁文明のころほひ。また自餘《ソノホカ》の代《ヨ》々にも名《ナ》だゝる木匠《コダクミ》 等《ラ》なきにしもあらざりしかど。うれたくも外《ト》つ國のゆゝしき逕《コミチ》 にまどはひて。神宮の古事《フルゴト》すら既《ハヤク》 廃《スタ》れなむとせし程なれば。（略）時や来ぬらん。いとかしこき木《コ》だくみなも出来にたる。そは我經雅《ツネタヾ》神主にぞ有ける。神宮の墨縄《スミナハ》はや。いにしへ今《イマ》にいゆきわたりて思兼深く坐《イマシ》 ければ。もとより此ふみの黒木のまゝなるを。世にくちをしくおもほしなげきて。いでや身《ミ》こそはすゑのながれに滌《ミソ》ぎつれ。心ばかりは水源《ミナモト》とほく泝《ノボ》さばのぼらざらめやと。前垣《マガキ》をからむ藊豆《アヂマメ》のまめやかにおもほしたちて。弱肩《ヨワカタ》にふとだすきとりかけ。たなひぢに水沫《ミナワ》かきたれ労《イタヅキ》 わたりて言葉《コトノハ》の苑《ソノ》にふかくわけ入。筆《フミデ》のはやしをこのもかのもにあなぐりもとめて。桶木《タルキ》柱楹《ハシラ》と條々《ヲチヲチ》いと明らけく削《ケヅリ》 たて。撰述《ツクリ》たてたまへる解 書《シルベブミ》三十巻なもなりぬる。

と論じたように[64]、今日我々が神宮の依って立つところの根本史料である『皇太神宮儀式帳』を誰もが正しく読むことができ、且つ容易に解釈することができるのは、偏に今から約二百四十年前の経雅の研究があればこそであって、未だにその学績は光輝を放ち続けている。

五　おわりに

本稿では経雅の『儀式解』の執筆と神宮考証学について次の五つの事柄が実証されたと思われる。

1、先学から学び得た経雅の伝記研究を基に筆者の見解も加えながら彼の学問を中心とした略歴を披瀝したこと。

2、経雅の『儀式解』執筆について、増補大神宮叢書附録「中川経雅卿編著解題　大神宮儀式解」が説明する、

ア、『儀式解』執筆の動機は、安永二年十一月に図らずも先補の禰宜二人を超え栄えある皇大神宮禰宜の第八座に任じられた感激に起因すること

イ、『儀式解』の執筆には、廃絶した旧儀と神地の復興という請願が込められていたこと

ウ、『儀式解』執筆の開始時期は、禰宜補任における常例の習礼のために百日参籠した際であったこと(但し、『儀式解』執筆の準備は、安永元年十二月『皇太神宮儀式帳』を謄写、同二年二月自己の所見を頭註した『太神宮儀式帳頭註』の存在より禰宜補任以前に既に行われていたと見られる)

エ、経雅が『儀式解』の脱稿を果たしたのは禰宜就任から足掛け二年余りを経た安永四年閏十二月九日であって、その校合が終了したのは同月二十九日であること

オ、『儀式解』を脱稿し校合した後、経雅は数年にわたって宣長の批評を仰ぎ享受して改訂がなされたこと

の五項目はすべて追認することができた。しかしながら、アについて、経雅の『儀式解』執筆における真の動機を不慮の禰宜補任の感激に求めることもさることながら、経雅が禰宜の職務を遂行するにあたり、その規範や本義を追求するのに典拠となり得る唯一の根本史料として神宮最古の書『皇太神宮儀式帳』を想定し、この書を研究しその真価を見極めることによってのみ自己の職責を全うできるとした決意にこそ求められるべきである。またイについて、『儀式解』の執筆に込められた廃絶した旧儀と神地の再興という請願は、禰宜職が担う祭祀の厳修と神宮の経営という二大責務に対する、経雅の本義追求から自ずと導き出され

たものであると見られた。そしてエオに関する『儀式解』の成立時期について、安永四年時に『儀式解』は宣長の著した『古事記傳』から多大なる影響を受けて一旦脱稿と校合が終了するものの、この時期を以て完成に至ったとはいえず、その後凡そ五年の歳月をかけて直接宣長の所見を仰ぎ享受して同書の改訂作業の完了する天明元年頃を『儀式解』の正式な完成時期としなければならないと考えられた。この『儀式解』の完成というのは、経雅の手により神宮学に宣長の大成した国学を積極的に採り入れて、近世神宮考証学が樹立されたことを意味する出来事であったこと。

3、経雅が樹立した近世神宮考証学にとって、藤波氏経とその学問（氏経学）の存在は重要であって、経雅と氏経とは、時代を超えて禰宜に補任された情況がよく類似しており、両者ともその感激より彌々神明奉仕に万全を期し、皇家清撰の器と讃えられる禰宜としての職務追求から、経雅の場合は『儀式解』を、氏経の場合は氏経学を確立したが、経雅の『慈裔真語』を手掛かりとして『儀式解』を検討すると、その執筆には氏経学が必要不可欠であって、経雅の神宮考証学の根幹をなすのはまさしく氏経学であり、その羽翼として国学の存在が認められたこと

4、先学の研究により『古事記傳』の稿本は、第一稿本〈自筆初稿本〉・第二稿本〈第一稿本の整理浄写本〉・第三稿本〈第二稿本の増補訂正本〉・第四稿本〈版下稿本〉の四種類に分類され、経雅が書写した『古事記傳』の稿本は第二稿本であることが判明している。宣長が『古事記傳』執筆の主旨を物語る同書一之上巻の「記ノ成《イデ》キ始《ハシメ》」「記《コノフミ》 ノ題号《ナ》ノ事」「訓《ヨミ》ノ事」所載の文章（経雅筆写本より）と経雅が『儀式解』執筆の主旨を表した同書巻第一「総説」の条項との比較から、

ア、宣長は『古事記』が天武天皇の勅語に基づく我が国最古の書であることを主張し、一方経雅は『儀式帳』が桓武天皇の御代の延暦二十三年に撰上され、延喜の『大神宮式』制定の際の根本史料となったこ

とを論じて、両者ともそれぞれの書が由緒正しく歴史上重要な書であることを主張しているのは共通しており、これは経雅が宣長の論法に倣ったものであると見られること

イ、宣長が『古事記』という書名とその構成に我が国の独自性を強く見出し説くのに対し、経雅は『儀式帳』という書名についてやや穏健な論を展開していること

ウ、宣長が『古事記』は必ず訓でよむべき書であるとして『古事記傳』を執筆したのに対して、経雅は『儀式帳』は音訓併用でよむべき書であるとして『儀式解』を著したという相違が認められ、これが『儀式解』の一つの大きな特徴となっていること

エ、宣長が『古事記傳』で「如是《カヽ》レハ今コレヲ訓《ヨマ》ムニモ其意ヲ得テカヘス〱モ慎《ツヽシミ》テ一字一言《ヒトモジヒトコト》モミダリニハ訓《ヨム》マシキ物ゾ」と強調したことを、とりわけ経雅は尊び『儀式帳』の古語の訓を重んじることはもとより、全条文にわたって一言一句も揺るがせにせず徹底してよみ方を追求するという指針のもと、『儀式解』では『古事記傳』の記述法に準拠してその条文部分にはすべてヨミガナが付され、且つ注解部分ではそのヨミ方を万葉仮名で逐一書き記したと窺知されること

オ、宣長は『古事記傳』で、『古事記』を正しく訓むにあたって『續日本紀』掲載の宣命や延喜の『祝詞式』、或いは『古事記』『日本書紀』記載の歌、そして『万葉集』を挙げている。これに対して経雅は『儀式帳』を正しくよむには『古事記』『日本書紀』はじめ六国史、或いは律令格式諸家の記文及び『万葉集』、また延喜より下っても約百年後に著された記文を挙げている。私見によると『儀式解』で経雅が『儀式帳』の条文のヨミ方を提示するにあたり、注解のところでその根拠となる例証を挙げる際には、基本的に宣長の説いた書を重視し、『古事記傳』の史料の引用法や論説法に倣って積極的に活用しているのが認められ、中でも経雅が宣長同様に『古事記』『日本書紀』『万葉集』の三書を多用したの

は、専ら『古事記傳』から習得した手法であったと考えられること
の五つの重要事項が導き出された。この内、特にウ・エ・オは緊要事項であると思慮されるので考察を施すべく、実際に経雅が書写した『古事記傳』三之巻と六之巻の中の筆者が採択した抄出記事と『儀式解』とを照合することによって、ウ・エ・オ（『うひ山ふみ』で提示された緊要書も加味して考証）はすべて首肯されると判断された。但し、エにおいては、漢字・ひらがな交じり文を使用して注解を行ったのは『儀式解』が『古事記傳』に先行するものであり、宣長が『古事記傳』の注解文を板本で漢字・ひらがな交じり文と決定した事由の一つに、『儀式解』の注解における経雅の表記法の存在があったかもしれないと推測された。
従って、経雅の『儀式解』における記述法は、宣長が『古事記傳』第二稿本で確立した記述法に準拠するものであり、且つ模範としていることが判明した。

5、経雅が『古事記傳』から習得し、且つ近世神宮考証学樹立の嚆矢を告げる『儀式解』の記述法は、後進の神宮考証学者である橋村正兌の『外宮儀式解』や御巫清直の『太神宮本記歸正鈔』等における考証類の記述法に多大なる影響を及ぼし、一つの規範を与えていると見られたこと

註

（1）「中川経雅卿傳」（増補大神宮叢書『大神宮儀式解後篇　外宮儀式解』附録所収、一～一二頁）。本傳の執筆者は註（3）論文の内容から推量しておそらく池山聡助氏で間違いないと思われる。
（2）岡田米夫氏「古事記傳稿本の基礎的研究（上）（中）（下）」（『皇學』第一巻第四・五号及び第二巻第一号所収）。
（3）池山聡助氏「本居宣長翁と中川経雅卿」（『神道古典の研究』所収、一二九～一六一頁）。
（4）北岡四郎氏「士清をめぐる人々」「蓬莱尚賢の伝」（『近世国学者の研究』所収、二〇二～二六八・二六九～三四二

頁）。

　経雅をめぐる学的交流に焦点をあてたその他の論考には、倉本明氏「中川経雅の交友録―画僧・月僊との友情―」「続・中川経雅の交友録―本居大平との友情（その一）―」（梅光学院大学日本文学会『日本文学研究』第三九・四二号所収）等がある。

（5）中西正幸氏「神家の明訓」（『神道宗教』第二〇〇号所収）。

（6）増補大神宮叢書『大神宮儀式解』前篇所収、一六〇頁。

（7）皇學館大学創立百三十周年・再興五十周年記念『荒木田経雅著作撰集』所収、一三七五頁。

　本稿で使用した『慈裔真語』の各条項の整理番号は同右書に基づいている。

（8）同右書所収、一三七六・一三七八頁。

（9）『大神宮儀式解後篇　外宮儀式解』附録所収、一三頁。

（10）『大神宮儀式解』前篇所収、三～七頁。

（11）『大神宮儀式解後篇　外宮儀式解』所収。

（12）同右書所収。

（13）補註（3）に同じ。

（14）『荒木田経雅著作撰集』所収、一三一九・一二八九頁。

（15）『大神宮儀式解』前篇所収、一五九頁。

（16）『荒木田経雅著作撰集』所収、一二七五・一二七六頁。

（17）『大神宮儀式解後篇・外宮儀式解』所収、三八・三九頁。

（18）『荒木田経雅著作撰集』所収、一三〇五・一三〇六頁。

（19）宇仁一彦氏『内宮長官藤波氏經神主を讃う』所収、一二一頁。

　本書は藤波氏経の神宮史上に輝く数々の功績について詳細に論じられており、現在、氏経の生涯について纏められた唯一の優れた論考であるといえる。

(20)『荒木田経雅著作撰集』所収、一三〇六頁。

(21)百日参籠については、木野戸勝隆氏「百日参籠に関する一考察―特に『氏経神事記』を中心に―」（『神社協会雑誌』第九巻第六号所収）・安江和宣氏「百日参籠」（『神道史研究』第三二巻第一号所収）参照。安江氏は右論文の中で、経雅の百日参籠についても取り上げられ、

> 百日参籠中に『大神宮儀式解』の草稿を書きあげたことでも有名な、中川経雅の場合はどうであったらうか。彼は安永二年十一月十三日に十禰宜に補任されたが、その三日後の十六日に正四位下に叙された為に、位階によつて、九禰宜氏式・十禰宜守諸を越えて八禰宜の座についた。（『守諸日簡』・『守浮長官日次記』）。その後彼は『守諸日簡』の安永二年十二月七日の条に「八経雅新補拝賀」とある。この時の拝賀が、両宮であつたか、内宮のみであつたか、それとも外宮だけであつたか明確ではないが、経雅の新禰宜補任に関する拝賀の記録は、管見したところでは他にみあたらず、この時の拝賀は両宮拝賀ではなかつたかと考へられる。彼はいつから百日参籠に入つたか、その始まりはよくわからないが、参籠を終へた日については、『守諸日簡』の安永三年三月三日の条に、「同日八経雅新任習礼畢、而今日退館」とあるから逆算して、安永二年十一月二十二日となる。（略）最後に、祭りのない日はどのやうにしてゐたのであらうか、（略）その最も代表的なのが、中川経雅ではなからうか。彼は前述した如く、新十禰宜補任の百日参籠（安永二年十一月二十二日から同三年三月三日まで）期間中に、皇大神宮儀式帳を読み、それに注解をつけた『大神宮儀式解』の草稿を書きあげたのである。この経雅のやうに、新十禰宜に補せられた禰宜は、百日参籠の間に、両宮の文殿に伝へられてゐる書物を読み、或いはまた書写しながら、神宮の祭祀について研究し、様々な祭儀の習礼をしてゐたのではなからうかと考へられる。

という見解を示されているが、経雅の百日参籠の期間並びに両宮拝賀の時期、或いは祭典奉仕以外の百日参籠の過ごし方について、筆者もこの説に賛同したい。

(22)『大神宮儀式解後篇　外宮儀式解』所収、四一六頁。

(23)『荒木田経雅著作撰集』所収、一六二頁。

(24)註（3）に同じ。

(25)『荒木田経雅著作撰集』所収、一二八九〜一二九一頁。
(26)増補大神宮叢書『神宮年中行事大成』前篇所収、二五五・二五六頁。
(27)宇仁一彦氏「大神宮儀式解の著者荒木田經雅神主を偲ぶ—百五十年祭に際して—」(『瑞垣』第二〇号所収、三四頁。)
(28)『儀式解』における語義解釈については、例えば左の、
谷川士清も、須賣良伎《スメラギ》は統《スメ》る君《キミ》の義《コヽロ》なり、天下をすべしろしめす君《キミ》なればなりといへり。

(『大神宮儀式解』前篇所収、一二頁。)

平ノ宣長の説、この詞は都々武《ツヽム》包、又都々萬留《ツヾマル》約、又登等萬留《トドマル》止、都豆久《ツヾク》続なども同意なり、物の散發せず一處に集るこゝろなり、心の上の愼も心をみだりに散亂せしめず、其ノ事のみをおもひて一處へちゞみ寄《ヨ》るやうに心を保《タモ》つなり、身の愼も同じといへり。可成談、つゝしむといふ詞はつゝむといふ事なり、つちかねといふ事をいへる心得がたし、とあり。士之味の義などいふは論にも足らず。

(『大神宮儀式解』前篇所収、一五二頁。傍点筆者付す)

の如く、士清・宣長の説が引用されていることを散見することができるが、右史料傍点部でも明かなように、経雅が垂加神道の語義解釈を退けているのは注目される。
(29)『荒木田経雅著作撰集』所収、一三〇八・一三〇九頁。
(30)同右書所収、一二九二・一二九六・一三〇四・一三〇五頁。
(31)櫻井勝之進氏『伊勢神宮』所収、二三三頁。
宇仁氏註(27)論文でも『儀式帳』研究に『建久年中行事』の存在は必要不可欠であることが強調されている。
(32)増補大神宮叢書『神宮年中行事大成』前篇所収、二五一・二五二頁。
同右書所収「皇大神宮年中行事解題」(七頁)には、
現存せる建久年中行事中最古のものと思はるゝものは、神宮文庫架蔵第一八一八號本にして、明應八年の奥書に次で「右件書者爲禰宜後代亀鑑之間□□□□也、于時元和三丁巳年今月今日(以下破損)」とありて、闕字のため明瞭を欠くと雖、字體書風の上より本書は元和三年に書寫せられしものなるを知り得べし。而して此の奥書に次で各別筆にて、元禄六癸酉年仲春吉日中川四神主經冬竝に彼の曾孫經誼の識語あるにより、此の書は代々中川家に傳来せし

ものなることを知る。茲に於て元和三年の書者は經冬の祖父にして當時三禰宜に在任せる經寄なるべきかとの推察を得らるゝなり。

と記され、『建久年中行事』の最善本は中川経冬（経雅曾祖父）所蔵本であって、代々中川本家（経誼＝経雅従兄弟）に伝来していたことが指摘されている。

（33）中川経雅筆写『建久年中行事』全二冊（神宮文庫所蔵、第一門第一九〇三号）の奥書には、

右年中行事記者曾祖父荒木田經冬卿所蔵也、而叔父荒木田經相神主傳而蔵レ之、予請二叔父一而以書二写之一

権禰宜正五位下荒木田經雅

于時明和元甲申年閏十二月

と見られる。

（34）『大神宮儀式解』前篇所収、一五九頁。

（35）経雅の神宮考証学を継承した薗田守良も『神宮典略』二十二「内宮職掌上・禰宜職・禰宜」の項で、

此は大神宮儀式帳初條に、禰宜之任日、忌火飯食慎、聖朝太御寿乎、手長乃大寿止、湯津如二石村一久、堅石尓常石尓、伊波比与佐志給比、伊加志御世尓佐岐波閇給比、阿礼坐皇子等乃大御寿乎慈備給比、百官仕奉人等、天下四方國乃人夫尓至麻天長平久、作給倍留五穀物乎慈備給部止朝夕祈申、とあるは禰宜の専務をいへるにて、かゝる事を祈申す職なり。此文に眼を付べし。外宮儀式帳にも同じく初めに其職の大旨を引出たり。（増補大神宮叢書『神宮典略』中篇所収、五七一頁。）

と述べて、『儀式帳』の当該条文を引用し重視している。

（36）『荒木田経雅著作撰集』所収、二三四・二三五頁。

禰宜職補任の款状について、薗田守良は『神宮典略』で、

内宮禰宜職款状

皇大神宮権禰宜位荒木田神主某解申請二祭主三位裁一事、

請殊蒙二天恩一、因二准先例一被レ挙二某禰宜某闕替職一、彌抽二御祈禱之忠勤一状、

右謹検二舊典一　太神宮祠官者　朝廷奉祈之職　皇家清撰之器也、因レ茲預二禰宜闕替職一致二御祈禱一者、聖

代明時之佳例、神宮古今之通規也、爰某謂二祖考一者、父何禰宜某、祖父何禰宜某、曾祖父何禰宜某、高祖父何禰宜某等也、望請因二准先例一、被レ恩二補荒木田某闕替職一、益抽二實祚長久國家安全之御祈禱之忠勤一者哉、某誠恐誠惶、謹言

（略）右の如く禰宜職の款状を祭主に奉れば、祭主より奏状を官務に奉る例なり。さるは禰宜職掌考に云如く、勅宣の例なる故なり（略）

（大神宮叢書『神宮典略』中篇所収、五六六・五六七頁）

とその様式を挙げ説明しているが、氏経が禰宜に推挙した守晨の禰宜叙位階の款状が『三重県史』に、

内宮禰宜荒木田守晨款状

一、皇太神宮権禰宜従五位下荒木田神主守晨解申進二祭主裁一事

請殊蒙二鴻慈一、因二准先例一、預二加階栄爵一、彌抽二朝祈暮賽懇誠一状

右謹検二旧貫一、当宮禰宜者、朝廷奉祈之職　皇家清撰之器也、因レ茲預二加階栄爵一、致二御祈禱一者、聖代明時之佳例、神宮古今之通規也、爰近代不レ関二恩賞一之条、愁訴何事如レ之、聖断豈無二御憐愍一乎、望二請天恩一、早因二准先例一、預二加階栄爵一、昼夜不退奉レ祈二天長地久實祚一矣、守晨誠惶誠恐謹言

（史料編・中世1（上）所収、八四九・八五〇頁）

と翻刻されており、両書に記される禰宜職補任と叙位階の款状は、本文で掲出した経雅のものと内容的に見て殆ど大差は認められない。筆者はこれらの款状の様式は、およそ氏経の頃に確立し、神宮祠官の間で代々使用されてきたものと推測している。

(37)『荒木田経雅著作撰集』所収、一二七五頁。

(38)『大神宮儀式解』前篇所収、六五七頁。

禰宜が神宮きっての重職であることは、『慈裔真語』祠官心得の禰宜項目に分類される次の条文にも、

5 一、本宮正員禰宜ハ祭主の擧によりて敕任なり、権禰宜ハ祭主判任也、又玉串内人・三色物忌父ハ禰宜の擧によりて祭主判任なり、本宮小内人・別宮内人・物忌父・諸社祝部ハ長官の判任なり、如レ此の類任符の旨を考知り、その次第禮式たかふへからす、但外宮祠官の例ハこれに異なる事あり、彼宮の例を考へし

（『荒木田経雅著作撰集』所収、一二七六頁。）

と記されている。

(39)『大神宮儀式解』前篇所収、九九・一〇〇頁。

(40)『大神宮儀式解後篇　外宮儀式解』附録所収、二〇・二一頁。

(41)『荒木田経雅著作撰集』所収、一三一五〜一三一七頁。

本書解題の『経雅記』項の補註において、

右に引用した増補大神宮叢書『大神宮儀式解後篇　外宮儀式解』所収「大神宮儀式解附録、中川経雅卿編著解題」の『經雅記』の項目には、神宮文庫に所蔵する本書の自筆本を十五冊と明記するが、今回の飜刻に際して改めて史料調査を行ったところ、現在は十七冊を所蔵してゐることを確認した。冊数の相違は、編著解題を執筆した後、新たに自筆本二冊が發見されたゝめであらう。二冊の巻数と収録年代（所蔵番號）は次の通りである。

⑮第三十一巻　寛政四年正月より同年七月（神宮文庫所蔵第一門四二五二號）

⑯第三十二巻　寛政四年八月より同年十二月（神宮文庫所蔵第一門四二五二號）

（同右書、一〇二・一〇三頁。）

と説明され、神宮文庫所蔵経雅自筆本の『経雅記』は現存十五冊ではなく十七冊であることが判明している。

(42)同右書所収、一三一三頁。

(43)宇仁一彦氏『内宮長官藤波氏經神主を讃う』所収、二四・二五頁。

(44)『大神宮儀式解』前篇所収、二四二頁。

(45)拙稿「菊谷末偶著『寛政遷宮物語』考」（『皇學館大学神道研究所紀要』第二二輯所収）参照。

(46)『大神宮儀式解』前篇所収、一三九頁。

(47)『永正記』「薗田守晨識語」（神宮古典籍影印叢刊7『神宮参詣記服紀』所収、三三〇頁）。

(48)『大神宮儀式解』前篇所収、一二二〜一二六頁。

(49) 氏経の学統を受け継いだのが薗田守晨であったことは、既に櫻井治男氏「神拝次第天正五年写・神拝次第文禄四年写解説」や大垣豊隆氏「永正記解説」（共に神宮古典籍影印叢刊7『神宮参詣記服紀』所収、解説部一六〜一九頁・二八〜三一頁。）に指摘されており、守晨と併せて俳祖、薗田守武（氏経外孫・守晨実弟、一四七三〜一五四九）も紹介されている。筆者は守武の連歌や俳諧等の歌学の基層部には、幼少年期に氏経の少なかぬ影響があったと推定しており（『荒木田守武集』「荒木田守武翁伝」参照）、また経雅が『慈裔真語』の中で処世術については何よりも守武著『世中百首』（『伊勢論語』とも称される）から学ぶよう再三、子孫に諭していることが見られることからも、守武の歌学は氏経学の範疇に含まれるものと捉えている。

(50) 補註（2）に同じ。
岡田氏が提示された経雅の『古事記傳』第二稿本の筆写歴というのは、『儀式解』の執筆が開始された安永二年十一月から一旦脱稿と校合がなされた同四年閏十二月、そして宣長にその所見を仰ぎ享受して『儀式解』の改訂作業が終了し完成に至った天明元年頃という期間に符合しており、いわば両者は表裏一体の関係にあって、『古事記傳』が『儀式解』に及ぼした影響の強さの程が窺知されよう。

(51) 補註（3）に同じ。

(52) 中野裕三氏「『古事記伝』と神宮学者」（『國學院大學研究開発推進センター研究紀要』第六号所収）。

(53) 中川経雅書写『古事記傳』一之上巻（神宮文庫所蔵、第五門四六九号十五冊の内）、一丁表〜二丁表・二三丁表〜二四丁表・四八丁表〜五四丁表。

(54) 『大神宮儀式解』前篇所収、一〜五頁。

(55) 経雅の『儀式帳』が『大神宮式』編纂の際の根本史料となったとの見解は、虎尾俊哉氏の日本歴史叢書『延喜式』「二　延喜式以前の諸司式」（三三頁）でも、

『延喜式』は『弘仁式』と『貞観式』とを併合し、改訂して成立したものであるが、前述の『延喜伊勢太神宮式』と『伊勢太神宮儀式帳』との親近性は、僅かにのこされた『弘仁伊勢太神宮式』の逸文においてもやはり見出されるのである。従ってこの二つの『儀式帳』が『弘仁伊勢太神宮式』編纂の資料として用いられ、それがほぼそ

のまま『延喜伊勢太神宮式』に引きつがれていると想定して差し支えないであろう。とすると、この二つの『儀式帳』が延暦二十三年の三月および八月にそれぞれ撰進されたのは、「式」の編纂の資料として提出を求められたからだ、と解釈しても一向に不自然ではないことになる。

と述べられており、現在ほぼ定説となっていると見てよいであろう。

(56) 中川経雅書写『古事記傳』三之巻・六之巻（神宮文庫所蔵、第五門四六九号十五冊の内）、三之巻は一八丁表～四七丁裏。また六之巻は一丁表～三〇丁裏。

(57)『大神宮儀式解』前篇所収、一一～一六・四五～五二頁。

(58)『神祇全書』第三輯所収、二・三・五・六頁。

(59) 大野晋氏「古事記傳解題」（筑摩書房版『本居宣長全集』第九巻所収、一九頁。）

(60)『荒木田経雅著作撰集』所収、五九七・一三一九頁。

(61) 筑摩書房版『本居宣長全集』第一巻所収、五～七頁。

(62)『大神宮儀式解後篇　外宮儀式解』所収、三七～四六頁。

(63) 増補大神宮叢書『神宮神事考證』前篇所収、三四～三八頁。

(64)『大神宮儀式解後篇　外宮儀式解』所収。

第二章　経雅著『慈裔真語』について

一　はじめに

近世神宮考証学を樹立した中川経雅の数ある著作の中で『慈裔真語』一巻は、増補大神宮叢書『大神宮儀式解後篇　外宮儀式解』所収「大神宮儀式解附録、中川経雅卿編著解題」において、

經雅卿が子孫を戒めたる教訓書にして、己が一生の経験を述べて子孫に対する鑑戒とし懇切丁寧を極む。巻頭に「此筆記は他門に見すべき物にもあらず、只子孫にのみよましめんとす、故に俗言鄙語をも撰ばず、又いひても〱いひたらねば、贅文重複所々にあり、これよま□《んカ》子孫等文辭のつたなきをなあざけりわらひそ、」と見ゆ。神家に生れ大御神に奉仕し得るの幸福を覚らしめ、神事奉仕に落度なからしむるを第一とし、一家の財政より、日常座作進退學問研究交友等に至るまで細大漏さず記述せり。内容より察するに、数年に渉る大患漸く癒えたる後にて、萬事に心細さを感じつゝありし天明五六年の頃記述する所なるべく、所々後の追記あり。中に自叙傳あり。

と説明されており[1]、また、中西正幸氏は「神家の明訓」で、

皇大神宮祢宜の荒木田（中川）経雅が著した『慈裔真語』は、慈愛あふれる遺言集で、その内容は神宮・祭儀・家内・世間に関する訓戒の数々に満ちている。朝家清撰の祢宜職をめぐる神々と祖先の御恩をはじめとして、祭儀に対する心得や学問への情熱、家内の雑事や世間をわたる心がけなど、約四百項目に及んでいる。『大神宮儀式解』の著者でもある彼が、その学識と経験を注いだ好書として、子孫に寄せる愛情のほどが偲ばれよう。

と概説されているが[2]、『慈裔真語』を繙くと、両者の指摘通り本書は経雅が親愛なる子孫を慈しんで自らが持てる全ての学識と経験とを傾注して記された教訓書であり、遺言書でもあるといっても良いと思われる。本書を研究することによって、経雅の祠官心得にはじまる修身訓や斉家論、また処世術や学問教育法・人生観等、経雅の全人格的な赤裸々な姿が彷彿としてくるものと考えられる[3]。

本書の概要は、中西氏の右の論考により経雅の教育論と人物像を中心にはじめて明らかにされたが、執筆上の紙幅の制約を受けてのことか、未だ『慈裔真語』の詳しい成立事情や執筆に至るより具体的な動機や想い、またその内容構成や執筆理念等明白にされていない点が多々あるというのが現状であろう。従って、本稿においてはこれらの点を明示して、少しでも経雅の実像に迫りたく思う。

尚、本稿引用の『慈裔真語』各条文（及び短歌）の上に示した番号は、皇學館大学創立百三十周年・再興五十周年記念『荒木田経雅著作撰集』所収『慈裔真語』における整理番号であることを申し添えておきたい[4]。

二　『慈裔真語』の成立と執筆の動機

中川経雅著『慈裔真語』一巻は、神宮文庫所蔵第一門八七二二号の特殊本であり全百二十四丁から成り立っている。本書は経雅の自筆補訂本であって、他に写本や類本等は管見の及ぶ限り一切存在しない大変貴重な史料である。これはおそらく、

> 前文
> 一、此筆記ハ他門に見すへき物にもあらす、只子孫にのみよましめんとす、故に俗言鄙語をも撰はす、又いひてもくいひたらねは、贅文重複所々にあり、これよ□□《まんカ》子孫等文辭のつたなきをなあさけりわらひそ
> （傍点筆者付す）

と『慈裔真語』に見られる前文を、(5) 経雅の子孫である中川家の人々が遵守し、本書を秘書化していたからであろう。初丁表には「華族澤田家蔵」「神宮司廰」「神宮司廰蔵書」「臨時大神宮史編修部」「神宮文庫」（共に朱文）といった種々の蔵書印が捺されている。この中でも注目すべき蔵書印は「華族澤田家蔵」印である。この印は秘書化されていた本書の伝来を示唆するものと考えられる。つまり、経雅の父・経行（後に経正と改名）が中川本家より別家し興した中川神主家は、経雅のあと子息の経綸（後に経竿と改名）から曾孫の経萬まで続いたが、経萬の後を継ぐ人物に恵まれなかったため絶家となってしまう。しかしながら経萬の子息である経潔が同じ神宮家の佐八家制の養嗣子、佐八定潔となって同家を継ぎ、更に定潔の子息である幸一郎が澤田泰綱の養嗣子、澤田泰圀となって同家を継いだのであった。故にこのような家系譜に伴って本書は、中川家→佐八家→澤田家という神

宮神主家に伝来されることとなり、明治期に入って澤田家より神宮司廳に献本され、更に同廳より臨時大神宮史編修部を経て神宮文庫に保管転換の上、架蔵されることとなったと思われる。

さて、この『慈斎真語』はいつ頃、どのような経緯で成立したのであろうか。その成立時期について、前掲の「大神宮儀式解附録、中川経雅卿編著解題」では、

内容より察するに、数年に渉る大患漸く癒えたる後にて、萬事に心細さを感じつゝありし天明五六年の頃記述する所なるべく、所々後の追記あり。

とし[6]、この説を受けられて、中西氏は「神家の明訓」の中で、

天明三年（一七八三）七月九日に斎館に宿直。突然夜中に遠く信濃国の浅間山噴火による鳴動があり、文殿・御倉の重々しい鉄曳戸が鳴り響いた。この異常事態に心神が動揺して年来の鬱気が発し、十一日ごろから病床に伏せる身となった。夥しい吐血があり世上必死と噂した（略）医師の山崎末典・本居宣長などの治療もあって、九月には容態も一応落ち着いた。四年（一七八四）には没後の計を案じてか、祖先・先人・師友の筆跡・書簡などを掛軸や表装して、忘れな草としている。ようやく九月十日に斎館に参り、神嘗祭を奉仕して今後の祭典に対する自信を得た。こうして五年（一七八五）春頃から快方に向い、十月には松坂の御厨神社の扁額のため揮毫を需められている。数年間は身体が元のように快復せず、神事も不参することが多かった。この前後、『慈斎真語』の筆が執られたのであろうか、慈斎にあたる子供たちに遺言するかのように執筆された、まことに意義ぶかい著作といわなければならない。（略）斎孫に遺した慈しみ溢れる真実の

言葉というのが、題号の由来するところであろう。（略）即ち、子孫への遺言集として推敲の跡も著しく、
浄書するに至っていない。

と述べられ、[7] 両者の主張を考え合わせると、天明五・六年（一七八五・一七八六）頃に一旦成立し、後に推敲と加筆が幾度か行われ、浄書されないまま現在見られる形になったとされている。

この説が妥当かどうか、実際に本書にあたると、経雅の明かな筆跡の違いからは、本書はおそらく大きく二回の時期にわけて執筆と推敲、加筆が順次行われ成立したと見られる。即ち、第一期は初丁表から九十六丁表の途中まで（第一条〜第三三一条に該当）と百十五丁表から終丁まで（第三八五条〜第四〇〇条及び短歌四九首・諺一一三語句に該当）が一気に執筆され、一度目の推敲と加筆（この際、前文追加）がなされて一旦脱稿し製本。その後、幾分かの時が経過して、第二期は九十六丁表途中の続きから百十四丁裏まで（第三三二条〜第三八四条に該当）が執筆、追加されて再製本（故意に六十四丁が省かれたものか）した上で、二度目の全体的な推敲と加筆（この時、一一四・一一五番目の諺を追加〈裏表紙見返し収載〉）が行われ、浄書されないまま現在見られる形になったことが窺われる。

両者の『慈裔真語』が天明五・六年頃に成立したとする説は、まさしく右の第一期に相当するわけであるが、本書の持つ内容より検討を加えると、この主張は是認して良いであろう。なぜならば、『慈裔真語』の第一期執筆部分にあたると思われる、中西氏も注目された条項内には、

173 一、（略）翌五年の春、比年の所労大凡治りぬれと、五味口に不レ合、食物糟糠を噛かことく、夏月大暑といへとも納綿を離つ事あたはす（略）

（傍点筆者付す）

と[8]、経雅が天明三年夏より大病を患い、同四年秋の神嘗祭にようやく復帰するものの、完全には治りきっていない時期として「翌五年の春」を挙げており、続いて同条項内の第一期推敲・加筆部分にあたると考えられる箇所には、

173 一、（略）同年十月、子細ありて長女沖津、松谷家離縁等の事等にて心よからす、心を用る事、ある夜ハ遺精ありけり、同六年の春、末子察經、下館町孫福弘利神主養子たるへく申定、其上弘利神主卒去、家事親類と共に計るといへとも、病も漸平にてさせる障もなかりけれと、同七年夏、世上米麥高直、銀札壱文目代銭八十八文を以白米ハ三合、搗麥ハ四合半を賣買せり（略）

とあり[9]、天明五年十月に長女、沖津の松谷家離縁のこと、天明六年春には末子察経の孫福弘利神主家への養子縁組のこと、続いて天明七年夏に米や麦の物価高騰の記事が見られることから勘案すると、『慈裔真語』の第一期成立時期の上限は、天明五年と考えて差し支えないからである。そして、その下限については『慈裔真語』の第一期成立の推敲・加筆部分と見られる左の、

26 一、諸神事雨儀行事又ハ非常の例、常に考置へし、野後・礒部神事参向途中にて出水等の例、常に考置へし、又未本宮進發せす、大雨洪水等にて宮川及途中川之難儀由申時ハ見分使を遣し、豐宮川こしかたき時ハ本宮一殿にて彼宮の如く勤行すへし、荷前荷又幣帛ハ道筋通り次第、彼宮に送るへし、近くハ天明七年六月、瀧原神事、安永二年九月、瀧原宮神事を内宮にて勤仕、寳暦九年九月・同五年十二月、伊雑

宮神事を内宮にて勤仕せり、先例度々有り、考置へし　（傍点筆者付す）

という条項[10]には、神宮祠官として諸神事の雨儀行事・非常の例を常に心懸けておく訓戒の先例として、天明七年（一七八七）六月月次祭の瀧原神事の例が挙げられ、また、右と同時期の加筆部分とされる条項には、

28 一、當宮下乗・下馬の事、神事・参賀等ハ、任二先例一一鳥居前より馬輿に乗用し、又帰参の時も此等にて下乗・下馬たり、これ古事の例なり、又宇治橋の上をも乗馬して打渡れる也、その餘高貴たりといへとも乗馬ハ宇治橋西爪にて下馬、輿ハ一鳥居にて下乗なり、度々大家参宮の時、下乗・下馬の例如レ此、奉行依田肥前守・野一色兵庫頭なと毎度参宮の時乗馬あり、皆宇治橋西にて下乗、夫より歩行なり　（傍点筆者付す）

と[11]、皇大神宮における下乗・下馬位置の先例として山田奉行、野一色兵庫頭参宮の例が挙げられているが、野一色兵庫頭が山田奉行に就任したのは天明六年二月二十八日のことであり、しかも「毎度参宮の時」とあるのは一度や二度の参宮ではない表現であって、この二つの史料より天明七年というのが、第一期脱稿の下限を表しているものと思慮される。故に『慈裔真語』の第一期成立時期というのは、天明五・六年の経雅四十四・四十五歳の頃と認めて良いのではなかろうか。

それでは、次に『慈裔真語』が現在見られる形にほぼ調えられた第二期の成立時期はいつだろうか。筆者は第一期に執筆され、第二期で改めて推敲・訂正されたと見られる次の、

392 一、人の心の定れる事、何時を限りなるへき、予經雅二十歳の所存、三十歳の比趣向變し、四十歳を過て又

大に更れり、五十になん〳〵として《を過て》大凡心定るへし

とある条項[12]に注目したい。つまり、経雅は人の心が定まる年齢を五十歳に置いており、第一期成立時には「五十になん〳〵として」としていたのが、第二期で改めて推敲・訂正されることによって「五十を過て」との表現に変更されている。これは明らかに経雅自身が五十歳になったのを機に改変したものと考えられるが、経雅が五十歳になったのは寛政三年（一七九一）であったことをまずは指摘しておきたい。そして、経雅の私生活における家族の履歴が語られている、第二期における推敲・加筆部分とされる、

173 一、（略）寛政元年二月十七日、妻室郁子死去、寛政二年四月廿四日、長女沖津、中館町橘采女定時方へ再嫁し、何くれ心を用頼れと、病も治けるにや、心よくその事をはかりき

195 一、予経雅妻守屋氏郁子、多年病氣の處、寛政元年二月十七日、身まかりけり、予近年多病の上、朝夕介保の人なく心さひしく、日夜何くれ思ひ出て悲歎限りなし、終焉の時に及、侍女を集め我身まかりなハ五神主供侍の為、婦人をむかふへきよし申置けれとも、家の為にも・子の為にもよかるましく思へるまゝ、さる沙汰もなく止にき、秋冬夜長く鶏鳴後かたり合すべき人なくて、猶更おもひ出せる事多く落涙のみなり、されと家の為を存するまゝ、後妻の沙汰に及はす、心神ハ淋しくかゝらハ自ら病も出べきか、さるとも家の為・子の為にこれを替べけんや、よく思ひ辨べき事なり

との両条項[13]より、寛政元年（一七八九）二月十七日に妻の郁子を亡くしたことによって生涯孤独の身となり失意の底にあった経雅の心境が、翌年の寛政二年（一七九〇）四月二十四日に離縁された不幸な身の上の長女、沖津

がめでたく再婚し身も心も晴れる思いへと転換した重要な時期であったことを理解できる。これらのことより寛政元年・二年というのは、経雅の中年期から老年期に至る心境の大きな転換期にあたっていたといっても過言ではないと思われる。また、神宮祠官としての経雅にとって生涯に亘る一番の関心事は、

18 一、當宮祠官たるもの式年正遷宮の雑事・儀式及神寶装束等舊例を守り執行ひ、毛頭麁末あるへからす、寛文将軍家御條目の旨堅守るへし、又正遷宮用脚御下行等覚悟専要なり、又臨時遷宮・假殿遷宮の雑事・儀式常に覚悟すへし、代々遷宮記必熟讀すへきなり、又諸別宮造替遷宮の作法・舊例検知すへき也、殊近年三遙宮造替遷宮ハ別に御下行造料を下さる先例、覚悟専要なり

19 一、祠官たるもの式年正遷宮の儀式よく覚悟すへし、本宮及御門・御垣・殿舎・鳥居・七所別宮等造替、皆公よりその料木及造料を以成進せらる、禰宜斎館も又同し、文殿ハ私の物もて造れるなり

とある如く、[14] 式年遷宮に奉仕することであっただろうが、経雅の遷宮奉仕の経歴を調べると、経雅は生涯に亘って三度の式年遷宮に奉仕する機会があった。まずは経雅八歳の少年期に執行された寛延二年（一七四九）の第四十九回式年遷宮では、神宮権禰宜として遷御儀における御装束神宝執物中の御鉾捧持の任を無事に果たしている。次に経雅二十八歳の青年期に斎行された明和六年（一七六九）の第五十回式年遷宮においては、『慈裔真語』で、

173 一、（略）同六年本宮正遷宮たるにつき、父神主・予（經雅）共に遷御供奉の用意をなし、束帯皆具・供奉人装束等、初夏より用物を調へけるか、五月廿七日父神主卒去、翌六月八日母死去にて、煩労・悲歎きハまり

なし、父母の假服によりて遷宮供奉する事なく、件の官服空しく家に在りてその價を出し、御遷宮につき參宿料・裝束料配當もなく、已に没家に及へき為レ躰なり（略）

と回顧するように、[15]何度悲歎してもしきれないくらいに、残念ながら父母の仮服により奉仕することが叶わなかった。そして、最後の機会であった経雅四十八歳の中年期に挙行された寛政元年の第五十一回式年遷宮には妻、郁子の死の悲しみを乗り越え、神儀奉戴の大任を無事勤めたことが『経高記』等により確かめられる。[16]これら遷宮奉仕の経歴からすると、いかに経雅にとって寛政遷宮が重視されるかが窺知できるであろう。以上のことから考察すると、経雅の生涯にとって寛政元年から同三年という時期は、ちょうど中年期から老年期に至る公私共々重要な時期に相当していたわけであり、それも同三年は、公私に亘って万事が落着きはらった、いわば平穏時に入った時期と考えられる。従って、『慈裔真語』の第二期成立時期は、寛政三年・経雅五十歳を少し過ぎた頃と推測するものである。

それから、『慈裔真語』はこれまでの研究成果によって、[17]経雅が親愛なる子孫を慈しんで自らが持てる全ての学識と経験とを傾注して記された教訓書であり、遺言書でもあると説かれていることは既に触れたが、もちろん筆者もこれを概ね踏襲するものである。しかしながら、更にそれを進めてなぜ『慈裔真語』が執筆されたのか、もう少し具体的な動機について考えてみたい。そのことを考察するにあたり、まずは経雅の人生の終焉にあたる対処法が語られた『慈裔真語』の条項から見てみよう。つまり、

12 一、事によりて身の大事、家の興廃に預る事出来たりとも、よく前後善悪を思慮し取計へし、殊に死期に有り狼狽の所為耻へき事也、平日の用心によるへし、生涯の所行こゝにて顕るへし、怠るへからす

58一、己か常にいかんともしかたく心かゝりなるハ終焉の期なり、この期に及ひ心正くつねに心かけける腰折歌なりとも、てにをは正しくひねり出つへき事、又親族・同朋申のこすへく思ふ事も其程々にありたく、これのみ心にわひ祈れと病の品により正氣を失ふものなれハ、かゝる望ハかなひかたき事も有ぬへし、この所に至りてハつねにおもひてかひなし、時と病に任すへきか、されとも望のことくならぬはかへす〳〵も本意なくこそ覚ゆれ

とあって、[18]この両条項より人は終焉の時にあたって決して取り乱すことなく心静かに死を迎えるべきで、辞世の詠歌や遺言等は前もって用意しておくのが最善であるとの思考が経雅にあったことが窺われる。このことは天明三年から同四年にかけて世上必死と噂をされた大病を患い生涯病弱であった経雅が、心身共に幾分か健康な時分に心安らかな死を迎える平日の用意（遺言集）として、訓戒四百条・短歌四十九首・諺百十五語句にも及ぶ『慈裔真語』を著述したことを裏付けるものと思われる。即ち『慈裔真語』が遺言集とされる由縁であろう。それでは、この遺言集は実際にどのような経雅の想いや祈りを込めて執筆されたのであろうか。『慈裔真語』には、

119一、子を育つる事人たるものゝ大要なり、司馬温公勧學歌に養㆑子不㆑教、父之過、訓導不㆑厳、師之惰といへり、毛頭ゆるかせにすへからす、二・三歳の時強て行義等を能く教込にかしこく致させ、大人めきたる事する子ハ必後に愚者となるものなり、三・四歳まてハ只正直を教ゆるのみにて進退座配を強て教へからす、十五歳に至らは心廣らかに廉直を主とし、禮義辭讓を専教へ學業を励ましむへし、子に黄金万籝《エイ》を遺さんより一經を教えんにハしかしと漢の韋賢ハいへり、又幼年の時より食物を不㆑擇食はしめ、又雑穀をも度々食はしめ食ならはしむへし、年不熟にあひて平常おこれる人の困しみけるを見て思

ひしりぬ

とあり、[19] 人たるものの大要は子を育てることであって、その子を立派に育て上げる経雅特有の教育論が展開されていることを見出せる。また、同書では、

45 一、人と生れたるもの家嗣なきハ無上の愁なり、父祖の血脈を失ふ事、その不幸何にたとえ《（へ）》ん、又子無人ハ人情に暗く、物のあはれハ知らさるものなり、殊に子孫の糸を絶、不孝と云へし、然に子なきを知りなから、娼婦・遊婦を妻とするハ不孝の至りと云へし、又子なき人ハ免絲子・蛇床子・五味子等分に煎し用へし、必嗣を得といへり、これを三子丸といへり

とし、[20] 人として生れたるものの「家嗣」の重要性を力説していることが認められる。これは『慈裔真語』という書名からも窺われるように、本書執筆の焦点は、取りも直さず次世代に次々と続くであろう親愛なる子孫たちにあてられたものであったからに他ならない。そして、本書収載の経雅自身の履歴を語る条項で、

173 一、予雅經寛保二年九月四日誕生し、父母の撫育に預り、寛延元年七歳に及の間、二月より物書く事・書讀む事を習ひけるに、家貧しく書籍・筆墨等心に任せす、父神主殊に教訓せられ、寒暑を厭ハしめす是を勧められ、冬日の短きを以て、毎朝丑刻より起出て予に物書せ、孝經・論語を始、色々を教授られき、（略）件中間常に思ひけるハ、父神主本家中川を出別居す、此家絶てハ父の遺跡なし、然れとも新家たるにより家禄無けれハ永久たるへからす、予これを歎きて思止む時なし、是亡父神主の跡を存せんと欲する

故なり、寶暦・明和の間、他家相續すへき事、両度有りといへとも、實父神主の遺跡を継まく存し各辭退して諾せす、明和二年二月六日、今在家町守屋徳大夫重相か女伊久女寛保三年七月三日誕生せり、今年二十三歳を迎へ妻とし、明和三年正月より安永八年六月迄の中、四男三女を生み、何くれ世事を執行へり、此中間、野後・礒部御宮・本宮御造替の雑事、専らこれを辨備し、明和五年九月伊雑宮神遷につき、父神主奉遷使たるの所、比月不快といへともこれをつとむへくせらるゝ間、介抱して勤仕せられぬ、同六年本宮正遷宮たるにつき、父神主・予雅經共に遷御供奉の用意をなし、束帯皆具・供奉人装束等、初夏より用物を調へけるか、五月廿七日父神主卒去、翌六月八日母死去にて、煩労・悲歎きハまりなし、父母の假服によりて遷宮供奉する事なく、件の官服空しく家に在りてその價を出し、御遷宮につき參宿料・装束料配當もなく、已に没家に及へき為レ躰なり、されとも従来病疾の外、父母の心を労せしめし事なし、心快き事譬に物なし、父の遺跡を継まく日夜思慮するに、己を達せんと欲せハ先人を達すへきなれハ、學問・書寫の暇隙にも寛やかに心得すして、守秀卿以来代々長官の家事を勤め、官事宮務を指揮し、其在状を家牒にしるして、後日の便にせんとし、且遠境往来度々たる上、守浮卿亭ハ中村に在るの間、日々通行路程・野外風雨出水の節、難渋せる事数をしらす、如レ斯労有れハ報有て、予雅經家貧く任料・用脚等心に任せすといへとも、安永二年十一月十三日正員禰宜に轉補しぬ、又安永七年殿舎末社造替修覆仕様内積帳算用ハ、予筆算を以勘定し心を盡しぬ、又親族の事をも左に右に相扶て心を労しぬ、是男經綸・守名・察經等若輩たれハ、後々親族の介抱に預るへし、其代りにとて是迄家事辨せしめしハ、本家中川經相神主家・井面故長官守秀卿家・同後室佐奈子藤波氏章神主女介抱、薗田守名家・藤波氏式家・二見故定哉家・河井範審家等の事を指揮し、其家々の親族と共に其家事を計れる（略）

と述懐すると共に、(21)亡父神主を偲びては、

274 一、予《雅經》明和六年五月二十七日、父神主卒去せられぬ、其悲歎譬ふるに物なし、家禄なく妻子を養ふへきわさなし、従来年来予か所行によりて、父母の心をいたましめたる事なけれハ快然たり、されと従来世上の進退にふれて、父神主の心のことくせさる事とも曰く等あり、その事思ひ出、唯父神主に対ひ先非を悔、申謝より外なし、同年六月八日、母死去せられし時も亦同し、是等の旨趣をよく考へ忘却せす、平日父母の心を労せしむる事なかれ、父母終焉の後に至りてハ、假令孝を行ふへく心を安んせしむへく思ふといへとも、仕へ奉るへき人なき事を思ひ辨へ、在世の時、孝を盡し心を安んせしむへし、但家相讀の事を要とす、若後々家の障あるへくんハ折を伺ひ、温和を以父母に諫め、或ハ歎き子孫長久を計るへき也、いかにしてもこれを容られすんハ泣てこれに従へし

と深謝し、(22)経雅が幼少の頃から誰からも敬愛してきた、亡父神主が苦労の末に興した新家の中川家（以下、新中川家と呼称）の存続を死守すべく、自分のことだけでなく子息の経綸や守名・察経等のことも視野に入れながら、とりわけ人的な面に種々配慮しながら公私共に日々努めてきた、経雅の真摯な姿が語られている。このように大切な新中川家を経雅は、

67 一、予《雅經》父神主卒去の後、家禄なく後々家立かたかるへき事を歎きて常に務め、今　　石　の家領を得たり、此納所無くむは必家跡立かたかるへし、是を沽却し予積年煩労の功を子孫空くすへからす

164 一、前々より家に傳へたる所領の田畑・山林・屋敷曾て沽却すへからす、質物に入るへからす、祖先心を慮

しこれを労して、子孫永く家跡を存せんか為に、求置るゝものなり、自己寒暑の労をかへり見す、子孫の永からんをおもひて、つとめて求められたるをも不レ顧、己か欲せる事を達せんとて麁忽自専の取計ひ恐るへき也、又家に傳たる書籍・文書・器物等、當時無用とて猥に賣しろなすへからす、己か求得たる物ハ心に任すへきなり

と本書内で、[23] 子孫に対して絶対に断絶させることのないよう、特に経済的な面より諭していることが確認でき、わざわざ、

107 一、予家紋の事、本家花橘なり、亡父神主別家の時、三橘を用たり、予もこれに従へり、みたりに改へからす

と記して、[24] 新中川家の家紋のことにも注意を促しているのである。そして、

121 一、實子無んハ神宮一門・二門の中、血脈近き人を養子とすへし、親子年齢相應たるへし、當人仁躰心正しくその父母悪評なきを求むへきなり、必父と十五箇年・母と十三年たかへしむへし、子たる者これより年高くんハ用へからす、子無き人ハ世の有さまハしらぬものなり

とある如く、[25] もしも子孫に実子が生れない場合の人為的な処置（神宮一門・二門中の近親者より養子縁組）までも経雅は講じていたことが見られる。このような新中川家の永続的な繁栄をはかることと家職である禰宜職に精励

することとはいわば渾然一体の関係にあって、終生一貫して忠孝、換言すれば敬神崇祖に勤めることが最も肝要であることを經雅は『慈裔真語』の左の条項で、

68—① 一、能く家を保ち父祖の業を継き子々孫々相傳て、其職を務め神事闕怠なく供奉するは忠孝の至りなり、平日參宮・御祈・諸神事・勤番怠たらす勤仕すへし、従来神事・勤番怠りなかりし人を見るに各々年歯を高くし位品に長せり、能く務むる人ハ心神堅固にて天地人に耻さるがゆゑに自から心寛に身健なり、怠る人ハ天地人に耻ちせんかよりて必平ならす、努々怠るへからす

と教示し(26)、また本書最終条項で、

400 一、世中を經るに己か口才・智恵をたのむべからす、さる人のなす事ハ皆心のことくならさるもの也、たゝ正直をもてし徳をつむへし、世の事を何くれ思慮して心氣を費し、又他門の家事に労して暇を費し、同僚・族従の人の所行の善からぬを彼是腹立し、これを糺正せんとして肺肝をくたき心神を悩しむる事、能く考れハ益なき事なり、所謂求るハ苦也とハこれなるへし、御宮の御威光にかゝり神宮同僚・後代の瑕瑾となり、又ハ我か子孫の家事、後代の敗れとなりて捨置かたき事ハ、見聞に随ひ助て心を用へし、四大ハ日々に衰へ心神ハ夜々に晴きを、己か身の老行たるをも顧る心なく、ことに百年の壽を以千年の謀をなし、限ある命を以て限りなき雑事に日々夜々心を苦しめ腹を立、身をそこなふハ至愚といふへし、世事をとれハ何くれにつきて人を恨めり、守武神主の、いくつともなき世の中の月花に恨口舌ハあちきなきかなといへり、世の中ハ多し、たゝ己か物を己か物としてこれを不レ失、他のものをもとむへ

からす、祠官たるものハことに清浄を先とし、悪事に不レ觸、敬み慎み怠なく神事に供奉し、天津日嗣の長からん事と天か下の平に五くさの穀豊ならん事を祈り、且ハ己か身をそこなふ事なく子孫長久にして家名を失はさる事を計るへし、ゆめ忠と孝とを忘るゝ事なかれ

と訓戒を施して、[27]『慈裔真語』執筆の結論に充てている。

以上述べてきた事柄を勘案すると、『慈裔真語』執筆に至る経雅の具体的な動機は、人生最大のクライマックスである終焉の時にあたり、心安らかな死を迎える平日の用意として、予め遺言集を著作しておく必要性を常々抱いていたことに求められ、その遺言集である『慈裔真語』に込められた経雅の想いや祈りというのは、子息の経綸や守名・察経等をはじめとした次世代に続くであろう子孫たちに向って、皇大神宮禰宜を輩出することができる名門、神宮家の一翼を担う中川家、それも経雅が敬愛して止まなかった亡父神主が興した新中川家の永遠なる存続と繁栄とをはかるべく、家職である禰宜職に全身全霊をかけて日々精励することを何よりも望むものであったと思われるのである。

三　『慈裔真語』の内容構成と分類

『慈裔真語』の内容構成について、中西氏は前掲論文で本書が有する訓戒全四百条の内容を「諸宮社・宮域・諸祭儀・神宮家・家事・年寄・師職・人間・世間」の九項目に分類され、その構成について「第一項の大神宮祢宜は皇家清撰の器であることに始まり、第四〇〇項でも祠官の心得を諭して、その前後が共鳴しあうような配慮もみうけられるが、全体的には思い付くままに体験と知識とを書き継いだのが実情であろう。」との見解を示さ

れた。(28) この中西氏の論説には賛同しつつも、筆者は『慈裔真語』で、

173 一、予《雅經》寛保二年九月四日誕生し、父母の撫育に預り、寛延元年七歳に及の間、二月より物書く事・書讀む事を習ひけるに、家貧しく書籍・筆墨等心に任せす、父神主殊に教訓せられ、寒暑を厭ハしめす是を勧められ、冬日の短きを以て、毎朝丑刻より起出て予に物書せ、孝經・論語を始、色々を教授られき、寛延年中、中之切町吉祥菴に隠居せられける鶴山和尚につけて、國歌を詠習らハせ、寶暦九年の秋、井面故守和卿に附けて讀書せしめ、國歌・連歌をよみ習はせ、其頃、当國一身田宮の倍(陪)臣高林舎人了浄（始號錦江、後改彙斎）、故ありて彼地を立去、當地に来の時、下館町岩井田内記尚友神主・中之切町濱田久右衛門長正・下館町堤左近弘明神主・中之切町中川九經高神主・浦田町藤波十氏倫神主・下館町澤瀉伊織常尚　等、校館を河原町に造建し、高林氏をして日々經書講究せらるゝ間、父神主高林氏に請ひ、予をして經書を讀習はしめらる、その中間に至り、高林氏神代巻已下神書をも講窮せらるゝにより、師傳授與の事共、他門に傳へましき由、神文を請るゝ間、各これを呈せらる、予倩思ひけるハ、他事によりて神文を他門に出すハ然も有へし、神宮の祠官他門の神書受傳ふるとてこれを呈すへけんや、職分を存するの間、これを承引せさりき、予比年大病両度、漸その災をのかれけれとも、甚労て心躰微弱也、十八歳の比、淋病を煩ひ、三歳の間大に苦ミ、陰茎大腫痛さま〳〵悩ける、そのころ修學の刻、父神主教られけらくハ、若輩の時、他所を見されハ心寛らかならす、若正員神主にも轉任せハ、禁河の制によりて他行成かたかるへしとて、寶暦十二年七月四日、佐八隼人定綱神主下野國旦所巡行の時、相頼みて予病後なからくれ〳〵意見を加へられ副下され、諸事用意の為、江戸神田明神下加藤惣右衛門利貞家にて在留の處、用物速に調かたく、七十餘日淹留するの間、江戸諸社・諸寺・古跡等經歴し、九月両國橋邊より舟に乗て逆

のほり、四・五日を經て下総國堺河岸に著し、夫より古河、下野國石橋、雀宮等を經、河内郡宇都宮佐八家の旅亭に到著・淹留し、或出或歸、こゝにて七・八十日を經、順道を計りて巡村せり、仍て彼國芳賀・河内・都賀・鹽屋・那須・寒川・阿蘇等の郡々村々、大凡七百餘村、常陸國眞壁郡小栗の邊等巡れり、その内、下野國石橋・鹿沼・今市・日光山・足尾・白澤・阿久津・喜連川・佐久山・大田原・黒羽・烏山等におゐてハ、或三日或五日淹留して、その風俗を見て、翌年五月歸國せり、其後明和年中に至りてハ、専守秀長官家の公用を勉め、本宮・別宮の遷宮雑事の沙汰、日々長官家に出、度々御奉行所に参り、殊神宮の御用、或年賀・臨時・賀慶等の神宮使となり、京都・江戸に往向事数十度なり、彼地に在留役務の暇日、京師にてハ、山科中納言頼言卿に請ひ申、衣紋の着用を習ひ、束帯・衣冠已下の着法、闕腋帯剣の作法を傳へらるゝ間、月々會日これに出、高弟山中玄蕃権助秀品等の指揮にて、同門弟相共にその着法を習へり、又國史・國歌・連歌・律令の事を習ひ受へく存し、出水町曾我部式部元寛・立賣町近藤斎宮孟彪・丸太町里村昌桂法眼・上立賣坂秋斎か許に度々往向ひ、時々その疑を尋正し、江戸にてハ、茅場町羽倉東蔵御風・濱町楫取魚彦・茅場町須藤文治郎元昞につきて、律令・國歌・詩文等の旨を習ひ、轉任後家に在りてハ、専ら安濃津八町谷川淡斎士清・飯高郡松坂魚町本居春菴宣長につきて、國学・國歌を習ひ學ひ、その中ことに日本紀・續日本紀・萬葉集・令義解をよみ校へ、又神宮の舊記・朝家の記録、凡四百巻を謄寫してこれを蔵せり、又古事記・日本紀・續日本紀以下・姓氏録・職原抄等の類のことき板行の書といへとも、各古寫本を尋出し糺正し、古人の所考をその所々に記し、諸書を以数度校合を加へ、又明和以来、殊正員轉補の後ハ、日々在状・諸神事・參勤の面々、勤仕作法を記して日々これを怠らす、後年の便とせんとす、件中間常に思ひけるハ、父神主本家川中を出別居す、此家絶てハ父の遺跡なし、然れとも新家たるにより家禄無けれハ永久たるへからす、予これを歎きて思止む時なし、是亡父神主の跡を存せんと欲する故なり、寶暦・明和の間、他家相續すへき事、両度有りといへとも、實父神主の遺跡を継まく存し各辭退して諾せす、明和二年二月六日、今在家町守屋徳大夫重相か女伊久女（寛保三年七月三日誕生せり、今年二十三歳）を迎へ妻とし、明和三年正月より安永八年六月迄の中、四男三女を生み、何くれ世事を執行へり、此中間、野後・礒部御宮・本宮御造替の雑事、専らこれを辨備し、明和五年九月伊雑宮神遷につき、父神主奉遷使たるの所、此月不快といへともこれをつとむへくせらるゝ間、介抱して勤仕せられぬ、同六年本宮正遷宮たるにつき、父神主・予（雅經）共に遷御供奉の用意をなし、束帯皆具・供奉人装束等、初夏より用物を調へけるか、五月廿七日父神主卒去、翌六月八日母死去にて、煩労・悲歎きハまりなし、父母の假服によりて遷宮供奉する事なく、件の官服空しく家に在りてその價を出し、御遷宮につき參宿料・装束料配當もなく、已に没家に及へき為レ躰なり、されとも従来病疾の外、父母の心を労せしめし事なし、心快き事譬に物なし、父の遺跡を継まく日夜思慮するに、己を達せんと欲せハ先人を達すへきなれハ、學問・書寫の暇隙にも寛やかに心得すして、守秀卿以来代々長官の家事を勤め、官事宮務を指揮し、其在状を家牒にしるして、後日の便にせんとし、且遠境往来度々たる上、守浮卿亭は中村に在るの間、日々通行路程・野外風雨出水の節、難渋せる事数をしらす、如レ斯労有れハ報有て、予（雅經）家貧く任料・用脚等心に任せすといへとも、安永二年十一月十三日正員禰宜に轉補しぬ、又安永七年殿舎末社造替修覆仕様内積帳算用ハ、予筆算を以勘定し心を盡しぬ、（略）殊延暦儀式ハ當宮の規範たる書なり、祠職の身としてこれを識得すんハ、いかてかその職を勤むるに堪んと、安永二年冬より同四年冬に至り、これを解して全部三十巻を編述し、又和文の事よく見明らめたくおもへとも便なし、明暦年中、水戸中納言光國（圀）卿古来の和文をあつめたまひ、これを扶桑拾葉集と名つけたまひ、全部三十五巻あり、得てよむにかにかくにもらされし事多かり、これ慶長治世後、間なけれハ事とゝのはす、よりてかゝるなるへし、恐あれとその考索のたらさるを補ひ、又光國卿[28]薨去の後、何くれ和文も出来にけれハ、これをもあつめいれてすへて八十巻とし、これを清波瀲集と號たりけり、又算術の事に闇く事々不便の間、藤波氏彦卿につきて算術を習ひ、乗除・立法・平法・差分・異乗・同除等の法以下諸術を習得たり（略）

と披瀝された[29]、経雅の前半生における学問修養のことを中心とする履歴に改めて注目し分析する必要があるのではないかと考えている。そこで右の履歴で語られている事柄を理解しやすくするために、経雅の学問や教養、また公私事の緊要事項を次表に纏めて提示することとする。

経雅の学歴表

	学問・教養及び公私事	師事者	年代・年齢等
1	手習・読書、孝経・論語等の経書学習	父神主	寛延元年・七歳
2	国歌詠習	鶴山和尚	寛延年中・七〜九歳
3	読書、国歌・連歌詠習	井面故守和卿	宝暦九年・一八歳
4	経書読習	高林舎人了浄	宝暦九年頃・一八歳頃
5	大病		三年間・一八〜二〇歳
6	遊学（江戸諸社・諸寺・古跡経歴、下野・常陸国風俗見聞）		自宝暦十二年七月・二一歳 至宝暦十三年五月・二二歳
7	算術習得（乗除・立法・平法・差分・異乗・同除等の法）	藤波氏彦卿	若年頃
8	守秀長官家の公用勤仕（主に遷宮雑事の沙汰、山田奉行所への言上、京都・江戸に神宮使として参向数十度）		明和年中・二三〜三〇歳
9	長官家の家事・官事・宮務を日録（後に『明和記』を編纂）		同右・同右
10	衣紋道の習得（束帯・衣冠以下の着法、闕腋帯剣の作法）	山科中納言頼言卿・山中玄蕃権助秀品	同右・於京都

11	国史・国歌・連歌・律令の学習	曽我部式部元寛・近藤斎宮孟彪・里村昌桂法眼・坂秋斎	同　右・於同　右
12	律令・国歌・詩文の学習	羽倉東蔵御風・楫取魚彦・須藤文治郎元昞	同　右・於　江　戸
13	他家相続の話を拒絶		宝暦・明和年間
14	守屋伊久子と結婚（明和三年正月より安永八年六月までに四男三女が誕生）		明和二年二月・二四歳
15	瀧原宮・同竝宮・伊雑宮遷宮奉仕		明和五年九月・二七歳
16	父母逝去の仮服のため遷宮奉仕できず（新中川家困窮）		明和六年九月・二八歳
17	守和・守浮長官家の公用勤仕（長官家の家事・官事・宮務等を指揮）		安永二年六月・三二歳以降
18	正員禰宜転補		同　右十一月・同　右
19	国学・国歌の修養（日本紀・続日本紀・万葉集・令義解熟読、古事記・日本紀・続日本紀以下・姓氏録・職原抄等校合）	谷川淡斎士清・本居春菴宣長	同　右以後・同右以後
20	神宮旧記・朝家の記録約四百巻を謄写		同　右・同　右
21	日々在状・諸神事・参勤の面々・勤仕作法を日録（後に『経雅記』として結実）		同　右・同　右
22	『大神宮儀式解』三十巻脱稿		安永四年閏十二月・三四歳
23	殿舎末社造替修覆仕様内積帳を算用		安永七年・三七歳
24	『清波瀲集』八十巻著述		寛政四年頃・五一歳頃

この表より看取されるのは、経雅が幼少期に受けた情操教育において、神宮祠官として必要な教養であった国歌や連歌の詠習を別にすれば、後年に名著『大神宮儀式解』三十巻が生み出されるに至るまでの彼の基層学問として当時、士分教育の主流であった儒学の存在、つまり経書の読習を見逃すことができないのではないだろうか。経雅に神宮祠官は士分格であるという自覚のあったことは、『慈裔真語』に、

8　一、人と生れたるうへハ、つねに篤慎を宗とし、不忠・不孝・不義なく世を經へし、これに逆ひ犯す時ハ天よりその犯せる人を罰せらるへし、常に日神・月神高天原に御照しまし〱せハ恐れよや〱、慎めや〱、その明々何物かこれをふせかん、その御霊の着き事ハ恐くも日火月水をうつし奉る、以て知るへし

68—①一、能く家を保ち父祖の業を継き子々孫々相傳て、其職を務め神事闕怠なく供奉するは忠孝の至りなり

（略）

400一、（略）祠官たるものハことに清浄を先とし、悪事に不レ觸、敬み慎み怠なく神事に供奉し、天津日嗣の長からん事と天か下の平に五くさの穀豊ならん事を祈り、且ハ己か身をそこなふ事なく子孫長久にして家名を失はさる事を計るへし、ゆめ忠と孝とを忘るゝ事なかれ

（傍点筆者付す）

と述べられ[30]、士道が最も尊んだ「忠孝」の精神を強調しており、また本書で、

226一、當地の族帯刀の事、禰宜以下神役人の外ハ是を許されす、天和三年将軍家の令に従ひ、御奉行所桑山下野守貞政朝臣、衣服帯刀の義御沙汰に及ひける時、長官より申上、年寄・師職人等神用を勤仕せしむへき由にて事故なく相済けり、為二後日一同十月、年寄惣代大黒民部・神楽大膳・十文字仙大夫より長官神主中へ申合の一紙差出せり、帯刀衣服御停止の日次記一帖あり、點検すへし、又當地のみならす二見御鹽殿神役人・瀧原竝二宮内人・伊雑宮宮人・他領所在摂社祝部・御園御厨預人等まて神職たるにより同帯刀の事同前なり

とあって、(31)神宮祠官は将軍家（山田奉行を通じて）より帯刀認可に預かっているとの主張が存し、実際に宮域外の祭典参向に臨んでは、

169 一、平日殊三遙宮・六月十五日贄海神事参向の時等、刀一腰身を放へからす（略）

との用心を、(32)子孫に教示していること等から明らかであろう。そして、その士分が尊んだ学問である儒学について、『慈裔真語』で、

68—②又神家に生るゝ族ハ（略）又讀書學文の次第ハ孝經・論語・禮記・左傳・毛詩・周禮・儀禮・周易・尚書をよみ習へし、御國の書を解了する便とすれハ古注の方然へきなり、次に古事記・日本書紀・代々國史・古語拾遺・律現存するは名例律・衛禁律・職制律・賊盗律なり、此外ハ當時闕たり、後々心懸け尋出すへし・令義解・同集解・弘仁式・儀式・延喜式・神宮の諸記文熟覧すへきなり、漢學ハ外國の道也、これを信して先とし國史及神宮の記文を不レ信か故に、次にするにハあらされとも、漢字を不レ知、字義を辨せされば諸書讀得かたし、但漢學は不レ為とも神宮の記文・律令ハ必讀へきなり（略）

219 一、我家の勤をもつとめ、又わか家の書をも見て、さて暇あらハ六經又ハ佛書をも見るへし、儒書・佛書ハよく近し譬《タトヘ》をとり、平日の事にちかくて身心をとゝのへ、修に便り近きものなり、故に此一冊子にも佛語・儒語等をも撰きらハす記したるなり

246 一、人と生れたる者、經書をよみ理を究されハ、五常にくらく家とゝのひかたし、但博く學はんとて、珍書を頻に求め、金銀多費し、家禄不相應の事をなし、乏しくなりたる人あり、笑ふへき事也、有ふれし記録・歌書・經書等にて事足ものなり

と訓育しており、[33]読書学文と人格形成の上で儒学を尊重する姿勢を経雅が有していたのは事実であろう。そして、この儒学の基本理念こそは「修身・斉家・治国・平天下」ということになろうが、「治国・平天下」については後述のこととして取り敢ず除外し、その「修身」と「斉家」、そして中西氏も『慈裔真語』の各条項を内容分類される際に採用された「祠官心得」の三つの大きな項目を掲げた上で、更に各項目をもう少し細分化して、筆者と『慈裔真語』の翻刻を担当した窪寺恭秀氏と共に、本書の訓戒全四百条を表形式で内容分類すると、次表のようになった。

I 修身	心理（含対人関係）	6・7・8・12・13・16・39・44・46・47・48・49・50・52・53・55・58・59・61・72・75・104・105・109・129・109・110・111・112・118・126・129・141・152・154・155・156・157・158・162・165・166・167・178・179・180・181・185・186・187・188・190・191・192・193・194・198・199・200・201・202・203・204・205・206・209・211・212・214・218・227・233・234・235・240・241・242・243・244・248・249・250・255・259・260・261・262・271・272・277・279・283・284・287・292・293・295・297・298・299・300・305・310・312・318・319・320・321・326・327・330・334・336・343・349・350・351・353・355・356・357・358・361・362・363・364・365・366・370・371・372・373・374・375・377・378・379・380・381・382・384・385・386・387・390・391・392・394・397・398・399
	学問・教養	56・68―②・78・115・131・148・161・163・170・172・182・215・219・245・246・247・314・315・348・389
	処世	9・60・62・69・84・91・113・150・184・189・208・230・238・254・256・257・263・264・268・280・282・285・288・289・291・294・296・309・313・317・325・342・347・393・396
	朋友	92・128
	保養	33・34・101・151・231・267・311・338・369・376
	経済	171・229・232・290・346・352・367・388

Ⅱ 斉家	心理	32・35・57・125・127・149・153・168・177・239・251・269・270・306・333・337・340・341・345・383・395・
	祖先	29・37・54・79・82・85・87・107・147・273・274・
	子孫	45・71・99・103・119・120・121・122・207・228・276・278・304・331・332・339・354・359・
	夫婦	70・89・90・102・116・117・183・195・301・302・307・308・
	親族	100・114・123・266・303・316・
	保養	73
	経済	67・94・108・124・130・164・252・253・265・275・335・368・
	履歴	30・106・173
Ⅲ 祠官心得	禰宜	1・2・3・4・5・14・15・18・19・22・23・25・31・36・38・40・41・42・68―①・77・86・93・97・98・135・137・143・146・169・174・175・176・196・213・217・226・281・400
	祭祀	26・27・74・76・80・132・136・159
	経営	21・95・96・134・138・139・140・142・144・145・197・220・221・222・223・224・225・322・323・324・328・
	禁忌	10・11・17・20・24・28・43・51・63・64・65・66・81・83・88・133・160・210・216・236・237・329・344・360・

この表より看み取れることは、先述の中西氏の指摘にもあった通り、本書本文の構成は、最初と最後の条項が祠官心得の禰宜についての訓戒で共鳴しあうような配慮も確かに施されているが、内容分類における各条項の順序や配列、また先にも引用した前文の「故に俗言鄙語をも撰はす、又いひても〳〵いひたらねは、贅文重複所々にあり、これよ□□《（まんか）》子孫等文辞のつたなきをなあさけりわらひそ」という言葉からも窺われるように、経雅の子孫に対する想いの丈が逆ってのことか、全体的には思い付くままに訓戒を書き連ねたのが実情であったと思われ、再三の推敲と加筆とが行われたものの、各条項の順序や配列を整理し直して浄書しなかったのも、本書は他

門の閲覧を一切許さない、いわば子孫のためだけに著された書であるが故に、経雅が浄書の必要性を感じていなかったからではないだろうか。このことは経雅の数ある著作の中でまさしく私的な面を代表するのが『慈裔真語』であり、また公的な面を代表するのが畢生の研究『大神宮儀式解』であったことを暗示しているとも捉えられよう。

四　『慈裔真語』の執筆理念と儒学

『慈裔真語』は全体的には思い付くままに訓戒を書き連ねたのが実情であったと考えれるが、各条項の底流には終始一貫した経雅の執筆理念が淀むことなく流れていたと思考される。即ち、その執筆理念とは、先の表の内容分類項目が示す如く、儒学の基本理念であった「修身・斉家・治国・平天下」というものではなかったかと思慮される。そして、この基本理念を経雅及びその子孫たちに充当すると、修身（＝経雅と子孫たち）・斉家（＝新中川家）・治国（＝神宮）・平天下（＝皇室及び徳川将軍家）となるのではなかろうか。この内の修身（＝経雅と子孫たち）と斉家（＝新中川家）に関しては、先の表の分類項目である「Ⅰ修身」「Ⅱ斉家」と一致すると共に、その訓戒条項の多さからここで改めて論ずる必要はないと判断される。しかし、その分類項目のあと一つの項目である「Ⅲ祠官心得」と、先に論じるのを除外した治国（＝神宮）・平天下（＝皇室及び徳川将軍家）との関係はどのように解せば良いのだろうか。

結論からいえば、祠官心得の中に、この治国（＝神宮）と平天下（＝皇室及び徳川将軍家）とは含まれると解して良いと考えられる。なぜならば神宮祠官、それも経雅の家職である禰宜職が皇大神宮御鎮座以来有する二大職務は、〝神宮の経営〟と〝祭祀の厳修〟ということに尽きるからである。この内の一つである神宮の経営につい

ては、『慈裔真語』祠官心得の経営項目に分類された条項に、

138 一、神宮家の族ハ神鳳抄・神領目録をはしめ古来神戸・御厨・御薗等の事跡覚悟すへきなり、又當時所知神領斎宮・上野・平尾・竹川・有爾中村等の五ケ村并野後里村・岩内村・田宮寺村・佐八村将軍家の御朱印高覚悟すへし、又件の村々石高并免割以下の事相糺して覚悟専要也、延享二年四月、神領持高帳を點検し置へし、面々収納勘定目録、庄屋・百姓等差出せる時、覚悟無くてハ糺明しかたし、殊勘定失錯度々ありて改しむる事あり、其儘に通行後々に至り存誤りて納米の員数を減し、或他家に収納せし事とも有りて、予雅經度々糺明して舊のことくせし事あり、又年々百姓等所レ送の米麁悪せしむへからす、四斗俵一表此升数、例升四斗二升あるへし、よく計とるへし、貫目を以納る時ハ十七貫目たるへし、又右米を送る時受取書を相渡せり、此書付年號を書へし、月日計にて遣し、又ハ支干のみに而後々まぎれたる事あり、よく〳〵計へし、殊禰宜中職田の事、卒闕せし人の収納せしを、其替として補したる禰宜受續て収納せしむるなり、當時八員の職田存在但有レ差一員ハ大土社の東、字ハ鷹依の神田、一宇田村・鹿海村・楠部村在住の者作れり、其粗(租)米を上らしめ、これを収納し一員ハ一向沙汰に及ハす、是又折々心を付絶行さる様心得へし、又杉谷米の事、藤波・澤田の両家より受取方心得置へし、濃州安八郡神税・大和宇陀郡神末村以下、大淀・大乃木等を始、所々神税米進納の事、常に覚悟すへし、又百姓の訴訟及願筋あらハ早く糺明すへし、年月を経るハ百姓の難渋・村里の失却多くて不慈の至なり

と見られ(34)、神宮経済の基盤である神戸をはじめ御厨や御薗、神領に関する将軍家の御朱印高、禰宜職の職田や各地より進納される神税米等を子孫によく把握し認識しておくよう訓戒しているのは、何よりも禰宜が神宮の経営

に携わる主体者であったことを表わしている。(35) そして、その経営に携わる禰宜職を輩出する神宮家には、同書同項目に含まれた条項に、

134 一、宮中宿館邊の事ハ長官神主其事を知れるなり、年寄會合の沙汰にあらす、代々長官宮奉行役申付之時、御定書に明白たり、又正保四年十月十二日、御奉行石川大隅守政次朝臣書付、元禄元年十二月十八日、御奉行岡邊駿河守勝重朝臣定書、享保八年九月、御奉行渡邊下総守輝朝臣定書、享保十一年正月、御奉行渡邊下総守輝朝臣定書、元文四年九月十三日、御奉行加藤飛騨守明雅朝臣書付等明白成ものなり、寶暦九年壬七月、宮中にて怪我人有の時、又同十年七月廿三日、宮中雷火の時、又明和三年正月廿二日、宮中枝折人打れて死去の時、又安永七年十二月十七日、十守諸神主斎館出火騒働の各時、年寄會合所より何くれ繋関し、その事を沙汰すへき由あれとも貪着に及はす、長官家より直に御奉行所へ言上して取計けり

197 一、諸國御免勧化の事、両大神領ハその沙汰に及はす、近くハ明和元年八月三日、御奉行所にて河州誉田八幡堂社修復諸國御免勧化のよし、両宮ニも御沙汰といへとも、同四年、両神宮より御断書付差上及断相計けり、其外所々勧化も皆かくのことし、両宮内ハ毎度断を申せる例なり

220 一、當地年寄會合所・町々月行事より時々相集る宮川船渡賃、前々より神宮家の方不レ出レ之、延寶四年十二月廿六日、年寄惣中より内宮家司大夫に手形あり、此時銀札五百文目合力し畢ぬ、仍て示し不レ出レ之、又家々間別・年中定例并臨時年寄會合所役人入用油銭・諸向諸貫銭、神宮家・玉串・公文・政所・家司等の家々にかけて取れる事なく、且以かゝる類、神宮家の分往昔より出せる事なし、但館町・河原町両町之油銭、神宮家壱箇年各拾弐匁、今在家町にハ一向不レ貫レ之、中之切町油銭、神宮家壱箇

年各五匁、浦田町神宮ハ藤波二氏倫卿家・同云（ママ）氏式神主家両家のみにて其餘不レ出レ之、下郷神宮家各不レ出レ之、明和七年、當地師職人馬賃一件、中之切町山本大夫末延神主と當地年寄と争論有レ之、同し年九月、各江戸御評定所に參向の間、件用脚町々にかけ集し時、師職人に抱りつる事なれハ、神宮家にも懸くへき由、沙汰しけれ共改て申越さす、又牛谷坂東火見櫓造立入用・同番人賃銭等當地一統の事なれハ、神宮家にも用銀出さしむへき由にて、終に異論の所、神宮家申條相立、神宮家よりハこれを出さす、寶暦四年正月、御奉行所定書明白たるもの也

225 一、近世正員神主等一己の争論等有て、年寄評儀するの時、正員神主ハ名代を出せり、自身出へき由猥なる計ひハ禁せらるゝ所なり、寛延三年、亡父神主本家中川と争論の時、自身應対にあらされハ其事糺しかたき由にて、御奉行所伺の上、九月廿七日、明王院座敷にて、年寄等亡父神主と対話す、訴訟人のことくならす、座敷にて対話のみなり、寛延三年九月晦日、御奉行所堀伊賀守利庸朝臣長官家に渡し置るゝ状あり、正神主の身分ハ外の訴訟人のことく月行事差添もなく、會合におゐても外の訴訟人并にいたさす、座敷にて対談すへし、すへて如レ此様の時、年寄自己に計ふへからす、御役所より其時々御沙汰あるへき由なり、然るに寛政二戌冬より公義御改正有二両宮一、宮司・正禰宜・慶光院・金剛證寺八年寄・三方の拘りなく、直に御奉行所へ訴訟する事に改られたり

とあるように、[36]宇治会合衆の自治組織とは一線を画した、宮域内における管轄専有権や訴訟問題における優遇処置、課税免除のこと等が認可されており、神宮家には特別な地位の保障が、徳川将軍家より山田奉行を介して与えられていたのである。これは徳川将軍家の幕藩体制下における神宮が、山田奉行の管理下にありながら、一種治外法権的な独立権を有する、特殊な例ではあるが、一つの国や藩に相当していたといっても差し支えあるま

い。

このことが是認されるならば、神宮の経営に携わることは、即ち儒学の基本理念の一つである治国に繋がるものであったといえよう。その治国、つまり神宮の経営の中でも、とりわけ祭祀の厳修には欠かすことができない祭典御料の供給源である御料地について、経雅は同書同分類項目に該当の条項で、

139 一、當國ハ勿論、遠近國々に古来散在の神戸・御厨・御薗等を始、殊志摩國嶋々貢物・例進の品々、常々覚悟すへし、殊國崎神戸は肝要の供進物也、舊例検知し元文願の事とも考置へし、又神事所用の土器ハ有爾郷より調進す、料田公義の御朱印あり、三祭節日調進の員数、土器小数帳相違なき様常に心を用へし

と、[37] 特に重要視し常々より心懸けておくよう教示しているのは注目に値しよう。そして、皇大御神の御前で取り計られる諸事や神事を勤める際には、同書祠官心得の禰宜項目にあたる条項で、

93 一、神地にて諸人と相交れる禮節・作法・進退等先規の通たるへし、但平日雑事・私用の往対ハ強て心を用へからす、皇大御神の御前、又ハ諸神事等を勤むる時、或ハ表向立ならへる時ハ、些少の事たりとも朝制・先規・位階及御朱印に載らるゝ序次・次第等を守るへし、御宮の御威光・恩澤にて神境の諸人生命を保んする也、その御前にて取計へる事々ハ私の事ならす、されハ此所を以主と守るへき也

と訓示しているように、[38] 経雅にとって私事は一切なく全て公事であると認識していたことが理解できる。このような経雅の認識というものに、治国からやがて平天下へと進展する高い意識を見出すことが可能ではなかろう

か。それから、先に挙げた禰宜の二大職務のもう一方の祭祀の厳修に関しては、経雅は同書同項目に該当した条項で、

1 一、御國に生れたる人誰か皇大神を始奉り大朝廷を仰き奉らさらん、各御蔭によりて生を保ち居を安す、殊に禰宜等ハ　寶祚長久・天下泰平を祈れる職なり、彌神事參勤怠たりあるへからす、皇大神と大朝庭の恩頼により國平らかに萬民安堵のおもひをなすなり、朝夕　寶祚の長栄を祈り奉るへし

2 一、大神宮の正権禰宜は皇家清撰の器なり、　寶祚の長久を祝し、皇子達の栄光・百官平安・四海安穏・五穀豐饒を祈り、諸神事・恒例・臨時御祈怠なく仕奉れる事、禰宜當然の務なり、若これを怠らハ早く家系を擯抜すへし、神地に生れ父祖相承の職に補し、かゝる任あるゆゑに人敬して禮を正しくす、神事・御祈・神宮の御用ハいふに及はす、家事をよくつとめ怠慢を致すへからす、遠祖天見通命より今の世に至り系統連綿して、生命を安んし卑事をも務めさるハ、寔に　皇大神の恩澤・祖先創業の厚徳なり、大凡人たる者位職禄のみを備ふるを貴としとす、禰宜職に任し、位階を申、職田及野後村等の禄地を給へり、この三つを備ふる事大なる幸ならすや、行住座臥猥に心得ましきなり、諸神事・旬日參拝・勤番等式の如く、斎館に候し、不浄に不レ觸、殺生を禁すへし、自餘進退心を用ひ忌慎へきなり、又年中式日神事作法、古老に尋ね記録を検へ識得すへし、正員禰宜に轉補せすとも祠官の身としてハ、諸神事各覚悟すへき也、権禰宜補任後ハ神事參拝してよく検知し置へし

と記し、[39] 禰宜職の使命は、宝祚の長久を祝し皇子達の栄光と百官の平安、四海の安穏と五穀の豊饒を祈ること、即ち皇室の弥栄と天下の泰平を祈念することに尽きることを力説する。この祈念こそが、『慈裔真語』短歌部の

最終歌である、

短歌49　禰宜職ハ君の八千代と天か下のしつかなるとを禰き祈るのみ

との歌が(40)象徴するように、神宮祠官にとって儒学で説くところの平天下となることが察せられる。そして、経雅のこのような平天下の考え方には、もちろん皇室の御安泰を祈念するのが第一義であるものの、併せて当時、政権を担当していた徳川将軍家の武運長久も祈願するということが見受けられる。つまり経雅は『儀式解』巻第二十一「供奉御幣帛本記」項で、私幣禁断の制と徳川将軍家の幣物献上について、

皇國《ミクニ》の意を以ていはゞ、今の世のごとく上一人より下庶民にいたるまで、貴賤となく奉幣参拝するぞ、かへりて大御神の御心には叶ふべく覚ゆ、然《サレ》ども一度朝廷の制《サダメ》あるうへは、其ノ制を守るべきは勿論にて、それに背《ソム》くは非礼なれども、既に数百年来その制やぶれ来れども、更に上よりこれをとがめたまふ事も無く、天下一同のならひとなりぬれば、今更これを私に制《トヾ》むべきにもあらず、かくのごときならひになりぬるも、もと大御神の御心より出たるも知難し、今ノ時は天下こと〴〵く大将軍の制令にしたがふ、其ノ大将軍よりも毎年幣物を奉らるゝなり、大将軍の制令は即チ天皇の御政なれば、これに背きて私の奉幣を非とせんは、中々に皇朝の政に背く理なりといへり。

と論じ(41)、将軍家の制令は、即ち天皇の御政であるとの解釈論を展開し、また『慈裔真語』祠官心得の禰宜項目に相当する左の条項には、

3 一、祠官たるもの正遷宮・臨時遷宮等の例、進退前後、造料等之事、時々心を用考置へし、又犬狩・木曳ハ家司禰宜廳裁の文を二郷年寄に執達の状あり、例式古にしたかふへし、次朝家の憲章・定式・将軍家の法度・寛文條目等、よく検知しよく守るへし、此時前々年寄へも條目を下さる、堅これを守るへし

（略）

18 一、當宮祠官たるもの式年正遷宮の雑事・儀式及神寶裝束等舊例を守り執行ひ、毛頭麁末あるへからす、寛文将軍家御條目の旨堅守るへし（略）

（傍点筆者付す）

とあって、[42] 朝家の憲章・定式と共に将軍家の法度を取り上げ、わけても「寛文の御條目」を尊ぶことは神宮祠官として大切であることを主張している。更に同書祠官心得の祭祀項目に分類される条項では、

136 一、常に将軍家の武運長久を祈り奉るへし、亂臣國に満ち、世亂れて人の物を盗といへとも糺せる人なく、父祖を殺すといへとも罪する事なく、有らは然こそ、常に心安からすくるしかるへし、然る非道を為す族を殺罰し給ふ故に、今萬民安堵の思ひを為すなり、其恩澤を忘るゝ事なかれ

と記して、[43] 将軍家の武運長久を祈ることが平天下に繋がることを主張するのであった。[44] 以上のことから考察すると、『慈裔真語』の執筆理念は、まさしく儒学の基本理念であった「修身・斉家・治国・平天下」であって、それを経雅及びその子孫たちに充当するならば、修身（＝経雅と子孫たち）・斉家（＝新中川家）・治国（＝神宮）・平天下（＝皇室及び徳川将軍家）となることが判明したと思われる。

ところで、経雅の師友であった本居宣長は、紀伊藩主徳川治貞が天明年間のあいつぐ凶作・物価高騰・米騒動等の非常に不安定な社会情勢に鑑み広く領内から治道・経世上の意見を徴するにあたり、天明七年（一八五一）十二月、治貞に献上した『秘本玉くしげ』において、

> 凡そ天下の大名たちの、朝廷を深く畏れ厚く崇敬し奉り給ふべき筋は、公儀の御定めの通りを守り給ふ御事勿論也、然るに　朝廷は今は、天下の御政をきこしめすことなく、おのづから世間に遠くましますが故に、誰も心には尊き御事は存じながらも、事にふれて自然と敬畏のすぢなほざりなる事もなきにあらず、抑本朝の　朝廷は、神代の初メより、殊なる御子細ましまます御事にて、異國の王の比類にあらず、下萬民に至るまで、格別に有がたき道理あり、此事別巻に委く申せるが如し、されば一國一郡をも治め給はむ御方々は、殊さらに此子細を御心にしめて、忘れ給ふまじき御事也、是即　大將軍家への第一の御忠勤也、いかにと申すに、まづ　大將軍と申奉るは、天下に　朝廷を軽しめ奉る者を、征伐せさせ給ふ御職にまし〳〵て、これぞ　東照神《アヅマテルミ》御祖《オヤノ》命の御成業の大義なれば也、さて又御武運長久、御領内上下安静、五穀豊登の御祈祷にも、これに過たる御事あるべからず、その子細は、朝廷を畏れ尊み奉り給ふは、天照大御神の大御心に叶ひ給ふ御事にて、天神地祇の御加護厚かるべければなり、世間の学者たゞ漢流の道理をのみ説て、此子細をしらざるが故に、今ことさらに顕はし申す也、かの　水戸西山公の、格別に此御志シ厚かりし御事、大日本史を修撰し給へる御趣など、道の大本を辨へ給へるほど、まことに有がたき御心ばへなり、そも〳〵御子孫の中に、かばかり明良なる殿の出給へりしも、ひとへに　神御祖ノ命の御盛徳の余烈、天照大御神の御はからひと、かへす〴〵たふとく有がたき御事也、（略）
>
> （傍点筆者付す）

と論じ(45)、或いは右史料中にも記載されている別巻の『玉くしげ』には、

そも〱かの足利家《アシカガケ》の末《スエ》つかたの世は、前代未曾有《ゼンダイミゾウウ》の有リさまにて、天下は常闇《トコヤミ》に異《コト》ならず、萬ヅの事、此時に至て、こと〲く衰敗《スヰハイ》して、まことに壊乱《クワイラン》の至極《シゴク》なりき、然るところに、織田《オダ》豊臣《トヨトミ》の二將《ニシャウ》出《イデ》たまひて、乱逆《ランゲキ》をしづめ、朝廷《テウテイ》を以直《モテナホ》し奉り尊敬《ソンキヤウ》し給ひて、世ノ中やうやく治平《チヘイ》におもむきしが、其後つひに又、今のごとくに天下よく治《ヲサ》まりて、古ヘにもたぐひまれなるまで、めでたき御代に立かへり、栄《サカ》ゆることは、ひとへにこれ東照神御祖命《アヅマテルカムミオヤノミコト》の御勲功御盛徳《ゴクンコウゴセイトク》によれる物にして、その御勲功御盛徳《ゴクンコウゴセイトク》と申すは、まづ第一に朝廷《テウテイ》のいたく衰《オトロ》へさせ給へるを、かの二將《ニシャウ》の跡《アト》によりて、猶次第《シダイ》に再興《サイコウ》し奉らせ給ひ、いよ〱ます〱御崇敬厚《ゴスウキヤウアツ》くして、つぎ〱に諸士萬民《ショシバンミン》を撫治《ナデヲサ》めさせたまへる、これなり、此御盛業《ゴセイゲフ》、自然《シゼン》とまことの道にかなはせ給ひ、天照大御神の大御心《オホミココロ》にかなはせたまひて、天神地祇《アマツカミクニツカミ》も御加護厚《カゴアツ》きが故に、かくのごとく御代はめでたく治《ヲサ》まれるなり、かやうに申シ奉るは、たゞ時世《ジセイ》にへつらひて、仮令《ケリヤウ》に申シ奉るにはあらず、現《ゲン》に御武運隆盛《ゴブウンリウセイ》にして、天下久しく太平《タイヘイ》なることは、申すに及ばず、又前代《ゼンダイ》にはいまだ嘗《カツ》てあらざりし、めでたき事どもも、数々《カズカズ》此ノ御代より起《オコ》れるなど、彼此《カレコレ》を以て、その然ることをしればなり、惣じて武將《ブシャウ》の御政《マツリゴト》は、かの北條足利《ホウデウアシカガ》などの如くに、大本《タイホン》の朝廷《テウテイ》を重《オモ》んじ奉ることの闕《カケ》ては、たとひいかほどに仁徳《ジントク》を施《ホドコ》し、諸士《ショシ》をよくなつけ、萬民《バンミン》をよく撫《ナデ》給ひても、みなこれ私《ワタクシ》のための智術《チジュツ》にして、道にかなはず、これ本朝《ホンテウ》は、異國《イコク》とは、その根本《コンホン》の大に異《コト》なるところなり、（略）さて今の御代《ミヨ》と申すは、まづ天照大御神《アマテラスオホミカミ》の御はからひ、朝廷《テウテイ》の御任《ミヨサシ》によりて、東照神御祖命《アヅマテルカムミオヤノミコト》より御つぎ〱、大將軍家《ダイシャウグンケ》の、天下の御政《ミマツリゴト》をば、敷行《シキオコナ》はせ給ふ御世にして、その御政を、又一國一郡と分《ワケ》て、御大名《ダイミヤウ》たち各《オノオノ》これを預《アヅ》かり行《オコナ》ひたまふ御事なれば、其御領内《ゴリヤウナイ》〱の民《タミ》も、全《マツタ》く私《ワタクシ》の民《タミ》にはあらず、國も私シの國にはあらず、

天下の民《タミ》は、みな當時《タウジ》これを、東照神御祖命《アヅマテルカムミオヤノミコト》御代々の大將軍家《ダイシヤウグンケ》へ、天照大御神の預《アヅ》けさせ給へる御《オン》民《タミ》なり、國も又天照大御神の預《アヅ》けさせ給へる御國《オンクニ》なり、然ればかの神御祖命《カムミオヤノミコト》の御定《オンサダ》め、御代々の大將軍家の御掟《オンオキテ》は、すなはちこれ天照大御神の御定御掟《オンサダメオンオキテ》なれば、殊に大切《タイセツ》に思召シて、此ノ御定メ御掟テを、背《ソム》かじ頽《クヅ》さじとよく守《マモ》りたまひ、又其國々の政事《セイジ》は、天照大御神より、次第に預《アヅ》かりたまへる國政《コクセイ》なれば、随分大切《ズヰブンタイセツ》に執行《トリオコナ》ひ給ふべく、民《タミ》は天照大御神より、預《アヅ》かり奉れる御民《オンタミ》ぞといふことを、忘《ワス》れたまはずして、これ又殊に大切《タイセツ》におぼしめして、はぐゝみ撫《ナデ》給ふべき事、御大名《ダイミヤウ》の肝要《カンエウ》なれば、下々《シモジモ》の事執行《トリオコナ》ふ人々にも、此旨《コノムネ》をよく示《シメ》しおき給ひて、心得違《ココロエタガ》へなきやうに、常々《ツネヅネ》御心を付らるべき御事なり、

と述べている。(46) 経雅は神宮祠官、宣長は医者という生業は違うものの、宣長が学問の道しるべを弟子に明示すべく執筆、寛政十一年（一七九八）五月に刊行された『うひ山ぶみ』で、

さてその主としてよるべきすぢは、何れぞといへば、道の学問なり、そも〱此道は、天照大御神の道にして、天皇の天下をしろしめす道、四海萬國にゆきわたりたる、まことの道なるが、ひとり皇國に伝はれるを、其道は、いかなるさまの道ぞといふに、此道は、古事記書紀の二典に記されたる、神代上代の、もろ〱の事蹟のうへに備はりたり、此二典の上代の巻々を、くりかへし〱よくよみ見るべし、

と論説した、(47)「道の学問」という立場からは、まさしく経雅と宣長とは、わが国の独自性を十分に鑑み主張しながら儒学で説く治国・平天下という基本理念における思考には、同趣のもののあることが是認されるのは甚だ興味深いことではないだろうか。

五　おわりに

中川経雅著『慈裔真語』について、先学の池山聡助氏・中西正幸氏・宇仁一彦氏の優れた論考に導かれつつ種々考察を行ってきたが、本稿においては、概ね次の三点が明らかになったものと思われる。

1、『慈裔真語』の成立については、大きく二回の時期にわけて執筆と推敲、加筆が執り行われて現在見られる形になったと考えられ、その第一期は先学の指摘通りの天明五・六年（経雅四十四・四十五歳）の時であり、その第二期は寛政三年（経雅五十歳）を少しく過ぎた頃に執筆されたと見られ、その後、本書が稿本のまま浄書されなかったのは、経雅自身がその必要性を感じていなかったからに他ならないこと。このことは経雅の数ある著作の中で私的な面を代表するのが『慈裔真語』であり、公的な面を代表するのが畢生の研究『大神宮儀式解』であることを暗示しているとも捉えられたこと。

2、経雅の『慈裔真語』執筆の具体的な動機については、人生最大のクライマックスである終焉の時にあたり、心安らかな死を迎える平日の用意として、予め遺言集を作成しておく必要性を、経雅が常々抱いていたことに求められ、その遺言集である本書に込められた経雅の想いや祈りというのは、子息の経綸や守名・察経等をはじめとした次世代の子孫たちに向って、皇大神宮禰宜を輩出することができる名門、神宮家の一翼を担う中川家、それも経雅が敬愛して止まなかった亡父神主が興した新中川家の永遠なる存続と繁栄とをはかるべく、家職である禰宜職に全身全霊をかけて日々精励することを何よりも望むものであったと思考されたこと。

3、『慈裔真語』本文の構成は、先学の主張通り、最初と最後の条項が祠官心得の禰宜についての訓戒で共鳴しあうような配慮も施されているが、全体的には思い付くままに訓戒を書き連ねたのが実情であった。しかし本書の底流に流れる経雅の執筆理念については終始一貫したものがあり、それこそは士道で重んじられた儒学の基本理念であった「修身・斉家・治国・平天下」と考えられ、これを経雅自身に充当すると、修身（＝経雅と子孫たち）・斉家（＝新中川家）・治国（＝神宮）・平天下（＝皇室及び徳川将軍家）となると考察されたこと。

註

（1）「中川経雅卿編著解題」（増補大神宮叢書『大神宮儀式解後篇　外宮儀式解』「大神宮儀式解附録」所収、二二一頁）。この解題と「大神宮儀式解附録」に収載されている「中川経雅卿傳」とを執筆されたのは、おそらく池山聡助氏であろう。同氏には「本居宣長翁と中川経雅卿」（『皇学』第三巻第二号所収、後『神道古典の研究』に収載）という優れた論考があるが、「中川経雅卿傳」と共に経雅研究には必読のものであって、経雅の本格的な研究は池山氏によって始められたといっても良いと見られる。

（2）中西正幸氏「神家の明訓」（『神道宗教』第二〇〇号所収）。

（3）元神宮禰宜・宇仁一彦氏は「大神宮儀式解の著者荒木田経雅神主を偲ぶ—百五十年祭に際して—」において、
神主が四十四五歳頃に子孫に与えるために書かれ、晩年にも加筆せられている「慈裔真語」は、墨付百廿四枚美濃紙に記され、いま神宮文庫に蔵せられているが、全く神主の体験から出た言葉である。神宮祠官としての奉仕心得、作法は勿論、子女の教育法より処世訓に至るまで微に入り細を穿ち、江戸時代後期の神宮祠官の内情や神都の風俗を窺うべき興味ある資料をも含んでいる。世間人情の機微があまりにも素直に表明せられていて時に疎ましく、また老の繰り言と感ぜられる節も無しとはしないが、子孫の為に肺肝を吐露して偽らず飾らぬところに神主の人と為りを見るべきであろう。社家庭訓の雄なるものと思う。（『瑞垣』第二〇号所収、三六頁。）

と述べられ、経雅研究に『慈裔真語』が欠かせない存在であることを示唆されている。

（4）皇學館大学創立百三十周年・再興五十周年記念『荒木田経雅著作撰集』所収、一二七五頁〜一三八二頁。

（5）同右書所収、一二七五頁。

（6）註（1）に同じ。

（7）註（2）に同じ。

（8）『荒木田経雅著作撰集』所収、一三二一頁。

（9）同右書所収、同右頁。

（10）同右書所収、一二八一頁。

（11）同右書所収、同右頁。

（12）同右書所収、一三七三頁。

（13）同右書所収、一三二一・一三二六頁。

（14）同右書所収、一二七九頁。

（15）同右書所収、一三一七頁。

（16）『神宮編年記』「経高記」寛政元年九月二日条記載の「皇大神宮御遷宮勤行状」（神宮文庫所蔵、第一門第一五九一三号）参照。また、経雅は寛政遷宮奉仕の祝意を込めて、子息の経綸と朋友の岩井田尚友と共に詠歌していることが『清渚集』（神宮文庫所蔵、第三門第一四八八号）に、

寛政元年九月大神の御形新宮にうつし奉りつる時、
社頭祝歌といふ事をおの〳〵よみ侍ける時

しつかなる代のためしにときくに猶あふく神道の山のまつかせ　経雅
神垣にかけしかゝみのくもりなき君か八千代といのるたのしさ　経綸
うつります神のみゆきをみもすそやかはらぬ御代のためしとそしる　尚友

（同集四十七冊目六十五丁表・裏収載）

と記載されている。因みに経雅の右の一首は俳祖、荒木田（薗田）守武辞世の「神ぢ山こしかた行衛ながむれば峰の松風〳〵」という短歌を想起させるものがある。

(17) 註（1）（2）に同じ。
(18) 『荒木田経雅著作撰集』所収、一二七八・一二八七頁。
(19) 同右書所収、一三〇〇・一三〇一頁。
(20) 同右書所収、一二八五頁。
(21) 同右書所収、一三一四〜一三一七頁。
(22) 同右書所収、一三四六頁。
(23) 同右書所収、一二八八・一三一二頁。
(24) 同右書所収、一二九八頁。
(25) 同右書所収、一三〇一頁。
(26) 同右書所収、一二八九頁。
(27) 同右書所収、一三七五頁。
(28) 註（2）に同じ。
(29) 『荒木田経雅著作撰集』所収、一三一四〜一三一九頁。
(30) 同右書所収、一二七七・一二八九・一三七五頁。
(31) 同右書所収、一三三四頁。
(32) 同右書所収、一三一三頁。
(33) 同右書所収、一二八九・一二九〇・一三三二・一三四〇頁。
(34) 同右書所収、一三〇五・一三〇六頁。
(35) 神宮の経営に携わる主体者として禰宜には、経雅が『慈裔真語』で、

131　一、算術の事、算經孫子・五曹等を見るへし、乗除或ハ立法・平法・異乗・同除をはしめ通例の義習ふへし、但強て深く心を用ゆへからす、予若年の時、藤波一氏彦卿に筆算を受傳え《（へ）》たる、依て安永年中、宮中殿舎・末社御修復の時、仕様入用帳ハ予筆算を用ひて、同四年十二月三日より閏十二月廿日迄の間、これを算して御奉行所に伺ひ、同五年七月廿四日、認上るの所、十一月十三日、入札申付られ、同七年六月十九日、願の旨仰付られ、十一月四日、造畢の旨申觸けり、氏彦卿ハ時々算術問題を出され予か術意を試らるゝ間、大に心を盡しぬ、甚煩労多きものなり　（『荒木田経雅著作撰集』所収、一三〇三頁。）

と算術の基本だけは習得するよう子孫に諭していることからすると、財務上の基礎知識は必要不可欠であったことが窺われる。

(36)『荒木田経雅著作撰集』所収、一三〇四・一三二七・一三三二～一三三四頁。
(37) 同右書所収、一三〇六頁。
(38) 同右書所収、一二九五頁。
(39) 同右書所収、一二七五・一二七六頁。
(40) 同右書所収、一三七八頁。
(41)『大神宮儀式解後篇　外宮儀式解』所収、七七頁。
(42)『荒木田経雅著作撰集』所収、一二七六・一二七九頁。
(43) 同右書所収、一三〇五頁。
(44) 皇室と徳川将軍家の安泰が平天下と同一のものであるとする、経雅の姿勢は、

223　一、禁裏獻物等之事、麁抹無レ之様取計ふへし、其人にあらされハ獻物ハ禁せらるゝ事也、よく思ふへし、傳奏・女官・祭主以下等への書状、先例を違へからす、又将軍家獻物同麁末すへからす、長官神主より寺社奉行に進する書状、先規を守るへし、非格の輩ハ書状を呈する事あたはす、當地年寄・山田三方獻物ありといへとも書状を奉る事あたハす

365　一、禁裏、次将軍家凶事之時、天下鳴物・音曲停止慎候節、出火等有レ之時ハ、其咎常よりも重し、天明六年

十月六日夜、宇治郷中村河井出雲範躬神主家来・同村上村世古久左衛門出火家焼亡、此時其咎常よりも重
し、三十日迫塞なり　（『荒木田経雅著作撰集』所収、一三三三・一三六七頁。）

とある『慈裔真語』の子孫への訓戒によっても明白であろう。

(45) 筑摩書房版『本居宣長全集』第八巻所収、三六六・三六七頁。
(46) 同右書所収、三一七〜三一九頁。
(47) 筑摩書房版『本居宣長全集』第一巻所収、五頁。

経雅と宣長は同じ道の学問を志し、経雅は『儀式解』を、宣長は『古事記傳』を、それぞれ完成させるという快挙を成し遂げたが、両者が学問をはじめるにあたり肝要事項の一つとして掲げたのは、師をよく選んでから師事することであった。つまり、経雅は『慈裔真語』の中で、

172　一、惣て物を習ひ得へき時ハ師を立て學ひ習ふへし、但その功を速に見んと思ふへからす、心長く不レ可レ怠、唐子西か古硯銘にいへる旨よくよみ味へし、師ハ擇ふへきものなり、短才・無力の人を師とする時ハ労して功なし、さて師を求め切磋琢磨の功をつむへし、文學・藝術壱弐ケ月、或壱弐ケ年習ひてその事を廃し、所詮此術ハ遂る事を得へからす迚、又他事に轉し習へる人あり、生涯何れのわさも修し難く至愚といふへき也、何れの事をも習ひかゝらハ不レ廃こと専要たるへし、愚人ハ事々識者に尋へきを耻思ひて問ふ事なし、仍終に不レ知して身を終ふ、下學して上達すとあるをよく思ふへし、下問を耻る事なかれ、何くれする中年長し悔て益なし、沈休文か長行歌に、百川東シテ到レル海、何ノ時復タ西ニ皈ラン、少壮不ニ努力一セ、老大徒ニ傷悲といへり

314　一、國學・漢學を初め諸藝つとめなすへく思ひ立ちなハ、早く正しく温恭なる師を頼み取懸るへし、明日ありとて怠りをくれ、何くれする中、老年に及へハ其事終に成らす、くれ〲孤陋獨學ハ益無く上達しかたし、師を立て學ふへし、但し師ハ擇ふへき物なり、闇才不器の人に物を習へハ益なく、殊上達の階級をしらす、終に無益の年月を經へし（略）　（『荒木田経雅著作撰集』所収、一三一四・一三五四・一三五五頁。）

といい、宣長は『玉勝間』において、

物まなびはその道をよくえらびて入そむべき事

ものまなびに心ざしたらむには、まづ師をよくえらびて、その立たるやう、教のさまを、よくかむかへて、したがひそむべきわざ也、さとりにぶき人は、さらにもいはず、もとより智とき人といへども、大かたはじめにしたがひそめたるかたに、おのづから心はひかるゝわざにて、その道のすぢわろけれど、わろきことをえさとらず、又後にはさとりながらも、としごろのならひは、さすがにすてがたきわざなるに、我とかいふ禍神さへ立そひて、とにかくにしひごとして、なほそのすぢをたすけむとするほどに、終によき事はえ物せで、よのかぎりひがことのみして、身ををふるたぐひなど、世におほし、かゝるたぐひの人は、つとめて深くまなべば、まなぶまに〳〵、いよ〳〵わろきことのみさかりになりて、おのれまどへるのみならず、世の人をさへにまどはすことぞかし、かへす〳〵はじめより、師をよくえらぶべきわざになむ、此事は、うひやまぶみにいふべかりしを、もらしてければ、こゝにはいふ也、（筑摩書房版『本居宣長全集』第一巻所収、三六九・三七〇頁。）

と述べているが、両者の学問観に共通の思考が見られる。

第三編　御巫清直の研究

第一章　清直の神宮観

――神朝廷論を中心として――

一　はじめに

幕末から明治にかけて生き、神宮史上偉大な足跡を遺した近世神宮考証学の大成者・御巫清直《みかんなぎきよなお》（一八一二〜一八九四）の遺著は百数十部といわれるが、元治元年・五十三歳の時に脱稿した『太神宮本記歸正鈔』はじめ主要な著述については、昭和十年から同十一年にかけて刊行された大神宮叢書『神宮神事考證』前・中・後篇の全三冊に収められている。その全三冊に漏れた家職や祝詞、また神宮考証学に関する論考の凡そ二十点を翻刻したのが、平成八年に発刊された皇學館大学神道研究所の神道資料叢刊五『御巫清直未公刊史料集―神宮神事考證拾遺―』一冊であった。そして、平成二十五年斎行の第六十二回神宮式年遷宮の記念出版事業として増補大神宮叢書が発刊される運びとなり（再録刊十六冊・新刊八冊・図録一冊）、新刊の内の二冊が清直の未公刊史料集にあてられ、平成二十二年と同二十三年に『神宮神事考證』補遺上・下として刊行され、ここにほぼすべての遺著が収められることとなった。

これまで発表されてきた清直研究について、その伝記的な研究に関しては、直接清直に師事し神宮禰宜も勤めた松木時彦氏が著された「御巫清直先生小傳」[1]が嚆矢を告げるものであり、それをもとに増補改訂された増補大神宮叢書『神宮神事考證』後篇附録「御巫清直翁傳」[2]と「御巫清直翁年譜」[3]とが詳細を極めたものであり、且つ緊要事項のすべてを語り尽くしているといえよう。そしてこれを補完するものとして、加藤玄智氏「御巫清直大人と太神宮本記歸正鈔」[4]や中西正幸氏の「近世の神宮歌人　12御巫清直」[5]及び「御巫清直とその歌集」[6]の論考の存在がある。また清直の人生における重要な転換期の一つであった天保九年に御巫内人に補任された経緯やその背景を明らかにしたのが、八幡崇経氏「御巫内人職の補任」[7]であって、清直の青年期から壮年期に至る御巫家中興運動の展開について論じたものとしては、拙著「御巫内人と清直翁」[8]が挙げられよう。それから清直の人生の絶頂期にあたる慶応元年を頂点とした神嘗祭古儀復興運動における古儀考証に持てる神宮考証学のすべてをかけて尽力した勇躍たる姿を鮮明に浮かび上がらせたのは、中西正幸氏「御巫清直」[9]の好論であろう。そして明治二十二年斎行の第五十六回式年遷宮において清直の考証が遺憾なく発揮されて皇大神宮東西宝殿の位置関係の是正や遷宮諸祭祝詞が作成されたことを明確にしたのは、八幡崇経氏「近代の神宮式年遷宮と御巫清直」[10]であり、清直の考古学について論述されたのが、和田年弥氏「御巫清直と『白庭餘葉』」[11]であって、更に清直の思想と信仰に検討を加えたものとして、中野裕三氏『国学者の神信仰―神道神学に基づく考察―』「補論　近代神宮への道程―御巫清直の思想と古儀復興―」[12]が見られる。

本稿においては、先ず、清直の八十三年にわたる生涯を四つに区分し、清直の伝記研究の雄ともいえる増補大神宮叢書『神宮神事考證』後篇附録「御巫清直翁傳」と「御巫清直翁年譜」を参考にして、改めて筆者なりにその経歴を辿ることとし、各時期における清直の主要な斎庭奉仕と学問傾向を論述して、清直の神宮考証学の特徴について考えることとしたい。次に、従来の清直研究で希薄であった思想面について論ずべく、清直の神宮考証学の考証基準となった思想について、

1、清直の皇大神宮相殿神論と職掌人（内人・物忌）考
2、清直の神嘗祭観
3、清直の外宮（トツミヤ）思考と豊受大御神の御霊実観

の三点を考察することによって、そこに内在する一貫した思想を導き出し清直の神宮観の一端を考究してみたいと思う。

二　御巫清直について

近世神宮考証学を大成した御巫清直の八十三年にわたる生涯にとって、その人生を概観すると、その大きな転換期ともいえる時期及び事項は概ね次の三つの点であることが指摘できよう。

A、天保九年（一八三八・清直二十七歳）九月十六日に外宮御巫内人に補任されたこと
B、幕末の慶応元年（一八六五・五十四歳）を頂点とした神嘗祭古儀復興運動に尽力し、そのほとんどが実現したこと
C、明治四年（一八七一・六十歳）七月に断行された神宮御改正において官職及び位階を返上したこと

これらの転換期に基づき清直の祠官としての主要な斎庭奉仕と学問研究の志向性から、その年期を区分するならば、

① 文化九年（一八一二・清直一歳）から天保八年（一八三七・二十六歳）まで＝生誕から若年期
② 天保九年（一八三八・二十七歳）から嘉永六年（一八五三・四十二歳）まで＝青年期から壮年期
③ 安政元年（一八五四・四十三歳）から明治三年（一八七〇・五十九歳）まで＝中年期から老年期
④ 明治四年（一八七一・六十歳）から同二十七年（一八九四・八十三歳）まで＝老年期から晩年期

となる。この四つの区分に依拠して、大神宮叢書『神宮神事考證』後篇附録「御巫清直翁傳」「御巫清直翁年譜」を参考にし改めて筆者なりにその経歴を辿ることとし、各時期における清直の主要な斎庭奉仕と学問の傾向（＝神宮考証学）を見ていきたいと思う。

先ず①の生誕から若年期に関する経歴については、文化九年（一八一二）二月十五日、清直は外宮神楽職の杉原光基の長男として神都山田に生を享けた。幼少年期の名を壽之助・光直と称した。文政九年（一八二六）六月二十一日、十五歳の時に外宮宮掌大内人兼造宮二頭代であった従祖父故御巫清富の養嗣子となって御巫家を相続、権之亮・清直と改名し、十二月十六日に終生の研究対象となる『倭姫命世記』を始めて書写。同十年十二月に処女歌集『うたひかへ』を編む。同十一年に実父光基の誘掖に随い本居春庭の門人となった。同十二年、十八歳の時から本格的に『倭姫命世記』研究に着手する。天保二年（一八三一・二十歳）に第一歌集『春秋詠草』一巻を著し、同三年には第二歌集『坂樹葉艸紙』一巻を作成。同四年、二十二歳にして神宮考証学に関する初の研究書となる『離宮院考證』一巻を著述、伴信友や穂井田忠友等斯界の国学者達の好評を博し、第三歌集『柿林拾葉』一巻も編んだ。同五年に第四歌集『温故餘情』一巻、同六年には第五歌集『作歌備忘』一巻を作成。同七年・二十五歳で田丸城主久野丹後守の老職加藤新吾衛門衛次の二女音野子（後に環子と改名）と結婚、第六歌集

『和心群載』一巻を成業。同八年三月に『二宮管社沿革考』上巻を執筆、八月二十三日には『二宮相殿神考證』一巻を著述して、第七歌集『花月漫吟』一巻も編述した。

この①における清直の事歴で注目すべきは、神宮祠官として御巫家の養嗣子となって終生斎庭奉仕をすることが決定づけられたこと、また、学問上において実父光基の誘掖によって本居春庭の門人となるも実質的には国学と和歌を独学で研鑽しつつ、『離宮院考證』や『二宮相殿神考證』等の神宮考証学に関する著書を相次いで著しているることから、清直の神宮考証学の基盤は既に若年期には固められつつあったと見られる。そして、清直が初志貫徹して神宮考証学を刻苦勉励し大成するに至った原由については、増補大神宮叢書『神宮神事考證』後篇附録「御巫清直翁傳」において、

父光基本居春庭の門人たりし關係を以て同じく春庭の門に入り和歌國學を學ぶ。又國學に就きては同郷の先輩足代弘訓にも負ふ所あり。かくして翁の國學文學に熱心なりしは偶然にあらざるも、その卓絶したる神宮學の樹立に至りては全くその獨修創見に依るものなり。これ偏に父光基の激励に基くと云ふ。即ち「神典國史を研究して以て神宮の典故に資せむとする素志を貫徹せむとて、天下にその師を求むるも得べからず、宜しく汝獨學してこれを成せよ」と。この父の奨めに発奮し、その一生涯を捧げて初心の貫徹に邁進したり。而してその鋭敏にして不撓不屈なる資性は研學の上にも著るしく顕はれ、獨創を主として毫も先人の學説に因はれず、足代弘訓が「清直は學びに来りて教へに来たるもの丶如し」と云へる、以てその學風気概の一端を知るを得べし。（略）神宮の祠官たる者は宜しく神宮の典故に通ずべきは當然の道なれど、倩ら考ふるに神宮の典故固より世と與に隆替して廃絶を免れず、紛亂或はその本を失するもの一にして足らざるなり。宜しく生命を賭して斯學を研究し、古儀舊典を明にして以て他日の大成を期すべしと。此の非常なる決

心を為せしは實に十八歳の時なり。

と述べられているように、[13]やはり実父光基の薫陶によるもの大であって、十八歳の時に将来必ずや神宮考証学を大成するという確固たる信念は早々に築かれていたのであった。

次に②の青年期から壮年期の経歴については、天保九年（一八三八・二十七歳）閏四月に『二宮管社沿革考』下巻を執筆し、九月六日に通称を志津摩と改め、九月十六日、九代約二百年にわたって他家預かりとなっていた御巫家懇望の外宮御巫内人に補任され、神事記として『馬工記』を誌し始めた（明治四年七月に至るまで継続〈尚、明治五年七月及び二十三年八月の追記あり〉、全七巻）。十月には『御巫内人相承補任記』一巻を著した。同十年二月に『斎柱奉竪故實』一巻、五月には『巫職襍志』（後に『イ工獨語』と改める）一巻を著述。十月には足代弘訓より学業賛助のため神書三十部の寄贈を受ける。同十一年三月、『類聚遷宮襍例』全九巻を成業。十月に大宮司河邊都盛の命により『河邊家系圖』一巻を撰進。同十二年に『御巫内人次第』一巻と第八歌集『歌袋』一巻を成業。同十三年（一八四二）正月十二日、第五十四回外宮式年遷宮に際して外宮長官に勘文を上り山口祭供具並びに行事復旧を申請、また二月五日には山口祭・木本祭につき朝廷の御下問に対して勘文を作成し外宮長官に上って、同月十日、山口祭旧儀復興が許容され、三月八日に山口祭を奉仕。六月十五日、『御巫内人月例今式』一巻を作成した。この時までに『御巫常祀類纂』一巻を編纂していたものと見られる。八月に紀行文である『七栗紀行』を執筆。同十四年三月五日に木造始祭を奉仕。七月二十二日に『麻奈井神社考』一巻を著し、九月十五日、大宮司の命により『内外二宮櫪御馬沿革勘文』一巻を撰進、十月には『太神宮政印圖説』一巻を著述する。弘化元年（一八四四・三十三歳）三月十五日、高宮権玉串内人に補任され、同月二十四日、御馬牽進祓を奉仕、先に幕府旗下の新見伊賀守より豊宮崎文庫所蔵『古文尚書』の影写の依頼を受けたことによって、十二月二十七日に通称を尚書と改める。同二年四月に『関東一宮両社御由緒略記辨』一巻を著述。十二月十五日に『倭姫命世記』十余本を以て校訂、第九歌集『鶯蛙集成』一巻も成業した。同三年閏五月十八日、『御馬飼内人勘文』一巻を外宮に撰進、八月十一日に御馬牽進祓を奉仕、この時『両宮へ神馬奉納の事』一巻を著述。九月二十九日、應永本『倭姫命世記』を書写、田丸城主久野丹波守の依頼により『田丸城沿革考』一巻を作成。同四年正月、『田丸城事蹟抄』一巻を著した。嘉永元年（一八四八・三十七歳）十一月四日、明年地曳祭斎行に付、忌物・五色幣・供物・祭儀等の復旧を請い、同月二十一日に許容された。同二年（一八四九・三十八歳）正月二十五日、地曳祭を奉仕。三月十六日に『歌合畫題新名所考』一巻を著述する。八月十七日、御船代祭を奉仕し、同月十九日に心御柱祭を勤仕した。九月四日、神宝祓清を奉仕、同月五日には御飾祓・後鎮祭を勤仕して、第五十四回外宮式年遷宮遷御儀において鶏鳴所役を勤めた。同三年四月に『新續太神宮神祇百首和歌』一巻を著作。九月朔日、高宮並びに土宮の御飾祓を奉仕。また同月七日には月夜見宮並びに風宮の御飾祓を勤仕した。同五年十月二十六日に外宮における学問の殿堂とも称すべき豊宮崎文庫の籍中に加盟。十二月十四日には古例を勧進して叙位を申請。同六年（一八五三・四十二歳）二月五日に晴れて中古以来中絶していた御巫内人の叙位を受け正六位上となった。十二月十七日より一七日間攘夷御祈を勤仕し、その斎戒中の同月二十三日に『外寇御祈部類』一巻を編纂した。

右の②における清直の事歴で重視されるのは、天保九年九月に御巫家懇望の外宮御巫内人に補任され、以後十五年間にわたり御巫家中興運動を展開、嘉永六年二月に正六位上に敍され、名実共に御巫家の中興を成し遂げたこと、また嘉永二年九月斎行の第五十四回外宮式年遷宮遷御儀はもとより御巫内人関与の遷宮諸祭において斎庭奉仕を果たしたことである。いわば清直は嘉永外宮遷宮を一つの契機として、家職である御巫内人の恒例神事の確立と追求（『御巫内人次第』『御巫内人月例今式』等を述作）、並びに遷宮祭の整備と復興（『類聚遷宮禖例』の編纂及び山口祭・木本祭の古儀復興の成功等）に持てる考証学のすべてをかけて机上と斎庭とにおいて奉仕したのであって、ここに清直の神宮考証学の基盤が確立されたものと思慮される。

そして③の中年期から老年期の経歴については、安政元年（一八五四・四十三歳）三月十一日より一七日間、また五月十七日より一七日間攘夷御祈を奉仕。十月十日、実父杉原光基が卒去。十二月二十三日より一七日間地震御祈を勤仕する。同二年正月十一日より一七日間、また五月十一日より一七日間、そして九月十一日より一七日間攘夷御祈を奉仕した。同三年正月十一日より一七日間、また五月十一日より一七日間攘夷御祈を奉仕し、同月『神堺海濱之圖』一鋪を描画、続いて九月十一日より一七日間攘夷御祈を勤仕し、第十歌集『棒園採菜』一巻を編んだ。同五年三月に『豐受大神寔録』一巻を著述、この書と対をなす『豐受神靈由来或問』一巻を先じて述作する。四月十一日より一七日間、また五月十一日より一七日間攘夷御祈を勤仕。六月二十二日に公卿勅使権大納言徳大寺公純派遣による外患御祈の外宮臨時奉幣にあたり御鑰内人代を勤め、『安政五年公卿勅使供奉次第』一巻を著し、織田石見に贈呈。この臨時奉幣にあたりて『公卿勅使御奉納御神寶之勘例』『公卿勅使御奉納御神寶員数之事』各一巻を編纂した。十一月三日には嗣子に恵まれないため実弟杉原丹蔵光顕の次男・隆次郎光名を養嗣子に迎え親衛清生と改名させた。同月八日、山田奉行渡邊肥後守の招聘を受け奉行所において『古語拾遺』を講演し紋付時服を賜った。同六年三月八日より一七日間、また五月十一日より一七日間攘夷御祈を奉仕。六月二十三日、山田奉行より国学出精の褒賞として白銀一枚を下賜された。八月に『鑰取内人勘文』一巻を作成。九月十一日より一七日間攘夷御祈を勤仕。萬延元年（一八六〇・四十九歳）正月に『木綿作内人勘文』一巻を著述。三月六日、山田奉行秋山安房守の請願により豊宮崎文庫において『中臣祓』を講演し褒賞として白銀一枚を賜り、以後官邸に出講した。十月七日、御巫職を外宮内人中の上首とすることを乞う。十二月朔日、御馬牽進祓を奉仕。文久元年（一八六一・五十歳）五月十四日、公卿勅使権大納言広幡忠禮派遣による辛酉御祈の外宮臨時奉幣に関する記録の撰述を命じられる。第十一歌集『覆醤紙料』一巻を成業。同二年三月十五日、第五十五回外宮式年遷宮山口祭を奉仕。同月二十一日に津藩主藤堂高猷の招聘により上部貞元宅において和歌を贈答する。四月十七日、津藩主の招聘により津に滞留し、五月十日に帰宅。また九月十九日より二十八日まで再度津に滞留。十月、津藩主藤堂高猷が斎宮寮再興建白のため同寮古儀考証を依頼。この時の考証の成果として『齋宮寮考證』一巻・『齋宮寮内中外院之圖』一鋪・『齋宮寮廃蹟考』一巻・『齋宮寮廃蹟之圖』一鋪等が著作され、後世斎王研究に有益な書物や図面が次々と完成した。同三年三月十五日、木作始祭を奉仕。三月二十六日、勅使柳原中納言以下が伊勢湾の海防を巡覧、伊雑宮参拝のため志摩国国崎方面へ出張に付、随従案内した。五月五日より八月五日まで勅使六條有容が御巫家に逗留。八月十九日、孝明天皇の神宮行幸御用につき祭主藤波教忠より招致され上京するも、行幸延引のため二十五日に帰宅。この時に天皇の神宮御参拝次第の草案である『文久三年勘文』を著述。十二月十五日には外宮七禰宜朝昌の委嘱により『外宮諸祭祝詞』に加点を施す。元治元年（一八六四・五十三歳）五月二日、勅使に津まで従い四日まで逗留。八月十四日より一七日間内乱鎮定の御祈を勤仕。十一月に『荷前絹勘文』一巻を神宮に勘進した。十二月十一日には、十五歳の時から三十八年の歳月を費やし『倭姫命世記』に内在する『太神宮本記』の復元研究に鋭意取り組み『太神宮本記歸正鈔』全六巻を完成させるという挙を成し遂げる。この書が成立する以前に『逸大同本記』一巻を編輯する。慶応元年（一八六五・五十四歳）正月に足代弘訓著『神境合戦類聚』を増補した『神境合戦類聚小補』一巻を成業。二月十五日、『常祀啓微』一巻を著す。六月三日、神嘗祭廃典再興御用により上京し祭主の諮問に応じる。旅中『神嘗祭由貴供具辨正』一巻を撰進し禁裏御所より金二十両を賜り、久世宰相並びに祭主よりも賜物を授かって九月五日に帰宅。十二月六日に『熊野古縁起攷註』一巻を著述。この年に『延喜祝詞式』の諸本を校合し『訂正延喜祝詞式』一巻を編述、また『祝詞式註釋』一巻・『濱出神事勘例』一巻を著した。同二年四月一日、『神嘗祭御遊考實』一巻を著す。同月十日、家宅を類焼し蔵書の三分の一を焼失。八月八日に神楽職を辞任。十二月十五日には『御鹽殿古文書』を書写。

同月二十日より一七日間主上御恙快癒御祈を勤仕する。同三年正月二十九日に家督を清生に譲り後見となって家事を監督する。三月朔日より一七日間准后御恙快癒御祈を奉仕。九月十五日、『皇大神宮大宮院舊制之圖』一鋪を描画、この時併せて『皇大神宮大宮院今制之圖』一鋪はじめ『豐受宮大宮院舊制之圖』一鋪・『豐受宮大宮院今制之圖』一鋪も作成。そして同月中に『五度假殿類説』一巻と『玉垣荒垣附蕃垣勘文』一巻を著し外宮長官に奉呈、『皇大神宮假殿舊制之圖』一鋪並びに『豐受宮假殿舊制之圖』一鋪、『御再興御垣二重蕃垣之圖』一鋪も描画した。この年より家塾「閣々社」を開塾して二七日を講釈日とする。安政から慶応に至る幕末期に、大國隆正や矢野玄道をはじめ鈴木重胤や橘守部、また栗原信充や斎藤正謙、松浦道輔や鈴鹿連胤等斯界の国学者や神道家等と深い交友関係を結び、伊勢参宮の際には必ず清直のもとを訪れ接見し論談を重ねたという。明治元年（一八六八・五十七歳）正月、山田奉行本多河内守のために奉行所に赴き講書する。三月十六日より一七日間立后御祈、同月二十一日より一七日間玉体安穏御祈を勤仕。四月二十五日に外宮文殿において祠官に『儀式帳』を講義し、以後三八日を式日とする。八月六日、度会府の達に依って家筋・官位・秩録・勤向の調書を呈出。同月十四日に度会府温故堂都講を命じられ『古事記』を講じる。この日に家塾を閉鎖。九月十八日より一七日間東幸平安御祈を奉仕。十月には温故堂閉鎖に伴い宮崎学校が創設され同校御用掛に転任、十一月に再び同校都講となる。十二月三日より六日まで度会知府事の命によって神宮行幸御用取り調べのため熱田神社へ出張。同月二十七日より一七日間立后御祈を勤仕、第十二歌集『不能感鬼』を編んだ。同二年正月八日より十四日まで度会知府事の命により多気・飯野両郡の式内社を巡拝し『多氣飯野二郡式内社巡撿記』一巻を著作。同月二十二日、第五十五回外宮式年遷宮の地鎮祭を奉仕。二月二十七日より一七日間神宮行幸御祈を勤仕。同月三十日に度会府の依頼により多気郡式内社四社を調査。三月十日には神宮行幸に付、行宮祓清を勤仕。八月九日、木本祭を奉仕。同月十一日に継母が卒去。九月に『宮廻神在地勘文』一巻を著作。十月、宮崎学校教授に任じられるも十二月二十八日に辞退。同月晦日に外宮觸穢祓を勤仕する。同三年六月六日に戸籍を、七月十二日に家筋書を度会県に呈出。九月、高宮・土宮・月夜見宮・風宮の御飾祓を奉仕。十二月十日、神祇官の下問によって家職を注進した。

この③における清直の経歴で注目されるのは、先ず文久二年十月に津藩主藤堂高猷より斎宮寮再興建白のため同寮古儀考証を依頼され、『齋宮寮考證』をはじめ『齋宮寮廃蹟考』等、後世斎王研究に有益な書物や図面を次々と著述し、続く文久三年八月に孝明天皇の神宮行幸御用に付、祭主藤波教忠より招致され、孝明天皇の神宮御参拝次第の草案を作成したことである。この二つの事歴は当時、清直が神宮考証学の第一人者であることを朝廷や諸侯、また神宮内部でも是認していたことを明白に表すものである。次に注視されるのは、元治元年十二月に『太神宮本記歸正鈔』を完成させたことである。本書の成立は清直の神宮考証学が確立されたことを意味すると共に、同書「敍由」の中で、

> 稍ク橋村正身神主ノ神名帳考證再考ニ云ク、世記ノ書タル上古太神宮本記ト云古書上下二巻アリテ、其上巻ヲ紛失セシカハ、残編ニ前後ヲ加筆シテ、後人是ヲ編述シ倭姫命世記ト號ス、故ニ古本ノ終ニ、太神宮本記下、ト記セル六字ヲ遺セリ、コレカ加筆ヲ刪去テ見ル時ハ、國字遺イニシヘニ叶ヒ、古代ノ書タル事疑フヘカラス、其マクラ辭ニ至リテハ、彌後世ノ人ノ擬スヘキニアラス、具眼ノモノハオノツカラ知見スヘシ、此書ヲ廃シテ両宮傳来ノ事何ヲ以テ據トセム、ト説キタルハ、寔ニ始テ此書ヲ知リ得タリト謂フヘシ。其後ハ本居宣長モ、破竹辨ニ、五部書ノ中ニ倭姫命世記ノミハ同シ偽書ナル内ニモ、決シテ後世人ハエ造ルマシキ古キ書トモヽアレハ、ヒタスラニハ棄カタシ、トコロトコロ眞偽ヲヱラヒテ取ヘシ、ト謂ヒテ、古事記傳ニ往々引證シ、又平田篤胤ハ、古史徴ニ、倭姫命世記ハカク題號ヶタルハ後ニテ、彼記ナル事實トモ半スクル

ホトハ、後ニ次々ニ書加ヘタル事トモナレトモ、其元本ハ決ナク雄略天皇ノ御世ヨリ以前ニ記セル書ト見ユ、トサヘ謂テ、古史成文ニ採用セリ。又中川經雅卿ハ、内宮儀式解ニ、倭姫命世記ハ全信ケカタシ、古クヨリ傳レルニ中世作添タルコト多クミユ、モトヨリ傳ハリヌルハ古傳トミエテ取ルヘキ也、中世作リ添タル所々ハ、其文拙ク古俗ヲ知ル人、一度ミハ古代ノマヽナルト中世ノ偽造トノ分別ハ、速ニ知察ヘシ、ト謂ヒ、富士谷御杖ハ北邊随筆ニ、倭姫命世記ハヨニ信セヌモノ也、ソノ信セヌユヱハ、云々ノ詞アルカ故也、予オモフニ、天皇即位廿三年以下巻尾マテハ後人ノ加ヘタル物ナルコトシルシ、コヽヨリ上ノ文氣ハ、上代ノスカタニテ、此以下ノ如クアサマシキコトナシ、云々ナトアル後人ノ所為疑ナキ證ナリ、又始ノ程モ後人ノソヘタルニコソトオホシキハ、巻首ヨリ云々トイフマテ也、カヽル所々ハミユレト、此中間ノ文氣ハ後人ノ所為ノ及ヒカタキ所アルカ上ニ、云々ノコト此世記ナカリセハ、何ニヨリテカ云々ノ故ヲ知ラム、此故ニ予ハ云々ヨリ以下云々トイフマテハ信スヘシトハオホユル也、ト論辨セリ。又橘守部ハ、稜威道別ニ、倭姫命世記、此書モトハ倭姫命ノ天照大御神ヲコヽカシコ率テ奉リ給ヒシ間ノ事ヲ記シタル古書ノ残篇ナリケルヲ、始メ終リニ後人加筆シテ汚シタル處多カリ、サレト四十葉ハカリノ内、二十葉アマリハ舊ノ古書モ存タリ、其文ヲミルニ、字ノ居サマナトハ古カラネト、言ノ古雅ナル事指ニ折ツヘキ物ニシテ、又引用フヘキ事モコレカレアルヘシ、ト沙汰セリ。然テ又伴信友ハ、世記考ヲ注シテ古文ヲ主張シ、益谷末壽ハ、倭姫命世記古文訓點ヲ撰シテ追加ヲ棄損ス。如レ是近世博識ノ先達等世記ヲ廢シカタキ者トスナルハ、太神宮本記ノ逸文ナレハナリ。然ルヲ足代弘訓神主ノ外宮論辨、又橋村正兌神主ノ外宮儀式解等ニ、世記ヲ大同元年ノ神事供奉本記ノ残篇ナリトアルハ、彼本記ノ文ノ此本記ニ似タルカ故ナリ。是説ハモト亀田末雅神主ノ謂ヒ出タル説ニシテ、本末ヲ辨ヘヌ謬説ナリ。二神主ノ信従セルハ麁漏ト謂ヘシ。大同ノ本記ハ此書ニ據リテ抄録セルモノナレハ、彼ノ此ニ似タルハ勿論ナリ。前田夏蔭ノ稲荷神社考ニモ、嶋國伊雑ノ嶋ノ條ヲ引テ云ラク、世記ハ後人ノ作ル書ナカラ、大同本記ノマヽナリトオホシキ文多ケレハ、此ニハ略記セリ、ナト注セシモ、同シ謬説ヲ承ケタルモノナリ。信シテ扈従スヘカラス。故ニ今其舊章ノ脱誤ヲ校訂シ、事跡ヲ研究シ、後ニ潤色セル文辭ノ出自ヲ辨明シテ刪去シ、偽造セサリシ上古ニ復シテ、太神宮本記ト稱ス。其攷證数年ニシテ稍ク稿ヲ脱スルカ故ニ、分チテ以テ六冊ト成シ、名ツケテ歸正鈔ト題ス。（傍線筆者付す）

と、(14)『倭姫命世記』に内在する『太神宮本記』の重要性を主張した神宮祠官や国学者たちの卓見や誤認を清直が指摘したことに象徴されるように、中川経雅が本居宣長の影響を受けて樹立し、足代弘訓や平田篤胤に師事した橋村正兌が発展させた近世神宮考証学を、清直が自らの手で大成させたことを同時に明示する快挙であったといえよう。そして最後に注目されるのは、慶応元年六月に神嘗祭廃典再興御用により上京し祭主の諮問に応じ勘例調書を呈出し『荷前絹勘文』をはじめ『神嘗祭由貴供具辨正』や『神嘗祭御遊考實』等を著して尽力し、清直が考証を施した案件のほとんどが実現したことであり、その余波として明治二年式年遷宮における両宮大宮院の整備、とりわけ外玉垣並びに板垣の復興が成し遂げられたと考えられる(『玉垣荒垣附蕃垣勘文』『御再興御垣二重蕃垣之圖』)。いわば③は清直の人生における絶頂期に当っていたといえよう。

最後の④老年期から晩年期の経歴については、明治四年(一八七一・六十歳)二月、度会郡小木村に帰農。四月十七日以降に『神名異稱考記』一巻を著述する。七月二十四日に神宮御改正により官職及び位階を返上。十一月二十日、小木村新宅の上棟を行う。この年に『豊受大神宮御常供田之圖』一鋪を描画する。同五年三月五日に小木村新宅(退蔵窩と号す)に移住。同月八日には郷社阿竹神社祠官に任じられ、十月二十八日、郷社箕曲中松原神社祠官に転任するも、同六年五月十九日に同神社祠官を辞任する。同八年七月六日に『三重縣下陵墓考證』一巻、十二月四日には『伊勢海勘文』一巻、同月十四日に『鵜倉慥柄事蹟鈔』一巻を著した。同九年二月二十日、教部省の招致により上京、三月七日に教部省御用掛に任じられる。七月二日以前には『神民葬式』一巻を述作している。同月十一日より十月六日まで教部省の命により伊勢国北部の式内社を実査し『巡歴日記』一巻を誌し、報告書として『式社實践記』を提出。十二月十三日に東京錦町の寓居にて『二宮管社沿革考』上下巻を修補する。同月二十五日には教部省十等出仕に任じられる。同十年一月十一日、教部省廃止によって退官、大学教授に勧誘されるも辞して帰郷。十一月に『白庭餘葆』一巻を著述。教部省出仕の際には栗田寛と小杉榲邨の両名と師友関係を結び互いの学問を触発し合ったという。同十一年十二月十四日に籍を小木村に移す。同十二年（一八七九・六十八歳）四月二十一日、神宮司庁七等雇出仕、七月五日に神宮教院一等教監、九月二日には神道事務局教導職試補に任じられた。同十三年三月十一日の神宮教院職制改正に伴い五等教監となる。十月に『喪儀類證』二巻を著作。同月二十六日に神宮司庁六等雇出仕、十一月三十日には同五等雇出仕に任じられる。同十五年（一八八二・七十一歳）二月十日に『内宮鐵忌物圖』一葉を描画。三月二十九日に神宮禰宜に就任、四月十日には造神宮頭を兼任する。七月三十一日以降に『神廷史料』全八巻を編纂する。この年、久邇宮朝彦親王祭主の命により薗田守宣著『両宮殿舎古儀丈尺見込』二巻に意見を付す。同十六年二月、『先代舊事本紀柝疑』一巻を著述。同十七年四月二十一日に『伊賀國山田郡鳳凰寺村所在陵墓考證』一巻を述作。十一月十四日、士族籍に編入される。同十八年、『伊勢官道考』一巻を編纂し国誌編纂資料として内務省に提出、第十三歌集『引商刺羽』一巻を編んだ。同十九年三月二十六日に『伊勢國造世系考』一巻を著作。十二月十七日、官制改革に伴い神宮権禰宜・高等官六等に叙任される。同二十年（一八八七・七十六歳）三月五日、正八位に叙される。十二月二十八日、神宮を退官。同二十一年一月四日、神宮司庁儀式課顧問となる。同月に『斎柱奉竪故實』一巻を浄書して神宮に上る。六月二十日には『心御柱奉餝秘記辨批』一巻を著述し神宮に上る。この年、神宮皇學館嘱託となり毎月数回『儀式帳』を講義。『題詠百二十首倭歌』一巻を編む。同二十二年（一八八九・七十八歳）九月、『太神宮本記歸正』一巻並びに『大神宮寺排斥考』一巻を著述し、また『明治廿二年遷宮諸祭祝詞』一巻を述作する。同月三日、神宮禰宜久志本常幸の依頼により遷御奉戴例を考証する。十月二日に第五十六回皇大神宮式年遷宮遷御儀において鶏鳴所役を奉仕。同月三十一日には『太神宮政印圖説』一巻を増訂する。十一月五日、『離宮院考證』一巻を修補。同月に『尾部御稜紀原』一巻を成業。同二十三年一月十六日に『両大神宮中絶殿舎考』一巻を著述。

同月、久志本常幸の問いにより伊勢暦の沿革を、二月九日に今井延彦の委嘱により祭主の沿革を考証する。三月二十四日、『五度假殿類説』一巻を修補。同月にアメリカ人ハートレット氏の神器に関する質問に答える。五月には『御饌殿事類鈔』一巻を成業。六月二十五日に『神寶装束起源』一巻を著述した。同二十四年八月十七日に二見賓日館において盆石をうち東宮殿下の台覧に預かる。この年に『天地初判ノ神名ヲ論ス』一巻を著述。同二十五年一月二十九日に『贅海神事ノ事』一巻を著作。同二十六年一月に『参河國高足御厨興廃勘文』一巻を述作。十月十二日に神苑会総裁有栖川宮熾仁親王より神苑会委員を委嘱され、神宮古儀式の図の取り調べに従事する（後に『斎内親王参宮圖』一巻・『皇大神宮神嘗祭舊式祭典図（奉幣之儀）』一巻・『皇大神宮舊式遷御圖』一巻が清書描画される）。同月三十一日に『松坂総社八雲神社来歴攷證』一巻を、十一月十四日には『二八大明神沿革考證』一巻を著述する。明治二十七年（一八九四・八十三歳）一月に第十四歌集『勾江破殻』一巻を編む。二月二十日、妻環子が卒去（行年七十五）。三月九日に明治天皇銀婚式に付、酒肴料を下賜される。六月に二竪の冒すところとなって七月四日に逝去、享年八十三であった。清直の遺骨は神式を以て小木村の新塋に埋葬されたが、大正十二年、小木村の墳塋耕地整理のため伊勢市宮後に在る養草寺裏墓地に移された。

右の④における清直の事歴で先ず重視されるのは、幕末の早い時期に神宮御改正の断行を清直が察知し明治四年二月には度会郡小木村に帰農し、七月に官職及び位階を返上して神宮を退官、次いで同九年三月から同十年一月まで教部省に出仕したことである。次に注視されるのは、明治十二年四月に神宮に復帰し併せて神宮教院の教監を勤め、同十五年三月には栄えある神宮禰宜に就任し、第五十六回式年遷宮における遷宮諸祭や大宮院の整備のため四月に造神宮頭を兼任（薗田守宣著『両宮殿舎古儀丈尺見込』に意見を付す）し、同二十年十二月に造神宮使庁の官制公布に歓喜するも、同月に老齢を以て神宮を退官したことである。そして最後に注目されるのは、退官後、神宮司庁儀式課顧問や神苑会委員を歴任して、清直の家職にも関した心御柱や遷宮祝詞について考証を施しその成果を神宮に上ると共に、遷御奉仕の古例や御装束神宝の本義（『神寶裝束起源』）、また神宮古儀式の図の取り調べ等に従事したことであろう。中でも明治二十二年十月に皇大神宮式年遷宮遷御儀において家職であった鶏鳴所役を奉仕したことは特筆される。この時期の清直の学問傾向は、主に幕末までに自ら執筆した著述類を改めて修補したり増訂をする等（『太神宮政印圖説』『離宮院考證』『五度假殿類説』等）、実に自己の神宮考証学の総仕上げを行っていたことが指摘できると思われる。それから、この時期は『三重縣下陵墓考證』や『白庭餘葆』等の考古学関係の著述が際立っていると共に、『神廷史料』『太神宮本記歸正』『神朝尚史』全三巻の編述書に見られるように神宮古伝の確立に取り組んでいた傾向のあったことも提示できよう。

以上が清直の経歴であるが、この経歴から直ちに窺われることは、清直の神宮考証学の大きな特徴というのは、神宮の斎庭における奉仕と学問研究とが常に連結し合っており、神宮祭祀の本義や古儀並びに神宮古伝の飽くなき追求と解明、そしてその実現を図るための非常に実践的な学問、つまり実学を絶えず志向していた点に見出せるのではないかと思われる。

それから、清直の神宮考証学に対する姿勢と取り組みについては、大神宮叢書『神宮神事考證』後篇附録「御巫清直翁傳」は、

翁の學問愈々成るに及び就いて教を受くるもの多く名聲日に盛なり。元治、慶應の頃當時翁が獨り神宮典故の學にのみ没頭するを譏りて御巫の學問は所謂井蛙の學なりと云ふものあり。門人これを聞きて翁に告ぐ。翁の曰く、そは能く評したり、余は固より井蛙にて神宮及神境に關する事項を措きて他を研究せむとするの念なし、唯願くは住む所の井戸の成立、水質の如何、その他苟くも井に關係の事は精細に調査し、後日大になすところあらむとす、今や我神宮に奉仕して神宮の何たるを知らず、神地に止住して神地の何たるを

知らざるは反つて井蛙に劣れるにあらずや、かゝる妄評あるこそ却つて至幸なれ、自今愈々井蛙の學を修めむ、とて遂に門人に協り蛙聲に擬して社中を閣閣社と號け、毎月二七の日を以て神書の講釋日と定め、明治五年小木村に移住の前迄これを経営したり。

との逸話を挙げて説明している。[15] この説明が核心をついたものであることは、現に「御巫清直翁著作目録増補版」が表明するごとく、その著百数十部の内、およそ九割数分が神宮考証学に関する書であると共に、栗田寛と小杉榲邨とが清直を教部省に推挙した、

権大録臣栗田寛、権中録臣小杉榲邨等謹言、

客年特選神名牒編纂局ヲ置セラレ、延喜式帳内外國史見在ノ舊社、及ヒ世間ニ湮滅セル諸府縣ノ古社ノ如キ、其由緒、祭神等ヲ精覈ニ考據シ、之ヲ謄録上進ノ命アリ、

(略)

内宮相殿神ニ至テハ、延暦儀式帳ニ載スル所、的確易フ可ラサルノ説トイヘトモ、古事記ニ云所ト異同ナキコト能ハス、豈遺憾不レ禁ト云ハサルヘケンヤ、粤ニ　神宮舊神官御巫清直ト云モノアリ、其職ヲ以テ、数十年曾テ
両宮ノ典故ヲ精覈シ、舊儀ヲ考徴スル聞エアリ、御一新ノ際、神祇官ニ召サレテ、屡勘例ヲ奉ラシメシコト、世以テ知ル所ナリ、且躬モ任シテ、
両宮ノ典故ニ終身ヲ致スト云ヘリ、惜哉近時其職ヲ退テ、當今度會郡小儀(木)村ニ閑居ス、臣榲邨巡回歸京ノ際、途ヲ南シテ
両宮ヲ拝禮シ、尋テ清直ニ面晤スルコト二日、神宮ノ舊儀ヲ求訪スルニ、其考證各種数十冊十数部、又宮廷

史料ト標シテ、苟クモ　神宮ニ関係スル舊儀祭式ノ顛末、編輯セシモノ数百巻机邊ニ堆積シ、猶自ラ足レリトセス、黽勉盡力、于今補綴未タ已マス、實ニ感激ニ餘リアリ、其相殿祭神ノ如キモ、極メテ考證精微ナルモノ之レ有ン、臣等考覈ニ力ヲ盡サント欲ストイヘトモ、恨ムラクハ、光栄堂々タル第一ノ神宮ニ於テ其實地ヲ詳ニセス、所謂暗堆臆度ノ弊アランコトヲ恐ル、仰キ望ムラクハ、直チニ清直ヲ召テ編纂ノ一員ニ班列シ、其ノ闕典ヲ補ハシメ、専ラ　神宮ノ事實ヲ編輯セシメタマヘ、當時官員遞減ノ論アリトイヘトモ、敢テ赤心ヲ吐露ス、斯心高達シテ、曲照ノ光被アランコトヲ庶幾フ、臣栗田寛、臣小杉榲邨、謹言

明治八年十一月十日　　権中録臣小杉榲邨

権大録臣栗田　寛

大輔公閣下

（傍線筆者付す）

との建言文[16]からも窺知できることであって、清直が終生神宮考証学のみをどこまでも深く追求し極め、その高みに昇ることだけを期して学問に精励していたことは間違いない。

そして、清直の神宮考証学における手法についてもまた重大な指摘をしたのが、大神宮叢書『神宮神事考證』後篇附録「御巫清直翁傳」であった。即ち、

翁の學問の該博にして考證の緻密精到なるはその著述の一般を通じて之を知るを得べし。殊に翁の學風に就いて感ずべきは、翁は単に文献成書を盲信せず、之が高等批評を試みたるのみならず、史料として古文書

を多く活用し、又實地の検證を重要視したることなり。従ってかの神社神地等の遺跡に關する考證の如き翁の時代に於て實に稀に見る好著述たり。

とあるもので、(17) この指摘は清直畢生の研究である『太神宮本記歸正鈔』全六巻を紐解くと、随所に清直が文献だけに依拠することなく実地踏査やその踏査先が有する地形や民間伝承、或いは古文書を多用する等、多角的な手法を駆使して考証を施していることが多々認められるので、そこに清直の神宮考証学における一つの特徴を見出すことは是認されて然るべきであろう。

三　清直の神朝廷論

清直は神宮祭祀について極めて数多の考証を施しているが、私見によるとその考証の基準となる思考の一つとして、『古事記』中巻の景行天皇の巻に、

しかして、天皇また頻《し》きて倭建の命に詔《の》らししく、「東《ひむがし》の方十《かたとを》あまり二つの道の荒ぶる神、またまつろはぬ人等を言向け和平《やは》せ」とのらして、(略)ひひら木《ぎ》の八《や》尋矛《ひろほこ》を給ひき。かれ、命《みこと》を受けて罷《まか》り行《いでま》しし時に、伊勢の大御神の宮に参《まゐ》入りて、神の朝廷《みかど》を拝《をろが》みて、すなわちその姨倭比売《をばやまとひめ》の命に白《まを》したまひしく、(略)患へ泣きて罷《まか》ります時に、倭比売《やまとひめ》の命《みこと》、草《くさ》なぎの剱《つるぎ》を賜ひ、また御嚢《みふくろ》を賜ひて「もし、にはかなる事あらば、この嚢の口を解きたまへ」と詔《の》らしき。

(傍点筆者付す)

とある条項の[18]〔伊勢の大御神の宮は神の朝廷である〕、つまり「神宮＝神朝廷」という強い思考が指摘できる。この思考は、清直が晩年に神宮古伝研究を集大成すべく神代から嘉祥二年（八四九）における神宮関係記事を諸書から抄出した上で勘案し編纂したと見られる『神朝尚史』全三巻（傍点筆者付す）という書名になっていることが認められると共に、同書巻第一において、

> 庚戌年十月癸丑二日《カノエイヌノトシノカムナツキカノトウシフツカ》。天皇《スメラミコト》皇子《ミコ》倭建命《ヤマトタケノミコト》爾《ニ》詔久《ノリタマハク》。東方十二道《ヒムカシノカタトヲアマリフタツノミチ》乃《ノ》荒夫琉神《アラフルカミ》。及麻都呂波奴《マタマツロハヌ》人等《ヒトトモ》乎《ヲ》。言向令《コトムケシメヨ》二和平《ヤハシムケ》一止《ト》詔支《ノリタマヒキ》。故《カレ》教命《ミコトノリ》乎《ヲ》受《ウケ》弖《テ》罷行《マカリイテマス》時《トキ》爾《ニ》。枉道《ヨキリミチ》弖《シテ》大神宮《オホキカムミヤ》爾《ニ》参入《マヰイリ》弖《テ》。神朝廷《カミノミカト》乎《ヲ》拝《ヲロカ》奉《ミマツリキ》。即姨《スナハチミオハ》倭比賣命《ヤマトヒメノミコト》爾《ニ》辭白給《マガリマヲシシタマ》。于時《フトキニ》倭比賣命《ヤマトヒメノミコト》。天村雲劔《アマノムラクモノツルキ》及嚢《マタフクロ》乎《ヲ》捧持《サヽケモチ》。倭建命《ヤマトタケノミコト》爾《ニ》授賜《サツケタマヒ》弖《テ》詔久《ノリタマハク》。慎《ツヽシミ》弖《テ》莫怠《ナオコタリ》曾《ソ》止《ト》詔久《ノリタマヒキ》。

とあって、[19]先の『古事記』の記事と『日本書紀』の該当文を勘案して作成された文章が記述されている。また、清直が崇神天皇六年から永正七年（一五一〇）までの神宮に関係する記事を、天保十一年（一八四〇）から明治十五年（一八八二）に至る凡そ四十九年の歳月を費やして六国史をはじめ各種の史書や日記、また記録や編纂類から抄出して全八巻に編集した書を『神廷史料』（傍点筆者付す）と名付けている。そして、嘉永二年（一八四九）に斎行された第五十四回外宮式年遷宮の翌三年四月に成稿した歌集『新續太神宮神祇百首和歌』の冒頭と末尾に載せられた次の二首にも〔伊勢の大御神の宮は神の朝廷である〕という強い思考は端的に表現されていることが確かめられる。[20]

立春

九重に大内山もかすむらむ神の朝廷は春立ぬなり
　伊勢の大宮を神のミかとゝ申事は、古事記にや載られけむ、けに何事も百敷の大内になすらへ給ひて、
　天の下の諸社に異なりとなむ定めさせ給ひし
　　祝
天地と共に栄えむ神垣をこゝろせまくも思ひけるかな
　日本書紀に載られし皇大神の敕に曰、寶祚之隆ムコト當下シ與二ニ天壤一ト無上レル窮リ者矣と、今にも萬千秋
　の長秋に、大内と共に永く久しく栄えましまさむ神の朝廷なるを、なそかくはと思はるゝふしのなきに
　しもあらぬは、夏の蟲の氷をうたかふよりも、なほはかなかるへきにや

それから、『大神宮ノ事ハ諸社ニ異ナル事考』でも、

　然シテ太神宮殿宇ノ建築制度ハ、都テ大内ノ宮殿ニ擬セラレテ内裡ト稱スルト同ク内宮《ウチノミヤ》ト號セラレ、其在
地ヲ内郷《ウチノサト》ト呼ヒ、後ニ宇治《ウチ》ノ字ヲ假ルモ、畿内ヲウチツクニト唱フルニ等シ、サレハ古事記ニ神朝廷ト稱
スルハ誣フルニ非ス、同殿共床ノ禮ヲ失ヒ賜ハサル正名トヤ稱シ謂サム
（傍点筆者付す）

と論じているのである。[21]
　ところで、中野裕三氏は『国学者の神信仰―神道神学に基づく考察―』「補論　近代神宮への道程―御巫清直の思想と古儀復興―」において、

吉川氏の論点は、清直の著述を正確に分析することに基づくものであり、まさしく清直の思想の根本を指摘するものであった。しかし、伊勢の神宮をして朝廷に対応する「神朝廷」と規定する思想は、果たして清直固有の思想であったのだろうか。近世の神宮学者・国学者の学説との関連に於いて、清直の思想の分析を試みる本稿の主旨に従うならば、その問題を改めて検討しなければならない。

（略）

即ち、神宮祭祀の根源的な主体は天皇であるとの思潮は、神宮創建以来、歴史を通じて一貫するものであり、神宮諸祭の中絶が武家の争乱に基づく朝廷の衰微と機を一にしていたことは、そのことを物語るものであろう。

それ故、こうした「神朝廷」思想は、神宮祠官とりわけ神宮学者にとって自明の論であったと推察される。例えば、天保年間に「神宮典故研究の秘鑰」とも称される『神宮典略』を物した薗田守良は、その巻頭に「内宮」との語義をめぐって、内宮御祭神（八咫鏡）が崇神天皇六年まで同床共殿の在り方で祭られていたことに触れた後、「もとより殿内にまして、天皇の大みずから御祭り有しを、後世伊勢に祭れど、猶上代のまに〳〵天皇の祭り坐て、いと親しく祭奉る御宮の意ばえにて、内宮とは申奉る事となりけむかし」（『神宮典略』前篇、増補大神宮叢書一、神宮司庁、平成十七年四月、二頁）と主張した。

（略）

ところで、「神朝廷」思想は、神宮学者の著述にのみ確認されるわけではない。それを最も明確に主張した国学者は、平田篤胤の学問との交渉を通じて、古道を明確にするにあたり、神祇祭祀の重要性を認識するに至った鈴木重胤であろう（本書第三編第一章「鈴木重胤と神祇祭祀―神学確立過程に関する一考察―」参照）。即ち、嘉永五年（一八五二）に脱稿せしめた『延喜式祝詞講義』十三之巻、伊勢神宮の「月次祭詞」の条に、神宮祭祀（「三時祭」）と宮中祭祀（月次祭・新嘗祭）とに対応関係が見出される原因を、次のように分析した。

久代皇太神の皇御孫命は同大殿の内に大座坐し頃は、神物官物其差別無りし事、上に説る如くなる故に、朝廷と神宮と別れたる後も神代以来有来れる神事に於て悉猶相同じきは、当時其本一なりしが故なり、然れば朝廷の諸祭は皇太神の同大殿に在しゝ其制の遺れるなり、神宮のは久代朝廷にて祭らせ給ひし時の儀式の伝はれるなり、如此く其本一なるが故に、心を留めて彼此を比校るに、寔に高千穂宮にて天上の儀を移されしは斯なる可しと所思る事共甚少なからずなむ有りける（『延喜式祝詞講義』第三、国書刊行会版、八十五頁）、と。

このように見てくると、清直の考証学の基準となった「〔神宮は即ち神朝廷であるとの一種、信念にも似た強い意識〕」（前出「御巫清直の神宮観―特に神朝廷論を中心として―」）は、清直に先行する神宮学者や同時代の国学者にとって、共有されていた思想であり、それは、歴史に通底する朝儀と神宮祭祀との根本理念でもあったといえよう。

と論述され、[22] 清直の「神宮＝神朝廷」思想は、薗田守良等の神宮学者や鈴木重胤等の国学者たちの間では既に共有されていた思想や理念であって、清直固有の思想とはいいがたいことを指摘されたのであった。もちろん中野氏の指摘するように、国学者はさておき、薗田守良に先行する近世神宮考証学の創始者であった、中川経雅が名著『大神宮儀式解』巻第一「総説」にて、

粤《コヽ》ニ延長五年十二月に至り、左大臣忠平《タヾヒラ》公、大納言清貫《キヨツラ》ノ卿、神祇ノ伯安則《ヤスノリ》ノ朝臣、大外記久永《ヒサナガ》、左大史忠行《タヾユキ》

勅を奉《ウケタマハリ》て百寮百官神宮等の格式を撰《エラビアツ》集めて延喜格式を奏上せらる。其ノ式今の代流布《ツタハ》れり。得《エ》て讀《ヨメ》るに大神宮の式は大凡《オホムネ》此ノ儀式及豐受ノ宮の儀式によりて記《シル》さる。延暦年間此ノ儀式奏上せさせたまふ意是をもて察《ミ》るべし。神宮朝廷無㆓分別㆒故に其ノ神態《カンワザ》作法等朝廷に准ずる事十にして八九に及ぶなり。

と述べているように、(23)当時の神宮考証学者の間では共通の認識であったことは認めて良いだろう。しかし、結論からいえば、清直における「神宮＝神朝廷」論は、先行する神宮考証学者の経雅や守良の「神宮＝神朝廷」思想を更に深化発展させたところに、清直独自の固有性が存したものと見られる。以下そのことも考え併せながら論じてみたい。

四　清直の皇大神宮相殿神論と職掌人（内人・物忌）考

清直が神宮考証学を構築する上で「神宮＝神朝廷」との思想はどのようにその著述の中に反映されているのだろうか。これまで皇大神宮の相殿神として如何なる神々が奉斎されているのか様々な説が唱えられてきたが、凡そ次の、

1、天手力男神と万幡豊秋津姫命〈または思兼命〉（『皇太神宮儀式帳』『古事記』等に拠る）
2、天児屋根命と太玉命（『太神宮参詣記』『太神宮本記』等に拠る）

の二説に大別できるであろう。

中川経雅は名著『大神宮儀式解』巻第一「大神宮儀式　神名」条の「同殿坐神二柱《オナジミアラカニマシマスカミフタハシラ》。坐《マシマスヲ》二左方《ヒタリノカタニ》一。稱《マヲス》二天手力《アメタヂカラ》男神《ヲノカミト》一。靈御形弓坐《ミタマノミカタユミニマシマス》。坐《マシマス》二右方《ミギノカタニ》一。稱《マヲス》二萬幡豐秋津姫命《ヨロヅハタトヨアキツヒメノミコト》一也。是皇孫之母《コレスメミマノミオヤ》。靈御形劔坐《ミタマノミカタツルギニマシマス》。」の注釈において、

當宮相殿の神の事、古今此ノ儀式に所注の説に違ふ事無し。此ノ二柱の外、思兼ノ神を拝ミ奉る事古老の所傳有り。賀茂ノ真淵、古事記上ニ、常世ノ思兼ノ神、手力男ノ神云々、此ノ二柱者、拝二祭佐久々斯呂伊須受能宮《サクヽシロイスズノミヤ》一ニ、とあれば、當宮の相殿は手力男ノ神と思兼ノ神と二柱ならむといへり。

とし、[24]また、経雅の神宮考証学を継承した、薗田守良が著した神宮の大百科辞典とも称賛された『神宮典略』巻第一「内宮宮社上」条の「相殿」項で、

此相殿二坐は帳に云々、略、御正殿南向に坐す。左方は東方、右方は西方を云なり。年中行事には本宮を一方、東を二方、西を三方と云わけたり。此手力雄神は、古事記石屋戸の段に、略、文見レ解、書紀に、略、同レ上、記傳に此神の名義あらはれたり。戸を引あけんには、略、とあるにてしられたり。（略）萬幡豊秋津姫命は古事記に、略、文見レ解、とあり。記傳に萬幡は略、云々、通はし云なりと有にて知るべし。此比賣神の別名書紀に多かり。本書を見るべし。かく相殿の二神は帳に正しく見えたるを種々の説あり。

と述べるように、[25]取りも直さず『皇太神宮儀式帳』に記載される相殿神を支持して1説を肯定していることが窺われる。

これに対して清直の学説は、天保八年（一八三七）八月成立の『二宮相殿神考證』で、弘安九年の通海著『太

神宮参詣記』掲載の内宮相殿神に関する論説を次のように挙げている。つまり、

弘安九年參詣記云。僧云。延暦儀式帳ト申ハ。太神宮公家ニ注申ケル文也。然レハ相殿ヲハ手力男命。并萬幡豊秋津姫トモ注也。然ニ春日大明神。太玉命ト申サハ彼文ニ相違スヘキ也ト申。俗云。儀式帳ニハ其旨ヲノスト云ヘトモ。本説ナク證據ヲ見ス。春日大明神。太玉命オハシマス事ハ日本紀等ノ説也。疑フヘキニハアラス。日本紀曰。高皇産靈尊詔シテ曰ク。我ハ則天津神籬及天津磐境ヲオコシタテ。我御孫ノ御爲齋奉。天兒屋命。太玉命ニ宣ク。天津神籬ヲタモチテ葦原中國ニ降臨リ。又我御孫ノ御爲ニ齋奉。則二柱ノ神ヲツカハシ。天忍穂耳命陪従テ以テ天降シ奉ル。此時天照太神。御手ニ寶鏡ヲモチテ。天忍穂耳命ニサツケテ。祝テノ玉ハク。吾兒此寶鏡ヲ視事。マサニ吾ヲ見カ如ニシテ。床ヲ同シ。殿ヲ共ニシテ。以テ齋ノ鏡トスヘシ。又勅スラク。天兒屋命。太玉命。惟爾二ハシラノ神。又同ク殿内ニ侍テ。ヨク防護奉ル事ヲナセト侍リ。其御誓ヲ背テ争カ春日大明神モハナレ奉リ。天照太神モステ給ヘキヤ。大嘗會神殿行幸ニ。春日大明神御子孫大中臣氏人。左ニ立テ臨幸ノ祝言ヲ奉リ。太玉命御子孫齋部ノ氏人。右ニ立テ神璽鏡劔ヲ奉ル。此心トナン承ル。カヽリケレハ。太神宮ニテハ春日大明神ヲ左相殿ト申。太玉命ヲ右相殿ト申。御體ヲ守リハナレ奉給ハス。

とあるもので、この論説について、

按此説、儀式帳ヲ捨テ本記ニ據レリ。實ニ確論ナリ。然シテ古事記ニ、思金神ト云フニ合セス。如何。然ルニ兒屋命、思金神一神二名ナルヘキ由、伴信友、平田篤胤等ノ説アリ。古史徴ニノス。其當否ヲ知ラサレト

モ、彼説ノ如クナラハ、神宮ノ古記、古事記ニ合スト云ハムカ。

と述べ、[26] 伴信友や平田篤胤が主張した天児屋根命・思兼神同神異名説の可能性をも示唆しながら2説を支持している。おそらく清直は通海が『太神宮参詣記』で論じた宝鏡奉斎の神勅や常侍防護の神勅を重視し、且つ同書で指摘する「大嘗會神殿行幸」を評価する立場をとったものと思われ、左図の、

【朝廷（大嘗會神殿行幸）】

天皇 ─┬─ 中臣氏（左方）
　　　 └─ 斎部氏（右方）

【神朝廷（皇大神宮）】

天照大御神 ─┬─ 天児屋根命（左相殿神）
　　　　　　 └─ 天太玉命（右相殿神）

のような思考が彼に存して、「神宮＝神朝廷」思想を基準とした考証姿勢を以て導き出したのが2説であったからと考えられる。

次に、清直の職掌（内人・物忌）観について見てみたい。『皇太神宮儀式帳』や『止由気宮儀式帳』には神宮の職掌にはどういうものがあり、どのような職務を掌っていたか詳細な説明がなされているが、清直はその職掌

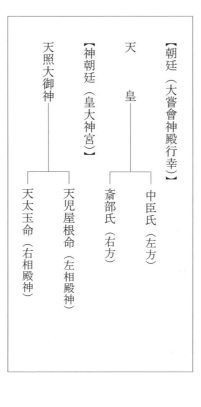

（内人・物忌）を総括的にどのように理解していたのであろうか。それは、『太神宮本記歸正鈔』巻第一「木乃國奈久佐濱宮」条の注解における「舎人」の項に、

講述鈔ニ、漢書曹參傳ノ注ニ、舎人猶家人也、トアルヲ引テ、舎人ハ國造ノ家人ナリ、ト註スルハ甚非ナリ。日本書紀、仁徳天皇ノ巻ニ、近習ノ舎人、武烈天皇ノ巻ニ、近侍舎人、顕宗天皇ノ巻ニ、左右舎人、アリ。古事記、萬葉集ニモ舎人ト見エ、續日本紀ニ、内舎人大舎人アリ。職員令ニ、左右大舎人寮アリ。並ニ舎人ノ字ヲ止禰利ト訓ス。天皇及親王ノ左右ノ雑使ニ供スルモノヲ指ス稱呼ナリ。皇大神ハ萬事ヲ宸儀ニ准スル例ナル故ニ、近侍ノ使人ヲ同ク舎人ト謂ヘルナリ。但内宮鎮坐ノ後ハ宮中ニ昵近スルヲ内舎人ト稱シ、宮外ノ事務ニ預ルヲ舎人ト稱ス。（略）内人ハ内舎人ノ略稱ナルコトヲ辨知スヘシ。（略）サレハ内人ト略書シテモ猶宇登禰《ウドネ》ト訓スヘキヲ、宇知宇登《ウチウド》或ハ宇知牟登《ウチムド》ナト唱フルハ故實ヲ忘レタル後世人ノ謬稱ナリカシ。

とあり(27)、また、同書巻第一「吉備國名方濱宮」条の注解における「采女」の項に、

日本書紀、仁徳天皇ノ巻ニ、采女磐坂媛、又古事記、朝倉ノ宮ノ巻ニハ、三重ノ婇。萬葉集、政事要路ニモ、駿河ノ婇女ニ作レリ。職員令、采女司アリ。續日本後紀ニ、采女擎二ケ御盃一ヲ来リ授二ク陪膳ノ采女一ニ。又西宮記ニ、節會ノ陪膳ハ采女奉仕ス、ナト見エタル如ク、朝廷ニシテ盃酌陪膳ノ事ヲ掌ラシムル為ニ諸國ヨリ奉進スル女ノ稱ニシテ、倭名鈔ニ、伊勢ノ國三重ノ郡采女《宇禰倍》、トアル郷名ノ如ク宇禰倍トモ又宇禰免トモ訓ス。舎人ノ例ト同ク、宸儀ニ准シテ皇大神ノ使女ニ國造ノ貢進スル女ヲモ采女ト稱スルナリ。但内宮御鎮坐ノ後ハ采女ノ稱ヲ物忌ト改號セラレシニコソ。

とあって[28]、概ね、

ア、舎人とは天皇及び親王の左右の雑使に供する者であり、采女とは朝廷において盃酌陪膳のことを奉仕するために諸国より貢進された女性を指すこと

イ、朝廷における舎人の職掌は、神宮内人（元来は内舎人）となり、また同様に采女は物忌となること

ウ、神宮の職掌(内人・物忌)の起源は、宸儀（朝廷）に准じて天照大御神（神朝廷）に仕えるべく設置されたことに求められること

の三点を指摘し、清直は天皇（朝廷）＝天照大御神（神朝廷）の思想に立脚して、舎人・采女（朝廷）＝内人・物忌（神朝廷）の図式を想定し、これらの職掌を捉えていたと思われる。

このような清直の考証姿勢に対して、中川経雅は『大神宮儀式解』巻第十七「禰宜内人物忌等職掌行事」条の注解における「宇治大内人」項と「大物忌」項で、

内人を正《タヾ》しく古言に唱へば宇知毘等《ウチビト》なれど、音便にて中古已来宇知牟登《ウチンド》と唱へ来れり。宇知宇登《ウチウド》とよむは中々に悪し。総てかゝる音便に牟《ム》と宇《ウ》と二つある中、牟《ム》の方正しく宇《ウ》は後なり。神《カミ》を加牟《カム》といふは古く、加宇《カウ》といふは後なり。上《カミ》の字の訓も同じ。すべて此ノ意もて見るべし。（略）内人は孝徳紀、天豊財重日足姫天皇《アメトヨタカライカシヒタラシヒメノ》四年、中臣鎌子ノ連ヲ為ニ内ノ臣一ト、と見え、天智紀、七年五月、内臣《ウチノオミ》、と見え、天平勝寳元年又天平寳字元年の紀、宣命、大伴《オホトモ》氏を内兵《ウチノツハモノイ》と称ふ。皆殊に親《シタシ》みたまふ由の美称《ホメナ》なり。内人

も右に同く、大御神へ殊に親く奉仕《ツカヘマツル》よしの稱《ナ》なるべし。

物忌は常に齋火《イミヒ》を食《ク》ひ、諸《モロモロ》の事忌《コトイミ》して、きたなきに不レ觸、齋敬《イマハリツヽシミ》神事に供奉《ツカヘマツ》れば、これを職ノ名とす。


と考証している。(29)また、薗田守良は『神宮典略』巻第二十二「内宮職掌上」条の注解における「大内人職・大内人」項と「物忌職・大物忌及び物忌の辨」項で、

内人に大小の差別ある故にかく云わけたり。内とは親しく奉レ仕るよしの義也。外に對へたるをもて知るべし。孝徳紀に、鎌子連を爲二内人一、また續紀天平勝寶元年、天平寶字元年の條の詔詞、大伴氏を内兵とある内も天皇の御許に親しく仕奉りむつまじく思召よしの名なり。

物忌と云義は凡て物を忌敬由にて、帳禰宜職掌に、忌火飯食弓、見レ目聞レ耳言辭齋敬。また物忌職掌、後家之雑罪事祓清、齋慎供奉。齋館の條、常食二忌火物一供奉、などあり。大宮の御饌を調へ朝夕忌敬み仕奉る職にて、物語文に物忌とて他人の家に入事をゆるさず、閉籠りて慎み居る事を多く云へるも此義にて、物別に忌慎むよしをいふ也。齋敬をもて職名とせしなり。神幣を忌敬みて作造る氏人の姓を齋部といふも同意也。

此大物忌は其元發由を帳に明かに載せられて、たどる事もなきを、外宮人の偽書に欺むかれて、人々の混ふ事なれば、事のちなみに云辨へてん。


と論述している。(30)経雅も守良も神宮と朝廷との密接な関係を示唆するものの、経雅や守良に較べると明らかに清直は「神宮=神朝廷」思想を深化発展させた強い論法で自らの見解を提示しており、そこに清直の独自性が是認されるのではないだろうか。また、そのことは経雅が『大神宮儀式解』巻第一「大神宮儀式　御幸行」条の「御

幸行」項の注釈で、

御幸行坐時は伊傳於波之萬須登伎農《イデオハシマストキノ》とよむべし。また美由伎麻志萬須登枳能《ミユキマシマストキノ》ともよまむ歟。但シ伊傳於波之《イデオハシ》萬須《マス》とよめる方古く見ゆ。天智紀、九年五月ノ童謡、于知波志能《ウヂハシノ》、都梅能阿素弭爾《ツメノアソビニ》、伊提麻栖古《イデマセコ》、萬葉八、紀ノ女郎ノ歌、闇夜有者《ヤミナレバ》、宇倍毛不来坐《ウベモキマサズ》、梅花《ウメノハナ》、開月夜爾《サケルツキヨニ》、伊而麻左自常屋《イデマサジトヤ》、と見ゆるを思ふべし。此《コ》所《ヽ》を出御の意なり。又美由伎《ミユキ》は御行の義にて朝廷《ミカド》より國々めぐりたまひ此處《コヽ》に御行坐《ミユキマ》すといふなり。幸の字を用るは古事記日本紀等多し。推古紀十七年四月には大幸と見えたり。蔡邕獨斷ニ、天子ノ車駕所レ至賜ニ以二食帛一、民爵有レ級或賜二田租一、故ニ謂二之ヲ幸一ト、と見えて、出《イデ》おはします所の民には物たまひて各　幸《サイハヒ》をかゝぶる故に此ノ字を用《ツカフ》といへり。

と論及したことを進めて[31]、清直は『太神宮本記歸正鈔』巻第一に見られる太神宮本記条文の「従《ヨリ》レ此倭《コヽヤマトヒ》比賣《メノ》命《ミコトニ》奉《マツリ》レ戴《イタヽキ》二天照大神《アマテラスオホカミヲ》一而《テ》幸行《イテマサシメキ》」における「幸行」の注釈で、

日本紀、古事記竝ニ幸行ニ作リ、日本紀私記ニ、幸行之、以天未須於保美由岐、ト訓シ、天智天皇紀ニハ、伊提麻志トモ見ユ。是亦皇大神ノ出御ヲ宸儀ニ准シテ幸行ト稱スルナリ。

と述べ[32]、明白に「皇大神ノ出御ヲ宸儀ニ准シテ幸行ト稱スルナリ」といい切り、経雅の説をより一層深化させた「神宮＝神朝廷」思想が窺われるのである。

更に、清直は自らの職掌である御巫内人に関して、天保十年五月に作成された『イ工獨語』「御巫内人ノ職掌

ハモト朝廷ノ御巫ニ准シテ定ラレシ事」の中で、次のように説いている。(33)

A、朝廷ニシテ宮地ノ靈神、及御井神、御川水神等ヲ奉齋スルハ座摩ノ御巫ノ任ナル事本文ノ如シ。神宮ノ御巫モ御井神ヲ祭ル事年中六度、宮地ノ神ヲ祭ル事年中三度ノヨシ延暦儀式帳ニ載タリ。内宮ニハ宮地ノ四至神、及宮比、矢乃波々木ノ神ノ祭ヲモ御巫掌ルヨシ建久年中行事ニ委曲ナリ。是亦朝廷ノト一致タリト謂ヘシ。

B、朝廷ノ御門祭ニ御巫奉仕スル事如此シ。神宮ノ御巫御門ノ神祭トテ別ニ行フコトハナケレト、二月十月初午祭ノ日御巫執祓詔詞ヲ申シ、幣帛等ヲ御門神及宮廻神等ニ供セシム。是亦同儀カ。

大八洲靈神ヲ神宮ノ御巫奉齋スル所見ナケレト、内宮建久年中行事ニ御巫内人、天津神國津神、八百萬神等ヲ奉祭スル事見ユ。國津神ノ祭祀ニ預ル事ナシトモ謂カタキカ。

C、六月十二月ノ御贖及毎月晦日ノ御贖祭ハ御巫専ラ行事シテ災禍ヲ解除ス。神宮ノ御巫モ古ハ毎月晦日禰宜内人等ノ各館ヲ祓除シ、六九十二月ノ三節祭ニハ、供御ノ御贄及職掌人等并齋館ヲ祓浄ル事ヲ掌ルヨシ延暦儀式帳ニ載タリ。朝廷ノ御贖ヲ掌ルト同儀カ。此外朝廷ノ御巫ノ行事ト神宮ノ御巫ノ職掌ト彼是比照スルニ、一致ト見ユル事枚挙スルニ遑アラス。但朝廷ノハ大御巫、御門ノ御巫、生嶋ノ御巫、座摩ノ御巫等數人アリテミナ女子ナリ。神宮ノ御巫ハ男子ニシテタヽ壱人ノミナリ。内宮ハ後ニ加補ス。故ニ若干ノ行事ヲ兼勤ス。歳移リ物革リテ、今ハ同名異職ノ如クナリタレトモ、其本源ヲ尋テ考フレハ職掌ノ因准セル事上件ノ如シ。然レハ神宮ノ御巫ハ朝廷ニ御巫アルニ准シテ其職ヲ置レ、所掌モ亦彼ニ因テ定メラレシト知ラレタリ。

（記号筆者付す）

右のＡＢＣより、神宮の御巫内人の職掌は、朝廷の御巫の職掌と同種のものであり、朝廷の御巫に准じて神宮の御巫内人が設置されたことを考証している。

ところで、このような考証は清直にとって現実的にはその職掌上どのように活用され反映されたのであろうか。それは同書「御巫神事に従フ時ノ衣服ノ事」項に、

外宮寛永ノ引付ニ云。斧始ノ儀式之覚。御巫役ノ一人。冠。黒装束云々。

寛文正遷宮記ニ云。御巫内人清平。冠衣。

外宮子良舘祭奠式ニ云。初午ノ神事。御巫内人。冠衣。

按ルニ近古ハ黒染ノ布ノ袍ヲ着シテ奉仕セシ事本文ノ如シ。故ニ後ニハ其流例ニ従テ改メス、輪無ノ紋紗ノ黒袍ヲ着セリ。无位ニシテ四品ノ位袍ヲ着シ、神朝廷ニ拝趨スル事僭上トヤイハム、不明トヤイハム。尊神ノ冥睠恥カハシク、ハタ恐多カレハ、イカテ上古ノ本儀ニ復シテ、常祀ニハ絹ノ明衣、造宮ノ諸祭ニハ布ノ明衣ヲ着シテ奉仕セマ欲ク思ヒワタリスルニ、嘉永六年二月叙位セラレシカハ、六月由貴祭　ヨリ緑袍ヲ着シテ奉仕スル事トナリヌ。

（傍点筆者付す）


と見られるように[34]、自ら考証するところに随って、従前の誤った服制を本義に復して（上位の黒袍より下位の緑袍へと変更）神明に奉仕したのであった。換言すれば、清直は考証を単なる机上の空論に終わらせずに実行に移す学者であったといえよう。

五　清直の神嘗祭観

神宮恒例祭中最重儀の神嘗祭は古より今に至るまで、皇大神宮では次の祭儀構成を以て斎行されてきた。

九月（現行十月）十五日　興玉神祭 ――― Ⅰ
　　　　　　　　　　　　御　卜
　　　　　　　　十六日　由貴夕大御饌 ┐
　　　　　　　　十七日　由貴朝大御饌 ┴― Ⅱ
　　　　　　　　　　　　奉　幣
　　　　　　　　　　　　御　遊（御神楽）――― Ⅲ

右のような構成を有する神嘗祭と清直の「神宮＝神朝廷」思想との関連について以下論じることとする。但し、大御神への供進物及び祭員が神嘗祭を奉仕するにあたって御神意に叶っているか否かをトう儀式である「御卜」と『続日本紀』養老五年（七二一）九月乙卯の条に初見される「奉幣」は除外するものとしたい。

先ず、Ⅰの興玉神祭については、これまで一般的に天照大御神の大宮地を守護する神（猿田彦神と同一視される）を鎮めるために執り行われる祭儀とされてきた。[35] しかし、清直には興玉神祭についての独創的な解釈が存する。つまり、歌集『新續太神宮神祇百首和歌』所載の歌に、

後朝戀

をきたまに魂をきすらし契つるゆふへもまたすいなむと思ふは

三をりの祭の十五日の夜、をき玉の神態を行ふ處を、やかてをきたまの御前とよふめり、をき玉は魂を招くこゝろにて、鎮魂祭と同儀なるを、はやくより興玉とさへあやまりて、神の名とせるものゝ見えしらかふはうけかたくなむある、今はふるきによりてよめるなり

とあり、(36)『イ工獨語』「御巫内人ノ職掌ハモト朝廷ノ御巫ニ准シテ定ラレシ事」の中では、

按ルニ神祇官西院ノ八神殿ニ奉祀スル八柱神等ヲ天皇ノ鎮魂神ト稱シ、平生大御巫コレヲ奉齋シ、殊ニ十一月中寅日鎮魂祭ヲ行フ。専ラ御巫ノ職掌ナリ。其儀延喜式、儀式、江家次第、年中行事秘抄等ニ委シ。抑鎮魂トハ職員令ノ集解ニ、人ノ陽氣ヲ曰レフ魂ト、魂ハ運也、言ハ、招二テ離遊之運魂一ヲ、鎮二ルナリ身體之中府一、故ニ曰二フ鎮魂一、トアルカ如ク、此等ノ神等ヲ奉祭シテ天皇ノ離遊ノ御魂ヲ招鎮シ奉ラム事ヲ祈ル行事ナリ。故ニ後醍醐天皇ノ日中行事ニ、六月一日ヨリ七月ツコモリマテ、日毎ノセウコムノ御祭イマハサタマレル事ナシ、ト書載セ給ヘリ。然テ神宮ニシテハ内宮ニ六月九月十二月ノ十五日興玉神事アリ。御巫内人専ラ之ヲ行フ。興玉《オキタマ》ハ招魂《ヲキタマ》ノ假借ニテ則チ皇大神ノ離遊ノ御魂ヲ奉招シテ本所ニ鎮魂スルヲ云フ。但シ興ハ於伎、招ハ遠伎ニテ假字差ヘレト、中古以来ハ甚猥雑ニテ論ナシ。御鎮坐傳記ニ、反二ヘス魂魄一ヲ之故ニ號二ス興玉神一ト、トアル興玉モ招魂ノ意ニテ假借差ヘル同例ナリ。然レハ朝廷ニ鎮魂祭アリテ大御巫事ヲ行ヒ、神宮ニハ招魂神事アリテ御巫内人コレヲ掌ル。元来一致ノ職掌ナレハナリ。因云、興玉神事ヲ猿田彦ノ神祭ナリト人ミナ思フメリ。サレト古書ニ明文ヲ見ス。故實ヲ考テ正キヲ取ルヘシ。

と論述し、(37)従来の興玉神祭についての解釈を退け、興玉神祭は朝廷の新嘗祭（大嘗祭）における鎮魂祭と同じ趣旨の祭儀であるとの新説を展開している。この説は「神宮＝神朝廷」思想より導かれたものといえよう。

次に、Ⅱの由貴夕朝大御饌については、慶応元年六月に神嘗祭古儀復興のため祭主藤波教忠の諮問に答申すべく上京した際に清直が著述した『二宮由貴供具辨正』「内宮由貴供具」の部「御饌《ミケ》」の項に、

> 神嘗祭ノ由貴ノ大御饌是ナリ。抑件ノ料田ハ、儀式帳ニ、宇治田一町、御膳《ミケ》ノ料、トアリテ、皇大神御鎮坐ノ時ニ定メ給ヘル御饌田ナリ。正月吉書始ニ此田ノ堰溝修理ノ事ヲ仰下サレ、二月鍬山祭、四月風日祈御笠ノ神事アリ。五月ニ田殖ノ式アリ。七月ニ亦風日祈祭アルモ、皆是神嘗ノ由貴御饌ヲ無異ニ聞食シメ奉ムノ御祈ナリ。大嘗、新嘗ノ朝家ノ御祭ト同一ノ重典ニコソ。

と存し、(38)先ず神嘗祭由貴大御饌は朝廷（家）の大（新）嘗祭と同一の重典であるとしている。その上で、国学者の本居宣長が『伊勢二宮さき竹の辨』において、

> 外宮は豐受《トユケノ》大神。その御名を豐宇《トヨウ》氣《ケ》毘《ヒ》賣命《メノミコト》と申奉りて、穀食の本元の御靈にまし〳〵て、高天原に於て、天照大御神の重く祭らせ給ふ、御食津《ミケツ》大神《オホカミ》にまします也。
>
> 猶又皇國は殊に稲穀のはるかに萬國にすぐれてめでたくうるはしき御國にして、瑞穂國《ミヅホノクニ》といふも、稲穂のすぐれてうるはしくめでたきよしの國號にして、神代より稲穂の事に、格別にたふとき子細あれば、殊に御食津神の御事は、やむごとなきことわりあり。上に申せるごとく、すべて食穀の事につきては、朝廷の重き禮典ども數々ある御事など、思ひ合せ奉るべし。然れば天照大御神の、此豐受大御神を、とりわきておもく祭

らせ給ふは、かたぐ深きよしある御事にぞ有ける。

と提唱した天照大御神の豊受大御神敬祭説を、(39) 橋村正兌が『外宮儀式解』巻第二「大長谷天皇御夢誨」条の「御饌都神等由氣大神」に対する注釈で、

天照大御神の御膳神は外宮大神是なり、されば御膳津《ミケツ》といふ御《ミ》の語は天皇また天照大御神にむかへて申す尊稱なりけり、豊受、宇賀能賣、保食など申スは、其神々の常の御名にして、御膳津神と云は皆右の意ある時の御名なり、彼氣比大神も天皇に入鹿魚《イリカイヲ》を奉らしゝ御功徳によりて、御膳津神と御名を申給ひしなれば、是亦天皇にむかへての御名なり、さて天皇のは天皇の祭給へば、天照大御神のは天照大御神の祭給ふべしと云フべけれども、高天原にてはいかならむ知ず、此國にしては天照大御神も御靈代に坐て是もまた天皇の祭たまふ大御神なれば、其御膳津神も天皇よりこそ祭給へれ、天照大御神の御自祭給ふことは理ワリなし、かく天照大御神の御膳の神として天皇の祭り給ふ外宮大神に坐ませば、外宮大神は天照大御神の御膳を掌りたまふぞ御勤には有ける、能々心をひそめて考ふべし、(略) 高天原にて常に御自祭らせ給ふ神なるが故に、此國にても同じ状《サマ》に祭り給へとて皇御孫命に授けたまへる御靈なれば、其御事依しの随《マヽ》に朝廷におきて祭給ふこと、上に細く辨へたるが如し。なほいはゞ、古語拾遺に、上十六丁に引たる天祖云々乃相語曰とある詔につゞきて、惟爾二神云々、宜以ヲ㆓吾高天原《アガタカマノハラニ》所御《キコシメスユ》齋庭之穂《ニハノホ》㆒、是稲種也、亦當㆓御《キコシメサム》於吾兒《アガミコモ》㆒矣、宜太玉ノ命率《ヰテ》㆓諸部神《モロトモノヲノカミ》㆒ヲ、供㆔奉《ツカヘマツレ》其職如《ゴト》㆓天上儀《アメノノリノ》㆒、と詔ごち給へるよし見えて、神代紀にも同じ旨《オモムキ》に見えたり。この朝廷の御儀式は萬ヅ天つ宮事を受繼ませる事なるに、かく齋庭の稲穂を聞し召を重き神事としませるも、即チ豊受大御神の御靈を戴き持坐るにあらずや。しか戴き持ませれば、天にしては天津宮なる天照大御神を始、諸神等の天津御饌を幸ひたまひ、天降ましては此國なる天照大御神、及《マタ》天皇の長御饌

を始て諸人どもの食物をもほどほどに恵み給ふなり、

と更に発展させた論説を、(40)中野裕三氏が前掲論文で、

豊受大神の神位をめぐる清直の位置づけは、基本的に、豊受大神は皇大神の敬祭する神であると規定した本居宣長・橋村正兌の学説に従うものであった。

と指摘されたように、(41)おそらく清直は宣長・正兌の豊受大御神敬祭説を受容して高天原で天照大御神が穀食の本元ともいうべき御霊である豊受大御神を重くまつり、且つ朝廷の礼典にもそれが見られることを全面的に肯定する厳密なる見解を次のように披瀝する。即ち、安政五年三月撰述の『豐受大神寔録』において、

①復見下テ天照大神當二キ新嘗一ス時上ヲ。則陰ニ放二屎《ケカシ》ス於新宮一ニ。一書ニ云ク。及レテ至下ルニ日ノ神當二キ新嘗一ス之時上ニ。素戔ノ嗚ノ尊則於二新宮ノ御席之下一ニ。陰ニ自ラ送糞《クソマル》、日神ノ不レ知サ。徑ニ坐二シタマフ席ノ上一ニ。由レテ是日ノ神擧テ體不平ミタマフ。

按ルニ古事記ニモ、亦其ノ於下聞二看大嘗一ヲ之殿上屎麻理散シキ、故レ雖二モ然為一スレ、天照大御神者ハ登加米受而告タマハク、如レスハ屎酔テ而吐散ス登許曾、我那勢之命為二ツラメ如此一登詔リ雖レモ直セ猶其悪態不レ止マ、トアリ。素戔ノ嗚ノ尊神徳ニ帰化セス、皇大神ノ新穀ヲ収穫シ、供御ニ備ヘムト為シ給フニ及テ、豐受大神ノ靈徳ニ報ムト大嘗ノ新殿ヲ造立シ、其神殿中ニ神座ヲ設テ、朝夕ノ御饌ヲ奉進スヘキ料ノ所謂ユル由貴殿、須紀殿ヲ妨汚シ給フヲ謂フナリ。

②古語拾遺ニ云ク。令下テ手置帆負。彦狭知ノ二神ヲシテ作ニリ天ノ御量一ヲ。伐ニリ大峡小峡之材一ヲ而。造中ラ瑞ノ殿上ヲ云々。爰ニ令下ム天ノ手力雄ノ神ニ引ニ啓カシメ其ノ扉一ヲ。遷中座ナサ新殿上ニ。則天ノ兒屋ノ命。太玉ノ命以ニテ日ノ御縄一ヲ。廻ニ懸ケ其ノ殿一ニ。令三ム大宮賣ノ神ヲ侍ニハ於御前一ニ。

按ルニ皇大神石窟幽居ノ日、衆神議シテ豫メ新殿ヲ造立シ、出御アラハコレニ奉遷シ、大新嘗ノ大禮ヲ改メ行ハシメムトスルナリ。後此瑞殿ニシテ豐受大神ニ報徳ノ祀典ヲ行ハレツラム。其儀史籍ニ闕漏スト雖モ、皇孫天降ノ後行ハルヽ、所ノ大嘗ノ祭式、一ツトシテ此時ノ典故ヲ傳ヘサルコトナシ。日本紀一書ニ、天照大神勅シテ曰ハク、以ニテ吾レ高天ノ原ニシテ所《シロシメスユニハ》 御齋庭之穂《イナホ》一ヲ、亦當レシ御《マカス》ニ於吾カ兒一ニ、トアル齋庭ハ此新嘗ノ祭庭ヲ謂フナリ。大嘗會中臣ノ壽詞ニ、皇孫尊波高天原仁事始天、天都日嗣乃天都高御座仁御坐天、天都御膳遠長御膳乃遠御膳止、千秋乃五百秋仁、瑞穂遠平介久安介久由庭《ユニハ》仁所知食止、事依志奉弖天降シ坐シキ、トアルヲ以テ相證スヘシ。新嘗ノ大禮ヲ行ハルヽコト、是時ヲ以テ元始トスルコト自ラ明瞭ナリ。

③一書ニ曰ク。時ニ神吾田ノ鹿葦津姫以ニテ卜定田一ヲ。號テ曰ニフ狭名田一ト。以ニテ其田ノ稲一ヲ釀ニテ天ノ甜酒一ヲ嘗スレ之ヲ。又用ニテ渟浪田ノ稲一ヲ為レテ飯ト嘗レス之ヲ。

按ルニ天津彦火瓊々杵尊、日向國ニ降到リ、宮崎宮ヲ經營シテ天業ヲ治メ賜ヘル時ニ、始テ狭名田、渟浪田ヲト定シ、皇大神ノ吾高天原ニシテ所レノ御齋庭之穂、亦當レシ御ニ於吾兒一ニ、ト詔テ授賜ヘル天狭田長田ノ稲穂ヲ播種シ、コレヲ収穫シテ新嘗ノ齋庭ヲ設ケ、御食津大神ニ報嘗セラレシナリ。是レ中國ニシテ大嘗ヲ行始メラレシ元始ナリ。是レヨリ以後大嘗新嘗ノ儀ハ絶エス行ハルヽ大禮ニシテ、引證スルニ遑アラス。

④日本書紀ニ云ク。御間城入彦五十瓊殖ノ天皇六年。先レ是ヨリ天照大神和ノ大國魂二神。並祭ニル於天皇ノ大殿之内一ニ。然ルニ畏ニテ其ノ神勢一共ニ住タマフコト不レ安カラ。故ニ以ニ天照大神一ヲ。託ニケ豐鍬入姫命一ニ。祭ニル於倭

ノ笠縫邑一ニ。仍テ立ニツ磯城ノ神籬一ヲ。

天書ニ云ク。崇神天皇六年秋九月。安二置シ於天照大神並草薙劔ヲ別殿一ニ。詔シテ更ニ鑄二造ル劔鏡一ヲ矣。

古語拾遺ニ云ク。至二リテ于磯城瑞籬ノ朝一ニ。漸ク畏二テ神威一ヲ。同レクスルコト殿ヲ不レ安カラ。故レ更ニ令下メ齋部氏ヲシテ率二テ石凝姥ノ神ノ裔。天ノ目一箇ノ神ノ裔二氏一ヲ。更ニ鑄レ鏡造上レ劔ヲ。以テ為二護身ノ御璽一ト。是レ今践祚之日所レノ獻ル神璽之鏡劔也。仍テ就二テ於倭ノ笠縫ノ邑一ニ。殊ニ立二テ磯城神籬一ヲ。奉レリ遷二シ天照大神及草薙劔一ヲ。令二ム皇女豊鍬入姫ノ命ニ奉一レラ齋キ焉。

按ルニ崇神天皇、天祖授賜ノ神器ノ威勢ヲ畏敬シテ、同殿ニ共住シ給フコトヲ不安トシテ、代靈ヲ造ラシメテ、コレヲ護身ノ御璽トシ、傳来ノ靈鏡ヲハ笠縫邑ニ別殿ヲ創立シテ、コレニ奉遷安置シテ天照大神ト奉稱ス。古語拾遺ニ謂フカ如ク、自是以前ハ帝ト與レ神其際未レ遠カラ、同レクシ殿ヲ共レニシ床ヲ、以レテ此ヲ為レ常ト、故レ神物官物亦未二リ分別一セシカハ、何事モ唯一ナリツルニ、此時天皇ト天照大神ト剖分シ給ヒテ、御食津神モ副賜ノ神靈ハ天照大神ノ御食津神トシ、大神ニ附シテ宮外ニ奉出シ、神祇官西院ノ天津神籬ニハ代靈ヲ置カルヽコト無ク、榊ヲ以テ神體ト為シ、天皇ノ御食津神ト奉齋セラルヽコト、百錬鈔、大治二年二月十四日條ニ、八神殿、園韓神、自レ元無二シ御正體一。玉英、暦應三年三月廿九日條ニ、神祇官ノ神體為二ル神木一之條勿論歟。諸神本懐ニ、八神殿不レ安二セ御體一ヲ。唯用二フ賢木一ヲ也、トアルニ勘合シテ、當時ノ景況ヲ察知スヘシ。但崇神天皇ノ朝ニ別殿ニ奉出アリシハ、天照大神及豊受大神ノミナラス、神祇官西院ノ祭神廿三座、其外天孫授受ノ神靈等悉皆宮外ニ奉祀セラレシナリ。

⑤止由氣宮儀式帳ニ云ク。天照シ坐ス皇大神。始メ巻向玉城ノ宮ニ御宇メシ、天皇ノ御世。國々處々ニ大宮處求メ賜フ時ニ。度會乃宇治乃伊須々乃河原爾大宮供奉キ。爾時ニ大長谷ノ天皇ノ御夢爾誨ヘ覺シ賜久。我レ高天ノ原ニ坐弖。見メ志真岐《シマキ》賜志處爾。志都真利坐奴。然レトモ吾一所耳《ノミ》坐セ浪甚ト苦シ。加以ナラス大御饌毛安ク不ニ聞シ食一サ坐カ故爾。

丹波ノ國比治乃真奈井爾坐ス我カ御饌都神。等由氣ノ大神乎我カ許ニ欲《モガ》止誨ヘ覺シ奉支。爾時天皇驚キ悟リ賜弖。即従二丹波ノ國一令二行幸《マサ》一弖。度會乃山田ノ原ノ下ッ石根爾。宮柱太知立テ。高天ノ原爾知疑高知弖。宮定メ齋ヒ仕奉始支。是ヲ以テ御饌殿造立奉弖。天照シ坐ス皇大神乃朝乃大御饌。夕乃大御饌乎。日別ニ供奉ル。

按ルニ崇神天皇ノ卅九年ヨリ天照大神ヲ丹波國吉佐宮ニ奉齋スルコト四年、其時皇大神ノ御饌殿ヲ丹波ノ郡比治里ニ建テ、朝夕ノ御饌ヲ供進ス。因テ皇大神ノ御饌都神豐受大神ノ神祠ヲモ同處ニ造テ、皇大神ト同ク朝夕ノ供御ヲ備テ、報徳ノ厚意ヲ盡サセ給フ。然ルニ同帝ノ卌三年、天照大神ハ大和ノ國ニ還ラセ給ヒ、厳橿ノ本ノ宮ニシテ奉齋在リツルニ、御饌殿ト御饌都神トハ依然ト丹波ニ留置奉リ、朝夕ノ御饌ヲ其地ニシテ供奉セリ。従レ其五十一年ノ間、諸國ヲ經歴シテ宮處ヲ覔賜ヒ、垂仁天皇廿五年、遂ニ伊勢ノ國度會ノ郡宇治ノ郷ノ伊須受河原ニ大宮處ヲ定テ、萬世不易ノ太神宮ト安鎮奉座ナシ奉キ。其時ヨリ天宮ノ大新嘗ニ擬シテ神嘗祭ヲ始行セラレ、由貴ノ御饌殿ヲ宮中ニ創立シ、其殿ニシテ由貴ノ供膳ハ調備セラレキ。

（番号筆者付す）

と説いて、[42]大（新）嘗祭と神嘗祭との起源と発生が、「斎庭の稲穂」の神勅を中心にして、神代から連関性があり、両者の密接な相互関係を論じたのであった。但し、その論の中核に位置する神勅の「斎庭」に関しては、宣長や正兌には見られない清直独自の見解を次のように示している。つまり、『太神宮本記歸正鈔』巻第四「大田命」条の注解における「宇治土公祖大田命」の項で、

⑥大田命ハ猿田毘古神ノ末裔ニテ古来宇遅ノ國ノ土公タリシニ、此時参相テ神田ヲ獻進シ、御鎮坐ノ後内人ノ上首トナリテ奉仕シ、其子孫其職ヲ襲ヒ姓氏ヲ宇治土公ト稱ス。故ニ大田ノ命ヲ以テ宇治土公ノ祖ト謂ヘル

ナリ。抑其鼻祖トスル猿田彦神ハ（略）今按ルニ猨田ノ二字ハ、サルタトハイハス、サダト訓スヘシ。日本紀ニ、應レシ到ニル伊勢之狭長田五十鈴ノ川上一ニ。又鎮坐傳記ニハ、狭長田之猨田彦大神トイヘリ。伊勢ノ狭長田ト稱スル地ニ住坐セル趣ナリ。其狭長田ハ日本紀ニ、天照大神以ニテ天ノ狭田長田一ヲ為ニ御田一ト、又以ニテ其稲種一始テ殖ニウ于天ノ狭田及長田一ニ、ナトアルニ准シ、此國土ニシテモ皇大神ノ伊須々河上ノ御田ヲ狭田長田ト稱シ、約シテハ狭長田トモ云ヒシヲ前ニメクラシテ神世ノ言語ニモ係ケ、其狭田ヲ以テ神名ニ負セテ語傳ヘシナリ。依テ神皇正統記ニハ既ク、狭田彦ト云神、ト書レタリ。又鹽尻ニモ、按猿田彦宜レ訓ニス左多比古一ト乎、猿長田者日本紀所謂ル狭田長田也、依ニテ所名一ニ所レ號スル歟、今三州猿投或ハ書ニス狭投一ト、然則猿田彦者狭田彦歟、ト注セリ。是等ニ従フヘシ。（略）然テ此神ハ神代ヨリ宇治一郷ノ地主ト為テコヽニ住シ、数世ヲ經テ大田命ニ至レルナリ。大田ト稱スル義ハ儀式大嘗祭ノ條ニ、次ニト二定御田六段一ヲ、田ヲ稱ニシ大田一ト、稲ヲ稱ニス撰子稲一ト、トアル大田ノ義ニテ稱セシナリ。是亦皇大神ノ神嘗祭ノ由貴御饌料田ヲ朝家ノ御田ニ准シタルナルヘシ。

（番号筆者付す）

と論証し[43]、高天原の斎庭である天狭田長田は、神宮にあっては大田命（狭田彦神の末裔）が天照大御神に献進した神嘗祭由貴大御饌の御料田（＝御常供田）である狭田長田（略して狭長田ともいう）にあたり、その御料田は朝廷の大嘗祭の御田である大田に准じて設置されたとする。およそ①から⑤までの清直の骨子となる主張を纏めると左のごとく表示されよう。

〈高天原〉神代〈史料①②より〉

大　新　嘗　祭

←

天照大御神が由貴殿・須紀殿において
天狭田長田の稲穂で以て豊受大御神を祭る

〈中津国Ⅰ〉瓊々杵尊〜崇神天皇（＝神皇一体）〈史料②③④より〉

大　新　嘗　祭

←

天皇（＝天照大御神）が新嘗の斎庭において
狭名田渟浪長田の稲穂で以て豊受大御神を祭る

〈中津国Ⅱ〉崇神・垂仁天皇以後（＝天皇と天照大御神とが剖分、豊受大御神の御霊実も朝廷より奉出され雄略天皇の御代まで丹波において奉祀）〈史料④⑤⑥より〉

〔朝　廷〕

新（大）嘗祭

←

天皇が由貴殿・須紀殿において大田の稲穂で以て豊受大御神を祭る(44)

〔神　朝　廷〕

神　嘗　祭

←

斎王(45)が皇大神宮において狭田長田（大田命献進）の稲穂で以て天照大御神を祭る

この表示のように、清直は天皇と天照大御神が崇神天皇の御代に剖分されることとなったが、元来は神皇一体であり、〈中津国Ⅱ〉における朝廷の新（大）嘗祭も神朝廷の神嘗祭も共に、〈高天原〉及び〈中津国Ⅰ〉斎行の大新嘗祭に、その主旨は直結するものであって、祭儀の形式も擬されて執行されていることを力説したのであった。これも清直の強い「神宮＝神朝廷」思想に基づけばこそ導き出された論説ではないだろうか。

それから、Ⅲ御遊（御神楽）についての清直の所感は、慶応二年四月に述作された『神嘗祭御遊考實』の序文に次のように見られる。即ち、

二宮神嘗祭御遊ノ儀ハ、惣テ朝家ノ大嘗會、新嘗祭ノ式ニ因准シテ行ハル。サレハ大嘗會ニ、神祇官小忌侍従以下ノ倭儛アレハ、勅使以下ノ倭儛アリ。又五節ノ舞姫ノ舞アレハ、齋宮女孺ノ五節アリ。又久米儛アレハ、鳥子名舞アリ。又大直歌アレハ、御饌歌アリ。又大歌アレハ、伊勢歌アリ。又舞人、歌人、琴師、笛工等ニ青摺ヲ着セシメ給フコトアレハ、鳥子名、琴生、歌長、笛生等ニ青摺ヲ賜フ。萬事朝儀ニ異ナラサルコトヲ熟ク辨知シテ後ニ其沿革ヲ考究スヘシ。

とあって[46]、朝廷の大嘗会や新嘗会で執行される様々な神楽と神宮（神朝廷）で斎行される神楽とを比較して、朝廷と神朝廷の神楽は各々照応しているとの所感を抱いていたことが容認される。

以上のことより、清直の神嘗祭観は「神宮＝神朝廷」思想を基軸として展開されていたことが窺われる。そして、この思想は神嘗祭に限らず、それを含めた年中行事にも適用されている[47]。つまり、『大神宮ノ事ハ諸社ニ異ナル事考』で、

仍テ年中ノ行事モ凡テ朝儀ニ准セラレ、大嘗・新嘗祭ニ同ク神嘗祭アリテ、由貴主基ノ御饌・五節豊明ノ舊儀ヲ行ハシメラレ、月次祭モ同クコレニ准セラル、元日ノ節供・屠蘇・白散・朝拜・四方拜・宴會ヨリ始テ、七日供㆓若菜㆒、卯日獻㆓卯杖㆒、十五日獻㆓御粥㆒・進㆓御薪木㆒等ノ行事ヲ行ヒ、二月以下十二月晦日追儺ノ燈油神事ニ至ルマテ、數十度ノ神祭凡テ朝家ノ行事ト異ナラス、サルヲ維新ノ日改減シテ明治祭式ノ新制ニ係ルト雖モ、猶其舊儀ハ遺存シテ諸社ノ如キ神輿ヲ舁廻リ、巫舞ヲ奏シ、流鏑馬・走馬・猿楽・獅子舞・山桙・囃物等ヲ以テスル俗祭トハ異ナリ、其君臣ノ祖祭ノ法懸隔雲泥ナリトソ謂ツヘキ

と述べており、(48)「神宮＝神朝廷」思想が清直の神宮祭祀観のベースになっていたことが察せられるのである。

六　清直の外宮《トツミヤ》思考と豊受大御神の御霊実観

清直の神宮観を考察するにあたり、これまで皇大神宮（内宮）を中心として論じてきたが、内宮に比して豊受大神宮（外宮）を清直はどのように捉えていたかを確認することなしには、清直の神宮観がもう一つ鮮明にならないと思われる。従って、それを以下究明していきたい。清直の外宮及びその主祭神である豊受大御神に関する著作は数多くあり、『豊受神靈由来或問』をはじめ『豊受大神寔録』『豊受大神ハ食物ノ大祖神ニマシマス事』『豊受大神宮四至考』『外宮御域境界之事』『豊受大神宮装束神寶通證』『麻奈井神社考』『御饌殿事類鈔』等がある。それらの中でもとりわけ晩年の作（明治二十三年五月成稿、清直七十九歳）である『御饌殿事類鈔』は清直の外宮観を集大成した重要な書として位置付けられる。清直は同書「起源」の項において、

今按スルニ、神亀年中御饌殿造立ノコトハ儀式帳ノ正説ニ參差セル虚妄説ナル由ハ、名嶋政方カ晤語、橋村正兌カ外宮儀式解ノ二書ニ辨駁セルカ如シ。御饌殿ハ、雄略天皇ノ御世、皇大神ノ神誨ニ、丹後國ニシテ奉供スル御饌ヲ吾許ニシテ進奉スヘク宣セサセ賜フニ依テ、度會ノ山田原ニ御殿ヲ造立シ、毎日朝夕ニ皇大神ノ御氣ヲ供進スル所ト定メサセ賜ヘリ。延暦儀式帳、大同供奉神事本記ニ載スルカ如シ。其殿ハ宇治郷ノ内　宮《ウチノミヤ》ノ内ニ在ラス、沼木郷ノ外ニ離レテ建テル宮ナルヲ以テ、天皇ノ離宮ヲ常都宮《トツミヤ》トイフニ准シ、内　宮《ウチノミヤ》ニ對ヘテ外宮《トツミヤ》ト號シツラム。其殿ニシテ供備スル御氣ノ報酬ノ爲ニ、始祖豐受大神ヲ御饌殿ノ西南ノ地ニ宮殿ヲ造テ奉齋セシメ、其宮ヲ豐受大神宮、又度會宮ト稱ス。仍テ古事記ニ、登由宇氣神ハ外宮《トツミヤ》之度相ニ坐スト謂ヘルナリ。御氣殿ノ外宮《トツミヤ》ノ在地ニ同ク建テル度相ノ宮ニ豐受ノ神ヲ令レ坐ト云フ意ナリ。

と披瀝し[49]、また、『豐受大神寔録』では、

宇治ノ郷ノ内宮ノ外ナル沼木ノ郷ニ天照大神ノ御饌殿ヲ建ルヲ以テ、是ヲ外宮《トツミヤ》ト謂フ。内裏ノ外ナル離宮ヲトツミヤト稱スルニ同シ。其御饌聞シ食ス外宮ノ地ニ豐受大神ノ大宮ヲ造立シテ神靈ヲ安鎮シ奉ル。其祠ヲ度相宮ト號セラル。

と論じている[50]。これらの主張を纏めてみると、

ア、御饌殿造立の年代については、『止由氣宮儀式帳』や『大同供奉神事本記』掲載の古伝承を尊重して雄略天皇の御代とし、外宮を「トツミヤ」と称することに意義のあること

イ、外宮（トツミヤ）創祀の形態は、現存するような規模の豊受大神宮正宮が当初からあったのではなく、本来は御饌殿を外宮としていたこと

ウ、豊受大神宮が御饌殿の西南の地に創立されたのは、天照大御神に供備する御饌の報酬によるものであること

となるが、このような主張に清直が至った理由はいったい何であろうか。それは「其殿ハ宇治郷ノ内宮《ウチノミヤ》ノ内ニ在ラス、沼木郷ノ外ニ離レテ建テル宮ナルヲ以テ、天皇ノ離宮ヲ常都宮《トツミヤ》トイフニ准シ、内宮《ウチノミヤ》ニ對ヘテ外宮《トツミヤ》ト號シツラム。」「是ヲ外宮《トツミヤ》ト謂フ。内裏ノ外ナル離宮ヲトツミヤト稱スルニ同シ。」と見られることに注目すると、

〔天　皇〕	内　裏	離　宮（常都宮）
	←	←
〔天照大御神〕	内　宮	外　宮（トツミヤ）

右のような構図が清直に存したからであろう。(51) この構図はまさしく「神宮＝神朝廷」思想に帰結するものであるといえよう。

尚、外宮を「トツミヤ」と称することに重要な意味があることを提言したのは、清直をはじめとするのではなく、既に国学者の賀茂真淵が『外宮考』で、

先古事記に（略）次登由宇氣神此者坐外宮之度相者也と記したる此外宮てふ事も豐受大神もこゝにますは上つ代より傳れる事しるしの有て外宮てふ名は万葉集にあまた見たるは天皇の外宮にして内つ宮に對へたる名なれは其外宮に別に主なし、よりて思ふに度相の外宮も同じ天照大御神の坐にこそあれめされと此大御神は幸す事もなきに此名有は凡の名は右にひとしくして是は荒御魂を斎奉して外宮といふならんとおほゆ、さて豐受大神は相とのに坐こと内宮の二神の如くなるべし、是をひとへに等由氣宮とのみいふは既奈良朝の頃より二宮の神司の争ふある意より五十鈴宮の本よりふるきまゝに唯一宮の如くいひなし世間の人も五十鈴宮の和御魂を敬ひてと是まゝに外宮の荒御魂の大御名は中々に岩門がくりしましつれは登由氣大神のみ専此宮をうしはきますか如くや聞えつらむ

と述べているところである。[52] そして、この真淵説に対して宣長は『古事記傳』十五之巻御孫命御天降の段「外宮」の項にて、

外宮《トツミヤ》は、師の祝詞考に、（略）然れば此ノ伊勢の外宮も、五十鈴ノ宮の外ッ宮にして、たゞ天照大御神の宮なり、と云れたるは、昔より比《タグヒ》なき考ヘにして、信《マコト》に然《サ》ることなり、然れば元来有《モトヨリアリ》し天照大御神の外ッ宮に、豐受ノ大神を鎮メ祭れるなり、

と述べ同調する態度を示している。[53] しかし、『伊勢二宮さき竹の辨』においては、

まづ此度會宮は、上古豐受大神御鎮の前《サキ》より、外宮《トツミヤ》と申て、まことに件ノの考の説のごとく、天照大御神の外ッ宮にて、天皇の外ッ宮と同じこゝろばへなりき。（略）さて外ッ宮を内つ宮に對へたる名也といはれたるは、たがへり。天皇の宮も、常の宮をば、大宮とこそ申せ、内ッ宮と申せることはなし。外ッ宮といふは、つねの大宮の外《ト》にあるよしの名也。内宮に對へていふにはあらず。さて伊勢の外ッ宮も、五十鈴の正宮の外なる宮のよしにて、内ッ宮といふに對したる名にはあらず。後にこそ外宮に對へて、五十鈴宮を内宮とは申せ、古は延喜式のころまでも、内宮といふ稱は、かつてなかりしこと也。（略）さて内宮を和御魂の宮、外宮を荒御魂の宮と思はれたるは、いみじき相違也。（略）豐受大神は、相殿に坐スなるべしといはれたるも、さらに據なき説なり。（略）雄略天皇の御世に豐受大御神を迎ヘ奉りて、鎮座なりしよりは、外宮は此大御神の宮となれるが故に、等由氣宮とは申すにぞ有ける。

といい、(54)『止由氣宮儀式帳』に書かれている外宮御鎮座伝承を支持して、真淵の内宮即和御魂宮・外宮即荒御魂宮説や豊受大御神相殿神説を厳しく批判し、内宮と外宮の呼称は延喜の頃まで存在せず、外宮の呼称の起源は内宮に対して生じたものでなく、ただ五十鈴宮の外にあることより発生したことを論述したのであった。

　清直の外宮（トツミヤ）思考は、真淵の説くところを宣長が批判した点はともかく、概ね両者が尊重した、宣長の言を借りれば「然れば元来有《モトヨリアリ》し天照大御神の外ッ宮に、豊受ノ大神を鎮メ祭れるなり」とした同じ視点に立つものであるといえよう。しかしながら真淵・宣長と清直の大きな相違は、真淵・宣長があくまでも外宮とは豊受大神宮の正宮自体を問題としていたのに対して、清直は外宮とは本来御饌殿を指すことを提示したことにあり、そこに清直の特異性というものが認められるといえよう。

　それから、清直の豊受大御神の御霊実《みたましろ》観についても考察を加えておく必要性があると思慮されるので最後に論じておきたい。清直の豊受大御神の御霊実が高天原から天孫と共に降臨され外宮で奉祀される経緯についての所見には、中野裕三氏が前掲論文で、

とりわけ、八咫鏡とともに高天原より降臨した豊受大神の御霊実が如何なる経緯を辿って山田原に鎮座したのか、といった問題に関して、橋村正兌と清直との考証は、ほぼ一致するものであった。

（略）

両者の考証を比較すると、御饌都神に対する神祇官祭祀の起源に関する分析に見解の相違を見出せるが、豊受大神の御霊実は、崇神天皇の御世まで朝廷にて祀られ、同床共殿終焉の後、丹波国（「麻奈為社」）に鎮まり、更に雄略天皇の御代、皇大神の託宣に従って外宮（「度会宮」）に奉斎された、という清直の考証の大筋は、既に橋村正兌が明確にするものであった。

と論じられた卓見[55]の通り、橋村正兌の論説が色濃く反映され正兌説をベースに展開していると見て差し支えないであろう。しかしながら、その正兌が『外宮儀式解』巻第二の「大長谷天皇御夢誨」条の「御饌都神等由氣大神」についての注釈で、

此ノ豐受ノ大御神は御代々《ミヨ〱》の天皇の天津日嗣の御璽と受繼ませる鏡《ミカヾミ》、劔《ミツルギ》、玉《ミタマ》などの神寶と共に擧られたれば、其ノ現御身には非ずて、御靈實なるが故に、其《カノ》段に、天照大御神云云、思金ノ神者、拜《イツキ》二祭《マツル》云云伊須受能宮一ニ、次登用宇氣神、此者《コハ》坐《マス》二外宮ノ云云一ニ、次ニ天ノ石戸別ノ神云云、此ノ神者御門之《ノ》神也、次ニ手力男ノ神者《ハ》坐二ス佐那縣一ニ、也、と鎮マリ坐地《マストコロ》を記されて、此ノ御國に御後《ミスヱ》なく天皇朝廷より祭らせ給へり。

（略）さて豊受大御神の御靈の物實《モノザネ》は古《キ》書どもには見えねども、現に今外宮に拜祭《イツキ》る御鏡にて、五部書どもの中に此御鏡の縁起《コトノモト》を云ることあれど、據難ければ引出ず。いかさまにも深き由縁ある御鏡なるべけれど、古傳なければ其故は知べきよしなし。それ即高天原にして天照大御神の持齋《イツ》き給へりし御靈實なるに、皇孫命も天降まして後、此國の朝廷におきて天上《アメ》の儀《ミノリ》の如くに齋きたまへと事依し奉りて、天照大御神の己尊の御靈鏡と共に授給へる物なりけむ。

と述べ、(56)豊受大御神の御霊実に関する古伝について不明としたのに対して、清直はその古伝について独自の見解を示すのであった。即ち、『豊受神靈由来或問』において、

〇或問云、外宮ニ奉祀スル豊受皇太神ノ神靈ハ何ソ。〇答云、太神宮本記云、豊受太神一座、元ハ丹波ノ國比治ノ麻奈井原ニ坐シ、、御饌都神、亦ハ名ニハ倉稻魂一ト是也、御靈形圓鏡也、トアル、是正シキ古傳ナリ。

（略）

〇又問、神靈ヲ丹波國ニ奉祀セル初ハ、御鎮座本紀ニ、御間城入彦五十瓊殖ノ天皇卅九歳壬戌、天照太神、遷二幸但波乃吉佐宮一ニ、今歳止由氣之皇太神、結二ヒ幽契一ヲ、天降居云々、天照太神伊勢國爾向幸シ給フ、止由氣之皇太神復昇二高天原一天日之少宮ニ座ス、于時以二吾カ天津水影乃寶鏡一、留二居キ吉佐宮一ニ給フ、ト云ヒ、神宮ノ秘記並此ニ同シ。此時始テ天上ヨリ降臨アリシニヤ。〇答、丹波國ニ奉祠セシ始ハ、彼書等ニ載ル如ク崇神天皇ノ御代ナリ。然レトモ神靈降臨ノコトハ、古事記、皇御孫命天降段ニ、次ニ登由宇氣ノ神、此者坐二ス外宮之度相一ニ神者也、トアレハ、大祖神ノ皇孫ニ副賜セル神物ニテ、降臨神代ニアルコト炳焉ナリ。然レトモ記、皇孫ニ授賜ノ由縁ヲ脱ス。故ニ神靈何タルコト知ラレス。大倭本紀云、一書曰、天皇之始メテ天降リ来マス之時ニ、共ニ副二護齋《イハヒ》ノ鏡三面、子鈴《コスヾ》一合一ヲ也、注曰、一鏡者《ハ》、天照大神之御靈、名二ク天懸《アメカカス》ノ神

一トナリ也、一鏡者ハ、天照大神之前御靈《サキミタマ》、名二ク國懸《クニカカス》ノ大神一ト也、今紀伊ノ國名草ノ宮ニ崇敬《イツキ》解祭《マツル》大神也、一鏡及子鈴者、天皇ノ御食津神、朝夕ノ御食、夜護リ日護リト齋奉ル大神ト、今巻向ノ穴師社宮ニ所坐《マセテ》解祭ル大神ト也《ナリ》、卜見エタルヲ併考ルニ、此御食津神卜護齋スル一鏡ハ、即登由氣大神ノ神靈ナルコト明ナリ。然ルニ古事記傳ニ此注ヲ釋シテ、一鏡子鈴共ニ巻向穴師社ニ奉祭ス、ト云フカ如キハ謬ナリ。

と考証するものであって、[57]先ず豊受大御神の御霊実を『太神宮本記』に見える「御靈形圓鏡」とし、次に『古事記』皇御孫命天降段にある「次ニ登由宇氣ノ神、此者坐二ス外宮之度相一ニ神者也、」の文と『大倭本記』の一書にある「天皇之始メテ天降リ来マス之時ニ、共ニ副二護齋《イハヒ》ノ鏡三面、子鈴《コスヾ》一合一ヲ也、」並びにその注にある「一鏡及子鈴者、天皇ノ御食津神、朝夕ノ御食、夜護リ日護リト齋奉ル大神ト、今巻向ノ穴師社宮ニ所坐《マセテ》解祭ル大神ト也《ナリ》、」とを勘案することによって、天孫と共に降臨した斎鏡三面の内の一面がまさしく豊受大御神の御霊実にあたることを標榜する古伝であることを割り出すのであった。

この古伝を割り出すにあたって、清直は『古事記』はともかく決め手となる史料であった『大倭本記』に見られる本文が真なる古伝であるのか否かを自身に問うたことは先ず間違いないであろう。その際、清直が真なる古伝であると判断した理由の一つとして、筆者は正兊の師であった国学者の平田篤胤の影響というものが存したのではないかと類推している。その理由としては次の二点が挙げられよう。第一点目としては、清直はいわゆる神道五部書の一書『倭姫命世記』に内在する古文（神宮古伝）であった『太神宮本記』の復元研究に鋭意取り組み『太神宮本記歸正鈔』全六巻を完成させたが、繰り返し引用するが同書敍由において、

又平田篤胤ハ、古史徵ニ、倭姫命世記ハカク題號ケタルハ後ニテ、彼記ナル事實トモ半スクルホトハ、後ニ

次々ニ書加ヘタル事トモナレトモ、其元本ハ決ナク雄略天皇ノ御世ヨリ以前ニ記セル書ト見ユ、トサヘ謂テ、古史成文ニ採用セリ。

と述べ、(58)後世偽書と呼ばれた書（＝『倭姫命世記』）でも真なる古伝が見られるものについては正兌も尊重する姿勢は見られるものの、むしろ正兌よりも積極的に是認して採択した、篤胤の考証姿勢と『古史成文』を高く評価しているからである。第二点目については、その篤胤が『古史成文』二十六之巻〔百三十四段〕本文で、

次《ツギニ》登由宇氣神《トユウケノカミ》。此者《コハ》坐《マス》二外宮之度相《トツミヤノワタラヒニ》一。次一鏡者《ツギニヒトツカヾミハ》。天照大御神之御靈《アマテラスオホミカミノミタマ》。名《ナヅク》二天懸神《アメカヽスノカミト》一。一鏡者《ヒトツカヾミハ》。天照大御神之前御靈《アマテラスオホミカミノサキノミタマ》。名《ナヅク》二國懸神《クニカヽスノカミ》一。今崇二敬木國名草宮《イマカタテヰヤマヒキノクニナグサノミヤニ》一而《テ》。解祭大神也《ワケマツルオホカミナリ》。次一鏡及子鈴《ツギニヒトツカヾミマタコスヾ》者《ハ》。天皇之御食津神《スメラミコトノミケツカミト》。朝夕御食《アシタユフベノミケニ》。夜護日護齋祭大神《ヨノマモリヒノマモリトイツキマツルオホカミ》。今所《イマセ》レ坐《マサ》二巻向穴師社《マキムクノアナシノヤシロニ》一而《テ》。解祭大神《ワケマツルオホカミ》也《ナリ》。

と記して、(59)その『大倭本記』の条文を真なる古伝として評価し採用していることが見られ、清直の著作には、おそらく篤胤の『古史成文』に倣ってのことかと思われるが、神代から仁明天皇の嘉祥二年までの千五百年間にわたる神宮の正当なる古伝や歴史を明らかにすべく編纂された『神朝尚史』全三巻の存在があって、同書巻第一において、

又詔《マタノリタマハク》久。吾高天原《アカタカマノハラ》爾志《ニシ》所聞食《キコシメス》須齋庭《ユニハ》乃稲穂《イナホ》乎。我御子《ワカミコ》爾當御奉《ニマカセマツルヘ》志《シ》。故天津比毛呂伎《カレアマツヒモロキ》乎持降《ヲモチクタリ》利。朝夕《アサユフ》乃御食之《ノミケノ》食向《ケムカヒ》。夜護日護《ヨノマモリヒノマモリ》爾齋《ニイハヒ》奉《マツレ》禮止護齋鏡《イハヒノカヽミ》及小鈴《マタコスヽ》乎副賜《ヲソヘタマヒキ》支。其鏡《ソノカヽミハ》波今外宮之度相《イマトツミヤノワタラヒニ》爾坐《マ》須皇大神《スメオホカミノ》乃御食津神《ミケツカミ》。登由宇《トユウ》

氣大神《ケノオホカミ》奈《ナ》利《リ》。小鈴《コスヽ》波《ハ》天皇《スメラミコト》乃《ノ》御食津神《ミケツカミ》。今巻向穴師宮《イマヽキムクアナシノミヤ》爾《ニ》坐《マ》須《ス》大神《オホカミ》那《ナ》利《リ》。

と、[60]篤胤と同じ『大倭本記』の本文を採択していることが確認できるからである。

従って、清直の神宮古伝についての考え方、つまり後世偽書と呼ばれた書でも真なる古伝と考えられたものについては積極的に評価し採択するという考証姿勢は、正兌よりもむしろ篤胤に近く、またその影響を強く受けていると筆者は思考するものである。

但し、篤胤が『大倭本記』の条文を重んじたとはいえ、『古史傳』二十六巻〔百三十四段〕注解のところで、

○次一鏡《ツギニヒトツカヾミ》及《マタ》子鈴《コスヾ》者《ハ》云々は、前段の、三ノ鏡の中《ナカ》の、一ノ鏡と、子鈴一合《ヒトハコ》の注なり。（略）

○御食津神《ミケツカミ》云々。此處《コヽ》は神の名《ミナ》を云へるに非ず。津は之《ノ》に通《カヨ》ふ辭《コトバ》にて、其ノ一ッノ鏡と、子鈴一合《スヾヒトハコ》と二種《フタクサ》は、天皇の御食《ミケ》の神として、朝夕《アシタユフベ》の御食《ミケ》の護《マモリ》と斎キ祭る大神ぞ、と言る意なり。斯《カク》て其ノ斎《イハ》へる社は、下の二社《フタヤシロ》なり。○巻向穴師ノ社は、巻向ノ社、穴師ノ社と云べきを、省《ハブ》きて云へる雅言《ミヤビゴト》なり。

と論じるように、[61]あくまでも清直の指摘した、宣長が『古事記傳』において斎鏡三面の内の斎鏡一面と子鈴とは共に巻向穴師社の一社に奉祭されたとしたのを、篤胤は「巻向社」のご祭神の御霊実が斎鏡一面であり、「穴師社」のご祭神の御霊代が子鈴一合であるという、それぞれの御霊実を分けて奉祀されたものと考えていた。これに対して清直は豊受大御神の御霊実の古伝を『大倭本記』の本文にいう斎鏡三面の内の一面に求め、また巻向穴師社のご祭神の御霊実の古伝を同書同本文でいうところの小鈴に求めたという相違が認められる。そこに清直独自の神宮古伝に関する着眼点が指摘できるのではないだろうか。

七　おわりに

本稿においては、先ず、清直の八十三年にわたる生涯で大きな転換期となった三つの事項に基づき、清直の人生を、

① 文化九年（一八一二・清直一歳）から天保八年（一八三七・二十六歳）まで＝生誕から若年期
② 天保九年（一八三八・二十七歳）から嘉永六年（一八五三・四十二歳）まで＝青年期から壮年期
③ 安政元年（一八五四・四十三歳）から明治三年（一八七〇・五十九歳）まで＝中年期から老年期
④ 明治四年（一八七一・六十歳）から同二十七年（一八九四・八十三歳）まで＝老年期から晩年期

の四つに区分し、清直の伝記研究の雄ともいえる増補大神宮叢書『神宮神事考證』後篇附録「御巫清直翁傳」と「御巫清直翁年譜」を参考にして、改めて筆者なりにその経歴を辿ることとし、各時期における清直の主要な斎庭奉仕と学問傾向とを論述した。

このような清直の経歴から窺われたのは、清直の神宮の斎庭における奉仕と学問研究とが常に連結し合っており、神宮祭祀の本義や古儀並びに神宮古伝の飽くなき追求と解明、そしてその実現を図るための非常に実践的な学問、つまり実学を絶えず志向していたことに清直の神宮考証学の大きな特徴を見出すことができた。また清直が終生神宮考証学のみをどこまでも深く追求し極め、その高みに昇ることだけを期して学問に精励していたことも窺われた。それからその考証の手法としては、文献だけに依拠することなく実地踏査やその踏査先が有する地

形や民間伝承、或いは古文書を多用する等、多角的な手法を駆使して考証していることが是認された。

次に、従来の清直研究に乏しかった思想的な面へアプローチすべく、清直の神宮観について考察し、凡そ次の五つの事柄を実証できたと思う。

1、皇大神宮の相殿神として、清直は朝廷における天皇と古代二大祭祀氏族であった中臣・斎部両氏の関連より察して、天児屋根命と太玉命の二神を比定していたこと

2、朝廷の舎人と采女は神宮においては内人と物忌に相当し、御巫内人を含めた神宮の職掌はすべて宸儀に准じて設置されたものであると清直は捉えていたこと

3、朝廷の新（大）嘗祭も神宮の神嘗祭も共に、高天原及び瓊々杵尊から崇神天皇の御代までの神皇一体の時に斎行された大新嘗祭に、その主旨は直結するものであって、祭儀の形式も擬されて執行され、朝廷の大嘗祭における御田は神宮にあっては大田命（狭田彦神の末裔）が天照大御神に献進した神嘗祭由貴大御饌の御料田（=御常供田）である狭田長田（略して狭長田ともいう）に相当すると清直は考えていたこと

4、清直は外宮（トツミヤ）とは本来御饌殿のことを指し、その呼称は天皇の内裏の外なる離宮を常都宮《とつみや》と称したのと同じく内宮に対してのものであると主張したこと

5、清直の豊受大御神の御霊実が高天原から天孫と共に降臨され外宮で奉祀される経緯についての所見には、先学の指摘通り橋村正兌の論説が色濃く反映され正兌説をベースに展開されていることが認められた。しかし、清直は正兌が不明とした豊受大御神の御霊実に関する古伝を『大倭本記』の本文に見出し、その考証には平田篤胤の影響の存したことが類推されたこと

そして、これらに内在する一貫した思想としては、清直に先行する神宮考証学者や国学者も有した「神宮＝神朝廷」思想が挙げられる。しかしながら、清直の「神宮＝神朝廷」思想が先学のものと明らかに一線を画するのは、それを更に深化させ強固なものに発展させて、いわば一種信念にも似た強い思想や意識として清直の神宮考証学の基層の一部を形成するに至っており、神宮のあらゆる事象を考証する際の一つの大きな判断基準となっていたことを実証できたと思う。

註

（1）松木時彦氏「御巫清直先生小傳」（神宮文庫所蔵、第六門四四二号）。
（2）「御巫清直翁傳」（増補大神宮叢書『神宮神事考證』後篇附録所収、一～一四頁）。
（3）「御巫清直翁年譜」（『神宮神事考證』後篇附録所収、三三～四〇頁）。
（4）加藤玄智氏「御巫清直大人と太神宮本記歸正鈔」（『明治聖徳記念学会紀要』第三十二巻所収）。
（5）中西正幸氏「近世の神宮歌人」の「12御巫清直」項（『伊勢の宮人』「二、伊勢の宮人」所収、七七～八〇頁）。
（6）同氏「御巫清直とその歌集」（『伊勢の宮人』「二、伊勢の宮人」所収、四五一～四六七頁）。
また中西氏とは別に明治二十一年に編まれた歌集を手掛かりにして清直像に迫ったものとしては、拙著『題詠百二十首倭歌』について」（『皇學館大学神道研究所紀要』第十一輯所収、一五五～一六九頁）がある。
（7）八幡崇経氏「御巫内人職の補任」（皇學館大学神道研究所神道資料叢刊五『御巫清直未公刊史料集―神宮神事考證拾遺―』所収、一九二～二〇二頁）。
（8）拙著「御巫内人と清直翁」（同右書所収、一七五～一九一頁）。
（9）中西正幸氏「御巫清直」（『伊勢の宮人』「二、伊勢の宮人」所収、四〇三～四四九頁）。
（10）八幡崇経氏「近代の神宮式年遷宮と御巫清直」（『明治聖徳記念学会紀要』復刊第十八号所収）。
（11）和田年弥氏「御巫清直と『白庭餘葆』」（『藝林』第二十五巻第四号所収）。

（12）中野裕三氏「補論　近代神宮への道程―御巫清直の思想と古儀復興―」（『国学者の神信仰―神道神学に基づく考察―』所収、二五九〜二九一頁）。
（13）註（2）に同じ。
（14）『神宮神事考證』前篇所収、五・六頁。
（15）註（2）に同じ。
（16）正木一郎編「御巫清直翁宛書翰集」（二）（『皇學』第五巻第一号所収、九十二頁）。
（17）註（2）に同じ。

この清直の神宮考証学の特徴の一つである多角的な手法を駆使して考証を施すということについて、中野裕三氏が註（12）論文において、

清直の考証は、先行する国学者や神宮学者のそれに比べて、『倭姫命世記』の古伝承をして、神宮の故実を明確なものとする姿勢が一層顕著であることを確認できる。とりわけ、そうした考証は、正しい古伝承（『太神宮本記』）を復元するにあたり、右の学説にも明らかなように、文献（「諸史」）のみを重視するのではなく、神宮祭祀や別宮の宮社の在り方等、総合的な見地に基づくものであった。そこには、神宮の故実があらゆる形態を通じて表出されている、との確信を見出すことができる。まさにそうした着眼点にこそ、清直の固有性を指摘できるのではなかろうか。

と述べられたことにも相通じるものであろう。

（18）西宮一民氏校注・新潮日本古典集成『古事記』所収、一六一・一六二頁。
（19）『神宮神事考證』前篇所収、六三二頁。
（20）『神宮神事考證』補遺下所収、九三六・九五八頁。
（21）『神宮神事考證』補遺上所収、九三三頁。
（22）中野裕三氏註（12）論文。
（23）増補大神宮叢書『大神宮儀式解』前篇所収、一頁。

(24) 同右書所収、二二頁。
(25) 増補大神宮叢書『神宮典略』前篇所収、一六頁。
(26)『神宮神事考證』前篇所収、四〇八・四〇九頁。
(27) 同右書所収、三六・三七頁。
(28) 同右書所収、三九・四〇頁。
(29)『大神宮儀式解』前篇所収、六七七・六九五・六九六頁。
(30)『神宮典略』中篇所収、五八九・六〇六・六〇九頁。
(31)『大神宮儀式解』前篇所収、五一・五二頁。
(32)『神宮神事考證』前篇所収、四六頁。
(33)『神宮神事考證』後篇所収、三九・四〇頁
(34) 同右書所収、五四・五五頁
(35) 中世の西河原行忠著『神名秘書』や近世の中川経雅著『大神宮儀式解』等に見られるように、神宮においては一般的に興玉神は大宮地の神（地主神）と理解されている。
(36)『神宮神事考證』補遺下所収、九五二・九五三頁。
(37)『神宮神事考證』後篇所収、三八・三九頁。
(38)『神宮神事考證』前篇所収、七一九・七二〇頁。
(39) 増補大神宮叢書『度會神道大成』後篇所収、八一九・八二三頁。
(40) 増補大神宮叢書『大神宮儀式解後篇・外宮儀式解』所収、六八・六九頁。
(41) 中野裕三氏註（12）論文。
(42)『神宮神事考證』前篇所収、三八三・三八四・三八五・三八七・三八八・三八九・三九〇・三九一頁。
(43)『神宮神事考證』前篇所収、二〇四〜二〇六頁。

清直が論証中で猿田彦神は狭田彦神であるとする主張を示す歌としては、

猿田彦大神

狭長田の狭田とや名にもおひぬらし伊鈴河原にあらきはやして

八千矛の神の御代よりいすゝ河なかれたえせぬ宇治の地主

（御巫清直第十三歌集『引商刺羽』所収）

の二首の詠が挙げられる。

（44）大嘗祭の祭神として、清直は天照大御神を比定しておらず『豊受大神宮寔録』において、

延喜践祚大嘗祭式ヲ按ルニ、悠紀、主基ノ國ノ齋場ニ所作ノ八神殿一宇、祭神八座、御歳神、高御魂神、庭高日神、大御食神、大宮女神、事代主神、阿須波神、波比伎神ノ八柱ヲ祭ルト謂ヘリ。又在京ノ齋場ニテモ同シク八神殿ヲ造ル。其レヲ御膳八神トモ、又ハ御膳神八座トモ稱セリ。是ヲ以テ見レハ大御食神トアル一柱主神ニシテ、自餘ノ七柱ハ配祀ナル事昭カナリ。朝堂院ノ南庭ニ所造ノ大嘗宮ノ悠紀、主基二殿ノ内ニ設ル神座モ帖上ニ施ス。坂枕唯一座ノ御料ノミナルニテモ、御膳神一柱ノ主タルコトヲ察知スヘシ。

（『神宮神事考證』前篇所収、三八七・三八八頁頭註。）

と記すように、大御食神＝豊受大御神を比定しており、特異な見解を示していたといえよう。

（45）清直が斎王は宸儀に準ぜられると考えていた傍証としては、『大神宮ノ事ハ諸社ニ異ナル事考』において「實ニ太神宮ハ天皇ノ大祖猶視ノ禮ヲ以テ奉齋セラルヽ大宮ナルカ故ニ、同殿共床ニ齋キ賜ヒシ故實ヲ存シテ齋宮《イツキノミヤ》ト稱號シ、其御杖代ト為テ令レ奉ラレ齋キ賜フ皇女ヲ齋内親王ト稱シ（略）天皇ニ代リテ齋キ賜フ皇女ナレハ、宸儀ニ准セラレル、ニコソ」（増補大神宮叢書『神宮神事考證』補遺上所収、九三二頁）といい、『齋宮寮考證』「内院」の項で「按ルニ内院ハ字書ニ、天子ノ宮禁ヲ曰フレ内ト、又有ル二垣牆一者曰フレ院ト、トアル義ニシテ、齋王ハ毎事宸儀ニ准セラルヽ例ナリ。故ニ常居シ給フ御殿ノ一郭ヲ内院ト稱ス。」と述べ、また同書「御殿」の項でも「按ルニ延喜式、日本紀略、北山鈔、江家次第、拾芥鈔等ノ諸書ニ、内裏ノ清涼殿ヲ御殿ト稱ス。清涼殿ハ天皇常ニ宸居シ給フ殿ニシテ、九間四面アリト云ヘリ。齋宮ノ御殿ハ齋王常居ノ殿ナルヲ以テ、清涼殿ニ准シ、御殿ト稱スルナリ。然シテ清涼殿ハ東面ナレト、此御殿ハ南面タルコト神宮雑事記ニ、齋宮南面御前ニシ天奉二拝賀一、トアルヲ以テ證トスヘキ。南面

ナルコトハ紫宸殿ニ准セラル丶モノナラム。」（『神宮神事考證』中篇所収、一三三・一三四頁）と論じていること等を列挙できる。

(46)『神宮神事考證』前篇所収、七五九頁。

(47) 清直とはまったく違った観点により、鎌田純一氏は「神宮年中行事の成立」（『大倉山論集』第二十輯所収）において、建久の『皇太神宮年中行事』に記載される白散御饌等の節供行事や卯杖神事を取り上げられ綿密なる考証を施されて、これらの神事が天武天皇の思し召しによって朝廷行事をモデルにして神宮にも導入され定着されたことを提示しておられる。

(48)『神宮神事考證』補遺上所収、九三三頁。

(49)『神宮神事考證』中篇所収、二・三頁。

(50)『神宮神事考證』前篇所収、三九一・三九二頁。

(51) この構図の内裏と内宮の関係について、清直は『大神宮ノ事ハ諸社ニ異ナル事考』で「然シテ太神宮殿宇ノ建築制度ハ、都テ大内ノ宮殿ニ擬セラレテ内裡ト稱スルト同ク内宮《ウチノミヤ》ト號セラレ、其在地ヲ内郷《ウチノサト》ト呼ヒ、後ニ宇治《ウチ》ノ字ヲ假ルモ、畿内ヲウチツクニト唱フルニ等シ、サレハ古事記ニ神朝廷ト稱スルハ誣フルニ非ス、同殿共床ノ禮ヲ失ヒ賜ハサル正名トヤ稱シ謂サム」（増補大神宮叢書『神宮神事考證』補遺上所収、九三三頁）と説いている。

(52) 賀茂真淵著『外宮考』（神宮文庫所蔵、第一門八一五四号）

(53) 筑摩書房版『本居宣長全集』第十巻所収、一七二頁。

(54)『度會神道大成』後篇所収、八四七・八四八頁。

(55) 中野裕三氏註（12）論文。

(56)『大神宮儀式解後篇　外宮儀式解』所収、六四・六五頁。

(57)『神宮神事考證』前篇所収、三九五～三九七頁。

(58)『神宮神事考證』前篇所収、五頁。

(59) 内外書籍版『平田篤胤全集』第三巻所収、二九二頁。

(60)『神宮神事考證』前篇所収、六一三・六一四頁。
(61)内外書籍版『平田篤胤全集』第三巻所収、三一一・三一二頁。

第二章　清直著『神朝尚史』の研究

一　はじめに

幕末から明治にかけて生きた神宮考証学の大成者御巫清直畢生の研究は、所謂神道五部書の一書である『倭姫命世記』に内在するといわれた『太神宮本記』の復元研究であって、その研究成果として『太神宮本記帰正鈔』（以後『帰正鈔』と略称す）を著したことはよく知られている。しかしながら、清直が終生探求し続けた神宮古伝の全体像からすれば、『帰正鈔』が中核に位置することは当然認められるものの、『帰正鈔』のみで議論するのは甚だ適当ではないと思慮される。それは『帰正鈔』から導き出された神宮古伝はあくまでも豊鍬入姫命・倭姫命の二代にわたる皇太神宮の創祀にかかわる御巡幸の古伝が中心であって、豊受宮の創祀にかかわる古伝については論外とならざるを得ず、また、清直自身『太神宮本記』には数多の貴重な神宮古伝が漏れていることを指摘しているからである。

そこで、清直は『太神宮本記』はもとより広く神宮の古伝や古史（上古から中古までの歴史）が記載されている『古事記』や『日本書紀』をはじめとした六国史、或いは『人車記』や『西宮記』等の古記録及び『太神宮諸雑事記』『神宮雑例集』等の神宮関係諸書から、古代神宮制度が確立する上で重視しなければならない当該条文を漏らすことなく抽出し考証を加えて、その全貌を明らかにすべく『神朝尚史』全三巻を編纂したものと考えられる。

全三巻の中でも特に清直が注力し編纂したのは巻第一であると見られ、この巻はいわば清直の神宮古伝研究の到達点を明示するものと思われる。それは巻第一で採用された神宮古伝の条文は、清直が『歸正鈔』で明らかにした『太神宮本記』の条文はもちろんのこと、豊受宮に関する古伝で平田篤胤が尊重し編集した『大同本記逸文』を補完した『逸大同本記』の研究成果等も見事に盛り込まれているからである。

本稿においては、先ず『神朝尚史』全三巻の構成がいかなるものであったのかを確認し、次に『神朝尚史』の内容とその編纂における神宮古伝に対する基本的な清直の考証理念について『歸正鈔』を通して明らかにしたい。続いて『神廷史料』との関係についても論及し、『神朝尚史』の編纂は明治二十二年の第五十六回式年遷宮が大きな契機となっていることを指摘する。そして同年九月に編集された『太神宮本記歸正』と『神朝尚史』の成立関係を『歸正鈔』における清直の考証から検討し、『神朝尚史』の成立事情を割り出すこととする。それから『神朝尚史』の中核に位置する豊鍬入姫命・倭姫命の二代にわたる皇太神宮の創祀にかかわる古伝は篤胤の『古史成文』の影響下にあり、また豊受宮の創祀にまつわる古伝も篤胤の編集にかかる『大同本記逸文』を校訂した『逸大同本記』の条文を活用して『神朝尚史』の当該条文が成立していることを考察する。最後にそれらの古伝を基に神代の神宮関係記事を付加して編集されたのが『太神宮古傳拾遺』『神朝本記』の両書であって、この両書の記述をベースにして、更に改めてあらゆる古書から神代より仁明天皇の御代に至るまでの神宮古伝や古史を採集し考証を施して『神朝尚史』全三巻が成立したことを論じて、清直の神宮古伝研究の総括としたいと思う。

二　『神朝尚史』の構成と内容

『神朝尚史』は全三巻より構成されており、神代より日向三代を経て第一代神武天皇の橿原宮での即位から第五十四代仁明天皇の嘉祥二年（八四九）までの凡そ千五百年間に亘る神宮に関する古伝や古史を関係諸書より抄出して勘案し編年体に編纂したものであり、古代神宮における古伝や古史の緊要事項は余すことなく記述されている。

本書全三巻の時代区分としては、巻第一は神代から第三十八代天智天皇の戊辰（七）年（六六八）まで、巻第二は第四十代天武天皇の壬申年（第三十九代弘文天皇元年・六七二）より第四十九代光仁天皇の天応元年（七八一）まで、巻第三が第五十代桓武天皇の延暦元年（七八二）より仁明天皇の嘉祥二年までとなっている。なぜこのような時代区分を清直は設定したのであろうか。

先ず、巻第一については、神代からはじまる巻第一の主題は、後に詳述することとするが、第十一代垂仁天皇の御代の皇大神宮（内宮）の創祀と第二十二代雄略天皇の御代の豊受大神宮（外宮）の創祀に求められ、それを中心にしてその淵源を神代まで遡ることとし、時代を下っては、巻第一のおわりの孝徳天皇大化二年（六四六）条と天智天皇甲子（三）年（六六四）条に、

（大化）二年《ニ》丙午《ネムヒノエノウマ》。天下《アメノシタニ》仁立《タツル》レ評《コホリヲ》時《トキ》。神國《カムクニノ》乃十郷《トサト》乎《ヲ》分《ワカチテ》弖。度會郡《ワタラヒコホリト》止號《ナツケ》計。山田原《ヤマタノハラニ》爾屯倉《ミヤケ》乎《ヲ》立《タテテ》弖。新家連《ニヒノミノムラシ》阿久多《アクタ》波督領《ハコホノミヤツコ》。礒連《イソノムラシ》牟良《ムラ》波助督《ハスケノミヤツコニ》爾任《マケテ》弖令《シメ》二仕奉《ツカヘマツラ》一。又十郷《マタトサト》乎《ヲ》分《ワカチテ》弖。多氣郡《タケノコホリト》止號《ナツケ》計。竹村《タケムラニ》爾屯倉《ミヤケ》乎《ヲ》立《タテテ》弖。麻續連《ヲウミノムラシ》廣背《ヒロセ》波督領《ハコホノミヤツコ》。礒部直《イソヘノアタヘ》八夜手《ハヤテ》波助督《ハスケノミヤツコニ》爾仕奉《ツカヘマツリキ》支。従《ヨリ》二纏向珠城朝《マキムクタマキノミカト》一以来《コノカタ》。至《イタル》レ于《マテニ》二此御世《コノミヨ》一。

有《ウ》爾鳥墓村《ニノトツカムラニ》爾造《ツクリ》二神庤《カムタチヲ》一。為《シテ》二雑神政所《クサクサノカムマツリトコロト》一。天日別命《アマノヒワキノミコトノ》乃孫等《ハツコラ》。神國造《カムクニノミヤツコ》。大神主《オホカムヌシヲ》乎兼弖仕奉《カネテツカヘマツリキ》支。
是時《コノトキニ》爾神國造《カムクニノミヤツコヲ》乎停《トヽメテ》弖。中臣香積連須氣《ナカトミカツミノムラシスケヲ》乎。神庤司《カムタチツカサトナシテ》止為弖令《シメ》二仕奉《ツカヘマツラキ》一支。爾時度會山田原《ソノトキワタラヒノヤマタノハラニ》爾神庤《カムタチヲ》乎改《アラタメ》
造《ツクリ》利。其名《ソノナヲ》乎御厨《ミクリヤトナツケ》止號計。度會多氣二箇《ワタラヒタケフタツノカムコホリノ》乃神郡乃雑政《クサクサノマツリコトヲ》乎。一處《ヒトトコロニ》爾攝《フサネテ》弖仕奉《ツカヘマツル》流。故《ユエニ》爾太神宮司《オホカムミヤノツカサト》毛《モ》止號《ナツケキ》支。
故神庤司《カレカムタチノツカサヲ》毛《モ》乎太神宮司《オホカムミヤノツカサトナツケテ》止號弖仕奉《ツカヘマツリキ》支。（太神宮儀式帳。伊勢國風土記。大同本記參考。）
（天智天皇三）甲子年《キノエネノトシ》。多氣郡四郷《タケノコホリノヨサトヲ》乎割分《サキワケテ》弖。飯野郡《イヒヌノコホリトナツケテ》止號天。即此《ヤカテコレヲ》乎為《ナシ》二公郡《ククムト》一。高宮村《タカミヤムラニ》爾屯倉《ミヤケ》乎立《ヲタテテ》弖。小乙《セウオツ》
中久米勝麻呂《チウクメノカツマロ》督領仕奉《コホノミヤツコツカヘマツリキ》支。（太神宮儀式帳。）

とあって、(1)神宮経済を支える神郡やそれを統括する太神宮司の設置記事が存することに象徴されるように、清直が神代に繋がる内宮と外宮の創祀から天智天皇の御代までをおそらく古代神宮の形成期にあたっていたと考えたからであろう。

因みに、『神朝尚史』巻第二で記述される天武天皇が式年遷宮を発意される以前に、『太神宮諸雑事記』天武天皇白鳳十四年条に見られる社殿破損による修繕のための仮殿遷宮の実施について、神道五部書の一書『造伊勢二所太神宮寳基本記』に記載される条文を神宮古伝と認めて、清直は『神朝尚史』巻第一で、

（景行天皇十五〈八五〉）乙酉年《キノトトリノトシノナカツキ》九月。正殿《オホミヤクタシヤフル、ニヨリテ》朽壊爾依弖。黒木板葺《クロキイタフキノカリトノヲ》乃假殿乎造立《ツクリタテテミ》天御體《カタヲ》乎奉《マツリ》レ遷《ウツシ》。正殿《オホミヤヲ》乎
修理《ヲサメツクリテ》弖。其日《ソノヒ》乃夕還渡奉《ノユフヘカヘシワタシマツリキ》支。宣旨《オホミコトニヨリテ》爾依弖。當國《コノクニノ》乃正税官物等《オホチカラミヤケツモノトモヲ》乎宛用奉《アテモチマツリキ》支。（造大神宮寳基本紀。）

（仲哀天皇五〈一九六〉）丙子年《ヒノエネノトシヤヨヒ》三月。大神《オホカミヲ》乎假殿《カリトノニ》爾遷奉《ウツシマツリテ》弖。正殿《オホミヤヲ》乎修理《ヲサメツクリキ》支。（造大神宮寳基本紀。）

（仁徳天皇十〈三二二〉）壬午年《ミツノエウマノトシノナカツキ》九月。大神《オホカミヲ》乎假殿《カリトノニ》爾遷奉《ウツシマツリテ》弖。正殿《オホミヤヲ》乎修理《ヲサメツクリキ》支。（造太神宮寳基本紀。）

（允恭天皇二十〈四三一〉）辛未年《カノトノヒツチノトシカミナツキ》十月。假殿《カリトノニ》爾大神《オホミカミヲ》乎遷奉《ウツシマツリ》。正殿《オホトノヲ》乎修理《ヲサメツクリキ》支。（寳基本紀。）

（継体天皇十二〈五一八〉）戊戌年九月十一日《ツチノエイヌノトシナカツキトヲカアマリヒトヒ》。等由氣《トユケ》大神乃《オホカミノ》殿舎《ミアラカ》御門等《カトトモ》朽損爾依弖《クチソコナフニヨリテ》。宣旨以弖《オホミコトモチテ》。假殿《カリトノ》造立《ツクリタテ》。御形乎《ミカタヲ》遷奉《ウツシマツリ》。本殿乎《オホトノヲ》修理弖《ヲサメツクリテ》。其夕《ソノヨ》還鎭奉支《カヘシシツメマツリキ》。當國乃《コノクニノ》正税乎《オホチカラヲ》以弖《モチテ》宛用奉支《アテモチヰマツリキ》。造太神宮寶基本紀。

（欽明天皇五〈五四四〉）甲子年九月《キノエネノトシナカツキ》。豐受宮乃《トユケノミヤノ》假殿造弖《カリトノツクリテ》遷奉《ウツシマツリ》。正殿乎《オホトノヲ》修理支《ヲサメツクリキ》。寶基本紀。

（用明天皇元〈五八六〉）丙午年三月《ヒノエウマノトシヤヨヒ》。大神宮《オホカムミヤノオホトノヲ》正殿乎修理止為弖《ヲサメツクルトシテ》。假殿爾《カリトノニ》奉レ遷支《マツリウツシキ》。寶基本紀。

（推古天皇元〈五九三〉）癸丑年八月《ミツノトウシノトシハツキ》。大神乎《オホカミヲ》假殿爾《カリトノニ》奉レ遷弖《マツリウツシテ》。本殿乎《オホトノヲ》修理支《ヲサメツクリキ》。寶基本紀。

（孝徳天皇大化）三年丁未八月《サンネムヒノトヒツチノハツキ》。豐受宮乎《トユケノミヤヲ》假殿爾《カリトノニ》奉レ遷《マツリウツシ》。九月《ナカツキニハ》大神宮乎《オホカムミヤヲ》假殿爾《カリトノニ》奉レ遷天《マツリウツシテ》。正殿乎《オホトノヲ》修理支《ヲサメツクリキ》。寶基本紀。


と採択し、(2) 同書巻第二天武天皇（弘文天皇元〈六七二〉）壬申年十月条でも、

（天武天皇壬申年）十月《カミナツキ》豐受大神宮《トヨウケオホカミノミヤ》破損之間《レソコナフノアヒタ》宮司《ミヤツカサ》宣旨乎蒙弖《オホミコトヲカヽフリテ》。當國司《コノクニノツカサ》差二發神戸百姓等《サシタテカムヘノヒトトモラヲ》一弖《テ》。以《モチテ》二神税正税等《カムチカラオホチカラトモヲ》一。造《ツクリ》二假殿《カリトノヲ》一奉《マツリ》レ遷《ウツシ》二正體《ミカタヲ》一。修《ヲサメ》二補本殿《ツクリミアラカヲ》一支《キ》。造太神宮寶基本紀。

と提示しているのは、(3) 第一回式年遷宮が斎行される前提としての神宮古伝として特筆されるのではないだろうか。

次に、巻第二については、そのはじまりとなる天武天皇の御代は、天智天皇までの神宮制度の形成期とは一変し、清直は『神朝尚史』巻第二の天武天皇乙酉（十四）年（六八五）九月十日条において、

（天武天皇十四）乙酉年九月十日《キノトトリノトシナカツキトヲカ》癸丑。依二リ右大臣宣奉勅《ミキノオトヽノミコトノリニ》一。伊勢《イセ》二所大神宮《フタトコロノオホミカミノミヤノ》御神寶物《オホムカムタカラモノハ》廿一《タチアマリヒト》

種《クサ》。差《サシテ》二勅使《ミツカヒヲ》一被《ラル》レ奉《タテマツ》レ送《オクリ》。宣旨状《オホミコトニノリタマハク》偁。二所大神宮之《フタトコロノオホミカミノミヤノ》御遷宮事《オホムミヤウツシコトハ》。廿年一度新宮造替《ハタトセニヒトタヒニヒミヤツクリカヘテ》應《ヘシ》レ奉《マツル》レ令《シメ》二遷御《ウツシマサ》一。立《タテヽセヨ》為二長例《ナカキヨノタメシニト》一也《ノタマヘリ》云々。抑《ソモソモ》朱雀三年以往之例《スサカノミトセヨリサキノタメシハ》。二所大神宮殿舎《フタトコロノオホミカミノミヤノミアラカ》。御門《ミカト》。御《ミ》垣等《カキトモ》。宮司《ミヤツカサ》相《アヒ》二待《マチテ》破損《ヤフレソコナフ》之時《トキヲ》一。奉《マツル》二修補《ヲサメツクリ》一之例也《タメシナリ》。而依《シカルニヨリテ》二件宣旨《コノミコトノリニ》一。定《サタメ》二遷宮之年限《ミヤウツシノトシノカキリヲ》一支《キ》。又中外院殿舎《マタナカノヘトノヘノミヤヤカス》。御倉《ミクラ》。四面重々御垣《ヨモノメクリノミカキ》。御門《ミカト》。鳥居等《ウヘフカヌミカトトモ》。始《ハシメテ》所《レ》レ被《ラ》二造加《ツクリクハヘ》一也《キ》。造太神宮寶基本紀。太神宮諸雑事記。弘安九年参詣記。園大暦延文二年所引舊記。

と記載すると共に、[4] 同書同巻の持統天皇庚寅（四）年（六九〇）九月条並びに壬辰（六）年（六九二）九月条に、

（持統天皇四）庚寅年九月《カノエノトラノトシナカツキ》。太神宮遷宮《オホカムミヤミヤウツシヽタマフ》。東本宮地也。自《ヨリ》二此時《コノトキ》一以《モテ》二廿年《ハタトセヲ》一。為《ス》二造替之《ツクリカヘノ》期《カキリト》一。先帝《サキノミカトノ》賽《カヘリマヲシスル》二壬申亂之《ミツノエサルノトシノサヤキノ》宿禱《フルキネキコトヲ》一也《ナリ》。雑事記。寶基本紀。参詣記。寛正造内宮記。例文。

（持統天皇六）壬辰年九月《ミツノエタツノトシナカツキ》。豐受大神宮遷宮《トユケオホカミノミヤミヤウツシス》。東本宮地也。雑事記。寶基本紀。例文。参詣記。

と記述し、[5] また『歸正鈔』巻第四における天照大御神の伊勢鎮座条文中の「天照太神荒魂宮和魂宮」の注釈で、

然ルニ太神宮諸雑事記ニ、天武天皇白鳳十四年乙酉九月十日、二所大神宮中外院ノ殿舎御倉四面重々ノ御門鳥居等始テ被二ル作加一ヘ、トアル此時ニ和魂宮ヲ造大シ、殿舎、四面ノ御垣ヲ作加セラレシカハ、荒魂宮ヲヤヽ北方二十四丈去テ移造シ、別ニ殿舎御垣等ハ造大作加セラレサリツル故ニ自然和魂宮ヲハ本宮ト稱シ、荒魂宮ヲハ別宮ト稱シテ、諸事優劣アル如クニナリヌルハ白鳳以来ノ流弊ナリカシ。其儀ヲ諸史ニ書記セスト雖モ、月讀宮ノ荒魂宮ハ正宮ト東西ニ並ヘ建テ、瀧原竝宮モ正殿ト同シク竝坐スハ白鳳ノ改革ニ係ラサル

故ナリ。豐受大神宮ハ本宮ト同シク中外院ノ殿舎御垣ヲハ造加セラレタルカ故ニ、荒魂ノ多賀宮ハ南方六十丈ヲ去テ山上ニ移セリ。餘宮ノ例ヲ併勘シテ支證ニ備フヘクナム。然ルヲ此記ノ偽造者荒魂宮和魂宮トアルヲ了解セス、誣説ヲ作テ後生ヲ熒惑セシム。辨セスハ有ヘカラス。

と論じているように、(6)天武天皇は壬申の乱に勝利し、その報賽のために二十年に一度の式年遷宮を発意され、続く持統天皇の御代に両正宮と第一別宮の分離奉斎等に見られる大宮院の拡充と整備、またそれに伴う社殿の配置等の変更が実施されたと捉えていたので、巻第二のはじまりを天武天皇の御代に置いたと考えられる。そして、その一大改革が実施された天武天皇の御代から奈良時代の最後の天皇である光仁天皇の天応元年までを古代神宮の発展期にあたると、おそらく想定したに違いないと思慮される。それは、先ず『神朝尚史』巻第二の元正天皇養老五年（七二一）九月十一日条及び聖武天皇天平十年（七三八）五月二十四日条で、

（養老）五年辛酉九月十一日乙卯。天皇御二シテ内安殿一ニ。遣レシ使ヲ供二リ幣帛ヲ於伊勢太神宮一ニ。告下サシム以二テ皇太子女井上ノ王一ヲ。為中シタマフコトヲ齋ノ内親王上ト。續日本紀。是ノ日天皇御二シ内安殿一ニ。以二テ少納言正五位上紀ノ朝臣男人一ヲ為二シ舍人一ト。引二テ中臣従五位上中臣ノ朝臣東人。忌部大初位□。忌部ノ宿禰呰麻呂等一ヲ。伊勢大神宮ノ幣ハ附二呰麻呂一ニ。渡會ノ神宮ノ幣ハ附二シ无位中臣ノ朝臣古麻呂一ニ訖ヌ。（略）政事要略所引官曹事類。

（天平）十年戊寅五月廿四日辛卯。使二トシ右大臣橘ノ宿禰諸兄。神祇ノ伯従四位下中臣ノ朝臣名代。右少辨従五位下紀ノ朝臣宇美。陰陽ノ頭外従五位下高麥太一ヲ。賚《モタラ》二シ神寶一ヲ奉二ル于伊勢大神宮一ニ。（略）以上續日本紀。

と記され、(7)神嘗祭奉幣の初見記事と公卿勅使差遣による臨時奉幣の初見記事が見られることよりも窺えるし、ま

た、同書同巻の文武天皇慶雲元年（七〇四）十一月八日条と称徳天皇神護景雲三年（七六九）二月十六日条で、

（慶雲元年）十一月八日庚ノ寅。遣二シテ従五位ノ上忌部宿禰《イミヘノスクネ》子《コ》首《オヒト》一ヲ供二セシム幣帛《ミテクラ》。鳳凰ノ鏡。窠子ノ錦ヲ于伊勢太神宮一ニ。（略）以上續日本紀。

（神護景雲）三年己酉二月十六日乙卯。奉二ラル神服《カムミソ》ヲ於天ノ下ノ諸社一ニ。以二テ大炊ノ頭従五位下掃守《カムモリ》ノ王。左中辨従四位下藤原朝臣雄田麻呂一ヲ。為二シ伊勢大神宮ノ使一ト。毎レニ社男神ノ服《ミソ》一具。女神ノ服一具。其ノ大神宮及ヒ月次ノ社ニ者ハ。加《クハフル》之ニモ以二テス馬形《ウマカタ》井ニ鞍《クラ》一ヲ。（略）續日本紀。

とあり、[8] 右の史料を使用して『神寶装束起源』において、

飛鳥浄見原乃朝乃御世乙酉年九月爾、勅使乎差弖神寶廿一種乎調備弖大神宮爾奉出賜布時乃宣旨爾、廿年爾一度新宮乎造替弖令二遷御一流事乎長世乃例止為志奉留倍志止申賜倍留乎始爾弖、藤原宮乃御代庚寅年九月爾遷宮乃事行波禮志時爾曾先帝乃御定乃任爾、中外院乃殿舎・御倉・四面重々乃御垣・御門・鳥居等乎毛造加良禮神寶廿一種乎毛調進良禮計留、但御装束物波其時如何那里氣牟、豊祖父天皇乃御世慶雲乃元年十一月爾、鳳凰鏡止窠子錦止乎忌部子首爾捧持多志女弖奉賜倍留、又高野天皇乃神護景雲乃三年止云布年乃二月爾、天下諸社爾神服進良禮志時、大神宮及月次社爾波男神服一具・女神服一具爾馬形井鞍等乎加弖進賜倍理止曾、此等乎始乃例止為弖遷宮乃度毎爾神寶物止共爾調儲弖進良禮継々爾品數乎毛益左禮弖也在奴良牟、皇統彌照天皇乃延暦廿三年八月乃儀式帳爾、新宮遷奉御装束大神正殿装束六物・御床装束四種・樋代御装束六種・出坐御床装束物七十二種止載多禮婆、此御世迄爾如レ此久全備波禮留事自然爾悟良禮奴可志、然禮婆古曾御床装束乃内爾小窠錦御被在利、樋代御装束乃内爾五窠錦御被在利、又御鏡二面母在利弖慶雲乃鳳凰鏡・窠子錦乃例爾准弖奉良留々事乃知

良留々、那良女、又出坐御床装束乃内爾小文紫御衣・小文絹御衣・帛御衣等波其裁縫乃状各闕腋乃袍爾為弖男服耳奈禮止舊波男女乃二領爾弖也在奴良、牟帛單御裳・紫羅御裳・紫御裳帯・生絹御比禮・帛御意須比等波女服那利、男神服女神服乎混合世弖進良留々波全久神護景雲乃例乎追留々故奈流倍志、延長五年爾成禮留延喜式爾所載多留装束神寶波悉久延暦乃帳爾據良禮弖異奈留事奈志、自レ其以後波式文爾依弖曾調進良禮氣留、

と論述して、(9)通常『太神宮諸雑事記』記載の第一回式年遷宮斎行時に神宝二十一種が奉納されると共に、御装束も同じく奉献されたと考えられているのに対し、御装束の奉献は、慶雲元年と神護景雲三年の神宮への御装束の奉献を経て、その品目と員数が次第に調えられ、やがて延暦の『止由気宮儀式帳』『皇太神宮儀式帳』成立時にほぼ完備したとする記事が存することからも看取できるのではないだろうか。

それから、巻第三については、そのはじまりは平安遷都を行われた桓武天皇の御代であり、そのおわりは仁明天皇の嘉祥二年までとなっている。この時代においては、『神朝尚史』巻第三の桓武天皇延暦二十三年(八〇四)三月二十四日条と同年八月二十八日条に、

(延暦)廿三年甲申三月廿四日己亥。豊受宮ノ禰宜正六位上神主五月麻呂。内人无位神主牛主。内人无位神主ノ山代等。録二顕シ等由氣大神宮儀式并ニ年中行事一ヲ。奏二進ス之一ヲ。大神宮司正八位下大中臣ノ朝臣眞継副署ス。神祇官検ス。従四位上行伯兼左京ノ大夫勳十一等多治比ノ眞人。大副従五位下大中臣ノ朝臣。従六位上守少副大中臣ノ朝臣假。正六位上行大祐忌部宿禰比良麻呂。従六位上行少祐多ノ朝臣總名。正六位上大史忌飛鳥田ノ首野守。正七位上行少史伊勢ノ朝臣加レフ署ヲ。其解文題シテ謂二フ止由氣太神宮ノ儀式帳一ト。本書儀。式帳跋

(延暦廿三年)八月廿八日庚午。太神宮ノ禰宜大初位上神主ノ公成。大内人無位宇治土公小紲等。顕二注シ皇大

神宮儀式并年中祭ノ行事一ヲ。奏二進ス之一ヲ。太神宮司正八位下大中臣朝臣眞継副署ス。其解文ヲ題シテ曰二フ太神宮ノ儀式帳一。（本書儀式帳跋。）

と記載される如く、[10]桓武天皇の御代に後世神宮奉仕規範の書と讃えられた延暦の両宮儀式帳の撰進があり、その後次々と王朝国家の威容を誇る古代神宮制度が完備されていき、やがて『神朝尚史』巻第三の仁明天皇承和九年（八四二）二月四日条に、

（承和）九年壬戌二月四日己巳。遣レシ使ヲ奉二ル幣ヲ伊勢大神宮及ヒ諸社一ニ。祈レフナリ年ヲ也。（續後紀）

とあり、[11]王朝国家祭祀の象徴ともいえる祈年祭使の初見記事が掲載されると共に、次に同天皇嘉祥二年九月七日条と同月十六日条には、

（嘉祥）二年己巳九月七日丁巳。遣二シ左中辨従五位上文室ノ朝臣助雄等一ヲ。奉二ル神寶ヲ於伊勢太神宮一ニ。是レ二十年一度所レノ奉ル例ナレハ也《ナリ》。

（嘉祥二年九月）十六日丙寅。太神宮遷宮。（年代記。例文。）

とあって、[12]第九回内宮式年遷宮の際には二十年に一度の遷宮神宝の奉献が恒例となっていたという記事を載せる等、清直は平安前期の仁明天皇の御代を以て古代神宮は完成期を迎えたと考え、それが延喜の『大神宮式』や『斎宮式』における古代律令国家の法制度として集大成されていくことになったと想定していたからであろう。

このような全体構成を有する『神朝尚史』全三巻は、神宮の淵源を神代に求め仁明天皇の嘉祥二年が古代神宮の完成期にあたるとして、その間凡そ千五百年における神宮の古伝や古史を、『歸正鈔』に窺われるような清直独自の考証と見解に基づいて導き出し編年体に纏めて提示している。従って本書は清直の神宮古伝研究の集大成に相当する書と見て先ず間違いないであろう。

次に『神朝尚史』全三巻が記載する全条文について、条文ごとに御代及び年月日・内容（中でも起源伝承や初見記事については加筆）・出典並びに参考史料という三項目を採択してそれぞれ記入し、一覧表に纏めて左に表示して『神朝尚史』全三巻の有する内容説明に換えたいと思う（＝表1『神朝尚史』全三巻（計三百六十七箇条）内容一覧表）。尚、表示するにあたって各条文がたとえ複数条にわたっていても、清直が根拠とした出典の提示のなされているところを以て基本的には区切りとする。但し、御代がわりが含まれる際には別条扱いとして記載する。

表1『神朝尚史』全三巻（計三百六十七箇条）内容一覧表

巻第一 ↓ 七十五条　※崇神・垂仁天皇の御代における〈年代〉は『歸正鈔』によって付記[13]

	御代及び年月日	内容	出典並びに参考史料
	神代		
1		天壌無窮の神勅・宝鏡奉斎の神勅・斎庭稲穂の神勅・天孫降臨時における豊受大御神と巻向穴師宮に坐す大神の随従	日本書紀・古事記・延喜式・明文抄所引日本記・古語拾遺参考
2		邇々芸命（天孫）降臨と高千穂宮の造営	古事記・日本書紀・延喜式
3		天牟羅雲命の功績と高千穂宮の御井設置→**忍穂井の御水の起源**	大同元年神事本記・舊事本紀
4		天孫降臨時に天御桙命と天八坂比古命は機織具を、天八千々比賣命は桑蠶を奉持し随従→**神御衣奉織の起源**	令義解・令集解・舊事本紀・神宮雑例集・神名秘書
5		神吾田鹿葦津比賣命の新嘗奉仕→**大嘗・神嘗の起源**	日本書紀
6		日向三代の高千穂宮の御経営	古事記・日本書紀

第一代　神武天皇		
7	神武御東征・白檮原宮での御即位・天照大御神の同床共殿祭祀・天皇の御食津神を神祇官西院の神殿に奉斎	古事記・日本書紀・古語拾遺・御鎮座傳記
第十代　崇神天皇		
8　18年まで 19年	天照大御神を相殿に奉祀し朝夕御饌と春秋の御服を供進 神人分離・護身の御璽である鏡剣を模造・宮内大庭の祠（＝笠縫邑の磯城神籬）で初代斎王の豊鉏比賣命が天照大御神を奉斎 奉遷夜に神遊→**倭舞並びに宮人曲歌謡の起源**	日本書紀・古事記・天書・古語拾遺・延暦儀式帳・大同神事本記・建久年中行事参考
9　〈52年〉壬戌	豊鉏比賣命が天照大御神の大宮處を求め倭内国より巡幸 豊鉏比賣命の丹波国御巡幸と吉佐宮の奉斎・丹波道主命の女王の朝夕御饌奉仕・豊受大御神を比治真名井原に奉祀し御饗奉仕・天忍石長井水を真名井原石井に移す	太神宮本記・大同本記・倭姫命世記・御鎮座本紀参考
10　〈56年〉 〈64年〉	豊鉏比賣命の倭国御還幸と師木伊豆加志本宮の奉斎 木国御巡幸と奈久佐濱宮の奉斎及び紀国造舎人の地口御田献進 吉備国御巡幸と名方濱宮の奉斎及び吉備国造の采女と地口御田献進	太神宮本記・紀年據二古事記一
第十一代　垂仁天皇		
11　3年 〈5年〉	豊鉏比賣命の倭国御還幸と彌和の御室嶺上宮の奉斎 倭比賣命が第二代斎王に御就任・倭比賣命の御巡幸開始と五柱の御送駅使の随従 宇多秋宮の奉斎四年 倭国造の采女と地口御田献進 倭比賣命の宇気比・宇多の大宇禰奈と弟大荒命の随従	太神宮本記・延暦儀式帳・大神宮禰宜譜圖帳・大同本記・紀年據二古事記一
12	佐々波多宮の奉斎	太神宮本記

	〈9年〉	倭比賣命の伊賀国御巡幸と隠市守宮の奉斎二年	
	〈11年〉	穴穂宮の奉斎四年	
		伊賀国造の篦山葛山戸並びに地口御田と年魚取淵等献進	
	〈15年〉	敢都美恵宮の奉斎二年	
	〈17年〉	倭比賣命の淡海国御巡幸と甲可日雲宮の奉斎四年	
		淡海国造の地口御田献進	
	〈21年〉	坂田宮の奉斎二年	
		坂田君の地口御田献進	
	〈23年〉	倭比賣命の美濃国御巡幸と伊久良河宮の奉斎四年	
		美濃国造の地口御田並びに御船一隻献進と美濃縣主の御船二隻並びに采女忍比賣の地口御田献進	
		倭比賣命の尾張国御巡幸と中嶋早田宮の奉斎	
13		尾張国造の地口御田並びに神戸献進	尾張國風土記・神宮雑例集・太神宮諸雑事記
14		倭比賣命の三河国御巡幸と渥美宮の奉斎及び三河国造の地口御田並びに神戸献進	太神宮諸雑事記・神宮雑例集・御降臨記
		倭比賣命の遠淡海国御巡幸と濱名宮の奉斎及び遠淡海国造の地口御田並びに神戸献進	
15	〈27年〉	倭比賣命の伊勢国御還幸と桑名野代宮の奉斎四年	太神宮本記
		伊勢国造の舎人及び地口御田並びに神戸献進	
16		河曲小山宮の奉斎と河曲縣造の神田並びに神戸献進	太神宮儀式帳・延喜大神宮式・神宮雑例集
17		鈴鹿忍山宮の奉斎と川俣縣造祖の神田並びに神戸献進	太神宮本記
18		安濃藤方宮の奉斎と阿野縣造祖の神田並びに神戸献進	太神宮諸雑事記・御降臨記
19	〈31年〉	阿佐加片樋宮の奉斎四年	太神宮本記
		市師縣造祖の神田並びに神戸献進・倭比賣命が阿佐加の嶺に坐す神を	

	鎮めるべく社を御創建・多気連祖が天照大御神の御贄として伎佐を献進	
20〈35年〉	飯高宮の奉斎と飯高縣造祖の神田並びに神戸献進	太神宮諸雑事記・御降臨記・太神宮本記
21	飯野高丘宮の奉斎四年 佐奈縣造祖の神田並びに神戸献進	伊勢國風土記・太神宮本記
22	八尋機殿の創設・神服部と神麻續部を機殿司に任命・織女による神御衣奉織→**神御衣祭の起源**	機殿儀式帳・伊勢國風土記・神宮雑例集・新撰姓氏録・令義解・令集解・舊事本紀参考
23	多気連の神田並びに御麻生園献進	太神宮儀式帳
24〈38年〉	櫛田社の祝定・魚見社の祝定・真名胡社の祝定 佐々牟江宮の奉斎	太神宮本記
25	倭比賣命が竹連等に真名鶴の稲穂を収穫調理させて天照大御神に対して御饌を供進→**神嘗祭の起源**・八握穂社の祝定（後に小朝熊山の嶺に奉遷）・竹連の根椋御刀代献進と采女忍比賣子孫の天八十枚加調進	年中行事秘抄所引之舊記参考・二宮儀式帳・太神宮本記
26	大與度社の祝定・伊蘇宮の奉斎・度会神主祖大若子命の御鹽濱並びに林献進・天照大御神に供進の御水所・大宮處の調査に大若子命を派遣・宇久留の命名	太神宮本記
27	速河比古の佐々上神田献進・速河狭田社の祝定	儀式帳・太神宮本記
28	高水神の田上御田献進と坂手社の祝定	儀式帳・太神宮本記
29	寒河の命名・御船社の祝定・相鹿瀬の命名・御瀬社の祝定・滝原宮の造営と奉斎	太神宮本記
30	倭比賣命の志摩国御巡幸と多古志宮と宇久良乃宮の奉斎・嶋国造の神田並びに神戸献進	御降臨記・感語鈔・神宮雑例集
31	倭比賣命の伊勢国御還幸と和比野の命名	儀式帳・太神宮本記
32	久具社の祝定	儀式帳・太神宮本記
33	曾奈比々古の御園地献進と園相社の祝定	儀式帳・太神宮本記

34		目弓野の命名・都不良の命名・澤道小野の命名・大若子命の復命・忌楯小野の命名・水饗社の祝定と鷲取小濱の命名・堅多社の祝定・御鹽濱並びに御鹽山の祝定・江社の祝定・神前社の祝定・御津浦の命名・大屋門の命名・鹿乃見の命名・止鹿乃淵の命名	太神宮本記
35		家田々上宮の奉斎と宇治土公祖の御刀代神田献進	大同神事本記
36	〈39年〉	**五十鈴川上に皇大神宮並びに荒祭宮を造営創祀**・天照大御神の教誨・倭比賣命の国祝・御送駅使の朝廷復命・**大鹿嶋命の祭官補任**	太神宮儀式帳・太神宮本記
37		**磯部河以東を神国と規定**	大同神事本記
38		**大若子命の神国造兼大神主任命と神庤（雑神政所）の造立**及び雑神事総括・倭比賣命の御贄所指定の嶋国御巡幸・国崎嶋着御と嶋国造の神戸献進	太神宮儀式帳・神宮雑例集・国崎村蔵建仁三年辨官符・太神宮本記
39		国崎嶋の御贄所指定と湯貴潜女の指定・伊勢国御還幸時に神堺の規定と朝夕御饌處の指定・淡海浦の命名・戸嶋の命名・柴前の命名・淡良伎嶋の命名・伊気浦と淡海子神の命名及び淡海子社の祝定と朝夕御饌處の指定・津長原の命名と津長社の祝定	太神宮本記・大同神事本記
40		由貴御饌殿造立と由貴大御饌の開始及び由貴御酒殿造立と神御酒の供進→**夕朝の由貴供奉の起源**	大同神事本記・延暦儀式帳
41		皇太神宮創祀の年は垂仁天皇三十九年に該当	日本書紀一書・紀年據二古事記一
第十二代　景行天皇			
42	15年乙酉9月	皇太神宮仮殿遷宮の斎行	造大神宮寶基本紀
43	20年庚寅2月4日	第三代斎王五百野久須比賣命の伊勢御参向と多気宮造立	日本紀・舊事紀・倭姫命世記
44	40年庚戌10月2日	倭建命の神宮御参拝と倭比賣命の天村雲剣等の授与	日本紀・古事記
		倭建命の御東征と蝦夷等の平定・草那芸剣の命名・熱田社の創祀・倭建命の薨去・神宮に蝦夷等献上	
45		川比賣の大物忌補任と奉仕	大神宮儀式帳

第十三代　成務天皇			
46		天照大御神の朝夕御饌神田に充てるべく大貫連最上が田辺神田開墾・荒木田姓を賜う→**私御饌調進の起源**	太神宮禰宜譜圖帳・建久年中行事
第十四代　仲哀天皇			
47	5年丙子3月	皇太神宮仮殿遷宮の斎行	寶基本紀
48	8年己卯9月5日	仲哀天皇の崩御・天疎向津比賣命の御神託・氣長足比賣命の新羅御征伐・天照大御神之荒御魂を廣田に奉祀（廣田社の創祀）	日本紀・古事記参考
第十六代　仁徳天皇			
49	10年壬午9月	皇太神宮仮殿遷宮の斎行	寶基本紀
第十九代　允恭天皇			
50	15年丙寅11月11日	月夜見命之荒御魂の御霊鏡を魚見社に奉遷	禰宜最世社記
51	20年辛未10月	皇太神宮仮殿遷宮の斎行	寶基本紀
第二十一代　雄略天皇			
52	元年丁酉3月3日 3年己亥4月	第五代斎王稚足比賣命の伊勢御参向 阿閇臣國見の讒言・廬城部連武比古の殺害・稚足比賣命の薨去（神鏡埋蔵）・神鏡発見と稚足比賣命の潔白・阿閇臣國見の石上神宮に秘匿	日本書紀
53	21年丁巳10月	雄略天皇の天照大御神の教誨に基づき豊受大御神の伊勢奉遷を斎行すべく大神主大佐々命を使として丹波国比治乃真奈井へ御派遣	止由氣宮儀式帳・大同神事本記
54		丹波国より伊勢国員辨鹿田別宮に奉斎三箇月	伊勢國風土記
55		壱志山邊行宮に奉斎一夜 度会乃沼木平尾行宮に奉斎三箇月	御鎮座本紀
56		**山田原に豊受宮並びに多賀宮を造立創祀**・御饌殿の造立・御饌殿内の神座を設置・真奈井の御水を忍穂井の御水に和合・大佐々命の御刀代神田設定・常典御饌の開始	大同神事本記・止由氣宮儀式帳

第二十六代　継体天皇			
57	元年丁亥2月	第六代斎王荳角皇女の伊勢御参向	日本書紀
58	12年戊戌9月11日	豊受宮仮殿遷宮の斎行	寶基本紀
第二十九代　欽明天皇			
59	2年辛酉	第七代斎王磐隈皇女の伊勢御参向（後に茨城皇子のために解任）	日本書紀
60	5年甲子9月	豊受宮仮殿遷宮の斎行	寶基本紀
61	其　時	東相殿神の御形を西相殿神の御船代内に奉遷	御體御坐次第
第三十代　敏達天皇			
62	元年壬辰3月5日	第八代斎王菟道皇女の伊勢御参向（後に池邊皇子のために解任）	日本書紀
第三十一代　用明天皇			
63	元年丙午3月	皇太神宮仮殿遷宮の斎行	寶基本紀
64	同　年9月	第九代斎王酢香手比賣皇女の伊勢御参向（此後三代に亘って奉仕）	日本書紀
第三十三代　推古天皇			
65	元年癸丑8月	皇太神宮仮殿遷宮の斎行	寶基本紀
66	同　年	中臣御食子大連公の祭官補任	祭主補任集・大中臣氏文・新撰氏族本系帳
67	30年壬午	酢香手比賣皇女の薨去	日本書紀
第三十四代　舒明天皇			
68	此　御　代	中臣國子大連公の祭官補任	祭主補任集
第三十六代　孝徳天皇			
69	大化元年乙巳	中臣國足大連公の祭官補任	祭主補任集
70	同　2年丙午	**神国の十郷を分割し度会郡を立て山田原に屯倉を造立**・新家連阿久多を督領に磯連牟良を助督に補任	太神宮儀式帳・伊勢國風土記・大同本記参考

御代及び年月日	内容	出典並びに参考史料
71 同 3年丁未8月 72 此御代	また**神国の十郷を分割し多気郡を立て竹村に屯倉を造立**・麻續連廣背を督領に磯部直八夜手を助督に補任 神国造を停止し中臣香積連須氣を神庤司に補任・山田原に神庤を改め造り御厨と改称し度会多気二郡の雑政を統括・**太神宮司の設置**（また神庤司から太神宮司と改称） 豊受宮仮殿遷宮の斎行 神御衣調進を停止	寶基本紀 機殿儀式帳
第三十八代　天智天皇		
73 元年壬戌	**祭官を祭主と改名し中臣朝臣大嶋を補任**	祭主補任集・大中臣氏文
74 3年甲子	多気郡四郷を分割し公郡の飯野郡を立て高宮村に屯倉を造立・久米勝麻呂を督領に補任	太神宮儀式帳
75 7年戊辰8月3日	神服織並びに神麻續の両機殿焼亡・仮機殿を造立し神御衣奉織・後に神服織機殿と神麻續機殿を分別して造立	倭姫命世記朱書

巻第二　↓　百五十七条

御代及び年月日	内容	出典並びに参考史料
第四十代　天武天皇		
76 即位前年壬申6月24日 同　年同月26日旦	東国へ向けて天武天皇の吉野御進発 天武天皇の伊勢国朝明郡迹太川邊で神宮御望拝	日本書紀
77 同　年10月	豊受宮仮殿遷宮の斎行	寶基本紀
78 此　年	中臣朝臣意美麻呂の祭主補任	祭主補任集・太神宮例文
79 同　年	大朽連馬養の太神宮司補任	太神宮例文・大中臣系圖
80 同　年	**大神主を停止し禰宜職を設置**・神主志己夫を皇太神宮禰宜に神主兒	禰宜補任次第・轉補次第記

		虫を豊受宮禰宜に補任	
81	2年甲戌4月	第十代斎王大来皇女の泊瀬斎宮入御	日本書紀
	3年乙亥10月15日	大来皇女の伊勢御参向	
82	是時	神服織神麻續両機殿の流田郷造立と神御衣奉織	機殿儀式帳
83	4年丙子2月18日	十市皇女と阿閇皇女の神宮御参拝	日本書紀・萬葉集
84	13年乙酉9月10日	**式年遷宮の立制**（神宝二十一種奉献・大宮院の拡張と整備）	寶基本紀・太神宮諸雑事記・弘安九年参詣記・園大暦延文二年所引舊記
85	14年丙戌4月27日	多紀皇女等の神宮御参向	日本書紀
	同　年5月9日	多紀皇女等の御帰京	
86	此御代	内宮政印の設置	文保二年撰年代記・太神宮諸雑事記
	第四十一代　持統天皇		
87	元年丁亥12月22日	大来皇女の御帰京	日本書紀
88		大来皇女の大津皇子薨去に対して哀悼	萬葉集
89	此　年	神主君麻呂の豊受宮禰宜補任	補任次第・例文
90	4年庚寅9月	**第一回皇太神宮式年遷宮の斎行**	諸雑事記・寶基本紀・例文・参詣記・寛正造内宮記
91	6年壬辰9月	**第一回豊受宮式年遷宮の斎行**	諸雑事記・寶基本紀・例文・参詣記
92	9年乙未3月24日	持統天皇の伊勢志摩両国へ行幸（神宮行幸はなし）・呼見浦等の御巡覧	日本書紀・萬葉集
	同　年4月5日	持統天皇行幸途次の神郡はじめ伊賀国や伊勢志摩両国の国造等に冠位授与	
		またそれらの国々の本年の調役免除	
	同　年同月8日	持統天皇の御帰京	

93	同　年5月	神宮以下四社へ藤原宮造営奉告のため奉幣	日本書紀
94	同　年閏5月	太神宮司の二神郡収納赤引糸調役に関する上奏	日本書紀
	同　年12月11日	新羅の調を神宮以下五社に奉献	
95	此御代	神主野守と神主山田麻呂の太神宮禰宜補任	太神宮例文・轉補次第記
第四十二代　文武天皇			
96	元年丁酉	神主小君の豊受宮禰宜補任	禰宜補任次第・轉補次第記
97	2年戊戌9月10日	第十一代斎王當耆皇女の伊勢斎宮御参向	續日本紀
	同　年12月29日	多気大神宮寺を度会郡に遷す	
	3年己亥8月8日	南嶋献物を神宮及び諸社に奉献	
	大宝元年2月16日	第十二代斎王泉内親王の伊勢斎宮御参向	
	同　年8月4日	斎宮司を寮に准じ属官を長上に准じる	
	同　2年正月17日	當麻真人橘の斎宮頭補任	
98	同　年同月	村山連糠麻呂の太神宮司補任（在任16年）	太神宮例文
99	同　年4月10日	秦忌寸廣庭の杜谷樹八尋桙根を神宮に献上	續日本紀
	同　年7月8日	神宮封物の濫穢を禁ず	
	同　年8月28日	神宮服料は神戸の調を使用	
	同　3年6月5日	引田朝臣廣目の斎宮頭兼伊勢守補任	
100	此　年	神主佐禰麻呂の皇太神宮禰宜補任	例文・荒木田系圖
101	慶雲元年正月22日	多気度会二郡少領以上は三等以上の親の連任を許可	續日本紀
	同　年11月8日	忌部宿禰子首をして幣帛はじめ鳳凰鏡及び窠子錦を神宮に奉納	
	同　2年11月4日	當麻真人楯の斎宮頭補任	
	同　年12月14日	神部斎宮宮人及び老嫗以外の婦女皆髻髪の事	
	同　3年閏正月28日	泉内親王の神宮御参拝	
102	同　年2月朔日	多紀皇女の斎宮御退下	一代要記
103	同　年8月29日	第十三代斎王田形内親王の伊勢御参向	續日本紀
	同　年12月6日	多紀内親王の神宮御参拝	

第四十三代　元明天皇			
104	和銅元年10月2日	宮内卿犬上王はじめ中臣朝臣東人等を派遣し平城宮造営奉告のため神宮に奉幣	續日本紀・祭主補任・神宮雑例集
105	此年	中臣朝臣東人の祭主補任	祭主補任・例文
106	此年	神主知加良の豊受宮禰宜補任	轉任次第・例文
107	同2年9月	**第二回皇太神宮式年遷宮の斎行**	諸雑事記・寶基本紀・例文
108	此年	太神宮外院に始めて宮司神館を造立	諸雑事記
109	此年	神主田長の皇太神宮禰宜補任	轉補次第記・例文
110	同4年3月6日	磯部祖父高志二人に渡相神主姓下賜（天智天皇九年以前の旧姓に復す）	續日本紀・補任次第
111	同年9月	**第二回豊受宮式年遷宮の斎行**	諸雑事記・寶基本紀・例文
112	同5年4月	長田王の伊勢斎宮派遣	萬葉集
第四十四代　元正天皇			
113	霊亀2年2月26日	大家朝臣豊穂の太神宮司補任（在任4年）	例文
114	養老元年4月6日	第十六代斎王久勢女王の伊勢斎宮御参向・猪名真人法麻呂の斎宮頭補任	續日本紀
115	同年8月16日	大風洪水のため豊受宮の瑞垣並びに御門流失	諸雑事記
116	同年同月同日	高河原に大蛇出現	文保二年撰年代記
117	此年	神主龍の豊受宮禰宜補任	補任次第・例文
118	同2年8月13日	斎宮寮印を始めて使用	續日本紀
119	同4年12月7日	津嶋朝臣大庭の太神宮司補任（在任6年）	例文
120	同5年9月11日	神嘗祭奉幣に合わせ井上内親王の第十七代斎王卜定を神宮に奉告のため幣帛並びに勅使発遣→**神嘗祭奉幣の初見**	續日本紀
121	同年同月同日	井上内親王の北池邊新宮に群行及び入御	政事要略所引官曹事類
122	同6年3月3日	大和国宇陀神戸司の神祇官上訴	諸雑事記
123	同7年11月16日	太政官の処分	令集解

第四十五代　聖武天皇

124	神亀元年9月	中臣朝臣廣見の祭主補任	祭主補任・例文
125	同　3年3月1日	高良比連千上の太神宮司補任	例文
126	同　4年8月23日	斎宮寮官人の補任	續日本紀
	同　年9月3日	斎王井上内親王の伊勢御発遣	
127	同　5年11月22日	**斎宮寮の設置**	年中行事秘抄
128	天平元年3月15日	太神宮に宣旨を下して太神宮司高良比連千上に新に御饌殿の造立を命ず	往代希有記・諸雑事記・延暦儀式帳・大同本記・寶基本記参考
	6月29日	御饌殿新造の勧賞として太神宮司高良比連千上の重任宣下	
129	同　年4月3日	中臣朝臣に伊勢神調絁三百疋を頒賜	續日本紀
130	同　年9月	**第三回皇太神宮式年遷宮の斎行**	例文
131	同　年同月13日	太神宮御神宝等使中臣廣見の参宮	諸雑事記
132	此　年	神主安麻呂の豊受宮禰宜補任	補任次第・例文
133	同　2年正月13日	宮司高良比連千上死去（在任2年）	往代希有記・諸雑事記・例文
134	同　年8月24日	村山連豊家の太神宮司補任	續日本紀
	同　年閏6月11日	神宮奉幣使は五位已上を充当	
	同　年7月11日	斎宮年料は官物を用いることを規定・皇太神宮禰宜及び内人の加階	
135	此　年	神主野守の皇太神宮禰宜補任	文保撰年代記
136	同　3年6月16日	二見郷長死穢により皇太子御不預に付、勅使差遣の御祈執行、度会郡大領並びに小領に大祓を科し皇太神宮並びに豊受宮禰宜にも中祓を科す、皇太神宮禰宜の陳情	諸雑事記
137	此　年	中臣朝臣人足の祭主補任	祭主補任・例文
138	同　4年	**第三回豊受宮式年遷宮の斎行**	例文
139	同　8年8月10日	中臣朝臣家主の太神宮司補任	例文・年代記
140	同　9年4月1日	新羅無礼の状を奉告のため神宮以下七社に奉幣	續日本紀

	同 10年5月24日	右大臣橘宿禰諸兄等を差遣し神宮に神宝を奉献→**公卿勅使派遣臨時奉幣の初見**	
	同 年閏7月21日	引田朝臣虫麻呂の斎宮長官補任	
141	同 11年12月23日	太神宮政印の設置	諸雑事記・年代記・印文據二本印一
142	同 12年4月11日	揩宜朝臣毛人の太神宮司補任	例文・年代記
143	同 年9月11日	神嘗祭奉幣のため三原王等を差遣	續日本紀
144	同 年10月	中臣朝臣清麻呂の祭主補任	祭主補任・例文
145	同 年同月29日	聖武天皇の伊勢国行幸	續日本紀
	同 年11月2日	聖武天皇の伊勢国壱志郡河口頓宮（關宮）に入御（十日間御在住）	
	同 年同月3日	大井王を差遣し神宮に奉幣	
	同 13年正月11日	新京に遷る状を奉告のため神宮及び七道諸社に奉幣	
146	此 年	神主足床の豊受宮禰宜補任	補任次第・例文・年代記
147	同 14年11月3日	右大臣橘朝臣諸兄等を差遣し御願寺建立の旨を神宮に奉告	諸雑事記・年代記・拾芥抄所引或抄作二十二月一
148	同 17年6月4日	佐伯宿禰浄麻呂を差遣し神宮に奉幣→**月次祭奉幣の初見**	續日本紀
149	同 18年2月11日	津嶋朝臣家虫の太神宮司補任（在任2年）	例文・年代記
150	同 年8月23日	路真人野上の斎宮寮長官補任	續日本紀
	同 年9月3日	第十八代斎王縣女王の伊勢群行	
151	是 時	群行の中臣に祭主清麻呂供奉	祭主補任
152	同 19年正月	中臣朝臣益人の祭主補任	祭主補任・例文
153	同 年9月	**第四回皇太神宮式年遷宮の斎行**	諸雑事記・例文
154	同 年同月	**荒祭宮遷宮の斎行**	諸雑事記・寳基本紀・皇字沙汰文
	同 年12月	**諸別宮遷宮の斎行→別宮遷宮の開始**	
155	此 年	神主首名の皇太神宮禰宜補任	禰宜譜圖帳・年代記
156	此 年	神主忍人の豊受宮禰宜補任	補任次第・例文

157	同　20年5月	津嶋朝臣小松の太神宮司補任（在任9年）	諸雑事記・例文
158	是　時	津嶋朝臣小松の太神宮司拝命の事由	諸雑事記
	第四十六代　孝謙天皇		
159	天平勝宝元年3月	尾張守清麻呂の神祇大副補任と祭主に復任（在任24年）	祭主補任・例文
160	同　年4月1日	出羽国より黄金産出に付、神祇官人の中臣・忌部及び皇太神宮と豊受宮の禰宜に位階を加進	續日本紀・補任次第
		民部卿紀朝臣麻路等を差遣し神宮に貢の金幣帛を奉献	
	同　年閏5月11日	服喪のため伊勢斎王斎宮より御退出	
161	同　年8月11日	豊受宮物忌父世真の神館焼亡・世真に中祓を科す・子等死亡により世真を解任	諸雑事記
162	同　年9月6日	第十九代斎王に小宅女王を卜定	一代要記・例文
163	此　年	**多賀宮遷宮の斎行**	寶基本紀
164	同　2年9月	**第四回豊受宮式年遷宮の斎行**	例文
165	同　3年4月4日	遣唐使の平安を祈るべく参議石川朝臣年足等を差遣し神宮に奉幣	續日本紀
166	同　5年正月5日	御代始賞として皇太神宮と豊受宮の禰宜以下に加階	續日本紀・補任次第・例文
167	同　年2月22日	津嶋朝臣小松の加階	續日本紀
168	同　6年6月26日	豊受宮御炊内人元継を大祓に科して解任、番直内人等を中祓に科す	諸雑事記・例文
169	同　7年11月2日	少納言厚見王を差遣し神宮に奉幣	續日本紀
170	同　8年3月11日	太神宮司津嶋小松の春日氏神社を度会郡湯田郷津嶋崎に鎮祭	神宮雑例集
171	同　年4月22日	勅使を差遣し神宮に奉幣	續日本紀
	同　年5月3日	左大辨大伴宿禰古麻呂等を差遣し神宮に奉幣	
172	天平宝字元年6月19日	神宮幣帛使は中臣朝臣に限り任命することを規定	續日本紀・古語拾遺
173	同　年同月10日	菅生朝臣忍人の太神宮司補任（在任3年）	例文

第四十七代　淳仁天皇

174	天平宝字2年8月1日	淳仁天皇御即位の報奨により神祇官人の中臣・忌部に加級、大神宮禰宜以下に布を頒賜	東大寺文書
175	同　年同月19日	摂津大夫池田王を差遣し斎王卜定の由を神宮に奉告・左大舎人頭河内王等を差遣し神宮に御即位の由奉幣	續日本紀
176	同　年同月	第二十代斎王に山於女王（安陪内親王）を卜定	一代要記・例文
177	同　年9月	度会川の浮橋破損のため例幣使随身の馬流失、以後、勅使参宮間の宮司騎用馬四疋供奉が恒例化	諸雑事記
178	同　3年10月9日	丈部大麻呂の斎宮頭補任	例文
	同　年同月13日	菅生朝臣虫麻呂の太神宮司補任（在任3年）	
179	同　年同月15日	神堺変更に付、式部卿巨勢朝臣關麻呂等を差遣し神宮に奉幣	續日本紀
180	同　4年正月	皇太后の病気平癒を祈るべく大神宮に勅使（祭主）を差遣・後速やかに御回復	諸雑事記
181	同　年3月13日	全国諸社に皇太后の病気平癒の祈祷執行を布告・皇太神宮禰宜以下と諸社祝部に加級	續日本紀・諸雑事記・補任次第
	同　年12月13日	皇太神宮と豊受宮の禰宜に加階	
182	同　5年正月16日	粟田朝臣足人の斎宮長官補任	續日本紀
	同　年8月29日	斎内親王伊勢群行に際し朝廷大祓執行	
183	同　6年7月8日	摺宜朝臣山守の太神宮司補任（在任3年）	例文
184	同　年11月3日	新羅征討を祈るべく御史大夫文室真人浄三等を差遣し神宮に奉幣	續日本紀
185	同　年9月15日	宍食用のため度会郡司が五十鈴川で溺れるに付、自今以後、神郡司の宍食用を禁ず	諸雑事記
	同　年同月22日	大風洪水のため祭使が瀧原宮へ参向できず、倶留万川の頭にて神嘗の御饌・直会等を斎行	
	同　年同月27日	祭使が瀧原宮に参向し神嘗祭奉幣斎行	
186	同　7年4月27日	恩赦により豊受宮御炊内人元継を復任	續日本紀

	同　年5月5日	復任後始めて元継神事に従事	
187	同　年7月14日	忌部呰麻呂の斎宮頭補任	續日本紀
188	同　8年9月13日	正親正萩田王等を差遣し神宮に神嘗祭奉幣	續日本紀
	第四十八代　称徳天皇（第四十六代孝謙天皇重祚）		
189	天平神護元年正月7日	恵美仲麻呂の謀反鎮定に付、両宮禰宜・内人等に加階	譜圖帳・補任次第・例文
190	同　年2月2日	菅生朝臣諸忍の太神宮司補任（在任2年）	例文
191	同　2年2月	菅生朝臣水通の太神宮司補任（在任5年）	例文
192	同　年7月11日	皇太神宮禰宜に把笏を許容	諸雑事記
193	同　年同月23日	使を遣し伊勢大神宮寺に丈六仏像を造る	續日本紀
194	同　年9月	**第五回皇太神宮式年遷宮の斎行**	諸雑事記・例文
195	同　年12月18日	太神宮禰宜神館二宇焼亡のため日本紀はじめ神代本記等焼失、神宮印も紛失のところ文殿の地中より発掘	諸雑事記・弘安九年参詣記
196	神護景雲元年8月16日	去る六月十七日豊受宮の五色瑞雲出現の大瑞により改元、皇太神宮禰宜以下に加級、又神郡二郡司並びに諸社祝部及び伊勢守・同介・豊受宮大内人に叙位	續日本紀・譜圖帳・補任次第参考
197	此　年	神主五月麻呂の豊受宮禰宜補任	補任次第・轉補次第記
198	同　2年4月28日	皇太神宮禰宜は従七位・豊受宮禰宜は正八位に准じて季禄を下賜	續日本紀
199	同　年7月7日	皇太神宮の嘉雲出現の祥瑞により中納言藤原卿を差遣して神宮に神宝を奉献	諸雑事記
200	同　年9月	**第五回豊受宮式年遷宮の斎行**	諸雑事記・例文
201	同　年10月3日	逢鹿瀬寺を永く大神宮寺とすることを宣下	諸雑事記
	同　年12月	月次祭使に別の勅使を副え逢鹿瀬寺を永く大神宮寺とすることを皇太神宮に奉告	
202	同　3年2月16日	神服を天下の諸社に奉献するに際し大炊頭掃守王等を差遣し皇太神宮及び月次社に馬形並びに鞍を加えて奉納	續日本紀・祭主補任
	同　年6月19日	祭主清麻呂の大中臣姓下賜	

第四十九代　光仁天皇

203	宝亀元年8月1日	参議藤原朝臣継縄等を差遣し神宮に幣帛並びに赤毛馬を奉納	續日本紀
204	同　年10月1日	神宮始め諸社の禰宜等に加階	續日本紀
205	同　年12月21日	瀧原宮御装束湿損に付、物忌父石部千妙に大祓を科し解任	諸雑事記
206	同　年同月	中臣朝臣比登の太神宮司補任（在任4年）、以後他姓は交えずに補任	例文・大中臣系圖
207	同　2年2月13日	諸国の神社を神階によって区分し殿舎及び四至の町数を制定、又国司の造営費負担と社司の随破修繕を規定	類聚神祇本源・元々集
208	同　年9月22日	大風洪水のため祭使が瀧原宮へ参向叶わず、逢鹿瀬西の小野にて神嘗祭斎行	諸雑事記
209	同　年11月18日	鍛冶正氣太王を派遣し伊勢国に斎宮を造営	續日本紀
210	同　年12月23日	大雪のため祭使が伊雑宮へ参向できず、一殿にて月次の御饌・直会等を斎行、後日祭使が同宮に参向し神嘗祭奉幣斎行	諸雑事記
211	同　3年正月4日	太神宮司比登の宿館焼亡により太神宮司印等焼失	諸雑事記・例文・参詣記
212	同　年8月6日	異常風雨の原因は月讀宮の祟りとトす	續日本紀
	同　年9月	荒祭宮に準じ月讀宮に幣馬奉献（以後恒例化）、月讀宮荒御魂神・伊佐奈伎命・伊佐奈彌命を官社に列す、度会郡の神宮寺を飯高郡廣瀬の山房に徙す	
213	同　年11月13日	第二十一代斎王に酒人内親王をト定し春日斎宮に入御	續日本紀
214	同　4年9月23日	瀧原宮内人石部綱継等逢鹿瀬寺僧海圓と争論し怠状を科せられる	諸雑事記
	同　年10月13日	志摩国目代伴良雄等伊雑宮付近にて狩猟せる罪により大祓を科せられ、国司は中祓を科せられる	
215	同　年同月19日	大中臣朝臣子老の祭主補任	祭主補任・例文
216	此　年	太神宮司御厨及び離宮院を改造	園大暦所レ引・延暦十六年八月神祇官符
217	同　5年2月21日	中臣廣成の太神宮司補任（在任6年）	例文・大中臣系圖

218	同　年7月23日	伊勢国多気・度会二郡の位田等を他郡の田地と交換及び神宮禰宜以下触穢の科祓を宣下	神宮雑例集
219	同　年8月3日	斎内親王伊勢群行に際し使を派遣し諸国を祓清める	續日本紀
220	同　年8月27日	神郡百姓口分田の地子は神税として徴収のことを宣下	類聚三代格
	同　年同月15日	廣上王の斎宮長官補任	
	同　年9月3日	斎王酒人内親王の伊勢群行	
221	同　6年2月13日	使を派遣し多気・度会二郡の堰溝を修繕、且つ耕種適地を視察せしむ	續日本紀
222	同　年4月19日	第二十二代斎王に浄庭女王を卜定	一代要記・例文
223	同　年6月5日	神民石部楯桙等逢鹿瀬にて御贄を漁労中に逢鹿瀬寺の法師等により狼藉され御贄触穢→翌7年2月3日に伊勢国飯高郡より神宮寺排除の宣下	諸雑事記
224	同　年8月22日	使を派遣し伊勢斎宮を修理	續日本紀
	同　年10月11日	笠朝臣名麻呂の斎宮頭補任	
	同　年同月25日	神宮に奉幣	
225	同　8年10月13日	安倍朝臣草麻呂の斎宮長官補任	續日本紀
226	同　9年3月27日	朝廷大祓・皇太子山部親王御疾病平癒のため勅使を差遣し神宮及び天下の諸社に奉幣	續日本紀
	同　年10月25日	皇太子御疾病平癒報賽のため神宮へ行啓すべく御進発	
227	同　10年8月5日	皇太神宮正殿並びに東西宝殿等焼亡に付、御体を仮殿に安鎮	諸雑事記・文保撰年代記
	同　年同月10日	焼失の御装束神宝等の上奏、修理職物部建麻呂と小工を派遣し伊勢・伊賀・美濃等五ケ国の国司人夫を率いて皇太神宮並びに東西宝殿等を造作	
	同　年9月10日	御装束神宝等の調進	
	同　年9月26日	失火者の太神宮司廣成及び番直の大内人等大祓を科せられ解任、修理職の加階と小工の賜禄	

	御代及び年月日	内容	出典並びに参考史料
228	同　年12月2日	中臣朝臣継成の太神宮司補任（在任6年）	諸雑事記・例文・中臣系圖
229	此　年	神主磯守の皇太神宮禰宜補任	譜圖帳・例文
230	同　11年正月21日	両宮禰宜を長上の例に准じ四考成選を以て内位に叙すを宣下	野府記長元四年九月三日勘文・諸雑事記・補任次第
231	同　年2月1日	伊勢大神宮寺の飯野郡外へ移造を聴許	續日本紀
	同　年5月29日	神宮封一〇二三戸の復旧	
232	天応元年正月1日	伊勢斎宮に出現の美雲大瑞に付、斎宮寮主典以上及び太神宮司・禰宜以下並びに多気度会二郡司に加級	續日本紀
	同　年4月11日	桓武天皇御即位由の奉幣使を神宮に差遣、神宮始め諸社の禰宜等に加階	

『神朝尚史』巻第三　→　百三十五条

	御代及び年月日	内容	出典並びに参考史料
	第五十代　桓武天皇		
233	延暦元年8月1日	第二十三代斎王に朝原内親王を卜定	一代要記・太神宮例文
234	同　年同月19日	神宮及び諸社把笏の禰宜以下に加級	續日本紀
235	此　年	神主男公の皇太神宮禰宜補任	禰宜譜圖帳・例文
236	同　4年4月23日	紀朝臣作良の造斎宮長官補任	續日本紀
	同　年7月21日	賀茂朝臣人麻呂の斎宮頭補任	
237	同　年同月	斎宮寮主神司の忌部の官位降格	古語拾遺
238	同　年8月24日	斎期終了の斎王の伊勢群行御進発のため桓武天皇平城宮に行幸	續日本紀
	同　年9月7日	斎王の伊勢群行に陪従の百官大和国堺で奉送	
239	同　年9月	**第六回皇太神宮式年遷宮の斎行**（大風洪水のため式日を延引し18日執行）・斎内親王奉仕・19日離宮院にて豊明節会・同日斎宮へ還御	諸雑事記・文保撰年代記・例文

240	是時	神祇大祐大中臣朝臣弟牧の遷宮使補任	大中臣系圖所引造宮補任
241	同5年3月	神祇大副大中臣朝臣諸魚の祭主補任	祭主補任・例文
242	同　年同月	大中臣朝臣野守の太神宮司補任、是時より任限六年となる	例文・系圖
243	同　年9月16日	内侍藤原栄子の父卒去により離宮院より内侍退下、主神司による祓い清め、斎王の神宮御参向は例の如く執行	諸雑事記長和二年條所レ引記文
244	同6年9月15日	**第六回豊受宮式年遷宮の斎行**	年代記・例文
245	同7年5月2日	神宮及び七道名神に使を派遣し祈雨、是夕大雨降る	續日本紀
246	同8年3月5日	蝦夷征討の由を奉告すべく使を差遣し神宮に奉幣	續日本紀
247	同9年9月11日	例幣使を発遣、但し諒闇のため御遙拝の儀なし	續日本紀
248	同10年正月22日	斎宮頭加茂朝臣人麻呂の伊勢守兼任	續日本紀・古事談・諸雑事記・
	同　年8月3日	盗人の火により皇太神宮及び東西宝殿等焼亡し御装束神宝類も悉く焼失、但し御正体並びに左右相殿神の御体は猛火を逃れ黒山の頂に懸かり坐すにより太神宮司仮殿を造り御体を奉鎮し神祇官に上奏	年代記・神名秘書
	同　年同月13日	神祇少副・左少史等を派遣し焼亡の原因と神宝物等の式目を勘記上奏せしむ	
249	同　年同月14日	皇太神宮非常焼亡祈謝のため参議左大辨左近衛中将春宮大夫大和守紀朝臣吉佐美・中臣祭主参議神祇伯左兵衛督式部大輔近江守大中臣朝臣諸魚等を差遣し神宮に奉幣、又造宮大工物部建麻呂始め小工を派遣し殿舎を修造	續日本紀・日本紀略・古事談・弘安参詣記・公卿勅使例・文保年代記・例文・諸雑事記・人車記
	同　年同月23日	伊賀・伊勢・美濃等五箇国に官符を下して正税官物を以て皇太神宮正殿及び東西宝殿等を造進せしむ	
	同　年9月2日	官符推問使祭主諸魚・左大史船木宿禰一麻呂等神宮に到来し太神宮司・禰宜・度会郡司に推問、焼亡の原因が東宝殿内に落ち遺った盗人の炬にあることを究明し上奏	
	同　年10月5日	皇太神宮大小内人等及び度会郡司の科祓と解任・太神宮司並びに禰宜の科祓（但し解任せず祓い清めて供奉）を宣下、大工物部建麻呂の叙位と小工の賜禄	

250	同　年同月27日	皇太子安殿親王御疾病平癒祈祷のため神宮に御参向	續日本紀・紀略
	同　年11月11日	皇太子神宮より御帰京	
251	同　年12月26日	鍛冶正廣上王を造太神宮使長官に補任（以下次官等五人も補任）すると共に尾張連淡海を木工長に補任して焼失の皇太神宮正殿及び東西宝殿等を造らしむ	人車記・仁安四年正月外記勘例所レ載
252	同　11年2月20日	大中臣朝臣若麻呂の太神宮司補任（在任5年）	例文・文保年代記
253	同　年3月18日	失火により皇太神宮を造営	日本後紀・紀略
254	同　年7月3日	太政官符を下して斎王行禊のための用度品の供給担当を神郡より斎宮寮に変更し、また同年料の蒭の運搬を神郡百姓より神戸へ改変して恒例となす	類聚三代格
255	同　年9月	皇太神宮臨時遷宮の斎行（炎上のため）	例文
256	同　12年3月10日	平安京遷都の由を奉告すべく参議壱志濃王等を差遣し神宮に奉幣	日本後紀・紀略・公卿勅使例
257	同　13年正月17日	蝦夷征討により参議大中臣諸魚を差遣して神宮に奉幣	日本後紀・紀略
	同　年3月18日	大監物石淵王始め参議兼神祇伯兼祭主大中臣諸魚等を差遣して神宮に奉幣	
	同　年12月2日	斎宮寮の献物により同寮助三嶋真人年継等に叙位	
258	同　14年8月30日	装束物を神宮に奉献するに付、宮中及び左右京・畿内・近江・伊賀・伊勢国等大祓勤仕	日本後紀・紀略
259	同　15年2月13日	斎内親王御帰京の頓宮を大和国に造営	日本後紀・紀略
	同　年同月15日	斎内親王御退下を奉告すべく使を差遣し神宮に御奉幣	
	同　年3月5日	左少辨兼左兵衛佐橘朝臣入居等を派遣し斎内親王を御奉迎	
	同　年11月14日	新銭（隆平永宝）を神宮及び賀茂社等に奉納	
260	此　年	神主恒守の皇太神宮禰宜補任	例文
261	同　16年4月18日	第二十四代斎王に布勢内親王を卜定	日本後紀・一代要記
262	同　年5月4日	中臣朝臣真魚の太神宮司補任	例文・系圖
263	同　年8月23日	造宮使大中臣豊庭をして離宮院を度会郡沼木郷高河原より同郡湯田郷宇羽西村に移すと共に、中臣氏神社も筒岡（津嶋崎とも）より同	園大暦文和五年十二月條所レ引古記・雑例集・神名秘書

		院坤方に遷座	
264	同年同月21日	斎内親王葛野川において御禊の後に野宮に入御	日本後紀
265	同17年正月24日	諸国神宮司等の任期を六年と規定し太神宮司に神祇官神封物を以て季禄を賜う	日本後紀
266	同18年4月16日	中臣丸朝臣豊國の斎宮頭補任	日本後紀・紀略
	同年5月28日	神祇大祐大中臣朝臣弟牧を差遣し皇太神宮正殿を改作	
	同年7月7日	伊勢斎宮の新嘗会を停止、但し九月祭の歌舞伎は許容	
	同年同月28日	斎内親王の伊勢群行に際し使を派遣し畿内及び七道諸国の御祓を修す	
	同年8月25日	斎内親王の伊勢群行を奉告すべく神宮に奉幣	
	同年9月3日	斎内親王野宮を御進発、伊勢群行なされるにあたり侍従中臣王・参議藤原朝臣乙叡等を派遣し御奉送	
	同年是月	京畿の百姓の北辰に御燈を奉るを禁ず	
267	同19年11月3日	斎宮主神司を神祇官の管摂とす	三代格
268	同年12月22日	諸国神宮司等在任中喪にあうも替補せず服解の後に復任	三代格
269	此年	神主公成の皇太神宮禰宜補任	皇字沙汰文所レ引本系帳・譜圖帳
270	同20年正月13日	皇太神宮大物忌父磯部鯵丸並びに同内人田丸等の神館焼亡に付、同大物忌父並びに内人及び番長の大内人等に科祓	諸雑事記
271	同年4月14日	太神宮封戸の改減を禁止	三代格・諸雑事記・文保年代記
272	同年5月14日	大祓・上祓・中祓・下祓の料物を規定、その内神嘗・月次等諸祭を怠り太神宮禰宜等を殴打し、また御饌物を穢し諸祭日に六色禁忌に違犯する者を科祓し解任とす	類聚三代格・神宮雑書・神祇本源
273	同年9月13日	太神宮封戸の庸調を神祇官より斎宮寮へ収納することに変更	新抄格勅符第十巻抄
274	同年10月19日	多気・度会二郡司の租庸調懈怠のため神界において決罰す	三代格
275	同22年正月5日	斎宮寮に始めて史生四員を設置	日本後紀・紀略

276	同　年5月2日	大中臣朝臣真継の太神宮司補任	例文・系圖・文保年代記
277	同　23年3月24日	**豊受宮禰宜神主五月麻呂等の止由氣宮儀式帳撰進**	止由氣宮儀式帳跋
278	同　年5月23日	斎宮寮の白雀献上	日本後紀・紀略
279	同　年8月28日	**皇太神宮禰宜神主公成等の皇太神宮儀式帳撰進**	皇太神宮儀式帳跋
280	同　24年	神主財麻呂の豊受宮禰宜補任	補任次第所レ引季生撰文保年代記・例文
281	同　25年正月29日	斎宮頭中臣丸朝臣豊國の伊勢介兼任	日本後紀・紀略
	同　年3月17日	桓武天皇崩御	
	同　年同月29日	斎内親王御帰京のため大和・伊賀両国に行宮を造営	
	同　年4月15日	左兵庫頭佐伯王等を伊勢国に派遣し斎内親王を御奉迎	
	同　年同月16日	斎内親王の御退下を奉告すべく使を差遣し神宮に奉幣	
	第五十一代　平城天皇		
282	大同元年5月18日	平城天皇御即位に付、諸社禰宜・祝等に加階	皇字沙汰文・釋日本紀。所レ引。考以加レ名。
	同　年6月10日	皇太神宮禰宜神主公成・豊受宮禰宜神主財麿等の二宮供奉神事上代本記（大同元年太神宮本記とも）撰進	
283	同　年11月13日	第二十五代斎王に大原内親王を卜定	日本後紀
	同　年同月20日	斎内親王の交替を奉告すべく近衛権中将藤原朝臣真夏等を神宮に差遣	
284	同　年12月24日	大中臣朝臣豊庭の太神宮司補任	例文・系圖・園大暦・皇字沙汰文
285	同　3年5月9日	藤原朝臣伊勢臣の斎宮頭補任	日本後紀・紀略
	同　年8月3日	斎宮寮炊部司に舎人・蔵部司等に准じ長官・主典を設置	
	同　年同月10日	文室真人正嗣の斎宮頭補任	
	同　年同月14日	斎内親王葛野川において御禊し野宮を御退出	
	同　年9月2日	両宮大内人各三員外考により把笏許容	
	同　年同月4日	斎内親王の伊勢群行	

	同　年11月14日	大嘗祭由を奉告すべく神宮に奉幣	
286	同　4年正月16日	斎宮頭文室真人正嗣の上総守兼任	日本後紀
	同　年2月8日	斎王大原内親王に山城国乙訓郡地六町を賜う	
	同　年同月13日	藤原朝臣伊勢人の斎宮頭補任	
	同　年3月23日	斎王大原内親王に山城国葛野郡地八町を賜う	
	第五十二代　嵯峨天皇		
287	大同4年6月10日	斎内親王御帰京のため摂津国に頓宮を造営	日本後紀
	同　年8月11日	第二十六代斎王に仁子内親王を卜定	
288	弘仁元年4月19日	斎内親王卜定由を奉告すべく神宮に使を差遣	日本後紀
289	同　年7月5日	大中臣朝臣諸人の祭主補任	祭主補任・例文
290	同　年同月30日	天皇御不予により右大辨藤原朝臣藤嗣を差遣し神宮に奉幣	日本後紀
291	同　年9月	**第七回皇太神宮式年遷宮の斎行**	例文
292	同　2年2月6日	斎日を改作、散斎日における六色禁忌の徹底	類聚神祇本源
293	同　年5月10日	小野朝臣真野の斎宮頭補任	日本後紀
	同　年6月3日	神宮に奉幣	
	同　年8月29日	斎内親王葛野川において御禊	
	同　年9月1日	斎内親王の伊勢群行に際し北辰を祭り挙哀・改葬等を禁ず	
	同　年同月4日	斎内親王の伊勢群行	
	同　年11月9日	伊勢国の百姓疲弊により当年田租を免除	
294	此　年	神主牛主の豊受宮禰宜補任	補任次第・例文
295	同　3年正月12日	斎宮頭小野朝臣真野の伊勢権介兼任	日本後紀
296	同　年2月7日	大中臣朝臣清持の太神宮司補任（在任3年）	例文
297	同　年5月4日	神七郡の神戸百姓を救済すべく明年より神税の外、正税13万3千束を出挙して当利息を以て斎宮の用に充当	日本後紀
	同　年7月2日	疫旱により天皇大極殿に出御し神宮に奉幣使を発遣	
298	同　年9月	**第七回豊受宮式年遷宮の斎行**	例文

299	是時	祭主諸人忌服により遷宮に供奉せず太神宮司豊庭の一人奉仕となる	祭主補任・諸雑事記
300	同4年正月	大中臣朝臣淵魚の祭主補任	祭主補任・例文
301	同 年9月16日	豊受宮大内人真房の妻御祭に参詣中に出産のことを太神宮司上奏、同夫妻は科祓し解任	諸雑事記
	同 年同月29日	豊受宮での非常産穢を祈謝すべく勅使散位節職王等を差遣し神宮に奉幣	
302	同5年2月15日	民部少輔安倍朝臣寛麻呂の斎宮頭補任	日本後紀
303	同 年6月17日	月次祭時に皇太神宮禰宜公成と斎宮寮頭藤原朝臣尚世と口論のことを太神宮司上奏→7月23日に官使が下され両者を対問せしめ禰宜公成の嫌疑が晴れる→8月15日に斎宮大盤所より恩言及び御衣一襲を給う	諸雑事記
304	同 年7月10日	斎宮頭安倍朝臣寛麻呂の伊勢権介兼任	日本後紀
305	此年	神主虎主の豊受宮禰宜補任	補任次第・例文・文保年代記
306	同7年6月22日	太神宮司大中臣朝臣清持仏事を行うにより科祓し解任	日本後紀
307	同 年7月21日	大中臣朝臣真清麻呂の太神宮司補任	例文・年代記
308	同 年8月2日	神宮に奉幣	日本後紀
	同 年9月6日	去る8月16日夜に大風停止のため神宮に奉幣	
309	同8年12月25日	多気・度会両郡の雑務（神社・溝池・駅舎・正倉・官舎の修理及び桑・漆の催殖、百姓訴訟の決罰等）を太神宮司に預く	類聚三代格
310	同9年4月22日	祈雨のため神宮に奉幣	日本後紀
	同 年9月6日	疫病を鎮めるべく神宮に奉幣	
311	同10年7月17日	祈雨のため神宮並びに大和国石作山陵に使を差遣して奉幣	日本後紀
312	同12年8月22日	伊勢国司の神郡田租の検納を停止し旧例に基づき太神宮司に検納せしむ	三代格

第五十三代　淳和天皇

313	弘仁14年4月21日	御即位由を奉告すべく神宮に奉幣	日本後紀
	同　年6月3日	斎内親王御退下を奉告すべく天皇大極殿後殿に出御し神宮に奉幣	
314	同　年是月	菅生朝臣道成の太神宮司補任	例文
315	同　年7月7日	祈雨のため神宮に奉幣	日本後紀
	同　年8月8日	天皇大極殿に出御し神宮に奉幣	
	同　年9月11日	天皇大極殿後殿に出御し神宮に神嘗祭奉幣	
	同　年11月3日	大嘗祭由を奉告すべく天皇大極殿に出御し神宮に奉幣	
316	天長元年4月6日	祟りのため天皇大極殿後殿に出御し少納言継野王等を差遣し神宮に御剱並びに幣帛を奉献	日本後紀
317	同　年是月	大中臣朝臣礒守の祭主補任	祭主補任・例文
318	同　年8月11日	第二十七代斎王氏子内親王野宮に入御のため次第司を補任	日本後紀
	同　年同月14日	風雨順調を祈るべく使を差遣し伊勢大神に奉幣	
	同　年9月10日	多気の斎宮大神宮より遠距離のため不便に付、度会の離宮を常の斎宮と定める	
319	同　2年10月26日	斎王伊勢群行の年にあたりて石作山陵を他所に遷すことを得ず	日本後紀
320	此　年	勅使を差遣し度会郡内に初めて斎宮寮院を造営、氏子内親王の伊勢群行	神宮雑例集
321	同　3年7月13日	去る6月11日の豊受宮朝御饌汚穢のため太神宮司道成・大物忌父子に大祓を科し解任、禰宜虎主は上祓を科され供奉	諸雑事記・例文・系圖
322	同　年9月11日	天皇八省院に出御し神宮に奉幣	日本後紀
323	同　年同月21日	大中臣朝臣久世主の太神宮司補任（在任3年）	例文・系圖
324	同　4年2月26日	斎王御疾病により御帰京由の宣命を制す	日本後紀
	同　年同月29日	斎王御疾病により御帰京由を奉告すべく参議式部大輔南淵朝臣弘貞等を石作山陵に派遣	
	同　年4月2日	斎王御疾病により御帰京由を奉告すべく参議真世王等を差遣し神	

		宮に奉幣	
325	同5年2月13日	第二十八代斎王に宣子女王を卜定	日本後紀
	同 年同月26日	天皇小安殿に出御し宣子女王を斎王卜定由を奉告すべく散位三継王等を差遣し神宮に奉幣	
326	此 年	大中臣朝臣毛人の祭主補任	祭主補任・例文
327	同 年	神主真老の皇太神宮禰宜補任・神主後河の豊受宮禰宜補任	譜圖帳・文保年代記・例文・補任次第
328	同6年2月22日	大中臣朝臣逸志の太神宮司補任	諸例文・系圖・祭主補任
329	同 年5月3日	奉幣使散位信忠王・大中臣朝臣定實等参宮に際し汚穢あるに付、天皇御不予	諸雑事記
	同 年7月19日	信忠王・定實に科祓、天皇御不予の御祈のため勅使参宮	
330	同 年9月	**第八回皇太神宮式年遷宮の斎行**	例文・年代記
331	同7年7月25日	天皇の御平癒を奉告すべく神宮に奉幣	類聚符宣抄
	同 年8月27日	斎王賀茂川において御禊	
	同 年同月30日	斎王伊勢群行に際し建礼門南庭おいて大祓執行	
	同 年9月4日	これより先斎王伊勢群行に際し外記等をして詳細なる進止を報ぜしむ	
332	同8年8月13日	風雨の災害を防護すべく天皇大極殿に出御し神宮に奉幣	日本後紀
	同 年9月12日	天皇大極殿に出御し神宮に奉幣	
333	同 年同月15日	**第八回豊受宮式年遷宮の斎行**	例文・年代記
334	同9年7月22日	風雨の災害を防護すべく天皇八省院に出御し神宮に奉幣	日本後紀
第五十四代　仁明天皇			
335	天長10年3月4日	天皇大極殿に出御し御即位由を奉告すべく神宮に奉幣	續日本後紀
	同 年同月6日	御即位の日に太神宮始め諸社の禰宜・祝等に加階	
	同 年同月14日	第二十九代斎王に久子内親王を卜定	
	同 年4月7日	内匠頭楠野王を差遣し斎王御交替由を神宮に奉告	

	同　年8月23日	神宮に奉幣	
	同　年11月8日	大嘗会由を奉告すべく神宮に奉幣	
336	承和元年6月28日	祈雨のため神宮及び畿内七道名神に奉幣	續日本後紀
	同　年7月10日	斎王賀茂川において御禊し野宮に入御	
	同　年同月11日	天皇大極殿に出御し神宮に奉幣	
337	此　年	大中臣朝臣國雄の祭主補任	祭主補任・例文・年代記
338	同　年	神主継麿の皇太神宮禰宜補任	譜圖帳・例文・年代記
339	同2年3月5日	大中臣朝臣真仲の太神宮司補任	例文・系圖・類聚大補任
340	同　年7月5日	風雨の災害を防護すべく神宮に奉幣	續日本後紀
	同　年8月2日	来月の斎王伊勢群行に際し京畿における北辰の供灯を禁止	
	同　年同月28日	斎王賀茂川において御禊	
	同　年9月5日	天皇大極殿において斎王を伊勢へ御発遣	
341	同3年8月17日	皇太神宮禰宜継麻呂・豊受宮禰宜虎主の叙位	類聚國史、虎主當レ作二後河一
342	同　年9月11日	去る九日宮中触穢により神嘗幣帛奉献停止由を奉告すべく左兵庫頭岡野王等を神宮に差遣	續日本後紀
	同　年12月6日	天皇建礼門南に出御し神宮に奉幣	
343	同4年3月22日	遣唐使進発により内匠頭楠野王等を差遣し神宮に奉幣、但し雨のため天皇大極殿に出御せず	續日本後紀
344	同5年3月8日	神主土主の豊受宮禰宜補任	補任次第・例文・系圖・年代記
345	同　年7月22日	稲の成熟祈請のため神宮に奉幣のことを勅諭	續日本後紀
	同　年同月29日	豊年祈請のため天皇八省院に出御し神宮に奉幣	
	同　年10月4日	左兵庫頭岡野王等を差遣し神宮に神宝を奉献	
346	同6年2月18日	岡於王の斎宮長官補任	續日本後紀
	同　年4月21日	祈雨のため高原王等を差遣し神宮に奉幣	
	同　年10月13日	神宮に唐物を奉献	
	同　年11月2日	天皇大極殿に出御し使を差遣して神宮に奉幣	

	同　年同月5日	伊勢斎宮の官舎百余宇焼亡に付、左衛門佐田口朝臣房富を派遣し斎王を存問	
	同　年12月2日	斎宮焼亡により多気に宮地を卜定し常の斎宮とすべき状を祈請すべく春宮大夫兼右衛門督文室朝臣秋津を差遣し神宮に奉幣	
347	同7年3月	大中臣朝臣薭守の祭主補任	祭主補任・例文・系圖
348	同　年6月14日	祈雨のため神宮及び賀茂上下・松尾社等に奉幣	續日本後紀
	同　年7月5日	豊穣祈請のため神宮に奉幣	
	同　年9月11日	例幣使を差遣し神宮に奉幣	
349	是時	淳和上皇崩御により例幣使を神祇書院より発遣	西宮記
350	同　年12月7日	勅使を差遣し諒闇により奉幣叶わざること及び今年肥後国神霊池の枯渇を神宮に祈謝	續日本後紀
351	同　年同月14日	離宮の寮司院牛死の穢れにより寮頭・官人等祓殿並びに便宜の所に宿して参宮	諸雑事記長和二年條所レ引古記
352	同8年正月28日	大中臣朝臣豊歳の太神宮司補任	例文・系圖
353	同　年6月22日	天下怪異多数により国家平安・皇位無窮を祈念すべく大監物嶋江王等を差遣し神宮に奉幣	續日本後紀
	同　年7月15日	伊勢・尾張両国の正税を以て斎王の離宮を造営	
	同　年同月26日	豊年祈請のため天皇八省院に出御し神宮に奉幣	
354	同9年2月4日	祈年のため使を差遣し神宮及び諸社に奉幣→**祈年祭使の初見**	續日本後紀
355	同　年5月27日	卜食に疫気あるにより祈攘のため使を差遣し神宮に奉幣	類聚國史
356	同　年6月5日	陰陽寮の占いに疫気あるにより祈攘のため使を差遣し神宮に奉幣	續日本後紀
	同　年7月19日	炎旱続き秋稼枯れるの卜筮により神祇伯大中臣朝臣淵魚伊勢・八幡等の大神に祈祷	
	同　年8月11日	豊稔祈請のため神宮に奉幣	
	同　年9月11日	例幣使散位雄豊王等を差遣し神宮に奉幣	
	同　年同月20日	御卜に来年春夏疫気あるにより神宮及び天下の名神に奉幣	

357	同10年7月23日	豊穣祈請のため使を差遣し神宮に奉幣	續日本後紀
	同 年8月7日	天皇大極殿に出御し使を差遣して神宮に奉幣	
	同 年9月11日	例幣使を差遣し神宮に奉幣	
358	同11年2月8日	並山王の斎宮頭補任・伊勢守長岑宿禰高名の斎宮権頭兼任	續日本後紀
	同 年閏7月21日	風雨の災害の防護を祈請すべく神宮に奉幣	
	同 年10月8日	天皇八省院に出御し奉幣使を発遣	
359	同12年6月8日	斎宮頭及び同助が神宮並びに多気・度会両神郡の雑務を検校、以後恒例化	續日本後紀
	同 年7月27日	今月降雨頻繁に付、止雨祈請のため民部大輔長因王等を差遣し神宮に奉幣	
	同 年9月11日	天皇大極殿に出御し例幣使を発遣し神宮に奉幣	
360	同 年11月	神事違例のため太神宮司豊歳の解任	例文
361	同13年3月	大中臣朝臣新作の太神宮司補任	例文
362	同14年3月20日	天皇八省院に出御し神宮に奉幣	續日本後紀
363	嘉祥元年2月14日	豊住朝臣永貞の斎宮頭補任	續日本後紀
	同 年7月13日	瑞祥により改元奉告及び水害防止祈請のため神宮及び賀茂上下・松尾社に奉幣	
364	此 年	神主継長の皇太神宮禰宜補任	譜圖帳・年代記・例文
365	同2年9月7日	左中辨文室朝臣助雄等を差遣し遷宮神宝を奉献→**遷宮神宝奉献の初見**	續日本後紀
	同 年同月11日	天皇八省院に出御し例幣使を発遣	
366	同 年同月16日	**第九回皇太神宮式年遷宮の斎行**	年代記・例文
367	此 月	大中臣朝臣逸志の祭主補任	祭主補任・例文・系圖・年代記

三　『歸正鈔』執筆の考証理念と『神朝尚史』の編纂

『歸正鈔』執筆の考証理念を考察する場合、最も重要なのは同書「敍由」であり、そこには清直の『歸正鈔』成立に到る研究の経緯や主旨、使用する考証史料の基準等が余すことなく語られている。即ち、

A　神宮ノ史籍数百部在カ中ニ、此書ハモ最極ノ舊典ニシテ、其名ヲ太神宮本記略シテハ神宮本記トモ又本記トモ云フ。又ハ太神宮神祇本記略シテハ神宮神祇本記トモ、又神祇本記トモ云フ。又ハ神代本記トモ稱シ、上下ニ分テ二巻トス。但何人ノ撰ナリヤ其時代モ詳ナラサレト、天平神護ノ以前ニ撰述シテ在タル證ハ、太神宮諸雑事記ニ云ク、天平神護二年十二月十八日ノ夜子ノ時、宮司ノ神館五間、萱葺二宇仁火飛来リ、既ニ以テ焼亡シ畢ヌ、件ノ焼亡ノ間、日本紀二部、神代本記二巻、當年以往ノ記文、及雑ノ公文焼失シ畢ヌ、ト載セ、又弘安九年太神宮参詣記ニモ、天平神護元年乙巳十二月十八日ノ夜子ノ剋ニ、虚空ヨリ火モエキタリテ、太神宮大庭ノホカ乾ノスミニ侍ヘリシ禰宜ノ神館五間ノ屋二宇ヤケ侍シカトモ、宮中ニ及ハス、其時本日本記、後大記惣シテ二部、神代本記二巻、其外當年以往ノ記文、及雑ノ公文等皆悉ク焼失ス、ト見エタリ。二記少異ハアレトモ、神代本記二巻焼亡トアルハ一致ナレハ、此前ニ撰セシ書ナル事疑ナシ。其後大同元年ニ注進セシ二宮神事本記ハ、此書ニ據テ文ヲ成セリ。然ハカリ典故ノ要須ナリシカト、何時ノ頃ヨリカ全部ハ亡ヒテ、稍ク其残欠ヲ傳ヘ来レリ。然ルヲ後人其逸文ヲ取テ、日本書紀、延喜式、古語拾遺及儒佛ノ書等ヲ混合シ、終ニ一部ニ編纂シテ、倭姫命世記ト號シ、神護景雲二年禰宜五月麻呂ノ撰集スル所(14)トス。其記ノ跋ニ、大治四年十二月廿七日書寫ストアルヲ以テ見レハ、大治四年以前ニ偽作セシ事著明ナリ。

凡テ太神宮本記ノ全書タリシ時ノ體裁ヲ按ルニ、假令ハ皇大神宮御鎮坐本記、皇大神宮朝御饌夕御饌供奉本記、神郡度會多氣飯野三箇郡本記ナト、若干條ニモ條ヲ分テ書記セシ者ナリケム。其趣粗此逸文ノ勢ニ見エタリ。大同元年二宮供奉神事上代本記ハ、此本記ニ據テ修撰セシ者ナル故ニ、事ヲ拾肆箇條ニ分チ注セル旨、皇字沙汰文ニ引載セル文ヲ以テ推知セラル。然レハコソ後ニ御鎮坐本記ノ條目ヲ竊テ、豊受皇大神御鎮坐本紀ノ偽書ヲ作リ、御饌供奉本記ノ條ノ全文ハ大同本記ノ缺文ニ逸シ、神郡本記ノ條ハ内宮儀式帳ノ加筆ニ遺存セシナラメ、其餘事蹟ノ證スヘキ者猶在ルヘシ。(15) 抑此世記ニ作リ成シタル残篇ハ、即御鎮坐本記ト御饌供奉本記トノ二條ナルヘシ。委クハ其各條ノ下ニ辨ス。

B 稍ク橋村正身神主ノ神名帳考證再考ニ云ク、世記ノ書タル上古太神宮本記ト云古書上下二巻アリテ、其上巻ヲ紛失セシカハ、残編ニ前後ヲ加筆シテ、後人是ヲ編述シ倭姫命世記ト號ス、故ニ古本ノ終ニ、太神宮本記下、ト記セル六字ヲ遺セリ、コレカ加筆ヲ刪去テ見ル時ハ、國字遣イニシヘニ叶ヒ、古代ノ書タル事疑フヘカラス、其マクラ辭ニ至リテハ、彌後世ノ人ノ擬スヘキニアラス、具眼ノモノハオノツカラ知見スヘシ、此書ヲ廃シテ両宮傳来ノ事何ヲ以テ據トセム、ト説キタルハ、寔ニ始テ此書ヲ知リ得タリト謂フヘシ。其後ハ本居宣長モ、破竹辨ニ、五部書ノ中ニ倭姫命世記ノミハ同シ偽書ナル内ニモ、決シテ後世人ハエ造ルマシキ古キ書トモ、アレハ、ヒタスラニハ棄カタシ、トコロトコロ眞偽ヲヱラヒテ取ヘシ、ト謂ヒテ、古事記傳ニ往々引證シ、又平田篤胤ハ、古史徴ニ、倭姫命世記ハカク題號ヶタルハ後ニテ、彼記ナル事實トモ半スクルホトハ、後ニ次々ニ書加ヘタル事トモナレトモ、其元本ハ決ナク雄略天皇ノ御世ヨリ以前ニ記セル書ト見ユ、トサヘ謂テ、古史成文ニ採用セリ。又中川經雅卿ハ、内宮儀式解ニ、倭姫命世記ハ全信ケカタシ、古クヨリ傳レルニ中世作添タルコト多クミユ、モトヨリ傳ハリヌルハ古傳トミエテ取ルヘキ也、中世作リ添タル所々ハ、其文拙ク古俗ヲ知ル人、一度ミハ古代ノマヽナルト中世ノ偽造トノ分別ハ、速ニ知察ヘシ、ト謂ヒ、又富士谷御杖ハ北邊随筆ニ、倭姫命世記ハヨニ信セヌモノ也、ソノ信セヌユヱハ、云々ノ詞アルカ故也、予オモフニ、天皇即位廿三年以下巻尾マテハ後人ノ加ヘタル物ナルコトシルシ、コヽヨリ上ノ文氣ハ、上代ノスカタニテ、此以下ノ如クアサマシキコトナシ、云々ナトアル後人ノ所為疑ナキ證ナリ、又始ノ程モ後人ノソヘタルニコソトオホシキハ、巻首ヨリ云々トイフマテ也、カヽル所々ハミユレト、此中間ノ文氣ハ後人ノ所為ノ及ヒカタキ所アルカ上ニ、云々ノコト此世記ナカリセハ、何ニヨリテカ云々ノ故ヲ知ラム、此故ニ予ハ云々ヨリ以下云々トイフマテヲハ信スヘシトハオホユル也、ト論辨セリ。又橘守部ハ、稜威道別ニ、倭姫命世記、此書モトハ倭姫命ノ天照大御神ヲコヽカシコ率テ奉リ給ヒシ間ノ事ヲ記シタル古書ノ残篇ナリケルヲ、始メ終リニ後人加筆シテ汚シタル處多カリ、サレト四十葉ハカリノ内、二十葉アマリハ舊ノ古書モ存タリ、其文ヲミルニ、字ノ居サマナトハ古カラネト、言ノ古雅ナル事指ニ折ツヘキ物ニシテ、又引用フヘキ事モコレカレアルヘシ、ト沙汰セリ。然テ又伴信友ハ、世記考ヲ注シテ古文ヲ主張シ、益谷末壽ハ、倭姫命世記古文訓點ヲ撰シテ追加ヲ棄損ス。如レ是近世博識ノ先達等世記ヲ廢シカタキ者トスナルハ、太神宮本記ノ逸文ナレハナリ。（然ルヲ足代弘訓神主ノ外宮論辨、又橘村正兌神主ノ外宮儀式解等ニ、世記ヲ大同元年ノ神事供奉本記ノ残篇ナリトアルハ、彼本記ノ文ノ此本記ニ似タルカ故ナリ。是説ハモト亀田末雅神主ノ謂ヒ出タル説ニシテ、本末ヲ辨ヘヌ謬説ナリ。二神主ノ信従セルハ麁漏ト謂ヘシ。大同ノ本記ハ此書ニ據リテ抄録セルモノナレハ、彼ノ此ニ似タルハ勿論ナリ。前田夏蔭ノ稲荷神社考ニモ、嶋國伊雑ノ鶴ノ條ヲ引テ云ラク、世記ハ後人ノ作ル書ナカラ、大同本記ノマヽナリトオホシキ文多ケレハ、此ニハ略記セリ、ナト注セシモ、同シ謬説ヲ承ケタルモノナリ。信シテ扈従スヘカラス。）故ニ今其舊章ノ脱誤ヲ校訂シ、事跡ヲ研究シ、後ニ潤色セル文辭ノ出自ヲ辨明シテ刪去シ、偽造セサリシ上古ニ復シテ、太神宮本記ト稱ス。其攷證数年ニシテ稍ク稿ヲ脱スルカ故ニ、分チテ以テ六冊ト成シ、名ツケテ歸正鈔ト題ス。[16]

文治元年記ニ、所謂ル調御倉ニ秘蔵スル神籍十二巻ノ内、大神宮神祇本記等ノ四部ハ六十未満ノ以前ハ不レレ及二ハ披見一ニ、ト制禁シ、又皇字沙汰文所載ノ永仁四年十一月、外宮使雅見申状ニ、神代本記以下往昔ノ古書等ハ、神宮第一之舊典、朝家無雙之奥儀也、雖レトモ為二ト祠官一、非二レハ其仁一ニ兮不レ披二見セ之一ヲ、雖レトモ為二ト氏人一、非二レハ其器一ニ兮猥ニ不レ授レ之ヲ、因レテ茲ニ納二メテ于神庫一ニ奉レル比二シ神寶一ニ、ト謂ヘリ。然ハカリ先輩ハ尊崇シテ其真贋ナト論スルコトハナカリツルニ、近世ニ及テハ其仁ニ非ル人等ノ此書ヲ評セシ論説既ニ上件ニ挙ク。今亦其器ニ非ヌ微躬ヲ以テ駁辨刪正ヲ加フルコト其憚ナキニアラネト、争テ神朝ノ典故ヲ正實ニ復シタキ忠敬ノ志願ヨリシテ、累年勤苦ナス所ナリ。窃ニ虚偽ヲ飾テ後生ヲ眩惑スルト、其罪戻何レカ重カルラム。尊神冥ニ判定ナシ賜ハマシ。于レ時元治二年乙丑正月五日御巫内人石部清直識。(17)

C此書ヲ校訂セムト欲テ諸家ノ世記数本ヲ撿閲スルニ、上件ニ辨スル如ク、皆延貞、延佳、益弘、熙近ノ四家ノ本ヲ轉寫セルモノノミニテ、寛文以前ノ本、世ニ在ルコト無シ。（略）其四家ノ本ハ、加茂岡本氏蔵本ノ轉寫ナリ。信慶ノ世記抄ニ、山城加茂ノ禰宜岡本宮内本ヨリ今天下ニ流布ス、トイヘルカ如シ。然ルヲ以テ見レハ天下ニ盈満セル世記ノ原本ハ岡本氏ノ一本ナリ。益弘本ノ跋ニ、右ノ一巻ハ以二テ所持之古本一ヲ書二寫シ之一ヲ、令二メ再校一畢ヌ、寛文五乙巳暦正月廿一日、賀茂ノ社岡本宮内ノ少輔保可、トアリ。依テ京師ノ知音ニ由ヲ告テ、今猶岡本氏ノ古本有リヤ無シヤ、探索スルコト年アリ。然ルニ粟田青蓮院宮ノ御内ナル進藤加賀守為周朝臣、彼上賀茂ノ社家岡本氏ノ縁者タルニ因テ、其家ノ蔵書中ヨリ覓出シテ許借セラレキ。多年懇望ノ舊本ヲ親ク披閲スルコトヲ得テ喜悦喩ヲ取ルニ物ナシ。於レ是其本ヲ影寫シ原本トシテ、寛文以後轉寫校訂ノ本等ハ棄テ顧ミス、三百年以上ノ古書ニ引用セルモノ二十部許ヲ以テ比照シ誤脱ヲ改補シ、詳ニ其書目ヲ表テ異同ヲ注ス。

此書ヲ引載セル古書ノ目次

神名秘書　弘安八年十二月行忠神主撰、此書ニハ太神宮神祇本記下曰、倭姫命世記曰、トイヒテ引用ス。又神宮神祇本記下トモアリ。又神宮本記トモ、又本記トモ、又倭姫世記トモ云ヘリ。

皇字沙汰文　永仁四年、同五年二宮禰宜問答状、此状中ニハ太神宮本記トモ、倭姫皇女世記トモ、又ハ神代本記トモ、神祇本記トモ云ヘリ。

正安四年四月十三日行忠神主注文　外宮引付所載、此注文ニハ太神宮本記下ト云テ引用ス。

神道簡要　文保元年八月家行神主撰、此書ニハ神代本紀曰、號二倭姫命世記一、ト云テ引用セリ。

類聚神祇本源　元應二年正月家行神主撰、此書ニハ倭姫命世記曰トモ、又世記曰トモ云テ引用ス。

高宮盗人闖入怪異記　元應二年十二月勘文、此書ニハ倭姫命世記曰トモ、倭姫世記曰トモ云テ引用セリ。

神祇秘鈔　元徳二年五月家行神主抄録、此書ニハ倭姫命世記曰トモ、神代本記曰トモ云テ引用ス。

瑚璉集　延元二年九月家行神主撰、此書ニハ倭姫命世記曰、又倭姫世記曰トモ云テ引用ス。

元々集　北畠権大納言親房卿撰、此集ニハ倭姫命世記曰トモ、又世記曰トモ云テ引用セラル。

御鎮座本縁　高庫蔵等秘抄、一云　跋ニ、仁和三丁未八月トアレト偽妄ナリ。南北朝時代ノ撰ナリ。此書ニハ倭姫世記曰ト云テ引用セリ。

石屋本縁　跋ニ、永保二年二月トアレト、南北朝頃ノ抄物ナリ。此書ニハ倭姫世記曰ト云テ引用ス。

舊事本記玄義　僧正慈遍撰、元弘二年常良神主ノ序アリ。此書ニハ倭姫命世紀、又倭姫世紀、又世紀トモ云テ引用セリ。

豊葦原神風和紀　同慈遍撰、跋ニ、國母ノ令旨ヲ承テ注進ス、トアリ。建武年中ノ撰ナルヘシ。南朝紀傳、櫻雲記等ニハ、興國元年ノ進獻トス。此書ニハ倭姫命世記ト云テ引用ス。

大元神一秘書　撰者未詳、南北朝時代ノ撰ナリ。此書ニハ太神宮神祇本記下曰ト云テ引用ス。

元要記　應安元年ノ撰ニテ三十巻アリ。文治四年ノ跋アレト偽妄ナリ。此書ニハ倭姫命世記、又大倭姫命世記トモ云テ引用ス。

元長參詣記　文明三年、同十三年ノ撰二部アリ。二記共ニ倭姫命世記曰、又神代本記曰トモ云テ引用セリ。

二所天照皇大神遷幸時代抄　此書元々集ノ板本巻八ニ繕メタルニハ、寶龜二年阿倍志斐連東人ノ跋アレト、後人ノ妄作ナリ。明應三年ノ寫本ニハアルコトナシ。然シテ此抄ハ、世記ヲ鈔録シテ、圖繪ト裏書トヲ増加セシモノナリ。依テコレヲモ比校ス。

麗氣記巻五神天上地下次第　此書延喜帝ノ御製ナリトイヘト偽妄ナリ。時代抄ヲ取テ文ヲ作セルモノニテ、是亦世記ノ抄録ナリ。

日諱貴本記　此書延暦十七年九月十八日右大臣神主奉勅撰集ナリトイヘト偽妄ナリ。但永和二年十一月書寫ノ跋アレハ、従レ其以前ニ作レルモノナルコトハ論ナシ。是亦時代抄ヲ取テ圖繪裏書ヲモ其儘ニ出セル世記ノ抄録モノナリ。

天照大神御降臨記　此書撰者ヲ詳ニセサレト、貞和二年壬九月廿二日僧印隆ノ書寫セシ跋アル本、尾張大須寶生院ニ蔵ス。永仁五年ノ皇字沙汰文ニ、既ニ降臨記ノコトヲ載セタレハ、六百年上ノ古書ナリ。其所謂ノ遷幸ノ(18)行宮及年紀等世記ニ依テ書記セシモノナリ。

此餘ニモ比校スヘキ者猶在ルヘケレト、管見ノ限ヲ載スルノミナリ。　（付記号および傍線筆者行う）

とある。

先ず、Aよりは、清直が『太神宮諸雑事記』と『弘安九年参詣記』の天平神護二年（元年とも）十二月十八日条に基づき、皇太神宮禰宜神館の焼亡に伴って『神代本記』二巻が焼失したのに注目し、この『神代本記』が神宮最極の旧典である『太神宮本記』に相当することを直感的に断定し、既に天平神護二年（七六六）以前に『太神宮本記』は成立していたと看做したことを看取できる。この『神代本記』焼失事件については、『神朝尚史』巻第二の第四十八代称徳天皇の御代の天平神護二年十二月十八日条にも、

夜子ノ時。自二虚空一燃火《モユルヒ》飛ヒ来テ。大神宮ノ大庭之外乾ノ隅ニ所レノ在ル禰宜ノ神館五間ノ屋二宇。既ニ以テ焼亡シ畢ヌ。件ノ焼亡之間。日本記後大記惣テ二部。神代本記二巻。其外當年以往ノ記文。及ヒ雑ノ公文等皆悉ク焼失シ畢ヌ。爰ニ神宮ノ印一面。其形タニ不レ見二火所一ニ。因レテ之ニ禰宜内人等愁ヒ歎キ。而三ケ日之間且ツ祈二リ申シ太神宮一ニ。且ツ觸二ル、ヘリ宮司一ニ之程。禰宜ノ夢ノ中ニ被レレテ仰セ云ハク。件ノ印ハ地ノ底二尺許ニ入天在リ也。早ク可二シト捜リ覔一ム也者。禰宜夢覺テ之後。鷩キ恐リ天文殿之所ヲ堀リ求ムルニ。宛モ如二ク御示現一ノ仁有テ専ラ無二カリキ破損一スルコト也。雑事記。弘安九年参詣記。

と掲載され[19]、清直にとっていかに重大な出来事であったかが窺われる。また、清直が神宮古伝を論じる際に珍重した『大同元年神事供奉本記』についても『太神宮本記』の条文を採択して成立したと見るものの、『大同元年神事供奉本記』が数箇條より構成されているのを参考にして、全書であった時の『太神宮本記』も数箇條で構成されていたと推知する。『神朝尚史』巻第三の第五十一代平城天皇の御代の大同元年（八〇六）六月十日条に、

依二テ去年七月三日ノ宣旨一ニ。太神宮ノ禰宜神主ノ公成。豐受大神宮ノ神主ノ財麿。大神宮ノ大内人神主ノ廣

河。豐受大神宮ノ大内人神主ノ牛主等。注二進スニ宮供奉神事上代本記一ヲ。太神宮司正八位下大中臣ノ朝臣眞繼副署ス。題シテ曰二フ大同元年太神宮本記一ト。皇字沙汰文。釋日本紀。所レ引。考以加レ名。

と記載して、[20]『大同元年神事供奉本記』の重要性も積極的に提示しているのである。それから、清直は所謂神道五部書の一書である『倭姫命世記』は、『太神宮本記』の逸文を基に『日本書紀』や『古語拾遺』をはじめ儒仏関係の書を混合して編纂されたとし、その奥書に神護景雲二年（七六八）禰宜五月麻呂撰集の旨があるのと、大治四年（一一二七）十二月二十七日の書写歴もあることより、大治四年以前には『倭姫命世記』が偽作されていたことを主張する。因みに、その五月麻呂の豊受宮禰宜の補任に関して、『神朝尚史』巻第二の第四十八代称徳天皇の御代の神護景雲元年（七六七）条には、

此ノ年正六位上神主ノ五月麻呂。任二ス豐受宮ノ禰宜一ニ。補任次第・轉補次第記。

とあって、[21]『補任次第』と『転補次第記』に基づいた条文が載せられている。

次に、Bからは、橋村正身の『神名帳考證再考』はじめ本居宣長の『破竹辨』や『古事記傳』、或いは平田篤胤の『古史徵』や『古史成文』、また中川経雅の『大神宮儀式解』や富士谷御杖の『北邊随筆』、橘守部の『稜威道別』や伴信友の『倭姫命世記考』等において、博識の先学たちが一様に『倭姫命世記』を廃しがたき書と評価したのは、偏に『太神宮本記』の逸文が『倭姫命世記』には内在していることに依拠するものであると清直が思考してしたことを窺知される。従って「今其舊章ノ脱誤ヲ校訂シ、事跡ヲ研究シ、後ニ潤色セル文辭ノ出自ヲ辨明シテ刪去シ、偽造セサリシ上古ニ復シテ、太神宮本記ト稱ス。」という復元研究に邁進、『歸正鈔』巻第六の末

文に、

此書ハ去シ文政九年丙戌十二月十六日予十五歳ニシテ始テ書寫ヲナシ、ソレヨリ校訂改寫スルコト五度ニ及テ、今年元治元年甲子十二月十一日稍クコノ歸正鈔ヲ成功ス。其間三十八年ヲ經タリ。何ソサハカリ遲緩ナル、才短クシテ廣博ニ渉リカタク、且考證スル書ノ乏シキカ故ナリ。他日明徴ヲ得ハ又速ニ稿ヲ改ムヘシ。

と記述したように[22]、約三十八年の歳月を費やし元治元年（一八六四）十二月十一日に『歸正鈔』脱稿という挙を成し遂げる。この快挙は近世神宮考証学が清直の手により大成されたことを意味するものであり、翌二年正月五日にはその「叙由」を著し、未だ飽くなき『太神宮本記』研究への探究心を披瀝していることを確認できる。こうした清直の『倭姫命世記』という古典に対する原典批判研究については、中野裕三氏が『国学者の神信仰―神道神学に基づく考察―』「補論　近代神宮への道程―御巫清直の思想と古儀復興―」において、

一古典が正しい古伝承と後人の加筆した箇所とを内包するものであるとの認識は、「延喜祝詞式」、記紀神話、『古語拾遺』等から古史を選定した平田篤胤の業績に窺える如く、天保期の国学者の業績に顕著に示された発想であろう。記紀の古伝承をして、「本辞」と「談辞」とに類別した橘守部の神典解釈法「神秘五箇条」も、同様の発想に根差すものであろう（本書第二編第二章「「顕生魂」説の原由―橘守部の神学―」参照）。『倭姫命世記』に対するTextkritik（原典批判）という営みは、こうした古典理解の一環として位置づけられるのではなかろうか。その意味に於いて、当該古典理解は、宣長以降の国学の展開、とりわけその方法論的な特徴を考える上で、重要な契機の一つであろう、と筆者は考えるのである。

と論述されたのはまさに至言であって、天保期の国学者たちの業績の延長線上に位置する営みであったと共に、国学における古典に対する原典批判の方法論が大いに展開していったことを明示するものであったといえるだろう。とりわけ清直の場合は、その手法を神宮考証学に大いに役立て偽書とされた中世伊勢神道書等に内包する正実なる神宮古伝の発掘と採集に精魂を傾けて努めたことに大きな特徴があったと思考され、その最たるものが『太神宮本記』にまつわる神宮古伝研究ではなかったかと考えられる。なぜならば、例えば『神朝尚史』巻第一の第十一代垂仁天皇の御代における倭姫命の御巡幸について記す条文中には、(23)

従《ヨリ》レ此《コヽ》御《ミ》船《フネニ》爾乗給《ノリタマヒテ》弖幸行《イテマシキ》支。三河國渥美宮《ミカハノクニアツミノミヤニ》爾令《シメ》レ坐《マサキ》支。于時《ソノトキ》三河國造《ミカハノクニノミヤツコ》。地口御田《トコロノクチノミタ》並《ナラヒニ》神戸《カムヘ》進《タテマツリキ》支。次《ツキニ》遠淡海國濱名宮《トホツアハウミノクニノハマナノミヤニ》爾令《シメ》レ坐《マサキ》支。于時《ソノトキ》遠淡海國造《トホツアハウミノクニノミヤツコ》。地口御田《トコロノクチノミタ》並《ナラヒニ》神戸《カムヘ》進《タテマツリキ》支。三河國以下。據二太神宮雑事記。神宮雑例集。御降臨記一。其時大河乃《ソノトキオホカハノ》自《ヨリ》二南道《ミナミノミチ》一宮處覓爾《ミヤトコロマキニ》幸行《イデマシテ》弖。志摩國多古志宮《シマノクニタコシノミヤニ》爾令《シメ》レ坐《マサキ》支。次《ツキニ》同國宇久良乃宮《オナクニウクラノミヤニ》爾令《シメ》レ坐《マサキ》支。爾時嶋《ソノトキシマノ》國造《クニノミヤツコ》。神田《カムミタ》並《ナラヒニ》神戸《カムヘ》進《タテマツリキ》支。志摩國以下。據二御降臨記。感語鈔。神宮雑例集一。感語鈔作二志摩玉串宮一。

と見られ、(24)三河・遠淡海両国への御巡幸と渥美宮等での奉斎や志摩国への御巡幸と宇久良乃宮等での奉斎のあったことを記載する。これらの記事は凡そ『太神宮本記』の条文中には見い出せない記述であり、『太神宮諸雑事記』や『神宮雑例集』に基づきながらも中世伊勢神道書の『天照大神御降臨記』を駆使して貴重な神宮古伝を割り出しているのである。また、同書同巻の第二十一代雄略天皇の御代の二十一年十月条には、

従《ヨリ》二其處《ソコ》一幸行《イデマシテ》弖。壱志山邊行宮《イチシノヤマヘノカリミヤニ》爾一夜《ヒトヨ》宿《ヤドリマシ》坐。次《ツキニ》度會乃沼《ワタラヒノヌ》木平尾行宮《キノヒラヲノカリミヤニ》爾三《ミ》箇《ツ》月《キ》令《シメ》レ坐《マサキ》支。御鎮座本紀。

とあって、[25]丹波から伊勢に幸行する豊受大御神の行宮を物語る、神道五部書の一書である『御鎮座本紀』特有の記事を掲載する。そして、同書同巻の第三十八代天智天皇の七年八月三日条においては、

戊辰《ツチノエタツノトシハ》年八月三日《ツキミカノ》夜《ヨ》、服《ハトリヲ》麻《ミ》績両機殿焼亡《フタツノハタトノヤケウセヌ》奴。故便所《カレタヨリトコロニ》爾假殿《カリトノヲ》乎造《ツクリテ》天。九月神嘗《ナカツキノカムナヘノミ》御衣《ソ》乎織《ヲオリテ》弖進《タテマツリキ》支。宣《オホミ》旨《コトニ》爾依《ヨリテ》弖仕奉《ツカヘマツリキ》支。其後《ソノノチ》両機殿《フタツノハタトノヲ》乎別《ワカチテ》天。相去《アヒサ》留《ル》事各《コトオノオノ》三十丈許《ミソツエハカリニ》爾為《シ》天造立《テツクリタテキ》支。倭姫命世記朱書。

と記述され、[26]『倭姫命世記』に内包する『太神宮本記』の逸文以外であってもその朱書の記述を重んじ、神宮の二大祭祀ともいえる神御衣祭の御料奉織に関わる古伝を尊重する考証姿勢も窺われる。更に、同書巻第二の第四十五代聖武天皇の御代の天平十九年（七四七）九月条と同年十二月条に、

同月荒祭宮遷宮ス。奉遷二ス于東ノ宮地一ニ。

十二月諸ノ別宮遷宮ス。廿年一度造替遷宮。可レキ為二ル長例一之由所レ被レル下二サ宣旨一ヲ也。雑事記。寶基本記。皇字沙汰文。

とあると共に、第四十六代孝謙天皇の天平勝寶元年（七四九）条には、

此年豊受宮ノ別宮高宮遷宮ス。寶基本記。

とあって、[27]皇太神宮の第一別宮である荒祭宮はじめ諸別宮の遷宮が開始されたことや豊受大神宮の第一別宮であ

る多賀宮の第一回式年遷宮が斎行されたことの根拠を神道五部書の一書である『寶基本記』に求める条文が載せられる等、『歸正鈔』で用いられた古典に対する原典批判の手法がこれらの書にも適用され、その研究成果が『神朝尚史』を構成する条文に確実に反映されているのを是認できるからである。それから、清直が『太神宮本記』の復元研究に込めた志願については、既に増補大神宮叢書『神宮神事考證』後篇附録「御巫清直翁傳」において、

さてその神宮學研究に従事せし始ともみるべきは、文政九年十二月年僅か十五歳にして倭姫命世記の書寫をせしことこれなり。他日翁が畢生の力作となりし太神宮本記歸正鈔の胚胎は已に此の時にあり。後以為く、神宮の祠官たる者は宜しく神宮の典故に通ずべきは當然の道なれど、倩ら考ふるに神宮の典故固より世と與に隆替して廃絶を免れず、紛亂或はその本を失するもの一にして足らざるなり。宜しく生命を賭して斯學を研究し、古儀舊典を明にして以て他日の大成を期すべしと。此の非常なる決心を為せしは實に十八歳の時なり。これより倭姫命世記の研究に着手す。翁以為く、此の書は神宮尊重の書なれども後世の加筆その半ばに過ぎ、玉石混淆未だ眞偽を分解せしものなく、世の學者動もすれば偽作の書とのみ排棄して古傳の存在せるを辨明せざるは頗る遺憾に堪えざるところなり、己進みてその任に當り、終身の事業として世記に埋れる神宮古傳の光輝を天下後世に發揚せしめむと。これ翁が太神宮本記歸正鈔を草し創めし原因にして實に歸正鈔は翁の精神の宿する處、翁は歸正鈔と始終せられしと云ふも敢て誣言にあらざるなり。

本とらで末のみつむは世の人の心なりけり紅の花

の歌はまさにその懐ひを述べたるものと云ふべし。

と記され[28]、「神宮古傳の光輝を天下後世に發揚せしめむ」とする志願を以て、その研究は鋭意執り進められ『歸正鈔』が完成したことが指摘されている。このような志願を清直が始終抱いていたことは『歸正鈔』の脱稿にあたりて「争テ神朝ノ典故ヲ正實ニ復シタキ忠敬ノ志願ヨリシテ、累年勤苦ナス所ナリ。」と、その想いを吐露していることからも容易に察せられる。この『歸正鈔』における「神宮古伝の光輝を天下後世に發揚せしめむ」とする志願は、おそらく『神朝尚史』の編纂においても同様であったに違いない。それは『歸正鈔』の研究成果である復元した『太神宮本記』の全条文が『神朝尚史』では見事に採択されていることからも容認できるのではないだろうか。

最後に、Cよりは、『太神宮本記』の復元に必須条件となる『倭姫命世記』の校訂を施すにあたって、清直は手始めに『倭姫命世記』の書写本を四系統（河崎延貞・出口延佳・黒瀬益弘・龍熙近書写）に分類されることを確認し、その上で四系統の転写本はすべて上加茂社社家の岡本保可本に帰結していることを突き止め、やがて縁故を頼って加茂岡本本を借り出し歓喜に満ちた想いで影写したのであった。そして、『倭姫命世記』の校訂は「於レ是其本ヲ影寫シ原本トシテ、寛文以後轉寫校訂ノ本等ハ棄テ顧ミス、三百年以上ノ古書ニ引用セルモノ二十部許ヲ以テ比照シ誤脱ヲ改補シ、詳ニ其書目ヲ表テ異同ヲ注ス。」と見られるように、加茂岡本本の影写したものを底本とし、寛文以後の転写や校訂された書物は一切排除して三百年以上前に著された古書の引用文を以て校合し、ついに『倭姫命世記』を校訂し終えたことを知り得るのである。この『倭姫命世記』の校訂というのは、当然ながら清直が神宮最奥の旧典と目した『太神宮本記』の条文を注出するための大きな支柱となるものであって、延いては正当な神宮古伝に対する清直の考証判断の基準、つまり考証理念をも表明するものであったともいえよう。それでは、ここで『神朝尚史』全三巻・計三百六十七箇条の出典及び参考史料名とその件数を一覧表（＝表2『神朝尚史』出典一覧表）に纏めて左に掲示したい。

表2『神朝尚史』出典一覧表(総件数→六百十三件)

巻第一→出典数 百四十九件

	出典及び参考史料	件数
1	古事記	一〇
2	日本書紀	一六
3	古語拾遺	三
4	先代舊事本紀	四
5	新撰姓氏録	一
6	延喜式	三
7	令義解	二
8	令集解	二
9	伊勢國風土記逸文	四
10	尾張國風土記逸文	一
11	年中行事秘抄	一
12	天書	一
13	明文抄	一
14	新撰氏族本系帳	一
15	皇太神宮儀式帳	一五
16	止由気宮儀式帳	三
17	太神宮禰宜譜圖帳	二
18	太神宮諸雑事記	四
19	神宮雑例集	八
20	建久年中行事	二
21	太神宮本記	二四
22	大同元年神事供奉本記	一〇
23	機殿儀式帳	二
24	倭姫命世記	三
25	寳基本記	九
26	御鎮座傳記	一
27	御鎮座本紀	二
28	天照大神御降臨記	四
29	神名秘書	一
30	御體御坐次第	一
31	祭主補任集	四
32	大中臣氏文	二
33	禰宜最世社記	一
34	国崎村蔵建仁三年辨官符	一

巻第二—出典数　二百四十二件

	出典及び参考史料	件数
1	日本書紀	七
2	萬葉集	四
3	續日本紀	五〇
4	古語拾遺	一
5	令義解	一
6	類聚三代格	一
7	東大寺文書	一
8	一代要記	四
9	園大暦	二
10	政事要略	一
11	拾芥抄	一
12	年中行事秘抄	一
13	野府記	一
14	太神宮政印	一
15	延暦十六年八月神祇官符	一
16	止由気宮儀式帳	一
17	太神宮禰宜譜圖帳	四
18	太神宮諸雑事記	四〇

	出典及び参考史料	件数
19	神宮雑例集	三
20	大同元年神事供奉本記	一
21	機殿儀式帳	一
22	文保二年撰年代記	一一
23	寶基本記	九
24	往代希有記	二
25	弘安九年太神宮参詣記	三
26	太神宮例文	五〇
27	類聚神祇本源	一
28	元々集	一
29	皇字沙汰文	一
30	祭主補任集	一一
31	大中臣系圖	四
32	荒木田系圖	一
33	禰宜補任次第	一五
34	転補次第記	四
35	転任次第	一
36	寛正三年造内宮記	一

巻第三→出典数　二百二十二件

	出典及び参考史料	件数		出典及び参考史料	件数
1	續日本紀	九	18	止由気宮儀式帳	一
2	日本後紀	三七	19	太神宮禰宜譜圖帳	五
3	續日本後紀	一八	20	太神宮諸雑事記	一一
4	古語拾遺	一	21	神宮雑例集	三
5	類聚三代格	八	22	神宮雑書	一
6	類聚符宣抄	一	23	文保二年撰年代記	一九
7	類聚国史	二	24	弘安九年太神宮参詣記	一
8	日本紀略	一二	25	神名秘書	二
9	一代要記	二	26	太神宮例文	四二
10	園大暦	二	27	類聚神祇本源	二
11	西宮記	一	28	皇字沙汰文	三
12	人車記	二	29	祭主補任集	一〇
13	古事談	二	30	大中臣系圖	一三
14	釈日本紀	一	31	禰宜補任次第	五
15	新抄格勅符	一	32	類聚大補任	一
16	仁安四年正月外記勘例	一	33	公卿勅使例	二
17	皇太神宮儀式帳	一			

後述するが、『神朝尚史』全三巻の中で清直が最も注力して編纂したのは巻第一であると考えられるが、その巻第一について右表より窺えることは出典数で一番多い件数を占めるのは『太神宮本記』であって、このことは『太神宮本記』に基づいた条文を掲載するのが『神朝尚史』巻第一の編纂においては中核となっていたことを意味している。また、『歸正鈔』が元治元年（一八六四）成立であることからすると『倭姫命世記』の校訂に使用

された三百年以上前の古書というのは室町末期の永禄七年（一五六四）以前には成立していた書が対象となる。そして、『神朝尚史』全三巻の編纂における出典史料として清直が選定し使用した書の成立下限については、右表からは凡そ巻第二にある室町中期成立の藤波氏経著『寛正三年造内宮記』の寛正三年（一四六二）であったと考えられる。このことは清直が『歸正鈔』執筆において神宮古伝を伝える価値ある史料として選定した書と『神朝尚史』の編纂にあたって出典となるべく選定した書の間には、同じ室町中後期には成立していた古書を対象としていたことが認められる。

以上のことから勘案すると、清直の神宮古伝に対する『歸正鈔』における考証理念というのは、『神朝尚史』の編纂の際にも適用されていたといえよう。両書には清直の神宮古伝に対する共通の考証理念が脈々と流れているのである。

四　第五十六回式年遷宮と清直の神宮考証学における『神朝尚史』の位置

『神朝尚史』全三巻の成立事情を考察するにあたって、増補大神宮叢書『神宮神事考證』補遺上「神廷史料解題」において、

本書は清直が六國史をはじめ、各種の史書や編纂書類、記録・日記類等に見られる神宮に関係する記事を抄出し、八巻に纏めた史料集である。本書編輯の目的や性格を推察する上で重要と思はれるから、各巻毎に抄出史料名及び記事の時期、符や格・敕、文書類はその目的等を以下に列記した。

巻一『日本書紀』（崇神天皇より景行天皇、仲哀天皇、雄略天皇、継体天皇、欽明天皇より用明天皇、天武天

皇、持統天皇)、『續日本紀』(文武天皇より桓武天皇)、『日本後紀』(但し、『類聚国史』から抜粋されたもの。桓武天皇より淳和天皇)、『續日本後紀』(仁明天皇)、『文徳天皇實録』、『日本三代天皇實録』。

巻二『日本紀略』(桓武天皇より嵯峨天皇、醍醐天皇より後一條天皇)、『扶桑略記』(醍醐天皇、朱雀天皇、一條天皇、後一條天皇より後三條天皇、六條天皇)、『百錬鈔』(一條天皇、後朱雀天皇より近衛天皇、二條天皇より順徳天皇、後堀河天皇より後深草天皇)。

巻三『類聚三代格』(神封物并祖地子事、祭并幣事、齋王事、科祓事、神郡雑務事)、『類聚符宣抄』(伊勢齋王幣帛使附出、大祓使事、齋月禁忌事、神社修造付齋宮造事、被奉公郡於神社事、諸神宮司補任事、御體御卜、恠異事、文譜、補抄符廳直文殿等史生使部事)、『朝野群載』(補齋宮女官、齋宮歸京、奏亀卜、御體御卜、御體御卜使差文、祭主申加階、官文殿續文、公卿敕使禄料御教書、依造宮功申請栄爵人、巡撿道路橋、伊勢神嘗幣用筥、告即位於太神宮、伊勢齋王卜定、齋王參宮、齋王退出、諸社例宣命様、位記状、吉田社怪異勘文、牒状)。

巻四『顕廣王記』、『北山抄』、『人車記』、『貞信公記』、『餝鈔』、『神道大意』、『御堂関白記』、『九暦』、『經實記』、『師實記』、『四度幣部類』、『小右記』、『上卿故實』、『玉海』、『西宮記』。

巻五『平戸記』、『園太暦』。

巻六『野府記』、『萬一記』、『一位殿御記目録』、『大府記』、『建久別記』、『伊勢公卿敕使別記』、『後中記』、『後深心院関白記』、『都玉記』、『愚記』(『康親卿記』)、『康永日記』、『公清公記』、『後二條関白師通公記』、『吉續記』、『管見記』、『吉黄記』、『親元日記』、『參議源基平卿記』、『大外記良業記』。

巻七『中右記』、『山槐記』、『長秋記』。

巻八『仁部記』、『勘仲記』、『重憲記』、『時元記』。

右のやうに抄出された史料類を通観すると、巻一は六國史、巻二は『日本紀略』『扶桑略記』『百錬鈔』、巻三は『類聚三代格』『類聚符宣抄』『朝野群載』からで、これらの抄出は史料の性質によるものと思はれるが、概ね年代や項目順に配列されてゐる。一方、巻四以降は諸記録や私日記を中心に、『四度幣部類』（巻四）、『伊勢公卿敕使別記』（巻六）等の部類記や別記、『北山抄』『西宮記』等（巻四）の儀式書に引用されてゐる記事も若干含め、また『神道大意』（巻四）のやうな神道書に引用されてゐる記事も見られるなど、諸記録に載せられてゐる神宮に関連する記事の抄出と蓄積に努力した傾向が強くあらはれてゐる。本書からは特別な事柄に限定して纏めるとか、年代順に編纂しようとするなどの特定の編纂意圖を窺うことはできない。

と説かれた『神廷史料』全八巻は重要である。つまり、この『神廷史料』において『日本書紀』『續日本紀』『日本後紀』『續日本後紀』『類聚国史』『日本紀略』『類聚三代格』『類聚符宣抄』『人車記』『西宮記』『園太暦』『野府記』から抄出された条文を前掲の『神朝尚史』全三巻内容一覧表と照合すると、『神朝尚史』全三巻総計三百六十七箇条の内、実に百五十一箇条が同様の内容であって、その出典件数も先の『神朝尚史』出典一覧表と比較すると、全六百十三件中、百六十九件にも及んでいるので、単純にその内容件数と出典件数を合せて試算しても『神朝尚史』を構成する全条文の約三割を『神廷史料』で抄出された史料で占めることとなる。次いで同解題は、

本書の成立は、抄出時期から推定すると、巻六の『野府記』（寛仁元年十月~同二年六月）末には「以二林崎文庫本一庚子五日成功／宮崎文庫本此巻无」とあり、また、同巻『公清公記』末には「天保十一年庚子五月廿六日以二林崎文庫本一抄出（花押）」と見えてゐる。この奥書が抄出の最も早い時期にあたる。天保十一

年（一八四〇）は清直二十九歳の時である。（略）一方最も遅い抄出時期は、巻八の『勘仲記』奥書に「右勘仲記、以二薗田守宣蔵本一抄寫了／明治十五年七月三十日」と見え、同巻『重憲記』奥書に「右以二宮崎文庫本一所二抄寫一也、以二山本貞裕本一模寫了、明治十五年八月廿日」とあり、さらに同巻『時元記』奥書に「右以二薗田守宣蔵本一、於二外宮參集所一抄寫了、明治十五年七月三十一日禰宜（花押）」とあるのが、それに當る。この中では明治十五年八月二十日（清直七十一歳）が最も遅い抄出時期となる。従つて清直が四十九年の長きに亘り折に觸れて抄出した史料が、明治十五年七月三十一日以降、時を經ず纏められたのが本書ではなかつたかと思はれる。

と、『神廷史料』の成立時期を明治十五年七月三十一日以降、時を經ずして纏められたものと主張する。『神廷史料』を構成する諸本の奥書から導き出された妥当な見解であり、筆者もこの見解に従いたいと思う。

　これらのことより、明治十五年七月三十一日以降間もない頃に編纂された『神廷史料』全八巻は、清直が『神朝尚史』全三巻を編纂する場合には必ず座右に置いて同書から該当条文を抄出したり、或いは参考に供していたと思量される。故に『神朝尚史』全三巻の成立は清直が神宮禰宜に補任されて間もない明治十五年七月三十一日以降と先ずは考えてよいのではないだろうか。更に、同解題では、

その理由は、明治四年の神宮改革により祠官の世襲制が廃止され、古儀舊例の持續が困難となり、或るものは廃絶し、同時に相傳の記録類も急速に散佚する時態となり、資料の蒐集も急を要する状況に立ち至つてゐた時期が明治十五年頃ではなかつたか。時あたかも同十七年には、かうした點に早くから着眼してゐた鹿《か》島則文《しまのりぶみ》が神宮宮司に就任するなど、神宮側の環境も整へられつゝある時期でもあり、清直も明治四年七月

二十四日以降、神宮制度改正により官職及び位階を停止されてゐたが、同十五年三月二十九日には神宮禰宜に任じられ、四月十日には造神宮頭を兼任することゝなり、さらには、この歳、神宮祭主の命により薗田《そのだ》守《もり》宣《のぶ》の著『両宮殿舎古儀丈尺見込』に対する意見を求められ、自らの見解を示してゐる等（本叢書『神宮神事考證』後篇附録「御巫清直翁傳」所収年譜〈三二〜四〇頁〉による）、これまで抄出した史料類を纏める必要に迫られたのではなからうか。

と論説し、『神廷史料』編纂における事由も明快にされている。(29) 筆者はこの事由にも参同の意を表するものであるが、明治近代国家の威信をかけた明治二十二年の第五十六回式年遷宮の斎行に向けた神宮の情勢と清直の神宮考証学との関係（清直の編著作）については、『神廷史料』の編纂のみならずもっと広げて捉えるべきではないかと考えている。中西正幸氏は『神宮式年遷宮の歴史と祭儀』「補説　造神宮使について」で、

明治二年九月四日に皇大神宮、七日に豊受大神宮の第五十五回式年遷宮が斎行され、外玉垣・板垣の二重が再興された。（略）四年七月に神宮改革が断行されたが、遷宮そのものはまだ問題視されなかった。（略）八年の年頭、祭主三条西季知から教部大輔宍戸璣に差出された「神宮御造営等御改正上申」は、言わばそれを集大成したものである。（略）さて先例による御杣山撰定の年次がせまってきた十一年六月、宮司田中頼庸は内務卿伊藤博文にあてて取定方を稟請したが、旧儀取調べを理由に却下された。恐らく造営費捻出が、より切実な理由であろう。神宮祭主となられた久邇宮朝彦親王も前記の三条西上申書をお手許にとりよせて鋭意査閲あらせられ、十三年の神嘗祭後、御巫清直・山本敬玄・杉山直樹などに祭典課造営係を兼務せしめ、神宮自体の遷宮形態を整えるに至った。

（略）

十五年一月、内務卿山田顕義は久邇祭主宮に施工順序や諸祭を取調べるように通達、これをもってきたる二十二年の第五十六回式年遷宮の御準備は、はじめて緒についた観がある。（略）三月に久邇祭主宮を造神宮使に、内務大書記官桜井能監を造神宮奉行に、折田年秀・大谷順三を造神宮作所にそれぞれ任命した。四月十一日に御杣山を信濃国西筑摩郡小川村の床次・打越官林にさだめると御沙汰があり、五月一日に造宮使拝賀、二日には山口祭と木本祭が行なわれた。このころ祭主宮は薗田守宣の著わした『両宮殿舎古儀丈尺見込』を御巫清直に論評せしめ、七月二十一日付をもって「両宮正殿ハ延暦儀式帳之通改正ノ事」を首条に掲げた諸宮社造替大概を上申せられた。その主意は殿舎の改廃に注がれており、やがて造神宮使庁設立にいたるべき件については「処務庁ハ明治二年度ノ通、造営申立ノ事」とあるように、未だ検討すべき段階を迎えてはいない。事実、翌年二月に内務省において社寺局長桜井能監が伺い定めた『造神宮事務取扱区分』をみても、造神宮奉行の職名に象徴されるとおり、その区分も新旧折衷案にすぎない。

内務卿

造神宮事務ヲ総裁シ、使奉行以下ノ権限ヲ指定シ、造神宮掛役員ヲ進退シ、該事業経費ノ目途ヲ立テル。

社寺局長

造神宮ニ係ル文書ヲ普通法ニヨリ査理ス。

造神宮奉行

使主管事務ヲ管理シ、作所以下ノ進退ヲ内務卿ニ具状ス。

造神宮使

祭典儀式ノ執行及ビ旧儀再興修正等ノ意見ヲ具状ス。

この区分によれば、造神宮使は諸祭行事の執行と旧儀の意見具申を主たる勤めとし、造営事業の実際面は作所や頭工を掌握する造神宮奉行に任せたもので、依然として旧幕時代の双方の関係を踏襲するものであろう。また事務管理の造神宮奉行と文書査理の社寺局長とを並記している点については、遠からず帝国憲法発布をひかえ政教意識がたかまるにつれ、翌年頭には省内で造神宮御用と社寺局事務との分離方針が固められていった。やがて造神宮副使の名のもとに文書査理と事務管理のふたつながらを統一し、造神宮御用の範囲を明確化することになる。

（略）

第五十六回式年遷宮も間近かにせまった二十年十二月二十五日、勅令第六十八号をもって造神宮使庁官制が公布された。造神宮使庁とは内務大臣の監督下、殿舎造替や御装束神宝調進など、遷宮事業のすべてを掌るため内務省構内に設置された国家的な常設機関で、ここに王朝の盛時にまさる偉観を呈するに至った。

（略）

名実ともに国家の威信をかけた造神宮使庁のもと、式年遷宮が二十二年十月に斎行された。かねて三条西・久邇宮両祭主の上申書にみられたように、制度的には官制公布をもって根本的な解決が図られたことはもとより、殿舎・御装束神宝・御金物・諸祭行事の古儀究明をめざし、当度の御儀斎行に能うかぎりの努力が払われた。

と述べられ[30]、明治二十二年の第五十六回式年遷宮斎行における古儀究明のために明治十三年に清直が登用されたこととその活躍の一端を披瀝されると共に、やがて同二十年に神宮史上画期的な出来事であった官制による造営機関の造神宮使庁が設置される過程とその重大な意義についても主張なされた。この中西氏の論じられた時期というのは、清直八十三年の生涯にとって、①生誕から若年期（一八一二～一八三七・一～二十六歳）、②青年期から壮年期（一八三八～一八五三・二十七～四十二歳）、③中年期から老年期（一八五四～一八七〇・四十三～五十九歳）、④老年期から晩年期（一八七一～一八九四・六十～八十三歳）の四区分されるまさしく老年期から晩年期に相当する。ここでその履歴を改めて増補大神宮叢書『神宮神事考證』後篇附録「御巫清直翁年譜」より掲出し[31]、この間に清直の境遇を大きく左右した神宮教院と明治二十二年十月に果たされた第五十六回式年遷宮における緊要事項等を『神宮史年表』を参考に記述し[32]、表に纏めると次の如く表示される。（＝表3　老年期から晩年期に至る清直の履歴と神宮教院及び第五十六回式年遷宮関連表）

表3　老年期から晩年期に至る清直の履歴と神宮教院及び第五十六回式年遷宮関連表

年	年齢	履歴	神宮教院及び第五十六回式年遷宮緊要事項等
明治四年	六〇	二月小木村に帰農す。〇七月廿四日神宮制度改正により官職及位階を停止せらる。〇十一月廿日小木村新宅の上棟を行ふ。	
同　五年	六一	三月五日小木村新宅に移住す。〇同月八日郷社阿竹神社祠官に任せらる。〇十月廿八日郷社箕曲中松原神社祠官に轉す。〇是歳馬工記を擱筆す。	三月十四日教部省の設置。〇五月廿六日関西方面行幸の御途上海路鳥羽港に御入港。小舟にて二軒茶屋に御上陸して両宮に御参拝。〇七月五日教部省七等出仕浦田長民少宮司を兼任し神宮在勤を仰せ付けらる。〇同月神宮職員を教導職に兼補し各府県に神宮教会を設く。〇十月神宮司庁に神宮教院を設置。
同　六年	六二	五月十九日祠官を辞す。	九月時雍館竣工。〇十月一日同館開講。〇十月十日神宮教院の諸講社を一般に神風講社と改称。

同　七年	六三		一月十三日大教正三条西季知神宮祭主任命。○同日権少教正兼教部大録田中頼庸大宮司に任命。○十月七日神宮明治祭式進達につき教部・式部両省に上申。
同　八年	六四	七月六日三重縣下陵墓考證成る。○十二月四日伊勢海勘文成る。○同月十四日鵜倉慥抦事蹟鈔成る。	一月四日神宮御造営等の御改正に関し教部省に上申。○七月十二日久邇宮朝彦親王皇族として初めて祭主に御就任。
同　九年	六五	二月廿日教部省の召に依り上京、三月七日教部省御用掛を命せらる。○七月十一日伊勢北部式内社調査の為め東京出立、十三日横浜出帆、十五日四日市着、爾後二ケ月半を経て再ひ海路歸京す。此間の日誌を巡歴日誌と云ひ、又報告書を式内實践記と云ふ。○十二月十三日東京錦町の寓居に於て二宮管社沿革考を修補す。○同月廿五日十等出仕に任せらる。	二月廿三日神宮教院規制を定む。
同一〇年	六六	一月十一日教部省廃止に依り退官、大學教授に勧めれしも辭して歸郷す。○十一月白庭餘葆成る。	一月十三日教部省廃止。○同月廿四日大宮司田中頼庸祭主宮に明治神宮祭式奏上につき御指揮を仰ぐ。○十二月八日両宮職掌の別を廃し祭主一員・宮司一員以下の定員を定む。○同日少宮司浦田長民罷免。○十二月十一日神宮明治祭式上奏文を添え献上方を内務省に出願。○十二月十二日祭主久邇宮朝彦親王・大宮司田中頼庸の再任。
同一一年	六七	十二月十四日籍を小木村に移す。	六月七日宮司田中頼庸内務省に式年遷宮御杣山御取定につき上申。○九月十一日内務卿伊藤博文式年遷宮御杣山御取定につき旧式及び明治二年度の式を取調べて三重県に提出するよう示達。

同一二年	六八	四月廿一日神宮司廳七等雇出仕に任せらる。〇七月五日神宮教院一等教監に任せらる。〇九月二日神道事務局教導職試補に任せらる。	十一月七日祭主宮大教正を兼補。〇同月神宮教院中に勅使斎館を設く。
同一三年	六九	三月十一日神宮教院職制改正に依り五等教監申付らる。〇十月喪儀類證成る。〇同月廿六日神宮司廳六等雇出仕に任せらる。〇十一月卅日同五等雇出仕に任せらる。	二月七日神宮教院神事課を新設し諸課の上位に列す。〇七月八日天皇御巡幸に際し両宮に御参拝あらせらる。
同一四年	七〇		七月廿八日神宮司庁造営願書を内務省に提出。〇八月廿四日宮司田中頼庸内務省に式年遷宮御杣山御確定につき再応上申。〇十二月七日宮司田中頼庸内務省に式年遷宮御杣山御確定につき再応上申
同一五年	七一	二月十日内宮鐵忌物圖成る。〇三月廿九日神宮禰宜に任せらる。〇四月十日造神宮頭に兼任せらる。〇是歳祭主の命に依り薗田守宣著両宮殿舎古儀丈尺見込に意見を付す。	一月十二日内務卿山田顕義より神宮祭主に式年遷宮造営執行の順序・遷宮諸祭典の調書を三重県を通じて至急提出すべき旨を通達。〇一月廿三日宮司田中頼庸依願免官し大教正専任とす。〇同月廿四日内務省神宮並びに官國幣社神官に対し自今教導職兼補を廃し葬儀に関せざる旨を通達。〇同日大麻頒布を神宮司庁より神宮教院へ依託。〇同月神宮教院独立して神宮教と称す。〇二月七日神宮司庁神宮教院分離に関し内務卿に出願。〇同月十日両宮式年遷宮山口祭・木本祭並びに祭場調書・入費概算につき内務省に上申。〇三月一日内務大書記桜井能監を造神宮奉行に任命の旨通達。〇同日造神宮奉行桜井能監神宮作所二名以下任命されたる旨を通達。〇同月廿四日祭主朝彦親王造神宮使に任

			命せらる。○同月廿九日山口祭・木本祭日時御治定につき内務省に上申。○四月十日神宮禰宜田中正朔・薗田守宣・御巫清直を造神宮頭に同主典孫福弘孚・喜多左文・大主織江を造神宮頭代に同主典内山正命・同宮掌岡田以逸を造神宮作所付属に任命。○同月十一日内務卿山田顕義より式年遷宮御杣山信濃国西筑摩郡小川村字床沢並びに打越官林に確定の旨を通達。○同月十二日内務卿山田顕義より山口祭・木本祭日時御治定の旨通達。○同月十八日山口祭・木本祭祭場を取定。○同月神宮教院を神宮司庁より分離。○五月一日造宮使拝賀。○同月二日両正宮山口祭・木本祭○六月一日神宮司庁神宮教院区分条約成立。○同月三日両宮木曾御杣山木本祭。○七月廿一日来る明治二十二年度式年遷宮に際し両宮諸別宮以下の諸件につき祭主宮指示。○十二月一日祭主宮王子巌麿王を神宮教院総裁に推戴。
同一六年	七二	二月先代舊事本紀析疑成る。	二月十二日皇大神宮御樋代木奉曳式。同月十三日豊受大神宮御樋代木奉曳式。○同月造宮使以下の職制を定める。○三月八日祭主宮代理権宮司藤岡好古両宮木造始祭日時並びに同祭式改定を内務省に上申。○四月六日内務卿山田顕義両宮木造始祭日時御治定したる旨通達。○同月十二日皇大神宮御木曳初式。○同月十三日豊受大神宮御木曳初式。○同月十四日内務卿山田顕義両宮木造始祭祭式の古式改正及び饗膳の儀を加うる事を聞届。○同月十六日～廿四日内宮領御木曳・同月廿二日～五月二日外宮領御木曳○四月廿一日両正宮木造始祭。○五月六日～十一日第二回御木曳。

同一七年	七三	四月廿一日鳳凰寺村陵墓考成る。〇十一月十四日士族籍に編入せらる。	四月二日鹿島則文神宮宮司に任命。〇此年神宮教院宗教に編入。
同一八年	七四	著書伊勢官道考を國誌編纂資料として内務省に提出す。〇是歳歌集引商刺羽成る。	
同一九年	七五	二月廿六日伊勢國造世系考成る。〇十二月十七日官制改革に依り神宮権禰宜に任せられ高等官六等に叙せらる。	一月八日宮司鹿島則文両宮鎮地祭日時を内務省に上申。明治二年は式年に執行するも寛正三年度式年遷宮の例に依り式年の四年前にあたる今年に申請（二月十六日聞届）。〇三月五日両正宮鎮地祭〇七月廿六日宮司鹿島則文両宮仮御樋代木伐採式挙行を内務省に上申。古例に準じ頭代・小工各一員を木曾御杣山に派遣。
同二〇年	七六	二月六日杉山直樹中村寛夫孫清白等を伴ひ宮川上流を巡視す。〇同月中旬以降田丸相可方面を巡視す。〇三月廿五日正八位に叙せらる。〇十二月廿八日退官す。	十一月九日両宮仮御樋代木伐採式。〇十二月廿五日造神宮使庁官制を公布。
同二一年	七七	一月四日神宮司廳儀式課顧問に補せらる。〇是月斎柱奉竪故實を浄書して神宮に上る。〇六月廿八日心御柱奉飾秘記辨批成り神宮に上る。〇是歳神宮皇學館囑託に補せられ儀式帳を講す。	
同二二年	七八	九月太神宮本記歸正并に大神宮寺排斥考成る。遷宮諸祭祝詞を草す。〇同月三日久志本常幸の依頼により遷御奉戴例を考證す。〇十月二日皇大神宮式年遷宮鶏鳴を奉仕す。〇同月三十一日太神宮政印圖説を増訂す。〇十一月五日離宮院考證を修補す。〇是月尾部御陵紀原成る。	二月廿二日宮司鹿島則文式年遷宮諸祭日時御達の儀につき内務省に上申。〇同日宮司鹿島則文御形祭以下日時撰定の儀につき内務省に上申。〇三月十一日皇大神宮立柱祭・御形祭。〇同月十三日豊受大神宮立柱祭・御形祭。〇同月十四日内務大臣松方正義式年遷宮の節神楽並びに秘曲御奉納仰せ付けらるる旨を通達。〇同月廿六日皇大神宮上棟祭。〇同日宇治橋渡初式。〇同月廿八日豊受大神宮上棟祭。〇四月廿四日皇大神宮檐

付祭。○同月廿六日豊受大神宮檜付祭。○六月楠部村家田と山田梶ケ森に神宮御常供田を再興。○八月廿一日皇大神宮甍祭。○同月廿三日豊受大神宮甍祭。○九月十三日皇大神宮御戸祭。○同月十五日豊受大神宮御戸祭。○同月十七日皇大神宮御船代祭。○同月十九日豊受大神宮御船代祭。○同月廿四日皇大神宮洗清。○同月廿六日豊受大神宮洗清。○同月廿八日皇大神宮杵築祭。○同月廿九日豊受大神宮杵築祭。○十月一日皇大神宮後鎮祭・御装束神宝読合・川原大祓。○同月二日皇大神宮御飾・遷御。○同月三日皇大神宮奉幣・古物渡・御神楽御饌・御神楽。○同月四日豊受大神宮後鎮祭・御装束神宝読合・川原大祓。○同月五日豊受大神宮御飾・遷御。○同月六日豊受大神宮奉幣・古物渡・御神楽御饌・御神楽。○同月当遷宮に際し式月を九月より十月に改訂。従来正殿の左右に並建せし皇大神宮東西宝殿を後方位置に移動。西御敷地内にありし同宮外幣殿を御垣外に移建し式年造替として古儀に復す。東西の御敷地より三尺を違えし豊受大神宮瑞垣の位置を同列に改める。同宮御饌殿周囲の瑞垣御門鳥居を撤して新たに蕃塀二重を建つ。また皇大神宮西御敷地を築上げ嘗て岡田郷民の曳出せる巨石を西南隅に移す。○此年神宮式年御遷宮始前後諸祭式・明治二十二年遷宮竟宴和歌を刊行

同二三年	七九	一月十六日両大神宮中絶殿舎考成る。〇是月久志本常幸の問に依り伊勢暦の沿革を考證す。〇二月九日今井延彦の囑に依り祭主の沿革を考證す。〇三月廿四日五度假殿類説を修補す。〇是月アメリカ人ハートレット氏の神器に関する質問に答ふ。〇五月御饌殿事類鈔成る。	三月神宮教院大参宮会を開催。
同二四年	八〇	八月十七日二見賓日館に於て盆石をうち、東宮殿下の台覧に供す。〇是歳天地初判神名論成る。	六月十二日皇太子嘉仁親王二見浦に行啓。〇八月六日皇太子嘉仁親王神宮御参拝。御避暑のため二見浦賓日館に御駐泊三週間に及ばせらる。〇十月廿九日祭主久邇宮朝彦親王薨去。〇十二月三十日有栖川宮熾仁親王神宮祭主を御兼任。
同二六年	八二	一月参河國高足御厨興廃勘文成る。〇十月十二日神苑會委員を嘱託せらる。〇同月卅一日松坂総社八雲神社来歴考證成る。〇十一月十四日二八大明神沿革考證成る。	
同二七年	八三	一月歌集勾江破殼成る。〇二月廿日妻環子歿す。年七十五。〇三月九日明治天皇銀婚式に付酒肴料を下賜せらる。〇七月四日歿す。小木村新墓地に埋葬す。（後宇治山田市宮後町越坂に改葬す）。	三月九日天皇皇后御成婚二十五年御祝典奉告祭。勅使として掌典長九条道孝参向。

筆者はこの老年期から晩年期に至る清直の履歴については、更に前期（御改正により退官→教部省に出仕→神宮司庁雇出仕兼神宮教院教監であった時期）と後期（神宮禰宜・造神宮頭として従事→権禰宜にて退官→神宮司庁儀式課顧問・神苑会委員を勤めた時期）の二つに分けて捉えることができるのではないかと考えている。そして、その前期と後期を繋ぎ清直の晩年期における神宮考証学の特徴を決定づけたのは取りも直さず第五十六回式年遷宮の斎

行にあったと推断している。ここで、右表3に基づき次にその前期と後期の清直の履歴について確かめると同時に神宮考証学についても考察を加えておきたい。

◎前期（明治四年七月二十四日〜同十五年三月二十八日・六十歳〜七十一歳）

清直は幕末の早い時期に神宮御改正の断行を察知し明治四年二月には度会郡小木村に帰農する。そして同年七月の御改正に伴い官職及び位階を返上して神宮を退官。次いで同九年三月から教部省（同五年三月設置）の招聘により同省に出仕するも同十年一月に同省廃止のため帰郷する。そして二年後の明治十二年四月に神宮司庁雇出仕として復帰を果たし、程なく神宮教院の教監となる。この清直の神宮復帰の事由については、前年の九月十一日に神宮司庁に対して内務卿伊藤博文が御杣山御取定につき旧式及び明治二年度の遷宮の例を取調べて三重県に提出するよう示達のあったことに起因が求められるであろう。なぜならば明治四年の神宮御改正により明治二年の第五十五回式年遷宮を支えた旧神宮祠官たちのほとんどは罷免されており、第五十六回式年遷宮の斎行と完遂に向け遷宮の旧儀古格に精通する人財を確保することが、当時の神宮司庁にとっては最大の案件であり急務であったに間違いはあるまい。そこで神宮考証学の第一人者であった清直が起用されることとなったのである。以後、明治十五年三月二十九日に栄えある神宮禰宜に任じられるまでの清直は、神宮教院の教監として、第十三家集『引商刺羽[33]』に、

明治十二年一月一日によめる、去年四月より神宮教院にめされて一等教監
となりて生徒の講習にかゝつらひて一年をすくしけるによりて

老ぬとてたゆたふへしやわか駒のきそふ春野にむちとりてまし

との歌が示すように斯界の人財育成に携わり、教学研究の面では純一なる神道葬祭を鮮明にすべく同十三年十月に『喪儀類證』一巻や『神民葬式』一巻を著述する。そして神宮司庁雇出仕としては、第五十六回式年遷宮に向けた古儀考証に鋭意取り組んでいたと見られる。それは同家集『引商刺羽』の明治十二年掲載分に、

二宮の殿舎の旧儀をかけるものに押紙を加へてそのおくにかきつけてかへしける
ひきかたにまけてならうちそ墨縄のなほき心を一すちにして

とある歌が標榜するように、三年後の明治十五年七月に祭主宮の裁可を仰ぐこととなった第五十六回式年遷宮の御造営に関する基本方針を決定づける薗田守宣著『両宮殿舎古儀丈尺見込』に意見を付す作業をこの頃から既に着手していたと思考されるからである。またその他遷宮に関する古儀考証としては、山口祭や木本祭等にも関わる忌物について考証した『内宮鐵忌物圖』一葉やその図と対で著されたと思われる『造宮祭物沿革考』一巻が同十五年二月十日に成立していることを指摘できる。

◎後期（明治十五年三月二十九日～同二十七年七月四日・七十一歳～八十三歳）

明治十五年一月十二日に内務卿山田顕義より神宮祭主に式年遷宮造営執行の順序・遷宮諸祭典の調書を三重県を通じて至急提出すべき旨が通達され、同月二十四日には内務省から神宮に対し教導職の兼補を廃すことが告げられた。次いで二月七日に神宮司庁と神宮教院が分離される決定がなされ、同月十日には神宮から両宮山口祭・木本祭の祭場調書と入費概算につき内務省に上申された。翌三月一日に造神宮奉行桜井能監はじめ神宮

作所二名以下が任命され、続く同月二十四日に祭主朝彦親王が造神宮使に御就任なされた。このような情勢の下、山口祭・木本祭の日時御治定につき内務省に上申された同月二十九日に、満を持して清直は神宮禰宜に抜擢されることとなる。そして、第五十六回式年遷宮における諸祭典や大宮院の本格的な整備のために四月十日に薗田守宣等と共に造神宮頭を兼任し（同年七月二十一日に来る明治二十二年度（第五十六回）式年遷宮に際し両正宮・諸別宮以下の諸件につき祭主宮が指示なされたのは、おそらく当度式年遷宮の御造営について薗田守宣著『両宮殿舎古儀丈尺見込』に清直が意見を付した成果を御裁可になられた上でのことであったと考えられる）、凡そ五年にわたって同職で奉仕する。この間の同十九年一月八日に鹿島則文宮司が両宮鎮地祭の日時を明治二年遷宮では式年当年に執行したのに対して寛正三年遷宮の例に倣い式年の四年前にあたる本年に斎行することを内務省に上申し二月十六日に聞き届けられ、三月五日に両正宮の鎮地祭が執行される運びとなったが、この時の考証にも少なからず清直が関与していたものと類推される。同年十二月十七日の官制改革に伴い神宮権禰宜に降格の憂き目にあうも神宮奉仕を継続、翌二十年十二月二十五日の造神宮使庁の開設に歓喜した直後の同月二十八日に老齢を以て退官する。しかしながら第五十六回式年遷宮の古儀考証には必要不可欠な逸材であった清直は尚も同二十一年一月四日に神宮司庁儀式課顧問となって、その古儀考証に邁進する。そして旧家職が管掌した心御柱について同月に『斎柱奉竪故實』一巻、六月二十八日には『心御柱奉飾秘記辨批』一巻を著述して神宮に上ったのであった。次いで第五十六回式年遷宮の遷御が間近に迫る同二十二年九月には『明治廿二年遷宮諸祭祝詞』一巻を草し、同月三日には神宮禰宜久志本常幸の依頼により遷御奉戴例を考証。十月二日に第五十六回皇大神宮式年遷宮遷御儀において旧家職の鶏鳴所役を奉仕した。その時の感慨を第十四家集『勾江破殼』(34)で、

十月二日大宮の遷御に鶏鳴の神わさつかへまつりて
四度までみゆきの庭にさもらふは神のかけろと長鳴そせし

と歌に託している。その後、同二十六年十月十二日に神苑会総裁有栖川宮熾仁親王より神苑会委員を委嘱され、神宮古儀式の図の取調べに従事する（後に『斎内親王参宮圖』一巻・『皇大神宮神嘗祭舊式祭典圖（奉幣之儀）』一巻・『皇大神宮舊式遷御圖』一巻が清書描画される）。明治二十七年三月九日に明治天皇銀婚式に付酒肴料を下賜されたが、六月に二豎の冒すところとなって七月四日に逝去、享年八十三であった。

この時期の清直の学問志向には二つの大きな特徴があったと思われる。先ず一つ目の特徴は、主に幕末までに自ら執筆した編著類を修補したり増訂する等（『太神宮政印圖説』一巻・『離宮院考證』一巻・『五度假殿類説』一巻等）その完璧性を目指す営みのあったことである。もう一つの特徴は第五十六回式年遷宮の斎行を契機として、遷宮に関する古儀考証類を編述することと、その始原や根拠となる神宮古伝と上古から中古に至る神宮史に関する編述書を作成し（『神廷史料』全八巻・『太神宮本記歸正』一巻・『伊勢國造世系考』一巻等）己が神宮考証学を集大成しようと試みたことであった。ところで、清直にとって第五十六回式年遷宮の斎行において何よりも歓喜した出来事とは一体何であったのだろうか、それは家集『勾江破殼』の明治二十二年十月掲載の遷宮饗宴和歌に、

寛正遷宮より四百余年を経て、朝廷の御造営となりぬれば
みあらかはむかしにたちそまさりぬる年のはたちをはたちかさねて

とあり、同家集の翌二十三年掲載分でも、

寛正遷宮よりこなたの造営は武家より用途を奉寄するを例として、朝廷は造宮使を任られて祭の日時をとらるゝのミなりつるを、今度はまたくいにしへの式法にかへされてよろつの事おこそかにおはさせ給ひければ

みあらかはむかしにたちそまさりぬる年のはたちをはたちかさねて

と同じ歌が載せられるほど強い想いのあった、明治二十年十二月二十五日の造神宮使庁官制の公布にあったと見られよう。この造神宮使庁というのは寛正遷宮から数えて凡そ四百年ぶりにしてしかも王朝の盛時を凌ぐ国家的機関であり、そのもとに社殿の造営も神宝の調進も万事遺漏なく執り進められ第五十六回式年遷宮が滞りなく斎行されたのであった。当遷宮の社殿造営について特筆されるのは、

A、式月を九月より十月に改訂したこと
B、従前は正殿の左右に並建していた皇大神宮東西宝殿を本儀に則り後方位置に移動したこと
C、西御敷地内に存した皇大神宮外幣殿を御垣外に移建し式年造替として古儀に復したこと
D、東西の御敷地より三尺相違していた豊受大神宮瑞垣の位置を同列に改めたこと
E、豊受大神宮御饌殿周囲の瑞垣御門鳥居を撤して新たに蕃塀二重を建てたこと

の五つの事項であるが、清直の神宮考証学との関係について、Aを除外すれば、Bに対しては両正宮東西宝殿の古儀における位置を考証した『二宮東西寶殿位置考』一巻、Cについては「依二延暦廿三年儀式帳一製レ之、天武天皇即位三年勅定以降至二寛正三年之遷宮一凡七百八十九年、其間制造無二大變革一有二少異一者參二

考諸書一以附二注之一」「寛正遷宮之後假殿遷御四度、其間經二百二十四年一而舊制悉廃不レ詳二法量一、至二天正十三年正遷宮再興之日一所二造営一者未レ盡二其美一、雖レ然因准而不レ革レ之」の説明文が付された[35]『皇大神宮大宮院舊制之圖』及び『皇大神宮大宮院今制之圖』一葉、Dに対しては前図とほぼ同様の説明文を載せる『豊受宮大宮院舊制之圖』及び『豊受宮大宮院今制之圖』一葉、Eについては元来御饌殿は皇大神宮に所属し豊受大神宮では独立した殿舎であったが、第一回式年遷宮によって同宮大宮院内に取り込まれることとなった史的経緯を論ずる『御饌殿事類鈔』一巻（明治二十三年五月成立）といった著作や描画等の存在があるので、清直はこの時期、社殿造営の古儀考証に精力的にあたり、明治二年斎行の第五十五回遷宮以前から開始し継続されてきた考証結果に基づき、次々と造神宮使庁の手によって古儀を追求した社殿造営がなされていったものと考えられる。それから、神宝の調進と清直の神宮考証学との関係については、第五十六回式年遷宮斎行の翌二十三年六月に大宮司鹿島則文が当遷宮で実際に神宝に用いられた錦・綾等の裂を後世の神宝調製のための本様とすべく一帖に輯した際に（鹿島則文輯『神宮遷宮御装束御神宝用錦織裁裂帖』〈皇學館大学研究開発推進センター佐川記念神道博物館所蔵〉）、当時神宝にも通暁していた清直はその起源及び沿革の概略を『神寶装束起源』一巻に纏めその序文として寄稿している。また著作年代は不明であるものの「明治二年調進式目」が各巻にわたって引用される『皇大神宮装束神寶通證』一巻はじめ『豊受大神宮装束神寶通證』一巻、或いは『皇大神宮相殿別宮装束神寶通證』一巻や『豊受大神宮相殿別宮装束神寶通證』一巻等を清直が編纂しているのは、おそらく造神宮使庁に当度遷宮の神宝調進における古儀史料を提供する必要性より生じたものであろうと思われる。

従って、老年期から晩年期に至る清直が自らの持てる神宮考証学に全力を尽くして精励したのは、第五十六回式年遷宮の斎行にあったと見てよく、自己のライフワークであった神宮古伝及び上古から中古に至る神宮古史研究の完成にもこの遷宮が大きな契機となっていたと思慮される。再度引用するが『神朝尚史』巻第二の持統天皇庚寅年九月条には、

（持統天皇四）庚寅《カノエノトラノトシ》年九月《ナカツキ》。太神宮遷《オホカムミヤミヤウツシヽタマフ》宮。東本宮地也。自《ヨリ》二此時《コノトキ》一以《モテ》二廿年《ハタトセヲ》一。為《ス》二造替之期《ツクリカヘノカキリト》一。先帝《サキノミカトノ》賽《カヘリマヲシスル》二壬申《ミツノエサルノトシノ》亂之宿《サヤキノフルキネキコトヲ》禱一也《ナリ》。雑事記。寶基本紀。例文。参詣記。寛正造内宮記。

（傍線筆者付す）

とあって、第一回式年遷宮の斎行を記述するのに、『寛正三年造内宮記』「岩井田尚重私注」の、

當宮造替遷宮御事者、天下無雙大営也、抑仁〇仁、當作人王十一代垂仁天皇御宇ニ、此五十鈴川（河、安永本）上下津岩根ニ在二御鎭坐一ヨリ以来、世經二三十代一ヲ、依二清見原天皇御願一、持統天皇四年庚寅有レ造二進東宮一東本宮地也賜、令レ奉レ成二遷御一、其後者二十年ニ一度、東西ニ打替々々遷幸御坐御事、雖レ為二一事一不レ違二先規一、奉二執行一者古今定例、神宮忠勤也、争為レ私可レ有二其心得一矣、

との文を出典の一つとしたのは、(36) まさしく中川経雅はじめ近世神宮考証学者たちがこぞって寛正遷宮を尊重したのと同じ姿勢が清直にも見られることを表明している。また『神朝尚史』全三巻の末文が、仁明天皇の御代の第九回内宮式年遷宮の時には二十年に一度の神宝の奉献が恒例となっていたという、嘉祥二年九月七日条と同月十六日条であるのは、きっと清直をして歓喜せしめた明治二十年十二月二十五日の造神宮使庁の官制が布かれたことをかなり意識し祝意を込めて、『神朝尚史』全三巻の編纂がなされたことを推測せしめるものであろう。

そのことを象徴するかのように、「表3老年期から晩年期に至る清直の履歴と神宮教院及び第五十六回式年遷宮関連表」で掲出された『大神宮本記歸正』の執筆があったと思われる。この書は増補大神宮叢書『神宮神事考證』後篇附録「御巫清直翁傳」で、

殊に太神宮本記歸正の如きは傳教大師の筆跡を刻せる古經巻中より文字を撰出模寫し、一行十七字に勤書せり。この一行十七字の事に関し附言すべき事あり。そは翁一日賀茂百樹氏の為古事記を講ぜしが、偶々中巻神武記の脱字に到り、本居宣長翁の十七字を加補せしことに就きて曰く、古經巻を見るに一行十七字なり、太神宮本記も亦十七字なりしなるべし、偶々本居氏の十七字を加補せしは自ら古意に通ずるもの、敬服すべきなりと。

と論じられた通り、[37] 一行十七文字の記述形式に基づいて執筆され、清直畢生の研究であった『歸正鈔』の研究成果より導き出された『太神宮本記』の条文を一冊に纏めたものである。故に清直の神宮古伝研究の中心に位置していると考えてよいだろう。その奥書には、

右奮本者、天平神護二年十二月罹㆓焼亡㆒、後人取㆓其残煨㆒、潤㆓飾首尾㆒、以傳㆓千世㆒、而其巧言妄語、不㆑足㆑信㆑之、今則考㆓覈古典㆒、刊㆓改舛雑㆒、歸㆓其眞正㆒。

于時明治二十二年九月　前権禰宜正八位御巫清直

と記され、[38] 右の「明治二十二年九月」という奥付は、やはり第五十六回式年遷宮の両宮遷御儀斎行の前月に編述

したことを明示している。これは神宮の創祀を鮮明にし神宮古伝の光輝を発揚する『太神宮本記歸正』の編述には、清直の第五十六回式年遷宮の斎行を言祝ぎ神宮の永遠性を祈る意味合いが含まれていたと推察されて然るべきであろう。それでは、この『太神宮本記歸正』の条文がいかに『神朝尚史』巻第一崇神・垂仁両天皇の御代の当該条文に対応しているのか、また『歸正鈔』で不充分とした神宮古伝を『神朝尚史』ではどのように改訂または補完しているのか、実際に両書を比較検討して『神朝尚史』巻第一の成立事情を窺いたいと思う。尚、比較検討するにあたって、＝＝＝部分は語句省略及び改訂、―――部分は語句移動、〰〰〰部分は語句補完とし、語句共通については傍線を付さないこととする。

『太神《オホキカム》宮《ミヤノ》本記《モトツフミ》歸正』(39)

①志《シ》貴《キ》瑞《ミツ》籬《カキノ》宮《ミヤニ》御宇《アメノシタシロシメシヽ》天皇《スメフミコト》以《ヨリ》往《サキ》乃《ノ》御《ミ》世《ヨ》波《ハ》。天《アマ》照《テラス》大《オホ》神《ミカミ》乎《ヲ》天《スメラ》皇《ミコト》乃《ノ》相《アヒ》殿《トノ》爾《ニ》坐《マセ》弖《テ》。朝《アサ》夕《ユフノ》御《ミ》饌《ケ》毛《モ》相《アヒ》共《トモ》爾《ニ》聞食《キコシメシ》支《キ》。然後《シカシテノチ》宮《ミヤノ》内《ウチ》乃《ノ》大《オホ》庭《ニハ》爾《ニ》穂《ホ》椋《クラ》乎《ヲ》造《ツクリ》天《テ》出《イタシ》奉《マツリ》。以《モテ》二皇《ミ》子《コ》豐《トヨ》鋤《スキ》比《ヒ》賣《メノ》命《ミコト》乎《ヲ》一令《シメ》二供《ツカヘ》奉《マツラ》一支《キ》。

『神朝尚史』巻第一崇神・垂仁両天皇条(40)

ⓐ志《シ》貴《キ》水《ミツ》垣《カキノ》宮《ミヤニ》御《アメノシ》宇《タシラシヽ》御《ミ》真《マ》木《キ》入《イリ》日《ヒ》子《コ》印《イニ》恵《エノ》天《スメラ》皇《ミコト》以往《ヨリカミツカタ》八《ヤ》代《ヨ》乃《ノ》御《ミ》世《ヨ》波《ハ》。皇《スメ》大《オホ》神《カミ》乎《ヲ》相《アヒ》殿《トノ》爾《ニ》坐《マセ》弖《テ》。朝《アサ》夕《ユフ》乃《ノ》御《ミ》饌《ケ》毛《モ》。春《ハル》秋《アキ》乃《ノ》御《ミ》服《ケシ》毛《モ》共《トモ》爾《ニ》同《ヒトシ》久《ク》供《ツカヘ》奉《マツリ》支《キ》。然《シカ》而《シテ》天《スメラ》皇《ミコト》乃《ノ》御《ミ》世《ヨ》十九《トヲマリコヽノ》年《トセ》己丑《ツチノトウシノ》歳《トシ》爾《ニ》至《イタル》爾《ニ》。天《スメラ》皇《ミコト》漸《ヤヽ》爾《ニ》。皇《スメ》大《オホ》神《カミ》乃《ノ》威《ミ》勢《イキホヒ》乎《ヲ》畏《カシコミ》賜《タマ》比《ヒ》。共《トモニ》住《スミ》賜《タマフ》事《コト》乎《ヲ》。不《ヤス》安《カラ》須《ス》所《オモ》思《ホシ》食《メシ》弖《テ》。更《サラ》爾《ニ》伊《イ》斯《シ》許《コ》理《リ》度《ト》賣《メノ》神《カミ》。天《アマノ》目《マ》一《ヒト》箇《ツノ》神《カミ》乃《ノ》孫《ハツコ》等《ラ》爾《ニ》科《オフセ》弖《テ》。天《アマ》津《ツ》璽《シルシ》乃《ノ》鏡《カヽミ》劔《ツルキ》乎《ヲ》令《シメ》二模《ウツシ》造《ツクラ》一弖《テ》。護身《オホミマモリ》乃《ノ》御《ミ》璽《シルシ》登《ト》為《ナシ》賜《タマ》比《ヒ》。大《オホ》御《ミ》鏡《カヽミ》乎《ヲ》天《アマ》照《テラシ》坐《マス》皇《スメ》大《オホ》御《ミ》神《カミ》止《ト》稱《タヽヘ》

②于《ソノ》時《トキ》天皇詔《スメラミコトノリタマハ》久《ク》。天《アマ》照《テラス》大《オホ》神《ミカミ》乃《ノ》乞《コハシ》給《タマフ》國《クニ》波《ハ》伊《イ》豆《ツ》久《ク》止《ト》曾《ソ》。随《マニマニ》二大神教命《オホミカミノミヲシヘノ》一求《マキテ》坐《マセ》奉《マツレ》止《ト》詔《ノリタマヒキ》支。故《カレ》豐《トヨ》鋤《スキ》比《ヒ》賣《メノ》命《ミコト》奉《マツリ》レ戴《イタヽキ》二大《オホ》神《ミカミヲ》一而《テ》。従《ヨリ》二倭内《ヤマトノウチノ》國《クニ》一始《ハシメ》天《テ》。國《クニ》々《クニ》處《トコロトコロ》々爾《ニ》大《オホ》宮《ミヤ》處《トコロ》乎《ヲ》覓《マキ》給《タマヒ》支《キ》。但《タニ》波《ハノ》國《クニ》吉《ヨ》佐《サノ》宮《ミヤニ》四《ヨ》年《トセ》奉《マツリキ》レ齋《イハヒ》。

白《マヲシ》弖《テ》。宮《ミヤ》内《ヌチ》乃《ノ》大《オホ》庭《ニハ》爾《ニ》穂《ホ》椋《クラ》乎《ヲ》造《ツクリ》天《テ》出《イタシ》奉《マツリ》。故《カレ》其《ソノ》皇《スメ》女《ミコ》豐《トヨ》鉏《スキ》比《ヒ》賣《メノ》命《ミコト》乎《ヲ》令《シメ》二供《ツカヘ》奉《マツラ》一支《キ》。別《ワケ》殿《ミヤ》乎《ヲ》後《ノチ》爾《ニ》波《ハ》笠《カサ》縫《ヌヒ》邑《ムラ》乃《ノ》磯《シ》城《キ》神《ヒモ》籬《ロキ》止《ト》母《モ》奈《ナ》云《イ》布《フ》。其《ソノ》奉《マツル》レ遷《ウツシ》夜《ヨ》波《ハ》。宮《ミヤ》人《ヒト》皆《ミナ》参《マキリ》弖《テ》。終夜《ヨモスカラ》宴《ウタケ》為《シ》弖《テ》遊《アソヒ》支《キ》。其《ソノ》歌《ウタニ》曰《イハク》。美《ミ》夜《ヤ》毘《ヒ》登《ト》能《ノ》。於《オ》保《ホ》與《ヨ》須《ス》我《カ》良《ラ》仁《ニ》。伊《イ》佐《サ》登《ト》保《ホ》志《シ》。由《ユ》伎《キ》乃《ノ》與《ヨ》侶《ロ》志《シ》茂《モ》。於《オ》保《ホ》與《ヨ》須《ス》我《カ》良《ラ》爾《ニ》。故《カレ》三《ミ》節《トキノ》祭《マツリ》直《ナホ》會《ラヒ》乃《ノ》夜《ヨ》。倭《ヤマト》舞《マヒ》乎《ヲ》奏《カナテ》弖《テ》。宮《ミヤ》人《ヒト》曲《フリ》乎《ヲ》謡《ウタ》布《フ》其《ソノ》縁故《コトノモト》那《ナ》利《リ》。

ⓑ然後《シカシテノチ》天皇詔《スメラミコトノリタマハ》久《ク》。天《アマ》照《テラス》大《オホ》神《カミ》乃《ノ》乞《コハシ》給《タマフ》國《クニ》波《ハ》伊《イ》豆《ツ》久《ク》止《ト》曾《ソ》。随《マニマニ》二大《オホ》神《カミノ》教命《ミオシヘノ》一。求《マキテ》坐《マセ》奉《マツレ》止《ト》詔《ノリタマヒキ》支。故《カレ》豐《トヨ》鉏《スキ》比《ヒ》賣《メノ》命《ミコト》奉《マツリ》レ戴《イタタキ》二大《オホ》神《カミヲ》一而《テ》。従《ヨリ》二倭内《ヤマトノウチノ》國《クニ》一始《ハシメ》天《テ》。國《クニ》々《クニ》處《トコロトコロ》々爾《ニ》大《オホ》宮《ミヤ》處《トコロ》乎《ヲ》覔《マキ》給《タマヒ》支《キ》。壬戌年《ミツノエイヌノトシ》。但《タニ》波《ハノ》國《クニ》爾《ニ》幸《イテ》行《マシ》弖《テ》。吉《ヨ》佐《サノ》宮《ミヤ》爾《ニ》四《ヨ》年《トセ》奉《マツリ》レ齋《イハヒ》支《キ》。爾時《ソノトキ》丹《タニ》波《ハノ》道《ミテ》主《ヌシノ》命《ミコト》乃《ノ》女《ヒメ》王《ミコ》乎《ヲ》爲《シ》弖《テ》。皇《スメ》大《オホ》神《カミ》乃《ノ》朝《アサ》夕《ユフ》乃《ノ》御《ミ》饌《ケ》乎《ヲ》炊《カシキ》満《ミ》弖《テ》供《ツカヘ》奉《マツリ》始《ソメ》支《キ》。故《カレ》皇《スメ》大《オホ》神《カミ》乃《ノ》御《ミ》食《ケ》津《ツ》神《カミ》豐《トヨ》宇《ウ》氣《ケノ》大《オホ》神《カミ》乃《ノ》神《ヒモ》籬《ロキ》乎《ヲ》。比《ヒ》治《チ》真《マ》名《ナ》井《ヰノ》原《ハラ》爾《ニ》起《オコシ》立《タテ》弖《テ》。朝《アサ》夕《ユフノ》御《ミ》食《ケ》之《ノ》食《ケ》向《ムカヒ》御《ミ》

③従《ヨリ》レ此《コヽ》更《サラニ》倭國《ヤマトノクニ》求《マキ》給《タマヒキ》。倭國《ヤマトノクニ》伊《イ》豆《ツ》加《カ》志《シノ》本《モト》宮《ノミヤニ》八《ヤ》年《トセ》奉《マツリキ》レ齋《イハヒ》。従《ヨリ》レ此《コヽ》幸《イテ》行《マシ》而《テ》。木《キ》乃《ノ》國《クニ》奈《ナ》久《ク》佐《サノ》濱《ハマノ》宮《ミヤニ》三《ミ》年《トセ》奉《マツリキ》レ齋《イハヒ》。于《ソノ》時《トキ》紀《キノ》國造進《クニノミヤツコタテマツリキ》二舍《ト》人《ネリ》紀《キ》麻《マ》呂《ロ》良《ラ》。又《マタ》地《トコロ》口《クチノ》御《ミ》田《タ》一。従《ヨリ》レ此《コヽ》幸《イテ》行《マシ》而《テ》。吉《キ》備《ヒノ》國《クニ》名《ナ》方《カタノ》濱《ハマノ》宮《ミヤニ》四《ヨ》年《トセ》奉《マツリキ》レ齋《イハヒ》。于《ソノ》時《トキ》吉《キ》備《ヒノ》國造進《クニノミヤツコタテマツリキ》二采《ウネ》女《メ》吉《キ》備《ヒ》都《ツ》比《ヒ》賣《メ》。又《マタ》地口《トコロノクチノ》御《ミ》田《タ》一。

④従《ヨリ》レ此《コヽ》還《カヘリ》幸《イテ》行《マシテ》。倭國《ヤマトノクニ》彌《ミ》和《ワ》乃《ノ》御《ミ》室《モロノ》嶺《ヲノ》上《ヘノ》宮《ミヤニ》二《フタ》年《トセ》奉《マツリキ》レ齋《イハヒ》。是《コノ》時《トキ》豐《トヨ》鋤《スキ》比《ヒ》賣《メノ》命《ミコト》吾《アハ》日《ヒ》足《タリヌ》止《ト》白《マヲシ》支《キ》。爾《ソノ》時《トキ》倭《ヤマト》比《ヒ》賣《メノ》命《ミコト》事《コト》依《ヨサ》志《シ》奉《マツ》利《リ》。御《ミ》杖《ツエ》代《シロ》止《ト》定《サダメ》給《タマヒ》弖《テ》。従《ヨリ》レ此《コヽ》倭《ヤマト》比《ヒ》賣《メノ》命《ミコト》奉《マツリ》レ戴《イタヽキ》二天《アマ》照《テラス》大《オホ》神《ミカミヲ》一而《テ》幸《イテ》行《マシキ》。

饗《アヘ》奉《タテマツ》利《リ》。天《アマノ》忍《オシ》石《ハノ》長《ナカ》井《ヰノ》水《ミツヲ》毛乎。真《マ》名《ナ》井《イノ》原《ハラ》乃《ノ》石《イハ》井《ヰニ》爾移《ウツシ》居《スヱ》弖《テ》奉《ツカヘ》仕《マツリ》支《キ》。

Ⓒ然《シカ》而《シテ》従《ヨリ》二但《タニ》波《ハノ》國《クニ》一。大《オホ》倭國《ヤマトノクニ》爾《ニ》還《カヘリ》幸《イテ》行《マシ》弖《テ》。師《シ》木《キ》伊《イ》豆《ツ》加《カ》志《シノ》本《モト》宮《ミヤニ》八《ヤ》年《トセ》奉《マツリ》レ齋《イハヒ》支《キ》。従《ヨリ》レ此《コヽ》幸《イテ》行《マシ》而《テ》。木《キ》乃《ノ》國《クニ》奈《ナ》久《ク》佐《サノ》濱《ハマノ》宮《ミヤニ》三《ミ》年《トセ》奉《マツリ》レ齋《イハヒ》支《キ》。于《ソノ》時《トキ》紀《キノ》國造《クニノミヤツコ》舍《トネ》人《リ》紀《キ》麻《マ》呂《ロ》良《ラ》。又《マタ》地《トコロノ》口《クチノ》御《ミ》田《タ》進《タテマツリ》支《キ》。従《ヨリ》レ此《コヽ》幸《イテ》行《マシ》弖《テ》。吉《キ》備《ヒノ》國《クニ》名《ナ》方《カタノ》濱《ハマノ》宮《ミヤニ》四《ヨ》年《トセ》奉《マツリ》レ齋《イハヒ》支《キ》。于《ソノ》時《トキ》吉《キ》備《ヒノ》國《クニノ》造《ミヤツコ》采《ウネ》女《メ》吉《キ》備《ヒ》都《ツ》比《ヒ》賣《メ》。又《マタ》地口《トコロノクチノ》御《ミ》田《タ》進《タテマツリ》支《キ》。

ⓓ師《シ》木《キ》玉《タマ》垣《カキノ》宮《ミヤニ》御宇《アメノシタシラシヽ》。伊《イ》久《ク》米《メ》伊《イ》理《リ》毘《ヒ》古《コ》伊《イ》佐《サ》知《チノ》天皇《スメラミコト》乃《ノ》御《ミ》世《ヨ》三《ミ》年《トセ》辛《カノト》巳《ミノ》歳《トシ》爾《ニ》。従《ヨリ》二吉《キ》備《ヒノ》國《クニ》一還《カヘリ》幸《イテ》行《マシ》弖《テ》。倭國《ヤマトノクニ》彌《ミ》和《ワ》乃《ノ》御《ミ》室《モロノ》嶺《ヲノ》上《ヘノ》宮《ミヤニ》二《フタ》年《トセ》奉《マツリ》レ齋《イハヒ》支《キ》。是《コノ》時《トキ》豐《トヨ》鉏《スキ》比《ヒ》賣《メノ》命《ミコト》。御《ミ》形《カタチ》長《オト》成《ナヒ》給《タマヒ》弖《テ》。吾《アハ》日《ヒ》足《タリヌ》止《ト》辭白《イナヒマヲシ》支《キ》。故《カレ》天皇《スメラミコト》。皇女《ヒメミコ》倭《ヤマト》比《ヒ》賣《メノ》命《ミコト》爾《ニ》事《コト》依《ヨサ》志《シ》奉《マツ》利《リ》。御《ミ》杖《ツエ》代《シロ》止《ト》定《サダメ》給《タマヒ》弖《テ》。従《ヨリ》レ此《コヽ》倭《ヤマト》比《ヒ》賣《メノ》命《ミコト》爾《ニ》。天《アマ》照《テラス》大《オホ》神《カミ》乎《ヲ》奉《マツリ》レ戴《イタヽキテ》而令《シメ》二幸《イテ》行《マサ》一支《キ》。故《カレ》御《ミ》送《オクリノ》驛《ハユマ》使《ツカヒ》止《ト》為《シ》弖《テ》。阿《ア》倍《ヘ》建《タケ》沼《ヌ》河《カハ》別《ワケノ》

⑤同《オナシクニ》國宇《ウ》多《タノ》秋《アキノ》宮《ミヤニ》四《ヨ》年《トセ》奉《マツリキ》レ齋《イハヒ》。于《ソノ》時《トキ》倭國《ヤマトノクニノ》造《ミヤツコ》進《タテマツリキ》二采《ウネ》女《メ》香《カヽ》刀《ト》比《ヒ》賣《メ》。又《マタ》地口《トコロノクチノ》御《ミ》田《タ》一。是《コノ》時《トキ》倭《ヤマト》比《ヒ》賣《メノ》命《ミコト》乃《ノ》御《ミ》夢《ユメ》爾《ニ》。高《タカ》天《マ》之《ノ》原《ハラ》爾《ニ》坐《マシ》而《テ》吾《ワカ》見《メ》之《シ》國《クニ》仁《ニ》。吾《ア》乎《ヲ》令《セ》レ坐《マ》奉《マツレ》止《ト》悟《サトシ》教《ヲシヘ》給《タマヒ》岐《キ》。従《ヨリ》レ此《コヽ》東《ヒカシ》爾《ニ》向《ムカヒ》而《テ》乞《コヒ》宇《ウ》氣《ケ》比《ヒ》弖《テ》詔《ノリタマハク》久。我《ワカ》思《オモヒ》刺《サシ》弖《テ》往《ユク》處《トコロ》吉《ヨカ》有《ラム》奈《ナ》良《ラ》波《ハ》。未《マタ》レ嫁《アハ》レ夫《ヲトコニ》童女《オトメ》相《アハム》止《ト》祈《ウケ》祷《ヒテ》幸《イテ》行《マシキ》。爾《ソノ》時《トキ》佐《サ》々《ヽサル》波《ハ》多《タ》我《カ》門《ト》仁《ニ》童《オト》女《メ》參《マキリ》相《アヒキ》。則《スナハチ》問《トヒ》給《タマハ》久《ク》。汝《イマシハ》誰《タレソ》。答曰《コタヘマヲサク》。奴《ヤツ》吾《カレ》波《ハ》天《アマノ》見《ミ》通《トホシノ》命《ミコト》乃《ノ》孫《ヒコ》爾《ニ》。八《ヤ》佐《サ》加《カ》支《キ》刀《ト》部《ヘ》我《カ》児《コ》宇《ウ》太《タ》乃《ノ》大《オホ》宇《ウ》禰《ネ》奈《ナ》登《ト》白《マヲシ》岐《キ》。亦《マタ》詔《ノリ》曰《タマハク》。御《ミ》共《トモ》従《ニ》仕《ツカヘ》奉《マツラムヤ》哉。答曰《コタヘテマヲサク》。仕《ツカヘ》奉《マツラム》。即《ヤカテ》御《ミ》共《トモ》爾《ニ》従《ツカヘ》奉《マツリ》仕《キ》。又《マタ》弟《イロト》大《オホ》荒《アレノ》命《ミコトモ》同《オナシク》奉仕《ツカヘマツリキ》。従《ヨリ》二宇《ウ》多《タノ》秋《アキノ》宮《ミヤ》一幸《イテ》行《マシ》而《テ》佐《サ》々《ヽ》波《ハ》多《タノ》宮《ミヤニ》坐《マシキ》。従《ヨリ》レ此《コヽ》幸《イテ》行《マシテ》。伊《イ》賀《カノ》國《クニ》隱《ナハリ》市《イチ》守《モリノ》宮《ミヤニ》二《フタ》年《トセ》奉《マツリキ》レ齋《イハヒ》。次《ツキニ》同《オナシ》國《クニ》穴《アナ》穂《ホノ》宮《ミヤニ》四《ヨ》年《トセ》奉《マツリキ》レ齋《イハヒ》。爾《ソノ》時《トキ》伊《イ》賀《カノ》國造《クニノミヤツコ》進《タテマツリキ》

命《ミコト》。丸《ワ》邇《ニ》比《ヒ》古《コ》國《クニ》葺《フクノ》命《ミコト》。中《ナカ》臣《トミ》大《オホ》鹿《カ》嶋命《シマノミコト》。物《モノヽ》部《フヘ》十《トヲ》市《チ》根《ネノ》命《ミコト》。大《オホ》伴《トモ》建《タケ》日《ヒノ》命《ミコト》。五《イツ》柱《ハシラノ》乃命《ミコト》等《タチ》乎《ヲ》令《シメ》二配侍《ソヘサモラハ》一支《キ》。

ⓔ然《シカ》而《シテ》倭國《ヤマトノクニ》宇《ウ》多《タ》秋《アキノ》宮《ミヤニ》四《ヨ》年《トセ》奉《マツリ》レ齋《イハヒ》支《キ》。于《ソノ》時《トキ》倭國造《ヤマトノクニノミヤツコ》采《ウネ》女《メ》香《カヽ》刀《ト》比《ヒ》賣《メ》。又《マタニ》地口《トコロノクチノ》御《ミ》田《タ》進《タテマツリキ》支。爰《コヽニ》倭《ヤマト》比《ヒ》賣《メノ》命《ミコト》乃《ノ》御《ミ》夢《ユメ》爾《ニ》。皇《スメ》大《オホ》神《カミ》悟《サトシ》教《オシヘ》詔《ノリタマハク》久。高《タカ》天《マ》之《ノ》原《ハラ》爾《ニ》坐《マシマ》而《シテ》。吾《マカ》見《メ》之《シ》末《マ》岐《キ》之《シ》國《クニ》仁《ニ》吾《アレ》乎《ヲ》令《シメ》レ坐《マサ》奉《マツレ》止《ト》。悟《サトシ》教《オシヘ》給《タマヒ》岐《キ》。従《ヨリ》レ此《コヽ》東《ヒムカシ》爾《ニ》向《ムカヒ》弖《テ》。乞《コヒ》宇《ウ》氣《ケ》比《ヒ》弖《テ》詔《ノリタマハ》久《ク》。我《ワカ》思《オモヒ》刺《サシ》弖《テ》往《ユク》處《トコロ》吉《ヨカラ》有《ム》奈《ナ》良《ラ》波《ハ》。未《サ》レ嫁《トツカ》レ夫《ヲトコニ》流《ル》童《ヲト》女《メ》相《アハム》止《ト》。祈《ウケ》祷《ヒ》弖《テ》幸《イテ》行《マシ》支《キ》。爾《ソノ》時《トキ》佐《サ》々《ヽ》波《ハ》多《タ》我《カ》門《ト》仁《ニ》童《ヲト》女《メ》參《マキリ》相《アヒ》支《キ》。則《スナハチ》問《トヒ》給《タマハ》久《ク》。汝《イマシ》波《ハ》誰《タレ》曾《ソ》。答《コタヘ》白《マヲサ》久《ク》。奴《ヤツ》吾《カレ》波《ハ》天《アマノ》見《ミ》通命《トホシノミコト》乃《ノ》孫《ヒコ》爾《ニ》。八《ヤ》佐《サ》加《カ》支《キ》刀《ト》部《ヘ》我《カ》兒《コ》。宇《ウ》太《タ》乃《ノ》大《オホ》宇《ウ》禰《ネ》奈《ナ》登《ト》白《マヲシ》岐《キ》。亦詔《マタノリタマハ》久《ク》。御《ミ》供《トモ》従《ツカヘ》仕《マツ》奉《ラム》哉《ヤ》。答《コタヘ》白《マヲサ》久《ク》。仕奉《ツカヘマツラム》。即《ヤカテ》御《ミ》共《トモ》爾《ニ》従《ツカヘ》仕《マツ》奉《リ》支《キ》。又《マタ》弟《イロト》大《オホ》荒《アレノ》命《ミコト》毛《モ》同奉《オナシクツカヘ》仕《マツ》留《ル》。従《ヨリ》二宇《ウ》多《タノ》秋《アキノ》宮《ミヤ》一幸《イテ》行《マシ》而《テ》。佐《サ》々《ヽ》波《ハ》多《タノ》宮《ミヤニ》令《セ》レ坐《マ》支《キ》。従《ヨリ》レ此《コヽ》幸《イテ》行《マシ》弖《テ》。伊《イ》賀《カノ》國《クニ》隱市《ナハリノイチ》守《モリノ》宮《ミヤニ》二《フタ》

二篦《ノ》山《ヤマ》葛《カツラ》山《ヤマノ》戸《ヘ》。並《ナラヒニ》地口《トコロノクチノ》御《ミ》田《タ》。年《ア》魚《ユ》取《トル》淵《フチ》。梁《ヤナ》作《サス》瀬《セ》等《トモヲ》一。朝《アサ》御《ミ》氣《ケ》夕《ユフ》御《ミ》氣《ケニ》供《ツカヘ》進《マツリキ》。次《ツキニ》同《オナシ》國《クニ》敢《アヘ》都《ツ》美《ミ》恵《エノ》宮《ミヤニ》二《フタ》年《トセ》奉《マツリキ》レ齋《イハヒ》。従《ヨリ》レ此《コヽ》幸《イテ》行《マシテ》。淡《アハ》海《ミノ》國《クニ》甲《カフ》可《カノ》日《ヒ》雲《クモノ》宮《ミヤニ》四《ヨ》年《トセ》奉《マツリキ》レ齋《イハヒ》。于《ソノ》時《トキ》淡《アハ》海《ミノ》國《クニノ》造《ミヤツコ》進《タテマツリキ》二地口《トコロノクチノ》御《ミ》田《タ》一。次《ツキニ》同《オナシ》國《クニ》坂《サカ》田《タノ》宮《ミヤニ》二《フタ》年《トセ》奉《マツリキ》レ齋《イハヒ》。于《ソノ》時《トキ》坂《サカ》田《タノ》君《キミ》等《ラ》進《タテマツリキ》二地口《トコロノクチノ》御《ミ》田《タ》一。従《ヨリ》レ此《コヽ》幸《イテ》行《マシテ》。美《ミ》濃《ヌノ》國《クニ》伊《イ》久《ク》良《ラ》河《カハノ》宮《ミヤニ》四《ヨ》年《トセ》奉《マツリキ》レ齋《イハヒ》。次《ツキニ》尾《オ》張《ハリノ》國《クニノ》中《ナカ》嶋《シマノ》宮《ミヤニ》坐《マセキ》。于《ソノ》時《トキ》美《ミ》濃《ヌノ》國造《クニノミヤツコ》等《ラ》進《タテマツリキ》二舎《ト》人《ネリ》市《イチ》主《ヌシ》。地口《トコロノクチノ》御《ミ》田《タ》一。並《ナラヒニ》御《ミ》船《フネ》一《ヒト》隻《フナ》進《タテマツリキ》支。同《オナシ》美《ミ》濃《ヌノ》縣《アカタ》主《ヌシ》角《ツヌ》鏑《カフラ》作《ツク》之《リ》而《テ》進《タテマツリ》利。御《ミ》船《フネ》二《フタ》隻《フナヲ》捧《サヽケ》天《テ》。天《アメ》船《フネ》者《ハ》天《アマ》之《ノ》曾《ソ》己《コ》立《タチ》。地《ツチ》船《フネ》者《ハ》地《ツチ》之《ノ》御《ミ》都《ツ》張《ハリ》止《ト》白《マヲシ》而《テ》進《タテマツリキ》支。采《ウネ》女《メ》忍《オシ》比《ヒ》賣《メ》。又《マタ》地口《トコロノクチノ》御《ミ》田《タ》進《タテマツリキ》。

年《トセ》奉《マツリ》レ齋《イハヒ》支《キ》。次《ツキニ》同《オナシ》國《クニ》穴《アナ》穂《ホノ》宮《ミヤニ》四《ヨ》年《トセ》奉《マツリ》レ齋《イハヒ》支《キ》。爾《ソノ》時《トキ》伊《イ》賀《カノ》國造《クニノミヤツコ》。篦《コノ》山《ヤマ》葛《カツラ》山《ヤマノ》戸《ヘ》。並《ナラヒニ》地口《トコロノクチノ》御《ミ》田《タ》。年《ア》魚《ユ》取《トル》淵《フチ》。梁《ヤナ》作《サス》瀬《セ》等《トモ》乎《ヲ》進《タテマツリ》支《キ》。次《ツキニ》同《オナシ》國《クニ》敢《アヘノ》都《ツ》美《ミ》恵《エノ》宮《ミヤニ》二《フタ》年《トセ》奉《マツリ》レ齋《イハヒ》支《キ》。従《ヨリ》レ此《コヽ》幸《イテ》行《マシ》弖《テ》。淡《アハ》海《ミノ》國《クニ》甲《カフ》可《カノ》日《ヒ》雲《クモノ》宮《ミヤニ》四《ヨ》年《トセ》奉《マツリ》レ斎《イハヒ》支《キ》。于《ソノ》時《トキ》淡《アハ》海《ミノ》國造《クニノミヤツコ》。地口《トコロノクチノ》御《ミ》田《タ》進《タテマツリ》支《キ》。次《ツキニ》同《オナシ》國《クニ》坂《サカ》田《タノ》宮《ミヤニ》二《フタ》年《トセ》奉《マツリ》レ齋《イハヒ》支《キ》。于《ソノ》時《トキ》坂《サカ》田《タノ》君《キミ》等《ラ》。地口《トコロノクチノ》御《ミ》田《タ》進《タテマツリ》支《キ》。従《ヨリ》レ此《コヽ》幸《イテ》行《マシ》弖《テ》。美《ミ》濃《ヌノ》國《クニ》伊《イ》久《ク》良《ラ》河《カハノ》宮《ミヤニ》四《ヨ》年《トセ》奉《マツリ》レ齋《イハヒ》支《キ》。于《ソノ》時《トキ》美《ミ》濃《ヌノ》國造《クニノミヤツコ》等《ラ》。舎《トネ》人《リ》市《イチ》主《ヌシ》。地口《トコロノクチノ》御《ミ》田《タ》並《ナラヒニ》御《ミ》船《フネ》一《ヒト》隻《フナ》進《タテマツリ》支《キ》。同《オナシ》美《ミ》濃《ヌノ》縣《アカタ》主《ヌシ》。角《ツヌ》鏑《カブラ》作《ツク》之《リ》而《テ》進《タテマツリ》利。御《ミ》船《フネ》二《フタ》隻《フナ》捧《サヽケ》天《テ》。天《アメ》船《フネ》者《ハ》天《アメ》之《ノ》曾《ソ》己《コ》立《タチ》。地《ツチ》船《フネ》者《ハ》地《ツチ》之《ノ》御《ミ》都《ツ》張《ハリ》止《ト》白《マヲシ》而《テ》進《タテマツリ》支《キ》。采《ウネ》女《メ》忍《オシ》比《ヒ》賣《メ》。又《マタ》地口《トコロノクチノ》御《ミ》田《タ》進《タテマツリキ》支。次《ツキニ》尾《オ》張《ハリノ》國《クニ》中《ナカ》嶋《シマノ》早《ハヤ》田《タノ》宮《ミヤニ》令《シメ》レ坐《マサ》支《キ》。于《ソノ》時《トキ》尾《オ》張《ハリノ》國《クニノ》造《ミヤツコ》。地口《トコロノクチノ》御《ミ》田《タ》並《ナラヒニ》神《カム》戸《ヘ》進《タテマツリ》支《キ》。従《ヨリ》レ此《コヽ》御《ミ》船《フネ》爾《ニ》乗《ノリ》給《タマヒ》弖《テ》幸《イテ》行《マシ》支《キ》。三《ミ》河《カハノ》國《クニ》渥《アツ》美《ミノ》宮《ミヤ》爾《ニ》令《シメ》レ坐《マサ》支《キ》。于《ソノ》時《トキ》三《ミ》河《カハノ》國《クニノ》造《ミヤツコ》。

⑥従《ヨリ》レ此《コヽ》幸《イテ》行《マシテ》。伊《イ》勢《セノ》國《クニ》桑《クハ》名《ナ》野《ヌ》代《シロノ》宮《ミヤニ》四《ヨ》年《トセ》奉《マツル》レ齋《イハヒ》。于《ソノ》時《トキ》伊《イ》勢《セノ》國造《クニノミヤツコ》建《タケ》日《ヒ》方《カタノ》命《ミコト》參《マキリ》相《アヒ》支《キ》。汝《ナカ》國《クニノ》名《ナハ》何問《イカニトトヒ》給《タマヒキ》。答《コタヘ》白《マヲサ》久《ク》。神《カム》風《カセノ》伊《イ》勢《セノ》國《クニ》止《ト》白《マヲシテ》。進《タテマツリキ》二舎《ト》人《ネリ》弟《イロト》伊《イ》爾《ニ》方《カタノ》命《ミコト》。又《マタ》地《トコロノ》口《クチノ》神《カム》田《ミタ》並《ナラヒニ》神《カム》戸《ヘヲ》一。次《ツキニ》川《カハ》俣《マタノ》縣造《アカタノミヤツコノ》祖《オヤ》大《オホ》比《ヒ》古《コノ》命《ミコト》參《マキリ》相《アヒ》支《キ》。汝《ナカ》國《クニノ》名《ナハ》何問《イカニトトヒ》賜《タマヒキ》。答《コタエ》白《マヲサ》久《ク》。味《ウマ》酒《サケ》鈴《スヽ》鹿《カノ》國《クニ》奈《ナ》具《ク》波《ハ》志《シ》忍《オシ》山《ヤマ》止《ト》白《マヲシ》支《キ》。然《シカシテ》神《カム》宮《ミヤ》造《ツクリ》奉《マツリテ》令《シメ》二幸《イテ》行《マサ》一。又《マタ》神《カム》田《タ》並《ナラヒニ》神《カム》戸《ヘヲ》進《タテマツリ》支《キ》。次《ツキニ》阿《ア》野《ヌノ》縣造《アカタノミヤツコノ》祖《オヤ》眞《マ》桑《クハ》枝《エ》太《タノ》命《ミコト》爾《ニ》汝《ナカ》國《クニノ》名《ナハ》何問《イカニトトヒ》賜《タマヒキ》。白《マヲサ》久《ク》。草《クサ》蔭《カケノ》阿《ア》野《ヌノ》國《クニ》止《ト》白《マヲシ》弖《テ》。進《タテマツリキ》二神《カム》田《タ》並《ナラヒニ》神《カム》戸《ヘヲ》一。

⑦次《ツキニ》市《イチ》師《シノ》縣造《アカタノミヤツコノ》祖《オヤ》建《タケ》呰《アサ》古《コノ》命《ミコト》爾《ニ》汝《ナカ》國《クニノ》名《ナハ》

地《トコロノ》口《クチノ》御《ミ》田《タ》並《ナラヒニ》神《カム》戸《ヘ》進《タテマツリ》支《キ》。次《ツキニ》遠《トホツ》淡《アハ》海《ウミノ》國《クニノ》濱《ハマ》名《ナノ》宮《ミヤ》爾《ニ》令《シメ》レ坐《マサ》支《キ》。于《ソノ》時《トキ》遠《トホツ》淡《アハ》海《ウミノ》國《クニノ》造《ミヤツコ》。地口《トコロノクチノ》御《ミ》田《タ》並神《ナラヒニカム》戸《ヘ》進《タテマツリ》支《キ》。

Ⓕ従《ヨリ》レ此《コヽ》還《カヘリ》幸《イテ》行《マシ》而《テ》。伊《イ》勢《セノ》國《クニ》桑《クハ》名《ナ》野《ノ》代《シロノ》宮《ミヤニ》四《ヨ》年《トセ》奉《マツリ》レ齋《イハヒ》支《キ》。于《ソノ》時《トキ》伊《イ》勢《セノ》國《クニノ》造《ミヤツコ》。建《タケ》日《ヒ》方《カタノ》命《ミコト》參《マキリ》相《アヒ》支《キ》。汝《ナカ》國《クニノ》名《ナ》波《ハ》何《イカニ》止《ト》問《トヒ》給《タマヒ》支《キ》。答《コタヘ》白《マヲサ》久《ク》。神《カム》風《カセ》伊《イ》勢《セノ》國《クニ》止《ト》白《マヲシ》天《テ》。舎《トネ》人《リ》弟《イロト》伊《イ》爾《ニ》方《カタノ》命《ミコト》。又《マタ》地《トコロノ》口《クチノ》神《カム》田《ミタ》並《ナラヒニ》神《カム》戸《ヘ》進《タテマツリ》支《キ》。次《ツキニ》河《カハ》曲《ワノ》小《ヲ》山《ヤマノ》宮《ミヤ》爾《ニ》令《シメ》レ坐《マサ》支《キ》。于《ソノ》時《トキ》河《カハ》曲《ワノ》縣造《アカタノミヤツコ》。神《カム》田《ミタ》並《ナラヒニ》神《カム》戸《ヘ》進《タテマツリ》支《キ》。次《ツキニ》鈴《スヽ》鹿《カノ》忍《オシ》山《ヤマノ》宮《ミヤ》爾《ニ》令《シメ》レ坐《マサ》支《キ》。爾《ソノ》時《トキ》川《カハ》俣《マタノ》縣造《アガタノミヤツコノ》祖《オヤ》。大《オホ》比《ヒ》古《コノ》命《ミコト》參《マキリ》相《アヒ》支《キ》。汝《ナカ》國《クニノ》名《ナ》波《ハ》何問《イカニトトヒ》給《タマヒ》支《キ》。答《コタヘ》白《マヲサ》久《ク》。味《ウマ》酒《サケ》鈴《スヽ》鹿《カノ》國《クニ》奈《ナ》具《ク》波《ハ》志《シ》忍《オシ》山《ヤマ》止《ト》白《マヲシ》弖《テ》。神《カム》田《ミタ》並《ナラヒニ》神《カム》戸《ヘ》進《タテマツリ》支《キ》。次《ツキニ》安《ア》濃《ヌノ》藤《フチ》方《カタノ》宮《ミヤ》爾《ニ》令《シメ》レ坐《マサ》支《キ》。爾《ソノ》時《トキ》阿《ア》野《ヌノ》縣造《アカタノミヤツコノ》祖《オヤ》。眞《マ》桑《クワ》枝《エ》太《タノ》命《ミコト》爾《ニ》。汝《ナカ》國《クニノ》名《ナ》波《ハ》何《イカニ》止《ト》問《トヒ》賜《タマヒ》支《キ》。白《マヲサ》久《ク》。草《クサ》蔭《カケ》阿《ア》野《ヌノ》國《クニ》止《ト》白《マヲシ》弖《テ》。神《カム》田《ミタ》並《ナラヒニ》神《カム》戸《ヘ》進《タテマツリ》支《キ》。

ⓖ次《ツキニ》阿《ア》佐《サ》加《カ》片《カタ》樋《ヒノ》宮《みや》爾《ニ》四《ヨ》年《トセ》奉《マツリ》レ齋《イハヒ》支《キ》。于《ソノ》

何《イカニト》問《トヒ》賜《タマヒキ》。白《マヲサ》久《ク》。完《シヽ》往《ユク》阿《ア》佐《サ》賀《カノ》國《クニ》止《ト》白《マヲシ》弖《テ》。進《タテマツリキ》二神《カム》戸《ヘ》並《ナラヒニ》神《カム》田《タヲ》一。然《シカシテ》阿《ア》佐《サ》賀《カ》片《カタ》樋《ヒノ》宮《ミヤニ》四《ヨ》年《トセ》奉《マツリキ》レ齋《イハヒ》。是《コノ》時《トキ》爾《ニ》阿《ア》佐《サ》加《カ》乃《ノ》彌《ミ》乎《ヲ》爾《ニ》坐《マシ》而《テ》伊《イ》豆《ツ》速《ハヤ》布《フ》留《ル》神《カミ》。百《モヽ》往《タリ》人《ユケ》者《ハ》五《イ》十《ソ》人《タリ》取《トリ》死《コロシ》。四《ヨ》十《ソ》往《タリ》人《ユケ》者《ハ》廿《ハタ》人《タリ》取《トリ》死《コロシキ》。如《カ》此《ク》伊《イ》豆《ツ》速《ハヤ》布《フ》留《ル》時《トキ》爾《ニ》。倭《ヤマト》比《ヒ》賣《メノ》命《ミコト》種《クサ》々《クサノ》大《オホ》御《ミ》手《テ》津《ツ》物《モノヲ》彼《カノ》神《カミニ》進《タテマツリ》。屋《ヤ》波《ハ》志《シ》々《シ》豆《ツ》目《メ》平《ムケ》奉《マツレ》止《ト》詔《ノリタマヒ》支《キ》。于《ソノ》時《トキ》其《ソノ》神《カミ》乎《ヲ》。阿《ア》佐《サ》加《カ》乃《ノ》山《ヤマノ》嶺《ヲニ》社《ヤシロ》作《ツクリ》定《サタメ》而《テ》。夜《ヤ》波《ハ》志《シ》々《シ》都《ツ》米《メ》奉《マツリ》支《キ》。爾《ソノ》時《トキ》宇《ウ》禮《レ》志《シ》止《ト》詔《ノリタマヒ》天《テ》。其《ソ》處《コ》乎《ヲ》宇《ウ》禮《レ》志《シ》止《ト》號《ナツケ》支《キ》。

⑧然《シカシテ》度《ワタリ》坐《マス》時《トキ》仁《ニ》。阿《ア》佐《サ》加《カ》々《カ》多《タ》爾《ニ》多《タ》氣《ケノ》連《ムラシ》等《ラノ》祖《オヤ》。宇《ウ》加《カ》乃《ノ》日《ヒ》子《コ》之《ノ》子《コ》。吉《ヨ》志《シ》比《ヒ》女《メ》。次《ツキニ》吉《ヨ》志《シ》比《ヒ》古《コ》二《フタ》人《リ》參《マヰリ》相《アヒ》支《キ》。汝《ナカ》國《クニノ》名《ナハ》何《イカニト》問《トヒ》賜《タマヒキ》。白《マヲサ》久《ク》。百《モヽ》張《ハリ》蘇《ソ》我《カ》乃《ノ》國《クニ》。五《イ》百《ホ》枝《ヘ》刺《サス》竹《タケ》田《タ》之《ノ》國《クニ》止《ト》白《マヲシ》支《キ》。又《マタ》問《トヒ》給《タマハ》久《ク》。汝《イマシ》等《ラ》我《カ》阿《ア》佐《サ》留《ル》物《モノ》者《ハ》奈《ナ》爾《ニ》曾《ソ》止《ト》問《トヒ》給《タマヒ》支《キ》。答《コタヘ》白《マヲサ》久《ク》。皇《スメ》大《オホ》神《ミカミ》之《ノ》御《ミ》贄《ニヘ》之《ノ》林《ハヤシ》奉《タテマツラム》止《ト》。伎《キ》佐《サ》乎《ヲ》阿《ア》佐《サ》留《ル》止《ト》白《マヲシ》支《キ》。于《ソノ》時《トキ》白《マヲス》事《コト》恐《カシコシ》止《ト》詔《ノリタマヒ》而《テ》。其《ソノ》

時《トキ》市《イチ》師《シノ》縣《アカタノ》造《ミヤツコノ》祖《オヤ》。建《タケ》呰《アサ》古《コノ》命《ミコト》爾《ニ》。汝《ナカ》國《クニノ》名《ナハ》何《イカニト》問《トヒ》賜《タマヒキ》。白《マヲサ》久《ク》。完《シヽ》往《ユク》阿《ア》佐《サ》賀《カノ》國《クニ》止《ト》白《マヲシ》弖《テ》。神《カム》田《ミタ》並《ナラヒニ》神《カム》戸《ヘ》進《タテマツリ》支《キ》。是《コノ》時《トキ》爾《ニ》。阿《ア》佐《サ》加《カ》乃《ノ》彌《ミ》乎《ヲ》爾《ニ》坐《マシ》而《テ》。伊《イ》豆《ツ》速《ハヤ》布《フ》留《ル》神《カミ》。百《モヽ》往《タリ》人《ユケ》者《ハ》五《イソ》十《タ》人《リ》取《トリ》死《コロシ》。四《ヨ》十《ソ》往《タリ》人《ユケ》者《ハ》廿《ハタ》人《タリ》取《トリ》死《コロシキ》。如《カ》此《ク》伊《イ》豆《ツ》速《ハヤ》布《フ》留《ル》時《トキ》爾《ニ》。倭《ヤマト》比《ヒ》賣《メノ》命《ミコト》。種《クサ》々《クサノ》大《オホ》御《ミ》手《テ》津《ツ》物《モノヲ》彼《カノ》神《カミ》爾《ニ》進《タテマツ》利《リ》。屋《ヤ》波《ハ》志《シヽ》々豆《ツ》目《メ》平《ムケ》奉《マツレ》止《ト》詔《ノリタマヒ》支《キ》。于《ソノ》時《トキ》其《ソノ》神《カミ》乎《ヲ》。阿《ア》佐《サ》加《カ》乃《ノ》山《ヤマ》乃《ノ》嶺《ヲ》爾《ニ》。社《ヤシロ》作《ツクリ》定《サタメ》而《テ》夜《ヤ》波《ハ》志《シヽ》々都《ツ》米《メ》奉《マツリ》支《キ》。爾《ソノ》時《トキ》宇《ウ》禮《レ》志《シ》止《ト》詔《ノリタマヒ》天《テ》。其《ソ》處《コ》乎《ヲ》宇《ウ》禮《レ》志《シ》止《ト》號《ナツケ》支《キ》。

ⓗ從《ヨリ》レ此《コヽ》御《ミ》船《フネ》三《ミ》隻《フナ》爾《ニ》乘《ノリ》給《タマイ》弖《テ》度《ワタリ》坐《マス》時《トキ》仁《ニ》。阿《ア》佐《サ》加《カ》々《ヽ》多《タ》爾《ニ》。多《タ》氣《ケノ》連《ムラシ》等《ラノ》祖《オヤ》。宇《ウ》加《カ》乃《ノ》日《ヒ》子《コ》之《ノ》子《コ》。吉《ヨ》志《シ》比《ヒ》女《メ》參《マヰリ》相《アヒ》支《キ》。問《トヒ》給《タマハ》久《ク》。汝《ナ》我《カ》阿《ア》佐《サ》留《ル》物《モノ》者《ハ》奈《ナ》爾《ニ》曾《ソ》止《ト》問《トヒ》給《タマヒ》支《キ》。答《コタヘ》白《マヲサ》久《ク》。皇《スメ》大《オホ》神《カミ》之《ノ》御《ミ》贄《ニヘ》之《ニ》林《ハヤシ》奉《タテマツラム》止《ト》。伎《キ》佐《サ》乎《ヲ》阿《ア》佐《サ》留《ル》止《ト》白《マヲシ》支《キ》。于《ソノ》時《トキ》白《マヲス》事《コト》恐《カシコシ》止《ト》詔《ノリタマヒ》而《テ》。其《ソノ》伎《キ》佐《サ》乎《ヲ》令《シメ》レ進《タテマツラ》二大《オホ》神《カミノ》御《ミ》贄《ニヘニ》一支《キ》。次《ツキニ》飯《イヒ》高《タカノ》宮《ミヤ》爾《ニ》令《シメ》レ坐《マサ》支《キ》。于《ソノ》時《トキ》飯《イヒ》高《タカノ》縣《アカタノ》造《ミヤツコノ》祖《オヤ》。

伎《キ》佐《サ》乎《ヲ》令《シメ》レ進《タテマツラ》二大《オホ》神《ミカミノミ》御贄《ニヘニ》一而《テ》。佐《サ》々、牟《ム》
乃《ノ》木《キノ》枝《エタ》乎《ヲ》割《サキ》取《トリ》而《テ》。生《ナマ》比《ヒ》伎《キ》爾《ニ》宇《ウ》氣《ケ》比《ヒ》伎《キ》
良《ラ》世《セ》給《タマフ》時《トキ》爾《ニ》。其《ソノ》火《ヒ》伎《キ》理《リ》出《イテ》而《テ》。采《ウネ》女《メ》忍《オシ》
比《ヒ》賣《メ》我《カ》作《ツク》之《レル》天《アマノ》八《ヤ》十《ソ》枚《ヒラ》加《カ》持《モチ》而《テ》。伊《イ》波《ハ》比《ヒ》
戸《ヘ》爾《ニ》仕《ツカヘ》奉《マツリ》支《キ》。故《カレ》忍《オシ》比《ヒ》賣《メ》之《ノ》子《コ》繼《ツキテ》天《アマノ》八《ヤ》十《ソ》
枚《ヒラ》加《カ》作《ツクリ》進《タテマツ》留《ル》。爾《ソノ》時《トキ》吉《ヨ》志《シ》比《ヒ》女《メ》地《トコロノ》口《クチノ》御《ミ》
田《タ》並《ナラヒニ》麻《ヲフ》園《ソノ》進《タテマツリキ》。次《ツキニ》飯《イヒ》野《ノ》高《タカノ》宮《ミヤニ》四《ヨ》年《トセ》奉《マツリキ》
レ齋《イハヒ》。于《ソノ》時《トキ》飯《イヒ》高《タカノ》縣造《アカタノミヤツコノ》祖《オヤ》乙《オト》加《カ》豆《ツ》
知《チノ》命《ミコト》爾《ニ》。汝《ナカ》國《クニノ》名《ナハ》何《イカニ》止《ト》問《トヒ》賜《タマヒキ》。白《マヲサ》久《ク》。意《オ》
須《ス》比《ヒ》飯《イヒ》高《タカノ》國《クニ》止《ト》白《マヲシ》而《テ》。進《タテマツリキ》二神《カム》田《タ》並《ナラヒニ》神《カム》
戸《ヘヲ》一。倭《ヤマト》比《ヒ》賣《メノ》命《ミコト》飯《イヒ》高《タカ》止志《シ》白《マヲ》須《ス》事《コト》乎《ヲ》貴《タットシ》止《ト》悦《ヨロコヒ》
賜《タマヒ》支《キ》。次《ツキニ》佐《サ》奈《ナノ》縣造祖《アカタノミヤツコノオヤ》彌《ミ》志《シ》呂《ロ》宿《スク》禰《ネノ》命《ミコト》
爾《ニ》。汝《ナカ》國《クニノ》名《ナハ》何問賜《イカニトトヒタマヒキ》。答白《コタヘマヲサ》久《ク》。許《コ》母《モ》理《リ》國《ク》
志《シ》多《タ》備《ヒ》之《ノ》國《クニ》。真《マ》久《ク》佐《サ》牟《ム》氣《ケ》久《ク》佐《サ》向《ムケノ》國《クニ》止《ト》
白《マヲシ》弖《テ》。進《タテマツリキ》二神《カム》田《タ》並《ナラヒニ》神《カム》戸《ヘヲ》一。従《ヨリ》二其《ソ》處《コ》
一幸《イテ》行《マス》爾《ニ》。御《ミ》櫛《クシ》落《オトシ》給《タマヒ》支《キ》。其《ソ》處《コ》乎《ヲ》櫛《クシ》田《タ》止《ト》
號《ナツケ》給《タマ》比《ヒ》。櫛《クシ》田《タノ》社《ヤシロ》定《サタメ》賜《タマヒ》支《キ》。従《ヨリ》二是《コ》、處一天《テ》志《シ》御《ミ》
船《フネ》爾《ニ》乗《ノリ》給《タマヒ》弖《テ》幸《イテ》行《マシキ》。其《ソノ》河《カハ》後《シリノ》江《エ》爾《ニ》到《イタリ》坐《マス》。
于《トキ》時《ニ》魚《イヲ》自《オノツ》然《カラ》集《アツマリイテ》出天《テ》御《ミ》船《フネ》爾《ニ》參《マキ》乗《ノリ》支《キ》。爾《ソノ》

乙《オト》加《カ》豆《ツ》知《チノ》命《ミコト》爾《ニ》。汝《ナカ》國《クニノ》名《ナハ》何《イカニ》止《ト》問《トヒ》賜《タマヒ》支《キ》。
白《マヲサ》久《ク》。意《オ》須《ス》比《ヒ》飯《イヒ》高《タカノ》國《クニ》止《ト》白《マヲシ》而《テ》。神《カム》田《ミタ》並《ナラヒニ》
神《カム》戸《ヘ》進《タテマツリ》支《キ》。倭《ヤマト》比《ヒ》賣《メノ》命《ミコト》。飯《イヒ》高《タカ》止志《シ》白《マヲ》須《ス》事《コト》
乎《ヲ》貴《タフトシ》止《ト》悦《ヨロコヒ》賜《タマヒ》支《キ》。次《ツキニ》飯《イヒ》野《ヌノ》高《タカ》丘《ヲカノ》宮《ミヤ》爾《ニ》四《ヨ》年《トセ》
奉《マツリ》レ齋《イハヒ》支《キ》。于《ソノ》時《トキ》佐《サ》奈《ナノ》縣造祖《アカタノミヤツコノオヤ》。彌《ミ》志《シ》
呂《ロ》宿《スク》禰《ネノ》命《ミコト》爾《ニ》。汝《ナカ》國《クニノ》名《ナハ》何問《イカニトトヒ》賜《タマヒキ》。答《コタヘ》白《マヲサ》
久《ク》。許《コ》母《モ》理《リ》國《ク》志《シ》多《タ》備《ヒ》之《ノ》國《クニ》。真《マ》久《ク》佐《サ》牟《ム》
氣《ケ》久《ク》佐《サ》向《ムケノ》國《クニ》止《ト》白《マヲシ》弖《テ》。神《カム》田《ミタ》並神《ナラヒニカム》戸《ヘ》進《タテマツリ》
支《キ》。是《コノ》時《トキ》八《ヤ》尋《ヒロ》機《ハタ》殿《トノ》乎《ヲ》。長《オサ》田《タノ》里《サト》爾《ニ》造《ツクリ》立《タテ》
弖《テ》。天《アマノ》御《ミ》桙《ホコノ》命《ミコト》乃《ノ》孫《ヒコ》。神《カム》服《ハトリ》部《ヘ》。天《アマノ》八《ヤ》坂《サカ》
比《ヒ》古《コノ》命《ミコト》乃《ノ》孫《ヒコ》。神《カム》麻《ヲ》續《ミ》部《ヘ》等《ラ》乎《ヲ》司《ツカサ》止《ト》為《ナシ》。天《アマノ》
八《ヤ》千《チ》々《チ》比《ヒ》賣《メノ》命《ミコト》乃《ノ》孫《ヒコ》等《ラ》乎《ヲ》織《オリ》女《メ》止《ト》為《シ》弖《テ》。和《ニキ》
妙《タヘ》荒《アラ》妙《タヘ》乃《ノ》宇《ウ》都《ツ》波《ハ》多《タ》之《ノ》神《カム》御《ミ》衣《ソ》乎《ヲ》令《シメ》レ織《オラ》
支《キ》。故《カレ》神《カム》御《ミ》衣《ソ》祭《マツリ》乃《ノ》縁《コトノ》故《モト》奈《サ》利《リ》。従《ヨリ》レ此《コ》、幸《イテ》行《マス》
爾《ニ》。多《タ》氣《ケノ》連《ムラシ》吉《ヨ》志《シ》比《ヒ》古《コ》參《マキリ》相《アヒ》支《キ》。問《トヒ》給《タマハ》久《ク》。
汝《ナカ》國《クニノ》名《ナハ》何問《イカニトトヒ》賜《タマヒキ》。白《マヲサ》久《ク》。百《モヽ》張《ハリ》蘇《ソ》我《カ》乃《ノ》
國《クニ》。五《イ》百《ホ》枝《エ》刺《サス》竹《タケ》田《タ》之《ノ》國《クニ》止《ト》白《マヲシ》弖《テ》。神《カム》田《ミタ》
並御《ナラヒニミ》麻《ヲ》生《フ》園《ソノ》進《タテマツリ》支《キ》。其《ソ》處《コ》爾《ニ》御《ミ》櫛《クシ》落《オトシ》給《タマヒ》
支《シ》。其《ソ》處《コ》乎《ヲ》櫛《クシ》田《タ》止《ト》號《ナツケ》給《タマ》比《ヒ》。櫛《クシ》田《タノ》社《ヤシロ》定《サタメ》賜《タマヒ》

時《トキ》倭《ヤマト》比《ヒ》賣命《メノミコト》見悦《ミヨロコヒ》給《タマヒ》弖《テ》。其《ソ》處《コ》爾《ニ》魚《イヲ》見《ミノ》社《ヤシロ》定《サタメ》賜《タマヒ》支《キ》。従《ヨリ》二其《ソ》處《コ》一幸《イテ》行《マスニ》御《ミ》餐《アヘ》奉《タテマツル》神《カミ》參《マヰリ》相《アヒ》支《キ》。汝《ナカ》國《クニノ》名《ナハ》何問《イカニトトヒ》給《タマヒキ》。白《マヲサ》久《ク》。白《シラ》濱《ハマ》真《マ》名《ナ》胡《コノ》國《クニ》止《ト》白《マヲシ》支《キ》。其《ソ》處《コ》爾《ニ》真《マ》名《ナ》胡《コノ》社《ヤシロ》定《サタメ》賜《タマヒ》支《キ》。

⑨従《ヨリ》二其《ソ》處《コ》一幸《イテ》行《マシ》弖《テ》。佐《サ》々《サ》牟《ム》江《エ》爾《ニ》御《ミ》船《フネ》泊《ハテ》給《タマ》比《ヒ》。其《ソ》處《コ》爾《ニ》佐《サ》々《サ》牟《ム》江《エノ》宮《ミヤ》造令《ツクリテシメ》レ坐《マサ》支《キ》。爾《ソノ》時《トキ》真《マ》名《ナ》鶴《ツル》天《アマ》翔《カケリ》従《ヨリ》レ北《キタ》来《キ》天《テ》。日《ヨル》夜《ヒル》不《ス》レ止《ヤマ》翔《カケリ》鳴《ナキ》支《キ》。爰《コヽニ》倭《ヤマト》比《ヒ》賣命《メノミコト》異給《アヤシミタマヒテ》。差《サシテ》二足《アシ》速《ハヤ》男命《ヲノミコトヲ》一使《ツカハシキ》レ令《セニ》レ見《ミ》。罷《マカリ》到見《イタリテミレ》波《ハ》。彼《カノ》鶴《ツル》佐《サ》々《サ》牟《ム》江《エ》之《ノ》葦《アシ》原《ハラノ》中《ナカニ》還《カヘリ》行《ユキテ》鳴《ナキ、》。使到《ツカヒイタリテ》見《ミルニ》葦《アシ》原《ハラノ》中《ナカニ》生《オヒタリ》レ稲《イネ》。本《モト》波《ハ》一《ヒト》基《モトニ》為《シ》天《テ》。末《スエハ》八《ヤ》百《ホ》穂《ホニ》茂《シケレルヲ》乎咋《クヒ》捧《サヽケ》持《モチテ》鳴《ナキ》支《キ》。爰《コヽニ》使《ツカヒ》到《イタリテ》見《ミ》顕《アラハス》時《トキ》。鳴《ナク》聲《コエ》止《ヤメ》天《アマ》翔《カケル》事《コトモ》止《ヤメ》支《キ》。于《ソノ》時《トキ》返《カヘリ》事《コト》白《マヲシ》支《キ》。爾《ソノ》時《トキ》倭《ヤマト》比《ヒ》賣命《メノミコト》歓詔《ヨロコヒノリタマハ》久《ク》。恐皇《カシコシスメ》大《オホ》神《ミカミ》入《イリ》坐《マセ》波《ハ》。事《コト》不《ト》問《ヘ》奴《ヌ》鳥《トリ》須《ス》良《ラ》田《タ》作奉《ツクリマツリ》。稲《イネ》一《ヒト》本《モトハ》千《チ》穂《ホ》八《ヤ》百《ホ》穂《ホニ》茂《シケ》止《ト》禮《レ》利《リ》詔《ノリタマヒ》天《テ》。

支《キ》。従《ヨリ》二是《コ》處《コ》一天《テ》志《シ》御《ミ》船《フネ》爾《ニ》乗《ノリ》給《タマヒ》弖《テ》幸《イテ》行《マシ》支《キ》。其《ソノ》河《カハ》後《シリノ》江《エ》爾《ニ》到《イタリ》坐《マス》。于《トキ》時《ニ》魚《イヲ》自然《オノツカラ》集出《アツマリイテ》天《テ》。御《ミ》船《フネ》爾《ニ》參《マヰ》乗《ノリ》支《キ》。爾《ソノ》時《トキ》倭《ヤマト》比《ヒ》賣命《メノミコト》見《ミ》悦《ヨロコヒ》給《タマヒ》弖《テ》。其《ソ》處《コ》爾《ニ》魚《イホ》見《ミノ》社《ヤシロ》定《サタメ》賜《タマヒ》支《キ》。従《ヨリ》二其《ソ》處《コ》一幸《イテ》行《マス》爾《ニ》。御《ミ》饗《アヘ》奉《タテマツル》神《カミ》參《マヰリ》相《アヒ》支《キ》。汝《ナカ》國《クニノ》名《ナハ》何問《イカニトトヒ》給《タマヒ》支《キ》。白《マヲサ》久《ク》。白《シラ》濱《ハマ》真《マ》名《ナ》胡《コノ》國《クニ》止《ト》白《マヲシ》支《キ》。其《ソ》處《コ》爾《ニ》真《マ》名《ナ》胡《コノ》社《ヤシロ》定《サタメ》賜《タマヒ》支《キ》。

ⓘ従《ヨリ》二其《ソ》處《コ》一幸《イテ》行《マシ》弖《テ》。佐《サ》々《サ》牟《ム》江《エ》爾《ニ》御《ミ》船《フネ》泊《ハテ》給《タマ》比《ヒ》。其《ソ》處《コ》爾《ニ》佐《サ》々《サ》牟《ム》江《エノ》宮《ミヤ》造《ツクリ》令《シメ》レ坐《マサ》支《キ》。爾《ソノ》時《トキ》真《マ》名《ナ》鶴《ツル》天《アマ》翔《カケリ》従《ヨリ》レ北《キタ》来《キタリ》天《テ》。日《ヨル》夜《ヒル》不《ス》レ止《ヤマ》翔《カケリ》鳴《ナキ》支《キ》。爰《コヽニ》倭《ヤマト》比《ヒ》賣命《メノミコト》異給《アヤシミタマヒ》天《テ》。差《サシテ》二足《アシ》速《ハヤ》男命《ヲノミコトラ》一使《ツカハシキ》レ令《セニ》レ見《ミ》。罷《マカリ》到見《イタリテミレ》波《ハ》。彼《カノ》鶴《ツル》佐《サ》々《サ》牟《ム》江《エ》之《ノ》葦《アシ》原《ハラノ》中《サカ》爾《ニ》。還《カヘリ》行《ユキ》弖《テ》鳴《ナキ》支《キ》。使《ツカヒ》到見《イタリテミルニ》葦《アシ》原《ハラノ》中《ナカニ》生《オヒタリ》レ稲《イネ》。本《モト》波《ハ》一《ヒト》基《モト》爾《ニ》為《シ》天《テ》。末《スエ》波《ハ》八《ヤ》百《ホ》穂《ホ》爾《ニ》茂《シケレルヲ》乎。咋《クヒ》捧《ササケ》持《モチ》鳴《ナキ》支《キ》。爰《コヽニ》使《ツカヒ》到見《イタリテミ》顕時《アラハストキ》。鳴《ナク》聲《コエ》止《トメ》。天《アマ》翔《カケル》事《コト》毛《モ》止《ヤメ》支《キ》。于《ソノ》時《トキ》返《カヘリ》事《コト》白《マヲシ》支《キ》。故《カレ》倭《ヤマト》比《ヒ》賣命《メノミコト》歓詔《ヨロコヒノリタマハク》久。恐《カシコ》志《シ》皇《スメ》大《オホ》神《カミ》入《イリ》坐《マセ》波《ハ》。事《コト》不《ト》問《ハ》奴《ネ》鳥《トリ》須《ス》良《ラ》。田《タ》作《ツクリ》弖《テ》奉《タテマツリ》利。稲《イネ》一《ヒト》本《モト》毛《モ》千《チ》穂《ホ》

竹《タケノ》連《ムラシ》吉《ヨシ》比《ヒ》古《コ》等《ラ》爾《ニ》仰《オフセタマヒテ》給。先《ハツ》穂《ホヲ》抜《ヌキ》穂《ホニ》令《シメ》レ抜《ヌカ》。半《ナカ》分《ラヲ》大《オホ》税《チカラニ》令《シメ》レ苅《カラ》。皇《スメ》大《オホ》神《ミカミノ》御《ミ》前《マヘ》懸《ニカケ》久《ク》真《マ》爾《ニ》懸《カケ》奉《マツリ》始《ソメ》支《キ》。抜《ヌキ》穂《ホ》波《ハ》號《ナツケ》二細《ホソ》税《チカラト》一。大《オホ》苅《カリハ》號《ナツケ》二太《ナカ》半《フト》一弖《テ》。御《ミ》前《マヘニ》懸《カケ》奉《マツリ》。天《アマ》都《ツ》告《ノリ》刀《トニ》。千《チ》税《チカラ》餘《アマリ》八《ヤ》百《ホ》税《チカラ》止《ト》稱《タヽヘ》白《マヲシ》弖《テ》仕《ツカヘ》奉《マツル》。其《ソノ》鶴《ツルノ》住《スメル》處《トコロニヤ》八握《ツカ》穂《ホ》社《ヤシロ》造《ツクリ》奉《マツリ》支《キ》。又《マタ》其《ソノ》神《カミヲ》朝《アサ》熊《クマノ》河《カハ》後《シリ》之《ノ》葦《アシ》原《ハラノ》中《ナカニ》石《イシ》爾《ニ》志《シ》弖《テ》坐《マセ》。彼《カノ》神《カミヲ》小《コ》朝《アサ》熊《クマノ》山《ヤマノ》嶺《ヲ》爾《ニ》社《ヤシロ》造《ツクリ》奉《マツリ》祝《イハヒ》宛《アテ》令《シメ》レ坐《マサ》。大《オホ》歳《トシノ》神《カミト》稱《タヽヘ》白《マヲシ》支《キ》。

⑩従《ヨリ》二其《ソ》處《コ》一幸《イテ》行《マス》爾《ニ》。無《ナク》二風《ナミ》浪《カセ》一弖《テ》志《シ》。海《ウナ》鹽《シホ》大《オホ》與《ヨ》度《ト》爾《ニ》與《ヨ》度《ト》美《ミ》弖《テ》。御《ミ》船《フネ》令《シメキ》二幸《イテ》行《マサ》一。其《ソノ》時《トキ》倭《ヤマト》比《ヒ》賣《メノ》命《ミコト》悦《ヨロコヒタマヒ》給弖《テ》。其《ソノ》濱《ハマ》爾《ニ》大《オホ》與《ヨ》度《トノ》社《ヤシロ》

八《ヤ》百《ホ》穂《ホ》爾《ニ》茂《シケ》止《ト》禮《レ》利《リ》詔《ノリタマヒテ》天。竹《タケノ》連《ムラシ》吉《ヨシ》比《ヒ》古《コ》等《ラ》爾《ニ》仰《オホセ》給《タマ》比《ヒ》。先《ハツ》穂《ホ》波《ハ》抜《ヌキ》穂《ホ》爾《ニ》令《シメ》レ抜《ヌカ》。半《ナカ》分《ラ》波《ハ》大《オホ》税《チカラ》爾《ニ》令《シメ》レ苅《カラ》。皇《スメ》大《オホ》神《カミ》乃《ノ》御《ミ》前《マヘ》爾《ニ》。懸《カケ》久《ク》真《マ》爾《ニ》懸《カケ》奉《タテマツリソメ》始支《キ》。故《カレ》其《ソノ》稲《イネ》乎《ヲ》欲《オモホシ》レ供《タテマツラント》二皇《スメ》大《オホ》神《カミ》之《ノ》御《ミ》食《ケニ》一弖《テ》。佐《サ》々《サ》牟《ムノ》木《キノ》枝《エタ》乎《ヲ》割《サキ》取《トリ》而《テ》。生《ナマ》比《ヒ》伎《キ》爾《ニ》宇《ウ》氣《ケ》比《ヒ》伎《キ》良《ラ》世《セ》給《タマフ》時《トキ》爾《ニ》。其《ソノ》火《ヒ》伎《キ》理《リ》出《イテ》而《テ》。其《ソノ》稲《イ》米《ネ》乎《ヲ》炊《カシキ》満《ミテ》弖《テ》。采《ウネ》女《メ》忍《オシ》比《ヒ》賣《メ》我《カ》作《ツク》之《レル》。天《アマノ》八《ヤ》十《ソ》枚《ヒラ》加《カ》爾《ニ》盛《モリ》奉《マツリ》。伊《イ》波《ハ》比《ヒ》戸《ヘ》爾《ニ》仕《ツカヘ》奉《マツリ》支《キ》。故《カレ》神《カム》嘗《ナヘ》祭《マツリ》仕《ツカヘ》奉《マツリ》始《ソム》流《ル》縁《コトノモト》那《ナ》利《リ》。然《シカシテ》其《ソノ》鶴《ツル》住《スメル》處《トコロ》爾《ニ》。八《ヤ》握《ツカ》穂《ホノ》社《ヤシロ》造《ツクリ》奉《マツリ》支《キ》。其《ソノ》後《ノチ》其《ソノ》神《カミ》波《ハ》。朝《アサ》熊《クマノ》河《カハ》後《シリ》之《ノ》葦《アシ》原《ハラノ》中《ナカ》爾《ニ》石《イシ》爾《ニ》志《シ》弖《テ》坐《マス》。又《マタ》小《コ》朝《アサ》熊《クマ》山《ヤマ》乃《ノ》嶺《ヲ》爾《ニ》社《ヤシロ》造《ツクリ》奉《マツリ》祝《イハヒ》宛《アテ》令《シメテ》レ坐《マサ》。大《オホ》歳《トシノ》神《カミ》止《ト》稱《タヽヘ》白《マヲシ》支《キ》。爾《ソノ》時《トキ》竹《タケノ》連《ムラシ》吉《ヨシ》比《ヒ》古《コ》。根《ネ》椋《クラノ》御《ミ》刀《ト》代《シロ》乃《ノ》神《カム》田《ミタ》進《タテマツリ》支《キ》。故《カレ》忍《オシ》比《ヒ》賣《メ》之《ノ》子《コ》。繼《ツキ》弖《テ》天《アマノ》八《ヤ》十《ソ》枚《ヒラ》加《カ》作《ツクリ》進《タテマツル》留。

ⓙ従《ヨリ》二其《ソ》處《コ》一幸《イテ》行《マス》爾《ニ》。無《ナク》二風《ナミ》波《カセ》一弖《テ》志《シ》海《ウナ》鹽《シホ》大《オホ》與《ヨ》度《ト》爾《ニ》與《ヨ》度《ト》美《ミ》弖《テ》。御《ミ》船《フネ》令《シメ》二幸《イテ》行《マサ》一支《キ》。其《ソノ》倭《ヤマト》比《ヒ》賣《メノ》命《ミコト》悦《ヨロコヒ》給《タマヒ》弖《テ》。其《ソノ》濱《ハマ》爾《ニ》大《オホ》與《ヨ》度《トノ》社《ヤシロ》定《サタメ》

定《サタメ》給《タマヒ》支《キ》。従《ヨリ》二其《ソ》處《コ》一幸《イテ》行《マシテ》。伊《イ》蘇《ソノ》宮《ミヤニ》令《セ》レ坐《マ》支《キ》。于《ソノ》時《トキ》度《ワタ》會《ラヒ》神《カム》主《ヌシ》等《ラノ》祖《オヤ》大《オホ》若《ワク》子《コノ》命《ミコト》參《マキリ》相《アヒ》支《キ》。問《トヒ》給《タマハ》久《ク》。汝《ナカ》國《クニノ》名《ナハ》何《イカニ》。白《マヲサ》久《ク》。百《モヽ》船《フネ》度《ワタラ》會《ヒノ》國《クニ》。玉《タマ》掇《ヒロフ》伊《イ》蘇《ソノ》國《クニ》止《ト》白《マヲシ》天《テ》。御《ミ》鹽《シホ》濱《ハマ》並《ナラヒニ》林《ハヤシ》定《サタメ》奉《マツリ》支《キ》。此《コノ》宮《ミヤ》爾《ニ》坐《マシ》天《テ》供《ツカヘ》奉《マツレル》御《ミ》水《モヒノ》在《アリ》所《トコロ》波《ハ》。御《ミ》井《キノ》國《クニ》止《ト》號《ナツケ》支《キ》。于《ソノ》時《トキ》倭《ヤマト》比《ヒ》賣《メノ》命《ミコト》詔《ノリタマハク》久。南山《ミナミノヤマ》末《スヱ》見《ミ》給《タマヘ》波《ハ》。吉《ヨキ》宮《ミヤ》處《トコロ》可《ヘク》レ有《アル》見《ミ》由《ユ》止《ト》詔《ノリタマヒテ》天。御《オホム》宮《ミヤ》處《トコロ》覓《マキ》爾《ニ》大《オホ》若《ワク》子《コノ》命《ミコト》乎《ヲ》遣《ツカハシ》支《キ》。倭《ヤマト》比《ヒ》賣《メノ》命《ミコト》波《ハ》。皇《スメ》大《オホ》神《ミカミ》乎《ヲ》奉《マツリ》レ戴《イタヽキテ》天。小《ヲ》船《フネ》爾《ニ》乗《ノリ》給《タマヒ》。御《ミ》船《フネ》仁《ニ》雑神《クサクサノカム》財《タカラ》並《ナラヒニ》忌《イミ》桙《タテ》楯《ホコ》等《トモ》乎《ヲ》留《トヽメ》置《オキ》天《テ》。従《ヨリ》二小《ヲ》河《カハ》一幸《イテ》行《マシ》支《キ》。其《ソノ》河《カハ》爾《ニ》志《シ》天《テ》御《ミ》船《フネ》後《ウクレ》立《タチ》支《キ》。爾《ソノ》時《トキ》驛《ハユマ》使《ツカヒ》等《タチ》御《ミ》船《フネ》宇《ウ》久《ク》留《ル》止《ト》白《マヲシ》支《キ》。其《ソノ》處《トコロ》乎《ヲ》宇《ウ》久《ク》留《ル》止《ト》號《ナツケ》支《キ》。従《ヨリ》二《ヲ》其處《コ》一幸《イテ》行《マセハ》。速《ハヤ》河《カハ》比《ヒ》古《コ》參《マキリ》相《アヒ》支《キ》。汝《ナカ》國《クニノ》名《ナハ》何問《イカニトトヒ》給《タマヒキ》。白《マヲサ》久《ク》。畔《ア》廣《ヒロ》之《ノ》狭《サ》田《タノ》國《クニ》止《ト》白《マヲシ》天《テ》。佐《サ》々《サ》上《カミノ》神《カム》田《タ》進《タテマツリ》支《キ》。其《ソノ》處《トコロ》爾《ニ》速《ハヤ》河《カハ》狭《サ》田《タノ》社《ヤシロ》定《サタメ》給《タマヒ》支《キ》。従《ヨリ》二其《ソ》處《コ》一幸《イテ》行《マセハ》。高《タカ》水《ミツノ》神《カミ》參《マキリ》相《アヒ》支《キ》。汝《ナカ》國《クニノ》名《ナハ》何問《イカニトトヒ》給《タマヒ》支《キ》。白《マヲサ》久《ク》。岳《ヲカ》高《タカ》田《タ》深《フカ》坂《サカ》手《テノ》國《クニ》止《ト》白《マヲシ》弖《テ》。田《タノ》上《ヘノ》御《ミ》田《タ》進《タテマツリ》支《キ》。

給《タマヒ》支《キ》。従《ヨリ》二其《ソ》處《コ》一幸《イテ》行《マシ》弖《テ》伊《イ》蘇《ソノ》宮《ミヤ》爾《ニ》令《シメ》レ坐《マサ》支《キ》。于《ソノ》時《トキ》度《ワタ》會《ラヒノ》神《カム》主《ヌシ》等《ラノ》祖《オヤ》。大《オホ》若《ワク》子《コノ》命《ミコト》參《マキリ》相《アヒ》支《キ》。問《トヒ》給《タマハ》久《ク》。汝《ナカ》國《クニノ》名《ナハ》何《イカニト》。白《マヲサ》久《ク》。百《モヽ》船《フネ》度《ワタ》會《ラヒノ》國《クニ》。玉《タマ》掇《ヒロフ》伊《イ》蘇《ソノ》國《クニ》止《ト》白《マヲシ》天《テ》。御《ミ》鹽《シホ》濱《ハマ》並《ナラヒニ》林《ハヤシ》定《サタメ》奉《マツリ》支《キ》。此《コノ》宮《ミヤ》爾《ニ》坐《マシ》天《テ》供《ツカヘ》奉《マツレル》御《ミ》水《モヒノ》在《アリ》所《トコロ》波《ハ》。御《ミ》井《キノ》國《クニ》止《ト》號《ナツケ》支《キ》。于《ソノ》時《トキ》倭《ヤマト》比《ヒ》賣《メノ》命《ミコト》詔《ノリタマハク》久。南山《ミナミノヤマ》末《スヱ》見《ミ》給《タマヘ》波《ハ》。吉《ヨキ》宮《ミヤ》處《トコロ》可《ヘク》レ有《アル》見《ミ》由《ユ》止《ト》詔《ノリタマヒテ》天。御《オホム》宮《ミヤ》處《トコロ》覔《マキ》爾《ニ》。大《オホ》若《ワク》子《コノ》命《ミコト》乎《ヲ》遣《ツカハシキ》支。倭《ヤマト》比《ヒ》賣《メノ》命《ミコト》波《ハ》。皇《スメ》大《オホ》神《カミ》乎《ヲ》奉《マツリ》レ戴《イタヽキ》天《テ》。小《ヲ》船《フネ》爾《ニ》乗《ノリ》給《タマヒ》。御《ミ》船《フネ》仁《ニ》雑神《クサクサノカム》財《タカラ》並《ナラヒニ》忌《ユ》楯《タテ》桙《ホコ》等《トモ》乎《ヲ》留《トヽメ》置《オキ》天《テ》。従《ヨリ》二小《ヲ》河《カハ》一幸《イテ》行《マシ》支《キ》。其《ソノ》河《カハ》爾《ニ》志《シ》天《テ》御《ミ》船《フネ》後《ウクレ》立《タチ》支《キ》。爾《ソノ》時《トキ》驛《ハユマ》使《ツカヒ》等《タチ》。御《ミ》船《フネ》宇《ウ》久《ク》留《ル》止《ト》白《マヲシ》支《キ》。其《ソ》處《コ》乎《ヲ》宇《ウ》久《ク》留《ル》止《ト》號《ナツケ》支《キ》。従《ヨリ》二其《ソ》處《コ》一幸《イテ》行《マス》爾《ニ》。須《ス》麻《マ》留《ル》女《メノ》神《カミノ》兒《コ》。速《ハヤ》河《カハ》比《ヒ》古《コ》參《マキリ》相《アヒ》支《キ》。汝《ナカ》國《クニノ》名《ナハ》何《イカニ》止《ト》問《トヒ》給《タマヒ》支《キ》。白《マヲサ》久《ク》。畔《ア》廣《ヒロ》之《ノ》狭《サ》田《タノ》國《クニ》止《ト》白《マヲシ》天《テ》。佐《サ》々《サ》上《カミノ》神《カム》田《ミタ》進《タテマツリキ》支。其《ソ》處《コ》爾《ニ》速《ハヤ》河《カハ》狭《サ》田《タノ》社《ヤシロ》定《サタメ》給《タマヒ》支《キ》。従《ヨリ》二其《ソ》處《コ》一幸《イテ》行《マス》爾《ニ》。大《オホ》水《ミナ》上《カミノ》神《カミノ》兒《コ》。高《タカ》水《ミツノ》神《カミ》參《マキリ》相《アヒ》支《キ》。汝《ナカ》國《クニノ》名《ナハ》何《イカニ》止《ト》問《トヒ》給《タマヒ》支《キ》。白《マヲサ》

其《ソ》處《コ》爾《ニ》坂《サカ》手《テノ》社《ヤシロ》定《サタメ》給《タマヒ》支《キ》。從《ヨリ》二其《ソ》處《コ》一幸《イテ》行《マスニ》河《カハ》盡《ツキ》支《キ》。其《ソノ》河《カハ》之《ノ》水《ミツ》寒《サム》有《カリ》支《キ》。則《スナハチ》寒《サム》河《カハ》止《ト》號《ナツケ》支《キ》。其《ソノ》處《トコロ》爾《ニ》御《ミ》船《フネ》留《トヽメ》給《タマヒ》弖《テ》。即《ヤカテ》其《ソノ》處《トコロ》仁《ニ》御《ミ》船《フネ》社《ヤシロ》定《サタメ》給《タマヒ》支《キ》。從《ヨリ》二其《ソ》處《コ》一幸《イテ》行《マス》時《トキ》。御《ミ》笠《カサ》服《キ》給《タマヒ》支《キ》。其《ソ》處《コ》乎《ヲ》加《カ》佐《サ》伎《キ》止《ト》號《ナツケ》支《キ》。從《ヨリ》二其《ソ》處《コ》一幸《イテ》行《マスニ》。大《オホ》川《カハノ》‖瀬《セ》乎《ヲ》渡《ワタリ》給《タマハムト》止《ト》為《スル》爾《ニ》。鹿《シカノ》完《シヽ》流《ナカレ》相《アヒ》支《キ》。是《コレ》穢《ケカラ》悪《ハシ》止《ト》詔《ノリタマヒ》天《テ》。不《ステ》二度《ワタリ》坐《マサ》一。其《ソノ》瀬《セ》乎《ヲ》相《アフ》鹿《カ》瀬《セ》止《ト》號《ナツケ》支《キ》。從《ヨリ》二其《ソ》處《コ》一指《サシ》二河《カハ》上《カミヲ》一弖《テ》幸《イテ》行《マセ》波《ハ》。砂《マナコ》流《ナカル、》速《ハヤ》瀬《セ》有《アリ》支《キ》。于《ソノ》時《トキ》真《マ》奈《ナ》胡《コノ》神《カミ》參《マキリ》相《ア》比《ヒ》度《ワタ》志《シ》奉《マツリ》支《キ》。其《ソノ》瀬《セ》乎《ヲ》真《マ》奈《ナ》胡《コノ》御《ミ》瀬《セ》止《ト》號《ナツケ》互《テ》。御《ミ》瀬《セノ》社《ヤシロ》定《サタメ》給《タマヒ》支《キ》。從《ヨリ》二其《ソ》處《コ》一幸《イテ》行《マシテ》。美《ヨキ》地《トコロ》爾《ニ》到《イタリ》給《タマヒ》奴《ヌ》。真《マ》奈《ナ》胡《コノ》神《カミ》爾《ニ》國《クニノ》名《ナ》何問《イカニトトヒ》給《タマヒ》支《キ》。白《マヲサ》久《ク》。大《オホ》河《カハ》之《ノ》瀧《タキノ》原《ハラ》之《ノ》國《クニ》止《ト》白《マヲシ》支《キ》。其《ソ》處《コ》乎《ヲ》宇《ウ》太《タ》之《ノ》大《オホ》宇《ウ》禰《ネ》奈《ナ》乎《ヲ》為《シ》天《テ》。荒《アラ》草《クサ》令《シメ》二苅《カリ》掃《ハラハ》一天《テ》宮《ミヤ》造《ツクリ》令《シメ》レ坐《マサ》支《キ》。此《コノ》地《トコロ》波《ハ》皇《スメ》大《オホ》神《カミ》之《ノ》欲《ホリシ》給《タマフ》地《トコロ》波ヽ爾《ニ》不《ス》レ有《アラ》止《ト》悟《サトシ》給《タマヒ》支《キ》。其《ソノ》時《トキ》大《オホ》河《カハノ》自《ヨリ》二南道《ミナミノミチ》一宮《ミヤ》處《トコロ》覓《マキ》爾《ニ》。幸《イテ》行《マス》爾《ニ》。美《ヨキ》野《ヌ》爾《ニ》到《イタリ》給《タマヒ》天《テ》宮《ミヤ》處《トコロ》覓《マキ》侘《ワヒ》賜《タマヒ》比《ヒ》支《キ》。其《ソ》處《コ》乎《ヲ》和《ワ》比《ヒ》野《ヌ》止《ト》號《ナツケ》支《キ》。

久《ク》。岳《ヲカ》高《タカ》田《タ》深《フカ》坂《サカ》手《テノ》國《クニ》止《ト》白《マヲシ》弖《テ》。田《タノ》上《ヘノ》御《ミ》田《タ》進《タテマツリ》支《キ》。其《ソ》處《コ》爾《ニ》坂《サカ》手《テノ》社《ヤシロ》定《サタメ》給《タマヒ》支《キ》。從《ヨリ》二其《ソ》處《コ》一幸《イテ》行《マス》爾《ニ》河《カハ》盡《ツキ》支《キ》。其《ソノ》河《カハ》之《ノ》水《ミツ》寒《サム》有《カリ》支《キ》。則《スナハチ》寒《サム》河《カハ》止《ト》號《ナツケ》支《キ》。其《ソ》處《コ》爾《ニ》御《ミ》船《フネ》留《トヽメ》給《タマヒ》弖《テ》。即《ヤカテ》其《ソ》處《コ》仁《ニ》御《ミ》船《フネノ》社《ヤシロ》定《サタメ》給《タマヒ》支《キ》。從《ヨリ》二其《ソ》處《コ》一幸《イテ》行《マス》時《トキ》。御《ミ》笠《カサ》服《キ》給《タマヒ》支《キ》。其《ソ》處《コ》乎《ヲ》加《カ》佐《サ》伎《キ》止《ト》號《ナツケ》支《キ》。從《ヨリ》二其《ソ》處《コ》一幸《イテ》行《マシ》弖《テ》。大《オホ》河《カハ》‖瀬《セ》乎《ヲ》渡《ワタリ》給《タマハムト》止為《スル》爾《ニ》。鹿《シカノ》宍《シヽ》流《ナカレ》相《アヒ》支《キ》。是《コレ》穢《ケカラ》悪《ハシ》止《ト》詔《ノリタマヒ》天《テ》不《ステ》二度《ワタリ》坐《マサ》一。其《ソノ》瀬《セ》乎《ヲ》相《アフ》鹿《カ》瀬《セ》止《ト》號《ナツケ》支《キ》。從《ヨリ》二其《ソ》處《コ》一指《サシ》二河《カハ》上《カミヲ》一弖《テ》幸《イテ》行《マス》波《ハ》。砂《マナコ》流《ナカル、》速《ハヤ》瀬《セ》有《アリ》支《キ》。于《ソノ》時《トキ》真《マ》奈《ナ》胡《コノ》神《カミ》參《マキリ》相《アヒ》度《ワタ》志《シ》奉《マツリ》支《キ》。其《ソノ》瀬《セ》乎《ヲ》真《マ》奈《ナ》胡《コノ》御《ミ》瀬《セ》止《ト》號《ナツケ》弖《テ》。御《ミ》瀬《セノ》社《ヤシロ》定《サタメ》給《タマヒ》支《キ》。從《ヨリ》二其《ソ》處《コ》一幸《イテ》行《マシ》弖《テ》。美《ヨキ》地《トコロ》爾《ニ》到《イタリ》給《タマヒ》奴《ヌ》。真《マ》奈《ナ》胡《コノ》神《カミ》爾《ニ》。國《クニノ》名《ナハ》何《イカニ》止《ト》問《トヒ》給《タマヒ》支《キ》。白《マヲサ》久《ク》。大《オホ》河《カハ》之《ノ》瀧《タキノ》原《ハラ》之《ノ》國《クニ》止《ト》白《マヲシ》支《キ》。其《ソ》處《コ》乎《ヲ》宇《ウ》太《タ》之《ノ》大《オホ》宇《ウ》禰《ト》奈《ナ》乎《ヲ》為《シ》弖《テ》。荒《アラ》草《クサ》令《シメ》二苅《カリ》掃《ハラハ》一天《テ》。宮《ミヤ》造《ツクリ》令《シメ》レ坐《マサ》支《キ》。爾《ソノ》時《トキ》倭《ヤマト》比《ヒ》賣《メノ》命《ミコト》乃《ノ》御《ミ》夢《ユメ》爾《ニ》。皇《スメ》大《オホ》神《カミ》悟《サトシ》給《タマハ》久《ク》。此《コノ》地《トコロ》波《ハ》皇《スメ》大《オホ》神《カミ》之《ノ》欲《ホリシ》給《タマフ》地《トコロ》波ヽ爾《ニ》不《ス》レ有《アラ》止《ト》悟《サトシ》給《タマヒ》支《キ》。其《ソノ》時《トキ》大《オホ》河《カハ》乃《ノ》自《ヨリ》二南道《ミナミノミチ》

⑪従《ヨリ》二其《ソ》處《コ》一幸《イテ》行《マス》爾《ニ》。久《ク》求《ク》都《ツ》比《ヒ》古《コ》參《マヰリ》相《アヒ》支《キ》。汝《ナカ》國《クニノ》名《ナハ》何問《イカニトトヒ》給《タマヒ》支《キ》。白《マヲサ》久《ク》。久《ク》求《クノ》小《ヲ》野《ヌ》止《ト》白《マヲシ》支《キ》。其《ソ》處《コ》爾《ニ》久《ク》求《クノ》社《ヤシロ》定《サタメ》賜《タマヒ》支《キ》。従《ヨリ》二其《ソ》處《コ》一幸《イテ》行《マス》爾《ニ》。園《ソノ》作《ツクリノ》神《カミ》參《マヰリ》相《アヒ》天《テ》。御《ミ》園《ソノ》地《トコロ》進《タテマツリ》支《キ》。其《ソ》處《コ》爾《ニ》悦《ヨロコヒ》給《タマヒ》弖《テ》。園《ソナ》相《フノ》社《ヤシロ》定《サタメ》給《タマヒ》支《キ》。従《ヨリ》二其《ソ》處《コ》一幸《イテ》行《マス》爾《ニ》。美《ヨキ》小《ヲ》野《ヌ》有《アリ》支《キ》。倭《ヤマト》比《ヒ》賣《メノ》命《ミコト》目《メ》弖《テ》給《タマヒ》天《テ》。即《ヤカテ》其《ソ》處《コ》乎《ヲ》目《メ》弖《テ》野《ヌ》止《ト》號《ナツケ》支《キ》。又《マタ》其《ソ》處《コ》爾《ニ》圓《ツフラ》留《ル》奈《ナ》有《アリ》二小《コ》山《ヤマ》一支《キ》。其《ソ》處《コ》乎《ヲ》都《ツ》不《フ》良《ラ》止《ト》號《ナツケ》支《キ》。従《ヨリ》二其《ソ》處《コ》一幸《イテ》行《マス》爾《ニ》。澤《サハ》道《チ》野《ヌ》在《アリ》支《キ》。其《ソ》處《コ》乎《ヲ》澤《サハ》道《チノ》小《ヲ》野《ヌ》止《ト》號《ナツケ》支《キ》。其《ソノ》時《トキ》大《オホ》若《ワク》子《コノ》命《ミコト》従《ヨリ》二大《オホ》河《カハ》一御《ミ》船《フネ》乎《ヲ》率《ヰテ》御《ミ》向《ムカヘ》爾《ニ》參《マヰリ》相《アヒ》支《キ》。于《ソノ》時《トキ》倭《ヤマト》比《ヒ》賣《メノ》命《ミコト》大《イタク》悦《ヨロコヒ》給《タマヒ》天《テ》。大《オホ》若《ワク》子《コ》爾《ニ》問《トヒ》給《タマハ》久《ク》。吉《ヨキ》宮《ミヤ》處《トコロ》在《アリ》哉《ヤ》。白《マヲサ》久《ク》。佐《サ》古《コ》久《ク》志《シ》呂《ロ》宇《ウ》遅《チ》之《ノ》伊《イ》須《ス》々《ス》乃《ノ》河《カハ》上《ラ》爾《ニ》吉《ヨキ》御《オホム》

一宮《ミヤ》處《トコロ》覔《マキ》爾《ニ》幸《イテ》行《マシ》弖《テ》。志《シ》摩《マノ》國《クニ》多《タ》古《コ》志《シノ》宮《ミヤ》爾《ニ》令《シメ》レ坐《マサ》支《キ》。次《ツキニ》同《オナ》國《クニ》宇《ウ》久《ク》良《ラ》乃《ノ》宮《ミヤ》爾《ニ》令《シメ》レ坐《マサ》支《キ》。爾《ソノ》時《トキ》嶋《シマノ》國《クニノ》造《ミヤツコ》。神《カム》田《ミタ》並神《ナラヒニカム》戸《ヘ》進《タテマツリ》支《キ》。従《ヨリ》二其《ソ》處《コ》一還《カヘリ》幸《イテ》行《マシ》弖《テ》。美《ヨキ》野《ヌ》爾《ニ》到《イタリ》給《タマヒ》天《テ》。宮《ミヤ》處《トコロ》覔《マキ》侘《ワヒ》賜《タマヒ》支《キ》。其《ソ》處《コ》乎《ヲ》和《ワ》比《ヒ》野《ヌ》止《ト》號《ナツケ》支《キ》。

ⓚ従《ヨリ》二其《ソ》處《コ》一幸《イテ》行《マス》爾《ニ》大《オホ》水《ミナ》上《カミノ》神《カミノ》兒《コ》。久《ク》求《ク》都《ツ》比《ヒ》古《コ》參《マヰリ》相《アヒ》支《キ》。汝《ナカ》國《クニノ》名《ナハ》何《イカニ》止《ト》問《トヒ》給《タマヒ》支《キ》。白《マヲサ》久《ク》。久《ク》具《クノ》小《ヲ》野《ヌ》止《ト》白《マヲシ》支《キ》。其《ソ》處《コ》爾《ニ》久《ク》具《クノ》社《ヤシロ》定《サタメ》賜《タマヒ》支《キ》。従《ヨリ》二其《ソ》處《コ》一幸《イテ》行《マス》爾《ニ》。園《ソノ》作《ツクリノ》神《カミ》曾《ソ》奈《ナ》比《ヒ》々《ヒ》古《コ》參《マヰリ》相《アヒ》天《テ》御《ミ》園《ソノ》地《トコロ》進《タテマツリ》支《キ》。其《ソ》處《コ》爾《ニ》悦《ヨロコヒ》給《タマヒ》弖《テ》。園《ソナ》相《フノ》社《ヤシロ》定《サタメ》給《タマヒ》支《キ》。従《ヨリ》二其《ソ》處《コ》一幸《イテ》行《マス》爾《ニ》美《ヨキ》小《ヲ》野《ヌ》有《アリ》支《キ》。倭《ヤマト》比《ヒ》賣《メノ》命《ミコト》目《メ》弖《テ》給《タマヒ》弖《テ》。即《ヤカテ》其《ソ》處《コ》乎《ヲ》目《メ》弖《テ》野《ヌ》止《ト》號《ナツケ》支《キ》。又《マタ》其《ソ》處《コ》爾《ニ》圓《ツフラ》留《ル》奈《ナ》有《アリ》二小《コ》山《ヤマ》一支《キ》。其《ソ》處《コ》乎《ヲ》都《ツ》不《フ》良《ラ》止《ト》號《ナツケ》支《キ》。従《ヨリ》二其《ソ》處《コ》一幸《イテ》行《マス》爾《ニ》。澤《サハ》道《チ》野《ヌ》在《アリ》支《キ》。其《ソ》處《コ》乎《ヲ》澤《サハ》道《チノ》小《ヲ》野《ヌ》止《ト》號《ナツケ》支《キ》。其《ソノ》時《トキ》大《オホ》若《ワク》子《コノ》命《ミコト》従《ヨリ》二大《オホ》河《カハ》一御《ミ》船《フネ》乎《ヲ》率《ヰ》天《テ》。御《ミ》向《ムカヘ》爾《ニ》參《マヰリ》相《アヒ》支《キ》。于《ソノ》時《トキ》倭《ヤマト》比《ヒ》賣《メノ》命《ミコト》大《イタク》悦《ヨロコヒ》給《タマヒ》天《テ》。大《オホ》若《ワク》子《コ》爾《ニ》問《トヒ》給《タマハ》久《ク》。吉《ヨキ》宮《ミヤ》處《トコロ》在《アリ》哉《ヤ》。白《マヲサ》久《ク》。佐《サ》古《コ》久《ク》

宮《ミヤ》處《トコロ》在《アリ》止《ト》白《マヲシ》支《キ》。亦《マタ》悦《ヨロコビ》給《タマヒ》天《テ》問《トヒ》給《タマハ》久《ク》。此《コノ》國《クニノ》名《ナハ》何《イカニ》。白《マヲサ》久《ク》。御《ミ》船《フネ》向《ムカヘ》田《タノ》國《クニ》止《ト》白《マヲシ》支《キ》。其《ソ》處《コ》與《ヨ》利《リ》御《ミ》船《フネ》爾《ニ》乗《ノリ》給《タマヒテ》幸《イテ》行《マシ》支《キ》。其《ソノ》忌《イム》楯《タテ》桙《ホコ》種《クサ》々《クサノ》神《カム》寶《タカラ》物《モノ》留《トヽメ》置所《オキシトコロノ》名《ナ》波《ハ》。忌《ユ》楯《タテノ》小《ヲ》野《ヌ》止《ト》號《ナツケ》支《キ》。從《ヨリ》二其《ソ》處《コ》一幸《イテ》行《マセ》波《ハ》有《アリキ》二小《ヲ》濱《ハマ》一。其《ソ》處《コ》爾《ニ》取《トル》レ鷲《ワシ》老《オキ》公《ナ》在《アリ》支《キ》。于《ソノ》時《トキ》倭《ヤマト》比《ヒ》賣《メノ》命《ミコト》御《ミ》水《モヒ》飲《ノマム》止《ト》詔《ノリタマヒテ》天。爾《ソノ》老《オキナ》爾《ニ》何《イツ》處《コ》爾《ニ》吉《ヨキ》水《ミツ》在《アル》止《ト》問《トヒ》給《タマヒ》支《キ》。其《ソノ》老《オキナ》以《モテ》二寒《サムキ》御《ミ》水《モヒ》一御《ミ》饗《アヘ》奉《タテマツリキ》支。于《ソノ》時《トキ》讃《ホメ》給《タマヒテ》。水《ミナ》門《ト》爾《ニ》水《ミ》饗《アヘノ》社《ヤシロ》定《サタメ》賜《タマヒ》支《キ》。其《ソノ》濱《ハマノ》名《ナ》乎《ヲ》鷲《ワシ》取《トリノ》小《ヲ》濱《ハマ》止《ト》號《ナツケ》支《キ》。然《シカシ》而《テ》二《フタ》見《ミノ》濱《ハマ》爾《ニ》御《ミ》船《フネ》坐《マス》。于《ト》時《キニ》大《オホ》若《ワク》子《コノ》命《ミコト》仁《ニ》國《クニノ》名《ナ》何問《イカニトトヒ》給《タマヒキ》。白《マヲサ》久《ク》。速《ハヤサ》雨《アメ》二《フタ》見《ミノ》國《クニ》止《ト》白《マヲシ》支《キ》。爾《ソノ》時《トキ》其《ソノ》濱《ハマ》爾《ニ》御《ミ》船《フネ》留《トヽメ》給《タマヒ》天《テ》坐《マス》時《トキ》。佐《サ》見《ミ》都《ツ》日《ヒ》女《メ》參《マキリ》相《アヒ》支《キ》。汝《ナカ》國《クニノ》名《ナハ》何《イカニ》止《ト》問《トヒ》給《タマヒ》支《キ》。御《ミコト》詔《ノリ》乎《ヲ》毛《モ》不《ス》レ聞《キカ》。御《ミ》答《コタヘ》毛《モ》不《ス》レ白《マヲサ》弖《テ》。以《モテ》二堅《キタ》鹽《シホ》一御《ミ》饗《アヘ》奉《タテマツリキ》支。倭《ヤマト》比《ヒ》賣《メノ》命《ミコト》慈《イツクシヒタマヒテ》給。堅《カタ》多《タノ》社《ヤシロ》定《サタメ》給《タマヒ》支《キ》。于《ソノ》時《トキ》大《オホ》若《ワク》子《コノ》命《ミコト》其《ソ》處《コ》爾《ニ》。御《ミ》鹽《シホ》濱《ハマ》並《ナラヒニ》御《ミ》鹽《シホ》山《ヤマ》定《サタメ》奉《マツリ》支《キ》。從《ヨリ》二其《ソ》處《コ》一幸《イテ》行《マシ》弖《テ》。伊《イ》須《ス》々《ス》河《カハ》後《シリ》之《ノ》入《イリ》江《エ》爾《ニ》入《イリ》坐《マシ》支《キ》。其《ソノ》時《トキ》佐《サ》美《ミ》川《ツ》日《ヒ》

志《シ》呂《ロ》宇《ウ》遅《チ》之《ノ》伊《イ》須《ス》々、乃《ノ》河《カハ》上《ラ》爾《ニ》。吉《ヨキ》御《オホム》宮《ミヤ》處《トコロ》在《アリ》止《ト》白《マヲシ》支《キ》。悦《ヨロコビ》給《タマヒ》天《テ》亦《マタ》問《トヒ》給《タマハ》久《ク》。此《コノ》國《クニノ》名《ナハ》何白《イカニトマヲサ》久《ク》。御《ミ》船《フネ》向《ムカヘ》田《タノ》國《クニ》止《ト》白《マヲシ》支《キ》。其《ソ》處《コ》與《ヨ》利《リ》御《ミ》船《フネ》爾《ニ》乗《ノリ》給《タマヒ》弖《テ》幸《イテ》行《マシ》支《キ》。其《ソノ》忌《ユ》楯《タテ》桙《ホコ》種《クサ》々《クサノ》神《カム》寶《タカラ》物《モノ》留《トヽメ》置《オキシ》所《トコロノ》名《ナ》波《ハ》。忌《ユ》楯《タテノ》小《ヲ》野《ヌ》止《ト》號《ナツケ》支《キ》。從《ヨリ》二其《ソ》處《コ》一幸《イテ》行《マセ》波《ハ》有《アリ》二小《ヲ》濱《ハマ》一。其《ソ》處《コ》爾《ニ》取《トル》レ鷲《ワシ》老《オキ》公《ナ》在《アリ》支《キ》。于《ソノ》時《トキ》倭《ヤマト》比《ヒ》賣《メノ》命《ミコト》御《ミ》水《モヒ》飲《ノマム》止《ト》詔《ノリタマヒテ》天。爾《ソノ》老《オキナ》爾《ニ》何《イツ》處《コ》爾《ニ》吉《ヨキ》水《ミツ》在《アル》止《ト》問《トヒ》給《タマヒ》支《キ》。其《ソノ》老《オキナ》以《モテ》二寒《サムキ》御《ミ》水《モヒ》一御《ミ》饗《アヘ》奉《タテマツリキ》支。于《ソノ》時《トキ》讃《ホメ》給《タマヒ》弖《テ》。水《ミナ》門《ト》爾《ニ》水《ミ》饗《アヘノ》社《ヤシロ》定《サタメ》賜《タマヒ》支《キ》。其《ソノ》濱《ハマノ》名《ナ》乎《ヲ》鷲《ワシ》取《トリノ》小《ヲ》濱《ハマ》止《ト》號《ナツケ》支《キ》。然《シカシ》而《テ》二《フタ》見《ミノ》濱《ハマ》爾《ニ》御《ミ》船《フネ》坐《マス》時《トキ》。大《オホ》若《ワク》子《コノ》命《ミコト》仁《ニ》國《クニノ》名《ナハ》何《イカニ》止《ト》問《トヒ》給《タマヒ》支《キ》。白《マヲサ》久《ク》。速《ハヤ》雨《サメ》二《フタ》見《ミノ》國《クニ》止《ト》白《マヲシ》支《キ》。爾《ソノ》時《トキ》其《ソノ》濱《ハマ》爾《ニ》。御《ミ》船《フネ》留《トヽメ》給《タマヒ》天《テ》坐《マス》時《トキ》。佐《サ》見《ミ》都《ツ》日《ヒ》女《メ》參《マキリ》相《アヒ》支《キ》。汝《ナカ》國《クニノ》名《ナハ》何《イカニ》止《ト》問《トヒ》給《タマヒ》支《キ》。御《ミ》詔《コトノリ》乎《ヲ》毛《モ》不《ス》レ聞《キカ》。御《ミ》答《コタヘ》毛《モ》不《ス》レ白《マヲサ》弖《テ》。以《モチ》二堅《キタ》鹽《シホ》一弖《テ》。御《ミ》饗《アヘ》奉《タテマツリキ》支。倭《ヤマト》比《ヒ》賣《メノ》命《ミコト》慈《イツクシミ》給《タマヒ》。堅《カタ》多《タノ》社《ヤシロ》定《サタメ》給《タマヒ》支《キ》。于《ソノ》時《トキ》大《オホ》若《ワク》子《コノ》命《ミコト》其《ソ》處《コ》爾《ニ》御《ミ》鹽《シホ》濱《ハマ》並《ナラヒニ》御《ミ》鹽《シホ》山《ヤマ》定《サタメ》奉《マツリ》支《キ》。從《ヨリ》二其《ソ》處《コ》一幸《イテ》行《マシ》

子《コ》參《マキリ》相《アヒ》支《キ》。問《トヒ》給《タマハ》久《ク》。此《コノ》河《カハノ》名《ナハ》何《イカニ》。白《マヲサ》久《ク》。伊《イ》須《ス》々《ヽ》河《カハ》後《シリ》止《ト》白《マヲシ》支《キ》。其《ソ》處《コ》爾《ニ》江《エノ》社《ヤシロ》定《サタメ》給《タマヒ》支《キ》。又《マタ》荒《アラ》崎《サキ》日《ヒ》女《メ》參《マキリ》相《アヒ》支《キ》。國《クニ》名《ノナ》問《トヒ》給《タマヒキ》。白《マヲサ》久《ク》。皇《スメ》大《オホ》神《カミノ》御《ミ》前《サキ》荒《アラ》崎《サキ》止《ト》白《マヲシ》支《キ》。恐《カシコシ》止《ト》志詔《ノリタマヒテ》弖。神《カム》前《サキノ》社《ヤシロ》定《サタメ》給《タマヒ》支《キ》。其《ソノ》江《エヲ》上《ノホリ》幸《イテ》行《マシテ》。御《ミ》船《フネ》泊《ハテ》志《シ》處名《トコロノナ》乎《ヲ》號《ナツケ》二御《ミ》津《ツノ》浦《ウラト》一支《キ》。從《ヨリ》二其《ソ》處《コ》一幸《イテ》行《マス》爾《ニ》。小《コ》嶋《シマ》在《アリ》支《キ》。其《ソノ》嶋《シマ》爾《ニ》坐《マシ》弖《テ》山《ヤマ》末《スヱ》河《カフ》内《チ》乎《ヲ》見《ミ》廻《メクリ》給《タマフ》仁《ニ》。如《ナス》二大《オホ》屋《ヤノ》門《カ》前《ト》一在《アリ》レ地《トコロ》支《キ》。其《ソノ》處《トコロ》爾《ニ》上《ノホリ》坐《マシ》天《テ》。其《ソノ》處名《トコロノナ》乎《ヲ》號《ナツケ》二大《オホ》屋《ヤ》門《ト》一支《キ》。從《ヨリ》二其《ソ》處《コ》一幸《イテ》行《マシテ》。神《カム》淵《フチ》河《カ》原《ハラ》爾《ニ》坐《マセ》波《ハ》。苗《ナヘ》草《クサ》戴《イタヽク》者《オウ》女《ナ》參《マキリ》相《アヒ》支《キ》。問《トヒ》給《タマハク》。汝《イマシハ》何《ナニ》為《スル》者《オウ》女《ナソ》。白《マヲサ》久《ク》。我《ヤツカレハ》取《トル》二苗《ナヘ》草《クサヲ》一女《ヲミナヽリ》。名《ナハ》宇《ウ》遲《チ》都《ツ》日《ヒ》女《メ》止《ト》白《マヲシ》支《キ》。又《マタ》問《トヒ》給《タマハ》久《ク》。奈《ナ》止《ト》加《カ》々《カ》久《ク》為《スル》。者《オウ》女《ナ》白《マヲサ》久《ク》。此《コノ》國《クニ》波《ハ》鹿《カ》乃《ノ》見《ミ》戴為《イタヽキス》止《ト》白《マヲシ》支《キ》。其《ソ》處《コ》乎《ヲ》鹿《カ》乃《ノ》見《ミ》止《ト》號《ナツケ》支《キ》。何《ナソ》如《カ》是《ク》問《トヒ》給《タマフ》止《ト》止《ト》可《カ》賣《メ》白《マヲシ》支《キ》。其《ソ》處《コ》乎《ヲ》止《ト》鹿《カ》乃《ノ》淵《フチ》止《ト》號《ナツケ》支《キ》。從《ヨリ》二其《ソ》處《コ》一幸《イテ》行《マシテ》。家《ヤ》田《タ》田《タノ》上《ヘノ》宮《ミヤ》爾《ニ》坐《マセ》支《キ》。于《ソノ》時《トキ》宇《ウ》治《チ》土《ツチ》公《キミノ》祖《オヤ》大《オホ》田《タノ》命《ミコト》參《マキリ》相《アヒ》支《キ》。汝《ナカ》國《クニノ》名《ナハ》何《イカニ》止《ト》問《トヒ》給《タマヒキ》。白《マヲサ》久《ク》。佐《サ》古《コ》

弖《テ》。伊《イ》須《ス》々《ス》河《カハ》後《シリ》之《ノ》入《イリ》江《エ》爾《ニ》入《イリ》坐《マシ》支《キ》。其《ソノ》時《トキ》佐《サ》美《ミ》川《ツ》日《ヒ》子《コ》參《マキリ》相《アヒ》支《キ》。問《トヒ》給《タマハ》久《ク》。此《コノ》河《カハノ》名《ナハ》何《イカニ》。白《マヲサ》久《ク》。伊《イ》須《ス》々《ス》河《カハ》後《シリ》止《ト》白《マヲシ》支《キ》。其《ソ》處《コ》爾《ニ》江《エノ》社《ヤシロ》定《サタメ》給《タマヒ》支《キ》。又《マタ》國《ク》生《ナリノ》神《カミノ》兒《コ》。荒《アラ》崎《サキ》日《ヒ》女《メ》參《マキリ》相《アヒ》支《キ》。國《クニノ》名《ナ》問《トヒ》給《タマヒ》支《キ》。白《マヲサ》久《ク》。皇《スメ》大《オホ》神《カミノ》御《ミ》前《サキ》荒《アラ》崎《サキ》止《ト》白《マヲシ》支《キ》。恐《カシコシ》止《ト》志詔《ノリタマヒテ》弖。神《カム》前《サキノ》社《ヤシロ》定《サタメ》給《タマヒ》支《キ》。其《ソノ》江《エヲ》上《ノホリ》幸《イテ》行《マシ》弖《テ》。御《ミ》船《フネ》泊《ハテ》志《シ》處《トコロノ》名《ナ》乎《ヲ》御《ミ》津《ツノ》浦《ウラ》止《ト》號《ナツケ》支《キ》。從《ヨリ》二其《ソ》處《コ》一幸《イテ》行《マス》爾《ニ》。小《コ》嶋《シマ》在《アリ》支《キ》。其《ソノ》嶋《シマ》爾《ニ》坐《マシ》弖《テ》。山《ヤマ》末《スヱ》河《カフ》内《チ》乎《ヲ》見《ミ》廻《メクリ》給《タマフ》仁《ニ》。如《ナス》二大《オホ》屋《ヤノ》門《カ》前《ト》一地《トコロ》在《アリ》支《キ》。其《ソ》處《コ》爾《ニ》上《ノホリ》坐《マシ》天《テ》其《ソ》處《コノ》名《ナ》乎《ヲ》大《オホ》屋《ヤ》門《ト》止《ト》號《ナツケ》支《キ》。從《ヨリ》二其《ソ》處《コ》一幸《イテ》行《マシ》弖《テ》。神《カム》淵《フチ》河《カハ》原《ラ》爾《ニ》坐《マセ》波《ハ》。苗《ナヘ》草《クサ》戴《イタヽ》久《ク》者《オウ》女《ナ》參《マキリ》相《アヒ》支《キ》。問《トヒ》給《タマハ》久《ク》。汝《イマシ》波《ハ》何《ナニ》加《カ》乎《ヲ》為《ス》留《ル》。者《オウ》女《ナ》白《マヲサ》久《ク》。我波《ヤツカレハ》取《トル》二苗《ナヘ》草《クサヲ》一女《ヲミナナリ》。名《ナ》波《ハ》宇《ウ》遲《チ》都《ツ》日《ヒ》女《メ》止《ト》白《マヲシ》支《キ》。又《マタ》問《トヒ》給《タマハ》久《ク》。奈《ナ》止《ト》加《カ》々《カ》久《ク》為《ス》留《ル》。者《オウ》女《ナ》白《マヲサ》久《ク》。此《コノ》國《クニ》波《ハ》鹿《カ》乃《ノ》見《ミ》戴為《イタヽキス》止《ト》白《マヲシ》支《キ》。其《ソ》處《コ》乎《ヲ》鹿《カ》乃《ノ》見《ミ》止《ト》號《ナツケ》支《キ》。何《ナソ》如《カ》是《ク》問《トヒ》給《タマフ》止《ト》止《ト》可《カ》賣《メ》白《マヲシ》支《キ》。其《ソ》處《コ》乎《ヲ》止《ト》鹿《カ》乃《ノ》淵《フチ》止《ト》號《ナツケ》支《キ》。從《ヨリ》二其《ソ》處《コ》一幸《イテ》行《マシ》弖《テ》。家《ヤ》田《タノ》々《タノ》

久《ク》志《シ》呂《ロ》宇《ウ》遅《チ》之《ノ》國《クニ》止《ト》白《マヲシ》弖《テ》。御《ミ》止《ト》代《シロノ》神《カム》田《タ》進《タテマツリ》支《キ》。又《マタ》問《トヒ》給《タマハ》久《ク》。有《アリ》二吉《ヨキ》宮《ミヤ》處《トコロ》一哉《ヤ》、答《コタヘ》白《マヲサ》久《ク》。佐《サ》古《コ》久《ク》志《シ》呂《ロ》宇《ウ》遅《チ》之《ノ》伊《イ》須《ス》々、之《ノ》河《カハ》上《ラ》波《ハ》。吉《ヨキ》大《オホ》宮《ミヤ》處《トコロ》止《ト》奈利《ナリ》白《マヲシ》支《キ》。其《ソノ》處《トコロ》仁《ニ》到《イタリ》給《タマヒ》天《テ》。美《ヨキ》宮《ミヤ》處《トコロ》止《ト》奈利《ナリ》見《ミ》定《サタメ》給《タマヒ》支《キ》。于《ソノ》時《トキ》大《オホ》若《ワク》子《コノ》命《ミコト》物《モノ、》部《フノ》八《ヤ》十《ソ》友《トモノ》諸《モロ》人《ヒト》等《トモ》乎《ヲ》率《ヰ》天《テ》。宮《ミヤ》地《トコロ》乃《ノ》荒《アラ》草《クサ》木《キノ》根《ネ》苅《カリ》掃《ハラ》比《ヒ》。大《オホ》石《イシ》小《コ》石《イシ》取《トリ》平《ナラシ》弖《テ》。天《アマ》照《テラス》大《オホ》神《ミカミノ》荒《アラ》魂《ミタマノ》宮《ミヤ》和《ニキ》魂《ミタマノ》宮《ミヤ》造《ツクリ》奉《マツリ》。令《シメ》二鎮《シツマ》理《リ》定《サタマ》理《リ》坐《マサ》一支《キ》。爾《ソノ》時《トキ》皇《スメ》大《オホ》神《カミ》。倭《ヤマト》比《ヒ》賣《メノ》命《ミコト》乃《ノ》御《ミ》夢《イメ》爾《ニ》喩《サトシ》給《タマハ》久《ク》。我《ワレ》高《タカ》天《マノ》原《ハラ》仁《ニ》坐《マシテ》。瓺《ミカ》戸《ヘ》押《オシ》張《ハリ》見《メ》志《シ》真《マ》伎《キ》志《シ》國《クニノ》宮《ミヤ》處《トコロ》波《ハ》是《コノ》處《トコロ》也《ナリ》。鎮《シツマ》理《リ》定《サタマ》理《リ》給《タマハムト》止覚《サトシ》給《タマヒ》支《キ》。爰《コ、ニ》倭《ヤマト》比《ヒ》賣《メノ》命《ミコト》。朝《アサ》日《ヒノ》来《キ》向《ムカフ》國《クニ》。夕《ユフ》日《ヒノ》来《キ》向《ムカフ》國《クニ》。浪《ナミノ》音《オト》不《ヌ》レ聞《キコエ》國《クニ》。風《カセノ》音《オト》不《ヌ》レ聞《キコエ》國《クニ》。弓《ユミ》矢《ヤ》鞆《トモノ》音《オト》不《ヌ》レ聞《キコエ》國《クニ》。太《タ》摩《マ》伎《キ》志《シ》賣《メ》留《ル》國《クニ》。敷《シキ》浪《ナミ》七《ナ、》保《ホノ》國《クニ》之《ノ》吉《ヨキ》國《クニ》。神《カム》風《カセノ》伊《イ》勢《セノ》國《クニ》。百《モ、》船《フネ》度《ワタラ》會《ヒノ》國《クニ》。佐《サ》古《コ》久《ク》志《シ》呂《ロ》宇《ウ》遅《チノ》伊《イ》須《ス》々《スノ》河《カハ》上《ラ》爾《ニ》。鎮《シツマ》理《リ》定《サタマ》理《リ》坐《マシマ》須《ス》皇《スメ》大《オホ》神《ミカミ》止《ト》。國《クニ》保《ホ》伎《キ》奉《タテマツリキ》支。于《ソノ》時《トキ》送驛《オクリノハユマ》使《ツカヒ》朝《ミカ》廷《トニ》還《カヘリ》詣《マキ》上《ノホリ》。倭《ヤマト》比《ヒ》賣《メノ》命《ミコト》乃《ノ》御《ミ》

上《ヘノ》宮《ミヤ》爾《ニ》坐《マセ》支《キ》。于《ソノ》時《トキ》宇《ウ》治《チ》土《ツチ》公《キミノ》祖《オヤ》。大《オホ》田《タノ》命《ミコト》參《マキリ》相《アヒ》支《キ》。汝《ナカ》國《クニノ》名《ナハ》何《イカニ》止《ト》問《トヒ》給《タマヒ》支《キ》。白《マヲサ》久《ク》。佐《サ》古《コ》久《ク》志《シ》呂《ロ》宇《ウ》遅《チ》之《ノ》國《クニ》止《ト》白《マヲシ》弖《テ》。御《ミ》刀《ト》代《シロノ》神《カム》田《ミタ》進《タテマツリ》支《キ》。又《マタ》問《トヒ》給《タマハ》久《ク》。有《アリ》二吉《ヨキ》宮《ミヤ》處《トコロ》一哉《ヤ》。答《コタヘ》白《マヲサ》久《ク》。佐《サ》古《コ》久《ク》志《シ》呂《ロ》宇《ウ》遅《チ》之《ノ》伊《イ》須《ス》々《ス》之《ノ》河《カハ》上《ラ》波《ハ》。吉《ヨキ》大《オホ》宮《ミヤ》處《トコロ》止《ト》奈利《ナリ》白《マヲシ》支《キ》。其《ソ》處《コ》仁《ニ》到《イタリ》給《タマヒ》天《テ》。美《ヨキ》宮《ミヤ》處《トコロ》止《ト》奈利《ナリ》見《ミ》定《サタメ》給《タマヒ》支《キ》。于《ソノ》時《トキ》大《オホ》若《ワク》子《コノ》命《ミコト》。物部《モノ、フヘノ》八《ヤ》十《ソ》友《トモノ》諸《モロ》人《ヒト》等《トモ》乎《ヲ》率《ヰ》天《テ》宮《ミヤ》地《トコロ》乃《ノ》荒《アラ》草《クサ》木《キノ》根《ネ》苅《カリ》掃《ハラ》比《ヒ》。大《オホ》石《イシ》小《コ》石《イシ》取《トリ》平《ナラシ》弖《テ》。天《アマ》照《テラス》大《オホ》神《カミノ》荒《アラ》魂《ミタマノ》宮《ミヤ》。和《ニキ》魂《ミタマノ》宮《ミヤ》造《ツクリ》奉《マツリ》。令《シメ》二鎮《シツマ》理《リ》定《サタマ》理《リ》坐《マサ》一支《キ》。爾《ソノ》時《トキ》皇《スメ》大《オホ》神《カミ》。倭《ヤマト》比《ヒ》賣《メノ》命《ミコト》乃《ノ》御《ミ》夢《イメ》爾《ニ》喩《サトシ》給《タマハ》久《ク》。我《アレ》高《タカ》天《マノ》原《ハラ》仁《ニ》坐《マシ》弖《テ》。瓺《ミカ》戸《ヘ》押《オシ》張《ハリ》見《メ》志《シ》真《マ》伎《キ》志《シ》國《クニ》乃《ノ》宮《ミヤ》處《トコロ》波《ハ》是《コ》處《コ》也《ナリ》。鎮《シツマ》理《リ》定《サタマ》理《リ》給《タマハムト》止覚《サトシ》給《タマヒ》支《キ》。爰《コ、ニ》倭《ヤマト》比《ヒ》賣《メノ》命《ミコト》。朝《アサ》日《ヒノ》来《キ》向《ムカフ》國《クニ》。夕《ユフ》日《ヒノ》来《キ》向《ムカフ》國《クニ》。浪《ナミノ》音《ト》不《キコ》聞《エヌ》國《クニ》。風《カセノ》音《ト》不《キコ》聞《エヌ》國《クニ》。弓《ユミ》矢《ヤ》鞆《トモノ》音《オト》不《キコ》聞《エヌ》國《クニ》。太《タ》摩《マ》伎《キ》志《シ》賣《メ》留《ル》國《クニ》。敷《シキ》浪《ナミ》七《ナ、》保《ホノ》國《クニ》之《ノ》吉《ヨキ》國《クニ》。神《カム》風《カセ》伊《イ》勢《セノ》國《クニ》。百《モ、》船《フネ》度《ワタ》會《ラヒノ》國《クニ》。佐《サ》古《コ》久《ク》志《シ》呂《ロ》宇《ウ》遅《チノ》伊《イ》須《ス》々、

夢《ユメノ》状《サマ》乎《ヲ》細《ツハラカニ》返《カヘリ》事《コト》白《マヲシ》支《キ》。爾《ソノ》時《トキ》天《スメラ》皇《ミコト》聞《キコシ》食《メシ》弖《テ》。即《ヤカテ》大《オホ》鹿《カ》嶋《シマノ》命《ミコト》乎《ヲ》祭《マツリノ》官《ツカサ》止《ト》定《サタメ》給《タマ》比《ヒ》。大《オホ》若《ワク》子《コノ》命《ミコト》乎《ヲ》神《カム》國造《クニノミヤツコ》兼《カヌル》大《オホ》神《カム》主《ヌシ》止《ト》定《サタメ》賜《タマヒ》支《キ》。神《カム》館《タチ》造《ツクリ》立《タテ》。物《モノヽ》部《フノ》八《ヤ》十《ソ》友《トモノ》諸《モロ》人《ヒト》等《トモ》率《ヲキテ》。雑《クサクサノ》神《カム》事《ワサ》取《トリ》惣《スヘ》供《ツカヘ》奉《マツリキ》。

⑫其《ソノ》時《トキ》倭《ヤマト》比《ヒ》賣《メノ》命《ミコト》。御《ミ》船《フネニ》乗給《ノリタマヒテ》。御《ミ》膳《ケノ》御《ミ》贄《ニヘ》處《トコロ》定幸《サタメニイテ》行《マシキ》。嶋《シマノ》國《クニ》國《ク》崎《サキ》嶋《シマ》爾《ニ》。朝《アサ》御《ミ》饌《ケ》夕《ユフ》御《ミ》饌《ケ》止《ト》詔《ノリタマヒテ》而。湯《ユ》貴《キノ》潜《カツキ》女《メ》等《トモ》定《サタメ》給《タマヒ》天《テ》。還《カヘリ》坐《マス》時《トキニ》。神《カム》堺《サカヒ》定《サタメ》給《タマヒ》支《キ》。戸《ヘ》嶋《シマ》。志《シ》波《ハ》崎《サキ》。佐《サ》加《カ》太《タ》岐《キ》嶋《シマ》定《サタメ》給《タマヒ》而《テ》。伊《イ》波《ハ》比《ヒ》戸《ヘ》居《スエ》給《タマヒ》而《テ》。朝《アサ》御《ミ》氣《ケ》夕《ユフ》御《ミ》氣《ケノ》處《トコロ》定奉《サタメマツリキ》。然《シカシテ》倭《ヤマト》比《ヒ》賣《メノ》命《ミコト》御《ミ》船《フネ》留《トヽメ》而《テ》。鰭《ハタノ》廣《ヒロ》魚《モノ》。鰭《ハタノ》狭《セハ》魚《モノ》。貝《カヒ》満《ツ》物《モノ》。息《オキ》津《ツ》毛《モ》。邊《ヘ》津《ツ》毛《モ》依《ヨリ》来《キヌ》。爾《ソノ》海《ウナ》

河《カハ》上《ラ》爾《ニ》鎮《シツマ》理《リ》定《サタマ》理《リ》坐《マシマ》須《ス》皇《スメ》大《オホミ》神《カミ》止《ト》國《クニ》保《ホ》伎《キ》奉《タテマツリ》支《キ》。于《ソノ》時《トキ》御《ミ》送《オクリノ》驛《ハユマ》使《ツカヒ》朝《ミ》廷《カト》爾《ニ》還《カヘリ》詣《マヰ》上《ノホリ》。倭《ヤマト》比《ヒ》賣《メノ》命《ミコト》乃《ノ》御《ミ》夢《イメノ》状《サマ》乎《ヲ》細《ツハラカニ》爾返《カヘリ》事《コト》白《マヲシ》支《キ》。爾《ソノ》時《トキ》天《スメラ》皇《ミコト》聞《キコシ》食《メシ》弖《テ》。即《ヤカテ》大《オホ》鹿《カ》嶋《シマノ》命《ミコト》乎《ヲ》祭《マツリノ》官《ツカサ》止《ト》定《サタメ》給《タマヒ》支《キ》。于《ソノ》時《トキ》大《オホ》若《ワク》子《コノ》命《ミコト》白《マヲサ》久《ク》。己《オノレ》我《カ》先《トホツ》祖《オヤ》天《アマノ》日《ヒ》別《ワキノ》命《ミコト》爾《ニ》賜《タマハリシ》志。伊《イ》勢《セノ》國《クニノ》内《ウチ》礒《イソ》部《ヘ》河《カハ》利與以東《ヒムカシノカタ》乎《ヲ》。神《カム》國《クニ》止《ト》定《サタメ》奉《マツラム》止《ト》白《マヲシ》支《キ》。故《カレ》大《オホ》若《ワク》子《コノ》命《ミコト》乎《ヲ》。神《カム》國《クニノ》造兼《ミヤツコカネテ》大《オホ》神《カム》主《ヌシ》止《ト》定《サタメ》賜《タマ》比《ヒ》。有《ウ》爾《ニ》之《ノ》鳥《ト》墓《ツカ》爾《ニ》神《カム》庤《タチ》乎《ヲ》造《ツクリ》立《タテ》弖《テ》。為《ナシ》二雑神《クサクサノカム》政所《マツリコトトコロト》一。物《モノヽ》部《フヘノ》八《ヤ》十《ソ》友《トモノ》諸《モロ》人《ヒト》等《トモ》乎《ヲ》率《ヰ》弖《テ》。雑神《クサクサノカム》事《ワサ》取《トリ》惣《スヘ》供《ツカヘ》奉《マツリ》支《キ》。

①其《ソノ》時《トキ》倭《ヤマト》比《ヒ》賣《メノ》命《ミコト》御《ミ》船《フネ》爾《ニ》乗《ノリ》給《タマヒ》弖《テ》。神《カム》嘗《ナヘ》乃《ノ》由《ユ》貴《キ》乃《ノ》朝《アサ》御《ミ》饌《ケ》夕《ユフ》御《ミ》饌《ケ》乃《ノ》御《ミ》贄《ニヘ》處《トコロ》定《サタメ》爾《ニ》幸《イテ》行《マシ》支《キ》。嶋《シマノ》國《クニノ》國《ク》崎《サキ》嶋《シマ》爾《ニ》到《イタリ》給《タマフ》。于《ト》時《キニ》嶋《シマノ》國《クニノ》造《ミヤツコ》。神《カム》戸《ヘ》進《タテマツリ》支《キ》。其《ソ》處《コ》乎《ヲ》朝《アサ》御《ミ》饌《ケ》。夕《ユフ》御《ミ》饌《ケ》乃《ノ》御《ミ》贄《ニヘ》處《トコロ》止《ト》詔《ノリタマヒテ》而。湯《ユ》貴《キノ》潜《カツキ》女《メ》等《トモ》定《サタメ》給《タマヒ》支《キ》。然《シカシ》而《テ》還《カヘリ》坐《マス》時《トキ》。神《カム》堺《サカヒ》定《サタメ》給《タマヒ》支《キ》。戸《ヘ》嶋《シマ》。志《シ》波《ハ》崎《サキ》。佐《サ》加《カ》太《タ》岐《キ》嶋《シマ》定《サタメ》給《タマヒ》而《テ》。伊《イ》波《ハ》比《ヒ》戸《ヘ》居《スエ》給《タマヒ》而《テ》。朝《アサ》御《ミ》氣《ケ》夕《ユフ》御《ミ》氣《ケ》處《トコロ》定《サタメ》

鹽《シホ》相《アヒ》和《ナコミ》而《テ》淡《アハシ》在《カリ》支《キ》。故《カレ》淡《アハ》海《ミノ》浦《ウラ》止《ト》號《ナツケ》支《キ》。伊《イ》波《ハ》比《ヒ》戸《ヘ》居《スエシ》嶋《シマノ》名《ナヲ》戸《ヘ》嶋《シマト》號《ナツケ》。志《シ》波《ハ》刺《サス》處《トコロノ》名《ナヲ》柴《シハ》前《サキ》止《ト》號《ナツケ》支《キ》。從《ヨリ》レ其《ソコ》以西《ニシノカタ》之《ノ》海《ワタ》中《ナカ》爾《ニ》在《アリ》二七《ナ》箇《ナ》嶋《シマ》一。從《ヨリ》レ其《ソコ》以南《ミナミノカタノ》海《ウナ》鹽《シホ》淡甘《アハシクアマカリ》支《キ》。其《ソノ》嶋《シマ》乎《ヲ》淡《アハ》良《ラ》伎《キ》之《ノ》嶋《シマ》止《ト》號《ナツケ》支《キ》。其《ソノ》鹽《シホノ》滿《ミチ》溢《アフル、》浦《ウラノ》名《ナ》乎《ヲ》伊《イ》氣《ケノ》浦《ウラト》號《ナツケ》支《キ》。其《ソ》處《コニ》參《マキリ》相《アヒ》弖《テ》。御《ミ》饗《アヘ》仕《ツカヘ》奉《マツル》神《カミ》乎《ヲ》淡《アハ》海《ミ》子《コノ》神《カミ》止《ト》號《ナツケ》弖《テ》。社《ヤシロ》定《サタメ》給《タマヒ》支《キ》。其《ソ》處《コ》乎《ヲ》朝《アサ》御《ミ》氣《ケ》夕《ユフ》御《ミ》氣《ケノ》嶋《シマト》定《サタメ》支《キ》。還《カヘリ》幸《マス》行《トキニ》。其《ソノ》御《ミ》船《フネ》泊《ハテ》留《トヽマ》在《リ》志《シ》處《トコロ》乎《ヲ》。津《ツ》長《ナカノ》原《ハラ》止《ト》號《ナツケ》支《キ》。其《ソ》處《コ》爾《ニ》津《ツ》長《ナカノ》社《ヤシロ》定《サタメ》給《タマヒ》支《キ》。

⑬然《シカシ》而《テ》大《オホ》若《ワク》子命《コノミコトノ》女《ムス》子《メ》兄《エ》比《ヒ》女《メ》乎《ヲ》物《モノ》忌《イミト》定《サタメ》賜《タマヒテ》。宮《ミヤ》内《ヌチ》爾《ニ》御《ミ》饌《ケ》殿《トノ》乎《ヲ》造《ツクリ》立《タテ》。其《ソノ》殿《トノ》爾《ニ》為《シ》天《テ》。拔《ヌキ》穗《ホ》田《タノ》稻《イネ》乎《ヲ》令《シメ》二拔《ヌキ》穗《ホニ》拔《ヌカ》一天《テ》。大《オホ》物《モノ》忌《イミ》大《オホ》宇《ウ》禰《ネ》奈《ナト》共《トモニ》為《シ》天《テ》。令《シメ》二春《ツキ》炊《カシカ》一供奉《ツカヘマツリ》始《ソメ》支《キ》。又《マタ》御《ミ》酒《サカ》殿《トノ》乎《ヲ》造《ツクリ》立《タテ》天《テ》。處々《トコロトコロノ》神《カム》戸《ヘノ》人《ヒト》夫進《トモノタテマツル》神《カム》田《タノ》以《モテ》レ稻《イネヲ》。神《カム》酒《ミキ》作《ツクリ》天《テ》。先《マツ》大神《オホミカミニ》

奉《マツリ》支《キ》。然《シカシテ》倭《ヤマト》比《ヒ》賣《メノ》命《ミコト》御《ミ》船《フネ》留《トヽメ》而《テ》坐《マス》時《トキ》。鰭《ハタノ》廣《ヒロ》魚《モノ》。鰭《ハタノ》狹《セハ》魚《モノ》。貝《カヒ》滿《ツ》物《モノ》。息《オキ》津《ツ》毛《モ》。邊《ヘ》津《ツ》毛《モ》依《ヨリ》來《キヌ》。爾《ソノ》海《ウナ》鹽《シホ》相《アヒ》和《ナコミ》而《テ》淡《アハシ》在《カリ》支《キ》。故《カレ》淡《アハ》海《ミノ》浦《ウラ》止《ト》號《ナツケ》支《キ》。伊《イ》波《ハ》比《ヒ》戸《ヘ》居《スエ》志《シ》嶋《シマノ》名《ナ》乎《ヲ》。戸《ヘ》嶋《シマ》止《ト》號《ナツケ》。志《シ》波《ハ》刺《サス》處《トコロ》乃《ノ》名《ナ》乎《ヲ》。柴《シハ》前《サキ》止《ト》號《ナツケ》支《キ》。從《ヨリ》レ其《ソコ》以西《ニシノカタ》之《ノ》海《ワタ》中《ナカ》爾《ニ》在《アリ》二七《ナ》箇《ナ》嶋《シマ》一。從《ヨリ》レ其《ソコ》以南《ミナミノカタ》乃《ノ》海《ウナ》鹽《シホ》淡甘《アハシクアマカリキ》支。其《ソノ》嶋《シマ》乎《ヲ》淡《アハ》良《ラ》伎《キ》之《ノ》嶋《シマ》止《ト》號《ナツケ》支《キ》。其《ソノ》鹽《シホノ》滿《ミチ》溢《アフル、》浦《ウラ》乃《ノ》名《ナ》乎《ヲ》。伊《イ》氣《ケノ》浦《ウラ》止《ト》號《ナツケ》支《キ》。其《ソ》處《コ》爾《ニ》參《マキリ》相《アヒ》弖《テ》御《ミ》饗《アヘ》仕《ツカヘ》奉《マツル》神《カミ》乎《ヲ》。淡《アハ》海《ミ》子《コノ》神《カミ》止《ト》號《ナツケ》弖《テ》。社《ヤシロ》定《サタメ》給《タマヒ》支《キ》。其《ソ》處《コ》乎《ヲ》朝《アサ》御《ミ》氣《ケ》夕《ユフ》御《ミ》氣《ケノ》嶋《シマ》止《ト》定《サタメ》支《キ》。還《カヘリ》幸《イテ》行《マス》爾《ニ》。其《ソノ》御《ミ》船《フネ》泊《ハテ》留《トヽ》在《マリ》志《シ》處《トコロ》乎《ヲ》。津《ツ》長《ナカ》原《ハラ》止《ト》號《ナツケ》支《キ》。其《ソノ》處《トコロ》爾《ニ》津《ツ》長《ナカ》社《ヤシロ》定《サタメ》給《タマヒ》支《キ》。

ⓜ然後《シカシテノチ》大《オホ》宮《ミヤ》内《ヌチ》爾《ニ》由《ユ》貴《キ》乃《ノ》御《ミ》饌《ケ》殿《トノ》乎《ヲ》造《ツクリ》立《タテ》。大《オホ》若《ワク》子《コノ》命《ミコト》乃《ノ》女《ムス》子《メ》。兄《エ》比《ヒ》女《メ》乎《ヲ》物《モノ》忌《イミ》止《ト》定《サタメ》給《タマ》比《ヒ》。大《オホ》田《タノ》命《ミコト》乃《ノ》定《サタメ》奉《マツ》留《ル》。御《ミ》刀《ト》代《シロ》乃《ノ》宇《ウ》治《チ》田《タ》乃《ノ》稻《イネ》乎《ヲ》。拔《ヌキ》穗《ホ》爾《ニ》令《シメ》レ拔《ヌカ》弖《テ》。令《シメ》二春《ツキ》炊《カシカ》一。采《ウネ》女《メ》忍《オシ》比《ヒ》賣《メ》我《カ》造《ツクリ》進《タテマツ》留《ル》。天《アマノ》八《ヤ》十《ソ》枚《ヒラ》加《カ》爾《ニ》盛《モリ》滿《ミテ》弖《テ》。大《オホ》物《モノ》忌《イミ》大《オホ》宇《ウ》禰《ネ》奈《ナ》止《ト》共《トモ》爾《ニ》。其《ソノ》殿《トノ》

供《ツカヘ》奉《マツリ》。次《ツキニ》倭《ヤマト》比《ヒ》賣《メノ》命《ミコトニ》奉《タテマツリ》。残《ノコリ》者《ハ》仕《ツカヘ》奉《マツル》物《モノ》、部《フノ》人《ヒト》等《トモニ》給《タマヒ》支《キ》。

爾《ニ》為《シ》弖《テ》。由《ユ》貴《キ》乃《ノ》大《オホ》御《ミ》饌《ケ》供《ツカヘ》奉《マツリ》始《ソメ》支《キ》。又《マタ》湯《ユ》貴《キ》乃《ノ》御《ミ》酒《サカ》殿《トノ》乎《ヲ》造《ツクリ》立《タテ》天《テ》。處《トコロ》々《トコロ》乃《ノ》神《カム》戸《ヘ》乃《ノ》人《ヒト》夫《トモ》乃《ノ》進《タテマツル》留。神《カム》田《ミタ》乃《ノ》稲《イネ》乎《ヲ》以《モ》弖《テ》。白《シロ》酒《キ》黒《クロ》酒《キ》乃《ノ》神《カム》御《ミ》酒《キ》作《ツクリ》天《テ》。先《マツ》大《オホ》神《カミ》爾《ニ》供《ツカヘ》奉《マツリ》。次《ツキニ》倭《ヤマト》比《ヒ》賣《メノ》命《ミコト》爾《ニ》奉《タテマツリ》利。残《ノコリヲ》者《ハ》仕《ツカヘ》奉《マツル》物《モノ》、部《フノ》人《ヒト》等《トモ》爾《ニ》給《タマヒ》支《キ》。此《コレ》乎《ヲ》夕《ヨヒ》朝《アカツキノ》乃由《ユ》貴《キ》供《ツカヘ》奉《マツル》止《ト》號《イ》布《フ》縁《コトノモト》奈《ナ》利《リ》。

それでは、右の『太神宮本記歸正』の①～⑬条文と『神朝尚史』の対応条文ⓐ～ⓜをそれぞれ比較し検討してみたい。

①とⓐの条文については、①の「志貴瑞籬宮御宇天皇」をⓐでは「志貴水垣宮御宇御真木入日子印恵天皇」とし（ⓓの「師木玉垣宮御宇伊久米伊理毘古伊佐知天皇」との呼称も）、また「豊鋤比賣命」を「豊鉏比賣命」と表記を改めたり補入したのは、『歸正鈔』巻第一に、

○豊鋤比賣命、日本書紀、豊鍬入姫ノ命又豊耜姫ノ命ニ作リ、古事記、豊鉏入日賣ノ命又豊鉏比賣ノ命ニ作ル。内宮儀式帳ニハ豊耜入姫ノ命ニ作リ、大同本記ハ豊鋤比賣ノ命又豊次比賣ノ命ニ作ル。

（傍線筆者付す）

とあることから推測するならば、(41) 専ら『古事記』の表記に基づいてのことと考えられる。そしてⓐで「以往八代乃」と補ったのは清直がより厳密さを期してのことであろう。また①で「天照大神乎天皇乃相殿爾坐弖。朝夕御饌

毛相共爾聞食支。」をⓐでは「皇大神乎相殿爾坐弖。朝夕乃御饌毛。春秋乃御服毛共爾同久供奉支。」と語句を省略したり補訂したのは、神嘗祭と神御衣祭の淵源を同床共殿祭祀の時代に求めたことにその原因があるだろう。それからⓐでは①の「朝夕御饌毛相共爾聞食支。」と「宮内乃大庭爾穂椋乎造天出奉。以二皇子豊鋤比賣命乎一令二供奉一支。」に対応する「朝夕乃御饌毛。春秋乃御服毛共爾同久供奉支。」と「宮内乃大庭爾穂椋乎造天出奉。皇女豊鉏比賣命乎令二供奉一支。」の条文の間に、「天皇乃御世十九年己丑歳爾至爾。」という具体的な年次[42]が記されると共に「天皇漸爾。皇大神乃威勢乎畏賜比。共住賜事乎。不安須所思食弖。更爾伊斯許理度賣神。天目一箇神乃孫等爾科弖。天津璽乃鏡劔乎令二模造一弖。護身乃御璽登為賜比。大御鏡乎天照坐皇大御神止稱白弖。」の神人分離についての詳細な条文が挿入されており、それに続いて「故其別殿乎後爾波笠縫邑乃磯城神籬止奈母云布。其奉レ遷夜波。宮人皆参弖。終夜宴為弖遊支。其歌曰。美夜毘登能。於保與須我良仁。伊佐登保志。由伎乃與侶志茂。於保與須我良爾。故三節祭直會乃夜。倭舞乎奏弖。宮人曲乎謡布其縁故那利。」と倭笠縫邑での奉祀についての条文も追加されている。これらは『歸正鈔』巻第一で、

抑皇大神ノ神靈ハ、神世ノ昔大神天岩窟ニ幽居シ給ヘル時、奉造シテ祈祷シタリシ八咫ノ御鏡ニシテ、皇孫降臨ノ日、大神自ラ之ヲ取テ皇孫ニ授賜ヒ、吾御靈トシテ齋奉ルヘシト詔命アリシ故ニ、中國ニ天降坐セル以降、同殿ニ令坐テ猶視ノ禮ヲ以テ尊敬シ給ヘルニ、崇神天皇ニ至テ漸ク神物ノ稜威ヲ畏給ヒ、更ニ代靈ヲ令レ造テ之ヲ内裏ニ奉祀シ、授受ノ靈物ハ宮外ノ別殿ニ奉出シ、皇女ヲシテ之ヲ齋カシメ、後神教ニ随テ其奉鎮ノ宮處ヲ覔メ諸國ニ幸行ナシ給ヘルモノナリ。其事蹟ノ委曲ハ、日本紀、古事記、天書、古語拾遺等ノ史籍ニ載テ著明ナレハ、子細ニ注スルニ及ハス。

と述べられ[43]、また『豐受大神寔録』には、

日本書紀ニ云ク。御間城入彦五十瓊殖ノ天皇六年。先レ是ヨリ天照大神和ノ大國魂二神。並祭二ル於天皇大殿之内一ニ。然ルニ畏二テ其ノ神勢一共ニ住タマフコト不レ安カラ。故ニ以二テ天照大神一ヲ。託二ケ豐鍬入姫ノ命一ニ。祭二ル於倭ノ笠縫ノ邑一ニ。仍テ立二ツ磯城ノ神籬一ヲ。

天書ニ云ク。崇神天皇六年秋九月。安二置シ於天照大神並草薙劔ヲ別殿一ニ。詔シテ更ニ鋳二造ル劔鏡一ヲ矣。

古語拾遺ニ云ク。至二リテ于磯城瑞籬ノ朝一ニ。漸ク畏二テ神威一ヲ。同レクスルコト殿ヲ不レ安カラ。故レ更ニ令下メ齋部氏ヲシテ率二テ石凝姥ノ神ノ裔。天ノ目一箇ノ神ノ裔二氏一ヲ。更ニ鋳レ鏡ヲ造上レラ劔ヲ。以テ為二護身ノ御璽一ト。是レ今践祚之日所レノ獻ル神璽之鏡劔也。仍テ就二テ於倭ノ笠縫ノ邑一ニ。殊ニ立二テ磯城神籬一ヲ。奉レリ遷二シ天照大神及草薙劔一ヲ。令二ム皇女豐鍬入姫ノ命ニ奉一レラ齋キ焉。

按スルニ崇神天皇、天祖授賜ノ神器ノ威勢ヲ畏敬シテ、同殿ニ共住シ給フコトヲ不安トシテ、代靈ヲ造ラシメテ、コレヲ護身ノ御靈トシ、傳来ノ靈鏡ヲハ笠縫邑ニ別殿ヲ創立シテ、コレニ奉遷安置シテ天照大神ト奉稱ス。古語拾遺ニ謂フカ如ク、自是以前ハ帝ト與レ神其際未レ遠カラ、同レクシ殿ヲ共レニシ床ヲ、以レテ此ヲ為レ常ト、故レ神物官物亦未二リ分別一セシカハ、何事モ唯一ナリツルニ、此時天皇ト天照大神ト剖分シ給ヒテ、（略）

と存すること等[44]にその根拠があり、とりわけ倭笠縫邑に奉遷された夜の宮人たちの倭舞は『古語拾遺』を出典としている。

②とⓑの条文においては、②が「于時天皇詔久。」と記しているのに対してⓑでは「然後天皇詔久。」と改訂す

ると共に、倭姫命の丹波国への幸行を「壬戌年。」と明記するのは、『歸正鈔』巻第一における、

> サレハ上件ノ己丑年ヲ崇神天皇即位十九年ノ己丑トシ、此所ノ壬戌年ハ同帝ノ五十二年ノ事蹟ト改算シテ、下條御鎮坐ノ丁巳年ハ垂仁天皇ノ三十九年ノ丁巳ニ當ルコトヲ條ヲ追テ辨明スヘシ。

との自説に従うものであろう。(45) それから②では明らかにされていない吉佐宮での奉祀の模様をⓑにおいては、同書同巻に、

> 抑豐宇介神ハ五穀化生ノ大祖神タルカ故ニ、皇孫天降ノ日、天照大神豐受ノ神靈ヲ副賜セシメ給ヘルヨリ以来、天皇ノ御饌都神ト奉稱シ、神武天皇橿原ノ朝廷ニ神籬ヲ起シ樹テ尊崇シ給ヒ、崇神天皇ノ御世ニ至リテ、天照大神ノ御靈ヲ宮外ニ奉出アリシ時、豐宇介神モ同ク附属セラレテ、此御世ヨリ天皇ノ御饌都神ト天照大神ノ御饌都神ト二ツニ分レ給ヘリ。依テ此後朝廷ニハ神籬ノミヲ奉祀ス。所謂神祇官西院ノ御饌都神ノ神殿是ナリ。然テ皇大神ヲ丹後ノ吉佐宮ニ奉齋セシメ給ヘル日、大神ノ御饌殿ヲ同國比治ノ里ニ創立シ、天忍水ヲ麻奈井ニ移入レ、其水ヲ以テ御饌ヲ炊キ皇大神ニ奉供スルヲ以テ、其御饌都神豐宇介ノ神靈ヲ同ク比治ノ麻奈井原ニ遷シ、祭祠シテ奉饗セシメ給ヘリ。

と見られ、(46) それから『御饌殿事類鈔』「起源」項に、

> 御鎮座本紀ニ云ク、御間城入彦五十瓊殖天皇卅九歳壬戌。天照大神遷二幸ス但波乃吉佐宮一ニ。爾ノ時天照皇大

神ト。與二止由氣皇大神一。一處ニ雙ヒ座シキ焉。古事記 和久産巣日神ノ子豊宇可能賣命。丹後風土記 屋船稻靈神也。生二シ五穀一ヲ而善ク釀レス酒ヲ。奉二リ御饗一ヲ。世記 御炊神氷沼道主 素盞嗚尊孫也。亦名粟御子神。今世號二御炊物忌一其縁也。 率二テ四九三十六ノ竈神一ヲ而。朝大御氣夕大御氣於炊備天奉二御饗一留。記紀 丹波道主貴 大日々天皇之子。彦坐王子也。今世號二大物忌子一其縁也。 為二御杖代一天ト志。品物備二貯之百机一ニ而奉ニル神嘗一ニ焉。其功已ニ辭竟天。天照大神ハ伊勢ノ國爾向幸シ給ヒキ。止由氣大神。于時以二吾カ天津水影乃寶鏡一。留二居吉佐宮一ニ給。即チ起二シ樹テ天津神籬ヲ於魚井原一ニ。日本紀 道主貴八小童備二へ御饌一ヲ奉レリキ齋ヒ焉。（略）

按スルニ皇大神ヲ丹波吉佐宮ニ奉齋ノ日、其御饌殿ヲ眞奈井原ニ建テ、御饌都神止由氣大神ヲ同シク眞奈井社ニ坐セ奉リ、丹波道主王ノ御女ヲ物忌ト定テ、日別ノ朝夕御饌ノ供進シ始メラレシ故實ハ、妄浪ノ書ナカラ此本紀ヲ措テハ外ニ徴トスヘキ者ナシ。後人ノ潤飾巧言ハ棄テ其ノ正實ノ儀ヲノミ取ルヘシ。

とある記述等(47)に依拠して「爾時丹波道主命乃女王乎為弖。皇大神乃朝夕乃御饌乎炊満弖供奉始支。故皇大神乃御食津神豊宇氣大神乃神籬乎。比治真名井原爾起立弖。朝夕御食之食向御饗奉利。天忍石長井水毛乎。真名井原乃石井爾移居弖奉仕支。」と記している。

そして、③とⒸの条文では、倭姫命が大和国から丹波国へと幸行され同国吉佐宮での奉祀を終焉なされて再び大和国へ還幸なされたことを明確にすべく③で「従レ此更倭國求給。」とあるのをⒸでは「従二但波國一。大倭國爾還幸行弖。」と改めている。因みに「倭國」から「大倭國」としたのは、『歸正鈔』巻第一に、

○倭國、（略）東大寺所蔵、天平勝寶八年六月九日奉勅書ニ猶、大倭國介従五位下播美朝臣□（眞カ）人ノ署アリ。續紀、天平寶字二年二月己巳ノ勅ニ、大和國トアリ。又東大寺蔵、天平寶字五年ノ解文ニ、天平神護元年八月十六日所捺ノ印文ニ云ク、大和國印、トアリ。天平寶字ノ元ニ改メラレケム。倭名鈔ニ云ク、畿内國大和、

於保夜萬止、ト云ヘル國ヲ謂フ。

と論じていることに依拠するものであろう。[48] また③の「倭國伊豆加志本宮」に©の「師木伊豆加志本宮」と改訂したのは、「倭國」の重複を避け、且つ同書同巻に記された、

○伊豆加志本宮、垂仁天皇紀ニ云ク、一書ニ云ク、天皇以テ二倭姫命一ヲ為シ二御杖一ト、貢二奉ル於天照大神一ニ、是以テ倭姫命以二天照大神一鎮メ二坐セ於磯城厳橿之本一ニ而祠レ之。

（傍線筆者付す）

との考証史料と次の⒟の条文中の「師木玉垣宮御宇」とあることに基づいてのことと見られる。[49]

④と⒟の条文を比較すると、⒟の条文の文頭には④にない「師木玉垣宮御宇。伊久米伊理毘古伊佐知天皇乃御世三年辛巳歳爾。」という年次を付け加えている。これは『歸正鈔』巻第一に、

○五十八年辛巳、日本紀ニテハ開化天皇ノ五十八年ナリ。崇神天皇ハコノ辛巳ノ後三年ノ甲申歳即位ナリ。然ルニ崇神帝ノ五十八年モ辛巳ナルヲ以テ誤テコヽニ五十八年ト掲ケ、崇神帝ノ時ノ如クスルハ信スヘカラス。古事記ニテハ戊寅ニ崇神帝崩シ、己卯ニ垂仁帝即位、其三年ノ辛巳ニ相當セリ。此年皇大神ヲ倭彌和乃御室嶺上宮ニ令坐テ二年奉齋ス。是時豐鋤入姫命吾日足ヌト白支。爾時倭比賣命ニ事依奉利、御杖代止定給トアルハ、崇神帝崩スルニ依テ皇女豐鋤姫命辭退シ給ヒ、垂仁帝即位シ給フ故ニ、其皇女倭姫命ヲ以テ御杖代ニ替リ奉仕セシメ給ヘルナリ。

との見解に従ったものと判断される。[50] またⓓでは④の「従レ此還幸行。」を具体的に「従二吉備國一還幸行弖。」と表現している。それから清直は『歸正鈔』巻第一において、

○凡テ此段ハ、日本書紀、垂仁天皇二十五年三月丙申ノ條ニ、離二テ天照大神ヲ於豐耜姫ノ命一ニ託二ケタマフ于倭姫命一、ト載セ、内宮儀式帳ニモ、磯城瑞籬ノ宮ニ御宇シ天皇ノ御世爾以二テ豐耜入姫ノ命一ヲ爲二テ御杖代一ト出シ奉リ支。豐耜入姫ノ命御形長成支、以次ニ纏向珠城ノ宮ニ御宇シ天皇ノ御世爾倭姫内親王遠爲二テ御杖代一ト齋奉支。トアルカ如ク豐鋤比賣命数年ノ奉仕ヲ辭シテ其旨ヲ上奏シ給フニヨリ、天皇詔命ヲ下シテ倭比賣命ニ神靈ヲ依託シ給ヒ、皇女ヲ皇大神ノ御杖ノ代ニ定給テ諸國ニ幸行セシメ賜フヲ謂フナリ。

とある『日本書紀』と『皇太神宮儀式帳』を根拠とする論説に沿って、[51] ⓓにおいては、④の豊鍬入姫命の斎王御退任の事情を詳しくするために「是時豐鉏比賣命。御形長成給弖。吾日足止辭白支。」と二つの語句を補入すると共に、垂仁天皇による倭姫命の斎王御任命を明確にすべく④の「爾時倭比賣命事依志奉利。御杖代止定給弖。」を「故天皇。皇女倭比賣命爾事依志奉利。御杖代止定給弖。」と改め、最後に倭姫命に随従した御送駅使について「故御送驛使止為弖。阿倍建沼河別命。丸邇比古國葺命。中臣大鹿嶋命。物部十市根命。大伴建日命。五柱乃命等乎令二配侍一支。」と追加記事を載せるのであった。

⑤とⓔの条文の違いは、⑤の「同國」をⓔでは「倭國」と明記し、「是時」を「爰」として文章の前後を調えていることである。またⓔにおいて、⑤の「倭比賣命乃御夢爾。」の一節に「皇大神悟教詔久」の語句を挿入すると共に⑤の「吾見之國」から「吾見之末岐之國」としたのは、『歸正鈔』巻第一で、

○御夢尓ノ下ニ皇大神悟教詔久ノ七字ヲ脱セルニヤ。然ラテハ文ヲ成サス。
○見之ノ下ニ末岐之ノ三字ヲ脱スルカ。下文ニ見志眞伎志《メシマキシ》國トアリ。又外宮儀式帳ニ、吾高天原ニ坐氐見志《メシ》眞岐《マキ》賜志處、又大同本記ニ、我見志末岐《メシマキシ》之宮處、トモアレハ宜ク補入スヘシ。

と考証したことに依拠している。(52)『太神宮本記帰正』当該頭注でも「○御夢爾下、脱二皇大神悟教詔久七字一乎。」「○吾見之下、脱二眞岐志三字一乎。」と指摘している。それから⑤の「朝御氣夕御氣供進。」をⓔで省略したのは同書同巻において、

○朝御氣夕御氣供進、(略)儀式帳ニ朝夕ノ御饌ニ仕奉ル年魚ヲ取淵トアルハ、内宮ニ鎮坐シ給ヘル後、三節祭ノ由貴ノ御饌ノ御料ニ供進スル年魚ノ意ナレハ、此本記ノ文モ其意ニテ、云々ノ地ヲ國造進キ、其他ノ産物ハ御鎮坐ノ後由貴ノ朝御氣夕御氣ニ供進スルナリ、ト云義ナルニヤ、古朴ニシテ意達シカタシ。疑フラクハ後人ノ手ニ譌ルナラム。

と述べていることに依ったものと考えられる。(53)更にⓔでは、⑤に「美濃國伊久良河宮四年奉レ齋。次尾張國中嶋宮坐。于時美濃國造等進二舎人市主。地口御田一。並御船一隻進支。同美濃縣主角鏑作之而進利。御船二隻捧天。天船者天之曾己立。地船者地之御都張止白而進支。采女忍比賣。又地口御田進。」とある「次尾張國中嶋宮坐。」を後ろに移動させると共に「尾張國中嶋早田宮」と訂正して、美濃の国造の御船供進等を伊久良河宮における出来事であったことを明らかにする。続いて⑤に「于時尾張國造。地口御田並神戸進支。従レ此御船爾乗給弖幸行支。三河國渥美宮爾令レ坐支。于時三河國造。地口御田並神戸進支。次遠淡海國濱名宮爾令レ坐支。于時遠淡海國

造。地口御田並神戸進支。」という一節を補完して、尾張国造の地口御田と神戸の供進、次いで倭姫命の三河国への幸行と同国渥美宮での奉斎並びに同国造の地口御田と神戸の寄進、及び遠淡海国への幸行と同国濱名宮での奉斎並びに同国造の地口御田と神戸の供進の存したことも述べる。このような考証結果に至った根拠を、清直は『歸正鈔』巻第一で、

○中嶋宮、倭名鈔ニ云ク、東海郡尾張國中嶋奈加之萬、トアル郡名ナリ。雑事記云、尾張國中嶋郡中嶋宮ニ坐ス、國造進二ル中嶋神戸一。感語抄ニハ、其ヨリ尾張國中嶋《ナカシマ》ノ宮ニ二年、トアリテ奉齋ノ間ヲ二年トス。尾張國風土記ニ云ク、中嶋ノ郷、活目入彦五十狭茅ノ天皇即位十年辛丑、倭姫ノ命奉レリ戴二天照太神一ヲ遷二幸シ于美濃國伊久良河宮一ニ積二テ四年一ヲ奉レル齋、經二明ク四年一ヲ之年遷二ル此郷一ニ、號二ス中嶋一ト、神戸ハ在二リ中嶋之北一ニ、有レリ神號二ク早田宮一ト、天照大神之御在所也。鹽尻云、當國中嶋郡中嶋庄本神戸村ニ酒見廚有、皇字沙汰文ニモ見エ侍ル、神戸ハ大神宮御鎮座ノ時ヨリ尾張國造貢進セシ由雑例集ニ見エシ、是ヲ本神戸ト云、大神宮式ニ四十戸ト載レシハ是也、トアル則是レヲ謂フナリ。

然ルニ雑事記ニ、尾張ノ國中嶋ノ宮ニ坐キ、次ニ三河ノ國渥美ノ郡ニ一宿御坐キ、國ノ造進二ル渥美ノ神戸一ヲ。次ニ遠江ノ國濱名ノ郡ニ一宿御坐キ、國ノ造進二ル濱名ノ神戸一ヲ。従二リ此等ノ國一更ニ還天伊勢國ニ御坐キ、ト云ヒ、天照大神御降臨記ニモ、尾張國中嶋宮仁□年、従レ其遠江國濱名《ハマナ》ノ宮仁□年、従レ其伊勢國桑名野代宮仁云々、ト載セ、又感語抄ニモ、尾張中嶋宮ノ次ニ、其ヨリ遠江國濱名ノ宮、其ヨリ野代《ノシロ》ノ宮トイヘリ。雑例集ニモ、參河ノ國本神戸廿戸號二渥美神戸一、遠江ノ國本神戸號二濱名神戸一、御鎮坐之昔國ノ造貢進ナリ、トアルヲ以テ考フルニ、尾張國ヨリ船行シテ參河遠江ニモ幸行アリタルニコソ。其後還テ伊勢ニ遷リ坐シヽナリ。此本記ノ全篇ナリシ時ハ其傳説モ有ケルナルヘシ。

と提示している。(54) この三河国渥美宮と遠淡海国濱名宮への倭姫命の幸行と奉斎があったことを『太神宮本記帰正』当該頭注でも「〇中嶋宮次、當レ在二參河國渥美宮、次遠江國濱名宮幸行之事一、雑事記、御降臨記等載レ之者、據二此本記之舊文一也。」との意見を付している。

⑥とⒻの条文を比較すると、⑥の「従レ此幸行。」をⒻでは先の『歸正鈔』巻第一収載の「尾張國ヨリ船行シテ參河遠江ニモ幸行アリタルニコソ。其後還テ伊勢ニ遷リ坐シヽナリ。」に準じて「従レ此還幸行而。」と改訂したと見られる。それから⑥では伊勢国桑名野代宮での奉斎と同国造の舎人及び地口神田並びに神戸の供進があり、次に川俣縣造祖の「然神宮造奉令二幸行一。」という神宮造営と神田並びに神戸供進のことが記載されている。これに対してⒻでは⑥と同じく伊勢国桑名野代宮での奉斎と同国造の舎人及び地口神田並びに神戸の供進を記した後に、先ず「次河曲小山宮爾令レ坐支。于時河曲縣造。神田並神戸進支。」との河曲小山宮での奉斎と同縣造の神田並びに神戸供進が存したことを記す条文を挿入し、且つ川俣縣造祖の神宮造営は「次鈴鹿忍山宮爾令レ坐支。爾時」とある鈴鹿忍山宮に相当することを記述して、川俣縣造祖の神田並びに神戸供進が「爾時」にあったことを強調する。おそらく『歸正鈔』巻第二に、

〇神宮造奉、(略) 是ヲ以テ熟ラ按ルニ、鈴鹿神戸ノ内野尻村ニ神館明神トモ、皇館大神トモ稱シ、鬱林ニシテ社域廣大ナル祠アリ。凡テ野尻野村ノ邊ハヤヽ、高クシテ、忍山トモ稱スヘキ地勢ト見ユ。(略) サレハ諸國行宮ノ舊蹟ハ各神戸ノ内ニ在リテ、神館トモ神明トモ號セリ。其傍例ニ因准スル時ハ、此神館モ忍山ノ神宮ニシテ、後延喜ノ神名帳ニ忍山ノ神社ト載タルナラムカ。

實ニモ河曲ノ神戸ハ倭名鈔ニ、河曲ノ郡神戸、ト載セタル地ニシテ、太神宮式ニ、封戸、河曲ノ郡卅八戸。

雑例集ニモ、川曲ノ神戸卅八戸。神鳳鈔ニモ、河曲ノ郡神戸御神酒三缶云々、ト見エテ、桑名鈴鹿等ノ神戸ト同シ様ナレハ、是亦幸行ノ日、其地ノ縣主奉進セシ神戸ナル事顕然ナリ。然ルニ此本記ニモ、儀式帳ニモ、其事状ヲ注セサルハ不審ナリ。恐クハ儀式帳、舊ハ河曲ノ小山ノ宮ニ坐支、彼時、川曲ノ縣ノ造云々、神戸進支。次ニ鈴鹿ノ忍山ノ宮ニ坐支、彼時、川俣ノ縣ノ造云々、トアリタルヲ、同趣ノ事迹重ナレルヲ以テ、書寫スルモノヽ脱落セシヲ、後人深クモ考ヘス、下文ニ依テ河曲小山ノ間ニ鈴鹿ノ二字ヲ攙入セシナラム。此本記ニハ凡テ河曲ノ行宮神戸ノ事ノ見エサルハ、既クヨリ脱漏セシカ、又世記偽作ノ日書落シタルニモアルヘシ。依テ暫ク疑ヲ存ス。

○桑名野代宮ヨリ鈴鹿忍山宮ニ幸行シ給ヘル路次ヲ按ルニ、桑名ヨリ又御船ニ乗御シ、朝明、三重二郡ノ海濱ヲ經テ、河曲、三重ノ境界ナル高岡川ニ入リ、河田、鈴鹿ノ界ヲ泝リ、神戸郷ノ邊ニシテ御船ヲ泊メ、忍山宮ニ奉斎シ給ヘルナラム。勢陽雑記ニ、野村ノ里ヨリ十四五町程上ノ川ノ中ニ舟ノ貌ノ嶋山アリ、此所ハ往昔潮ノ指タル事有故、此塚ヲ舟カ塚ト名付ト云々、隣郷ノ者爰ニテ垢離ヲ取也、トアル、舟カ塚疑ラクハ御船トマリシ古蹟ヲ遺セルナルヘシ。伊久良河宮、中嶋宮各今モ御船ノ事蹟ヲ傳フルト併考スヘシ。

とある記載等[55]に基づいてのことであろう。また(F)には⑥では見られない「次安濃藤方宮爾令レ坐支。爾時」という安濃藤方宮での奉斎と同宮鎮座の際にまさに(「爾時」と表現)⑥の阿野縣造祖の神田並びに神戸供進があったとする。それはきっと同書同巻にある、

○此段ハ鈴鹿忍山宮ヨリ又御船ニ乗御シテ、川流ノ随ニ海ニ出テ、川曲、奄藝ノ北濱ヲ歴、安濃郡安濃河一云塔世河、ヲ泝リ、神戸ノ神館ニ坐セ給ヘル時、縣造ノ参相シ事状ヲ省略シテ記セルモノナリ。傍例ニ准シテ察知

スヘシ。但シ神戸ノ神館ハ安濃郡半田村ニ在リ。其東隣ニ藤方村アリ。日本書紀、雄略天皇巻ニ云ク、十七年春三月戊寅、詔二シテ土師ノ連等一ニ、使レム進下ラ應レキ盛二ル朝夕ノ御膳一ヲ清器者上ヲ、於レテ是ニ、土師ノ連ノ祖吾笥《アケ》、仍テ進二ル伊勢ノ國藤形村ノ私ノ民部一ヲ、名テ曰二フ贄《ニヘ》ノ土師部《ハシヘ》一ト、トアリテ、従前藤形ハ土師連ノ私民部ニテ、土器ヲ作ルヲ業トセシナリ。其村ノ管内ノ山ヨリ今モ古陶器ヲ掘出スコト往々アリ。サレハ其埴土ヲ取レル舊趾即チ埴田ニテ、半田ハ其假字ナルヘク、藤方、半田舊クハ一ツナリケムコト以テ見ツヘシ。然シテ神宮雑事記ニ、伊勢ノ國安濃ノ郡藤方ノ宮ニ御坐ス。又御降臨記ニ、安濃藤方宮。又感語抄ニモ、野代宮ノ次ニ、其ヨリ安濃藤形《フチカタ》ノ宮、ト云ヘリ。又此記ニ攙入セル一書ニ、安濃藤方ノ片樋宮ニ到坐、トイヘリ。其安濃藤方宮トアルハ、安濃神戸ノ中ナル半田村ノ神館ヲ謂ヘルニテ、藤方ト半田トハ元ハ一所ナル故ニ藤方宮ト稱スルニコソアラメ。

という考証[56]に依るものであったに違いないと思われる。これら河曲小山宮から鈴鹿忍山宮、そして安濃藤方宮へと倭姫命の幸行と奉斎があったことを『太神宮本記歸正』当該頭注でも「〇野代宮次、當レ在二河曲小山宮奉齋之事一、太神宮儀式帳載レ之者、據二此本記之舊文一也。」「〇忍山宮次、當レ在二安濃藤方宮奉齋之事一、雑事記、御降臨記、載レ之、據二此本記之舊文一也。」と是認している。

⑦とⓖの条文では、⑦の一節は先ず「市師縣造祖建呰古命爾汝國名何問賜。白久。完往阿佐賀國止白弖。進二神戸並神田一。」と市師縣造祖の神戸並びに神田の奉献を記し、次に「然阿佐賀片樋宮四年奉レ齋。」と阿佐加片樋宮での奉斎を述べるのに対して、『歸正鈔』巻第二における、

〇阿佐加片樋宮、内宮儀式帳、壱志ノ藤方ノ片樋宮ニ作リ、年中行事秘抄引用ノ舊記ニハ、向二ヒ伊勢國一ニ、

到二リ壱志ノ郡一ニ、齋二フ片樋ノ宮一ニ、トアリ。（略）自餘ノ行宮今皆現存セルニ、阿佐加ニノミ何ソ祠ノナカラサラム。於レ是テ傍例ヲ推勘スルニ、皇大神ノ行宮ハ各其神戸内ニ在テ、後世是ヲ神明祠ト唱フルモノ其舊蹟ナル事一ナリ。然ルニ此一志神戸ノ如キハ、郡北ニ在テ、俗ニ雲津七郷ト稱スル地、即チ神戸七村ナリ。大阿坂、小阿坂トハ大ニ距離ス。一志ノ行宮ノミ神戸ノ外ニ懸隔シテ在ルヘキニアラサレハ、阿坂村ニ其古跡ヲ求ルハ不勘ノ事ナリ。今猶神戸七村ノ内ナル長常村ニ神明祠ノ舊社アリ、是ソ片樋宮ノ遺蹟ナルヘキ。但阿邪賀ハ往古廣博ノ名ニテ、古事記ニ所謂モ海邊ノ名ナリ。神戸郷ニモ及ヒタル事論ナシ。サレハ阿佐加片樋宮ハ、長常村ノ神明祠ヲ舊趾トスルソ傍例ニ協ヘル。〇阿佐加片樋宮ニ幸行ノ順路ハ、安濃一志ノ北海ヨリ雲出川ニ入リ、流ヲ泝テ神戸ノ地ニ御船渟メテ幸行セリケム。

との論証(57)に準拠して、ⓖではその順番を入れ替えて「阿佐加片樋宮爾四年奉レ齋支。于時市師縣造祖。建呰古命爾。汝國名何問賜。白久。完往阿佐賀國止白弖。神戸並神田進支。」と阿佐加片樋宮での奉斎が先にあって、その「于時」にあたりて市師縣造祖の神戸並びに神田の献進があったとし文意が通りやすいように構成されていることが見られる。

⑧とⓗの条文比較からは、⑧の「然」をⓗでは「従レ此御船三隻爾乗給弖」と詳述し、また「多氣連等祖。宇加乃日子之子。吉志比女。次吉志比古二人參相支。汝國名何問賜。白久。百張蘇我乃國。五百枝刺竹田之國止白支。又問給久。汝等我阿佐留物者奈爾曾止問給支。答白久。皇大神之御贄之林奉止。伎佐乎阿佐留止白支。于時白事恐止詔而。其伎佐乎令レ進二大神御贄一而。佐々牟乃木枝乎割取而。生比伎爾宇氣比伎良世給時爾。其火伎理出而。采女忍比賣我作之天八十枚加持而。伊波比戸爾仕奉支。故忍比賣之子繼天八十枚加作進留。爾時吉志比女地口御田並麻園進。」とあるのを「多氣連等祖。宇加乃日子之子。吉志比女參相支。汝我阿佐留物者奈爾曾止問給支。答白

久。皇大神之御贄之林奉止。伎佐乎阿佐留止白支。于時白事恐止詔而。其伎佐乎令レ進二大神御贄一支。（略）次飯野高丘宮爾四年奉レ齋支。（略）故神御衣祭乃縁故利奈。従レ此幸行爾。多氣連吉志比古參相支。問給久。汝國名何問賜。白久。百張蘇我乃國。五百枝刺竹田之國止白弖。神田並御麻生園進支。」として、ⓗでは先ず多氣連等の祖である吉志比女と吉志比古の二人を分離、それに伴い二人称から一人称への転換を示す「等」を省略、皇大神の御贄供進の功は吉志比女のみに帰結するものとする。次に佐々牟の木枝による誓火鑽りの古伝である⑧の「佐々牟乃木枝乎割取而。生比伎爾宇氣比伎良世給時爾。其火伎理出而。」と忍比賣等による比良加調進の古伝である「采女忍比賣我作之天八十枚加持而。伊波比戸爾仕奉支。故忍比賣之子繼天八十枚加作進留。」の二節をⓘの元始神嘗祭斎行の一節へと移動する。そして飯野高丘宮での奉斎の時に、先に分離した多氣連等の祖である吉志比古が倭姫命の御下問に対して「百張蘇我乃國。五百枝刺竹田之國止」との答申を行ない神田を供進すると共に、また「故神御衣祭乃縁故利奈。」とある神御衣祭に供する和妙荒妙の奉織の開始と直結する御麻生園も献進されたとする。このようにⓗで変更されたのは『歸正鈔』巻第二において、

○此段ハ片樋宮ヨリ發給テ御船ニ乗御シ、阿佐加ノ澪ヨリ東方ニ向テ浦回ヲ度リマス時、其潟ニ吉志比女、吉志比古二人參相ヘリ。皇女其住所ヲ問ヒ、又所為ヲ問給ヘハ、答白サク、皇大神ノ御贄ノ光映アラセム為ニ、蚶ヲ求テ供進スルナリト答フ。皇女其詞ヲ所聞食テ悦給ヒ、即テ其蚶ヲ大神ノ御贄トシテ進ラシメラル。于レ時皇女大神ノ御心ヲ量リ給フトテ、佐々牟ノ木ノ枝ノ割取テ生ナカラ燧杵ニ造リ、神慮感納アラハ火出ナムト誓言シテ鑽給ヘルニ、其火ヲ得テ即供御ヲ調備シ、忍比賣ニ平瓮作ラシメテ、其レヲ齋瓮トシ盛テ供進セラレシヲ謂フナリ。抑此段ノ事状船中ニシテ有タル事カラニ非ルヲ以テ、竊ニ按ルニ阿佐加潟幸行ノ日、吉志比女等參相テ蚶貝ヲ獻備シ、又佐々牟江宮ニ坐シ時、佐々牟ノ木ニテ誓火鑽リ給ヘルトノ二ツノ

故事ヲ一ツニ混シタルナラム。其證ハ年中行事秘抄引用ノ舊記ニ云ク、垂仁天皇□《御カ》代、倭姫ノ皇女為二ル伊勢太神ノ御杖代一ト、于レ時依二随シ太神ノ詫宣一ニ、従二大和ノ國一向二ヒ伊勢ノ國一ニ、到二リ壱志ノ郡一ニ齋二フ片樋ノ宮一ニ、發レテ従二彼宮一乗二リ三隻ノ船一ニ、向二テ佐々津一ニ御□《船カ》暫留ル、爰ニ夜鳴鳥聞二ユ於葦原一ニ、倭姫ノ皇女遣レシ人ヲ覓ルニ、有二テ一隻ノ鶴一守二八根ノ稲一ヲ、穂ノ長サ八握可レシ謂二ツ瑞稲一ト、倭姫ノ皇女使二メ人ヲシテ苅採一ラ、欲レス供二セム大神之御食一ニ、即折二木枝一ヲ、判シ合セテ出レシ火ヲ、炊二テ彼ノ稲米一ヲ供二奉シ大神一ニ給ヘリ、従二此時一神嘗ノ祭發レリ、故ニ毎レニ至二ル神態一ニ鑽レテ火ヲ炊爨ス、謂二フ之ヲ忌火一ト、良ニ有レリ以ェ也者、ト載タルヲ見ルヘシ。片樋宮ヨリ發テ船ニ乗御シ、佐々津ニ向フトアルハ、此間ニ飯野高宮奉齋ノ事ヲ略セルナリ。佐々津ハ大宮司家ノ所蔵、久安六年十月志貴ノ御厨ノ内撿帳ニ、多氣ノ郡六條六佐々ノ里アリ。此里ノ津ヲ云フナラム。六條六里ニアリトイヘハ、今ノ八木戸濱田等ノ村邑ノ邊ナリシニヤ。其東ニ佐々牟江アリ。其江ヲ泝リテ佐々牟江宮ニ坐セ給ヘル時、彼江河ノ葦原ニ鶴アリテ瑞穂進シ事、此本紀ノ下段ニ見エタル事蹟ニ符合ス。其稲ヲ供御ニセムトシテ、神慮ヲ問ハム為ニ誓燧シ給ヒ、始テ新穀ヲ供シテ神嘗祭此時ニ發ルト謂ヘル、是ノ舊記眞ニ正シキ典故ニシテ、後世ニ至ルマテ事實ノ徴トスヘキモノマヽアリ。下段ニ述ル所ト比照シテ疑ヲ決スヘシ。

○麻園、講述抄ニ云ク、麻園ハ射和村ノ西ニ在ル御麻園村是ナリ、トアルカ如シ。(略) 但機殿御料ノ麻園ナレハ飯野高宮ニ奉齋ノ後ナラテハ故實ニ協ハサルヘシ。

と示された清直の精緻な考証に基づくものであったと見られる。(58) それから、⑧では「飯野高宮」で四年奉斎され、この時に飯高縣造祖乙加豆知命の倭姫命への「意須比飯高國止白」との答申と神田並びに神戸の供進及び倭姫命の御喜悦があり、そして佐奈縣造祖彌志呂宿禰命の倭姫命への「許母理國志多備之國。真久佐牟氣久佐向國止白」との答申と神田並びに神戸の供進があったとするのに対して、ⓗでは「飯野高宮」は本来「飯野高丘宮」であり、その前に「飯高宮」への幸行と奉斎があったとし、同行宮で飯高縣造祖乙加豆知命の事蹟があったとして⑧の当該文をⓗの飯高宮へと移動して「次飯高宮爾令レ坐支。于時飯高縣造祖。乙加豆知命爾。汝國名何止問賜支。白久。意須比飯高國止白而。神田並神戸進支。倭比賣命。飯高止志白須事乎貴止悦賜支。」の一節を形成、続く飯野高丘宮で佐奈縣造祖彌志呂宿禰命の事蹟があったとして飯野高丘宮のところへと移行して「次飯野高丘宮爾四年奉レ齋支。佐奈縣造祖彌志呂宿禰命爾。汝國名何問賜。答白久。許母理國志多備之國。真久佐牟氣久佐向國止白弖。神田並神戸進支。」との一節を作成したのであった。このように改定したのは同書同巻で、

○飯野高宮、飯野ハ倭名鈔ニ、東海ノ郡伊勢ノ國飯野伊比乃、トアル郡名ナリ。内宮儀式帳ニモ、飯野ノ高宮ニ坐支、ト載セ、神名秘書引用ノ機殿儀式帳ニモ、纏向珠城ノ朝廷、倭姫ノ皇女、傳ニキ奉大神一ヲ、齋ニ奉ル飯野ノ高宮一ニ、ト註セリ。下段ニ加筆セル伊勢ノ國風土記ニハ、飯野ノ高丘ノ宮ニ作ル。(略) 後ニ又按ルニ、飯野高宮ハ略稱ニシテ、風土記ニ、飯野高丘宮ニ作ルソ本稱ナルヘキ。サテ其高丘ハ地名ナリ。(略) 神服部内戸納帳ニ、宇保里之分貳段宇保前、貳百文辨河六郎大夫地、今ハ土田殿知行、トアレハ、宇保ハ櫛田河東ノ黒田郷四神田五佐奈ノ邊ニ在タル村邑ナリシニコソ。其宇保ノ内ナル高岡ニ、即此ノ飯野高丘宮ハ建タリケム。

○内宮儀式帳ニ、次ニ飯高ノ縣ノ造乙加豆知乎、汝カ國ノ名ハ何ト問賜只、白サ久、忍飯高國止白支、即神御田并神戸進支、トアルハ此記ニ據テ成文セルナリ。然ルニ其一段ヲ片樋宮ノ次ニ収テ、飯野高宮ノ條下ニ載セス。仍テ熟考スルニ、此本記モ、儀式帳モ、飯高宮ニ奉齋ノ事ヲ脱シタルナラム。太神宮諸雑事記ニ、従ニ三河遠江等國一更ニ還天、伊勢國飯高郡ニ御坐ス、トイヒ、御降臨記ニモ、従レ其遠江國濱名宮仁□年、従レ其伊勢國桑名野代宮仁、従レ其安濃藤方宮仁、従レ其飯高宮仁、トアリ。感語抄ニモ、藤形宮ノ次ニ、其ヨリ飯高

宮、トイヘルヲ以テ證スヘシ。其飯高宮ハ神戸ノ下村ナル神館神明ノ祠ナル事、類例ニ准シテ知ラル。サレハ阿佐賀片樋宮ヲ發シ、一志郡ノ海濱ヲ東シ、飯高郡ノ大口ヨリ篠川ヲ泝テ、神戸ノ地ニ到リ、神館ニ奉齋セラレシナリ。其時乙加豆知命参相フ、ト在タルヲ、飯高宮ヲ脱漏セシヨリ、誤テ飯野高宮ノ條下ニ加入スルナルヘシ。

とした見解に依拠するものであったと考えられる。(59) また『太神宮本記歸正』当該頭注でも「〇飯野高宮、野宇衍、當レ作二飯高宮一、雑事記、御降臨記、載二飯高宮一者、據二此本記之舊文一也、其次當レ在二飯野高丘宮奉齋之事一、伊勢國風土記存二其名一。」と提言していることが確認できる。それから清直はこの飯野高丘宮における貴重な古伝として、⑧の条文つまり『太神宮本記』には記載されていない神御衣祭の始原を物語る、「是時八尋機殿乎。長田里爾造立弖。天御桙命乃孫。神服部。天八坂比古命乃孫。神麻續部等乎司止為。天八千々比賣命乃孫等乎織女止為弖。和妙荒妙乃宇都波多之神御衣乎令レ織支。故神御衣祭乃縁故奈利。」という一節を『機殿儀式帳』や『伊勢國風土記』等より導き出して⒣に記述している。これは次の⒤の条文にも関連するが、清直の神宮祭祀の淵源を神宮古伝に希求するという『神朝尚史』編纂の姿勢を表明するものと捉えられよう。

⑨と⒤の条文を検討するにあたり、重視しなければならないのは⒤に「故神嘗祭仕奉始流縁那利。」と記載されていることであり、清直は佐々牟江宮で元始神嘗祭が斎行されたとする独自の見解を示していたことにある。つまり、『歸正鈔』巻第二で、

〇此佐々牟江ノ行宮ニ坐シヽ時、眞鶴稻穂ヲ獻セシ祥瑞アルヲ以テ、烏草樹ノ生枝ヲ割テ、誓火鑽シ給ヒ、忍比賣ニ明器ヲ造ラシメテ、始テ新穀ノ御饌ヲ供進シ、神嘗祭コヽニ権輿セリト謂フハ、此本記ノ古傳ナ

リシヲ、後人ノ改作錯亂セシナル事、既ニ其毎條ニ辨論スルカ如シ。（略）然テ又忍比賣ノ明器造レル遺跡ハ、大淀名勝志ニ、有爾町、西大淀ノ里ヲ去事五町許シテ、西ノ方ニ有爾町トイフ所有、昔日此地ニ有爾ト云ル郷有テ、太神宮ノ瓦器ヲ作リ獻セシトナム、今ニ至テ瓦器ノ碎タルモノ多ク積レリ、又土器ノ土ヲトレル跡、此彼ニアリ、今其地ヲ田畠トシテ、カハラケ田ナト丶號ス、何ノ比ニカ有ケム、此里ヲ同郡齋宮ノ傍ニ移シテ、有爾ノ郷ト號ストナム傳聞ケリ、ト載タル舊地即チ是ナリ。其地ノ西ニ八木戸村アルハ焼處《ヤキド》ニテ、土器ヲ焼キタル古迹ナラムカ。佐々牟ノ木及平瓫造リシ實徴ノ今猶大淀ニ存シテ、古文ノ錯亂ヲ改正スル據トナレル事奇ナリトヤ謂ハム。

と論じたことにより、[60] ⓘにおいては⑧の「佐々牟乃木枝乎割取而。生比伎爾宇氣比伎良世給時爾。其火伎理出而。采女忍比賣我作之天八十枚加持而。伊波比戸爾仕奉支。」の一節を佐々牟江宮のことが語られるところに移動させて挿入、元始神嘗祭斎行の古伝を明確するのであった。それから、ⓘの条文の文末の方には⑧に存しない「爾時竹連吉比古。根椋御刀代乃神田進支。」の記述が補完されている。これは同書同巻に、

○内宮儀式帳ニ云ク、而テ多氣ノ佐々牟迤ノ宮ニ坐支、彼ノ時、竹ノ首吉比古乎、汝カ國ノ名ハ何ト問賜只、白サ久。百張ノ蘇我乃國、五百枝刺ス竹田國止白支、即櫛田根椋ノ神御田進支。トアルハ此記ニ據レリト見エナカラ、佐々牟江宮ニ奉齋ノ日ノ事トセルハ正シ。以テ此本記ノ錯亂アル事ヲ察スヘシ。

とある考証に依るものであろう。[61] またこの一節に続けて清直は竹連吉比古の根椋神田供進に併せて⑧で記載される「故忍比賣之子繼天八十枚加作進留。」という土器調製も行われたと判断し、ⓘの条文末に移動させて付加し

たのであろう。但し、⑧の「抜穂波號二細税一。大苅號二太半一弖。御前懸奉。天都告刀。千税餘八百税止稱白弖仕奉。」と記述する一節をⓘではなぜか採用していないことに関しては今のところ不明である。

⑩とⓙの条文においては、ⓙでは『歸正鈔』巻第三で論じるように⑩の「速河比古」に「須麻留女神兒」を、「高水神」には「大水上神兒」を『皇太神宮儀式帳』に基づいて修飾する。そして瀧原宮創立の際に⑩の条文にⓙで「爾時倭比賣命乃御夢爾。皇大神悟給久。」との文を挿入したのは『歸正鈔』巻第四で、

○元本、悟字ヲサトシシト訓ス。然ル時ハ上ニ脱文アルヘシ。試ニイハヽ爾時倭比賣命乃御夢爾皇太神悟給久此地波云々、ト續ケル十六字ナラム。

と見られることに従っており、(62) また『太神宮本記歸正』当該頭注で「令坐支下、當レ在二爾時倭比賣命乃御夢爾皇大神悟給久十六字一。」とも述べられている。そして、倭姫命は瀧原の大河の南道より宮處を求めて⑩では美野に直接到られることとなっているが、ⓘでは『歸正鈔』巻第四に見られる、

然ルニ天照大神御降臨記尾張大須寶生院所蔵、貞和二年壬九月二十二日書寫ノ跋アリ。云、従レ其志摩國多古志宮仁、従レ其宇久良宮仁於波志末□(志カ)計留、如是年来ノ間、諸ノ所々仁御座計流程仁、古久佐宇止云人々ノ多田畠ヲハ進タルナリ、今神戸ト申ハ此ヲ申也、ト記シ、感語抄ノ遙拝記ニハ、飯高宮ノ下ニ、其ヨリ志摩ノ玉串《タマクシ》ノ宮、其ヨリ宇蔵《ウクラ》ノ宮ニソ御坐アリケル、トアリ。多古志ハ多末久志ノ約轉ナルカ。但一之瀬谷川上村ニ玉串屋鋪トイフ處アレト、伊勢國ナレハ志摩トアルニ協ハス。神宮雑例集ニ、御鎮坐之昔、國造貢進志摩國鵜倉神戸、慥柄神戸、トモアレハ、此時志摩國マテ幸行アリタルコトハ著明ナリ。(略)此等ノ證蹟ヲ以テ大河南道ヨリ嶋國幸行ノ順次ヲ辨知シ、此本記ノ闕典ヲ補フヘシ。

との考証により、(63) 倭姫命は「志摩國多古志宮爾令レ坐支。次同國宇久良乃宮爾令レ坐支。爾時嶋國造。神田並神戸進支。従二其處一還幸行弖。」とある志摩国へ幸行され同国多古志宮・宇久良乃宮での奉斎と嶋国造の神田並びに神戸の献進があった後に、再び伊勢国に還行なされて美野に到られる経緯が付加されている。このことを追認するかのように『太神宮本記帰正』当該頭注で「〇幸行爾下、當レ在下志摩國多古志宮、次宇久良宮奉齋、國造進二神戸一之事上、御降臨記、雑例集、載レ之、據二此舊文一也。」との意見が付記されている。

⑪とⓚの条文において相違しているところに注目すると、先ず『帰正鈔』巻第三でも主張するように『皇太神宮儀式帳』に基づき、⑪の「久求都比古」に対してⓚでは「大水上神兒」を補足、「園作神」は「曾奈比々古」という神名であったことを明らかにし、「荒崎日女」については「國生神兒」にあたることを付言していることが見られる。それから、⑪で「大若子命乎神國造兼大神主止定賜支。神館造立。物部八十友諸人等率。雑神事取惣供奉。」と記す一節に、ⓚでは更に厳密にすべく「于時大若子命白久。己我先祖天日別命爾賜志。伊勢國内礒部河與利以東乎。神國止定奉止白支。故」「有爾之鳥墓爾神庤乎」「為二雑神政所一。」との語句等を補足し、且つ「神館」から「神庤」に変更する。これは『帰正鈔』巻第四において、

〇大若子命乎神國造兼大神主止定賜、大同本記云、皇大神御鎮坐之時大幡主命白久、己ヵ先祖天ノ日別ノ命ニ賜シ伊勢ノ國内礒部河ノ以東ヲ神國ト定奉ラム、飯野多氣度相坪也。即大幡主ノ命ヲ神國ノ造并大神主ト定給支、又云ク、度會神主等ノ先祖大若子ノ命乎大神主止定メ給フ、トアリ。此義ヲ詳ニスルニ神武天皇登極ノ日天日別命ヲ以テ伊勢國造ニ定賜フ。其第二子彦國見賀伎建與東命礒部河ヨリ東ヲ分領シテ礒國ニ住シ従レ其四世大若子命ニ至ル。然ルニ皇大神其部内ナル宇治ノ伊須々河上ニ鎮坐シ給フヲ以テ、己カ領セル礒部河東ノ地ヲ神領ニ獻シ、神國

ト號シテ伊勢國造ノ所管ヲ離レ、別ニ神國ノ造ノ職ヲ申テ已レ之ニ任シ雑務ヲ執行シ神事ヲ兼務スルヲ謂フ。
○神館造立、講述鈔ニ、神館ハ今ノ齋館ノ濫觴ナリ、ト注セルハ不勘ナリ。内宮儀式帳ニ云ク、従二纏向珠城ノ朝廷一以来至二ルマテ于難波長柄豊前ノ宮ノ御宇天皇ノ御世一ニ、有爾ノ鳥墓ノ村ニ造二リ神庤一ヲ弖為二テ雑ノ神政所一ト仕奉支、トアル神庤ノ創立ヲ謂ヘルナリ。國ノ造此神館ニシテ神國ノ雑務ヲ執行シ来レルニ、大化五年ニ山田原ノ度會郡家ニ合セ建テ神庤ノ號ヲ停メテ太神宮司ト稱ス。此御世ノ改革ニ依テ神國ノ造大神主ノ職ヲモ廃セラレタリ。

と論述したことにその根拠が求められよう。(64)

⑫と①の条文で注視されるのは、⑫の倭姫命の志摩国御巡幸の御主旨であられた御贄処祝定に関する事柄を鮮明にするために、①で「神嘗乃由貴乃朝御饌夕」「到給。于時嶋國造。神戸進支。」との語句を補完していることである。その事由は『歸正鈔』巻第五で、

○御膳御贄處定幸行トハ、九月神嘗祭ノ十六日ノ夕御膳、十七日ノ朝御膳ノ御廻ニ供進スル御贄ヲ漁シ獲ルヘキ處ヲ定メ置キ給ハムトテ幸行スナリ。(略)
○國崎嶋、神宮雑例集云、神戸七ケ國在二廿一ケ處一、御鎮座之昔國造貢進、志摩國國崎本神戸、右國崎嶋者朝夕御饌御贄之所也、トイヒ、國崎村所蔵、(略)建仁三年十一月四日辨官ノ符ニ云ク、二所太神宮使等去九月廿六日ノ注文ニ偁ク、當神戸者、恭モ皇太神宮御垂跡ノ昔、為二リ國造貢進ノ地一、謂二ハ其四至一ヲ者、東ハ限二リ大海一ヲ、南ハ限二リ奈久佐濱一ヲ、西ハ限二リ大石ノ淵滑石一ヲ、北ハ限下自二瀬上ノ山一、谷峰ノ草木分通、海者鳥石一嶋上。(略)志摩國ノ東ニ出タル崎岬ナリカシ。此地ヲ國造ノ進リシコト此記ニ脱セレト、明徴如

此クナレハ論ナシ。併當時ノ國造姓名ヲ詳ニ知カタシ。

と論じたことに依拠しているものであろう。[65]

⑬とⓜの条文の比較からは、⑬の条文の大意がⓜの「此乎夕朝乃由貴供奉止號布縁利奈。」という専ら皇大神宮神嘗祭由貴大御饌の原由にあるので、ⓜでは、先ず「大宮内爾由貴乃御饌殿乎造立。」を文頭に移動させ、次に『歸正鈔』巻第五で、

然テ神嘗祭由貴ノ御饌ニ供スル新穀ハ、宇治ノ郷家田《ヤダ》ノ抜穂田ノ稲ヲ用ル例ナレト、元始ハ此鶴ノ捧シ瑞稲ノ米ヲ炊爨シテ供進セラレツルナリ。秘抄ノ舊記ニ、倭姫ノ皇女使ニテ人ヲシテ苅リ採一ラ、欲レシテ供ニムト大神ノ御食一ニ、即折ニリ木ノ枝一ヲ、判合セテ出レ火ヲ、炊ニキ彼ノ稲米一ヲ、供ニ奉リ大神一ニ給フ、トアルカ如ク、彼瑞穂ヲ御饌ニ供セムト欲シ給ヘト、大神ノ冥慮如何アラムト宇氣比給ハク、此瑞穂ヲ受納シ給フナラハ生木ニテモ火鑽出シテムト誓言給テ、行宮ノ近キニ在シ佐々牟ノ木枝ヲ折取テ生鑽杵ニ作リ、刺合セテ鑽リ給フ時、火鑽出シ給フカ故ニ、歓給テ其火ヲ以テ彼稲米ヲ炊カシメ、始テ神嘗ノ由紀ノ御饌ニ供奉シ給ヘルナリ。此本記ニハ懸税ノコトノミヲ述テ、供御ノコトハ漏シタレト、上件阿佐加々多ノ條ニ誓火鑽ノ古事ヲ錯置ナカラモ傳ヘシヲ見レハ、舊記ノ正實ナルコトヲ知ルニ足レリ。寔ニ舊記ノ如クニアラサレハ、佐々牟木ノ誓鑽モ、忍比賣ノ齋瓮モ了解スルコト能ハサルヘシ。阿佐加々多ノ條ニ注セシト併見シテ信ヲ取ルヘシ。

と述べているように、[66] 物忌の兄比女が、『皇太神宮儀式帳』によって「大田命乃定奉留。御刀代乃宇治田乃稲乎」と詳しく説明された御常供田の稲を抜穂に抜いて舂炊ぎ、それを元始神嘗祭斎行のⓘにおける佐々牟江宮でも記

載された「采女忍比賣我造進留。天八十枚加爾盛滿」という、采女忍比賣が調製した天八十枚加に盛り満たせて、大物忌の大宇禰奈と共に「由貴乃大御饌」を供奉したことを明確にする。そして、ⓜで文頭に移動した「由貴乃御饌殿乎」に呼応するように⑬の「御酒殿」の上に「湯貴乃」を冠して「神酒」も「白酒黒酒乃神御酒」と詳細に表現したことが窺知されよう。

以上『太神宮本記歸正』の条文と『神朝尚史』の対応条文の比較検討から、全体を通しては若干の文字の異同や語句の改訂及び省略、また文章配置等に相違は認められるものの、『太神宮本記歸正』の条文を矛盾なくそのまま『神朝尚史』では採用していることが是認される。しかしながら、『歸正鈔』等での考証成果を参照にすると、あくまでも主に加茂岡本本『倭姫命世記』に忠実であるべく編纂された『太神宮本記歸正』の条文に対して、『神朝尚史』の当該条文では、『太神宮本記歸正』で漏れたり、或いは語り尽くされていないと判断されたところはできる限り説明を施すべく種々補完していることが容認される。これは『太神宮本記歸正』で提示できなかった貴重な神宮古伝を『神朝尚史』では余すことなく表現し編纂するという清直の意図や方針が汲み取れると考えて差し支えあるまい。このような『太神宮本記歸正』と『神朝尚史』の編纂方針の相違からすると、両書は共に『歸正鈔』から派生したと見てよく、『歸正鈔』を同じ親とするいわば兄弟関係ともいうべき関係にあって、『太神宮本記歸正』と『神朝尚史』はほぼ同時期に編纂が始められ、『太神宮本記歸正』が成立した明治二十二年九月頃には『神朝尚史』全三巻は成立していたと考えられるが如何であろうか。

五　『神朝尚史』の成立と平田篤胤の『古史成文』の影響

それでは最後に、『神朝尚史』全三巻の成立に最も影響を与えた書物について考えてみたい。結論からいえば、筆者は平田篤胤が『古事記』に倣って神代から推古天皇の御代までの古史を鮮明にしようと試みた『古史成文』ではないかと思量している。平田篤胤著『古史成文』については、田中義能氏は『新修平田篤胤全集』第一巻「『古史成文』解題」で、

『伊吹能舎先生著撰書目』に曰はく、『古史成文』十五巻、「此書は、『古事記』、『日本紀』、『古語拾遺』、『風土記』をはじめ、諸の古書に有ラゆる事實を、悉く撰集めて、『古事記』の文法に倣ひ神代より推古天皇の大御代までを記されし書なり」とあるも、刻成り出版せられたのは、神代巻三巻である。三巻は、通じて百六十五段に分つてある。而して此の書の書名に就いて、翁の説に従へば、古史とは、主として『古事記』、『日本紀』の如きを謂ひ、「成文とは、その古史の文を採り合せて、綴り成たれば號へり」（古史徵）と云つて居る。

本書撰述の由来に就いて、翁自ら曰はく、「己《オノレ》、この學に入しより七年ばかりは、『天祝詞』、『日本紀』、『姓氏録』、『古語拾遺』などに、『古事記傳』を始め、師の著はされたる書《フミ》を合せて、其説のまに〱読み習へるに、古傳に彼此と異なる説の多かるが、心にかゝりて、真の傳は必ず一つあるべき物なるに、如此異説あるは心得がたしと、不審《イブカシ》く、また『古語拾遺』に、「國史家牒モ猶有レ所レ遺ル」と有ルを、いとも不足《アカズ》思へりし云々」と。尚、曰はく、「己《オノレ》、いかで其ノ神世の異説を正し明《アカ》し、國史に遺漏《モレノコ》れる古傳を傍《カタヘ》の書等《ドモ》より、摭《ヒロ》ひ採《ト》りて、一貫《ヒトツラ》に見通すべく、別《コト》に綴り記して試《ミ》ばやと思ひ設けたれど、容易からぬ事《ワザ》なれば、黙止《モダ》在《アリ》つる」（古史徵）と、古史編修の志、切なるも未だ機熟せずして、著手するに至らなかった。偶々文化八年十月、駿河の國府に赴き、門人柴崎直古の家に滞在し、講席を開いたが、年末休講に當り、門人等の勧むるまゝに、十二月五日より、一室に籠り、殆んど徹夜の勢を以つて、連日連夜編修に従事し、年の盡日を以つ

て、本書三巻の稿を脱し、同時に『古史徴』、『靈能真柱』等の稿を成した。

昔、孔子は『春秋』を撰んで、「我を知るものは、夫れたゞ春秋か」と云つたが、翁も亦本書を著はすや、「阿波禮、篤胤を知るもの、それ唯々この成文なるかも。篤胤を誹るものも、それ唯々この成文なるかも」と云ひ、此の書を以つて翁の學説の根柢として居る。かくて本書三巻は、文政元年に出版せられた。

と紹介され、[67] また、芳賀登氏は『新修平田篤胤全集』第一巻付録月報6所収「解説（六）」にて、

古史成文　文化八年、三巻成立。十五巻説は裏付け全くなし。

（略）

はじめは、「古史成文」というのでなく、「古史」と称せられたらしい。それがのち「古史成文」とあらためられたようである。「古史成文」は「著撰書目」をみると、「十五巻神代巻部三巻刻成」とあり、文政元年六月刻成「古史成文神代部三巻」（伊吹能舎蔵版）として、京・江戸・大坂の書肆から発行されている。

「古史成文」は、平田学の特色を示している。しかも平田学の方法を示している。彼は古伝を墨守することを否定し、「道に心の原からぬわざならし」（「三大考弁々」上）とのべているように、古代と経験的事実を混同し、経験的事実にもとずく解釈がおこなわれ、すべてあるべき理を先行させることになり、それがいささか主観的・恣意的となる可能性を秘めている。

しかしその反面、合理的解釈となり、規範的性格を介在しうる古道学的性格をもつこととなる。それが「古史成文」をまたつくらせる内的契機となっている。「古史成文」は「諸古典に見えたる伝へどもを通考《まじへ》て、新に撰びたる古史の文なり」（「霊能真柱」上）とあるように、多くの古典・古伝から真実の古伝をえら

び出しあつめ、編纂するもので、これが古典よりもはるかに古史に近いと考えている。

「古史成文」は、神代部上・中・下の三巻からなっている。これが古事記にならって推古朝までのつもりであったが、三巻でおわってしまっている。しかし篤胤のあふれるがごとき自信は、「阿波礼篤胤を知るもののそれ唯この成文なるかも」(「古史徴開題記」)とのべていることからも窺える。

それだけに、「古史成文」づくりの中に、篤胤の古史学の方法をみるべきではなかろうか。

この成文は、古事記・日本紀以下、六国史・古語拾遺・律令格式・風土記・旧事記をはじめあらゆる古書より、古史の文をとりあわせて、つづりあわせたものであった。

(略)

「古史成文」は神代の部百六十五段とせるが、それにもとづき、一段毎に詳したものが、「古史伝」である。これは古道の真意を示したものとのべている。したがって「古史成文」は、古史の本質にかかわるものをあきらかにしたことになる。

「古史成文」は神代三巻のみで、著述目録に十五巻とあるのはあやまりで、秋田図書館にある「古史成文」の稿本は七巻までおわっている。もちろん篤胤は、神代部でやめるつもりであったのではない。したがってこれも未完のままにおわったものといえるのではないか。

と述べられ、続いて同氏は同全集補遺一付録月報19所収「解説(十七)」では、

今回収録した四~七之巻は、神代部に引きつづいて、神武天皇(橿原宮紀)から筆を起こし、仲哀天皇(橿日宮紀)で終っている。「著撰書目」によれば、「神代より、推古天皇の大御代までを記されし書なり」

とあり、なおこのあと書きつづけるつもりであったのだろうか。

少なくとも神代の部でやめるつもりではなく、もっと書きつづけるつもりであったのが、「古史伝」をはじめたら、なかなかおわりそうもないこととなってしまって、というのは、かなり多くの文献を読まぬことには注釈もできないと考え、そのため「古史成文」の神代の部以降をととのえようと考えながら、これ以上展開することを差控えたいと考えるようになったのではあるまいか。

したがって今回収録した部分は、充分に自分の見識をまとめえていないらしく、「古史成文」のスタイルに調整されていない。よみがなも、すべてについているわけではないし、欄外にもいろいろ注記がでている。また付箋がつけられ、「神社考」が引用されている。

（略）

かかる壮大なこころみを抱懐しながら、篤胤の古史学が挫折したのは、どこに要因があったかというと、その様な畢生のライフワークを成功させるためには、余暇と資産とが必要であった。それが思うにまかせぬ故に、篤胤門人の拡大と共に、著書刊行、資金づくりのために苦闘し、江戸社会とのつながりを考えざるを得なかったのである。

（略）

「古史成文」四之巻以降については、秋田の伊藤裕氏により、その存在が知られていたが、まだ自筆稿本は確認されていない。その意味でも、今後とも平田篤胤のものについては、精査をして慎重な解題をつけることが望ましいと考える。

と説明された。(68) それから、三木正太郎氏は『平田篤胤の研究』「第三章　篤胤學の成立　第一節「日本書紀」と

「古事記」―「古史成文」の立場―」において、

殊に感謝すべきは「日本書紀」の慎重なる編纂態度であった。数多くの編者たちが、それぞれ見及んだ記録をば漏らさず収録し、異傳をも列挙したことであった。しかし眞の傳は必ず一つでなければならない。異傳異説が並存するまゝにしておいては、初學の者が適従に迷はざるを得ず、正傳を考證し確定する必要がある。もともと「書紀」の編者が異傳を採録された趣旨は、後世に未見の古籍の現はれるのを待ち、「後に見む人の心をもて、撰び採らしめ」ようとする意圖に他ならない。（略）

ここにおいて篤胤は「日本書紀」撰述の際の意圖を汲みとり、その精神を継いで、宣長學に導かれて學び得た力、自己の知見によつて、古傳を整理し、古代の正しい事實を確定しようとした。これがすなはち「古史成文」であり、またそれに伴ふ「古史徴」、「古史傳」の著述であつて、篤胤の學問の骨格を形成するものであつた。同じく國學者の道統に属するものではあつたが、篤胤は宣長に比して、國語學者としての性格よりも、むしろ歴史學者としての色彩が強かつたとしなければならない。

かくして篤胤は文化八年十二月五日駿河の門人柴崎直古の家で、門人の勧めに従ひ「古史成文」などの著述に着手したのであつた。その時「祝詞式」、「神代紀」、「古事記」、「古語拾遺」、「新撰姓氏録」、「出雲風土記」、「古事記傳」などを借り集め、これを資料として彼此縦横に考證し、翌年二月自宅に歸つた後は、さらに弘く古書を參照したのであるが、それら古典の中心をなすものは、「古史とは日本紀古事記の二典をいふ」といへる如く、飽迄記紀二典であつた。そしてその中、「古事記は善くも悪くも本末《モトスヱ》通して、一貫《ヒトツラ》に撰び立たる記《フミ》」であるから、「姑く本書に立置」くのであるが、「日本紀」には、「古事記に見えざる珍しき貴き傳への多」く、弘く古實を傳へてゐる點においてこれを重視する態度を明らかにし、同時に古意古言尊重の傳統的立場をもつて、「日本書紀」に漢文飾のために讀みがたき所があれば、「大抵は古言《フルコト》に訓み復し、其ノ訓を古事記の文例に倣ひて」文を作成するといふ、用意と努力とをもつて「古史成文」の述作に當つたのであつた。

と論述されたのであった。[69] この三者の解説の要点を筆者なりに纏めると、

一、『古史成文』が篤胤の古史研究の中核に位置しており、それを補うべく執筆されたのが『古史傳』や『古史徴』であったこと

二、文化八年（一八一一）十二月五日駿河の門人柴崎直古の家で、門人の勧めに従って『古史成文』の編纂に着手し脱稿して、翌年二月に帰宅し程なくして神代巻三巻を完成させ、文政元年（一八一八）六月に版本として出版されたこと

三、『古史成文』は初学者のために篤胤が『日本書紀』における異伝尊重の編纂姿勢を尊び、『古事記』『日本書紀』以下六国史をはじめ『古語拾遺』や『祝詞式』等あらゆる古書より古伝を整理し撰定して、神代から古代に至る正しい古伝を一貫に見通すべく編纂されたこと

四、『古史成文』は古事記の文例とヨミに倣い、その条文は作成されヨミガナも付されたが、完全にヨミが付されたのは神代巻三巻のみであったこと

五、当初『古史成文』は神代から推古天皇の御代までの全十五巻の編纂を企画していたが、実際に編纂されたのは神代巻三巻と稿本の四之巻～七之巻（神武天皇～仲哀天皇に相当）の計七巻であって、最終的には未完に終わってしまったこと

の五つの項目に纏められるであろう。

中でも全体的な『神朝尚史』の編纂手法と記述法を考察する場合、右の三項目と四項目とは重視される。なぜならば、三項目における篤胤の『古史成文』編纂における趣旨と手法は、そのまま『神朝尚史』の編纂にも通じていると見られるからである。つまり『古事記』や『日本書紀』をはじめ『古語拾遺』や『太神宮本記』将又『大同神事供奉本記』等あらゆる古書から神宮に関する条文を抄出整理した上で、神代と上古から中古に至る神宮の正しい古伝と歴史を一貫に見通すべく編纂されたのがまさしく『神朝尚史』ではなかったかと考えられるからである。また四項目よりは篤胤が『古史成文』の神代巻三巻の全条文に『古事記』のヨミに倣ってヨミガナを付したことが知られるが、清直もおそらくこの『古史成文』のスタイルに准じて『古事記』のヨミにできるだけ倣って『神朝尚史』巻第一の全条文と『日本書紀』の記述範囲を意識したのか同二巻の持統天皇の御代までの条文に対しては完璧なまでにヨミガナを付していることが認められるからである。

それから、平田篤胤が『古史成文』に『太神宮本記』の条文が内在する『倭姫命世記』を採用していることについて、再び引用するが清直は『歸正鈔』敍由において、

> 又平田篤胤ハ、古史徴ニ、倭姫命世記ハカク題號ヶタルハ後ニテ、彼記ナル事實トモ半スクルホトハ、後ニ次々ニ書加ヘタル事トモナレトモ、其元本ハ決ナク雄略天皇ノ御世ヨリ以前ニ記セル書ト見ユ、トサヘ謂テ、古史成文ニ採用セリ。

と述べて評価していることは注目される。事実『古史成文』五之巻の水垣宮紀と玉垣宮紀における皇太神宮創祀

にまつわる記述を見てみると、

（崇神天皇）六年云年、百姓流離而或有叛者矣、以御徳難治勢也、故甚惕坐而請祈于神祇矣、爾自往昔天照大御神倭大國魂二柱之神者並祭於天皇大殿之内矣、然畏敬其神之御威而住于同殿不安所思矣〇書紀、於茲令齋部氏率石凝度賣神之裔・天目一箇神之裔而〇古語拾遺、取天香山白銅黒金《マガネ》〇鎮座傳記更鋳鏡造劔而為護身之御璽矣此令治者天日嗣之時、所献之神璽之鏡劔也、仍而於倭笠縫邑殊立磯城神籬而奉遷天照大御神及村雲劔令皇女豊鉏入姫命奉齋矣、其遷祭之夕宮人皆参而終夜宴楽而歌曰、美夜比登能於保與須我良爾伊佐登保志由伎能與呂志茂於保與須我良尓今俗歌曰、美夜比止乃於保與曾許侶茂比佐止保志由伎乃與侶志茂於保與曾許侶茂曾者詞之所轉也、〇古語拾遺(70)

三十九年云年三月三日、天照大御神遷幸于但波之與佐宮積四年奉齋矣〇鎮座傳記・世記(71)

（垂仁天皇）二十五年云年春二月、詔阿倍臣遠祖武渟河別命・和珥臣遠祖彦國夫玖命・中臣連遠祖大鹿嶋命・物部連十千根命・大伴連遠祖武日命五侍臣曰、先皇厚禮祭天神地祇之社而人民富足天下太平也、今當吾世而豈将《イカデ》レ怠乎詔而三月〇書紀、是時豊鍬入比賣命年既老坐之故、奉レ離二天照大御神一而以倭比賣命為御杖代以二上ノ五人之臣等一為御送之驛使而令求鎮坐大御神之地而、先於三輪之御諸原造齋宮而齋始矣〇儀式・書紀、爰倭比賣命之御夢誨曰、於下坐《マシ》二高天原一ニ吾見之國上可レ居レ吾誨矣〇世記、於是倭比賣命奉頂大御神發三輪之御室而奉求願賜國之時、以御送驛使武渟河別命・彦國夫玖命・大鹿嶋命・十千根命・武日命為使而令入坐矣、于時坐于菟田阿貴宮、次坐于筱幡宮矣、於其地大倭國造等奉進神御田・神戸矣、次坐于伊賀穴穂宮、次坐于阿閇柘植宮矣、於其地伊賀國造等奉進神御田并神戸矣、次坐于淡海坂田宮、次坐于美濃伊久良河宮、次坐于伊勢桑名野代宮矣、坐レ于二其宮一時、於伊勢國造遠祖建夷方命問二汝國之名何一、則白神風伊勢國而即奉進神御田并神戸矣、次河曲、次坐于鈴鹿小山宮矣、彼時、於川俣縣造等遠祖夫比古問汝國之名何、則白味酒鈴鹿國而奉進神御田并神戸矣、次於安濃縣造真桑枝問汝國之名何、則白草蔭安濃國而即奉進神御田并神戸矣、次坐于壱志之藤方片桶宮矣、彼時、於壱志縣造等遠祖建呰子問汝國之名何、則白完往呰鹿國而即奉進神御田并神戸矣〇儀式、于時安邪加嶺有伊豆速振神百往人者五十人取殺、四十往人者二十人取死焉、因茲而倭比賣命不得入坐而、於朝廷進上大鹿嶋命・玉櫛命・大若子命而奏彼神之事、則天皇詔曰、其國者大若子之先祖天日別命所平之山也、汝大若子命宜和鎮其神也、詔而賜種々之大御手物而返遣矣、於是大若子命於阿邪加嶺平鎮其神而労祠矣、爾倭比賣命歓坐曰二宇禮志一ト矣、故號其處謂宇禮志也〇世記・風土記、於是荒振神鎮而後、早馬使大稲毘古御共奉仕而進往矣、爾於飯高縣造乙加豆知問汝國之名何、則白忍飯高國而即奉進神御田并神戸矣、故坐レ于二飯高宮一矣、彼時、於佐奈縣造御代宿禰問汝國之名何、則白許母理志多備國真久佐牟氣草向國而即奉進神御田并神戸矣、次坐于多気佐々牟迤宮矣、彼時、於竹首吉比古問汝國之名何、則白百張蘇我國五百枝刺竹田國而即奉進櫛田根掠神御田矣、次坐于玉掇磯宮、次坐于百船度會國佐古久志呂宇治家田々上宮矣、于時於宇治大内人仕奉宇治土公等遠祖大田命問汝國之名何、則白百船度會國、此川名者謂《マヲス》二佐古久志留伊須々能川一ト、於《ニ》二此川《コノカ》上一有好大宮地也矣、於是倭比賣命即所二見好《ミソナハシヨキ》大宮地一ト定矣〇儀式、于時大御神誨倭比賣命曰、是神風伊勢國則常世ノ浪之重浪歸國也、傍國可怜國也、欲《ムヲラ》レ居二于是國一焉、因《カレ》随其御教而明年冬十月奉遷于度遇伊須受能河上而〇書紀、令《ノリゴチ》于大幡主命・物部八十部緒人等而、伊須受之原荒草木根苅掃大石小石造平而於二高天原千木高知於下津石根一大宮柱太敷立而、天照大御神竝荒魂宮・和魂宮奉《タテマツリ》レ令二鎮坐《シヅメマサ》一矣、此時大御神誨倭比賣命之御夢曰、我坐于《ニ》二高天原一而瓺戸押張而見求之地、則此處也、於是奉御使而奏二上御夢之状于天皇《ニ》一而終夜宴《トヨノアカリシテ》楽而舞歌《ウタヒマヒキ》矣、爰倭比賣命朝日来向國・夕日来向國・風音不《ヌ》レ聞國《キカクニ》・弓矢鞆音不レ聞國、大御意鎮坐國也、國壽矣〇世記(72)、

と記されている。右に掲出した資料からは、先ず篤胤の『倭姫命世記』における古伝承を極めて尊重する姿勢が窺われる。そして篤胤が『古史成文』において『皇太神宮儀式帳』や『日本書紀』等と共に『倭姫命世記』に記載される内容の中で特に古史として認めたものは、概ね豊鍬入姫命と倭姫命の御巡幸地やその行宮、そして皇太神宮の創建等に関する記述であって、これはほぼ清直が『太神宮本記』の復元条文として是としたものと重なっていることが容認される。また、篤胤は『倭姫命世記』のみならず『日本書紀』や『古語拾遺』、『皇太神宮儀式帳』や『御鎮座傳記』等に記載される皇太神宮創祀に関わる正なる古史を広く採集し考証して、その過程や事情等を『古史成文』でできるだけ詳細に、且つ明らかに表現しようと試みているが、清直の『神朝尚史』編纂においても同様の傾向があって、しかも両者が注目し古史を伝えるものと判断された条文や記事内容はよく類似していることが看取される。それから篤胤は古史を成文した際には必ずその文末に出典名を明記しているが、この出典名を明記する仕法は清直も『神朝尚史』全三巻にわたって採用していることが認められる。このようなことから勘案すると、清直の『神朝尚史』編纂の構想はどうも篤胤の『古史成文』に一つの大きなヒントを得ていたのではないかと考察されるのである。

そして、清直には増補大神宮叢書『神宮神事考證』前篇所収「逸大同本記解題」で、

本書は平城天皇の大同元年に両宮の禰宜より撰進したりと云ひ傳へらるゝ謂はゆる大同本記大同元年二宮神事本記又は大同元年二宮供奉神事上代本記とも云ふ。の逸文を、釋日本紀、神宮雑例集、皇大神宮儀式帳、皇字沙汰文等の諸書より拾集したるものなり。

本書は平田篤胤の編なる大同本記逸文を基とし、註を加へて其の次第并に字句を校訂したるものなり。

と説かれ[73]、篤胤が編集した『大同本記逸文』を校訂した『逸大同本記』一巻の存在があるのは極めて重要であ

る。この『逸大同本記』の条文は『神朝尚史』巻第一でよく『大同神事供奉本記』として引用されたものに当然合致しており、崇神・垂仁天皇朝の豊鍬入姫命と倭姫命の御巡幸に関する記述もさることながら、天孫邇々芸命が高千穂峯に御降臨されて高千穂宮御経営の際に、度会氏の祖先神である天牟羅雲命が御水取りの業を行い同宮の御井を設置した功績と忍穂井の御水の起源を物語る古伝や、或いは豊受宮の創祀と御饌殿の造立並びに日別朝夕大御饌の開始を告げる古伝とは極めて特異なものであって、いわば『大同神事供奉本記』にしか見られない特有の条文となっている。

先ず前者の古伝について、平田篤胤は『古史成文』三之巻百四十三段の本文で、

爾《コヽニ》天兒《アマノコ》屋《ヤ》根命《ネノミコト》。於《ニ》二皇美麻命《スメミマノミコトノ》之御前《ミマヘ》一仕奉《ツカヘマツリテ》而。以《ヲ》二天忍雲根命《アマノオシクモネノミコト》一。於《ニ》二神魯岐《カムロギ》神魯美命《カムロミノミコトノ》之御前《ミマヘ》一。受《ウケ》給《タマハリマヲシニ》申而。奉《タテマツリ》二上《アゲアメノ》天之二上《フタノボリニ》一而《テ》。皇美麻命《スメミマノミコトノ》之御膳水者《ミケツミヅハ》。於《ニ》二宇都志國之水《ウツシクニノミヅ》一。加《クハヘ》二天津水《アマツミヅヲ》一而《テ》将《ムト》二立《タテ》奉《マツラ》一可《セト》レ白《マヲ》。事教《コトヲシヘタマヒキ》給矣。於是《コヽニ》天忍雲根命《アマノオシクモネノミコト》。乗《ノリ》二天之浮雲《アメノウキクモニ》一而《テ》。昇《ノボリ》二坐天之二上《マシアメノフタノボリニ》一而《テ》。白《マヲセ》二神魯岐神魯《カムロギカムロ》美命《ミノミコトノ》之御前《ミマヘニ》一則《バ》。以《ヲ》二天玉串《アマノタマグシ》一事依奉《コトヨサシマツリテ》而。刺《サシ》二立此玉串《タテコノタマグシヲ》一而《テ》。自《ヨリ》二夕日《ユフヒ》一至《イタル》二于朝日照《マデアサヒテルニ》一。以《モテ》二天都詔戸《アマツノリト》之太詔刀言《ノフトノリトゴトヲ》一告《ノレ》。如此告則《カクノラバ》。麻知則《マチバ》。於《ニ》二弱韮《ワカヒル》一。由都五百篁《ユツイホタカムラオヒイデヽ》生出而。自《ヨリ》二其下《ソノモト》一。天之八井《アメノヤヰ》将《ム》レ出《イデ》。持《モチ》レ此而《コヲテ》。為《ト》二天津水《アマツミヅ》一。所聞食焉《キコシメセト》。奉《マツリ》二事依《コトヨサシ》一賜《タマヒキ》矣。

と記した上で、この本文の別伝として、

一傳《マタノツタヘニイハク》云。皇大神《スメオホカミ》。皇美麻命《スメミマノミコトアモリ》天降坐之時《マセルトキニ》、天牟羅雲命《アマノムラクモノミコト》。取《トリ》二太玉串《フトタマグシヲ》一。立《タヽシ》二御前《ミサキニ》一而《テ》。天降《アマクダリ》仕奉《ツカヘマツリキ》矣。於是《コヽニ》諸神《カミタチ》白之《マヲサク》。葦原中國者《アシハラノナカツクニハ》潮也《ウシホナリ》。可《ベキ》レ何《イカニ》焉白之時《ストマヲストキニ》。皇美麻命《スメミマノミコト》。召《メシ》二天村雲命《アマノムラクモノミコトヲ》一而《テ》

詔曰之《ノリタマヒツラク》。食國之水者《ヲスクニノミヅハ》未《カラズ》レ熟《ニコ》。荒水在矣《アラキミヅニアリケリ》。故参《カレマヰ》二上《ノボリ》御祖命之《ミオヤノミコトノ》御許《ミモトニ》一而《テ》。言《マヲシ》二此由《コノヨシヲ》一而《テ》来焉《コヨト》詔之而《ノリタマヒテ》。令登之《ノボラシメタマヒキ》。即《スナハチ》天牟羅雲命《アマノムラクモノミコト》。参上而《マヰノボリテ》。於《ニ》二御祖命之御前《ミオヤノミコトノミマヘ》一。以《ヲ》二皇美麻命之《スメミマノミコトノ》可《セト》レ白宣《マヲノタマフコト》事一。子細《ツバラニ》申《マヲシ》上之時《アグルトキニ》。神魯岐神魯美命《カムロギカムロミノミコト》詔曰《ノリタマハク》。雑雑《クサグサニ》将《ム》二仕奉《ツカヘマツラ》一政者《マツリゴトハ》。雖《ドモ》二行下奉而在《オコナヒクダシマツリテアレ》一。水取之政者《モヒトリノマツリゴトハ》。遺《ノコシ》而《テ》在矣《アリケリ》。思《オモフ》レ将《ムト》レ下《クダシ》二奉何神《マツライヅレノカミヲ》一之間《ホドニ》。勇志久《イサマシク》。参上来焉詔之而《マヰノボリキニケリトノリタマヒテ》。以《ヲ》二天忍石之長井之水《アマノオシハノナガヰノミヅ》一。八盛《ヤモリ》取《トリ》而《テ》。入《イレ》二玉瓫《タマノモタヒニ》一而《テ》。誨曰《ヲシヘタマハク》。持《モチ》二下此水《クダリコノミヅヲ》一而《テ》。於《ニ》二皇大神之御饌《スメオホカミノミケ》一八盛《ヤモリ》。於《ニ》二皇美麻命之御饌《スメミマノミコトノミケ》一八盛献《ヤモリタテマ》之而《ツリテ》。遺水者《ノコルミヅハ》。術《マジ》二云天忍水《ノリアマノオシミヅト》一而《テ》。於《ニ》二食國之水《ヲスクニノミヅノウヘ》於一灌和而《ソヽギヤハシテ》。献《タテマツリ》二初朝夕之御饌《ソメアサユフノミケニ》一。仕《ツカヘ》二奉御伴《マツリミトモニ》一而《テ》。天降之神等《アマクダレルカミタチ》。八十伴之諸人亦《ヤソトモノモロビトニモ》。令《シメヨ》レ飲《ノマ》二此水《コノミヅヲ》一焉《ト》詔之而《ノリタマヒテ》。神財之玉毛比《カムタカラノタマモヒ》共《トモニ》授給而《サヅケタマヒテ》。奉《マツリ》レ下賜《クダシタマヒ》矣《キ》。天村雲命《アマノムラクモノミコト》受賜而《ウケタマハリテ》。持下而《モチクダリテ》。献之時《タテマツルトキニ》。皇美麻命《スメミマノミコト》詔曰《ノリタマハク》。自《ヨリ》二何道《イヅレノミチ》一耶《ゾ》。参上乎問之時《マヰノボリツルトトヒタマフトキニ》。白云《マヲサク》。大橋者《オホハシハ》。皇大神《スメオホカミ》。皇美麻命之畏《スメミマノミコトノカシコミ》二天降坐《アモリマセルヲ》一而《テ》。自《ヨリ》二後之小橋《シリヘノヲバシ》一。参上也申之時《マヰノボリキトマヲストキニ》。皇美麻命詔《スメミマノミコトノリ》曰《タマハク》。後亦畏仕奉事《シリヘニモカシコミツカヘマツルコト》。勇也詔而《イサヲシトノリタマヒテ》。令二負《オフセ》天村雲命《アマノムラクモノミコト》。天二登命《アマノフタノボリノミコト》。後小橋命《シリヘヲバシノミコト》云三名《トイフミツノナヲ》一賜《タマヒ》矣《キ》。即日向高千穂宮之《スナハチヒムカノタカチホノミヤノ》御井《ミヰ》定《サダメ》。崇居而《イハヒスヱテ》。於《ニ》二朝夕之御饌《アシタユウベノミケ》一奉仕《ツカヘマツリ》。而後《シカシテノチニ》。移《ウツシ》二居丹波氷沼《スヱタニハノヒヌニ》一而《テ》奉仕矣《ツカヘマツリキ》。

と、[74]『大同神事供奉本記』に基づく条文を並記する。そして、この二つの古伝が存する意味を『古史成文』三之巻百四十三段を注釈した『古史傳』二十八之巻において、

然《サ》るは是ノ故事、かく二《タ》様に成れる由は、皇朝《スメラミカド》と神廷《カミノミカド》と、二《タ》方に傳はりし故にて、本文なるは、御々代々《ミヨミヨ》の御即位、また大嘗祭の時ごとに、中臣の氏人の宣傳《ノリツタ》へて、皇朝に傳はれる故に、其ノ方に要《ムネ》とある事のみ傳はり、一傳《マタノツタヘ》なるは、皇大神の、朝夕《アシタユフベ》の御饌の事に就て、其ノ御饌の本縁《モトノイハレ》を、神廷《カミノミカド》に傳へ

し故に、其方に専《ムネ》とある事のみ傳へつれど、本の傳へは一ッにて、共に訛れる説には非ず。彼此和會《カレコレアヒアハ》せて考ふるに、天ノ押雲ノ命に、天ノ村雲ノ命の副《ソヒ》て、登《ノボ》り給へるにぞ有ける。但し本文には、皃屋命の命令《オフセツケ》たる由なるを、一ノ傳にては、皇美麻命の詔命《ノタマヒツケ》たる由にて、此は違へるに似たれど、皃屋命、むねと其ノ御前の事執りて、政《マツ》し給ふなれば、此ノ命の命令《オフセ》、やがて皇美麻命の詔命《オホミコト》に同じ。然れば此は、孰《イヅレ》にても難《サマタゲ》なくなむ。

（略）

即時《ソノトキ》日向ノ高千穂ノ宮之御井定メ、崇居而《イハヒスヱテ》云々。上に云ッごとく本文は、皇朝《オホミカド》を要《ムネ》とせる傳へなれば、文には見えねど、其ノ御井を、笠狭の御前《ミサキ》の大宮ノ邊に、定メ賜ひけむこと云も更なるが、一傳《マタノツタヘ》なるは、神廷《カミノミカド》を要とせる傳へなる故に、其ノ方の御井の事を、かく傳へしなり。斯《カク》て此ノ日向ノ高千穂ノ宮と云へるは、決《キハ》めて彼ノ彦火々出見ノ命より、神武天皇まで御坐せる、襲《ソ》の高千穂ノ宮には非ず、今の日向ノ國臼杵ノ郡なる、高千穂にて、其ノ宮は、必ス伊勢の外宮《トツミヤ》に坐《マ》す、登由氣ノ大神を、初《ハジ》めて崇祀《イハヒマツ》らしゝ元宮《モトツミヤ》なり。然《シカ》いふ故は、其ノ御井を崇居《イハヒスヱ》て、朝夕《アシタユフベ》の御饌《ミケ》に仕へ奉れりと有るは、御まで其ノ御井の、外宮《トツミヤ》につきて、内宮大御神の御饌は、外ッ宮にて仕へ奉る例《タメシ》なればなり。此ノ事は延暦の儀式帳をはじめ、神宮の諸書に見えて、世にも普く知る所なり。なほ言はゞ、後に其ノ井を、丹《タニ》波《ハ》の氷沼《ヒヌ》に移居《ウツシスヱ》て、仕へ奉れりと有るを、深く思ふべし。其《ソ》は御井のみ移せるに非ず、登由氣ノ大神を、天降の始め、まづ此所に崇《イハ》ひ賜へるを、後に丹波ノ國氷沼ノ郡に移し給へる時に、御井をも移居《ウツシスヱ》たる由なり。然ればこそ、今の日向の高千穂ノ邊に、其古蹟は存《ノコ》れり。そは其ノ國人長尾通賀と云へるが、文化七年に記せる、鬼のしこ草といふ物に、高千穂山より、七つ山、なす山、来良山まで峯連《ツラ》なれり、天眞名井《マナヰ》また御塩《ミシホ》井とも云、同處三田井村にあり、長田、狭田、瑞田、この三田ある故に、三田井村と云傳ふ、蒔《マカ》ずの稲、槵觸、大明神、祭神瓊々杵尊、土雲の住し穴など、皆其ノ邊ッに在る由にて、圖をも出せり、御塩井とは、忍石井を訛《ヨコナマ》れるにて、是《コレ》かの御井の古跡なるべし、圖を見れば、傍に水神社あり、また其ノ井より流るゝ泉を、岩間の泉酒と云へり、また其ノ井の傍に、七津之池と云ありて、池水時々に變りて、青赤黄白黒、或は濁り、一日に幾度と云こと数へ難しと云へり。抑《ソモソモ》登由氣ノ大神、伊勢の外宮に鎮坐《シヅマリマサ》ざりし以前は、丹波ノ國氷沼ノ郡、眞名井原に坐けるを、雄略天皇の御世に、天照大御神の御託《ミサトシ》に依りて、今の外宮に崇奉《イハヒマツ》り賜へる事は、儀式帳に出たる如クなるが、其ノ時まで、丹波の氷沼に鎮リ坐たりし、由緒《ユエヨシ》は、此ノ一ノ傳を除《オキ》ては、絶て佗《ホカ》に考ふべき便《タヨリ》なきを、此ノ傳へにて、其ノ由来《ヨシ》いと灼然《アキラカ》に知られたり。なほ丹波の氷沼に鎮ッ坐せるより後の委き由来は、雄略天皇ノ巻二十四年の所に注《イフ》べし。

と説いて、[75] 元々は一つの古伝であったものが朝廷を主要とする古伝と神宮を主体とする古伝の二つに分かれて、それぞれ別に伝わってきたと篤胤は主張したのであった。このように篤胤も尊重した神宮を主体とする古伝を、清直もまた尊んでその完成度を上げるべく『逸大同本記』で校訂を施し、『神朝尚史』巻第一で、

爾時《ソノトキ》御前《ミサキニ》立《タチテ》仕奉禮《ツカヘマツレ》天牟久怒命乎《アマノムクヌノミコトヲ》召天《メシテ》詔久《ノリタマハク》。食國乃《ヲスクニノ》水波《ミツハ》未《ス》レ熟《ウマカラ》。荒水爾《アラキミツニ》在利介《アリケ》。故《カレ》御祖命乃《ミオヤノミコトノ》御許爾《ミモトニ》參上《マヰノホリ》
弖《テ》。此由申天《コノヨシマヲシテ》来《コ》止《ト》詔留支《ノリタマヒキ》。即《スナハチ》天牟久怒命《アマノムクヌノミコト》參上天《マヰノホリテ》。御祖命乃《ミオヤノミコトノ》御前爾《ミマヘニ》。皇御孫命乃《スメミマノミコトノ》申上給事乎《マヲシアケタマフコトヲ》子細爾《ツハラカニ》申《マヲス》
時爾《トキニ》。御祖命《ミオヤノミコト》詔久《ノリタマハク》。雑爾仕奉良牟政波《クサクサニツカヘマツラムマツリコトハ》行下天在母止《オコナヒクタシテアレト》。水取乃政《モヒトリノマツリコトハ》波遺天在利介《ノコシテアリケ》。何神加乎《イツレノカミヲ》下奉止良牟《クタシマツラム》思問《オモフホト》
爾《ニ》。勇久參上来止詔天《イサマシクマヰノホリキヌトノリタマヒテ》。天忍石乃《アマノオシハノ》長井乃水乎取二八盛一天《ナカヰノミツヲトリヤモリテ》誨給久《ヲシヘタマハク》。此水乎持下天《コノミツヲモチクタリテ》。皇大神乃御饌爾八盛《スメオホカミノミケニヤモリ》。
皇御孫命乃御水爾八盛獻天《スメミマノミコトノモヒニヤモリタテマツリテ》。遺水波《ノコリノミツハ》。天忍水止云天《アマノオシミツトイヒテ》。食國乃水乃於爾灌和天《ヲスクニノミツノウヘニソソキカテテ》。朝夕御饌爾獻禮《アサユフノミケニタテマツレ》。又御伴《マタミトモ》
爾天降奉仕神等《ニアマクタリツカヘマツルカミタチ》。八十友乃諸人毛仁《ヤソトモノモロヒトニ》。斯水乎令レ飲止詔天《コノミツヲシメヨノマトノリタマヒテ》。下奉支《クタシマツリキ》。即受賜天持參下天獻時仁《スナハチウケタマハリテモチマヰクタリテタテマツルトキニ》。
皇御孫命詔久《スメミマノミコトノリタマハク》。従二何道一曾參上志止問給支《イツレノミチヨリソマヰノホリシトトヒタマヒキ》。申久《マヲサク》。大橋波皇大神皇御孫命乃天降坐乎恐天《オホハシハスメオホミカミスメミマノミコトノアマクタリマシマスヲカシコミテ》。後乃《シリヘノ》
小橋與利參上志止申時爾《コハシヨリマヰノホリシトマヲストキニ》。皇御孫命詔久《スメミマノミコトノリタマハク》。後爾毛恐奉仕事勇志止詔天《シリヘニモカシコミツカヘマツルコトイサマシトノリタマヒテ》。天牟羅雲命《アマノムラクモノミコト》。天二登《アマノフタノホリノ》
命《ミコト》。後奈毋《ヘコ》小橋命止云三名乎負給支《ハシノミコトトイフミツノナヲオフセタマヒキ》。即日向高千穂宮乃御井定崇居弖奉仕支《ヤカテヒムカノタカチホノミヤノミヰサタメイハヒスヱテツカヘマツリキ》。故今毛皇大神乃朝夕御《カレイマモスメオホカミノアサユフノミ》
饌爾仕奉忍穂井乃御水波《ケニツカヘマツルオシホヰノミモヒハ》。此其縁利奈《コレソノコトノモトナリ》。

とあるような条文に仕上げて採択したのであった。[76] このことは『神朝尚史』が篤胤の『古史成文』の強い影響下にあることの一つの大きな根拠となり得るのではないだろうか。

また、後者の古伝については、清直は『神朝尚史』巻第一雄略天皇の御代の丁巳年十月のところで既に『止由

氣宮儀式帳』と『逸大同本記』を出典とした条文を作成していることが見られる。ここで改めてその条文が両書をどのように活用して形成されているのかを分析すべく『止由氣宮儀式帳』の条文[77]及び『逸大同本記』の条文[78]に対応する『神朝尚史』[79]の条文を次の如く対照表に纏めて比較することとした。この比較からは、凡そ㋑に対してのA、㋩に対してのBとE、そして多少語句の移動が認められるものの㋥に対応するのがG、また㋭に対してはFとなって、Cの出典が『伊勢國風土記』でありDの出典が『御鎮座本紀』であるのでCとDを除外するならば、一見して『止由氣宮儀式帳』の条文と主に『逸大同本記』の条文が『神朝尚史』の対応条文に見事に反映され、しかも端的な文章に再構築されていることが看取できるであろう。『神朝尚史』において、豊受宮の創祀と御饌殿の造立、並びに日別朝夕大御饌の開始と忍穂井の御水の起源について物語るに際して、いかに清直が『逸大同本記』の存在を重視していたかが窺われる。尚、『止由氣宮儀式帳』及び『逸大同本記』の条文と『神朝尚史』の対応条文とを比較しやすくするために適宜、筆者によって付番号及び付傍線と改行を行ったことを付言しておく。

『止由氣宮儀式帳』

㋑天照シ坐ス皇大神。始テ巻向ノ玉城ノ
宮ニ御宇メシ、天皇ノ御世。國々處々
ニ大宮處求メ賜フ時ニ。度會乃宇治乃
伊須々乃河《カハラ》上乃大宮供ヘ奉リキ。爾ノ
時爾大長谷天皇乃御夢爾誨ヘ覺シ賜ハ
久。吾レ高天ノ原爾坐氐見志眞岐賜志

『神朝尚史』

A丁《ヒノト》巳《ノミノ》年《トシ》十《カミナ》月《ツキ》。天《スメラ》皇《ミコト》乃《ノ》御《ミ》夢《イメ》爾《ニ》天《アマ》照《テラス》大《オホミ》
神《カミ》誨《ヲシヘ》覺《サトシ》賜《タマハ》久《ク》。吾《アレ》高《タカ》天《マノ》原《ハラ》爾《ニ》坐《イマシ》弖《テ》。見《メ》志《シ》
眞《マ》岐《キ》賜《タマヒ》志《シ》處《トコロ》爾《ニ》志《シ》都《ツ》眞《マ》利《リ》坐《マシ》奴《ヌ》。然《シカル》爾《ニ》吾《アレ》
一《ヒト》所《トコロ》耳《ノミ》坐《マセ》波《ハ》甚《イト》苦《クル》志《シ》。加以《シカノミナラス》大《オホ》御《ミ》饌《ケ》毛《モ》安《ヤス》
久《ク》不《ス》二聞《キコシ》食《メサ》一坐《マスカ》故《ユエ》爾《ニ》。丹《タニ》波《ハノ》國《クニ》比《ヒ》治《チ》乃《ノ》眞《マ》
奈《ナ》井《キ》爾《ニ》坐《マス》吾《アカ》御《ミ》饌《ケ》都《ツ》神《カミ》。等《ト》由《ユ》氣《ケ》大《オホ》神《カミ》

處爾志都眞利坐奴。然ル爾吾レ一所耳《ノミ》坐セ波甚《イト》苦《クル》シ。加以ナラス大御饌毛安ク不二聞食一サ坐カ故爾、丹波ノ國比《ヒ》治《チ》乃眞奈井爾坐ス吾カ御饌都神。等由氣大神乎。我カ許ニ欲《モ》止誨ヘ覺シ奉幾。爾時天皇驚キ悟リ賜弖。即テ從二リ丹波ノ國一令二メ行幸一マサ氏、度會乃山田原乃下ツ石根爾宮柱太知リ立テ。高天原爾知疑高知氐。宮定メ斎ヒ仕ヘ奉リ始メ幾。是ヲ以テ御饌殿造リ奉リ氐。天照シ坐ス皇大神乃朝《アサ》乃大御饌夕《ユウ》乃大御饌乎日別ニ供ヘ奉リキ。

『逸大同本記』

ロ 是《コノ》後《ノチ》〔雄略〕天《スメラ》皇《ミコトノミ》御夢《ユメ》爾《ニ》皇《スメ》大《オホ》神《ミカミ》乃《ノ》教《オシヘ》覺《サトシ》給《タマハ》久《ク》。高《タカ》天《マノ》原《ハラ》坐《ニマシ》(天)《テ》我《ワカ》見《ミ》志《シ》末《マ》岐《キ》(之)《シ》宮《ミヤ》處《トコロ》爾《ニ》鎭《シツマ》理《リ》坐《マシ》天《テ》。後《ノテ》經《フレト》二年《ト》間《シヲ》一。吾《ワレ》一《ヒト、》所《コロノ》耳《ミ》座《マセ》禮レ波ハ御《ミ》饌《ケ》毛《モ》安《ヤスク》不《ス》二聞《キコシ》食《メサ》一。今《イマ》丹《タニ》波《ハノ》國《クニ》〔與《ヨ》佐《サ》乃《ノ》〕比《ヒ》治《チ》乃《ノ》眞《マ》魚《ナ》井《ヰニ》坐《マシ》(天)《テ》。道《ミチ》主《ヌシノ》王《ミコノ》子《コ》八《ヤ》乎《ヲ》止《ト》女《メ》乃《ノ》齋《イツキ》奉《マツル》御《ミ》饌《ケ》都《ツ》乎《ヲ》。我《ワカ》許《モトニ》欲《モカ》止《ト》誨《ヲシヘ》覺《サトシ》奉《マツリ》支《キ》。爾《ソノ》時《トキ》天《スメラ》皇《ミコト》驚《オトロキ》悟《サトリ》賜《タマヒ》弖《テ》。

B 大《オホ》神《カム》主《ヌシ》大《オホ》佐《サ》々《サノ》命《ミコト》乎《ヲ》召《メシ》天《テ》。差《サシテ》レ使《ツカヒニ》布《フ》理《リ》奉《マツ》止リ禮レ詔《ノリタマヒ》支《キ》。故《カレ》大《オホ》佐《サ》々《サノ》命《ミコト》退《マカリ》往《ユキ》布《フ》理《リ》奉《タテマツリ》支《キ》。

C 從《ヨリ》二丹《タニ》波《ハノ》國《クニ》一幸《イテ》行《マシ》弖《テ》。伊《イ》勢《セノ》國《クニ》員《ヰナ》辨《ヘノ》鹿《アラ》田《タ》別《ワケ》宮《ミヤ》爾《ニ》令《シメ》レ坐《マサ》弖《テ》。宮《ミヤ》地《トコロ》乎《ヲ》卜《ウラ》合《ヘ》弖《テ》。三《ミ》箇《ツ》月《キ》坐《マセ》支《キ》。

D 從《ヨリ》二其《ソ》處《コ》一幸《イテ》行《マシ》弖《テ》。壹《イチ》志《シノ》山《ヤマ》邊《ヘノ》行《カリ》宮《ミヤ》爾《ニ》一《ヒト》夜《ヨ》宿《ヤトリ》坐《マシ》。次《ツキニ》度《ワタ》會《ラヒ》乃《ノ》沼《ヌ》木《キノ》平《ヒラ》尾《ヲノ》行《カリ》宮《ミヤ》爾《ニ》三《ミ》箇《ツ》月《キ》令《シメ》レ坐《マサ》支《キ》。

E 然《シカシ》而《テ》度《ワタ》會《ラヒ》乃《ノ》山《ヤマ》田《タノ》原《ハラ》爾《ニ》。豐《トユ》受《ケ》大《オホ》神《カミ》乃《ノ》荒《アラ》御《ミ》魂《タマノ》宮《ミヤ》和《ニキ》御《ミタ》魂《マノ》宮《ミヤ》造《ツクリ》奉《マツリ》天《テ》。令《シメ》二鎭《シツマ》理《リ》定《サタマ》理《リ》坐《マサ》一支《キ》。爾《ソノ》時《トキ》其《ソノ》宮《ミヤ》之《ノ》内《ウチノ》艮《ウシ》角《トラノスミ》爾《ニ》。御《ミ》饌《ケ》殿《トノ》乎《ヲ》造《ツクリ》立《タテ》弖《テ》。其《ソノ》殿《トノ、》内《ウチ》爾《ニ》天《アマ》照《テラス》大《オホ》神《ミカミ》乃《ノ》御《ミ》坐《マシ》乎《ヲ》東《ヒムカシノ》方《カタ》爾《ニ》奉《タテマツリ》。止《ト》由《ユ》氣《ケ》大《オホ》神《カミ》乃《ノ》御《ミ》坐《マシ》乎《ヲ》西《ニシノ》方《カタ》爾《ニ》奉《タテマツリ》。又《マタ》御《ミ》伴《トモノ》神《カミ》三《ミ》前《マヘ》乃《ノ》御《ミ》坐《マシ》波《ハ》下《サケ》奉《タテマツル》。

F 故《カレ》其《ソノ》宮《ミヤ》乃《ノ》坤方《ヒツチサルノカタ》乃《ノ》岡《ヲカ》乃《ノ》片《カタ》岸《キシ》爾《ニ》。新《アラタ》爾《ニ》御《ミ》

神《カミ》。止《ト》由《ユ》居《ケ》乃《ノ》（大《オホ》神《ミカミ》）乎《ヲ》。吾《ワカ》坐《マス》國《クニ、》欲《モカ》（止《ト》）
誨《ヲシヘ》覺《サトシ》給《タマヒ》支《キ》。爾《ソノ》時《トキ》天《スヘラ》皇《ミコト》驚《オトロキ》給《タマヒ》（天《テ》）。

㊇度《ワタ》會《ラヒノ》神《カミ》主《ヌシ》等《ラノ》先《サキツ》祖《オヤ》大《オホ》佐《サ》々《サノ》命《ミコト》（乎《ヲ》）召《メシ》天《テ》。
差《ミツカ》使《ヒトシテ》布《フ》理《リ》奉《マツレ》止《ト》宣《ノリタマヒ》支《キ》。仍《スナハチ》退《マカリ》往《ユキテ》布《フ》理《リ》
奉《タテマツリ》支《キ》。〔是豐受大神也〕。即《カレ》度《ワタ》會《ラヒ》乃《ノ》
山《ヤマ》田《タノ》原《ハラ》爾《ニ》荒《アラ》御《ミ》魂《タマノ》宮《ミヤ》和《ニキ》御《ミ》魂《タマノ》宮《ミヤ》造《ツクリ》奉《マツリ》天《テ》。
令《シメ》二鎭《シツ》理《マリ》定《サタ》理《マリ》坐《マサ》一（支《キ》）。其《ソノ》宮《ミヤ》之《ノ》内《ウチノ》艮《ヒムカシ》
角《キタノスミ》爾《ニ》御《ミ》饌《ケ》殿《トノ》乎《ヲ》造《ツクリ》立《タテ》天《テ》。其《ソノ》殿《トノ》内《ヌチ》爾《ニ》天《アマ》照《テラシ》
坐《マス》皇《スメ》大《オホミ》神《カミノ》御《ミ》坐《マシヲ》奉《タテマツリ》二東《ヒムカシノ》方《カタニ》一。止《ト》由《ユ》居《ケ》
〔氣〕大《オホミ》神《カミノ》御《ミマ》坐《シヲ》西《ニシノ》方《カタ》。又《マタ》御《ミ》伴《トモノ》神《カミ》三《ミ》前《マヘノ》御《ミ》
坐《マシハ》下《サケ》奉《マツ》流《ル》。

㊁大《オホ》佐《サ》々《ヽノ》命《ミコト》乃《ノ》定《サタメ》奉《マツル》抜《ヌキ》穂《ホ》田《タ》乎《ヲ》。從《ヨリ》レ春《ハル》始《ハシメ》
（天《テ》）神《カミ》主《ヌシ》等《ラ》勞《イタハリ》作《ツクリ》天《テ》。抜《ヌキ》穂《ホ》爾《ニ》抜《ヌキ》天《テ》。神《カミ》主《ヌシ》
乃《ノ》女《メ》子《コ》等《トモ》（乃《ノ》）未《イマタ》夫《トツカ》婚《ヌ》乎《ヲ》物《モノ》忌《イミ》爾《ニ》定《サタメ》（天《テ》）令《シメ》二
舂《ツキ》炊《カシカ》一。土《ハ》師《シ》物《モノ》忌《イミ》之《ノ》造《ツクリ》進《マツレル》御《ウツハ》器《モノ》爾《ニ》令《シメ》二
盛《モリ》奉《マツラ》一戴《サヽケ》持《モチ》（天《テ》）。神《カミ》主《ヌシ》御《ミ》前《サキ》追《オヒ》天《テ》。物《モノ》忌《イミノ》
子《コ》乎《ヲ》御《ミ》饌《ケ》殿《トノニ》奉《タテマツリ》入《イレ》天《テ》。奉《タテマツリ》畢《ヲハリ》天《テ》。物《モノ》忌《イミ》
去《マカリ》出《イツレハ》。神《カミ》主《ヌシ》物《モノ》忌《イミ》乎《ヲ》率《キテ》其《ソノ》殿《トノヽ》前《マヘニ》侍《サモラヒ》。祈《コヒ》
禱《ノミ》白《マヲサ》久《ク》。朝廷天皇常《トキ》石《ハニ》堅《カキ》石《ハ》爾《ニ》護《マモリ》幸《サキハヒ》

井《ヰ》乎《ヲ》堀《ホリ》弖《テ》。天《アマノ》忍《オシ》石《ハ》井《ヰ》乃《ノ》水《ミツ》乎《ヲ》。從《ヨリ》二眞《マ》名《ナ》
井《ヰ》一持《モチ》來《キ》弖《テ》。其《ソノ》井《ヰ》乃《ノ》水《ミツ》爾《ニ》和《カテ》合《アハセ》弖《テ》。御《ミ》饌《ケ》
調《トヽノヘ》進《タテマツ》流《ル》料《タメ》爾《ニ》移《ウツシ》置《オキ》支《キ》。

G然《シカ》而《テ》大《オホ》佐《サ》々《サノ》命《ミコト》。御《ミ》刀《ト》代《シロノ》神《カム》田《ミタ》定《サタメ》奉《マツリ》。
其《ソノ》田《タ》乃《ノ》稻《イネ》乎《ヲ》抜《ヌキ》穂《ホ》爾《ニ》抜《ヌキ》天《テ》。未《サル》二夫《ヲトコ》婚《ニトツカ》一女《ヲト》子《メ》
乎《ヲ》物《モノ》忌《イミ》爾《ニ》定《サタメ》天《テ》。令《シメ》二舂《ツキ》炊《カシカ》一戴《イタヽキ》持《モチ》。神《カム》主《ヌシ》
御《ミ》前《サキ》追《オヒ》弖《テ》。物《モノ》忌《イミノ》子《コ》乎《ヲ》御《ミ》饌《ケ》殿《トノ》爾《ニ》奉《マツリ》レ入《イレ》
天《テ》。土《ハ》師《シ》乃《ノ》御《ミ》器《ツキ》爾《ニ》令《シメ》二盛《モリ》奉《マツラ》一。進《タテマツリ》了《ヲヘテ》物《モノ》
忌《イミ》去《マカリ》出《イツル》時《トキ》。神《カム》主《ヌシ》物《モノ》忌《イミ》乎《ヲ》率《ヒキヰ》弖《テ》。其《ソノ》殿《トノ》乃《ノ》前《マヘ》
爾《ニ》侍《サモラヒ》弖《テ》。祈《ノリ》禱《コト》白《マヲ》志《シ》拜《ヲロカミ》奉《タテマツ》流《ル》。從《ヨリ》二是《コノ》時《トキ》一
毎《ヒ》日《コトニ》朝《アサ》夕《ユフ》爾《ニ》供《ツカヘ》奉《マツリ》始《ソメ》支《キ》。

奉《タテマツリ》賜《タマ》比《ヒ》。百《モヽノ》官《ツカサ》爾《ニ》仕《ツカヘ》奉《マツル》人《ヒト》。及《イタルマテ》二天《アメノ》下《シタ》四《ヨモ》方《ノ》國《クニノ》人《オホミ》民《タカラニ》一。平《タヒラカ》爾《ニ》愍《メクミ》給《タマヘ》止《ト》申《マヲシテ》拝《ヲロカミ》奉《マツル》。天《アマ》照《テラシ》坐《マス》皇《スメ》大《オホ》神《ミカミ》八《ヤ》度《タビ》。止《ト》由《ユ》居《ケノ》大《オホ》神《ミカミ》八《ヤ》度《タビ》。御《ミ》伴《トモノ》神《カミ》八《ヤ》度《タビ》。毎日《ヒコトニ》朝《アサ》夕《ユフ》爾《ニ》供《ツカヘ》奉《マツル》。

㋭其《ソノ》後《ノチ》豊《ト》受《ユケ》大《オホ》神《ミカミノ》宮《ミヤ》乃《ノ》坤《ニシミナミノ》方《カタ》乃《ノ》岡《ヲカノ》片《カタ》岸《キシ》爾《ニ》新《アラタニ》堀《ホリ》二御《ミ》井《キヲ》一弖《テ》。天《アマノ》忍《オシ》石《ハ》井《キノ》水《ミツ》乎《ヲ》入《イレ》加《カテ》弖《テ》〔當《ミ》朝《クニ》之《ノ》水《ミツ》爾《ニ》和《ヤハ》合《シ》弖《テ》末《ナカ》之《キ》世《ヨ》乃《ノ》〕御《ミ》膳《ケ》調《ツカヘ》備料《マツランタメ》爾《ニ》移《ウツシ》置《オキ》給水《タマヘルミツ》也《ナリ》。

仍って、清直が『神朝尚史』で『逸大同本記』から割り出された豊受宮や度会氏にまつわる古伝を積極的に活用し編述したのも、偏に篤胤の強い影響によるものであると見てよいのではなかろうか。

ところで、清直には『神朝尚史』巻第一と同じく神宮古伝を取り扱い総ルビも施された、崇神・垂仁両天皇の御代における豊鍬入姫命・倭姫命の御巡幸と皇大神宮の創祀及び雄略天皇の御代の豊受宮の創祀を物語る記述を基に神代の神宮関係記事を付して纏められた、成立年代不詳の「宮掌大内人秦清直謹記」の自署を持つ『太神宮古傳拾遺』一巻と「御巫清直謹撰」の自署を有する『神朝本記』一巻という編纂物がある。(80) とりわけ『太神宮古傳拾遺』の自署からしても『神朝本記』や『神朝尚史』よりその書が一番先に編纂されたことが類推されるが、『太神宮古傳拾遺』と『神朝本記』、そして『神朝尚史』の成立順序について考察するのに注視される内容を次に列挙して勘案してみたいと思う。

1、『神朝本記』の各条文には『神朝尚史』と同じくその出典が必ず記されているが、『太神宮古傳拾遺』には出典は一切明記されていないので、『神朝本記』の方が『神朝尚史』の記述法に近いと思われる。

2、『歸正鈔』の研究成果により「尾張國中嶋宮」は「尾張國中嶋早田宮」が正しく、また倭姫命が三河国へ御巡幸され同国渥美宮での奉斎と三河国造が地口御田並びに神戸を献進したこと、及び遠江国へも御巡幸され同国濱名宮での奉斎と遠江国造の地口御田を献進したことも清直は認めている。しかし『太神宮古傳拾遺』には「尾張國中嶋宮」と記するだけで三河・遠江両国への御巡幸は載せられていない。そして『神朝本記』では「尾張國中嶋早田宮」とあって『歸正鈔』と同じ名称を用いると共に三河・遠江両国への御巡幸と両国造の地口御田並びに神戸の献進を記載しているが、両国の行宮での奉斎は欠落している。このような両書に対して『神朝尚史』は『歸正鈔』の研究成果通りの記述をしていることが確かめられる。

3、『倭姫命世記』における倭姫命の御巡幸説話の文末で語られる御贄処祝定のために志摩国御巡幸の砌に、伊雑宮が創祀され真名鶴の瑞稲伝承もあったとする記述について、『歸正鈔』の考証結果としては、『太神宮本記』では直接的な伊雑宮の創立記事は認められず、またその真名鶴の瑞稲伝承も本来、佐々牟江宮奉斎時のものであるとして、同宮奉斎の段に移動挿入して、倭姫命が竹連等にその真名鶴の瑞稲を収穫調理させてはじめて天照大御神に御饌を供進した、元始神嘗祭斎行を説明する条文とする。この考証に基づいた条文となっているのは『神朝尚史』であり、『太神宮古傳拾遺』と『神朝本記』は『倭姫命世記』における記載通りに伊雑宮の創祀と真名鶴の瑞稲伝承を認める条文となっている。但し『神朝本記』では、後から真名鶴の瑞稲伝承を佐々牟江宮奉斎の所へ移動すべき旨が行間に加筆されているのが認められる。

4、『歸正鈔』の研究において「飯野高宮」は「飯野高丘宮」が正しく、またその宮で奉斎される前に「飯高宮」で奉斎があったとするが、『神朝尚史』のみこれに従っているだけで『太神宮古傳拾遺』と『神朝本記』は「飯野高宮」のままである。

5、『歸正鈔』では桑名野代宮での奉斎の後、河曲小山宮と鈴鹿忍山宮、そして安濃藤方宮での奉斎があったことを説いているが、『神朝尚史』のみこれに倣い、未だ『太神宮古傳拾遺』と『神朝本記』の両書は『歸正鈔』の考証結果を充分に踏まえた内容とはなっていない。

6、『歸正鈔』では倭姫命は瀧原宮から直ぐに和比野へ幸行されるのではなく、志摩国へも御巡幸され同国多古志宮・宇久良乃宮での奉斎があって同国造の神田並びに神戸の献進があったとするが、『神朝尚史』だけがこれに准じている。

このような六つの観点から推察すると、『歸正鈔』の成立以前にはじめに『太神宮古傳拾遺』が編纂され、次に『神朝本記』が出来て、『歸正鈔』成立以後にこの二書を基にして『神朝尚史』が成立したと考えられる。これまで考察してきた『神尚朝史』の成立事情についてその相関図を作成すると、次頁の如く表すことが可能であろう。

以上のことより、清直の神宮古伝研究の集大成は『神朝尚史』全三巻であって、この書は篤胤の『古史成文』の影響を強く受けて成立したと考えられる。いわば本書は『古史成文』の神宮版であったともいえるのではないだろうか。篤胤は『古史成文』を評して「阿浪禮、篤胤を知るもの、それ唯々この成文なるかも」と吐露したが、清直が生涯をかけて追求した神宮古伝の成果は、まさに『神朝尚史』全三巻に見事に結実していると見てよいと思考されるのである。

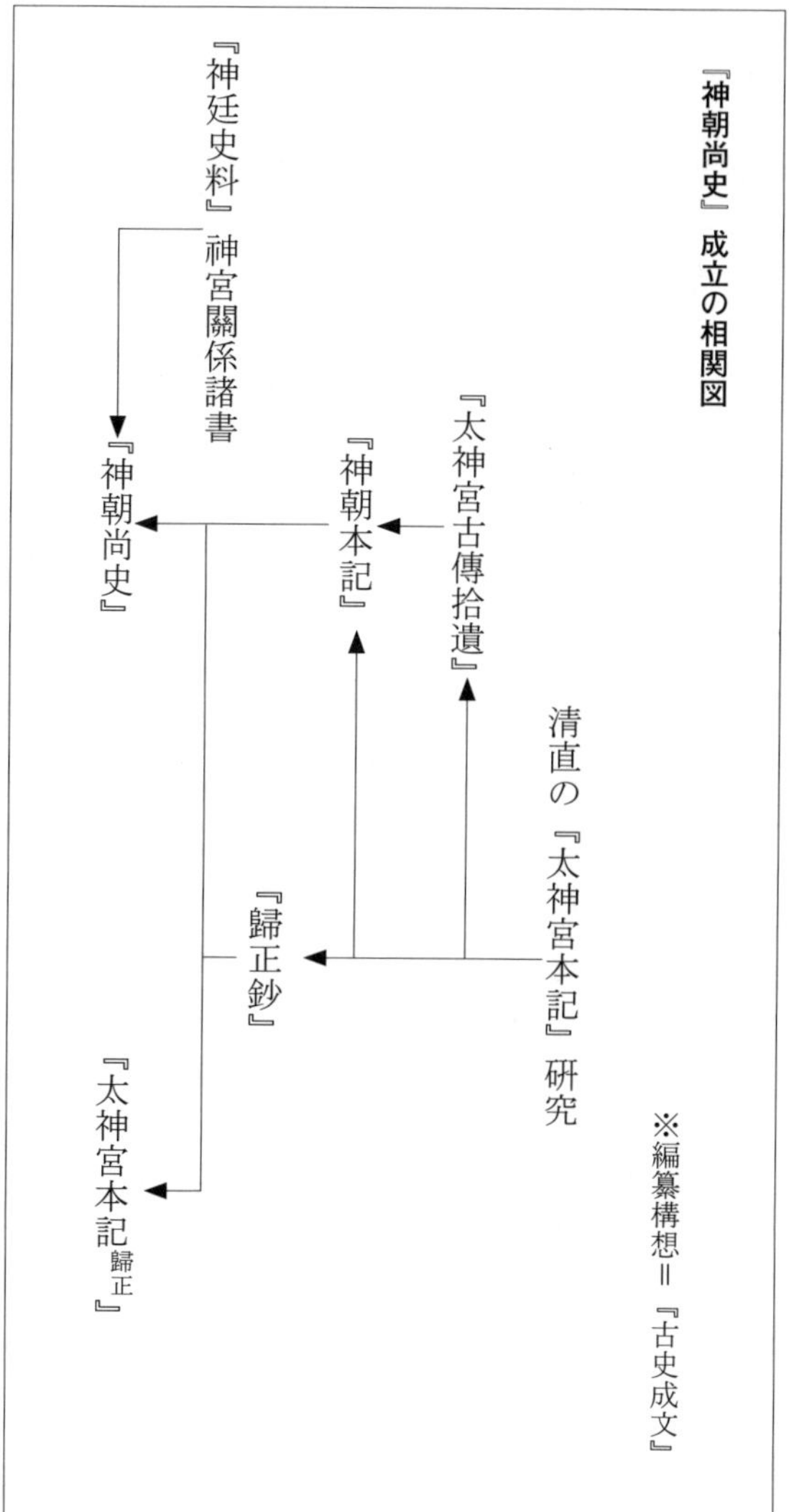
清直の『太神宮本記』研究
『太神宮古傳拾遺』
『神朝本記』
『歸正鈔』
『神廷史料』神宮關係諸書
『神朝尚史』
『太神宮本記歸正』
※編纂構想＝『古史成文』
『神朝尚史』成立の相関図

六　おわりに

本稿においては、清直の神宮古伝研究の集大成と見られる『神朝尚史』を考察することによって、

1、『神朝尚史』全三巻の構成は、巻第一が神代から第三十八代天智天皇の戊辰年までであり（＝古代神宮の形成期）、巻第二が第四十代天武天皇の壬申年から第四十九代光仁天皇の天応元年まで（＝古代神宮の発展期）、巻第三が第五十代桓武天皇の延暦元年から仁明天皇の嘉祥二年まで（＝古代神宮の完成期）となっていること

2、『神朝尚史』全三巻計三百六十七箇条の内容説明とすべく一覧表を作成して提示したこと

3、清直の神宮古伝に対する基本的な考証理念は『歸正鈔』に窺うことができ、その考証理念は『神朝尚史』編纂の際にも適用されたと見られること、その事由として次の四点が指摘できたと思うこと

ア、清直は天平神護二年十二月十八日の皇太神宮禰宜神館焼亡に伴い『神代本記』が焼失したのに注目し、その書が神宮最極の旧典である『太神宮本記』に相当すると直感的に断定して、『太神宮諸雑事記』『弘安九年参詣記』の当該記事を『神朝尚史』に掲載していること

イ、清直は『歸正鈔』で用いた古典に対する原点批判の手法を、偽書とされた『倭姫命世記』以外の中世伊勢神道書にも適用し正実なる神宮古伝を抽出して『神朝尚史』を構成する条文に加えたこと

ウ、清直が『歸正鈔』執筆において神宮古伝を伝える価値ある史料として選定した書と『神朝尚史』の編纂にあたって出典となるべく選定した書の間には、同じ室町中後期には成立していた古書を対象とす

る共通点が認められたこと

エ、『歸正鈔』執筆における「神宮古伝の光輝を天下後世に発揚せしめむ」とする清直の志願は、『神朝尚史』の編纂にあたっても同様に抱かれていたと思考されること

4、明治十五年七月三十一日以降間もない頃に編纂された『神廷史料』全八巻は、清直が『神朝尚史』を編纂する場合に必ず座右に置いて同書から該当条文を抄出したり、或いは参考に供していたと思量され、『神朝尚史』成立の上限は少なくともその『神廷史料』が成立した以後と考えられること

5、清直の老年期から晩年期に至る人生は、凡そ前期（＝御改正により退官→教部省に出仕→神宮司庁雇出仕兼神宮教院教監であった時期、明治四年七月二十四日～同十五年三月二十八日・六十歳～七十一歳）と後期（神宮禰宜・造神宮頭として従事→権禰宜にて退官→神宮司庁儀式課顧問・神苑会委員を勤めた時期、明治十五年三月二十九日～同二十七年七月四日・七十一歳～八十三歳）の二つのに分けて捉えることができ、その前期と後期を繋ぎ清直が自らの持てる神宮考証学に全力を尽くして精励したのは明治二十二年斎行の第五十六回式年遷宮であったと見られること

6、清直の自己のライフワークであった神宮古伝及び古史研究の完成にも第五十六回式年遷宮は大きな契機となっていたと思慮され、しかも神宮史上空前の出来事であった明治二十年十二月二十五日の造神宮使庁官制の公布は清直をして歓喜せしめたのであり、この官制公布をかなり意識し祝意を込めて『神朝尚史』全三巻の編纂がなされたと推定されたこと

7、第五十六回式年遷宮遷御儀が目前にせまる前月九月に『歸正鈔』研究の到達点として編集された『太神宮本記歸正』の全条文と『神朝尚史』の当該条文を『歸正鈔』を参考に供して比較検討すると、全体を通しては若干の文字の異同や語句の改訂及び省略、また文章配置等に相違は認められるものの、『太神宮本記歸正』

の条文を矛盾なくそのまま『神朝尚史』では採用していることが是認される。しかしながら、あくまでも賀茂岡本本に忠実であるべく編纂された『太神宮本記帰正』の条文に対して、『神朝尚史』の当該条文では、『太神宮本記帰正』で漏れたり、或いは語り尽くされていないと判断されたところはできる限り説明を施すべく種々補完していることが容認される。これは『太神宮本記帰正』で提示できなかった貴重な神宮古伝を『神朝尚史』では余すことなく表現し編纂するという清直の意図や方針が汲み取れる。このような『太神宮本記帰正』と『神朝尚史』の編纂方針の相違からすると、両書は共に『帰正鈔』から派生したと見てよく、『帰正鈔』を同じ親とするいわば兄弟関係ともいうべき関係にあって、『太神宮本記帰正』と『神朝尚史』はほぼ同時期に編纂が始められ、『太神宮本記帰正』が成立した明治二十二年九月頃には『神朝尚史』全三巻は成立していたと考察されたこと

8、篤胤が『日本書紀』における異伝尊重の編纂姿勢を尊重して、初学者のために『古事記』『日本書紀』以下六国史をはじめ『古語拾遺』や『祝詞式』等あらゆる古書より古伝を整理し撰定して、神代から古代に至る正しい古伝を一貫に見通すべく編纂したのが『古史成文』である。その編纂における趣旨と手法を清直は活用して、あらゆる古書から神宮に関する条文を抄出整理した上で、神代から中古に至る神宮の正しい古伝と古史を一貫に見通すべく編纂したのが『神朝尚史』と見られ、また清直が『古事記』のヨミにできるだけ倣って『神朝尚史』巻第一から巻第二の持統天皇の御代までの条文に対してヨミガナを付したのは、篤胤が『古史成文』の神代巻三巻の全条文に『古事記』のヨミに倣ってヨミガナを付したことに准じるものであると見られたこと

9、『神朝尚史』の中核に位置する豊鍬入姫命・倭姫命の二代にわたる皇太神宮の創祀にかかわる古伝は篤胤の『古史成文』五之巻の影響下にあり、また豊受大神宮の創祀にまつわる古伝も篤胤の編集にかかる『大同

本記逸文』を校訂した『逸大同本記』の条文を使用して『神朝尚史』の当該条文が成立していることが窺知されたこと

10、皇太神宮と豊受宮の創祀にまつわる古伝を基に神代の神宮関係記事を付加して編纂された『太神宮古傳拾遺』と『神朝本記』の両書の記述をベースにして、更に改めてあらゆる古書から神代より仁明天皇の御代に至るまでの神宮古伝や古史を採集し考証を施して『神朝尚史』全三巻が成立していることを図示し、同書はまさに清直の神宮古伝研究の到達点を示すものであったことを確認できたこと

の十項目を実証することができたと思う。

註

（1）増補大神宮叢書『神宮神事考證』前篇所収、六四〇・六四一頁。
（2）同右書所収、六三一・六三二・六三四〜六三六・六三八・六三九・六四一頁。
（3）同右書所収、六四三頁。
（4）同右書所収、六四四頁。
（5）同右書所収、六四五頁。
この持統天皇の御代に両正宮と第一別宮の分離奉斎等の大宮院の拡充と整備、それに伴う社殿の配置等の変更が実施された際に、清直が外宮のことを論じる際に重視した御饌殿について興味深い見解を示している。即ち『御饌殿事類鈔』「起原」の項に、

上古ノ典故如レ斯クナレハ、御饌殿修造ノコト太神宮ノ部分ニ入ヌヘキ殿ナレト、外《ト》ツ宮トイヒテ内《ウチノ》宮《ミヤ》ニ懸隔シタレハ一途ニハ行ハレス、然リトテ豊受宮ノ部分ニモ入ラス、獨立シテ修造モ一己ノ修造ナリシナラム。サレハ天武天皇即位十三年九月ノ宣旨ニ、二所大神宮之御遷宮ノ事、廿年ニ一度新ニ宮造リ替ヘ、應レシ奉レル令ニシメ遷御

一セ、立テ為ニヨ長例一ト也、ト定サセラレ、中外ノ院、殿舍、御倉、四面重々ノ御垣、御門、鳥居等ヲ被ニ造加一ルヘキ旨ヲ仰下サレテ、持統天皇即位三年壬辰九月、豐受大神宮遷宮行ハレシ時、正殿、東西寶殿ヲ造加シ、四面重々ノ御垣ヲモ造增セラレケレハ、御饌殿ハ豐受宮ノ荒垣ノ内ニ入リヌ。但是ヨリ以往ハ御饌殿ニモ瑞垣ヲ廻ラシタリシコト、雑事記ニイフ如クナリケメト、此時ヨリ停ラレツラム。此後御垣ナカリシコト、春記ニ據テ考ヘ知ルヘシ。然レハ此時ヨリ大宮一院ノ内ナル殿舍トナレヽハ、正殿、寶殿、御門、御垣ト共ニ廿年一度ノ造替ノ節新造セラルヘキニ、元明天皇和銅四年豐受宮遷宮ノ日、御饌殿ハ其部分ニ非ネハ脱漏シ、古例ノマヽ宮司破損修理ノ殿ニテソアリケム。仍テ聖武天皇天平元年太神宮遷宮ノ節、其部屬ナル御饌殿ノ外宮《トツミヤ》ヲモ内宮ト共ニ新造セラルヘキ、別ノ宣旨ヲ宮司ニ下サレ、不日ニ新造ノ功ヲ致セルニ依テ、其勧賞ニ宮司千上ニ重任ノ宣旨ヲ賜ハリシナルヘシ。（略）但豐受宮ハ天平四年九月遷宮ナリシニ、其二年前天平元年神龜六。年ナリ三月ニ大宮院ノ内ニテ突然ト御饌殿一宇ノミ新造アリシハ内宮ニ屬スヘキ外宮《トツミヤ》ノ御饌殿ナル故、内宮造替ノ年ノ序ニ、別ノ宣旨ヲ以テ新造替セサシメ給ヘル故實ヲハ認失ヘル後世人ノ巧言ナルニコソ。（略）併延暦廿三年ノ儀式帳ニ既ニ御饌殿ヲ止由氣大神ノ大宮一院ノ内ニ入レテ豐受宮部屬ノ殿ノ如クスルモノハ、序文ニ載ル神宣ノ語、并ニ古事記ノ意ニ參差セリ。サレト延暦以前ヨリ豐受宮ノ部屬ノ殿トナリテ、豐受宮ノ廿年一度造替殿舍ノ内ニ入レタル事ヲモ推測シテ知ヌヘキカモ。

（『神宮神事考證』中篇所収、三～六頁。）

とあって、御饌殿は本来内宮に属する殿舎であったため豊受宮では独立した殿舎扱いとなり、その修造も宮司が独自で実施していたが、持統天皇の御代に斎行された豊受宮第一回式年遷宮の際に大宮院の荒垣の内に御饌殿は編入されることとなった。しかしながら元明天皇の御代の和銅四年（七一一）斎行の豊受宮第二回式年遷宮では御饌殿が本来内宮に属する殿舎と認識されたので造替には預からず古例のままに宮司の破損修理の殿舎とされた。そこで聖武天皇の御代の天平元年（七二九）九月に斎行された皇太神宮第三回式年遷宮に併せて宮司千上に宣旨が下され御饌殿は新造されたのであると清直は主張した。更にその後、御饌殿は『止由気宮儀式帳』が撰進された延暦年間には既に豊受宮に付属した殿舎として造替区分に編入されていたことを推測するも、『神朝尚史』巻第二の聖武天皇の天平元年三月十五日条と六月廿九日条では、天平元年己巳三月十五日乙巳。下㆓シ宣旨ヲ于太神宮㆒ニ。令㆔ム宮司高良比ノ連千上ニ新ニ造㆓ラ皇大神之御饌殿《ケトノ》㆒ヲ。抑御饌殿者ハ。長谷朝倉ノ宮ノ御世。創テ立㆓ツ豊受大神ノ宮ノ東北ノ外院㆒ニ。御饌殿一宇。瑞垣一重也《ナリ》。浄見原ノ宮ノ朝。勅シテ令㆑ムル造㆓リ加ヘ二所ノ大神ノ宮ノ殿舎。御門。四面重々ノ御垣等㆒ヲ之日。御饌殿ヲ混㆓入ス于荒垣ノ内ノ艮ノ隅㆒ニ。而ルニ不㆑預㆓ラ造替㆒ニ。随㆓ヒ破損㆒ニ宮司加㆓フルコト修理㆒ヲ如㆑シ故ノ。今年當㆓ル大神宮ノ遷宮㆒ニ。以㆓テ其次㆒ヲ所㆑令㆓ムル新造㆒セ也。自㆑リ此レ以後ハ。准㆓シ豊受大神ノ大宮院内ノ殿舎㆒ニ。廿年一度造㆓替ス之㆒ヲ。

六月廿九日戊子宮司千上為㆓テ御饌殿造立不日成功之勧賞㆒ト。被㆑下㆘サ可㆓キ重任㆒ス之宣旨上ヲ了ヌ。

（『神宮神事考證』前篇所収、六五一・六五二頁。）

と見られ、清直は天平勝宝元年（七四九）斎行の豊受宮第四回式年遷宮からは恒例化したとの見解を示したのであった。

(6) 同右書所収、二一七頁。

(7) 同右書所収、六四九・六五〇・六五四頁。

(8) 同右書所収、六四七・六六六頁。

(9) 『神宮神事考證』補遺下所収、三一頁。

(10) 『神宮神事考證』前篇所収、六八五・六八六頁。

神宮史上における両宮儀式帳の撰進と延喜式奏上の成立関係の重要性については、中川経雅が『大神宮儀式解』巻第一の「総説」で、

故ニ百官を初め伊勢ノ神宮斎宮寮等の式《シキ》を定めたまはむ御心を興《オコ》したまひ、司々《ツカサツカサ》に命《ミコトノリ》ありて延暦中司々神宮等の常儀規範を覓《モトメ》たまひけるなるべし。其ノ後弘仁十年四月大納言冬嗣《フユツグ》の卿勅《ミコトノリ》を奉《ウケタマハリ》て弘仁格式を奏上し、又貞観十三年八月右大臣氏宗《ウヂムネ》公勅を奉て貞観格式を奏上せらるといへども、猶神宮の式委《クハシ》からず有けむ。弘仁式は今の世に遺《ノコ》れゝど神宮の事委《クハシ》く注《シル》さず、貞観式は絶《タエ》て世に傳《ツタ》はらねば知がたし。粤《コヽニ》延長五年十二月に至り、左大臣忠平《タヾヒラ》公、大納言清貫《キヨツラ》ノ卿、神祇ノ伯安則《ヤスノリ》ノ朝臣、大外記久永《ヒサナガ》、左大史忠行《タヾユキ》勅を奉《ウケタマハリ》て百寮百官神宮等の格

式を撰《エラビ》集《アツ》めて延喜格式を奏上せらる。其ノ式今の代流布《ツタハ》れり。得《エ》て讀《ヨメ》るに大神宮の式は大凡《オホムネ》此ノ儀式及豊受ノ宮の儀式によりて記《シル》さる。延暦年間此ノ儀式奏上せさせたまふ意是をもて察《ミ》るべし。神宮朝廷無二分別一故に其ノ神態作法《カンワザ》等朝廷に准ずる事十にして八九に及ぶなり。惜むべし、延喜以前百官上《タテマツ》りし儀式の傳《ツタ》はらざるや。

（増補大神宮叢書『大神宮儀式解』前篇所収、一頁。）

と論じたことを、清直は『歸正鈔』で『儀式解』をよく引用し参考に供しているので充分に認識していたと思われる。

(11) 同右書所収、七〇八頁。

(12) 同右書所収、七〇九・七一〇頁。

(13) 崇神天皇の御代から垂仁天皇の御代に至る豊鍬入姫命と倭姫命の御巡幸における紀年について、『歸正鈔』巻第一中の「但波國吉佐宮」条の注解で、

日本書紀、垂仁天皇巻ノ一書ニ、丁巳年冬十月甲子、遷二ス于伊勢ノ國渡遇ノ宮一ニ、トアリ。日本長暦ニ依テ按ルニ、丁巳歳ハ即位廿六年ナリ。此年ヲ内宮鎭坐ノ年ト定メ、古文ニ某宮ニ幾年奉齋トアルヲ次第ニ推上セテ勘フレハ、此丹波國ノ幸行ハ、崇神天皇即位卅九年壬戌ニ當レリ。依テ後人私意ヲ以テ加補スル所ナリ。抑太神宮本記ノ文辭ハ、カツテ書紀ノ用格ニ據ラス、神宮相承ノ古傳ヲ以テ記載スル所ナレハ、年紀ノミ彼書ヲ取ルヘキニアラス。〇後ニ熟按スルニ、凡テ風土記類ノ古書ニハ、某天皇甲子年トカ、乙丑年トカ云テ、紀年ニハ必支干ヲ用ルコト常格ナリシナリ。依テ神宮ノ古書モ同ク紀年ニハ支干ヲ以テセシニコソ。然シテ其古書ニ記セル支干紀年ハ、都テ日本紀ノ年紀ニ符ハス、日本紀ハ日本紀ノミノ別暦法ニテ、古書ノ支干紀年ニ齟齬スルコトヲ、松浦道輔ノ日本正紀序ニ論シ始メ、落合直澄ノ帝國紀年私按ニ詳ニ推測シテ、古書ノ支干紀年ハ古事記ノ年立ニ合スルコトヲ考究セリ。其年立ハ某天皇肆拾參歳丁未年四月九日崩、或ハ天皇之御年陸拾歳壬申年正月三日崩ナトアル御年齢ト歳ノ支干トヲ推算シテ、古事記ノ年立ヲ作リ、日本紀、古事記ト唐史、韓史ト対照表ヲ掲ク。是等ノ書ヲ以テ此書ノ紀年ヲ併考スルニ、日本紀一書ニ丁巳年冬十月渡遇宮ニ遷ストアル支干紀年ヲ、垂仁天皇廿五年丙辰ノ下ニ載ラレシヲ以テ、直ニ廿六年丁巳歳ト決シ、ソレヨリ推上セテ紀ノ年序ニ宛テ、支干紀年ヲ強テ配セ

ル者ナルコトヲ識得セリ。サルハ上件加筆ノ文ニアル御間城入彦五十瓊殖天皇即位六年己丑秋九月トアルハ、全ク日本紀ニ據リ、古書ニ己丑年トアルヲ牽合シタルナリ。コレヲ古事記ノ年立ニ依テ量レハ、崇神天皇ノ己丑歳ハ即位十九年ニ當レリ。此年ノ事蹟トスヘキナリ。此歳ハ日本紀ノ紀序ニテハ、開化天皇ノ六年己丑ニ當レリ。又崇神天皇ノ六年モ己丑ナレト、古事記ノ年立ニテハ其己丑ハ垂仁天皇ノ十一年ニ當テ、六十年ノ過差ヲ生ス。然ルヲ辨セス、漫ニ配スルナリ。然テ此所ニ卅九年壬戌トスル壬戌ノ年ハ、崇神天皇十九年己丑ヨリ三十四年後ノ壬戌ニテ、實ハ五十二年ニ當ル壬戌歳ナルヲ、紀ニ據テ卅九年トナスノミ。

（『神宮神事考證』前篇所収、二一・二二頁。）

と述べ、清直は先ず『日本長暦』が皇太神宮御鎮座紀年を『日本書紀』垂仁天皇巻の一書記載の同二十六年とした説と『倭姫命世記』の編述者が御巡幸の紀年を『日本書紀』の紀年のみを私意を以て充当したことも否定し、「神宮相承ノ古傳ヲ以テ記載スル所」の『太神宮本記』に見られる干支紀年を重要視する。そして松浦道輔の『日本正紀序』や落合直澄の『帝國紀年私按』の研究成果を尊重駆使しながら『古事記』紀年に基づいて、豊鍬入姫命と倭姫命の御巡幸における紀年を割り出している。つまり両斎王の御巡幸における紀年は、『歸正鈔』巻第六において、

○上件崇神天皇ノ御世ヨリ垂仁天皇ノ朝丁巳年ニ至ルマテノ事蹟ヲ日本書紀ニ略記シタルヲ掲ケテ年序ノ信シカタキヲ討論セム。（略）支干紀年ノ古傳ヲ日本紀古事記対照表ニ據テ推測スレハ、此己丑歳ハ崇神天皇即位十九年ノ己丑ニ當ルヘキコト下條ニ徴シテ昭明ナリ。ソレヨリ三十三年ノ間別殿ノ穂椋ノ内ニ磯堅城神籬ヲ作リ令レ坐テ奉齋アリタルナリ。神宮本記ニ、于レ時天皇詔久、天照大神乃乞ハシ給フ國波伊豆久曾止随ニ大神ノ教命一ノ求テ坐セ奉レ止詔支、故レ豐鋤比賣ノ命奉レリ戴ニキ大神一ヲ而従ニリ倭ノ内ノ國一始メ天國々處々爾大宮處乎覔キ給支、トアルハ其己丑ノ後三十三年ノ壬戌ノ歳ノ事蹟ニコソ。其壬戌ノ歳ハ崇神帝ノ五十二年ナリ。其年ニ丹波ノ吉佐ノ宮ニ遷幸シテ奉レルコト齋四年、丙寅ノ歳五十六年ナリ。倭ノ伊豆加志ノ本ノ宮ニ還幸シテ奉齋八年、甲戌ノ歳六十四年ナリ。木ノ國奈久佐ノ濱ノ宮ニ遷幸シテ奉齋三年、丁丑ノ歳六十七ナリ。吉備ノ名方ノ濱ノ宮ニ遷幸シテ奉齋四年、戊寅年崇神帝崩、翌年己卯垂仁天皇即位ナリ。辛巳ノ歳垂仁帝三年ナリ。倭ノ彌和ノ御室ノ宮ニ還幸シテ奉齋二年、爾時ニ豐鋤入姫ノ命老成ストテ辭退ス、依テ皇女倭姫命ヲ御杖代ニ定給フトイヘリ。（略）按スルニ癸未ノ歳垂仁帝五年倭ノ宇多ノ秋ノ宮ニ遷幸シテ奉齋四年、次ニ佐々波多宮ニ令レ坐サメ、丁亥ノ歳九年ナリ。伊賀ノ隠ノ市守ノ宮ニ遷幸シテ奉齋二年、己丑ノ歳十一年ナリ。穴穂宮ニ奉齋四年、癸巳ノ歳十五年ナリ。敢ノ都美惠ノ宮ニ奉斎二年、日本紀ハ凡テ伊賀三處ニ奉齋ノコト脱ス。乙未ノ歳十七年ナリ。淡海ノ甲可ノ日雲ノ宮ニ遷幸シテ奉齋四年、己亥ノ歳廿一年ナリ。坂田ノ宮ニ奉斎二年、辛丑ノ歳廿三年ナリ。美濃ノ伊

久良河ノ宮ニ遷幸シテ奉齋四年、次ニ尾張ノ中嶋ノ宮ニ令レ坐サメ、乙巳ノ歳廿七年ナリ。伊勢ノ桑名ノ野代ノ宮ニ遷幸シテ奉齋四年、己酉ノ歳三十一年ナリ。阿佐加ノ片樋ノ宮ニ奉齋四年、癸丑ノ歳三十五年ナリ。飯野ノ高宮ニ奉斎四年、次ニ佐々牟江ノ宮ニ令レ坐サメ、丙辰ノ歳三十八年ナリ。伊蘇宮ニ奉齋、次ニ瀧原ノ宮ニ遷坐シ、次ニ家田ノ田上ノ宮ニ令レ坐サメ、丁巳ノ歳三十九年ナリ。五十鈴ノ川上ノ磯ノ宮ニ鎮坐ス。

（『神宮神事考證』前篇所収、二一八〜二二〇頁。）

と纏めて論述されており、中でも皇太神宮御鎮座紀年を垂仁天皇三十九年にあたると推定したのは、後にも先にも清直だけであり、そこに『太神宮本記』の記載する天照大御神の行宮における奉斎年数を最重視する清直の考証姿勢と特異性というものが認められる。

(14)『神宮神事考證』前篇所収、一・二頁。
(15) 同右書所収、一〇頁。
(16) 同右書所収、五・六頁。
(17) 同右書所収、一〇頁。
(18) 同右書所収、六〜一〇頁。
(19) 同右書所収、六六三・六六四頁。
(20) 同右書所収、六八七頁。
(21) 同右書所収、六六五頁。
(22) 同右書所収、三五一頁。
(23) 中野裕三氏「補論　近代神宮への道程―御巫清直の思想と古儀復興―」（『国学者の神信仰―神道神学に基づく考察―』所収、二八三頁）。
(24)『神宮神事考證』前篇所収、六二〇・六二六頁。
(25) 同右書所収、六三七頁。
(26) 同右書所収、六四一頁。
(27) 同右書所収、六五六・六五七頁。

(28)『神宮神事考證』後篇附録「御巫清直翁傳」所収、五・六頁。

(29)『神宮神事考證』補遺上所収、二九〜三一頁。

(30)中西正幸氏『神宮式年遷宮の歴史と祭儀』所収、二八六〜二九二頁。

(31)『神宮神事考證』後篇附録「御巫清直翁年譜」所収、三八〜四〇頁。

(32)『神宮史年表』所収、二一五〜二二五頁。

(33)御巫清直第十三家集『引商刺羽』(神宮文庫所蔵、第三門四〇六七号の十四冊の内)

(34)御巫清直第十四家集『勾江破殼』(神宮文庫所蔵、第三門四〇六七号の十四冊の内)

(35)『神宮神事考證』中篇附録『皇大神宮大宮院舊制之圖』及び『皇大神宮大宮院今制之圖』一葉に掲載。
尚、『豊受宮大宮院舊制之圖』及び『豊受宮大宮院今制之圖』一葉に記載の文には「依二延暦廿三年儀式帳一製レ之、天武天皇即位三年勅定以降至二永享六年之遷宮一凡七百六十年、其間制造無二大變革一有二少異一者參二考諸書一以附二注之一」「永享遷宮之後假殿遷御五度、其間經二百三十年一而舊制悉廃不レ詳二法量一、至二永禄六年正遷宮再興之日一所二造營一者雖レ未レ盡二其美一因准不レ革レ之」とある。

(36)『神宮遷宮記』第四巻所収、一一三・一一四頁。

(37)『神宮神事考證』後篇附録「御巫清直翁傳」所収、一〇頁。
尚、平田篤胤の『古史成文』の条文も同書四之巻から七之巻(影印版)を参照すると(『新修平田篤胤全集』補遺一所収、五〜三八四頁。)一行十七文字で記されている。

(38)『神宮神事考證』前篇所収、三六八頁。

(39)同右書所収、三五三〜三六七頁。

(40)同右書所収、六一六〜六三一頁。

(41)同右書所収、四四頁。

(42)註(13)参照。

(43)『神宮神事考證』前篇所収、二八・二九頁。

(44) 同右書所収、三八八・三八九頁。
(45) 同右書所収、二二・二三頁。
(46) 同右書所収、三〇頁。
(47) 『神宮神事考證』中篇所収、六・七頁。
(48) 『神宮神事考證』前篇所収、三一頁。
(49) 註(48)に同じ。
(50) 『神宮神事考證』前篇所収、四二頁。
(51) 同右書所収、四六頁。
(52) 同右書所収、五一頁。
(53) 同右書所収、六四・六五頁。
(54) 同右書所収、七二頁及び八〇頁。
(55) 同右書所収、八八〜九〇頁。
(56) 同右書所収、九二・九三頁。
(57) 同右書所収、九六・九七頁。
(58) 同右書所収、一〇八・一〇九頁。
(59) 同右書所収、一一一〜一一三頁及び一一六・一一七頁。
(60) 同右書所収、一三一・一三二頁。
(61) 同右書所収、一二二頁。
(62) 同右書所収、一六二頁。
(63) 同右書所収、一六四・一六五頁。
(64) 同右書所収、二三三・二三四頁。
(65) 同右書所収、二四一・二四二頁。

(66) 同右書所収、二六九頁。
(67)『新修平田篤胤全集』第一巻所収「解題」、一・二頁。
(68) 同右書付録月報6所収、六・七頁及び同全集補遺一付録月報19所収、一・二頁。
(69) 三木正太郎氏『平田篤胤の研究』「第三章　篤胤學の成立　第一節「日本書紀」と「古事記」―「古史成文」の立場―」所収、一七〇・一七一頁。
(70)『新修平田篤胤全集』補遺一所収、一二一～一二三頁。

当条文の頭注で、篤胤は「神宮雑例集、皇大神乎崇神天皇御代尓宮中大庭ニ穂椋作令出坐事、齋皇女以豊鋤入姫命供奉」と『神宮雑例集』の記述を付している。

(71) 同右書所収、一四九頁。

当条文の頭注で、篤胤は「○世記云、従此更倭國求メ給フ、○又云、卅年九月、遷倭国伊豆加志本宮八年奉斎」と記し、また崇神天皇四十八年正月条と同六十年七月条の間の頭注に「世記云、五十一年云年四月、遷木乃国奈久佐濱宮積三年之間奉斎、于時紀伊国造進舎人紀麻呂良地口御田矣、○亦云、五十四年丁丑、遷吉備国名方濱宮四年奉斎、于時吉備国造進ニ采女吉備都比賣又地口御田一ヲ」（同右書所収、一五一頁。）とあって、共に『倭姫命世記』の記述を追加している。

(72) 同右書所収、一八八～一九七頁。
(73)『神宮神事考證』前篇所収「解題」、五頁。
(74)『新修平田篤胤全集』第一巻所収、七五・七六頁。
(75)『新修平田篤胤全集』第三巻所収、三九四～四〇〇頁。
(76)『神宮神事考證』前篇所収、六一四・六一五頁。
(77) 対照表で使用する『止由氣宮儀式帳』の条文は『御饌殿事類鈔』掲載のものである（『神宮神事考證』中篇所収、一頁）。
(78)『神宮神事考證』前篇所収、七一三・七一五・七一六頁。

(79) 同右書所収、六三七・六三八頁。
(80) 『太神宮古傳拾遺』『神朝本記』合本（神宮文庫所蔵、第一門第一〇三二四号）

第三章　神宮常典御饌考

――清直著『御饌殿事類鈔』を通して――

一　はじめに

神宮常典御饌は、明治以前まで朝御饌・夕御饌或いは単に御供と称され、現在、正式には日別朝夕大御饌祭《ひごとあさゆうおおみけさい》と呼ばれている。この祭典は、外宮御饌殿において一年三百六十五日、一日も欠かすことなく日別朝夕に二度、天照大御神はじめ豊受大御神、両宮相殿神並びに別宮諸神に大御饌を供進する儀式である。

その常典御饌の研究は、これまで神宮年中きっての大祭である神嘗祭の研究に比して決して多いとはいえなかった。そのような中で昭和四十七年に、常典御饌の重要性に気付き、明治の神宮御改正と御饌殿の神座の推移を中心に論述されたのは、他ならぬ阪本健一氏の「神宮の御改革と御饌殿祭祀」であった。(1) しかしながら阪本氏もこの論文の「むすび」において、

御巫清直翁の学直は地味ではあるが、多大の貢献をしている。(略)『御饌殿事類鈔』『豊受神霊由来或問』『麻奈井神社考』、等すべて然らざるはなしであるが、特に翁の主著『太神宮本記帰正鈔』は、すべて、神宮

学に志すものの一度は手しなければならない力作である。近時神宮学の進歩は著しい。早くからその事に貢献した阪本廣太郎大人の『神宮祭祀概説』や大西源一博士の『大神宮史要』の御饌殿関係所論にふれることが出来なかったのは残念である。

と述べられ、阪本廣太郎氏等の御饌殿関係所論に及ぶことができなかったことを遺憾とされながら御巫清直の『御饌殿事類鈔』の重要性も示唆されたのであった。

従って、本稿においては常典御饌の総合的な研究の中で、特にその高みにまでのぼった清直の『御饌殿事類鈔』[2]を通して、先ず外宮の御鎮座と御饌殿との関係をはじめ御饌殿の殿舎及び神座（装束）・神饌について考察し、続いて常典御饌の行事次第の変遷と総御饌についても論考を及ぼし、最後に外宮の御鎮座以来千五百年にわたって継承されてきた常典御饌の意義について考えてみたいと思う。

二　外宮の御鎮座と御饌殿

外宮の御鎮座と御饌殿の関係について、これまで最も興味のある先駆的な見解を示したのは御巫清直である。その著『御饌殿事類鈔』「起源」の項において、

今按スルニ、神亀年中御饌殿造立ノコトハ儀式帳ノ正説ニ參差セル虚妄説ナル由ハ、名嶋政方カ晤語、橋村正兌カ外宮儀式解ノ二書ニ辨駁セルカ如シ。御饌殿ハ、雄略天皇ノ御世、皇大神ノ神誨ニ、丹後國ニシテ奉

供スル御饌ヲ吾許ニシテ進奉スヘク宣セサセ賜フニ依テ、度會ノ山田原ニ御殿ヲ造立シ、毎日朝夕ニ皇大神ノ御氣ヲ供進スル所ト定メサセ賜ヘリ。延暦儀式帳、大同供奉神事本記ニ載スルカ如シ。其殿ハ宇治郷ノ内《ウチ》宮《ノミヤ》ノ内ニ在ラス、沼木郷ノ外ニ離レテ建テル宮ナルヲ以テ、天皇ノ離宮ヲ常都宮《トツミヤ》トイフニ准シ、内宮《ウチノミヤ》ニ對ヘテ外宮《トツミヤ》ト號シツラム。其殿ニシテ供備スル御氣ノ報酬ノ爲ニ、始祖豐受大神ヲ御饌殿ノ西南ノ地ニ宮殿ヲ造テ奉齋セシメ、其宮ヲ豐受大神宮、又度會宮ト稱ス。仍テ古事記ニ、登由宇氣神ハ外宮《トツミヤ》之度相ニ坐スト謂ヘルナリ。御氣殿ノ外宮《トツミヤ》ノ在地ニ同ク建テル度相ノ宮ニ豐受ノ神ヲ令レ坐ト云フ意ナリ。以テ外宮《トツミヤ》トイフ意義ヲ辨スヘシ。（但後ニハ度會宮ヲ外宮ト轉稱スルヲ以テ、祝詞考、古事記傳等ニ、臆斷ノ説モアレト信受スルニ足ラス。）然シテ御饌殿ノ内、東方ニ皇大神ノ御坐ヲ奉設シ、西方ニ豐受大神、及御伴神ノ御坐ヲ設テ相對セシム。日本紀ニ所謂、朝夕乃御食《ミケノ》之食向《ケムカヒ》爾奉レル齋キ、トイフハ是ナリ。

といい、(3)『豐受大神寔録』では、

宇治ノ郷ノ内宮ノ外ナル沼木ノ郷ニ天照大神ノ御饌殿ヲ建ツヲ以テ、是ヲ外宮《トツミヤ》ト謂フ。内裏ノ外ナル離宮ヲトツミヤト稱スルニ同シ。其御饌聞シ食ス外宮ノ地ニ豐受大神ノ大宮ヲ造立シテ神靈ヲ安鎭シ奉ル。其祠ヲ度相宮ト號セラル。

と述べ、(4)また『御饌殿事類鈔』「起源」の項で、

御饌殿修造ノコト太神宮ノ部分ニ入ヌヘキ殿ナレト、外《ト》ツ宮トイヒテ内宮《ウチノミヤ》ニ懸隔シタレハ一途ニハ行ハレス、然リトテ豐受宮ノ部分ニモ入ラス、獨立シテ修造モ一己ノ修造ナリシナラム。サレハ天武天皇即位十三

年九月ノ宣旨ニ、二所大神宮之御遷宮ノ事、廿年ニ一度新ニ宮造リ替ヘ、應レシ奉レル令ニシメ遷御一セ、立テ為ニヨ長例一ト也、ト定サセラレ、中外ノ院、殿舎、御倉、四面重々ノ御垣、御門、鳥居等ヲ被ニ造加一ルヘキ旨ヲ仰下サレテ、持統天皇即位三年壬辰九月、豐受大神宮遷宮行ハレシ時、正殿、東西寶殿ヲ造加シ、四面重々ノ御垣ヲモ造増セラレケレハ、御饌殿ハ豐受宮ノ荒垣ノ内ニ入リヌ。但是ヨリ以往ハ御饌殿ニモ瑞垣ヲ廻ラシタリシコト、雑事記ニイフ如クナリケメト、此時ヨリ停ラレツラム。此後御垣ナカリシコト、春記ニ拠テ考ヘ知ルヘシ。然レハ此時ヨリ大宮一院ノ内ナル殿舎トナレヽハ、正殿、寶殿、御門、御垣ト共ニ廿年一度ノ造替ノ節新造セラレルヘキニ、元明天皇和銅四年豐受宮遷宮ノ日、御饌殿ハ其部分ニ非ネハ脱漏シ、古例ノマヽ宮司破損修理ノ殿ニテソアリケム。仍テ聖武天皇天平元年太神宮遷宮ノ節、其部属ナル御饌殿ノ外宮《トツミヤ》ヲモ内宮ト共ニ新造セラルヘキ、別ノ宣旨ヲ宮司ニ下サレ、不日ニ新造ノ功ヲ致セルニ依テ、其勧賞ニ宮司千上ニ重任ノ宣旨ヲ賜ハリシナルヘシ。雑事記ニ、仍テ宮司千上蒙ニリ別ノ宣旨一ヲ、致ニシ不日ノ功一ヲ、豐受宮ノ外《ケ》院《キム》ニ、建ニ立ス御饌殿一宇、瑞垣一重一ヲ、自レ爾以降、於ニテ件ノ殿一ニ供ニ進ス朝夕ノ御饌物一ヲ、今號ニ御饌殿一是也、于レ時宮司千上有レテ鑒可レキ被ニル勧賞一セ之由、公卿僉議、而蒙ニリ宮司重任ノ宣旨一ヲ了ヌ、トアルヲ以テ證スヘシ。但シ豐受宮ノ外院ニ、建ニ立ス御饌殿一宇、瑞垣一重一ヲ、トアルハ、持統天皇三年豐受宮遷宮以前ハ外院ニ在テ、瑞垣一重モ在ケメト、三年ノ遷宮ニ重々ノ御垣造加セラレテ、大宮院ノ荒垣ノ内ニ入タレハ外院ニアラス。瑞垣モ建ヘキ地ナケレハ停メツラム。仍テ往代希有記ニハ、神亀六年三月十五日、依ニテ右大臣ノ宣一ニ、奉レシ勅ヲ宮司千上承知シ、且豐受神宮乃中重仁御饌殿遠立天、自レ今以後為ニテ恒例一ト、皇大神宮ノ朝夕ノ御饌遠令ニム備進一セ、今御饌殿是也。トアルカ如ク、持統天皇三年遷宮ノ後ハ中重ニ入テ瑞垣ハナク、御饌殿一宇ノミナルヲ、廿年一度新造ヲ恒例トシテ、其殿ニテ朝夕御饌ヲ令ニム備進一セトイヘルナリ、是ソ當時ノ實況ナルヘキ。（略）豐受宮ハ天平四年九月遷宮ナリシニ、其二年前天平元年神亀六年ナリ。三月ニ大宮院ノ内ニテ突然ト御饌殿一宇ノミ新造アリシハ内宮ニ屬スヘキ外宮《トツミヤ》ノ御饌殿ナル故、内宮造替ノ年ノ序ニ、別ノ宣旨ヲ以テ新

造替セサシメ給ヘル（略）

と論じている。(5) 清直の独創的なこれらの見解で重視される点を纏めると

① 御饌殿が創立されたのは、『止由氣宮儀式帳』等の伝承を尊重して第二十一代雄略天皇の御代とし、外宮を「トツミヤ」と称することに意義のあること

② 豊受大神宮創祀の形態は、現存するような大規模な正宮が始めから存したのではなく、外宮とは元来、御饌殿のことを指すこと

③ 豊受大神宮の正殿が御饌殿の西南の地に創立されたのは、天照大御神に供備する御饌の報酬によるものであること

④ 御饌殿（外宮）は本来、皇大神宮の範疇に属すべき殿舎であって、その意識が聖武天皇の御代まで存したことが見られること（内宮〈ウチノミヤ〉と外宮〈トツミヤ〉とはもとより一体的規模にあること）

という四点になる。近年この清直説を基軸にして、大凡外宮の御鎮座と御饌殿の関係について研究が進められてきた。その中でも特に注目されるのが、阪本廣太郎著『神宮祭祀概説』「第四章第二節　日別朝夕大御饌祭」の項と櫻井勝之進著『伊勢神宮の祖型と展開』「第三　伊勢神宮の原像、三　礒宮と外つ宮」の項である。両者の説を紹介し、清直の見解との類似点と相違点を明らかにして、若干の考察を加えておきたい。前者については、

御饌祭の特殊なるものとして、中祭に日別朝夕大御饌祭がある。この祭はその名称の示す通り、毎日朝夕

の二度、皇大神に大御饌を供へる祭であつて、朝夕に御饌を御供へすることは由貴大御饌祭と同様であるが、しかしこの大御饌は皇大神の鎮座せらるゝ皇大神宮の大御前に於て行はれずして、皇大神宮とはかけ離れたる豊受大神宮の宮域内なる御饌殿と称する殿舎に於て行はるゝ点に於て、まことに特殊なる御祭である。

この特殊なる祭典の由来を語るには、先づその祭場である御饌殿のことを説かねばならぬ。御饌殿は実にこの祭祀に供する目的を以て創設せられたる建物であつて、その創建は普通に雄略天皇の御世、豊受大神宮の鎮座とともに起つたと伝へられて居るが、実際は或はそれよりも遡つて早く創められたものと考へらるゝ。即ち前にも申述べた如く、外宮と内宮とはもと〳〵一体的規模の中にあり、内宮即ち奥宮に皇大神の正殿が建てられ、外宮即ち口の宮にこの御饌殿が設けられて、年中祭祀のうち由貴大御饌の祭は、正殿の大御前に於て行はれ、その他の日常の奉仕はこの外宮なる御饌殿に於て行ふことが、或は神宮鎮座当初からの規模でなかつたかと考へらるゝ。かやうに日常の奉仕の設備が特に外宮に設けられたことは、上代に於ける自然人文の地理の上からやむなく起つたことであつて、内宮の所在地がはるか後世の平安朝頃になつても、五十鈴河上流の大山中と考へられたやうに、交通や物資の供給等に制限があつたので、古くから山田原と称せられて居る人文地理上の便宜あるこの地に、外宮即ち朝夕奉仕の祭場が設けられたのではないかと思はるゝ。而して雄略天皇の御世に至つて、神誨に本づき、御食津神たる豊受大神を丹波国から、皇大神の相嘗のために、この祭場にお迎することゝなり、更にその御近くに社殿を建立して御食津神を奉祀することゝなつた。これが後に神宮号を称せらるゝことゝなり、遂に奈良朝頃に至つて、皇大神宮と対称せらるゝ位置にまで進まれたものと考へらるゝのである。

○豊受大神宮は皇大神宮の御饌殿祭祀から起つた。これは後世ながら御塩殿又は機殿から、それ〴〵鎮守神社が起つたのと同じ理由とおもはるゝ。
○皇大神宮の域内なる豊受大神の石畳は、そのまゝで、社とはならずに残つた。

とあり、[6] 後者については、

この外宮とは古事記の中では五十鈴宮に対する外つ宮ではなく、これは斎宮にまつる大神の祠すなわち多気の大神の宮に対する「離宮」という意味の外宮であって、その主は宣長のいうが如くもとより天照大神であった。その意味のトツミヤならば、平安初期を待たずして用例の多いこと宣長が指摘したとおりである。それでは具体的には何れの社殿をもって「外つ宮」としたかであるが、恐らくは度会の中心地に設けられたところの殿舎、すなわちのちに謂うところの「御饌殿」をさしたものに外ならないとするのである。この御饌殿の主祭神はいうまでもなく天照大神である。

御饌殿は延暦二十三年撰上の止由気宮儀式帳に「御饌殿一宇」とあり、その縁由についてはこの儀式帳の冒頭に次のように述べる。要約すると、

天照大神は垂仁天皇朝に大宮処を諸国に求め、やがて宇治の五十鈴の河上にお鎮まりになったが、大長谷天皇（雄略）のお夢にて「吾は高天原にあって求めていた処に鎮まったけれども、一所に坐せば甚苦《いと》しいばかりでなく大御饌も安らかにとることができないから、丹波国比治の真奈井に坐す、吾が御饌つ神であるトユケの大神をわがみ許にもが」とお誨《さと》しになった。そこで天皇は丹波国に行幸なさって等由気大神を迎え、度会の山田原に大宮を造ってお祭りになった。そこで御饌殿を造り奉って、天照大御神の朝夕の大御饌を日ごとにお仕えするのである。

これは豊受大神宮の鎮座を主とする縁起であるから豊受大神を祭る大宮が先ず造られ、あわせて御饌殿が設けられたという文脈となっている。しかし「大御饌も安く聞食さず」という夢告に応えるのであれば、先ずその大御饌を供する施設＝御饌殿造立が順序であろう。そこらは豊受大神宮を本意とする縁起である故の矛盾である（略）

と存する。[7]両者とも清直同様に外宮を「トツミヤ」と称することを重要視し、本来の外宮（トツミヤ）とは御饌殿自体を指し、御饌殿が先ずはじめにあって、その後現在見られる豊受大神宮の正宮が出来たとし、そして外宮（トツミヤ）の存在意義を突き詰めて考えるならば〝天照大御神への常典御饌執行〟に尽きると考えている。しかし外宮（トツミヤ）の対称を内宮とするのか（清直・阪本説）、それとも斎宮にまつる大神の祠（多気大神宮）とするのか（櫻井説）で意見がわかれる。どちらを是とするかについては、筆者はやはり（清直・阪本説）を支持したいと思う。なぜならば櫻井説の原初内宮を斎宮の多気大神宮に比定する見解は、既に田中卓氏により成立しないことが実証されており、[8]また常典御饌祭祀、延いては外宮祭祀の存在意義はやはり内宮との関連における一体的規模の中で捉えられるべきであると思考されるからである。[9]それは『大神宮式』神戸条に、

神田卅六町一段

（略）

伊勢國卅二町一段。桑名鈴鹿両郡各一町、安濃壱志両郡各三町、飯高郡二町、飯野郡十一町六段、度會郡十町五段、

右神田如レ件。割二度會郡五町四段一、二町四段大神宮、三町度會宮、令二當郡司営種一。収穫苗子。供二用大神宮三時幷度會宮朝夕之饌一。自餘依二當土估一賃租。充二供レ祭料一。

（筆者傍点付す）

と存し、[10]朝廷では両宮それぞれで斎行される祭祀の中核（生命線）とするところを、

〇内宮（皇大神宮）は「太神宮三時」、つまり三節祭を執行する宮

〇外宮（この場合、御饌殿を指す）は「度會宮朝夕之饌」、つまり常典御饌を執行する宮

と認識して、両祭祀を際立たせる形で規定したのではなかったかと考えられるからである。そして、この規定こそは原初の内外宮の規模であったと推測せしめられよう。

三　御饌殿の殿舎及び神座（装束）と常典御饌の神饌

1　殿舎

御饌殿の建築様式は古代の高倉形式を採用しており、その構造は通称「井楼組校倉造《せいろうぐみあぜくらづくり》」と呼ばれる特殊なものである。この殿舎は建築史上、正倉院と共に極めて貴重なものとされているが、神宮に存する数ある殿舎において御饌殿だけが、時代的に最も古いとされる建築様式を現在に留めている。清直もこの事実に着目し『御饌殿事類鈔』「造制」の項において、

新任辨官鈔ニ云ク。御食殿《ミケドノ》。一宇也。如二寶殿一。有二千木堅魚木一。毎日二度御膳供レ之屋也。朝未明。夕秉燭程供レ之。内宮御膳。同供二于外宮此殿一也。又云。東西寶殿棟持柱以レ板組上。外幣殿作様。如二東西寶殿一。

と述べ、『新任辨官鈔』の文章を引用して、外宮の東西宝殿はじめ外幣殿も本来は御饌殿同様の造りであったこ

とを是認した上で、同書同項で、

按スルニ従レ古造制ヲ改メサル事如レ斯シ。二宮諸殿舎ノ内ニテ舊キヲ見ルヘキ者ハ、獨此殿ノミナリキ。サルハ雄略帝ノ御世建初ノ日ヨリ、一日モ間斷ナキ殿舎ナル故ニ中絶スル事ナク、永享以来百三十餘年ノ間、正宮モ假殿ニノミ坐シテ、東西寶殿、幣帛殿、御門、御垣モ悉皆斷絶シ、黒木小柴ノ垣門ノミナル衰世ノ頃タニ、御饌殿ノミハ變革ナク舊制ノマヽニ遺存シタリキ。

と論及し[11]、外宮式年遷宮が永享年間の室町中期から約百三十年間中絶してしまい、正宮は仮殿となり、東西宝殿はじめ外幣殿等も悉く断絶することとなって、その造制が古儀を失ってしまうこととなった。これに対して御饌殿だけが厳然と古儀のままの造制が守られてきたのは、偏に「雄略帝ノ御世建初ノ日ヨリ、一日モ間斷ナキ殿舎ナル故ニ」、つまり常典御饌の斎行が外宮御鎮座以来、約千五百年の長きにわたって営々と一日も欠かすことなく継続されてきた事実に依拠することを清直は強調している。

ところで、御饌殿には神宮の正殿はじめ宝殿等の他の殿舎には見られない一つの大きな特徴がある。それは南北にそれぞれ御扉があって、常典御饌執行の際に両御扉が開扉されることである。一般的に考えて、南の御扉は御神前に奉仕員（大物忌〈子良〉・大物忌父）が神饌を供進するための搬入搬出口と理解できるが、北の御扉がなぜ存在し開扉されるのか、これまで当を得た解釈はあまりなかった。物理的には外宮大物忌父を六十年の長きにわたって勤めた黒瀬益弘が編輯した『外宮子良館祭奠式』に、

次ニ子良入テ以ニテ其所レノ執レル之松明一ヲ置ニキ門内一ニ、廻レリ西ニ昇レリ階ニ入ニル殿内一ニ、（略）御鹽焼物忌ノ

父取二テ子良ノ所レノ置ク之松明一ヲ置二ク北ノ戸之《ノ》縁板ノ端一ニ、為レ明二殿内一也（略）于レ時子良ト一臈ト随下テ供二ヘ奉ルノ二
所太神及ヒ相殿ノ神ニ之《ノ》員数上ニ備レフ之ヲ（略）丁《アタ》下ッテ其ノ将上レニ奠レセント之ヲ先ッ取二テ御生飯《ヲサバ》一ヲ盛二リ土器一ニ
置二ク北ノ戸之《ノ》縁板一ニ（略）先ッ取二リ御生飯一ヲ盛二リ土器一ニ置二ク北戸之縁板一ニ（略）而御鹽焼物忌ノ父ノ一
座起レテ座ヲ取二リ御生飯《ヲサバ》一ヲ納二ム瑞籠ノ良隅之生飯《ノサバ》壺一ニ

とあることより、[12] 朝御饌を未明に供するための明かりとりであると共に御生飯（散飯《さば》）を供するためと普通は考えられるであろう。しかしながら、神の顕現を表示するための行事ともいうべき御扉の開扉が、神に最も近い聖なる童女の大物忌によってのみ果たされてきた史的事実と、現在でも南北の御扉の開閉扉の際には奉仕員全員が平伏を必ず行う所作に鑑むならば、【図1】のように南北の御扉よりそれぞれの神々が御来臨になられると解釈した方が自然ではなかろうか。[13]

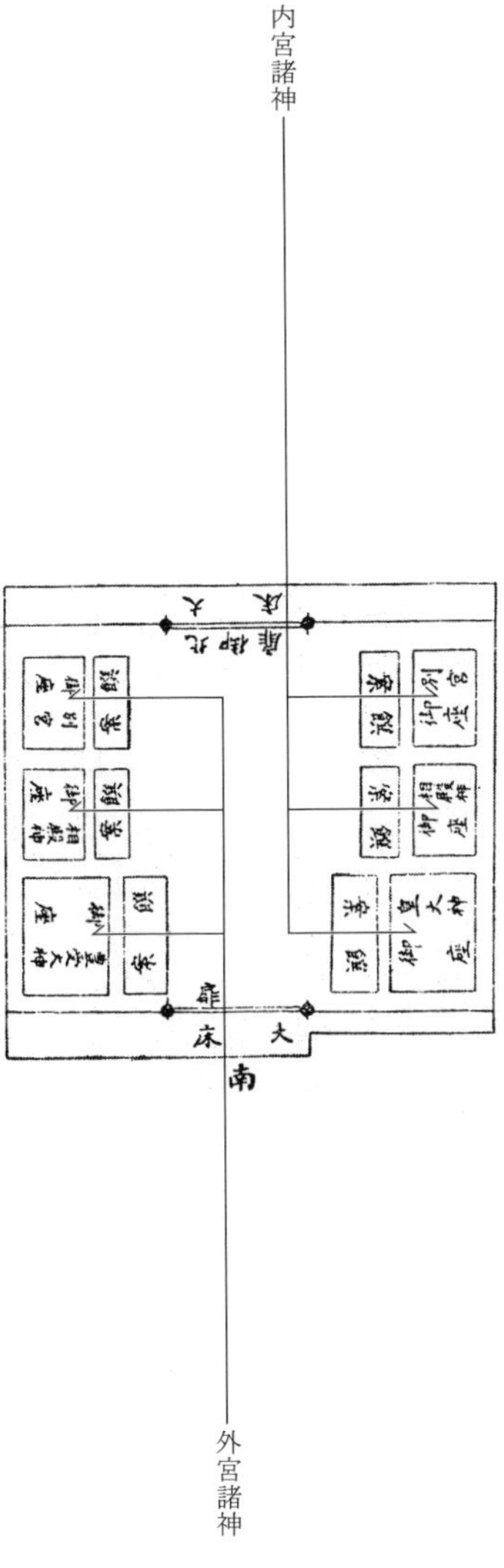

図1御饌殿内御神座配置図
（『神宮要綱』より転載）

尚、御饌殿が不測の事態にみまわれ使用できない場合は、清直が『御饌殿事類鈔』「装束」の項において、

外宮子良館ノ舊記ニ云ク。明徳五年二月廿二日。於二テ外幣殿一ニ御氣殿ノ御餝有レリ之レ。御天井ノ布十三端。脇立十六幅。又依レテ無二ニ北ノ戸一壁三幅。御座之餝如レシ例ノ。同ク自二リ其夕一供二進ス御饌一ヲ。

と『外宮子良館舊記』の記事を抄出し記載しているように、[14]外幣殿を御饌殿と見立てて一日たりとも間断してはならない常典御饌を執行するのが貴重な前例となっている。

2 神座（装束）

外宮御鎮座より明治五年十一月七日までの御饌殿の神座と装束について、今まで端的、且つ要領の良い説明を施したのは、『神宮要綱』「日別朝夕大御饌祭、古儀由来」の、

古儀の大概を拝するに、御饌殿に於ける神座は三座ありて、天照大御神の御座は東方に、豊受大神の御座は西方に、御伴神たる豊受宮相殿神三柱の御座は下がりて西方に奉安せらる。而して両大神の御座は土代麻席の上に御床を居ゑ、上に調布と調絹とを重ねたるが、相殿神には御床なくして、土代の上に調布・調絹を重ねて御座にしつらへたり。又御饌を供ふる料としては両大神は御机に食薦と食単布を重ね、相殿神には御机なく食薦に食単布を重ねたり。

という記事である。[15]これにより、明治五年十一月七日までの御饌殿内の様子を概ね窺い知ることができるが、外

宮御鎮座から明治五年以降も含めた現在に至るまでの神座の歴史的変遷について以下述べていくこととする。それを理解しやすく示すと、

①　天照大御神・豊受大御神

↓

②　天照大御神・豊受大御神・豊受大神宮相殿神（三座）

↓

③　天照大御神・豊受大御神・皇大神宮相殿神（二座）・豊受大神宮相殿神（三座）
皇大神宮諸別宮（九所、大正十二年十一月より十所）・豊受大神宮諸別宮（四所）

右のように纏められる。先ず①から②への移行については、既に櫻井氏が『伊勢神宮の祖型と展開』「第三　伊勢神宮の原像　一　儀宮と外つ宮」の項で、

殿内には天照大神と止由気大神及び相殿神に供膳するための設けがあるが、同儀式帳の二十毎の式年遷宮時に造宮使が用意すべきものを列挙した中に、

短御床弐具、御饌奉御机弐具

とあり、割注に「已上二種物は御饌殿の用物」とあるから、古くは神坐は二つだけであった。ところが神宮雑例集所引のいわゆる大同本記には、

其の殿内に天照坐皇大神の御坐を東方に奉り、止由気大神の御坐を西方に奉り、また御伴神三前の御坐

は下に奉る。

とあるので、いつしか御伴神を加えたとみえる。

といわれた見解通り(16)と見て良いであろう。次に②から③への推移は、阪本健一氏「神宮の御改革と御饌殿祭祀」に詳しいので(17)、ここで敢えて論及しないが、この論説の中で特筆されることとして、天照大御神と豊受大御神の神座の相対する位置関係が挙げられる。両大御神の神座の史的な位置関係については、明治五年十一月八日以降に天照大御神と豊受大御神の神座の位置に手が加えられることとなり、外宮御鎮座から明治五年十一月七日までは、天照大御神が東方西面に位置し、豊受大御神が西方東面に位置する、いわゆる東西に相対する位置関係であった。それを明治五年十一月八日から同七年九月十日までは、天照大御神が北方南面に位置し、豊受大御神が西方東面に位置する関係となる。そして明治七年九月十一日から同四十三年四月二十七日まで、そのまま天照大御神が北方南面に位置し、豊受大御神が南方北面に位置するという南北に相対する位置関係となって、明治四十三年四月二十八日には、古儀に復して、天照大御神が東方西面に位置し、豊受大御神が西方東面に位置するという、東西に相対する位置関係となり現在に至っている。この内の明治五年十一月八日から同七年九月十日までの約二年間に限って天照大御神と豊受大御神の神座は相対する位置関係となっていないが、それを除外すれば、悠久約千五百年にわたって両大御神の神座は相対する位置関係を保持し続けてきたことになる。これはまさしく清直が、再度引用するが、『御饌殿事類鈔』「起源」の項で、

然シテ御饌殿ノ内、東方ニ皇大神ノ御坐ヲ奉設シ、西方ニ豐受大神、及御伴神ノ御坐ヲ設テ相對セシム。日本紀ニ所謂、朝夕乃御食之《ミケノ》食向《ケムカヒ》爾奉レル齋キ、トイフハ是ナリ。

と主張した(18)、御饌殿内における両大御神の神座の位置が相対関係にあることを〝常典御饌の古儀〟とする意識が、歴代神宮祠官の胸中深く刻まれ続けられてきたからこそ遵奉することを可能ならしめてきたのではないだろうか。因みに、先に阪本廣太郎氏が『神宮祭祀概説』「第四章第二節　日別朝夕大御饌祭」の項において「〇皇大神宮の域内なる豊受大神の石畳は、そのまゝで、社とはならずに残った。」と述べられたことを掲出したが、この指摘は重要であって、外宮の御饌殿内における天照大御神と豊受大御神の神座の相対する位置関係を内宮に充当するならば、内宮正殿（天照大御神は北方南面に）と正宮南石階下の現御贄調舎内（『皇太神宮儀式帳』では御前川の中洲）に設けられた豊受大御神の入り坐す石畳（南方北面）となって、即ち南北に相対する神座の位置関係となる。内宮におけるこの相対する神座の位置関係は、絶えず天照大御神に対して豊受大御神は「朝夕乃御食之食向爾奉レル齋キ」という、両宮に共通する神座の位置関係を表明していると捉えられよう。大変興味深い一致といえるのではないだろうか。

それから、御饌殿内を餝飾する装束については、『止由氣宮儀式帳』「供奉二所大神朝御饌夕御饌并雑行事」條中の「御饌殿壱宇」の項に、

御《ミ》饌《ケ》殿壱宇《ドノイチウ》
用物《イヨウモチ》肆《シ》種《シュ》
調絹《ツキノキヌ》弐《ニ》疋《ヒキ》。御幌《ミトバリ》并《ナラビニ》二所《フタトコロノ》太神《オホミカミ》及《マタ》相殿《アヒドノ》神《カミノミ》御坐《マシノ》料《レウ》。調布《ツキノヌノ》捌端《ハチタム》。殿内《ミアラカノウチノ》天井《テムジヤウ》壁代《カベシロ》、二所《フタトコロノ》太神《オホミカミ》及《マタ》相殿《アヒドノ》神《カミノミ》御坐《マシノ》下《シタニ》敷《シキ》、并《ナラビニ》敷布《シキヌノ》御巾《ミタノゴヒノ》布等《ヌノラノ》料《レウ》。麻席《アサムシロ》参枚《サムマイ》。二所《フタトコロノ》太神《オホミカミノミ》御床《ユカノ》土代《ツチシロニ》敷《シク》料《レウ》、并《ナラビニ》相殿《アヒドノ》神《カミノミ》御坐《マシノ》料《レウ》。麻簀《アサス》参枚《サムマイ》。二所《フタトコロノ》太神《オホミカミノミ》御簀《ス》、相殿《アヒドノ》神《カミノミ》御簀《スノ》料《レウ》。
右件用物《ミギクダリノイヨウモチハ》、太神宮司《オホミカミノミヤノツカサ》、年別九月祭《トシゴトノナガツキノマツリニ》所《ル》二宛奉《アテマツ》一。

とあり、[19]『大神宮式』には、

凡度會宮禰宜、内人等、依レ例供二進大神宮及度會宮朝夕御膳一。餘宮不レ供。其御膳殿年料所レ須絹二疋、布八端、東席三枚、食單布二端、食薦三枚、神宮司充之

と規定されている。[20] 清直も『御饌殿事類鈔』において、この両書の文を冒頭に掲げ、続いて『神宮雑例集』『宮司公文抄』『大宮司辰長元和二年六月記』『古老口実傳』『外宮子良館舊記』『内宮引付』『天正十二年遷宮記』『慶安遷宮記』『寛延遷宮松尾弘共引付』における該当文を抽出するも「按スルニ御氣殿装束ノ絹布ハ、従レ古宮司ノ調進ノ例タリシニ、後ニハ怠慢シテ備進セサルカ故ニ、禰宜ヨリコレヲ辨進セシコト見ツヘシ。」と御饌殿の装束を本来調進するのは禰宜ではなく大神宮司の責務であることを述べるだけで、[21] とりわけ殿内餝飾の方法についての意見は示していない。この点について、明白にすべく試みたのは川出清彦氏の『祭祀概説』「第二部　各論　祭典とその趣旨、第一章　大嘗と神嘗　第一七節　神座奉安、御饌殿の神座」である。つまり、

右のうち、麻簀と敷布と巾とは御饌奉奠の際の用品と思われるから、装束はすなわち南北の扉に幌を掛け、板壁には壁代を掛け、また承塵として天井上覆を引き張られるものと思われる。この承塵の覆絹は、殿の全体か、座の上だけであるか明らかでないが恐らく後者であろう。さて座は両正宮の料は、下に布を敷き、床を据え、麻席（東席ともいう）をのべ、上に白絹を覆ったものであり、相殿の料は、布を敷き麻薦を展べ、白絹をもって覆っただけのものと推察される。一時的な座というよりも、古代の座の一形式と見る方が至当であろう。

との推論を提示されたのであった。[22]この推論の是非についての論考は、殊に殿内餝飾に及ぶことなのでここでは差し控えることとするが、先に紹介した『神宮要綱』の記事と合わせて考えて頂ければ幸いである。

しかし、そのことよりむしろ御饌殿の装束について注視しなければならないのは、先の清直の指摘にも間接的に関わることであるが、神宮の数ある殿舎の中で一年に一度、御饌殿だけが朝廷の出先機関ともいえる大神宮司支弁のもと、殿内装束が調えられ餝飾が実施されてきたかということであろう。この特異性について今まで着目されたのは、櫻井氏のみである。櫻井氏は『伊勢神宮の祖型と展開』「第三　伊勢神宮の原像　三神送り・神迎え」の項で、

> 神宮の両正宮や別宮などでは、殿内の装飾類を毎年新しく取り替えるということはない。それは二十年に一度の、式年遷宮の時を原則とするのに対し、御饌殿では神座の「短御床二具」と御饌をのせる「御机二具」だけは二十年に一度新調する建前であるが、その神座の上下を装う装束類や殿内をかざる布帛類は毎年新調するのである。（略）大神宮式に「年料」とあるので毎年一度は新しい調度で装飾されることがわかる。その時期は儀式帳によると「九月の祭」ということである。

さらに神宮雑例集（その成立は一二〇二〜一二一〇年とされる）によってその辺りをくわしくみると（原漢文）

（九月）十五日

御気殿御装束ノ請文ヲ司庁ヨリ上ル事

離宮院ハ御気殿ノ御装束ヲ奉下スル事

伊賀神戸ノ所済到来ノ日、御倉ニ納メ、当日之ヲ奉下ス。物忌之ヲ受ク

解説を加えると、十五日に大神宮司に宛てて「御氣《みけ》殿の御装束」の品目、数量などを記した請文が提出されるので、大神宮司の役所では、かねて用意の品を御倉から奉下《ほうげ》して外宮の物忌に渡すのである（その品々は、当時は伊賀神戸から上納することになっていたので、伊賀から到来した日から離宮院の御倉におさめておいたものである）。そして雑例集はさらに、

十八日、外宮御気殿御装束ノ事　両機殿神部ノ勤

と記している。十八日にいたって神服部、神麻績の両機殿の役人らが奉仕して外宮御気殿の装飾を新旧取り替えるというのである。思うに、もともとは絹や布の類を両機殿が奉織していたので、その名残がこのような形で遺存していたものと察しられる。

（傍点筆者付す）

と論じられ、[23]『神宮雑例集』収載記事に注目され、一年一度の御饌殿餝飾用の装束である絹や布の類は、もともと神服部・神麻績機殿の神部が奉織していたとの見解を示された。この見解と、原田敏明氏が『村の祭祀』「祭典遷宮附―遷宮祭と大嘗祭―」で、

ことにこれを神宮について見るならば、神衣祭は春秋両度になっており、少くとも秋の場合はその大祭、すなわち神嘗祭に先立って行われている。しかしこれがもっぱら神の召物であるとするならば、何故に内宮その他には供えられるに対して、外宮だけには行われないのか。外宮の神は召物が不要ということはあり得ないはずである。そこにはきわめて重要な何ものかがなくてはならない。

と問題提議されたことを[24]参考にし、年々歳々繰り返し行われる御饌殿餝飾行事の意義を推測するならば、その餝

飾行事は内宮秋の神御衣祭に相当するものではなかったか、という試論を示しておきたい。(25) この試論の根拠としては左の二点が挙げられる。

1、豊受大神宮の正宮は御饌殿祭祀によって起因したものであり、外宮（トツミヤ）とは、元来、御饌殿を指すこと

2、櫻井氏が指摘した、『神宮雑例集』収載記事に基づくと、御饌殿を一年に一度餝飾するための装束類は、九月の内宮神御衣祭で奉納される神御衣と同じく、神服部・神麻績両機殿の神部が奉織したものが充てられていたと見られること

3　常典御饌の神饌

常典御饌に供進される神饌については、『止由氣宮儀式帳』「供奉二所大神朝御饌夕御饌并雑行事」條中の「供膳物」の項に、

供膳《ミケツ》物《モノ》。
天照坐《アマテラシマシマス》　皇太神《スメオホミカミ》御《ノミ》前《マヘニ》。御水《ミモヒ》四《ヨ》毛比《モヒ》、御飯《ミケ》二《ニ》八《ハチ》 具《グ》、御塩《ミシホ》四《ヨ》坏《ツキ》、御贄《ミニヘ》等《ラ》。
等《ト》由《ユ》氣太神《ケノオホミカミ》御《ノミ》前《マヘニ》。御水《ミモヒ》四《ヨ》毛比《モヒ》、御飯《ミケ》二《ニ》八《ハチ》 具《グ》、御塩《ミシホ》四《ヨ》坏《ツキ》、御贄《ミニヘ》等《ラ》。
相殿《アヒドノ》　神《ノカミ》參《ミ》前《マヘニ》。御水《ミモヒ》六《ム》毛比《モヒ》、御飯《ミケ》三《サム》八《ハチ》 具《グ》、御塩《ミシホ》六《ム》坏《ツキ》、御贄《ミニヘ》等《ラ》。

とあって、(26) ①御水、②御飯（御米）、③御塩が中心であり、④御贄は時に臨んで供進されてきた。そこで、この

記載方法で気になるのは神饌品目の順序ではないだろうか。通常神饌品目の優先順位からするならば、②御飯（御米）、④御贄、③御塩、①御水と記述するのが、現在の我々の観念からして正しいように思われるが（因みに清直の『御饌殿事類鈔』は①御飯（御米）、②御水、③御塩、④御贄の順序である）、なぜこのような①御水を筆頭に挙げる記載方法を『止由氣宮儀式帳』ではとったのであろうか、今まで誰もこの理由について説明していないので、私見を陳述しておきたいと思う。それはおそらく『豊受皇太神御鎮座本紀』に、

御井水。天孫降臨以来。天村雲命理《タヽシヲサメ》二治《ク》于虎珀《ハクノ》之鉢《ハチ》一二。金剛夜叉神所レ化也。徑一尺八寸。天降《アマクタリマ》居《ス》留也。為二守護一七星十二神羅列坐。光明如二明星一坐也。皇太神皇孫之命天降坐時爾。天村雲命御前立天天降仕奉。于レ時皇孫之命天村雲命乎召詔久。食國之水波未レ熟。荒水爾在利介。故御祖天御中主神之御許爾參上。此由言天来止詔。即天村雲命參登弖。天孫之御祖之天照太神。天御中主神之御前爾。皇御孫之申上宣事乎。子《コ》細《マカニ》申上時爾。御祖天照皇太神。天御中主皇大神。正哉吾勝尊。神魯岐神魯美尊神議詔久。雑爾奉牟政者。行奉レ下弖在母度。水取政道於波遺《ノコシ》天。天下復《マタヤ》飢餓《ハシ》久在利介。何神乎加奉レ下牟度思《オモヒツル》問爾。勇弖乎志參登来度詔天。天忍石《アマノヲシホヒ》乃長井《ナカヰ》乃水乎取。八盛天誨給久。此水持下弖。皇太神乃御饌爾八盛獻天。遺水波。天忍石水止術《マシナヒ》云天。食國乃水ノ於《ウヘ》爾灌《ク》和《ハヘ》天。朝夕御饌爾奉獻禮。即時《スナハチ》日向《ムカフ》高千穂宮乃御井定崇《ヲサタメスヘタテマツリ》居焉奉レ仕矣。自レ爾以降。但波眞井石井爾鎮移居。水《ミ》戸《トノ》神奉レ仕岐。其後従二眞井乃原一遷二于止由氣宮乃御井一居止焉《スヘタテマツル》。二所皇太神乃朝大御氣夕大御氣度。八盛移居。毎日二時供進矣。凡此御井水者。専不レ干。恒出。異怪之事不レ過二於是社一。亦他用更不レ可レ用レ之。

と存するように、[27] 偏に度会氏の祖先神である天村雲命（天二上命とも称す）の聖水伝承によるものであって、[28] その度会氏自身が氏族の最重要責務を常典御饌の執行においていた反映であると考えられはしないだろうか。その

反映が『止由氣宮儀式帳』における①御水、②御飯（御米）、③御塩、④御贄という神饌品目の記載順位をもたらしたのではあるまいか。それではこれらの神饌の一つ一つについて採り上げ考察を加えていきたい。

⑴　御水

御水について、清直は『御饌殿事類鈔』「御水」の項において、『大同供奉神事本記』『御鎮座本紀』『止由氣宮儀式帳』等の関係諸書の当該文を抽出して、その由来についてうまく解説しているので左に挙げることとする。[29]

按スルニ皇孫降臨ノ時、天二上命ヲ高天原ニ上セシメテ、御祖命ヨリ受授リ賜ヘル天忍石ノ長井ノ水ヲ、日向高千穂宮ノ御井ニ灌入テ、歴朝ノ御饌ノ御水ノ御料トナセル大古ノ制令ノマニマニ、皇大神ノ御饌ノ御料ニモ丹波眞魚井ニコレヲ移シ、其處ニテ奉供スルコト四百餘年、雄略帝ノ御世ヨリ山田原ノ忍穂井ニ亦移居テ、毎朝夕ノ御水ニ供進セラルヽコト如レ此シ。其御井ニモ神ヲ令レ坐テ、水旱スルコト無ク守リ奉レト、祈祭セラルヽコトモ、御田神ト同一ナルヘキニヤ。然テ朝夕ノ御水ハ、皇大神ニ二毛比、止由氣大神ニ二毛比、相殿神三前ニ三毛比、合セテ七毛比ヲ朝夕二度進ルナリ。其ヲ盛ル料ノ器水埦十口トアリ。是ニテ計會スヘシ。

この清直が述べた〝山田原（外宮）の忍穂井の御水の由来〟を更にわかりやすく示すと、

1、高天原の天忍石の長井の御水

↓

2、日向の高千穂宮の御井の御水
←
3、丹波の比治の真奈井の御水
←
4、伊勢の山田原（外宮）の忍穂井（上御井神社）の御水

右のように示されるであろう。この3の比治の真奈井について、清直は『新續太神宮神祇百首和歌』において、

清水
あめ人もおりてや袖をひち山り麻奈爲の清水夏しなけれハ
まなゐ社は外宮の大神のもとしつまり給ひしあと處とそ、丹後國風土記に比治山ノ頂ニ有レリ井、其名ヲ云二フ麻奈井一ト、今既ニ成レル沼ト、此井ニ天女八人降リ来テ浴レム水ヲなと載たりしを思ひよせたるなり

と詠じ、[30]豊受大御神の元鎮座していた真奈井は天の羽衣伝承と重なる聖なる場所であることに想いを馳せている。田中卓氏は『伊勢神宮の創祀と発展』「第一章　神宮の創祀　第五節　雄略天皇紀の所伝」において、

本来の比治麻奈為神社は峰山町字鱒留の藤神社か、もしくはその背後にあたる足占山の女池の附近に祭られてゐたものであらう。足占山は高さ六六一メートル、この附近で最も高く、山頂に立てば若狭湾から天橋

立、久美浜の小天橋まで一望に臨まれるが、その頂上に近い南側に直径一五、六メートルの女池があり、これが〃比治山頂〃の〃麻奈井〃かと思はれる。なぜなら、足占山の山麓を調べると、北方には前出の鮨留の「藤神社」があり、東方には大宮町字上常吉に「富持神社」が祭られてゐる。ともに社名は「フヂ」であるが、この「フヂ」が「ヒヂ」の転訛であることは、足占山の南方やや西よりにあたる兵庫県出石郡資母村口藤に式内「比遅神社」の存することによつて推知されよう。すなはち、足占山をめぐつてその山麓の三角点をなすごとく「フヂ・フヂ・ヒヂ」の神社が奉祭されてゐるのであつて、この中心の山こそ、他ならぬ「ヒヂ」(比治)山であらうと思はれる。

と論じられ[31]、比治の真奈井は足占山(比治山)の女池に比定されることを論証された。凡そ卓見であると思われるが、ここで重要なのは「フヂ」が「ヒヂ」の転訛とされたことである。この転訛が是認されるならば、4の外宮の忍穂井(上御井神社)がある小高い丘の藤岡山と呼ばれる山についても、清直が『新續太神宮神祇百首和歌』収載の、

菫菜

藤岡の山下蔭にさくすミれ花の雫やおちてそむらむ

藤岡山は外宮の西なるをいへり、藤の花おほくさけはならむか

と詠じて[32]、その「藤」岡山の名称の起こりは「藤の花」が多く咲き乱れる丘であったからとするよりも、「藤(フヂ)」岡山は本来「比治(ヒヂ)」岡山であって、外宮の忍穂井(上御井神社)は、3の丹波の「比治(ヒヂ)」

図2　正月元日若水奉仕ノ為子良物忌御井参向図（神宮文庫所蔵）

の真奈井をまさしく移したものであることを物語る一つの傍証となり得るのではないだろうか。

それから、外宮の忍穂井（上御井神社）から御水を奉汲することについては、『御饌殿事類鈔』「行事」の項で、

外宮子良物忌父年中行事ニ云ク。正月ノ例。朔日。鶏鳴ノ而後。十六人ノ役人。一人著二白張一。炬《トモ》レシ火ヲ松明。持二チ忍井社之御鎰一ヲ。来二ル子良館一ニ。副ノ物忌ノ父。十二月下旬勤番之副也。著二狩衣一。把レ笏。持三テ小炮埵ト與二ヲ中柄杓一。而與二ニ役人一ト往二ク忍井社一ニ。于レ時役人開二ク御戸一ヲ。副ノ物忌ノ父汲二ミ御井一ヲ。盛二ルコト小炮埵一ニ三柄杓。不レ可レ移二身影於御鹽井之中一。倭歌三返唱レフ之ヲ。御鹽井於今日若水爾汲初天御饌手向流春者来爾計利。役人閉レテ戸ヲ下向ス。

按ルニ御水汲ム職掌ハ、雑例集ニ、三人ノ物忌ノ子良御井社ニ参ルノ由ヲ注シ、儀式帳ニハ、御炊物忌ノ父御井浄メ奉ル、トアレハ、御炊ノ父汲ムナルヘシ。副ノ物忌十六人方等ノ預ルヘキ事ナラヌヲ、何時ヨリカ疎略ニセシナリ。儀

式帳ニ、水戸二口アリ。コレ御水汲入ルヽ、料ナルヘキニ、後世小炮堜ヲ用ウ。忍穂井遠ノ歌ハ、風雅集ニ入リタル村松一禰宜家行（延元四年卒。）ノ所詠ナリ。其以前ハ御鎮座本縁ニ載タル祝詞ヲ誦シタリケム。サルヲイツカ忘レテ、此歌ヲ唱フルナラム。

と論述する。(33) つまり『外宮子良物忌父年中行事』の該当文を掲出することを以て、鶏鳴の後に副物忌父と十六人方の奉仕のもと、忍井社（上御井神社）の御神体ともいうべき井面に己の姿を映さないようにして、倭歌を三返唱えながら御水を三柄杓で奉汲することを説明する。しかしその問題点として概ね次の三つの自説を展開する。

ア、御水奉汲に預かる職掌は本来、副物忌（父）と十六人方ではなく御炊物忌父であること
イ、奉汲した御水を入れる御器は小炮堜ではなく水戸二口であること
ウ、奉汲の際に唱えられている倭歌は村松家行神主の詠歌であり、『御鎮座本縁』所載祝詞が適当であること

この清直の御水奉汲に関する説明とその考証とは的確であり正論であると思われる。因みに、清直がウで適当とした『御鎮座本縁』所載祝詞とは左の祝詞を指している。(34)

正月朔寅一天。汲二忍穂井之水一。祝詞啓。年號正月朔日。今之時乎以氐天之忍水乎汲奉。食國之水爾灌和介。皇大神達之御饌奉仕乃為爾。參勤之状乎諸爾恵美幸比給倍止啓須。汲レ水八盛。

このように奉汲された御水は、外宮長官禰宜を勤めた松木智彦等によって編輯された『豊受皇太神宮年中行事

今式』に、

以二テ天ノ忍水《ヲシミツ》一ヲ沸二シ御湯一ヲ。與《トトモ》二ニ御鹽一盛二テ之ヲ於堝並ニ小土器一ニ。納下テ供二進二所太神及ヒ相殿ノ神一ニ之料ヲ於饌案《ヲモノツクエ》上ニ。冪巾覆整《オホヒキヌオホヒトヽノ》エ、

と見られ、[35] 神宮祭典課出仕尾崎繁常が著した『常典御饌奉仕次第』には、

忍穂井ノ水ヲ布ニテ漉ス堝ニ盛リ小竈ニ据ヘ沸湯トシ別堝ニ轉シ瓫瓦ヲ覆フ

と記されており、[36] 常典御饌で大御神に神饌として供進する際には、真水のままではなく一旦煮沸した状態で供進されていたことを知り得る。

また、忍穂井（上御井神社）の御水は神饌として供進されることに留まらず、別の重要な側面も祭祀上持ち合わせていたことに注意しなければならない。それは修禊の御水としても使用されたことである。即ち『豊受皇太神宮年中行事今式』に、

御鹽焼物忌ノ父ノ一座實《イレ》二テ鹽湯《ミシホユ》ヲ加二忍《オシ》水《ミツ》一於土器一口一ニ居《ス》二エ之ヲ御鹽柱《ミシホハシラ》ノ上一ニ、所レ謂御鹽柱謂二御炊殿前西頰所レ樹之一尺許之黒木一也、

とあり、[37]『寛永外宮正遷宮子良舘記』寛永六年九月二十二日の殿内洗清の条には、

物忌父等〔各布衣〕洗二清於新宮殿内一、洗水者十六人方汲二上御井一而運二于階下一、杉原紙二帖〔奉レ拭二御船代一料〕布十端、絹二疋〔明衣料〕自二當館一〔○館、二本作レ舘〕調レ之、同時東西寶殿外幣殿等、以二本宮料歩板二枚桶二口一奉レ洗二清之一、〔右桶柄杓歩板等納二于當館一〕

と記述されると共に、(38)同書同年同月二十四日の御氣殿洗清の条にも、

物忌父等〔衣冠〕以二正殿洗清之具一〔歩板二枚、桶二口、柄杓二本〕洗二清之一、水者十六人方役人〔○役人、二本無〕持、牀下来、〔去比正殿御清之時、役人方桶二口取レ之、而参候故、今日御氣殿御清之節、水を汲て参候を取返、其時出合役人ハ新吉・下館孫右衛門・原館五郎兵衛参候、〕

とあって、(39)忍穂井（上御井神社）の御水は、外宮において日々の常典御饌の修禊をはじめ式年遷宮の洗清にも併用される浄化作用を有する聖なる水でもあったのである。

そして、清直は異変のために忍穂井（上御井神社）で御水を奉汲できない非常の事態にみまわれた場合の処方についても文献考証を施している。つまり『御饌殿事類鈔』「恠異」の項で、『太神宮諸雑事記』に見られる「永承二年春比ヨリ。御饌料乃御井ノ水。旱失シ已ニ了ヌ。仍テ土宮乃御前乃水ヲ汲天。御饌ヲ備進スル也《ナリ》。」とある文を抄出(40)し、また『二宮管社沿革考』巻五「下御井社」の項でも同文を掲出した上で(41)「上ノ御井ニ變異アル時ハ此御井ノ水ヲ以テ本宮ニモ供進スル例ナレハ」との処方を指示して、忍穂井（上御井神社）で御水を奉汲できない際は、下御井神社（土宮御前の御井・高宮の御井）で御水を奉汲し大御神へ供進することを提言している。

(2) 御飯（御米）

御飯（御米）について、清直は『御饌殿事類鈔』「御飯」の項において、『止由氣宮儀式帳』に記載する条文

を、

止由氣太神宮儀式帳ニ云ク。供膳ノ物。

天照シ坐ス皇太神ノ御前。御水四毛比。御飯二八具。御鹽四坏。御贄等。

止由氣太神ノ御前。御水四毛比。御飯二八具。御鹽四坏。御贄等。

相殿ノ神參前。御水六毛比。御飯三八具。御鹽六坏。御贄等。

右大物忌父我佃リ奉ル抜穂ノ御田ノ稲乎。先穂《ハツホ》乎波抜穂爾抜弖。九月神嘗ノ祭ニ。八荷供ヘ奉ル。一荷懸二八把一。然シテ所レノ遺ル稲乎以弖。将来ム至ルマテ二于九月十四日一ニ。御炊物忌爾令二春キ炊一カ弖。御鹽焼物忌乃焼キ奉レル御鹽。幷ニ志摩ノ國ノ神戸ノ人夫等ノ奉レル進シ御贄等乎持天。御炊物忌爾令二メ頂キ持一タ。大物忌。御机ニ副ヒ天。禰宜。大内人等御前追弖。御饌殿乃前爾持参入弖。大物忌。御炊物忌乎奉レリ入レ弖。日別ニ二度奉リ畢時ニ三八遍拝ミ奉リ罷リ退ク。此御膳器造二奉土師物忌。幷度會郡傜丁一。

（傍線筆者付す）


と抄出し、続いて『大同供奉神事本記』掲載の当該文を掲出して、

按ルニ毎朝夕備進スル御飯ハ、葉盤ニ盛リ、土坏ニ載テ、二所ノ御前ニハ八盛ツヽ、御伴神三前ニハ四盛ツヽ、合テ廿八盛ヲ朝夕両度ニ奉供セシナリ。故ニ儀式帳ニ、御枚手五十六枚、御坏三十口、トアリテ雑事記ニ、御飯十六坏、或ハ廿四坏、ナトイフハ即是ナリ。抑此御飯ハ雄略天皇ノ御世ニ、其レヲ供進スル為ニ別殿ヲ造建シ、御饌殿ト號シ、神國造大佐々命ノ定メ奉レル継橋郷宮崎ナル御神田ニ耕作セル御稲ヲ刈穫シ、御稲御倉ニ収納シ置テ、毎月三旬ニ籾参斛壱斗ツヽヲ奉下シ、御臼殿ニテ舂精ケ、日別ニ忌火屋殿ノ御

竈ニテ炊満テ奉供スルハ、従レ古不易ノ例典ナリ。仍テ其神田ヲ御常供田ト唱テ、年中此田稲ノ為ニスル神事数度ニ及ヘリ。先正月吉書初ニハ、御常供田ノ堰溝ヲ修治スヘキ由ノ聽宣ヲ下シ、二月鍬山神事ニハ、山ニ入テ鍬柄ヲ切出シ、御田耕始ノ状ヲナシ、田儛ヲ奏テ御田神ヲ祭リ、又春季ノ司幣ヲ御田神ニ供シテ豐饒ヲ祈ル。五月、十月ニモ亦同シ。四月ニハ蓑笠ヲ諸神ニ供シ、風雨順度ナラシメテ、御稲ノ成立セム事ヲ願ヒ、五月ニハ御田ニ挿秧シテ田楽ヲ鼓ス。コレヲ別テ御田神事ト呼フ。七月ハ又御田ノ為ニ風日祈ノ神事ヲ行ヒ、九月ニハ御田ノ内ナル一ノ田、二ノ田ノ先穂ヲ抜穂ニ抜整テ、懸税ノ行事ヲ執シ、即其稲米ヲ以テ神嘗ノ御饌トナス舊式タリシナリ。其餘稲ヲ十月ニ苅取テ御稲御倉ニ収納ス。コレヲ初午神事ト謂フ。如レ斯ク年中ニ行フ数度ノ神事モ、悉皆御田ノ成熟ヲ祈願スル故ナリ。其豐饒ニ登レル稲米ヲ以テ御飯ヲ盛美ニ調備シ、供御ニ進ラシメムト為シ給フ。先皇ノ御尊崇、實ニ重大ヲ極メ賜フト白スモ中々恐懼ニ堪タリ。

（傍点筆者付す）

との名論を披瀝する。(42) 即ち、「神國造大佐々命ノ定メ奉レル継橋郷宮崎ナル御神田」は「御常供田」と呼ばれ、外宮御鎮座以来の由緒ある神田であって、常典御饌で供される御飯（御米）は御常供田で収穫された御稲が充てられ、年中様々な外宮祭祀が斎行されるものの「悉皆御田ノ成熟ヲ祈願スル故ナリ。其豐饒ニ登レル稲米ヲ以テ御飯ヲ盛美ニ調備シ、供御ニ進ラシメムト為シ給フ」ことにその多くは帰結することを説いているのである。筆者も清直と同じく外宮祭祀の根幹に御常供田の存在は関わると考えており、常典御饌の斎行に必要不可欠な存在であったと思っている。なぜならば、先に清直も『御饌殿事類鈔』「御飯」の項で抄出した『止由氣宮儀式帳』の「右大物忌父我佃リ奉ル抜穂ノ御田ノ稲乎。先穂《ハツホ》乎波抜穂爾抜弖。九月神嘗ノ祭ニ。八荷供ヘ奉ル。一荷懸二八把一。然シテ所レノ遺ル稲乎以弖。将来ム至ニルマテ于九月十四日一ニ。御炊物忌爾令ニ春キ炊一カ弖。」とある条文によって、御常供田で収穫された初穂の用途が数ある外宮祭祀の中で、神嘗祭（初穂八荷）と常典御饌（神嘗祭使用の八荷以外の全御稲）に限定して使用されることを明記しているからである。また、『常典御饌奉仕次第』にも、

御料米ハ豊宮崎ノ御常供田ノ稲ヲ當ツ。母良粒々精擇シ日別御炊物忌父ニ附ス

と記述されており、[43] 祭祀上、神々に供進される御飯（御米）の供給源がどこであるかは極めて重視しなければならない事柄であり、御鎮座とも関わる由緒ある神田ならば尚更であろう。御飯（御米）を通して常典御饌を思考すると、年中斎行される常典御饌は初穂ということだけを除外すれば、御常供田の御稲を以て執り行われることより、神宮恒例祭最大の厳儀である神嘗祭とほぼ同等な祭祀の位置付けを付与されていたといえるのではなかろうか。

それから、御飯の調理については、『豊受皇太神宮年中行事今式』に、

副物忌鑽《キリ》レテ火ヲ御炊物忌ノ父炊二キ於忌竈《インカマ》一ニ、

とあり、[44]『常典御饌奉仕次第』には、

前日水ニ炊キ一夜漬ス所ノ御料米ヲ布ニ包ミ桶甑ニ入レ御竈ノ上ニ加へ、堝湯沸騰シテ蒸気棟木ニ及フヲ期トシ、堝ニ盛リ盆瓦ヲ覆ヒ（略）

とあって、[45]凡そ副物忌が御火を鑽《き》り、御炊物忌父が忌竈で御米を蒸し上げて、御飯を調えていたのである。また、この火鑽に関しては、同右書に、

> 檜ノ板・山枇杷ノ錐ヲ用、摩擦シテ火ヲ取リ、先麥糠ニ添シ吹テ火気ノ既ニ盛ナルヲ窺ヒ、杉ノ枯葉ニ加ヘ御竈木ニ点ス

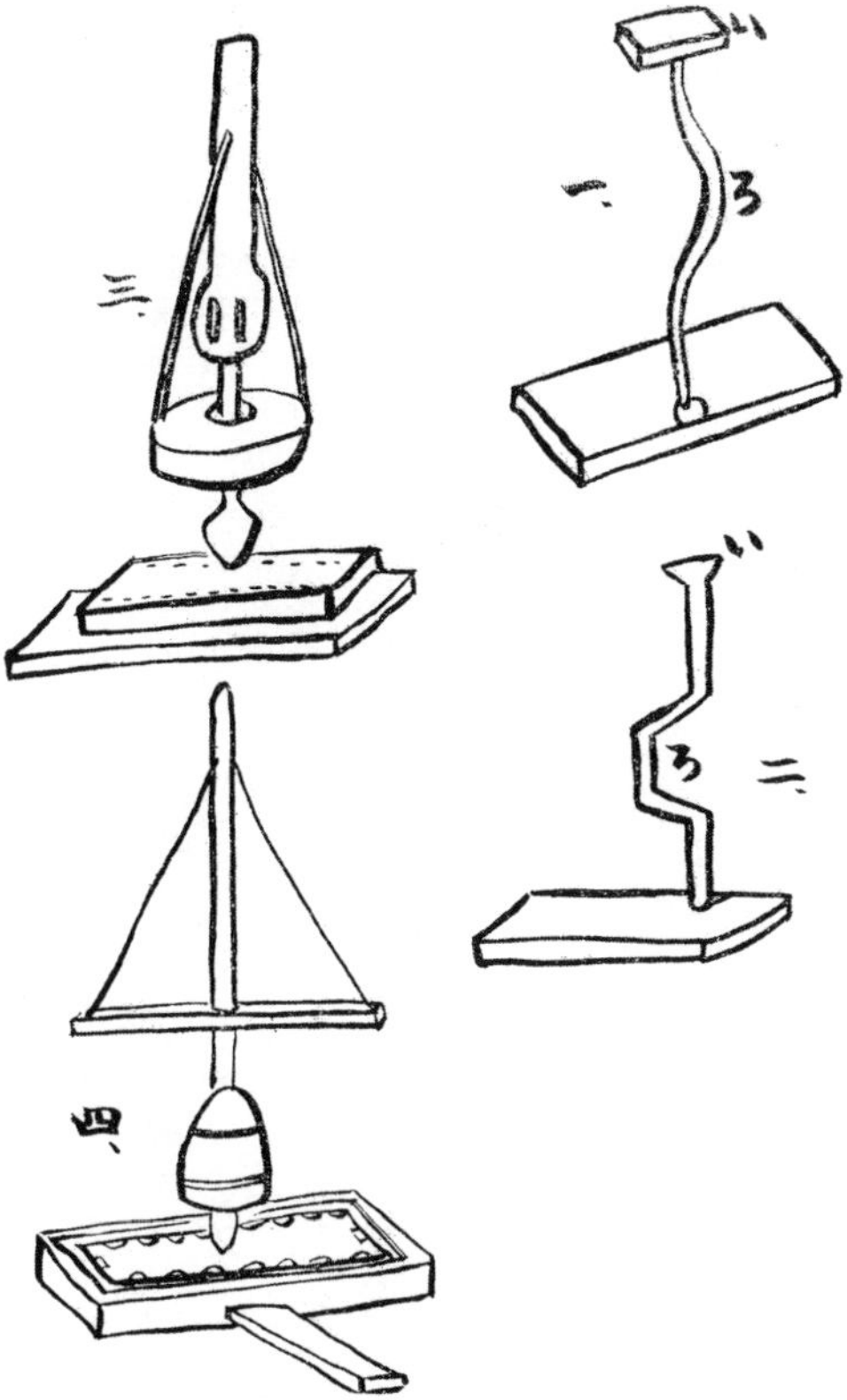

図３　神宮の発火具　（井上頼寿氏著『伊勢信仰と民俗』157 頁より転載）

と見られ、(46)先ず檜の板（火鑽臼）に山枇杷の錐（火鑽杵）を摩擦させて発火し、次に発火した火（忌火）を麦糠に移して息を吹きかけよく燃え盛るようにし、やがてその盛んな火に杉の枯葉を加えて御竈木に点火し御飯をはじめとした神饌の調理にあたっていた。その火鑽具には左の種類のものがあったようである。

これらの火鑽具の特徴は、出雲大社使用の燧杵《ひきりきね》・燧臼《ひきりうす》と比較してみると、出雲大社が二人一組の手揉法《てもみほう》であるのに対して、神宮は一人で行う舞錐法《まいきりほう》であるところに一つの特徴があるといえよう。

また、御飯をはじめ神饌を調理する御炊殿（現忌火屋殿）内に据えられていた御竈とその御竈で焚かれる御竈木について、『常典御饌奉仕次第』には、

> 御竈
> 御炊殿内ニ設ク、西ニ面シテ南北ニ並ヘ備フ朝夕交換シテ之ヲ用フ、又小竈一口ヲ設ク御湯料、破壊及修築共ニ小内人等奉仕修繕ス
> 御竈木
> 年別正月十五日、禰宜・内人・物忌等樵夫ニ課セ伐進シ、又宮域ノ櫟・椎両木ヲ隔月ニ伐リ用ヰ他木ヲ用ヒス
> （傍線筆者付す）

と説明され、(47)とりわけ注目されるのが、御竈は朝御饌用と夕御饌用とに区別されて用いられており、また御竈木（調理に使用する薪）は同神事で進献されたものと隔月に宮域内でのみ伐採されたものとが充てられることであって、いわば神饌調理の燃料までにも清浄さが追求されていたことを知り得るのである。

尚、常典御饌において朝夕一日で供進される御飯（御米）の量は、『外宮子良館祭奠式』に、

御饌《ミケ》米一日分大升二升宛《ツヽ》、以二當館大升一量レ之、一旬分二十升也、於二小盡之月一者減二一日分二升一、下旬者十八升取レ之、

と記される通り、(48) 朝御饌で一升・夕御饌で一升の合計二升であった。

(3) 御塩

御塩に関して、清直は『御饌殿事類鈔』「御鹽」の項で、

太神宮本記ニ云ク。于レ時倭比賣命波。皇大神乎奉レリ戴天。二見濱爾御船坐ス。于レ時大若子ノ命。其處爾御鹽濱並ニ御鹽山定奉リ支。

と『太神宮本記』の条文を引用し、(49) 倭姫命の御巡幸伝承にその奉製の起源を見出している。同書同項では続けて『止由氣宮儀式帳』「御鹽焼物忌・同父」の条と「二見ノ郷神役人等ノ所蔵、正平七年十月廿三日ノ廳宣」を列挙して、御塩奉製の主体者が〝〔古代〕御塩焼物忌・同父↓〔中世〕御塩所司職↓〔近世〕御塩神役人（御塩焼ノ代工）〟というように、時代と共に変遷してきたことを論じる。(50)

また、清直は御塩の製法及び名称・分量（単位）についても同書同項で考証し、

然テ古来供奉スル御鹽ノ製方ハ、御鹽濱ニテ取タル鹽水ヲ濱ノ御鹽殿ニ焼キ、其鹽ヲ土堝ニ盛テ再ヒコレヲ

焚堅ム。故ニ堅鹽《カタシホ》トイフ名アリ。其色黒シ。依テ黒鹽《クロシホ》ノ名アルナラム。サテ堝ヲ覆ケテ取去レハ鹽ノ形状富士山ニ似タリ。彼山ヲ鹽尻《シホジリ》ノ如シトイフ是ナリ。東大寺所蔵天平七年左京職ノ符ニ、鹽一尻トイフヲ以テ證スヘシ。然テ其一尻ヲ御鹽ノ大工鋸以テ四個ニ挽割リ、其一箇ツヽヲ縄ヲ以テ縛ス。大膳式ニ、鹽十顆、トアルハ此一箇ヲ一顆トスルナラム。四《ヨ》段《キタ》ニ割ヲ以テ段鹽《キタシ》トイフ名ノアルナルヘシ。

と論究する。(51) 特にこの清直の御塩の名称と単位について図示すると、左の如く図示される。

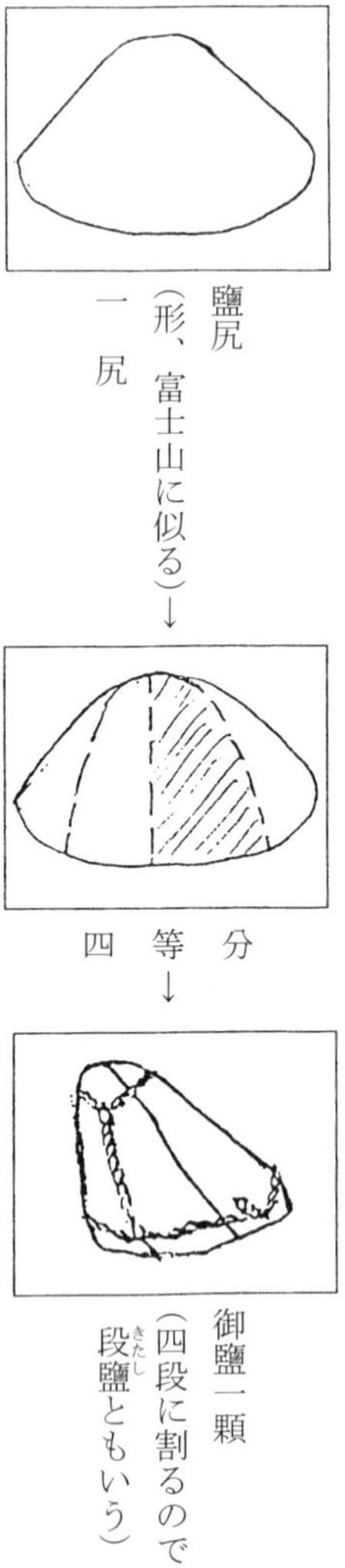

図４　御鹽一顆の図（『常典御饌奉仕次第』より転載）

このように奉製された御塩は、『外宮子良館祭奠式』に、

堅鹽《カタシホ》ニ割《ワリ》宛（三旬合六割也）、自二二見一調進ス之、
右毎日朝夕奠ニスル両太神及ヒ相殿ノ神一ニ料也《ナリ》、二見ノ郷御鹽焼ノ役人朔日ト十一日ト廿一日ト毎月三度持二参ス當館一ニ、

とあり、(52)『御饌殿事類鈔』「御鹽」の項には、

其縛セル若干顆ヲ白木足附ノ行器ニ盛リ、一荷ニ擔ヒテ子良館ニ送進スルヲ、御鹽焼物忌受収テ、日別ニ鹽舂ニテ舂砕キ、片皿十ロニ盛テ、皇大神ニ二坏、止由氣大神ニ二坏、相殿神三前ニ三坏、朝夕二度同シクコレヲ供シタリケム。

と記され、[53]『常典御饌奉仕次第』では、

堅塩ヲ砕キ土器ニ盛リ、同蓋ヲ覆フ、

と見られるように、[54]御塩殿より毎月三度、堅塩二顆が外宮子良館に搬入され、御塩焼物忌父がこれを受け舂き砕いて神々に供進されたのであった。

それから、御塩も先に触れた御水と同様に、神饌として供されるだけでなく修禊御料の御塩としても併用されることは重視しておきたいと思う。

(4) 御贄

時に臨んで供進された御贄について、清直は『御饌

図５二宮御料御塩調進之図（『神都名勝誌』巻五の五十一丁より転載）

殿事類鈔』「御贄」の項において、『止由氣宮儀式帳』や「志摩國崎村所蔵、天永二年二宮注進神戸御厨ノ供祭物ノ事状」「正中元年十二月二宮ノ使官符権禰宜兼友制止ノ状」等の計十一書より御贄に関する条項を抜き出し、その結論として、

按スルニ朝夕供進スル御贄ハ、志摩國々崎鵜倉等ノ神戸ノ人夫ノ漁進スル蚫堅魚等ヲ主トセルニカ、儀式帳此二神戸ノ事ノミヲ載ス。抑志摩二所ノ神戸ハ垂仁天皇ノ御世、皇大神御鎮坐ノ時、倭比賣命ノ御膳ノ御贄處ト定賜ヒテ、魚貝ヲ不レ絶調備セサシメ給ヘルコト太神宮本記ニ詳ナリ。其後雄略帝ノ御代ニ至テ、山田原ニ御饌殿ヲ建営ノ日ヨリ、毎日朝夕ノ御膳ノ御贄ヲモ調進セシメ給ヘルニコソ。其餘年魚、栗、青苔等ノ如キハ後加ノ御贄ノ偶見スル所ナルヘシ。

と述べている。(55) 筆者も概ね御贄の主体はあくまでも鰒や鰹であり、時代が下るにつれて右の清直の主張通り、御贄の種類も増加していったものと考えて差し支えないと思っている。しかしながら、御饌殿で斎行される季節感溢れる神饌（御贄）を供する節供行事については、やはり気になるところである。『止由氣宮儀式帳』「三節祭并年中行事月記事」條中には、

（正月）以《ニ》二七日《ナヌカノヒ》一、新蔬菜羹《ワカナノミアツモノ》作奉《ツクリマツリテ》、二所太神宮《フタトコロノオホミカミノミヤ》供奉《ニツカヘマツル》。御饌殿《ミケデム》。
（正月）以《ニ》二十五日《ジフゴニチノヒ》一、御粥《オカユ》作奉《ツクリマツリテ》、二所太神宮《フタトコロノオホミカミノミヤ》供奉《ニツカヘマツル》。御饌殿《ミケデム》。
（三月）三日節《ミコノヒノセチニ》、新草餅《ハックサノモチ》作奉《ツクリマツリテ》弖、二所太神《フタトコロノオホミカミ》供奉《ニツカヘマツル》。御饌殿《ミケデム》。

と記述されており、[56] これをどのように理解するかは当然問題視されるであろう。櫻井氏はこの記述について『伊勢神宮の祖型と展開』「第五　神宮祭祀の諸問題　一　年中行事」で、

以上、中央における行事の記録をざっと検討したところによると、儀式帳に見える行事がすべて中央の恒例行事となったのは、どうも儀式帳撰上以前とは考えられないようである。中央から採り入れたものとするならば、儀式帳の記事は、早くても貞観以降に補筆されたもののようである。

さらに言うならば、皇大神宮にあっては正宮に供進されたものが、度会では御饌殿でも供されているという重複が見られるのも不審の一つである。すなわち、正月七日の新蔬菜羹、十五日の御粥、三月三日の新草餅の三者について儀式帳（止）は「二所大神宮に供奉る　御饌殿」と記している。御饌殿で二所大神に供えるならば、皇大神宮では殊更に供進することもないし、皇大神宮を主とするならば、度会宮では正宮に供えるのが至当である。その辺りからしても、儀式帳の節供の記事は不自然なものがあるとしなければならない。なお、延喜の大神宮式にはこれらの神事はのせていない。

との見解を示されているが、[57] 果たして右の論考のように儀式帳記載の節供記事を後世の加筆と即断して良いものかどうか甚だ疑問であって、この件に関しては後述することとする。

四　常典御饌の行事次第と総御饌

1　行事次第

常典御饌の行事次第については、『止由氣宮儀式帳』「供奉二所大神朝御饌夕御饌幷雑行事」條中の「供膳物」の項に、

大物忌父《オホモノイミノチヽ》我佃奉《ガツクリマツル》抜穂乃御田稲乎《ヌキボノミタノイネヲ》、先穂乎《ハツホヲ》波抜穂爾《ヌキボニ》抜弖《ヌキテ》、九月神嘗祭《ナガツキノカムニヘノマツリニ》八荷《ハチカ》供奉《ツカヘマツル》。一荷《イチカ》懸《ハカク》二八把《ハチハツ》一。然《シカシテ》所遺《ノコル》稲乎《イネヲ》以弖《モテ》、将来至《コムイタル》二于九月十四日《マデナガツキノトヲマリヨカノヒニ》一、御炊物忌爾《ミカシギノモノイミニ》令《シメ》二春炊《ウスヅキカシガ》一弖《テ》、御塩焼物忌乃《ミサキモノイミノ》焼奉《ヤキマツル》御塩《ミシオ》、幷《ナラビニ》志摩國神戸人夫等《シマノクニカムベノヒトドモ》奉進《タテマツル》御贄等《ミニヘラ》乎《ヲ》持氐《モチテ》。御炊物忌爾《ミカシギノモノイミニ》令《シメ》二頂持《イナダキモタ》一、大物忌御《オホモノイミミ》机副氐《ツクエニソヒテ》、禰宜《ネギ》、大内人等《オホウチビトラ》御前追弖《ミサキオヒテ》、御饌殿乃前爾《ミケドノノマヘニ》持登《モチノボ》入氐《リテ》、大物忌《オホモノイミ》、御炊物忌乎奉入氐《ミカシギノモノイミヲタテマツリイレテ》、日別二度奉《ヒゴトニフタタビタテマツル》。畢時《ヲハルトキニ》三八遍《サムハチヘム》拝奉《ヲロガミマツリテ》罷退《マカリヌ》。此《コノ》御膳器《ミケノウツハモノ》造奉《ツクリマツル》土師物忌《ハジノモノイミ》、幷《ナラビニ》度會郡《ワタラヒノコホリノ》傜丁《エヨボロ》。

と存し[58]、概ねその奉仕ぶりが窺われるが、実際の行事次第がどのようなものであったかは簡潔を旨とする平安初期の儀式帳では、残念ながら詳しく知り得ることができない。それが詳細な形で明白となるには、儀式帳の時代から江戸中期まで俟たなくてはならなかった。江戸中期に常典御饌の行事次第を明確に記載した書としては、『外宮子良館祭奠式』[59]と『豐受皇太神宮年中行事今式』[60]とが挙げられ、また明治以後の成立ではあるものの神宮御改正以前の常典御饌の概要を回顧して著された『常典御饌奉仕次第』[61]は貴重な存在である。中西正幸氏は「神宮の大物忌（一）（二）」[62]において、その『外宮子良館祭奠式』や『豐受皇太神宮年中行事今式』を現代語訳する形で『祭祀集覧』をも加えて次のように解説されている。（後に比較する〔常典御饌行事次第表〕と対応すべく筆者

番号を付し改行も行う）

『祭祀集覧』二に「朝夕供進御饌者、黒米蒸飯、二見堅塩、天忍井御水、是三種也。但、佳節大祭之日者、右之外供者種々之れを相加ふ」と記すとおり、まず払暁に副物忌・小内人が朝露を踏分けて上御井神社から、神の面影を宿す水面に己れの姿を映さず忍水を奉汲する。

③次いで御炊殿において副物忌が忌竈を焚き、両正宮・相殿神の御料を調理し、饌案に覆布をかけて同殿南庭に担ぎ出す。

袷姿の子良は左方に御鑰をかけ、禰宜が石壺に蹲踞。〔①②を含む〕

⑤御塩焼物忌が御塩柱の塩湯をとり、「御塩」八声を唱えつつ神饌・諸員を清める。

⑥禰宜は警蹕をかけ裾を曳つつ御先を追い、子良が亜ぐ。さらに御炊物忌父（二員）が饌案を担ぎ、大物忌父が供具を捧げ、以下従行して御饌殿に至る。

⑦禰宜は石壺西際に蹲踞、子良は階下に着く。御炊物忌は南軒下に饌案を据え、大物忌は同案下に立つや、石壺（御床下坤隅）に著座。

⑧子良、御鑰を石壺辺に置き昇階して南・北扉を開き。

⑨大物忌父は階段際に立って供具を大床に置き、神饌の土堝に忍水を注ぎ正中に据える。御炊物忌が昇殿して神饌を子良に進め、子良、御散飯《おさば》を土器に盛って北扉の縁板上に置き、次いで童女のみが殿内にはいり、食薦・枚手（葉盤）を用いて水・飯・贄（国崎の魚貝類）など神饌を弁備。御塩焼物忌父、散飯壺（瑞垣艮隅）に御散飯を収め、忍水を居石（南床下の東西正中）に零し、供具を饌案に納めて覆布を掛ける。下郎立に御塩焼物忌父、床下の座に着く。

⑪子良も北・南扉を閉じて降階、石壺（第二柱下）に復座。
⑬諸員、巽・坤・坤方に八度拝。
⑯憚りて禰宜・子良（御鑰）・御炊物忌父（饌案）・大物忌父（供具）以下従行して御炊殿前に還る。御饌終れば、御炊殿坤方の壁板を曲木で撞き、その旨を域内に告げる。これを「木版告知」「御鑰納」と云う。

この解説によって、明治四年七月まで斎行の常典御饌の行事次第について、ほぼ正確に把握することができる。明治四年七月以降の行事次第については、明治四年から同十年にかけて断行された神宮御改正の影響下で改変の手が加えられ[63]、以後幾度かの変遷を経て現在に至っている。御改正下の明治四年から同五年まで奉仕された行事次第は、『外宮常奠御饌奉仕式』[64]に記述されており、明治五年からの行事次第は、『神宮明治祭式』[65]に基づいて概ね奉仕されてきている。従って、常典御饌の行事次第を歴史的に区分し説明するには、その年代を〈明治御改正以前〉〈明治四〜五年〉〈明治五年以降〉の三つに区分して論じるのが適当であろう。この三区分された年代の常典御饌の行事次第の柱となる項目を、〈明治御改正以前〉は清直の『御饌殿事類鈔』「行事」[66]の項に所収されている『外宮子良物忌父年中行事』『外宮子良館祭奠式』『豐受皇太神宮年中行事今式』の該当文と『常典御饌奉仕次第』の四書より斟酌し、〈明治四〜五年〉は『外宮常奠御饌奉仕式』から抽出することとし、〈明治五年以降〉は『神宮明治祭式』から抄出して、筆者なりに端的な語句に変換して「常典御饌行事次第表」を作成し次に示すこととする。また、特に〈明治御改正以前〉の常典御饌の行事次第をより理解しやすくするために、表の後ろには「御饌殿瑞垣御門内御炊殿前之圖」（『常典御饌奉仕次第』掲載）を添付しておきたい。

表1　常典御饌行事次第表

	〈明治御改正以前〉	〈明治四～五年〉	〈明治五年以降〉
①	禰宜斎館より参進、祓所著列・手水	禰宜（御鑰捧持）・主典（手水）斎館より参進、祓所著列	禰宜（手水）斎館より参進、祓所著列
②	大物忌（御鑰捧持）・同父子良館より参進、祓所著列		
③	副物忌父等御炊殿より祓所に御饌弁備（御饌机）、同所に著列	宮掌御炊殿より祓所に御饌弁備（御饌机）、同所に著列	主典・宮掌忌火屋殿より祓所に御饌弁備（辛櫃）、同所に列立
④	於祓所の石壺禰宜参勤祝詞奏上	於祓所の石壺禰宜参勤祝詞奏上	
⑤	修禊（御塩焼物忌父）	修禊（等外出仕）	修禊（宮掌）
⑥	御饌を舁立て禰宜以下参進	御饌を舁立て禰宜以下参進	御饌を舁立て禰宜以下参進
⑦	御饌殿前に御饌を安置、禰宜以下所定の位置に着座（南面）	御饌殿前に御饌を安置、禰宜以下所定の位置に着座（南面）	御饌殿前に御饌を安置、禰宜以下所定の位置に着座（北面）
⑧	御扉開扉（大物忌）	御扉開扉（禰宜）	御扉開扉（禰宜）
⑨	散飯・献饌（大物忌・同父）	散飯・献饌（禰宜以下）	献饌（禰宜以下）
⑩	於御饌殿前禰宜天照大御神と豊受大御神・同相殿神と四至神に御饌供進祝詞奏上		
⑪	御扉閉扉（大物忌）	御扉閉扉（禰宜）	
⑫	於御饌殿前禰宜天照大御神と豊受大御神・同相殿神と四至神に祈念祝詞奏上	於御饌殿前禰宜天照大御神と豊受大御神、両宮相殿神及び両宮諸別宮に御饌供進及び祈念祝詞奏上	於御饌殿前禰宜天照大御神・内宮相殿神及び内宮諸別宮と豊受大御神・外宮相殿神及び外宮諸別宮に祝詞奏上
⑬	八度拝（巽・坤方）	八度拝（巽・坤方）	八度拝（北面）

⑭			撤饌（禰宜以下）
⑮			御扉閉扉（禰宜）
⑯	禰宜以下御饌殿の斎庭より退出	禰宜御饌殿の斎庭より退出、帰館	禰宜以下御饌殿の斎庭より退下、帰館
⑰	御饌机御炊殿へ戻し禰宜以下著列（大物忌は直ちに帰館）	主典以下御饌机御炊殿へ戻し帰館	
⑱	於祓所の石壺禰宜帰着祝詞奏上		
⑲	禰宜以下正宮参拝、別宮・朝廷遙拝		
⑳	大物忌再び御饌殿へ赴き御食下（撤饌）、再帰館		

それでは、この「常典御饌行事次第表」に則して、各項目ごとにできるだけ解説を施し、その史的な変遷と意義、または問題点等を以下考察してみたい。

①の禰宜が斎館より祓所へ参進して同所に著列することについて、史的変遷は見られないが、手水を行う場所と順序に相違が認められる。〈明治御改正以前〉は禰宜が祓所に著列した直後に御塩焼物忌父の奉仕によって手水を行ったのに対して、〈明治四～五年〉以後は、禰宜以下は斎館を発する前に手水を済ませていたものと見られる。

②の大物忌・同父が子良館より祓所へ参進し同所に著列することは、明治四年七月に実施された旧職掌の廃止によって、大物忌・同父の職掌が消滅してしまったため〈明治御改正以前〉だけに存する行事次第である。また、①とも関係する参進時に、御饌殿の御鑰を捧持する所役（即ち御饌殿の御扉開扉の所役にあたる）が課せられていたのは、〈明治御改正以前〉は大物忌であるのに対して、〈明治四～五年〉以降は禰宜が勤める所役となって

いる（実際は主典が御鑰を捧持していたとしても、禰宜の御鑰捧持を扶助しているだけにすぎない）。

③の修禊を受けるべく御饌を御炊殿（忌火屋殿）より祓所に持ち出して弁備することに史的変遷は見られないが、その任にあたる職掌が、〈明治御改正以前〉は副物忌父等があたり、〈明治四～五年〉以後は宮掌及び主典が勤めることとなった。更に、御饌を祓所から御饌殿まで運搬する祭器具についても、〈明治四～五年〉以前は御饌机が使用されていたのを、〈明治五年以降〉は辛櫃を用いるように変更された。[67]

この②③に関連する〈明治御改正以前〉における禰宜の参進とその合図及び大物忌・同父以下が祓所に参進し

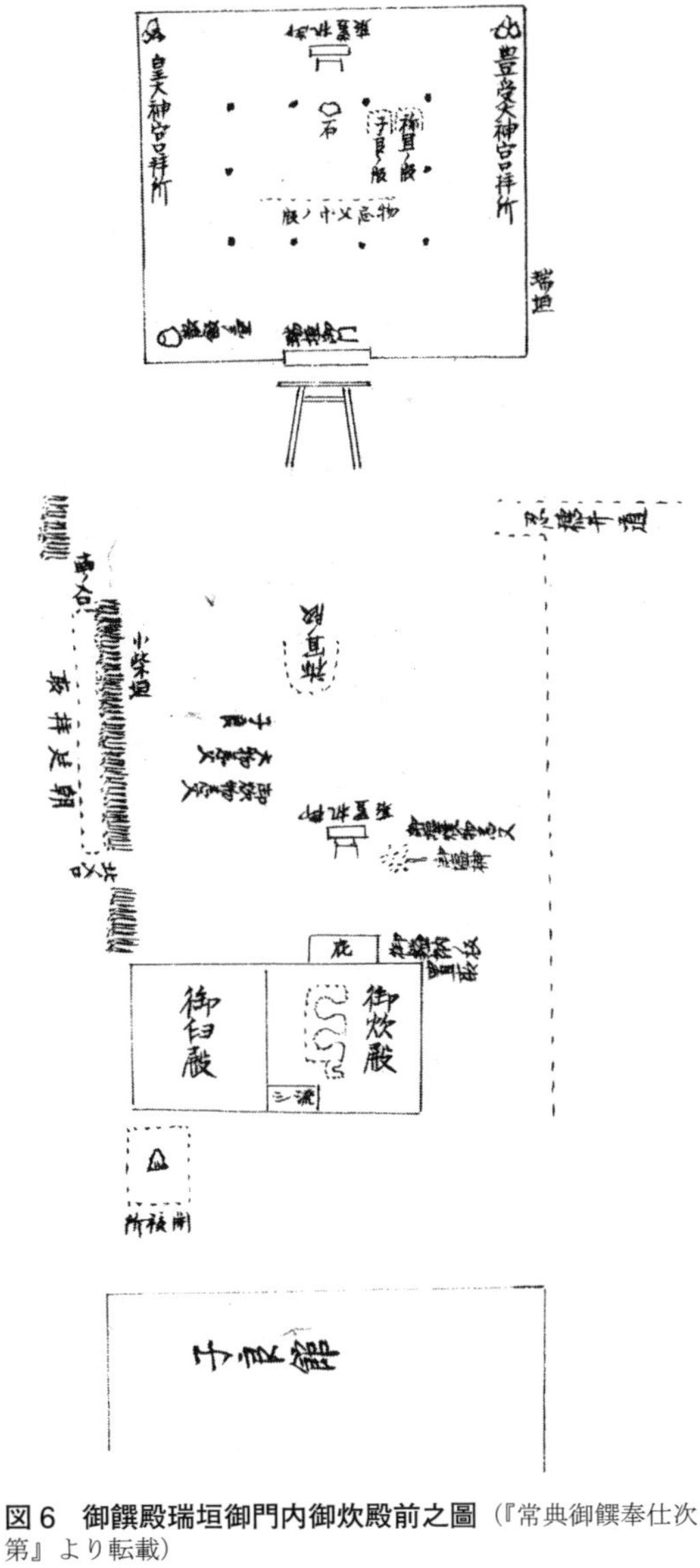

図６　御饌殿瑞垣御門内御炊殿前之圖（『常典御饌奉仕次第』より転載）

著列する仕方について、『常典御饌奉仕次第』は左のような古儀を平易に伝えているので掲出しておきたい。[68]

寅刻、禰宜（衣冠把笏）・家司（素襖）斎館ヲ出テ北鳥居ヲ經ル時、家司発声シテ「御着」（御著ヲ「オツキヤ」トイフ）ト言ス、于レ時物忌父等「唯」（唯ヲ「アア」ト云フ）ト答ヘ、子良（袷ヲ着ス）御鑰ヲ捧ケ大物忌父（衣冠把笏）・御炊物忌父・御塩焼物忌父・副物忌（風折烏帽子・狩衣・把笏）單行シ御炊殿前ニ進ミ、子良及物忌父等東側ニ立列蹲踞シ南上西面ス、御塩焼物忌父西側榊ノ樹下ニ蹲踞シ東面ス、副物忌殿内ニ候ス、于レ時禰宜木柴垣ノ北口ヨリ入リ版ニ着ク（沓ヲ脱セス）、副物忌御机ヲ舁（左肩）キ中庭ニ置キ（雨雪ノ際ハ同殿南庇下ニ居ユ）

其北側ニ南面蹲踞

因みに、中西氏が〈明治御改正以前〉の①～③に関して「次いで御炊殿において副物忌が忌竈を焚き、両正宮・相殿神の御料を調理し、饌案に覆布をかけて同殿南庭に担ぎ出す。袷姿の子良は左方に御鑰をかけ、禰宜が石壺に蹲踞。」と説明したことは先述した。

〈明治御改正以前〉の④並びに⑱にある祓所設置の石壺において禰宜が常典御饌奉仕の参勤と帰着の祝詞をそれぞれ奏上していたことに関して、〈明治四～五年〉では④のみに見られるようになり、祓所における禰宜の祝詞奏上は参勤に限り行われるよう変更となった。〈明治五年以降〉には祓所における禰宜の祝詞奏上は同所設置の石壺と共に廃止された。[69] それから、〈明治四～五年〉以前に、禰宜が祓所で奏上する参勤や帰着の祝詞の対称となる神については歴史的にまったく明記されずに斎行されてきたので、清直はその対称となる神を『御饌殿事類鈔』「行事」の項において、

按スルニ石壺ハ北面ニ設テ、一禰宜ソレニ著キ、北面シテ祝詞ヲ誦ス。其詞ニ、何處ニ坐ス何神ニ白ス、ト

謂フ事ナキ事ハ、上件ニ引ケルカ如シ。サレトモ、參勤ノ状ヲ諸ニ恵ミ幸ヘ給ヘト申ス、トアレハ、奉レ指ル神ナクテハアルヘカラス。然レハ十二月晦夜ノ御倉神ノ祝詞ニ、酒殿、調御倉、御竈屋仁坐留、宇賀乃魂乃神等乃廣前仁、恐美恐毛美申、トアリ。酒殿、調御倉ニ祭神在ル事ハ、舊記ニ往々記シタルニ、御炊殿ノ一名御竈屋ハ祭神在ス事所見ナシ。併右ノ古祝詞ニ正シク載テ、祭祀ニ預ル所昭明ナレハ、御饌ノ毎度、必ス御炊殿ノ御竈屋ニ向テ、其祭神ニ参入歸去ヲ報道スルナラムカシ。

と考証して御炊殿の「御竈屋仁坐留宇賀乃魂乃神」を想定する。[70] 首肯すべき見解であろう。

⑤の修禊について、〈明治御改正以前〉は御塩焼物忌父が御塩柱の上に弁備された御塩湯を執って「御塩」八声を唱えながら御饌並びに奉仕員をお清めしていた。〈明治四〜五年〉もその所役が御塩焼物忌父から等外出仕になっただけで奉仕内容にさしたる変更は見られない。しかし〈明治五年以降〉になると、その所役は等外出仕から宮掌に移行すると共に、御塩湯が安置されていた御塩柱と修禊の際に唱えられていた「御塩」八声が廃されることとなる。[71] この〈明治四〜五年〉まで存在したという御塩柱は、『外宮子良館祭奠式』「正月元日連御膳」の項に、

御鹽柱者。以二二尺許之黒木一樹二御炊殿之前西砌一也
〔後人補筆〕御鹽柱朽損之時御井邉以レ榊調之、自レ地高一尺二寸惣尺二尺一寸丸六寸廻リ、

と説明された柱のことを指す。[72]

ところで、現在一般的に修祓行事は、大麻行事（祓へ）と御塩湯行事（清め）とが一組となり執行されること

が多く、その場合には大麻所役が御塩湯所役よりも上位に位置することから大麻行事重視の傾向が強いと思われる。しかし〈明治御改正以前〉の神宮ではむしろ大麻行事よりも御塩湯行事の方を重じる伝統があったと見られる。建久三年（一一九二）成立の『皇太神宮年中行事』正月元日白散御饌の条に、

> 于レ時禰宜次第在レ禮テ一殿ノ東櫻宮ノ前ヲ經テ置石ノ上ニ以レ東為レ上御饌ニ向烈立、于レ時大物忌父白散ヲ一座ニ獻後、御鹽湯内人衣冠御鹽湯奉仕、先御饌、次別宮御饌、次禰宜・權禰宜・玉串大内人職掌人等也、于レ時一座白散ヲ捧持裾ヲ引テ在二警蹕一、微音、於二南御門一在二御鹽湯一、八重疊東ヲ經テ參入、

とあって、[73] 御塩湯行事のみで御饌と祭員とがお清めされており大麻行事は執行されておらず、且つ大宮院の南御門（外玉垣南御門）にて再び御塩湯で修禊がなされている。また、同書二月九日祈年祭の条では、

> 祭主・宮司各束帯祓所砌在レ祓、但祭使ハ二鳥居左南柱西ニ北向、宮司ハ右北柱西ニ南向ニ被レ立、祓勤レ之、五尺許榊、枝木綿許大麻・御鹽湯ヲ小土器入二白鹽一以二榊枝一獻レ之、奉、件内人等各衣冠、（略）於二四御門一在二御鹽湯一、前陣神主、御火、祇承進、次玉串大内人、次宮司、御火、祇承進、次官幣、次御神馬、次使、御火、祇承進、各參烈ノ時石壺ニ着座、

と存し、[74] 第二鳥居において大麻行事と御塩行事による修祓が執り行われた後、再びここでも第四御門（外玉垣南御門）にて御塩湯によるお清めがなされている。それから、『豐受皇太神宮年中行事今式』二月九日祈年祭の条においては、

次ニ宮司（帯束）、入レテ自ニリ一ノ鳥居一於ニテ二ノ鳥居ノ前一ニ佇ニ立シテ于北頬一ニ南面ス、役人二人（白張、一人人長、一人使下ニ宮人一勤上レ之、）以ニテ鹽湯一ヲ灌《ソヽ》レキ之ヲ、（其法如ニ木柴垣荷用所レ灌之鹽湯一、）以ニテ大麻一ヲ禳レフ之ヲ、（以レ檜削ニ八角一著シテレ垂者持レ之禳清、）

と記され、[75] 修祓行事において御塩湯行事が大麻行事に優先して執り行われている。

これらのことをどのように解するかは、先ず第二鳥居や祓所よりも大御神により近い大宮院の中重と呼ばれる斎庭に祭員が参入するに際して外玉垣南御門で御塩湯行事による修禊が行われるのは、偏えに神宮では大麻行事よりも御塩湯行事を重視する伝統が生き続けてきたからに他ならないと考えられる。そして、神宮の修祓行事の基盤は御塩湯行事にこそあって、その上に大麻行事が加ってきたものであることを意味しているのではないだろうか。故に、常典御饌では大麻行事を伴わない御塩湯行事による修禊のみ斎行されてきたと思考される。

⑥の御饌を昇立て禰宜以下が御饌殿へ参進（御饌行立）について、〈明治御改正以前〉は先の中西氏による「禰宜は警蹕をかけ裾を曳つつ御先を追い、子良が亜ぐ。さらに御炊物忌父（二員）が饌案を担ぎ、大物忌父が供具を捧げ、以下従行して御饌殿に至る。」との説明の通りである。この〈明治御改正以前〉と〈明治四～五年〉、そして〈明治五年以降〉の御饌行立を図示すると次のように表わすことができる。

〈明治御改正以前〉

〔進行方向〕↑　禰　宜（警蹕）　大物忌（御鑰）　御炊物忌父（御饌机）　大物忌父（供具）　以下諸員従行

〈明治四～五年〉

〔進行方向〕↑　禰　宜（警蹕）　宮　掌（御饌机）　主典以下供奉（御鑰?）

〈明治五年以降〉

〔進行方向〕↑　禰　宜（警蹕）　等外出仕（御饌辛櫃）　主典従行

宮掌副従（御鑰）

右の三つの行立を比較すると、各所役や祭器具等に多少の推移があるものの、禰宜が御前を追い（警蹕）、列次の中で御鑰の捧持（大物忌・主典・宮掌）と御饌（御饌机・辛櫃）が舁立てられるという、御饌行立の本質的な部分について何等変更は認められない。川出清彦氏は『祭祀概説』「第二部　各論　祭典とその趣旨　第一章大嘗と神嘗　第一九節　神饌行立」の項において、

神嘗の神饌（大御饌）はすでに述べたように、大嘗、新嘗同様、当年の新穀をもって奉舂奉炊した御飯を中心とし、それに贄として禰宜内人等が自ら出でて漁った種々の魚類や、貝、海藻があり、また志摩の神戸の人等の献った干鯛や玉貫鰒、生鰒、螺の類、それから度会郡からの贄（これは帳に品名を逸す、後世には鮎）がある。さて、御飯は御饌《みけ》ノ筥に盛り、贄は二見からの御塩《みしお》を和し、土器の坏に盛って贄机に置き、さらに御酒殿にて謹醸した白酒黒酒を土師の坏、陶の坏に盛ってこれらの品々を

同月（十六日）夜半仁人別ニ令二備ヘ満テ持一弖朝ノ大御饌夕ノ大御饌ヲ禰宜、大内人四人并物忌五人及物忌子（足代本、子を父となす）五人合テ十四人常ニ参二入内院一供奉

するのである。十四人とあるは禰宜一人、大内人四人、大物忌、宮守物忌、地《とこ》祭物忌、酒作物忌、清酒作物忌以上五人（この物忌は物忌ノ父を指している）、および大物忌以下の物忌子五人で都合十四人、これが御饌奉仕の全員であるが、神饌は右のように人毎に持たれる。もっとも中には机のように二人で舁くのもあろうが、とにかく、大嘗、新嘗の行立と規を一にしている。そうして禰宜職掌の条には、禰宜は贄の「御前追《ミサキオヒ》弖《テ》」とあるから禰宜が先頭に立って前を追う。すなわち警蹕を唱えて先行するのである。警蹕は神宮では古くから於々於々《おおおお》と微声で唱える。宮中清涼殿の膳の場合はその台盤を運ぶ釆女はオシオシであり、大嘗新嘗の場合はオーシーである。唱え方には多少の相違があるがいずれも一連の言葉である。

以上が大御饌行立の状であるが、御饌殿における朝夕御饌の場合も同様であって、止由気儀式帳二所太神朝御饌夕御饌供奉行事の条に、

右大物忌父我佃奉抜穂乃御田稲乎、中略御炊物忌尓令舂炊弖御塩焼物忌乃焼奉ル御塩、并志摩國神戸人夫等奉進御贄等乎持弖御炊物忌尓令二頂キ持一大物忌御机ニ副弖禰宜大内人等御前追弖御饌殿乃前尓持参入弖大物忌御炊物忌乎奉入弖日別二度奉

とあり、これも忌火屋殿からの行立であった。

かく神宮における御饌奉仕の場合も奉仕者各々が御饌を捧持し、あるいはこれを舁いて進行するのを立前としていることは、宮中の行立とその規を一にしているということができるであろう。

と論じられ、常典御饌の御饌行立が宮中の大嘗祭や新嘗祭の神饌行立と規を一にしていることを主張された。(76) 凡そ妥当な見解であるといえよう。

⑦の御饌殿前に御饌を安置し禰宜以下所定の位置に着座することについては、〈明治御改正以前〉はこれも中

西氏が「禰宜は石壺西際に蹲踞、子良は階下に着く。御炊物忌は南軒下に饌案を据え、大物忌は同案下に立つや、石壺（御床下坤隅）に着座。」と解説を加えた如くであり、〈明治四～五年〉も〈明治御改正以前〉と同様に禰宜以下諸員は御饌殿御床下に南面して座しており、この後の⑩⑫⑬とも関連するところの南面祭祀の形式を採っている。それが〈明治五年以降〉になると禰宜以下諸員の座は御饌殿御階下に移ると共に南面から北面に座すことに変更され（それまで御饌殿御床下に存した禰宜・大物忌が座す石壺を撤却）[77]、北面祭祀の形式を採用するという大きな変容が見られる。また、この時に御饌机（饌案）に変わって辛櫃が用いられることとなり、御饌殿南軒下にあった御饌机を据えるための二石も撤去されて葉薦が使用されるようになった[78]。

⑧⑪⑮の御扉の開閉扉について、その所役を〈明治御改正以前〉は大物忌が勤め、〈明治四～五年〉以後からは禰宜が奉仕することになっている。開扉に関しては、〈明治御改正以前〉が南の御扉から開き続いて北の御扉を開いていたのに対して、明治五年十一月八日より同四十三年四月二十七日までの間は、御饌殿内の天照大御神と豊受大御神の神座の位置関係がそれまでの東西より南北に移動したことに伴い、南の御扉のみを開くこととなった。しかし、明治四十三年四月二十八日からは天照大御神と豊受大御神の神座の位置関係が再び〈明治御改正以前〉に戻され東西となったために開扉も旧儀に復された[79]。閉扉については、開扉とは逆に北の御扉から閉め続いて南の御扉を閉めていることに史的変遷は見られないが、式次第の上では大変興味深い変更が認められる。即ち、〈明治四～五年〉以前が散飯・献饌が終了すると直ちに閉扉が行われ、⑫の禰宜の祝詞奏上・⑬の八度拝へと繋がっていくのに対して、〈明治五年以降〉は開扉されたまま⑫の禰宜の祝詞奏上・⑬の八度拝・⑭の撤饌の後に開扉行事に対応する次第形式で以て閉扉が執行されるようになった。

⑨の散飯・献饌について、〈明治御改正以前〉の奉仕ぶりは「大物忌父は階段際に立って供具を大床に置き、神饌の土堝に忍水を注ぎ正中に据える。御炊物忌が昇殿して神饌を子良に進め、子良、御散飯《おさば》を土器に盛って北

扉の縁板上に置き、次いで童女のみが殿内にはいり、食薦・枚手（葉盤）を用いて水・飯・贄（国崎の魚貝類）など神饌を弁備。御塩焼物忌父、散飯壺（瑞垣艮隅）に御散飯を収め、忍水を居石（南床下の東西正中）に零し、供具を饌案に納めて覆布を掛ける。下郎立に御塩焼物忌父、床下の座に着く。」と中西氏が要領良く説明されている。これが〈明治四～五年〉には、御饌供進の主体者が大物忌から禰宜へと変更され、その手扶も従来の大物忌父・御炊物忌父・御塩焼物忌父から主典以下に改められるという職掌上の改定が是認されるものの、散飯・献饌の仕法はほぼ〈明治御改正以前〉を踏襲して行われている。ところが〈明治五年以降〉になると、散飯の廃止[80]（御饌殿内の高棚・御饌殿外東北隅の生散壺・御饌殿御床下の居石の撤却）と御饌品目の充実[81]、及び神座増設に伴う座数分の御饌追加が取り計られるという大幅な改定が実施されたのであった。しかしながら、献饌等における殿内作法に関しては〈明治御改正以前〉に準拠し奉仕されてきたことに間違いはないであろう。

ところで、私見によると常典御饌の献饌において特筆されることとしては、

1、祭器に御枚手（葉盤）が使用されること

2、両大御神の御饌奉奠に用いられる供具について、御饌殿が造立された元始の姿は相殿神同様に御机（饌案）はなく食薦に食単布を重ねたもののみを使用していたと類推されること

の二点が挙げられると考えている。その事由として、1に関しては、清直が『御饌殿事類鈔』「器具」の項で、

止由氣太神宮儀式帳ニ云ク。御炊物忌父。大御饌供奉ル。御枚手五十六枚。日別ニ奉レル進シ。

按スルニ皇大神ノ御飯二八具、止由氣大神ノ御飯二八具、相殿神ノ御飯三八具、合テ御飯五十六ヲ盛ル葉

盤ナルカ故ニ、日別ニ五十六枚ヲ進ストイフナリ。

太神宮儀式帳ニ云ク。土師ノ器作ノ物忌。度會宮ニハ月別ニ一度進上ス。一年ノ料御食料之御水戸廿四口。御高佐良冊八口。御片佐良百廿口。御水眞利百廿口。御坏三百六十口。御保止岐十二口。以上御食料ノ器六百八十四口。

按ルニ一ケ月分水戸二口、（忍穂井ヲ汲テ入ル丶瓱ナリ。）高皿四口、（御贄ノ菓子ヲ盛ル料カ。）片皿十口、（御鹽十坏トアルハコレニ盛ルカ。）水埦十口、（御水十毛比トアルハコレニ盛ルナリ。）坏三十口、（雑事記ニ御飯十六坏ト云ヘリ。葉盤ニ盛リタルヲ一ツ丶坏一口ニ載スルニヤ。）缶一口、（御炊殿ニテ飯ヲ盛リ、御氣殿ニテ葉盤ニ別チ盛ルマテ入ル器ナルヘシ。）如レ此ク月別ニ改換シテ、毎日ニハ易ヘサリシナリ。

と記した上で、その頭注で「延喜式卅五、大炊式、葉椀、五月五日青柏、七月廿五日荷葉、餘節干柏。」と記述しており、また同書「御飯」の項でも、

按ルニ毎朝夕備進スル御飯ハ、葉盤ニ盛リ、土坏ニ載テ、二所ノ御前ニハ八盛ツ丶、御伴神三前ニハ四盛ツ丶、合テ廿八盛ヲ朝夕両度ニ奉供セシナリ。

と記載した上で、その頭注で「延喜式、踐祚大嘗祭、多加須伎八十枚、並居葉椀（久菩弓、）覆以笠形葉盤（比良弓、似二笠形一。）」と明記して、常典御饌使用の御枚手（葉盤）が宮中及び大嘗祭使用の葉椀や久菩弓、比良弓等に類似していることを示唆しており、[82]この示唆に筆者も賛意を表するからである。それから2については、『神宮要綱』「日別朝夕大御饌祭、古儀由来」に、

古儀の大概を拝するに、御饌殿に於ける神座は三座ありて、天照大御神の御座は東方に、豊受大神の御座は西方に、御伴神たる豊受宮相殿神三柱の御座は下がりて西方に奉安せらる。（略）又御饌を供ふる料としては両大神は御机に食薦と食単布を重ね、相殿神には御机なく食薦に食単布を重ねたり。

と見られ、(83) 天照大御神と豊受大御神についての御饌奉奠には御机（饌案）が用いられるのに対して相殿神には御机が用いられていないが、食薦に食単布を重ねたものが御饌奉奠に使用される点は共通している。この相違点と共通点に着目すると御饌奉奠に用いられる供具に関して、御饌殿造立の元始から御机を使用していたのか、或いは食薦と食単布を重ねたものだけを使用していたのか、という疑問が当然生じるであろう。どちらの方がその元始からの供具であったのかを割り出すのに有力な手掛かりとなるのは、次の清直が常典御饌使用の御饌机から神宮諸祭典で使用される案や机が有する本質的な用途を思考した論説である。つまり、『二宮由貴供具辨正』「外宮由貴供具」の項で、

御食机　三脚。御笥作内人調進。
御贄机　十脚。
右二宮儀式帳、當宮由貴供具ノ内ニ所見ナシ。上古ハ机ヲ用サリシニヤ。外宮神事次第ニハ、御瓷盆蓋ヘ五ツ宛入、切机《キリツクヱ》二ツニ居ヱ申候、トアリ。切机ハ外宮儀式帳、年中三節祭時供給儲備ノ條ニ、切机拾足トアル供給ノ料器ニテ、内宮儀式帳ニハコレヲ魚机ニ作レリ。内宮儀式帳、由貴供具ノ内ナル御贄机ノ所用ト一ツナルヲ、御食机ニ准シテ借用キタリケム。延喜式ニ、切案料二理スル肴一ヲ料、ト注セル如ク、御贄ヲ庖丁スル机ナリ。又子良館書留ニハ、中机《チユウツクヱ》三ツトアリ。何時ヨリ切机ヲ中机トシ、又二脚ヲ三脚ト

スルニカ。中机ハ外宮儀式帳、三節祭供給ノ内ニ、中取拾足トアル是ナリ。人給ノ器ヲ以テ、内宮儀式ノ由貴ノ御食机ニ准スルナルヘシ。延喜式ニ、中取案、雑器ノ櫃ノ料、置二雑ノ魚一ヲ料、ナト注セル如ク、忌火屋殿ヨリ正殿床下マテ、御饌御贄等ヲ載セ置テ運進スル料ナル故ニ、中取或ハ中机ノ號アル器ヲ用ルナラム。毎朝夕御饌殿マテ運進スル案ヲ、御食机ト稱スルヲモ併勘スヘシ。

（傍点筆者付す）

とあって、[84] 神宮の案や机の本来の用途は、御饌を奉奠するためではなく運搬用の祭器具であったと清直は説いている。また、川出清彦氏は『祭祀概説』「第一部　総論　祭祀の構成と制度、第二章　接神行事（本儀・致斎）、第二節　みてぐら（神饌と幣帛）、槲《かしわ》葉神饌」において、

内院に到着すれば神供は物忌とその父の所役で、禰宜大内人は直接にはこれに預からなかった（皇大神宮年中行事）。その場所は正宮御床下で、座として、畳三帖、上莚が敷かれ、食薦に当る麻簀三枚も設けられた。皇大神宮年中行事（建久）九月十六日の条に、太神宮請二御座一事として畳三帖、上莚四枚、白布二段、木綿三斤、麻三斤、麻簀三枚という記文が見え、神宮雑例集巻二鳥羽天皇保安二年の条に、正殿の下にある饌調備の机座莚等が鳥のために穢されていることを発見云々の記事が見えるので、前記のことが想像される。なお、麻簀が食薦に当るとしたことは、延喜太神宮式神嘗祭の条に「両宮共食薦二十三枚」を用いると明記されているので、麻簀すなわち食薦であったことは間違いあるまい。

とし、[85] 神嘗祭由貴大御饌における御饌奉奠は直接食薦の上に御饌が並べ置かれて供進されたことを論説されている。この二つの貴重な指摘に照合して考察するならば、御饌殿内の両大御神の御饌奉奠に使用される御机（饌

案）は、謂わば御饌奉奠に鄭重さを増すために施設されたものであって、その元始の姿は相殿神と同じく御机はなく食薦に食単布を重ねたものの上に直接御饌が並び置かれて両大御神にも供進されていたことが類推されるからである。これら常典御饌の献饌における特記事項を奇しくも評するかの如く、川出清彦氏は『祭祀概説』「第一部　総論　祭祀の構成と制度、第二章　接神行事（本儀・致斎）、第二節　みてぐら（神饌と幣帛）、槲葉神饌」で、

神宮の古代神饌として、ここでは、御饌殿神饌と、由貴大御饌とをあげて、その品目、特色等について考えて見たい。この神饌は槲葉神饌とは言い難いかとも思われるが、品目の上から見て、また食薦や枚手を用いられている点等において前記の新嘗と同系統と思われる（略）ただ、その食膳として食薦が用いられ、枚手五十六枚があったことは儀式帳に明記してある。五十六枚は飯朝夕の数に符合しているから少なくとも御飯は枚手（葉盤）が用いられたと思われる。槲葉神饌として掲げたゆえんでもある。（略）このように見てくると、神宮の古代神饌は、これを食薦神饌としてもっとも古代における神饌の一つということができるとともに、神嘗、両月次および御饌殿朝夕御饌の作法が宮中の新嘗両神今食の作法と相通ずるものがあることに注意せられるであろう。

と論じられたのであった。(86)

それから、散飯を供進する意味、換言すればその対象となる神についてもここで触れておきたいと思う。清直は『御饌殿事類鈔』「行事」の項で、先ず出口延経著『神事随筆』と喜早清在著『毎事問』における散飯に関する記事を抄出し、次のように考証する。即ち、

按スルニ（略）吾カ朝家ノ古法ハ、侍中群要ニ云ク、（取二御三把一事、）供二スル御膳一ヲ時、即以二テ銀ノ御箸一ヲ、取二リ三把《サバ》一ヲ、入レレ蓋ニ返レス之ヲ。大記ニ云ク、（康和五八十七、立坊、）御膳陪膳取二ル御三把一ヲ、（一口盛二御飯一、一口盛二御菜一。）廚事類記裏書ニ云ク、女院ノ御方御相折帳、居二ウ供御ノ御菜一ヲ、日別ニ二ケ度、（號二御三把供御一云々。）江家次第ニ云ク、（立太子、）受二ケ御三把一ヲ奉二ル帳中ノ阿末加津一ニ。左經記ニ云ク、（長元四十二十九、）次ニ參二ル齋院一ニ、女房ノ云ク、朝夕ノ御膳ノ散飯等ハ、至二テハ野宮一ニ奉二ル難良刀自之神一ニ、而ルニ御二スル里第一ニ之時、為二ム之ヲ如何一ニ、廿日夜部所レ聞ク之散飯ノ事、案二内ス前《サキ》院一ニ、其報ニ云ク、雖二モ里第一ト皆奉二ル御膳ノ散飯一ヲ、（只稱二其料一、可レ置二可レ然所上一、）又御封幷ニ自二諸司一所レ渡ス之物ノ、最前等ハ皆奉二ル此神一ニ、又毎月酉日、被レ祭二ラ此神一ヲ、其儀非二事々一、只御炊ノ男充二給分物一ヲ、（一度料二升、）以二テ酒肴一ヲ祭ル云々、トアリ。是等ヲ參考スルニ、帳中ノ天兒《アマガツ》、或ハ難良刀自《ナラトジ》ノ神、何レトモ一神ニ究メテ奉進スルニアラス。其身、其居ノ守護神ニ報恩ノ為メ、先ツ最前ノ物ヲ取テ供スル事ト見エタリ。サレハ皇大神ノ御饌殿ニテ、其餕餘ノ三把ヲ供スルハ、殿ノ廻ヲ守護スル四至神タルヘシ。朝夕ノ詔刀ニ、四至神乃神等毛爾所知食、トアルヲ以テ證トスヘシ。

とあって、散飯は四至神に対する御饌供進であると主張したのであった。[87]

これに対し、川出清彦氏は『祭祀概説』「第一部　総論　祭祀の構成と制度、第二章　接神行事（本儀・致斎）、第二節　みてぐら（神饌と幣帛）、散飯の思想」において、清直も引用した『侍中群要』『左経記』の条項を掲出すると共に、下賀茂神社の神饌の台盤に空土器が一つ載せられていることや、住吉大社の御侍《おもと》者の御前社をはじめ鹿島神宮の摂社御厨神社（祭神は御食津神）や弥彦神社の飯殿（飯殿神）では、本宮に先立て初穂（御膳）が奉られることに着目されて、以上の事例によってうかがい知りうることは陛下が朝夕の御膳に際して、まず飯の初穂の少量を、箸をもって取りわけになって後に召し上られる作法は、斎王のそれによって御食津神に奉られる意味であること、並びに神もまた、御食津神に対してこれを行わしめられていること、および右の精神が止揚され儀礼化されてくると古社の例となり、さらには外宮先祭にまで及ぶのではなかろうかということである。大嘗、新嘗の神膳親供の作法については、いずれその項において考究するつもりであるが、まさに陛下の食膳についての三把の作法の高揚されたものと拝さざるをえないものと考えられる。

と述べられ、散飯は御食津神に対する御饌供進であるとの論を提唱された[88]。

果たして散飯は四至神に対する御饌供進（清直説）であろうか、それとも御食津神に対する御饌供進（川出説）であろうか。どちらを是とするかについて、筆者は清直説を支持し散飯の対象となる神は四至神であったと判断している。その根拠として以下の三点が指摘できると思う。一点目としては、内宮三節祭由貴大御饌供進の際に、御正殿に鎮まります天照大御神はじめ相殿神に対して大御饌が供進されるにあたって、『皇太神宮年中行事』六月十七日暁御饌供進の条に、

清酒作幷酒造内人等自二瑞垣御門一左右脇ニ供二御神酒幷荒蠣御贄等一、一人ハ柏ヲ持チ敷、一人ハ大枌ニ御神酒ヲ入テ件柏ニ懸、一人ハ荒蠣ノ御贄ヲ散供也、其次第先自二御門左方脇一迄二巽角一副二瑞垣一ニ供進、次自二右方脇一廻テ迄二坤角一供進テ高聲ニ由貴奉ル々々々ト申也、其後清酒作内人ハ御橋ノ左方ノ男柱ノ副ニ白志ノ御酒ヲ供、酒作内人ハ右方ノ男柱ノ副ニ黒志ノ御饌ヲ供也、

とあって、[89]御正殿を取り囲む正宮最奥の垣根である瑞垣自体にも散供形式で御饌供進がなされていることを知り得る。また、外宮三節祭由貴大御饌供進の際にも、『豊受皇太神宮年中行事今式』第二巻の六月十五日由貴の条に、

時ニ當番副物忌興レテ座ヲ持二ツ志乃世《シノセ》一ヲ、（實二大釜一加レ杓、）灌《ソヽ》二キ薦《スヽ》キテ御階ノ左右、瑞籬門ノ左右、階前ノ闑楗《クワンヌキノ》之上一（闑楗即瑞籬門闑楗也、神事以前當番副物忌放二取之一、横二置階前一、備二粢及志乃世於闑楗上一、）

と明記されているように、[90]内宮に類似して瑞垣御門に散供形式で御饌供進がなされていたことを確認できる。これら聖区画の象徴でもある瑞垣または同御門に御饌を供進することが、仮に四至神のためになされたものであるとするならば、御正殿（天照大御神・豊受大御神及び各相殿神）と瑞垣（四至神）との関係は、まさに常典御饌における御饌殿（両大御神及び外宮相殿神）と散飯壺（四至神）との関係に一致しているといえよう。二点目としては、内宮において由貴大御饌供進の前日夕刻には必ず恒例により大宮院の西北隅に鎮座する興玉神をまつる興玉神祭が挙行される。この興玉神は大宮地を守護する神ともいわれ所謂、四至神的なご神徳を付与されていると捉えられている。従って、由貴大御饌の供進（天照大御神び相殿神）に先立って、必ず興玉神祭が斎行されるのは興玉神（＝四至神）に大宮地を鎮め守護していただくためであると理解され、ここにも常典御饌の散飯との類似性が感得されよう。三点目としては、散飯の供し方に注視すると、御饌殿内において大物忌は天照大御神に御饌を奉奠する前に、先ず散飯を土器に盛って北御扉の縁板上に置き、次に御塩焼物忌父がそれを殿外東北隅安置の散飯壺に収め、続いて御水を御饌殿南床下中央にある居石に零している。これを古来我が国で最も忌まれてきた方角の鬼門（東北）隅の一ケ所に四隅を集約して散飯を供進し、中央のみは残して御水を零したと解すると、そ

図７　両宮遷宮旧式祭典図（皇大神宮）地鎮祭図（『神宮遷宮記』第七巻図録篇 133 頁より転載）

こには二十年に一度斎行される式年遷宮における地鎮祭の祭祀方法に極めてよく似ていることが考察される。つまり、『神宮遷宮記』第七巻図録篇所収「両宮遷宮旧式祭典図（皇大神宮）地鎮祭図」解題によると、

御遷宮の年に行われ、日時は宣下。当日、玉串大内人が祭場を設ける。祭場は新殿を建設すべき新御敷地の四方に白布を敷き回し南北凡四間、東西凡六間、その囲内に又布三条以上各一幅を敷く。そして神饌を旧心御柱前と敷布四隅に供し、五色幣各一本を立てる東南赤、西南黄、西北黒、北東。青、中央白、各白丁が捧げ持つ。また心御柱の前に散供を置き、その前に軾布を備え、乾方の敷設に座す。

禰宜・権官・物忌父・作所・小作所等、参拝の後祭場に着く。禰宜は東上北面瑞垣御門跡、権官直垂二人は禰宜の西、同五人はその後。作所・小作所直垂は権官の次。その背後に地均役素襖十二人が侍す。また西側に物忌父浄衣が南上東面、少し下り忌鍛冶麻上下・物忌父の並に頭・頭代・小工麻上下が列座。家司狩衣は禰宜の背後に位置する。

座が定って、玉串大内人東帯が心御柱前の軾に進み、散供・祝詞奏進。次に中央と四隅の幣を捧げ持ちて行事、終り復座する。次に神饌・五色幣を撤し、次に地均役人二人ずつ忌鍬を持ち、心御柱前（中央）と四隅の地均行事、終りて衆員退出する。

とあり、聖区画を定め大地を鎮める地鎮祭では、その区画の四隅と中央に神饌や幣帛を供進していることが見られる。この供進の仕方は常典御饌の散飯の供し方と同様の仕法を以て執り行われていると断じても差し支えないであろう。[91]

⑩⑫の禰宜の御饌殿前の祝詞奏上について、〈明治御改正以前〉は、御饌殿内の大物忌が天照大御神に御饌を奉奠するのに合わせて、禰宜が皇大神宮遙拝石前に進んで南面着座、この石を通して巽（東南）の方に向かい天照大御神に御饌奉奠祝詞を奏上、次に禰宜は豊受大神宮遙拝石前に移動して南面着座、大物忌の豊受大御神と相殿神の御饌奉奠に合わせ、遙拝石を通して坤（西南）の方に向かい豊受大御神及び相殿神、四至神に御饌奉奠祝詞を奏上。⑪の大物忌が御饌殿の北御扉と南御扉とを順次閉扉して降階し着座の後、御饌奉奠祝詞と同じ遙祀の形式を以て、禰宜が祈念祝詞を天照大御神に奏上し、続いて豊受大御神並びに相殿神、四至神とに奏上していた。それが〈明治四～五年〉になると、〈明治御改正以前〉に⑩の御饌奉奠祝詞と⑫の祈念祝詞とを別々に分けて奏上していたのを一本化し、⑪の禰宜が北御扉と南御扉とを順次閉扉して御饌殿より降階着座の後、改めて禰宜が座を立ち〈明治御改正以前〉と同じ遙祀の形式で祝詞奏上を執り行うようになった。〈明治五年以降〉には、これまでの禰宜が南面して祝詞を奏上していたの対して北面して祝詞奏上するよう改変され、現在まで継続されている。また、この時併せて祝詞文における両宮の統一化が図られている。即ち天照大御神並びに豊受大御神に捧げられる祝詞文と両宮相殿神並びに両宮諸別宮に捧げられる祝詞文とに編成された祝詞の奏上が実施された。しかし、明治七年からはその両宮統一化された祝詞文を見直すこととなり、天照大御神はじめ内宮相殿神及び内宮諸別宮に捧げられるものと豊受大御神はじめ外宮相殿神・外宮諸別宮に捧げられるものとに再び分別された祝詞文が作成され、現在に至るまで奏上されてきている。

⑬の八度拝について、〈明治四～五年〉以前は、⑩⑫の禰宜祝詞奏上と同様に南面して遙祀の形式で以て禰宜以下諸員が八度拝を天照大御神と豊受大御神並びに相殿神に別々に分けて行っていたが、〈明治五年以降〉は北面して八度拝を一度に纏めて執り行うようになったという違いがある。ここで⑦⑩⑫でも触れたが、〈明治四～五年〉以前の南面祭祀と〈明治五年以降〉の北面祭祀の問題について考えて置かなければならないが、筆者はどちらも正しいと結論づけている。なぜならば、それは〈明治四～五年〉以前の南面祭祀が、御饌殿内において両大御神に御饌を供進し、御饌殿前の斎庭にある二所の遙拝石を通して祝詞奏上及び八度拝を執行するという、謂わば床上と床下前庭で斎行される二重構造的な祭祀対象を有する形態をとっており、これは大御神の御神体が高床式の御正殿内に奉安はなされているが、年中最重儀の三節祭時に御正殿床下の心御柱前で大御饌が供進されるという、いわば二重構造的な祭祀対象を有する形態を彷彿とさせるものであって、御饌殿前の斎庭に存する二所の遙拝石はおそらく御正殿における心御柱的な役割を担っていた可能性のあることを類推させるからである。そのことを理解していたかどうかわからないが、国学者の矢野玄道に師事し明治四十三年から大正三年まで神宮少宮司を勤めた木野戸勝隆は、『御饌殿事類鈔』「行事」の項の頭注において、

木野戸勝隆云、御饌殿ノ南北ニ扉アリテ、神座ヲ東南方、西南方ニ儲タル等ニ依リテ推考スルニ、猶遙ニ両宮ヘ御饌ヲ獻スル心ハエナルヘケレハ、禰宜以下ノ南面ニ著座シ、巽坤ノ方ニ向ヒテ拝スルソ、中々ニ古儀ナルヘクオボユル。

と南面祭祀を評価する意見を付したのであった。(92) これに対して、〈明治五年以降〉の北面祭祀について、清直は『御饌殿事類鈔』「行事」の項で、

按スルニ御饌奉仕ノ服制ハ、儀式帳ニ、著二明衣一懸二木綿手次一、ト云ヒ、弘安九年參詣記ニハ、衣冠ヲ著ス、トアリ。其頃既ク略服トナレルニコソ。又物忌子ハ、儀式帳ニ、明衣ヲ著シ、木綿手次ヲ懸ケ、前垂シテ天ノ押比蒙リ、手洗ヒ干サス、ト云ヘリ。後世明衣ハ袙トナリ、押比ハ清冠ト變シ、襷袜ハ省略シテ緋袴ヲ著スル事トナレリ。然シテ禰宜以下著座ノ事古今變革甚シ。サルハ儀式帳ニハ、禰宜大内人等御前ヲ追氐、御饌殿乃前爾持チ參キ入リ氐、トイヒ、大同本記ニハ、神主物忌乎率テ其殿ノ前ニ侍フ、トアレハ、御饌殿ノ南軒下階ノ東ニ北面ニ候シタリシ事昭然タリ。然ルニ雨雪ノ日難渋ナルヲ以テ、便宜ニ南階ヲ東ニ廻シ、西ニ向テ登ルヘク構フルニツキテ、戸外ノ板敷ヲ一枚半ハスキ増加シテ、其木口ニ階ヲ架シテ登ルニ濡レサラシム。仍テ禰宜以下ノ座モ階ト共ニ東ニ廻リ、終ニ牀下ニ入テ著座スル事トナリ、剰ヘ南面スル事トナリタルハ、異例ノ上ノ異式ナルニコソ。又石壺モ禰宜ノ座ノ易ルニ随テ牀下ニ設ク、在ルヘキ事ニアラス。

按スルニ物忌ノ父等殿前ニテ三揖スル事解シカタクテ既ニ上件ニ辨ス。然ルニ祭奠式ニハ、巽坤等ノ隅ニ到リ、南面シテ拝ス、トス。年中行事ニハ唯南面一拝トノミアルニ、隅ニ到ル事此ニ起レルニヤ。サルハ四隅ニ四至神ノ石積ノアルヲ、二所大神ノ遙拝處ト誤認シテ、カクハ隅ニ倚テ拝シソメケム。後ニ八度拝スル時ニモ、坤ニ向ヒ、巽ニ向フト注セル、是亦祭奠式ヨリ始マレリ。儀式、本記等ノ御前ニ侍テ拝ス、ト謂フ舊儀ヲ無稽ニシテ仕初タル謬例ナルヘシ。

と論述し(93)、北面祭祀を支持していることが是認される。しかし、清直の説く元は四至神の石積であったのを二所の遙拝石と誤認したり、遙拝石を通しての八度拝が外宮権禰宜にして大物忌父職を六十八年間も勤め「祭庭の御意見番」ともいわれた黒瀬益弘が著した『外宮子良館祭奠式』より始まったと即断することについて甚だ疑問が持たれるが、遙拝石を使用せず御饌殿内に安置される御座に来臨される両大御神等のみを祭祀対象とするならば北面祭祀も間違っていないと見られるからである。ところで、この神宮特有の敬礼作法である八度拝について、櫻井氏は『伊勢神宮の祖型と展開』「第五　神宮祭祀の諸問題、一　年中行事」で、

神嘗祭は朝儀における新嘗に相当することは言を俟たない。神名式が度会郡の条で大神宮以下に「大十四座」の注記にすべて「月次、新嘗」とするのは、そういう観念の現れと考えてよかろう。内宮では、十六日夜半に新穀をもって朝の大御饌をささげ、終ると一同にて四度の拝、四段の拍手、さらに四度の拝と四段の拍手という拝礼を行う。西郷信綱氏は、この神宮の八開手の拝礼が大嘗祭における天皇に対する敬礼作法となった、と解されたが、それは本末顛倒であろうと思う。持統紀四年正月朔の条に見るような天皇に対する最重の敬礼作法をもって、皇祖神を拝礼したと考えるのが沿革としては順当にちがいない。

と述べられ[94]、神宮における八度拝の起源を臣下が天皇に対する最重の敬礼作法を以て天照大御神を拝礼したことにはじまるとされたが、宸儀に準ずる神宮祭祀の特徴からして首肯すべき論説であると考えられる。それから、この八度拝で注目すべきは、『常典御饌奉仕次第』に、

八度拝
各員唯《オ》ト、｜二声ヲ発シ手ヲ二ツ拍チ奉拝ス

とある「称唯」「拍手」であって[95]、岡田荘司氏は『大嘗の祭り』「第三章〝真床覆衾論〟と寝座の意味　5祭神と共食儀礼」において、

さて、では皇祖神天照大神と天皇の関係はどのように位置づけられるのであろうか。先述のとおり天皇は天照大神と寝具のある神座において秘儀を行なうことはなかったが、崇神朝まで同床共殿であったことは『日本書紀』の記すところである。大嘗祭をはじめとする天皇親祭は皇祖神天照大神を招いて対座する同床共殿の思想が貫かれている。とはいっても、大神と天皇の間には、侵すことのできない上下関係が存していた。天皇所作のうち最も注目されるのが称唯《いしょう》である。

「称唯」は「譲位」と訓みを区別するために「ゐしよう」と読ませたと伝えられる（『宣胤卿記』）。称唯は宮中において上位者の命令を受けた下位の者が「おお」と称して応答することであり、今の目上の人に対する「はい」という返事に似ている。公的な儀式の場で、天皇（勅）、大臣などに応答することに用いられており、天皇は人臣を超越した存在である以上、自身が称唯することはない。律令祭祀制では、祈年祭班幣に全国神社の祝部《はふりべ》を集め、神祇官において中臣が祝詞を宣読するが、この祝詞の段ごとに会集した祝部は称唯した。大祓にも「読二祝詞一称二聞食一、刀禰皆称唯」とあるなど、諸儀式の進行の作法として称唯はしばしば散見する（『儀式』『延喜式』など）。

古代律令制の運用は、文書政治に基づくことを拠としたが、口頭政治も根強く残り、文書行政を補うための口頭伝達も重宝され、「官司内や伝統的な朝政といった場になると、口頭による伝達・成務が中心となった」のであり、この形式は大化前代まで遡るであろう。そうした場における、下位の者の了解の所作として称唯が伝統的に継続してきたことは容易に想像できる。

天皇はこの称唯を、大嘗祭と天皇年中の祭祀である新嘗祭・神今食の供膳を終えた共食の儀の時のみ行われる。『内裏式』（逸文）神今食条には

「奉二御箸一、拍手称唯、執レ之、羞レ食、御酒四杯、但十一月新嘗会八杯、杯別拍手称唯」

とあり、『新儀式』神今食も内容的には変わりがなく、御飯・御酒を食し飲まれるごとに拍手・称唯がある。

（略）

さて、その所作は神聖な稲から作られた御飯と御酒だけを食され、拍手・称唯とともに、いただく作法として「頗低頭」「小低頭」「頭ヲ右尓低天」と書かれているように頭を下げる。それは大神に対して「粛敬」の態度を表わしたことにほかならず、天皇が称唯をすることは、大神へ随順の心を示したものといえよう。

と論じ、[96]「称唯」「拍手」は天皇が一代一度の大嘗祭をはじめ年中の新嘗祭と神今食の供膳を終えた共食の儀に限り行われ天照大御神への随順の心を示したものとされたが、凡そ妥当な見解であろう。このような天皇の大御神に対する「称唯」「拍手」の作法が、常典御饌はじめ神宮祭祀全般に採り入れられて、やがて神宮最重の敬礼作法である「八度拝」が形成されたものと見られる。このことは常典御饌が宮中の大嘗祭や新嘗祭と規を一にする祭祀といえる一つの傍証となり得るのではなかろうか。

⑭⑳の撤饌（御食下《おまかり》）については、〈明治五年以降〉は献饌に対応する形で行事次第の間に組み込まれ執り行われているが、〈明治御改正以前〉では、常典御饌の行事次第の締め括りとして、禰宜以下諸員が御饌奉仕を勤め御饌殿のある斎庭より退下して、⑱の祓所石壺における禰宜の帰着祝詞奏上行事が終了した後、子良館に直接帰館していた大物忌が再度御饌殿へと赴き御食下を奉仕してきた違いが認められる（尚、〈明治四〜五年〉はこの行事次第について何も記されていないが、おそらく〈明治御改正以前〉に準じて行われていたことが推測される）。

⑯⑰⑲の禰宜以下が御饌殿の斎庭より退出の後に各奉仕員がどのような勤めを果したかについて、〈明治御改正以前〉は、先に中西氏が「憚りて禰宜・子良（御鑰）・御炊物忌父（饌案）・大物忌父（供具）以下従行して御炊殿前に還る。御饌終れば、御炊殿坤方の壁板を曲木で撞き、その旨を域内に告げる。これを「木版告知」

「御鑰納」と云う。」と述べられた通りとなるが、もう少し細かく説明すると、禰宜以下は御饌殿の斎庭から退出した後、すぐに斎館には帰らず（但し大物忌は直ちに子良館へ帰館）、御炊物忌父と大物忌父は御饌机と供具とを御炊殿へと戻してから祓所に再び著列する。それを待って⑱の禰宜は祓所石壺で帰着祝詞を奏上する。[97]奏上後には木版告知が行われ宮域に響き渡ったという。その後、⑲の禰宜以下は御正宮中重へと祭場を移して祝詞を奏して豊受大御神を奉拝し、次に別宮と朝廷を遙拝してから、それぞれの斎館へと帰館していたのである。これに対して、〈明治四～五年〉には、禰宜は祓所へは寄らずに直接斎館へと帰館するようになると共に、主典以下も御饌机を御炊殿へ戻してから直ちに斎館へと帰館することとなって、おそらく御改正以前に行われていた御正宮中重での豊受大御神奉拝や別宮と朝廷の遙拝は実施されなくなったものと思われる。〈明治五年以降〉になると、御饌机が辛櫃に変更され、禰宜以下諸員は御饌殿の斎庭より直接斎館に帰館することになり、御饌終了の木版告知も廃止され（この時より等外出仕が辛櫃を御炊殿へ戻すことが始まったものか）現在に至っている。

以上のことより、常典御饌の行事次第について総括的に看取できることは、歴史的にとりわけ明治の御改正による職掌や行事次第の改正・削除等多くの変更点が認められるものの、その本質的なところは決して変わることなく、〈明治五年以降〉の左の行事次第が示すように、

Ⅰ禰宜以下参進　Ⅱ修　祓　Ⅲ御饌行立　Ⅳ御扉開扉　Ⅴ献饌
Ⅵ禰宜祝詞奏上　Ⅶ八度拝　Ⅷ撤饌（御食下）　Ⅸ御扉閉扉　Ⅹ禰宜以下退下

という十項目を構成要素として、約千五百年の長きにわたり厳然と奉仕されてきたことが容認される。また、常典御饌の行事次第には、宮中の大嘗祭や新嘗祭の行事次第や作法とも規を一にしている点も認められることから

すると、常典御饌は〝日別執り行われる天皇祭祀〟と呼ぶのに相応しい古式ゆかしい祭祀といえるのではなかろうか。

2　総御饌

総御饌とは、松木素彦が『詞林往来』で、

そうごぜん（総御膳―連御膳トモ）
『外宮祭祀略記』に、「総御膳トハ禰宜、権官、物忌等不残御饌調進ニ供奉仕事ニ御座候」とあり、また『外宮神事著略』には、「禰宜権官相共ニ御饌殿ニ行朝ノ御饌ヲ供進ス、禰宜各相連テ御饌ヲ供進ス、此ヲ連御膳ト謂ヒ又総御膳トモ云、権官御饌供奉元日ニ限ル」と註記し、更に『外宮子良館祭奠式』には、「連御饌或曰総御饌」とある。

と説明したように[98]、豊受大神宮禰宜・権官・物忌等総員供奉の下、斎行される常典御饌朝御饌のことをいう。

この総御饌の特徴としては、総員供奉という人的な側面を別にすれば、普段奉奠される御水・御米・御塩の基本神饌の他に、御贄（特殊神饌）が神々に供進されることが指摘できる[99]。そこで、先ずは御贄が供進される常典御饌朝御饌の日とその品目を、『外宮子良館祭奠式』と『常典御饌奉仕次第』に基づいて神饌品を中心に纏めて左に提示してみよう[100]（尚、常典御饌の基本神饌である御水・御米・御塩は御饌毎に必ず奉奠されるので記述は行わない）。

A、年魚菓子（玉貫鰒と干柿）
正月元日〈総御饌〉・正月初卯日〈総御饌〉・四月十四日〈総御饌〉・五月五日〈総御饌〉・六月十七日〈総御饌〉・七月四日〈総御饌〉・九月十七日〈総御饌〉・十二月十七日〈総御饌〉

B、若菜（大根）・薺・年魚菓子・小海蘿・木朔御箸
正月七日〈総御饌〉

C、白粥〈通常の御米に代わり〉・年魚菓子
正月十五日〈総御饌〉

D、鮎鮓
二月朔日・三月朔日・四月朔日

E、草餅（母子草・艾いり）と柳枝・管餅と桃枝・年魚菓子・醴酒
三月三日〈総御饌〉

F、管餅と菊花・煮鮎・年魚菓子・醴酒
九月九日〈総御饌〉

G、煮鮎
九月下旬の三ケ度（二十二日・二十四日・二十六日）

右のA～Gによって、DとGの計六日を除けば、御贄が供進される日はすべて総御饌となる。このような総御饌にはいったい神宮祭祀上どのような位置付けが与えられるであろうか。それを考察する場合には、やはり御饌

図８　三月三日新草餅御饌奉仕ノ為木柴垣内列立図（神宮文庫所蔵）

祭を中心とした内宮と外宮の年中恒例祭との相関関係によって答えを導き出すのが適当であろう。従って、『神宮要綱』掲載の「神宮舊年中行事概表」(101)と『外宮子良館祭奠式』(102)とに依拠して比較表を作成し次に考証を施すこととしたい。

表2　御饌祭を中心とした両宮年中恒例祭表

（　）は御饌奉奠位置を示す

月日	皇大神宮	豊受大神宮
正月　元日	白散御饌（瑞垣御門前）	鮎饗（玉串御門前）・総御饌 ・白散神事（廳舎）
正月　七日	新菜御饌（御内）	新蔬菜御饌（御饌殿）〈＝総御饌〉
正月　初卯日	卯杖神事	卯杖神事・総御饌
正月　十五日	粥御饌（御内）	粥御饌（御饌殿）〈＝総御饌〉
二月　朔日		年魚鮓奉奠（御饌殿）
三月　朔日		年魚鮓奉奠（御饌殿）
三月　三日	桃花御饌（御内）	新草餅御饌（御饌殿）〈＝総御饌〉
四月　朔日		年魚鮓奉奠（御饌殿）
四月　十四日	御笠神事	御笠縫神事・総御饌
五月　五日	菖蒲御饌（瑞垣御門前）	菖蒲御饌（玉串御門前）・総御饌
六月　十五日 十六日 十七日	由貴御饌宵暁（御内）	由貴御饌（御内） 伊吹神事（玉串御門前）・総御饌
七月　四日	風日祈神態	風日祈神事・総御饌
九月　九日	菊花御饌（御内）	菊花御饌（御饌殿）〈＝総御饌〉

九月　十五日 十六日 十七日	由貴御饌宵暁（御内）	由貴御饌（御内） 伊吹神事（玉串御門前）・総御饌
九月二十二日		煮年魚奉奠（御饌殿）
九月二十四日		煮年魚奉奠（御饌殿）
九月二十六日		煮年魚奉奠（御饌殿）
十二月　十五日 十六日 十七日	由貴御饌宵暁（御内）	由貴御饌（御内） 伊吹神事（玉串御門前）・総御饌
十二月　十八日	私御饌（豊受宮拝所西）	

右表から、先ず窺われることは、外宮における御饌殿使用の祭典の中で総御饌は内宮恒例祭の十三度御饌と大変密接な関係にあることが容認されるであろう。次に両宮の御饌奉奠位置について見ると、内宮の場合は私御饌を除外すれば御内、つまり心御柱前と瑞垣御門前の二通りがあり、外宮の場合は心御柱前（三節祭のみ）と玉串御門前（鮎饗・菖蒲御饌・伊吹神事（三度））、御饌殿内（三節祭・鮎饗・菖蒲御饌・伊吹神事以外の御饌祭）の三通りとなって、内宮御内で執行される三節祭以外の御饌祭のほとんどが、外宮では御饌殿内において斎行されており、その中でもとりわけ総御饌は内宮御内における三節祭以外の御饌祭の役割を充分に果たしてきたことが窺知されよう。これらのことから考察すると、総御饌の神宮祭祀上の位置付けというのは、内宮瑞垣御門前斎行の御饌祭以上の位置付けが与えられるべきであるといっても過言ではあるまい。

それから、総御饌の保有する祭祀上の機能についてもここで触れておきたい。内宮には毎年十二月十八日に行われる私御饌（現在、〔二月〕十一日御饌として斎行）という御饌祭がある。この祭典は内宮長官禰宜が支弁し、傍官禰宜をはじめ権官や物忌等の総員参列を原則として斎行されたという。このような性質から私御饌には自ずから内宮奉仕の重責を担ってきた氏族である荒木田氏の氏族結束を固めるという機能が強く有することが察せられる。この氏族結束を固める機能を有する祭りとしては他に、荒木田氏と度会氏がそれぞれ執り行う先祖祭ともいえる「山宮・氏神祭」がある。この「山宮・氏神祭」を別にすれば、外宮の度会氏には内宮の私御饌に相当する御饌祭が存在しないこととなる。従って、内宮にあって外宮に同じ機能を有した御饌祭がないのは、やはり不自然であって疑問が持たれるのではないだろうか。そこで、この疑問を解決するのに参考となるのは、次の二つの事柄である。一点目としては『常典御饌奉仕次第』に、

物忌子良
　大物忌ノ子良ナリ、度會姓ノ童女ヲ取ル 若荒木田姓ノ童女ヲ採ルトキハ、度會氏ノ猶子トシ補ス

と見られる[103]、大物忌任用の規定に度会氏の子女に限ることが明記されていることであり、総御饌を含めた常典御饌の奉仕が度会氏以外の氏族には適わなかったことである。二点目としては、節目節目に斎行される総御饌が禰宜以下主な職掌は総員参列を原則としていたことである。この二つの事柄から、総御饌は内宮の私御饌が保有していた氏族結束機能を実は保持していたのではないかと推察することは可能であろう。

　以上のように、総御饌を理解することが可能であり、また、神宮祭祀における原初の内宮と外宮の姿が、内宮は三節祭を執行するための宮であり、外宮は常典御饌を執行するための宮であるとの想定がなされ、そして、清直が『御饌殿事類鈔』「起原」項で力説した御饌殿より豊受大神宮正宮が興ったとするならば、再度引用する

が、櫻井氏が先に否定された『止由氣宮儀式帳』記載の三つの節供記事を後世の加筆と見られた、

> 皇大神宮にあっては正宮に供進されたものが、度会では御饌殿でも供されているという重複が見られるのも不審の一つである。すなわち、正月七日の新蔬菜羹、十五日の御粥、三月三日の新草餅の三者について儀式帳（止）は「二所大神宮に供奉る　御饌殿」と記している。御饌殿で二所大神に供えるならば、皇大神宮では殊更に供進することもないし、皇大神宮を主とするならば、度会宮では正宮に供えるのが至当である。その辺りからしても、儀式帳の節供の記事は不自然なものがあるとしなければなるまい。なお、延喜の大神宮式にはこれらの神事はのせていない。

との説[104]は崩れることとなり、儀式帳撰進当初からその節供記事は存したと見られるが如何であろうか。

五　常典御饌の意義

常典御饌の意義について、櫻井氏は『伊勢の大神の宮』「六　朝夕の大御食」で、

> 私たち神職は毎日五人づつが交替で斎館にこもり、その内四人は前日から斎戒して一夜を静かに過ごした上で、翌日は朝の大御饌と夕の大御饌を、このご殿に昇ってお供えし、大御代のみ栄えと天下の豊饒繁栄をお祈りしている。

と述べられ、[105]また『伊勢神宮』「二　高倉山のふもと　ミケツカミ」では、

何ごとの災害もなく、人々の情緒も安定した、そういう平安の中にこそ豊作という仕合せも生み出され、神々も悦んで御食をお受け下さったにちがいない。豊作貧乏であってはならない。真の豊年とはこの国の大神さまにご安心いただける世の中にほかならない。そのような世を乞い求める政の頂点は、ひたぶるな神祭りとして表現される。（略）そこで天皇は丹波の国から豊受大神をこの度会の山田原にお迎えし、宮をたてて祭らせ給うた。

当時、度会の大神主は大御神を外の宮において朝夕にお祭り申しあげていたのであるが、そこに大御神の御食の神、御食料の守護神を新らたにお迎えして、まことの豊年をさらにさらに祈ることになったのである。

と説かれた。[106]つまり〈大御代のみ栄えと天下の豊饒繁栄＝平安（豊作）の世を祈る〉ことにあるとされたのである。それから、所功氏は『伊勢の神宮』「二　鎮座の由来―どういう神さまが、いつ祀られたか―　神を仰ぐ心」において、

以上が〝日別朝夕大御饌祭〟の大要である。何と鄭重な、何と人間くさい祭であらうか、いふまでもなく、水も塩も米も、われわれの日常生活に不可欠の食物である。それは古代から現代まで、そして将来も基本的に変はることはないであらう。しかも、それは一週間まとめて食べたり止めたりするものではない。必ず毎日二度か三度（古代上代は朝夕二食、中世以降は三食が多い）、誰もが口にせねばならない生命保持のエネルギ

ー源である。（略）我々が毎日御飯を頂いて生命を保持し躍動させてゐるやうに、神さまも毎日御飯を差し上げることによって、神威〈生命と威徳〉を更新し発揚されるであらう、といふ信仰から、朝な夕な神饌を供進するやうになったのではないか。それは、神恩感謝といふだけでなくて、さらに積極的な神威を仰がうとする日々の祈りに他ならない。

と論じられ、[107]則ち〈神威〈生命と威徳〉の更新を仰ぐ〉ことに求められたのであった。次いで、矢野憲一氏は『伊勢神宮の衣食住』「第二章　食　お米のまつり—種下しとお田植」で、常典御饌を含めた神宮祭祀の意義を

神宮の祭りの主旨はと聞かれたら「聖寿の万歳とお米が豊作であるように祈る」といってよかろう。

と記され、[108]〈聖寿の万歳とお米の豊作を祈る〉こととされた。これら三者の見解が祭祀上果たしていい得るのかどうかを検証すべく、常典御饌奏上祝詞と祭祀空間の二つの側面に焦点を充てて、常典御饌の意義を考察したい。

1　常典御饌奏上祝詞

あらゆる祭りの意義を考察する場合、必ず基調に据えて考えなければならないのは、いうまでもなくその祭りで奏上される祝詞である。いかに祝詞にその祭りの主旨や祈念等が込められているかは重要である。故に常典御饌で実際にどのような祝詞が歴史的に奏上されてきたかを列挙し、その比較分析から常典御饌の有する一貫した趣旨や精神等を導き出し常典御饌の意義を確かめてみたいと思う。比較する祝詞は、①『御饌殿事類鈔』所収祝

詞[109]と②『常典御饌奉仕次第』所収祝詞[110]〈明治御改正以前〉、また③『外宮常奠御饌奉仕式』所収祝詞[111]〈明治四～五年〉と④『神宮明治祭式』所収祝詞[112]〈明治五年以降〉である。

(1)『御饌殿事類鈔』所収祝詞

Ⅰ「大司常長記」所載祝詞

大司常長ノ記ニ云ク。

オ一　ハツオ《初穂穎》ノ神ノユ《由》　カンモノトウ《加物等》【ハ御膳ノ後也。石ツホニテ。】

エ一　御膳無為《異》ホウシテ《奉仕》。キサン《帰参》ノカタチ《状》ヲ。モロ〱《諸》ニメクミタマ《恵賜》ヘト申ス。

ウ一　【八度拝ノ後。】アメスヘラミカト《天皇朝廷》ウコキ《動》ナク《無》。トキハカキハ《常磐堅磐》ニメクミ《恵》サキハヒ《幸》タマ《賜》ヘ。モヽノ司《百官》ニツカフマツル《仕奉》ヒトヽモ《人等》。天下四方ノ國ノ御タカラ《人民》ニイタル《至》マテ。ナカク《長》。タイラケク《平》。ヤスラケク《安》。シロシメセ《知看》ト申。

又云

ア一　タノミケホウチウ《御饌奉仕》アイクシテ《相具》。サンキン《参勤》ノカタチ《状》ヲメクミ《恵》給ヘト申。

オ一　ハツ《初穂》ノ神ノユカニモノ《由加物》等〱〱。〔ウンシチヤウ〱〱〱〱〱〱。〕

イ一　タノミケホウシノタメ《御饌奉仕為》。禰宜荒木田敷度會敷神主名乗。サンキン《参勤》ノカタチ《状》ニモ。カタノコトク《如此》申テマイラ《参》スル。シチ《四至》ノ神タチ《等》ニモ。如此シロシメセ《知看》ト申。

ウ　アメスヘラミカト《天皇朝廷》ウコキ《動》ナク《無》。トキハカキハ《常磐堅磐》ハメテタシ。サキワ《幸》ヘ給ヘト申。ヒトヽモ《人等》。天下四方國ヲンタカラ《人民》ニイタルマテ《至迄》。タヒラケク《平》。ヤスラケク《安》。シロシメセ《知看》ト申。

〔アンハンウン。トリイ。クウカイ。〕

又云

ア　一　夕《ユウヘ》ノミケホウチ《御饌奉仕》ヲアイク《相具》シテ、サンキン《参勤》ノカタチ《状》ヲ、メクミ《恵》サキハイ《幸》タマ《給》ヘト申。

オ　ハツ《初穂》ノ神ユカニモノ《由加物》等〱〱。〔ウンシチヤウ〱〱〱〱〱〱。〕

イ　一　夕ノミケホウシ《御饌奉仕》ノタメ《為》。禰宜氏何神主名乗。サンキン《参勤》ノカタチ《状》ニモ。カタノコトク《如此》申シテ。マイ《参》ラスルシチ《四至》ノ神タチ《等》ニモ。如此シロシメセ《知看》ト申。

ウ　アメスヘラミカト《天皇朝廷》ウコキナク《動無》。トキハカキハ《常磐堅磐》メテタシ。サキハ《幸》ヘ玉《賜》ヘト申。ヒトヽ《人等》モ。天下四方國ノヲンタカラ《人民》ニイタル《至》マテ《迄》。タイラケク《平》。ヤスラケク《安》。シロシメセ《知看》ト申。

〔アンハンウン。トリヰ。クウカイ。〕

Ⅱ「與村弘正集録」所載祝詞

與村弘正ノ集録ニ云ク。御膳奉仕之次第。

ア　一　年號月日名乗。子良物忌乎相具志。参勤乃形乎。平久聞召止申。

オ　ハツヲノカミノユカンモノトウ。

警蹕。

東之御殿ニテハ　三聲半也。

西之御殿ニテハ　七聲半也。

〔ウンシチヤウ。〕

イ　【御シタノ石壺ニテノ告刀ト。イヤトノヽ前ニテノ告刀同シ。】

ウ　アメスヘラミカト。トキハカキハニシテ。メクミサキハイタマヒ。モヽノツカサニイタルマテ。ナカクタイラケクキコシメセト申。

天皇朝廷常磐堅磐ニシテ恤幸給ヒ。百官ニ至マテ。長ク平ク聞召ト申。

エ　御膳無為仁奉仕シテ。參勤乃形乎平久聞召ト申。

拍手。朝廷寶基。国家幸甚。

Ⅲ「石崎文雅手録」所載祝詞

石崎文雅ノ手録ニ云ク。

ア【御饌ノ詔刀。自二忌火屋殿一御机出ス之詔刀。】

謹請再拜々々。年號干支月日。今乃時乎以天。二所皇大神宮朝乃夕乃御饌奉仕乃為仁。權禰宜位階度會神主名乘參勤乃形於。平介久安介久知志食止申須。

イ【御饌殿著座之詔刀。】

【内宮巽ノ方ニ向ヒ。】　謹請再拜々々。年號干支月日。今乃時乎以天。天照坐皇大神朝乃夕乃御饌奉仕乃為仁。權禰宜位階度會神主名乘。禰宜物忌等相供志天。參勤乃形於。平介久知志食止申須。

ウ【外宮坤ノ方ニ向ヒ。】　謹請再拜々々。年號干支月日。今乃時乎以天。天照坐豊受皇大神朝乃夕乃御饌奉仕乃為仁。權禰宜位階度會神主名乘。禰宜物忌等相供志天。參勤乃形於。平介久知志食止申須。

エ　相殿乃神達仁毛如是申天進良須留。四至乃神達毛知志食止申須。

オ【内宮巽ノ方ニ向ヒ。】　天皇朝廷無動。常磐堅磐仁。守利幸比給比。百官仁奉仕留人等。天下四□(方カ)乃國乃百姓仁至留萬天。平介久慈禮美給倍止申須。

カ【御鎰打天後詔刀。】　謹請再拜々々。年號干支。今乃時乎以天。二所皇大神朝乃夕乃御饌無異奉仕志天。帰參乃形於。平介久知志食止申須。

Ⅳ「元文四年大物忌父貞紀神拝記」所載祝詞

元文四年大物忌父貞紀神拝記云、

ア　【自二忌火屋殿一御膳御机出詔刀、】
謹請再拝々々、年號月日、今乃時於以、二所皇太神朝夕御饌奉仕乃為仁、権禰宜従五位上度會神主、參勤乃形於平久安久知食止申須。

イ　【御饌御下着座詔刀、】
【巽方ニ向テ、】謹請再拝々々、年號月日、今乃時於以、天照坐皇太神朝夕御饌奉仕乃為仁、御鹽焼物忌父、禰宜、物忌等、相供志天、參勤乃形於、平久安久知食止申須、

ウ　【次坤ノ方ニ向テ拝、】謹請再拝々々、年號月日、今乃時於以、天照坐豊受皇太神朝夕御饌奉仕乃為仁、御鹽焼物忌父、度會禰宜、物忌等、相供志天參勤乃形於、平久安久知食止申須。

エ　相殿乃神達仁毛如是申天進良須留、四至乃神達毛知食止申須。

オ　【次大子良殿ヨリ下着座、于時巽方ニ向天神拝。】天皇朝廷無動常磐堅磐仁守利幸比給比、百乃官仁奉仕留人等、天下四方乃國乃百姓仁至留萬天、平介久慈禮美給倍止申須。

カ　【次坤方ニ向テ詔刀同上、】天皇朝廷無動（中略）

キ　【御鑰ヲ納メテ後詔刀、】謹請再拝々々、年號月日、今乃時乎以、二所皇太神朝夕御饌無異奉仕志天帰參乃形於、平久安久知食止申須。

(2)

『常典御饌奉仕次第』所収祝詞〈明治御改正以前〉

ア　年号月日今乃時乎以二所皇大神乃朝乃夕御饌奉仕為尓職位姓名參勤状乎平介久安介久所聞食世止啓須

イ　年号月日今乃時乎以職位姓名　天照坐皇大神乃朝乃夕御饌禰宜物忌父相供尓奉仕状乎平介久安介久所知食止啓須

ウ　年号月日今乃時乎以職位姓名　天照坐豊受大神乃朝乃夕御饌禰宜物忌父相供尓奉仕状乎平介久安介久所知食止啓須

エ　相殿尓坐神等尓毛如此申弖進須四至乃神等尓毛所知食止啓須

オ　天皇朝廷無動堅磐尓常磐尓守幸給比百官尓仕奉留人等天下四方國乃百姓尓至万弖毛平久安久慈美給閇止申須

カ　同上

キ　相殿尓坐神等毛此状乎慈美給閇止申須

ク　年号月日今乃時乎以二所皇大神乃朝乃夕御饌無異奉仕弖帰參状乎平介久安介久所聞食世止啓須

(3)　『外宮常奠御饌奉仕式』所収祝詞〈明治四～五年〉

ア　ハツホノカミノユカンモノトウ

イ　掛巻毛恐伎天照坐皇大神豊受大神乃大御前乎慎美敬比恐美恐美毛白給久常毛進留今年何月幾日乃朝乃夕大御食大御酒大御贄等乎横山乃如久置足波志弖奉留状乎平気久安気久聞食氏天皇我御命尓坐世大御壽乎手長乃大御壽止湯津磐村乃如久常磐堅磐尓伊賀志御世尓幸倍給比阿礼坐皇子等乎毛恵給比百官人等天下四方國乃百姓尓至万氏長久安久作食留五穀乎毛豊尓令栄給比護恕美幸給閇止恐美恐美毛白給久白須

ウ　相殿尓坐神別宮尓坐神等尓毛同状乎平気久安気久聞食給閇止白須

(4)　『神宮明治祭式』所収祝詞〈明治五年以降〉

ア　【皇大神宮幷相殿神・九所別宮日別朝夕大御饌祝詞】

度會乃宇治乃五十鈴乃川上乃下津磐根尓大宮柱太敷立高天原尓千木高知弖皇御孫命乃称辞竟奉留挂万久毛畏伎天照座皇大神乃巌乃神床乃大御前乎慎敬比恐美恐美毛白左久皇大神乃大御意登志弖泊瀬乃朝倉宮尓天下所知食志皇御孫命乃大御夢尓吾一所耳座世波甚苦志然乃美奈良須大御饌毛安久所聞食左須座故尓丹波國比治乃真奈井原尓座須我御饌都神豊受大神乎我許尓欲登教悟志給志任尓比乃山田原尓大神乃宮造利齋奉弖皇大神乃大御食仕奉伎故今毛去前毛日別尓仕奉留今日乃朝乃大御食大御酒海川山野乃種種乃物乎置足波志弖進留状乎平介久安介久所聞食弖皇御孫命乃

御命尓座世大御壽乎手長乃大御壽登湯津磐村乃如久常磐尓堅磐尓齋奉利伊賀志御代尓幸給比阿礼座左牟皇子等乎毛恵給比百官人等天下四方國乃公民尓至万弖長久平介久護恵美幸給比作食留五穀乎毛豊尓栄志米給倍登恐美恐美毛申須

イ　又相殿尓座須大神別宮尓座須九所乃大神尓毛大御食大御酒進良久乎平介久安介久所聞食弖護恵美幸給倍登恐美恐美毛申須

ウ　【豐受宮幷相殿神・四所別宮祝詞】

度會乃山田原乃下津磐根尓大宮柱太敷立高天原尓千木高知弖皇御孫命乃称辞竟奉留挂万久毛畏伎豐受大神乃巖乃神床乃御前尓恐美恐美毛白左久天照座皇大神乃大御心登志弖泊瀬乃朝倉宮尓天下所知食志皇御孫命乃大御夢尓教悟志給志任尓此乃山田原尓大神乃宮造利齋奉弖皇大神乃大御食仕奉伎故今毛去前毛日別尓仕奉留相嘗乃今日乃朝乃大御食大御酒海川山野乃種種乃物乎置足波志弖進留状乎平介久安介久所聞食弖皇御孫命乃御命尓座世大御壽乎手長乃大御壽登湯津磐村乃如久常磐尓堅磐尓齋奉利伊賀志御代尓幸給比阿礼座左牟皇子等乎毛恵給比百官人等天下四方國乃公民尓至万弖長久平介久護恵美幸給比作食留五穀乎毛豊尓栄志米給倍登恐美恐美毛申須

エ　又相殿尓座須大神別宮尓座須四所乃大神尓毛大御食大御酒進良久乎平介久安介久所聞食弖護恵美幸給倍登恐美恐美毛申須

同夕大御饌祝詞

朝大御饌ノ祝詞ニ同シ、但朝ヲ夕ニ作ル

〈付　記〉

★右に列挙した諸祝詞の付記号・番号・括弧、改行等は筆者が行う。

【　】は祝詞奏上の時や祭場、または作法や祭祀対象等を表す。

〔　〕の部分については、清直が『御饌殿事類鈔』「行事」項において、既に「按スルニ、アンハンウン等ノ梵語ヲ唱フル事ハ両部神道家ノ所為ナリ。サルハ僧空海ノ所傳ナルヲ、礒部在地ノ権禰宜鳥居匡興ヨリ習傳ストイフ意ヲ以テ、アンハンウントリキクウカイ、ト註セシナルヘシ。匡興薙髪シテ吉叟又道祥トイフ。應永頃ノ人ナリ。其レヨリ後ノ附會論スルニ足ラス。」と述べており、[113] 阪本健一氏もこの指摘を引用して「附会はとり払はなければならない。」[114]としている。

☆(1)Ⅲの「石崎文雅手録」所載祝詞並びに(1)Ⅳの「元文四年大物忌父貞紀神拝記」所載祝詞では、常典御饌の祝詞奏上を権禰宜が勤めているが、『御饌殿事類鈔』「行事」で、「権禰宜云々、禰宜、物忌等相供シテトアルヲ以テ、禰宜ノ所申ニアラサル事見ルヘシ。然シテ権禰宜詔刀申ス式アル事ナシ。大物忌父、禰宜ト同ク申スト謂ヘリ。後世ノ流弊ナリ。サレト禰宜ノ所申ニ参考スヘシ。」と論じたように、[115] 禰宜が常典御饌の祝詞奏上を勤めるのが本義であろう。

そして、この列挙した祝詞を奏上する祭場を以て一覧表にすると左の如く示される。

	〈明治御改正以前〉	〈明治四～五年〉	〈明治五年以降〉
A	於祓所石壺禰宜参勤祝詞奏上 (1)Ⅰア・(オ)、(1)Ⅱア・(オ)、(1)Ⅲア、(1)Ⅳア、(2)ア	於祓所石壺禰宜参勤祝詞奏上 (3)ア	
B	於御饌殿前禰宜御饌供進祝詞奏上 (1)Ⅰイ、(1)Ⅱイ、(1)Ⅲイ・ウ・エ、(1)Ⅳイ・ウ・エ、(2)イ・ウ・エ		
C	於御饌殿前禰宜祈念祝詞奏上 (1)Ⅰウ、(1)Ⅱウ、(1)Ⅲオ、(1)Ⅳオ・カ、(2)オ・カ・キ	於御饌殿前禰宜祝詞奏上 (3)イ・ウ	於御饌殿前禰宜祝詞奏上 (4)ア・イ、(4)ウ・エ
D	於祓所石壺禰宜帰着祝詞奏上 (1)Ⅰエ・(オ)、(1)Ⅱエ、(1)Ⅲカ、(1)Ⅳキ、(2)ク		

右表より看取される主な特徴としては、

1、祓所で奏上されてきた〈明治御改正以前〉の参勤・帰着祝詞のA・Dは、〈明治四～五年〉Aの参勤に限って奏上されることとなり、その祝詞(3)アは(1)Ⅰオや(1)Ⅱオと同じ詞が用いられ、やがて〈明治五年以降〉には消滅したこと

2、御饌殿前で二度に分けて奏上されてきた〈明治御改正以前〉のB（御饌供進祝詞）とC（祈念祝詞）が、〈明治四～五年〉以後は一本化した祝詞に纏められ一度で奏上されることとなり、また、〈明治御改正以前〉のBでは、まさしく御饌殿内の大物忌の御饌奉奠にあわせて殿外庭上で禰宜が「參勤乃形於。平介久知志食止申須。」(1)Ⅲイ・ウ）や「奉仕状乎平介久安介久所知食止啓須」(2)イ・ウ）と奏上したように「參勤乃形」「奉仕状」という行為を指す短い詞を以て御饌供進のすべてを表現していたが、〈明治四～五年〉には(3)イに「大御食大御酒大御贄等乎横山乃如久置足波志弖奉留状乎平気久安気久聞食弖」とある御饌供進について具体的且つ直接的な表現法が使用され、〈明治五年以降〉も踏襲され現在に至っていること

3、御饌殿前で奏上された〈明治御改正以前〉のB・Cにおいては、各御祭神ごとに分けて別々に祝詞奏上が行われていたが、〈明治四～五年〉のCでは、天照大御神と豊受大御神の奏上祝詞を一本に纏めると共に(3)イ)、両宮相殿神及び諸別宮奏上祝詞を一本化して(3)ウ)、計二本の祝詞奏上がなされた。しかしながらそれが見直されて、〈明治五年以降〉のCにおいて、天照大御神奏上祝詞(4)ア）と内宮相殿神及び内宮諸別宮奏上祝詞(4)イ)、豊受大御神奏上祝詞(4)ウ）と外宮相殿神及び外宮諸別宮奏上祝詞(4)エ）の計四本の祝詞が奏上されることとなったこと

4、(4)ア・ウにおいて、豊受大御神の外宮鎮座と常典御饌祭祀の起源を物語る『止由氣宮儀式帳』の冒頭記事が記載されたこと

の四点が挙げられよう。

このように常典御饌の祝詞については、歴史的に奏上する場所や仕法、或いは本数等には多少の変更は認められるものの、決してその趣旨や精神は変わることなく、次に提示する二つの構成要素を以て一貫して奉仕されてきたと思われる。一つ目の要素は、御饌殿前で禰宜が奏上した、〈明治御改正以前〉のBにある御饌供進祝詞と〈明治四～五年〉のCにある⑶イ・ウ、及び〈明治五年以降〉のCにある⑷ア・イ・ウ・エの祝詞等から窺われるように、大御神に日々御饌を供進してご神威の更新を請いまつることである。これは櫻井氏が『伊勢神宮の祖型と展開』「第三　伊勢神宮の原像、三　礒宮と外つ宮」の項において、

> ひるがえって考えてみると、皇祖神への奉仕に万全を期するというのであれば、それは天皇に対する朝夕の供御に相当する供膳を一日たりとも欠かすことはできないが、そのようなことは斎宮に如何ほどの官人を揃えようとも不可能である。そのためには地域に根をおろした、しかも真に信頼するに足る、実力ある集団に委任しなければなるまい。斎宮とその外つ宮を何処に定めるかについては、〝常世の浪〟の打ち寄せる国という理想の実現を期して、豊饒な稲作地帯を擁し、山海の物産や所要の夫役をも確実に調達するほどの態勢を保有する集団に俟たなくてはならない。そうした要件を充たす地がこの度会の国であり、その集団が磯部であったと考えられる。
>
> （傍点筆者付す）

と述べられたことに[116]繋がるものであろう。そして、その上で二つ目の要素として、これも御饌殿前で禰宜が奏上した、〈明治御改正以前〉のCにある祈念祝詞と〈明治四～五年〉のCにある⑶イ・ウ、及び〈明治五年以降〉

のCにある(4)ア・ウの祝詞等から窺われるように、聖寿の万歳と天下の泰平とがひたすら祈念されることである。この祈念こそは『止由氣宮儀式帳』「供奉職掌禰宜内人物忌等年中雑行事」條中の「禰宜」項に、

率《ヰテ》二諸内人等《モロモロノウチビトラヲ》一、聖朝廷《スメラミカド》常磐《トキハ》堅磐《カキハ》爾令《ニシメ》二大《オホ》御坐《マサ》一、天下《アメノシタ》令《シメ》レ有《ナラ》二泰平《タヒラカ》一止祈《トノミ》申《マヲス》。

とあり、(117) また、清直が『御饌殿事類鈔』「御飯」「行事」の両項で引用した『大同供奉神事本記』記載の祝詞に、

朝廷天皇常石堅石爾護幸ヘ奉リ賜比。百官爾仕奉ル人。及天下ノ四方ノ國ノ人民。平爾愍ミ給ヘ止申シ拝ミ奉ル。

と見られるように、(118) 常典御饌の一貫した趣旨であり、神宮創祀以来不変の精神である。以上、祝詞の検討を通じて考察された常典御饌の意義というのは、大御神に日々御饌を供進しご神威の更新を請いまつり、聖寿の万歳と天下の泰平とをひたすら祈念するところに歴史を通撤した意義のあることが確認されたと思う。従って、先に挙げた櫻井氏の〈大御代のみ栄えと天下の豊饒繁栄＝平安（豊作）の世を祈る〉・所氏の〈神威〈生命と威徳〉の更新を仰ぐ〉・矢野氏の〈聖寿の万歳とお米の豊作を祈る〉とされた見解はすべて認めて良いであろう。神宮祭祀はよく〝天皇祭祀〟といわれるが、常典御饌奏上祝詞の検討からしても、先述したように常典御饌は〝日別斎行される天皇祭祀の実践〟と称しても差し支えないといえよう。

2 祭祀空間

常典御饌はこれまで一般的には、一年三百六十五日、一日も間断することなく日に二度(平安時代まで通常一

日二食)、我々が食物を摂取して生命を繋いでいくのと同じく、天照大御神に朝夕の御饌を供進しご神威を更新していただくことに主願があるとされてきた。所謂、一般の神社でいう御日供である。しかし、常典御饌を単に御日供に相当する祭祀とだけ理解することに留めて良いものであろうか。私見によるともちろん御日供という観念は当然是認して良いと思われるが、それだけでなく別の重要な意義も潜んでいるものと見られる。それを常典御饌が有する時間的な祭祀空間から考えてみよう。民俗学者の柳田國男氏は『日本の祭』「祭から祭礼へ　六」において、

我々日本人の昔の一日が、今日の午後六時ごろ、いわゆる夕日のくだちから始まっていたことはもう多くの学者が説いている。それゆえに今なら一昨晩というところを「きのうのばん」という語が全国に残り、また十二月晦日《みそか》の夕飯を、年越しとも年取りともいっているのである。我々の祭の日もその日の境、すなわち今なら前日という日の夕御饌(ユウミケ)から始めて、次の朝御饌(アサミケ)をもって完成したのであった。ひるという食事は、もとは屋外だけに限られていたようである。つまりこの夕から朝までの間の一夜が、我々の祭の大切な部分であって、主として屋内において、庭には庭燎《かがりび》を焚《た》いて奉仕せられたのであった。夜半の零時をもって一日の境と考え、または一日は旭《あさひ》の登るときから、もしくは東の空の白む時から始まるというふうな考え方が行なわれて、自然にこれを二日つづきの式のように解する人が多くなったのは、これもまた大きな変遷であった。それでもいわゆる宵宮の方が重いもののごとく、感じている年寄りもまだ多いのだが、とにかくに二日の祭だと思うために、二度参ればよいこととして、晩に参って帰って来て、もう寝間着を着て寝てしまうのがあたりまえになってきた。そうして御籠《おこも》りまたは参籠《さんろう》という言葉が、もはや田舎でしか使われぬようになっている。

（略）

この夜分を主にした祭の式は、捜せば民間にもまだ多いのであるが、宮中の御祭儀にも明らかに伝わっている。御一代御一度の大嘗祭は申すに及ばず、年々の秋の稔《みの》りの後の新嘗《にいなめ》のお祭、または冬の終わりに近く執り行なわせられる御《お》神楽《かぐら》もこれであった。内外の官吏は今も各班一人ずつの代表を立ててこれに参列する。夕の御饌《みけ》が終わってから、一同は参集殿に退出して起き明かすので、その際は彼らにも酒食をくだされる。それから再び朝日の豊《とよ》さか昇りの時刻になって、また朝の御饌のお祭に参列するのである。この昔ゆかしい御作法は、今のような忙しい時世になるとよほど守りにくい。それで畏《おそ》れ多いことだが、夕御饌の時刻をずっと遅くすると共に、一方朝の御式を未明まで引き上げて、その間の時間が今はよほど短くなっている。それがよいとか悪いとかいうことを、私は論じようとするのではない。古い祭の式は一般に、この夕朝二度の供饌の続きであって、諸人は清まわった装束のままで、夜どおし奉仕するのが「日本の祭」であった。

と論じたが、(119) このような柳田氏の指摘は常典御饌に内在する意義を考察する場合、我々に重要な示唆を与えてくれる。つまり、古い祭祀の形態は普通、夕朝二度の供饌であり、祭祀的時間の流れにおける一日の捉え方が、現代人は一日は朝方にはじまり夕方におわるという昼を中心にして捉えがちだが、少なくとも近代以前はそれとは全く逆の夕方にはじまり朝方に一日がおわるという夜を中心としていたと見た方が良いということである。それでは、実際の常典御饌における奉仕者の年中の勤番配分はいかなるものであったのか確認してみよう。『常典御饌奉仕次第』「職掌」の項には、

禰　宜

正禰宜十員一ケ月ヲ十分シ三日斎戒シテ後、斎館ニ宿シ交代ス、勤仕順如レ左

一　日夕御饌ヨリ　三　日朝御饌ニ至ル　一禰宜
三　日夕御饌ヨリ　五　日朝御饌ニ至ル　二禰宜
五　日夕御饌ヨリ　八　日朝御饌ニ至ル　三禰宜
八　日夕御饌ヨリ　十一日朝御饌ニ至ル　四禰宜
十一日夕御饌ヨリ　十四日朝御饌ニ至ル　五禰宜
十四日夕御饌ヨリ　十七日朝御饌ニ至ル　六禰宜
十七日夕御饌ヨリ　廿一日朝御饌ニ至ル　七禰宜
廿一日夕御饌ヨリ　廿四日朝御饌ニ至ル　八禰宜
廿四日夕御饌ヨリ　廿七日朝御饌ニ至ル　九禰宜
廿七日夕御饌ヨリ　翌月一日朝御饌ニ至ル　十禰宜

物忌子良

大物忌ノ子良ナリ、度會姓ノ童女ヲ取ル若荒木田姓ノ童女ヲ採ルトキハ、度會氏ノ猶子トシ補ス、六歳ヨリ十二・三歳ニ至ルヲ奉職ノ期トシ、天癸下ラサル内ニ解任ス

物忌父

合十六員　大物忌父　三員　同副物忌　三員
御炊物忌父　三員　同上　二員
御塩焼物忌父　三員　同上　二員

月別三分シ上番・中番・下番トス、則一旬ヲ期トス、故ニ三色ノ父各一員充、副ハ職ヲ不レ論シテ漸次交番ス、前二日ノ潔斎シ十ノ日参篭シ、一ノ日大祓ヲ修シ退館ス

とあり、[120]『外宮子良館祭奠式』正月元日・三日・五日・七日・十一日・十四日・十五日・二十一日の条には、

〈元日〉自二今日ノ夕御饌一至マテ二十一日ノ朝御饌ニ一勤仕ノ物忌ノ父ハ、大物忌父一臈、御炊物忌ノ父ノ一座、御鹽焼物忌ノ父ノ一座、副物忌ノ一座、已上四人、謂フ二之ヲ上番ト一、

〈三日〉自リ二今日ノ夕御饌一至二五日ノ朝ノ御饌ニ一二ノ禰宜ノ勤番也《ナリ》、

〈五日〉自二五日ノ夕御饌一至ルマテ二八日ノ朝ノ御饌ニ一三ノ禰宜勤番也、

〈七日〉自二八日ノ夕御饌一至ルマテ二十一日ノ朝御饌ニ一四ノ禰宜勤番也、

〈十一日〉自二十一日ノ夕御饌一至ルマテ二二十一日ノ朝御饌ニ一勤仕ノ物忌父、大物忌父ノ二臈、御炊物忌ノ父ノ二座、御鹽焼物忌ノ父ノ二座、副物忌一人、已上四人、謂フ二之ヲ中番ト一、

自二十一日ノ夕御饌一至二十四日ノ朝御饌ニ一五ノ禰宜勤番也、

〈十四日〉自二十四日ノ夕御饌一至ルマテ二十七日ノ朝御饌ニ一六ノ禰宜ノ勤番也、

〈十五日〉自二十七日ノ夕御饌一至ルマテ二二十一日ノ朝御饌ニ一七ノ禰宜勤番也、

〈二十一日〉自二二十一日夕ノ御饌一至ルマテ二二十四日朝ノ御饌ニ一八ノ禰宜勤番也、

自二二十一日ノ夕御饌一至マテ二二月朔日ノ朝ノ御饌ニ一勤番物忌ノ父者《ハ》、大物忌ノ父ノ三臈、御炊物忌ノ父ノ三座、御鹽焼物忌ノ父ノ三座、副ノ物忌ノ一人、已上四人、謂フ二之ヲ下番ト一、

自二二十四日ノ夕ノ御饌一至ルマテ二二十七日ノ朝ノ御饌ニ一九ノ禰宜ノ勤番也、

自二二十七日ノ夕ノ御饌一至二ルマテ二月朔日ノ朝ノ御饌一十ノ禰宜勤番也、禰宜毎月分番皆如二正月一、故自二二月一已下置而不レ記、

と記されて[121]、奉仕者（禰宜・大物忌父等）にとっては夕朝の順番が基調となっており、常典御饌奉仕の一日の時間の捉え方と年中に関しての解釈が、明治以降の昼を中心とした時間の捉え方である朝夕の順番で常典御饌を斎行することにより一日が完了し、それを年中繰り返し継続していくという現代的解釈では不充分であって、本来は夜を中心にして日別夕朝に常典御饌を執行し、それを年中にわたって日々連結し維持していくことにこそ、常典御饌斎行の時間的な本義があったものと見られる。

ところで、常典御饌の行事次第を念頭に置いた神嘗祭由貴大御饌の特徴としては左の四点が指摘できよう。

1、亥刻の由貴夕大御饌と丑刻の由貴朝大御饌の同一祭祀を二度繰り返し執行すること（柳田氏が論じた大嘗祭・新嘗祭も同じ）

2、由貴大御饌供進の主体者は、内宮・外宮共に大物忌であること

3、由貴大御饌における祝詞奏上について、内宮は大物忌父一臈が勤め、外宮は一禰宜が勤めたこと

4、御正殿に鎮まる大御神及び相殿神に由貴大御饌が供進される際に、内宮では御正殿を取り囲む正宮最奥の垣根である瑞垣自体（外宮の場合は瑞垣御門に集約か）にも散供形式で御饌の供進がなされること（≒四至神祭祀）

また、神嘗祭奉幣や遷御において、大物忌が御正殿開扉にあたって手《て》付初《つけぞめ》奉仕という重大な責務を果たしてきたことを『皇太神宮儀式帳』はじめ種々の神宮年中行事記等に散見していることが確かめられる。

これら筆者が指摘した神嘗祭由貴大御饌及び奉幣の特徴と常典御饌の行事次第が有する特徴の類似点を比較すると、次表のようになる。

神嘗祭	常典御饌
由貴夕大御饌 由貴朝大御饌　の同一祭祀を二度繰り返す	日別夕御饌 日別朝御饌　の同一祭祀を二度繰り返す
大御饌供進の主体は大物忌	御饌供進の主体は大物忌
大物忌父一臈（内宮） 一禰宜（外宮）　祝詞奏上	禰宜祝詞奏上
瑞垣に散供形式で御饌供進（并四至神祭祀）	散飯供進（并四至神祭祀）
大物忌御正御扉開扉の手付初（奉幣・遷御）	大物忌御饌殿御扉の開閉扉

この比較表より、大凡、常典御饌の行事次第が有する特徴には神嘗祭由貴大御饌及び奉幣が有する特徴にほぼ整合性のあることが窺われる。このことは常典御饌の規模が当然神嘗祭に比して小さいながらも祭祀上、神嘗祭の特徴をよく含有しているといえよう。

このように常典御饌を捉えることができるならば、中川経雅が『儀式解』巻第十一御形新宮遷奉時儀式行事中の「即禰宜率二諸内人等一湯貴供奉」の注解で、

既にいひしごとく大御神遷宮ノ式日は九月十六日なり。毎歳由貴ノ御饌供ヘ進も九月十六日なり。六月十二月十六日にも供進す。仍て遷御畢て例の由貴ノ御饌を供ヘ奉る。今日新穀の御饌奉る日なるによりて、今日を遷御の式日と定メしな

り。遷御式日は由貴御饌を奉つる日より定む。その御饌を今日奉るは、明十七日鎮坐日なるに因《ヨリ》たるなり。御饌式日は御鎮坐日より定む。十六日新宮に遷し奉り、即御饌を供ッり、翌鎮坐の日神嘗ノ幣帛奉らると見ゆ。

と論じた見解は大変重視されよう。(122) つまり、二十年に一度執り行われる式年遷宮の遷御儀斎行の式日は毎年新穀を奉る神嘗祭由貴大御饌供進の式日より定められ、その由貴大御饌供進の式日は天照大御神の伊勢鎮座の日に基づいて定められたとしたのであった。この見解の詰まるところは、遷御の理念を除外して考えると、神嘗祭由貴大御饌というのは、約二千年前の天照大御神の伊勢鎮座を再演すべく毎年繰り返し斎行するという理念が込められた古式ゆかしい祭祀とも理解できるあろう。

そこで、常典御饌は日々斎行されるので神嘗祭由貴大御饌供進で使用される新穀という観念だけを取り外し、この経雅の見解を神嘗祭の特徴を含有する常典御饌に応用するならば、日別執行される常典御饌の祭祀空間は、まさしく遥か千五百年前の雄略天皇の御代に、豊受大御神が丹波の国の比治の真奈井から伊勢の国の度会の山田原に奉遷され外宮が創祀されると共に、御饌殿も新造され常典御饌が斎行されることとなった始原の日を、日々再演する空間であり、そこに常典御饌の意義が潜んでいると思考される。このことが一般神社の御日供に留まらない常典御饌の重要な意義の一つではないだろうか。この意義を象徴するかのように、『神宮明治祭式』における皇大神宮日別朝夕大御饌（常典御饌）で奏上された「皇大神宮日別朝夕大御饌祝詞」と「豊受宮日別朝夕大御饌祝詞」の冒頭部には、『止由氣宮儀式帳』「等由氣大神宮院雑行事」條の始めに記載される、豊受大御神の伊勢鎮座（外宮の創祀）と御饌殿で執り行われる常典御饌の起源伝承を物語る、

天照坐皇大神《アマテラシマシマススメオホミカミ》、始巻向玉城宮御宇天皇御世《ハジメマキムクノタマキノミヤニアメノシタシロシメシヽスメラミコトノミヨ》、國國處處《クニグニトコロドコロニ》太宮處求賜時《オホミヤドコロマギタマフトキ》、度會乃宇治乃《ワタラヒノウヂノ》伊須須乃河上爾《イスズノカハラニ》大宮供奉《オホミヤツカヘマツル》。爾時《ソノトキ》、大長谷天皇《オホハツセノスメラミコトノ》御夢爾誨覺賜久《オホミイメニヲシヘサトシタマハク》、吾高天原坐氏見志《アハタカマノハラニマシテミシ》真岐賜志處爾《マギタマヒシトコロニ》志都《シヅ》

真利坐奴《マリマシヌ》。然吾一所耳坐波甚苦《シカレドモアレヒトトコロノミマセバイトクルシ》。加以大御饌毛安不㆓聞食㆒坐故爾《シカノミナラズオホミケモヤスクキコシメサズマスガユヱニ》、丹波國比治乃真奈井爾坐我御《タニハノクニノヒヂノマナヰニマスアガミ》饌都神《ケツカミ》、等由氣大神乎《トユケノオホミカミヲ》、我許欲止誨覺奉支《アガリモガトヲシヘサトシマツリキ》。爾時《ソノトキ》、天皇驚悟賜氐《スメラミコトオドロカシタマヒテ》、即従㆓丹波國㆒令㆓行幸㆒氐《スナハチタニハノクニヨリイデマサシメテ》、度《ワタ》會乃山田原乃下津石根爾宮柱太知立《ラヒノヤマダノハラノシタツイハネニミヤバシラフトシリタテ》、高天原爾比疑高知氐《タカマノハラニヒギタカシリテ》、宮定齋仕奉始支《ミヤサダメイツキツカヘマツリハジメキ》。是以、御饌殿造奉氐《ミケドノツクリマツリテ》、天照坐皇大神乃朝乃大御饌夕乃大御饌乎日別供奉《アマテラシマススメオホミカミノアシタノオホミケユフベノオホミケヲヒゴトニツカヘマツル》。

の文章[123]が、左の如く見事に反映されている。[124]

度會乃宇治乃五十鈴乃川上乃下津磐根尓大宮柱太敷立高天原尓千木高知弖皇御孫命乃称辞竟奉留挂万久毛畏伎天照座皇大神乃巖乃神床乃大御前乎慎敬比恐美恐美毛白左久皇大神乃大御意登志弖泊瀬乃朝倉宮尓天下所知食志皇御孫命乃大御夢尓吾一所耳座世波甚苦志然乃美奈良須大御饌毛安久所聞食左須座故尓丹波國比治乃真奈井原尓座須我御饌都神豊受大神乎我許尓欲登教悟志給志任尓比乃山田原尓大神乃宮造利齋奉弖皇大神乃大御食仕奉伎故今毛去前毛日別尓仕奉留今日乃朝乃大御食大御酒海川山野乃種種乃物乎置足波志弖進留状乎平介久安介久所聞食弖皇御孫命乃御命尓座世大御壽乎手長乃大御壽登湯津磐村乃如久常磐尓堅磐尓齋奉利伊賀志御代尓幸給比阿礼座左牟皇子等乎毛恵給比百官人等天下四方國乃公民尓至万弖長久平介久護恵美幸給比作食留五穀乎毛豊尓栄志米給倍登恐美恐美毛申須

（「皇大神宮日別朝夕大御饌祝詞」）

度會乃山田原乃下津磐根尓大宮柱太敷立高天原尓千木高知弖皇御孫命乃称辞竟奉留挂万久毛畏伎豊受大神乃巖乃神床乃御前尓恐美恐美毛白左久天照座皇大神乃大御心登志弖泊瀬乃朝倉宮尓天下所知食志皇御孫命乃大御夢尓教悟志給志任尓此乃山田原尓大神乃宮造利齋奉弖皇大神乃大御食仕奉伎故今毛去前毛日別尓仕奉留相嘗乃今日乃朝乃大御食大御酒海川山野乃種種乃物乎置足波志弖進留状乎平介久安介久所聞食弖皇御孫命乃御命尓座世大御壽乎手長乃大御壽登湯津磐村乃如久常磐

尓堅磐尓齋奉利伊賀志御代尓幸給比阿礼座左牟皇子等乎毛恵給比百官人等天下四方國乃公民尓至万弖長久平介久護恵美幸給比作食留五穀乎毛豊尓栄志米給倍登恐美恐美毛申須

（「豐受宮日別朝夕大御饌祝詞」）

（傍線筆者付す）

この日々奏上される祝詞の該当文こそ、常典御饌の保有する重要な意義の一つではないだろうか。

六　おわりに

本稿においては、御巫清直の『御饌殿事類鈔』を通して、豊受大御神の外宮鎮座と共に約千五百年にわたって斎行されてきた外宮祭祀の生命線ともいうべき常典御饌について考察し、

1、豊受大神宮（外宮）正宮は御饌殿祭祀、つまり常典御饌より興ったものであり、両宮祭祀の究極とするところは、皇大神宮（内宮）は三節祭、外宮は常典御饌と思考されたこと

2、御饌殿の貴重な建築様式（井楼造）が古制を失わなかったのは、偏に常典御饌が約千五百年にわたって一日の間断もなく執行されてきたことに依拠すること

3、御饌殿の神座の推移について説明し、同殿内の天照大御神と豊受大御神の神座の位置関係は、一貫して「朝夕の御食に食向《みけけむ》かう」相対関係をとっていること

4、御饌殿の装束に関して概略を施し、一年に一度、年々歳々繰り返し行われる御饌殿餝飾行事は、内宮秋の神御衣祭に相当するものであったと推察されること

5、常典御饌で供進される基本神饌である御水・御飯（御米）・御塩と御贄についての沿革や調製、また調理や用途等についても解説をしたこと

6、常典御饌の行事次第は、歴史的に〈明治御改正以前〉〈明治四～五年〉〈明治五年以降〉の三つに区分され、この区分に基づいて「常典御饌行事次第表」を作成して各年代の行事次第項目を比較検討することによって、これまで斎行されてきた常典御饌奉仕の沿革や状況、またその行事次第が有する意味等を明らかにしたこと

7、常典御饌の行事次第には、長い歴史の中で改正や削除を余儀なくされた点等多少の変更も認められたが、その本質的なところは決して変わることなく、〈明治五年以降〉の行事次第である、

Ⅰ禰宜以下参進　Ⅱ修禊　Ⅲ御饌行立　Ⅳ御扉開扉　Ⅴ献饌　Ⅵ禰宜祝詞奏上　Ⅶ八度拝　Ⅷ撤饌（御食下）　Ⅸ御扉閉扉　Ⅹ禰宜以下退下

という十項目をその構成要素として、厳然と斎行されていることが容認されたこと

8、常典御饌の行事次第には、宮中の大嘗祭や新嘗祭の行事次第や作法とも規を一にしている点もあることより、常典御饌は〝日別執り行われる天皇祭祀〟と呼ぶのに相応しい古式ゆかしい祭祀といえると思考されたこと

9、総御饌の特徴の一つとしては御贄（特殊神饌）の供進が挙げられ、また総御饌は神宮祭祀上、内宮瑞垣御門前奉奠の御饌祭以上の位置付けがなされることを論じ、更には度会氏の氏族結束機能を果たす役割も担っていたと考えられたこと

10、これまで常典御饌で奏上されてきた祝詞の検討を通じ、大御神に日々御饌を供進しご神威の更新を請いまつり、聖寿の万歳と天下の泰平とをひたすら祈念するところに歴史を通撤した常典御饌の意義のあることを

確認し、櫻井氏の〈大御代のみ栄えと天下の豊饒繁栄＝平安（豊作）の世を祈る〉や所氏の〈神威〈生命と威徳〉の更新を仰ぐ〉、また矢野氏の〈聖寿の万歳とお米の豊作を祈る〉という常典御饌の意義をめぐる見解等はすべて是認されたこと

11、常典御饌が有する祭祀空間は、まさしく遥か千五百年前の雄略天皇の御代に、豊受大御神が丹波の国の比治の真奈井から伊勢の国の度会の山田原に奉遷された外宮の創祀と御饌殿が新造され常典御饌が開始された始原の日を、日々再演する空間であって、そこに常典御饌の一つの重要な意義が潜んでいると考察されたこと

の十一点を実証できたと思われる。

註

（1）阪本健一氏「神宮の御改革と御饌殿」（『明治維新と神道』所収、七六頁～一〇三頁）。

（2）『御饌殿事類鈔』（明治二十三年五月成業）は、清直既に七十九歳という晩年の述作であり、いわば彼の外宮観と常典御饌論を集大成した書として位置付けられる。その構成は、起源・造制・装束・器具・御飯・御水・御鹽・御贄・行事・恠異の全十項目より成立している。各項目についての史料を関係諸書からそれぞれ類纂し、清直独自の勘案を加えている。外宮祭祀の生命線ともいうべき常典御饌（日別朝夕大御饌祭）の本義や意味をはじめ外宮における御饌殿の存在価値を多角的に深く洞察し、鮮明に浮かび上がらせた好書である。

（3）増補大神宮叢書『神宮神事考證』中篇所収、二・三頁。

（4）『神宮神事考證』前篇所収、三九一・三九二頁。

（5）『神宮神事考證』中篇所収、三～六頁。

（6）阪本廣太郎氏『神宮祭祀概説』所収、二八五・二八六頁。

阪本廣太郎氏が「内宮の所在地がはるか後世の平安朝頃になつても、五十鈴河上流の大山中と考へられたやうに、交通や物資の供給等に制限があった」と論述した根拠となつた、『皇太神宮儀式帳』記載の「天照坐皇大神《アマテラシマスメオホミカミ》。（略）御坐地《オハシマストコロハ》、度會郡宇治里《ワタラヒノコホリウヂノサト》、伊鈴河上之大山中《イスズノカハカミノオホヤマナカ》。」（『神道大系』神宮篇一『皇太神宮儀式帳　止由気宮儀式帳　太神宮諸雑事記』所収、六頁）については、既に中川経雅が『大神宮儀式解』巻第一の「御坐地」の注解で、

大山中は深山の内なるをいふ。當大宮地は山々宮地の垣《カキ》となりて、古事記ノ上、倭《ヤマト》之《ノ》青《アヲ》垣東《カキヒガシ》山《ヤマ》上《ノヘ》、同ク中、倭武ノ命ノ歌、多々那豆久《タヽナツク》、阿袁加伎夜麻碁母禮留《アヲガキヤマゴモレル》。出雲ノ國造ノ神賀ノ詞、青《アヲ》垣《カキ》山《ヤマ》内《ノチ》爾《ニ》、下《シタ》津《ツ》石《イ》根《ハネ》爾《ニ》宮柱《ミヤハシラ》太《フト》敷《シク》立《タテ》。出雲ノ風土記、出雲ノ國者、我静坐國《アガシヅマリマスクニ》、青垣山廻賜而《アヲガキヤマメグリタマヒテ》、などあるに等《ヒト》しき勝地なり。其地勢《ソノトコロノアリサマ》考見るべし。さて古代當大宮地今《イマ》のごとく近きあたりに人の住家《スミカ》無し、深山中なり。延暦年中より天皇《ミカド》十代《トツギ》年《トシ》間一百年餘を經て延長年中の比すら深山なれば延暦の古《イニシヘ》思ひはかるべし。雑例集に、延長四年四月十一日ノ神祇官符云々、大神宮ノ四至、東南西ハ深山無レ有二コト人宅一、北ハ限二宇治川一ヲ、者《テイレバ》其ノ程去コトレ宮ヲ一里餘、此ノ内不レ住二人宅一ヲ、禁制尤厳、此則為レ禦二ンガ穢事一ヲ也、と記せるもて延暦の古《イニシヘ》のさま思ふべし。中世まで古格《フルキサダメ》の違《タガ》はざりしに末世不信の所為《シワザ》もて今の代のごとく人家をも造《ツクリ》竝《ナラベ》住《スマ》居しめしなり。

（増補大神宮叢書『大神宮儀式解』前篇所収、二六・二七頁）

と考証し、儀式帳撰上当時の内宮鎮座地の状況を見事に描写している。

（7）櫻井勝之進氏『伊勢神宮の祖型と展開』「第三　伊勢神宮の原像、三　礒宮と外つ宮」所収、八七・八八頁。

（8）田中卓氏は「〈内宮・文武天皇二年遷座説〉批判」（『神道大系月報』四十二号所収）において、櫻井氏と同視点に立つ菊池康明氏の〈内宮・文武天皇二年遷座説〉を批判されており、妥当な見解であろう。

（9）外宮と内宮とを一体的規模の中で捉え、神宮祭祀の本質を明かにしようとする試みについて興味深い論文としては、藤森馨氏「伊勢神宮内外両宮の祭祀構造―由貴大御饌神事に関する試論―」（『古代文化』第四十三巻第四号所収）が挙げられる。

（10）訳注日本史料『延喜式』上・巻第四所収、二五四・二五六頁。

（11）『神宮神事考證』中篇所収、八・九頁。

中西正幸氏は『神宮祭祀の研究』「二、恒例祭　日別朝夕大御饌祭　三、造制」の項（一三三・一三四頁）で、臨時御動座にともなう仮殿に御饌殿が使用されたことに注目され、

臨時の仮殿として、皇大神宮は大部分が東宝殿であり、忌火屋殿は一例にかぎられる。豊受宮では御饌殿二例と調御倉一例が見られる。内宮の宝殿は正殿にほど近く、瑞垣内の内院という神聖区画にある建物として、その重要性は多言を要しない。それに比べて外宮の御饌殿は単に朝夕の大御饌を供進する殿舎にとどまらず、常日頃から正殿に准じて御神座を奉安する特別な殿舎という性格は見落しがたい。

と述べられ、御饌殿の建築様式の古制が守られてきた要因を指摘されている。妥当な見解であろう。

（12）増補大神宮叢書『神宮年中行事大成』後篇所収、五五一・五五二頁。

この条文を福山敏男氏も活用され『伊勢神宮の建築と歴史』「第十二章　豊受大神宮の御饌殿」（二七四頁）において、「即ち萱葺で千木・堅魚木・棟持柱を持つ高床の校倉造の形式である。この形式は神宮の東西寶殿・外幣殿・御倉その他、また諸別宮の正殿などに戦國時代以前に於て見られたものであるが、その南北二箇所に戸口のある點は他に見出し得ないところである。恐らくこれは御饌供進の場合の必要から来てゐるものであらう（貞享の外宮子良館祭奠式上には御饌供進の時、殿内を明るくするために、松明を北戸の縁《エン》板の端に置くと見えてゐる）。」と述べられている。

（13）開かれた御扉から神々が来臨されることについて、三浦正幸氏は「丹後一宮の籠神社本殿」（『元伊勢の秘宝と国宝海部氏系図―日本民族のふるさと・丹後丹波の古代の謎―』所収）において、籠神社本殿に外宮の御饌殿と同じく北の御扉が存在することと同神社葵祭の関係に注目し、前宮司海部穀定の口実をもとに、

次に、背面の扉について考えてみたい。四面庇系平面之本殿においては背面に扉を設けるものは少なくないが、神明宮本殿では伊勢神宮外宮の御饌殿に類例があるだけである。籠神社は伊勢神宮、特に外宮と関係が深く、豊受大神がかつて鎮座したという前述したような伝承があって、外宮の御饌殿の形式との類似には何らかの関連があるかも知れない。

ところで、籠神社本殿の背面扉については宮司海部氏に秘伝がある。即ち、四月二十四日（もとは四月二ノ午

> 日）に行われる葵の祭において、本殿内々陣の前に置かれた大鏡の背後に神籬（榊）を立て、背面の扉を開き、最高神（本殿の内々陣に常住の神である彦火明彦命とは別神）をそこから殿内に勧請する。本殿内には宮司一人だけが入って秘儀が行われる。現在では行われなくなったが、明治頃までは内陣の幣を宮司が持ち出して神馬に乗じての神幸が殿内秘儀に引き続いて行われたという。

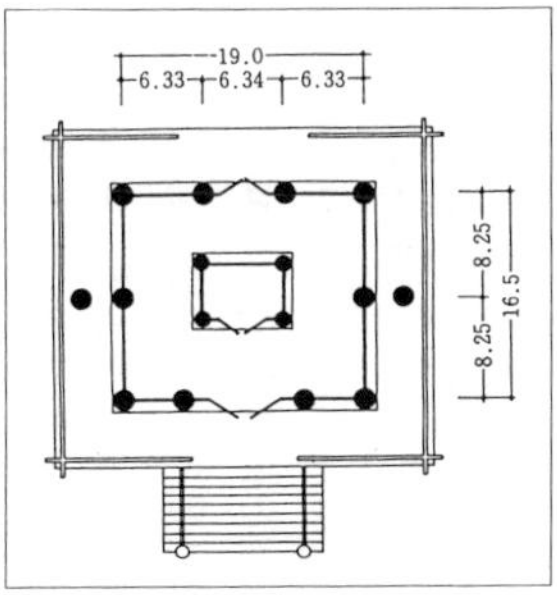

籠神社本殿　現状平面図、単位：尺

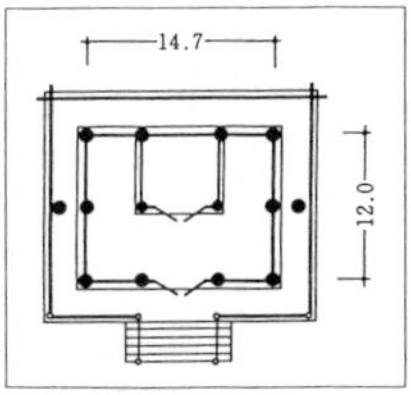

仁科神明宮本殿　現状平面図、単位：尺

図9　籠神社本殿平面図と仁科神明宮本殿平面図（前掲論文より転載）

と述べられ、筆者と同じような神々の来臨に関する視点を持たれての見解を示されている（図9参照）。

尚、中西氏は、『神宮祭祀の研究』「二、恒例祭　日別朝夕大御饌祭　三、造制」の項（一三三頁）で、

> 弁官抄に「御気殿南北ノ御戸」とみえ、外宮子良館に所蔵する『御饌奉仕記』によると、御饌殿の北御扉は神幸道にあたると述べており、この御扉が遥祭のための御殿であることを明瞭に物語っている。

と論じられ、北の御扉の存在はあくまで「遥祭のため」であると述べられている。

(14)『神宮神事考證』中篇所収、一四頁。
(15)『神宮要綱』「日別朝夕大御饌祭、古儀由来」所収、四二九・四三〇頁
(16) 櫻井氏『伊勢神宮の祖型と展開』「第三　伊勢神宮の原像、一　礒宮と外つ宮」所収、八九・九〇頁。
この櫻井説と同見解をとられるのが、大西源一氏『大神宮史要』「第一編上古時代上、御饌殿と御井」（三六〜三八

頁）である。

（17）註（1）に同じ。

（18）『神宮神事考證』中篇所収、三頁。

この天照大御神と豊受大御神の相対する神座の位置関係について、清直は家集『引商刺羽』明治十八年の項で、

外宮

皇神の朝夕御食の食向にたえぬまもりといはひそめにき

と詠じている。そして中西氏も『神宮祭祀の研究』「二、恒例祭　日別朝夕大御饌祭　二、起源」の項（一三〇・一三一頁）において、

では御饌殿に先んじた内宮での具体的な場所はどこであったか。瑞垣御門下とする説がある。『皇字沙汰文』下の「皇字訴陳間箇要条々」では御饌殿の創建にさきだつ内宮の奉奠場所を、「瑞垣御門下也」と明らかにしていて見落としがたい。さらに瑞垣御門下から正面、石段下にある「御贄清供奉石畳」も無視しがたい。（略）。

内宮の御鎮座以来、日毎に御饌が供進されていたという伝承と、この神座に入御する豊受大神とは、察するに緊密な関係があったのではなかろうか。儀式帳の時代には三節祭の由貴大御饌にかぎられる御贄調理の儀も、本来は日毎の御饌供進の面影を偲ばせるものではなかろうか。

と説かれて、この相対する位置関係が古儀を偲ばせるものとして高く評価されている。

（19）『神道大系』神宮篇一『皇太神宮儀式帳　止由気宮儀式帳　太神宮諸雑事記』所収、二〇一頁。

（20）訳注日本史料『延喜式』上・巻第四所収、二〇四・二〇六頁。

（21）『神宮神事考證』中篇所収、一三〜一五頁。

（22）川出清彦氏『祭祀概説』「第二部　各論　祭典とその趣旨、第一章　大嘗と神嘗　第一七節　神座奉安、御饌殿の神座」所収、三二〇頁。

（23）櫻井氏『伊勢神宮の祖型と展開』「第三　伊勢神宮の原像、三　神送り・神迎え」所収、一〇九〜一一一頁。

（24）原田敏明氏『村の祭祀』「祭典遷宮―附　遷宮祭と大嘗祭―」所収、三二五頁。

(25) 年々歳々繰り返し行われる御饌殿餝飾行事を内宮秋の神御衣祭に相当すると見た場合、当然そこには内宮春の神御衣祭をどのように捉えるべきであるのかという問題が生じてくる。筆者は原田氏が『村の祭祀』「村の祭祀と季節」(二七一・二七二頁)において、

お渡りとはかけ離れているが、むしろそれと起源を同じうするものに、神衣祭《かんみそまつり》とか御衣祭《おんぞまつり》というのがある。神に衣を奉り、衣替えをする点からすれば、伊勢の神宮はじめ、しばしば見るように、夏となり冬となるにあたって、二度に行わるべき筋のものであるが、多くは一年一度、しかも例祭に先立って行われているようである。これなど全く不合理のようでもあるが、またそこにその行事の本来の意味があるのではなかろうか。

衣を新しくすることは、それによって神の更新する行事であり、年々歳々、新たに神を祀るにあたっては、或いはその神体を新たにしたり、神体を紙や真綿で新たに包んだり、またはそれを祀る祠を新たにしたりすることによって、神の更新を象徴することになる。これがもっと形式的になってくると、神体を白粉などで塗り替えたり、またその坐り物、すなわち莫蓙を取替えたり、或いは鳥居を新規に建てたり、そのほかいろいろなことが行われるが、いずれにしても、それらの行事は例祭に先立って行われる点では一致している。こういう点からむしろ一年一度の行事であることが、かえってもともとこの意味に近いものであるかもしれない。

伊勢神宮について見ると、神衣祭は神嘗祭に先立って十月十四日に行われ、十五日外宮の祭が始まり、十六日に外宮の朝御饌と内宮の夕御饌、十七日が内宮の朝御饌で、伊勢の大祭ということになる。それに対して春の神衣祭がある。これは秋の新嘗祭に対して祈年祭があるように、神宮の神嘗祭に対しては、春の祈年祭がどんな形のものであり、それに先立って春の神衣祭が行われたのであったかどうか、或いは秋の神衣祭に対して、春の神衣祭が行われたのかということになる。そうだとすれば、すでに神嘗祭すなわち例大祭に先立って行われるべき神衣祭の本来の意義からは、かけ離れたものであるとも考えられる。

と思考された意見に賛同したいと考えている。

尚、現在、伊勢の神宮では毎年十月十五日(外宮神嘗祭由貴夕大御饌斎行の日)の常典御饌夕御饌終了後に、御饌殿装束の餝飾替が執行されている。

(26) 註（19）に同じ。

(27) 増補大神宮叢書『度會神道大成』前篇所収、三五・三六頁。

(28) 度会氏の最重要責務が常典御饌の執行に尽きると考えられることは、例えば『止由氣宮儀式帳』の記述の仕方でも理解できる。つまり、禰宜を除いた常典御饌の奉仕者（大内人、大物忌・同父、御炊物忌・同父、御塩焼物忌・同父）の各項を見ると、常典御饌の奉仕が三節祭の奉仕よりも優先して記述されているのが見受けられる。また、常典御饌の主役ともいえる大物忌の規定について、『常典御饌奉仕次第』（神宮文庫所蔵、第一門一一五四三号）には、

物忌子良

大物忌ノ子良ナリ、度會氏ノ童女ヲ取ル若（荒木田姓ノ童女ヲ採ルトキ、ハ度會氏ノ猶子トシ補ス）六歳ヨリ十二・三歳ニ至ルヲ奉職ノ期トシ、天癸下ラサル内ニ解任ス

（傍点筆者付す）

とあって、度会氏の子女以外は大物忌に補任できないことが明記されている。これらのことより度会氏の最重要責務は常典御饌の執行に尽きることが首肯されるのではないだろうか。

(29) 『神宮神事考證』中篇所収、二〇・二一頁。

(30) 『神宮神事考證』補遺下所収、九四三頁。

(31) 田中卓氏『伊勢神宮の創祀と発展』「第一章　神宮の創祀、第五節　雄略天皇紀の所伝」所収、四九頁。

(32) 『神宮神事考證』補遺下所収、九三九頁。

(33) 『神宮神事考證』中篇所収、三三・三四頁。

(34) 『度會神道大成』前篇所収、二九一頁。

(35) 増補大神宮叢書『神宮年中行事大成』後篇所収、二八〇頁。

(36) 尾崎繁常著『常典御饌奉仕次第』（神宮文庫所蔵、第一門一一五四三号）。

(37) 註（35）に同じ。

(38) 『神宮遷宮記』第四巻所収、六九五頁。

(39) 同右書所収、七〇二頁。

(40)『神宮神事考證』中篇所収、四七・四八頁。
(41)『神宮神事考證』前篇所収、五七九頁。
(42)『神宮神事考證』中篇所収、一八・一九頁。
(43)註(36)に同じ。
(44)註(35)に同じ。
(45)註(36)に同じ。
(46)註(36)に同じ。

神宮における火鑽の起源伝承については、『倭姫命世記』に、

然シテ度《ワタ》リ坐《マ》ス時《ヲリ》仁。阿佐加《カ》ノ々《カ》多《タ》爾多氣ノ連《ムラシ》等カ祖《オヤ》。宇加乃日子之子吉志比女《ウカノヒコカコヨシヒメ》。次《ツキ》ニ吉彦《ヨシヒコ》二人參《マイ》リ相《ア》ヒ奉リ支。此《コレ》ニ問《ト》ヒ給ハ久。汝等ラ我阿佐留物者奈爾曽《アサルモノハナニソ》止問給支。答白久。皇太神之御贄之林《オムヘノハヤシ》奉上《タテマツラム》止。伎佐宇《キサウ》阿佐留止白支。于レ時白事恐《オソ》ロシ止詔ノ玉ヒテ而。其伎佐天令《シメ》レテ進二ツラ太神御贄一ニ而。佐々牟乃木《ササムノキ》ノ枝平割《サ》キ取《ト》而《テ》。生比伎《イケヒキ》爾宇氣比伎良世《ウケヒキラセ》給フ時伊波比戸《イハヒト》爾仕ヘ奉リ支。爾《トキ》ニ吉志比女《ヨシヒメ》地口御田並爾。其火伎理《キリ》出シテ而。采女《ウ子メ》忍比賣《オシヒメ》我作《ツク》ル之天ノ平瓮《ヒラカ》八十《ヤソ》枚ヲ持テ而。麻園《ミヲソノ》進ム。

(『度會神道大成』前篇、六六・六七頁)

と見られ、天照大御神の伊勢鎮座を果たすべく倭姫命が御巡幸中に、多気連等の祖先にあたる宇加乃日子の子の吉志比女・吉彦という姉弟が、大御神に供進する御贄を調理すべく行った、誓約《うけい》の火鑽伝承に求められる。

(47)註(36)に同じ。
(48)『神宮年中行事大成』後篇所収、六二三頁。
(49)『神宮神事考證』中篇所収、二一頁。
(50)『神宮神事考證』中篇所収、二一～二三頁。
(51)『神宮神事考證』中篇所収、二三頁。
(52)註(48)に同じ。
(53)註(51)に同じ。

(54) 註(36)に同じ。
(55)『神宮神事考證』中篇所収、二五頁。
(56)『神道大系』神宮編一『皇太神宮儀式帳　止由気宮儀式帳　太神宮諸雑事記』所収、二六一・二六八頁。
(57) 櫻井氏『伊勢神宮の祖型と展開』「第五　神宮祭祀の諸問題、一　年中行事」所収、二一一・二一二頁。
(58)『神道大系』神宮編一『皇太神宮儀式帳　止由気宮儀式帳　太神宮諸雑事記』所収、二〇二頁。
(59) 黒瀬益弘編輯『外宮子良館祭奠式』は貞享四年(一六八七)に成立(『神宮年中行事大成』後篇所収、五四七〜六四七頁)。常典御饌の行事次第は正月元日の総御饌と夕御饌供進行事の項に詳しく記載されている(同右書、五五〇〜五五七頁)。
(60) 松木智彦等編輯の『豐受皇太神宮年中行事今式』は享保十五年(一七三〇)に成立(『神宮年中行事大成』後篇所収、二六二〜五四六頁)。常典御饌の行事次第は『外宮子良館祭奠式』と同じ同月同日同項に記載されている(同右書、二八〇〜二八六頁)。
(61) 尾崎繁常著『常典御饌奉仕次第』は明治十一年七月に成立。
(62) 中西正幸氏「神宮の大物忌(一)・(二)」(『神道宗教』第一五五・一五六号所収、後に『伊勢の宮人』所載)。
筆者が本文で掲載した右論考内の常典御饌の奉仕概要説明を基に、中西氏は追加発展させられて『神宮祭祀の研究』「二、恒例祭　日別朝夕大御饌祭　五、次第」で常典御饌の行事次第を説明しておられるが(一三八〜一四二頁)、その緊要事項は筆者が本文で表示した「常典御饌行事次第表」(明治御改正以前)欄のものとほぼ大差は認められない。
(63) 神宮御改正の常典御饌への影響は、時を追って以下のように纏められる。
Ⅰ　明治四年　七月　旧職掌の廃止に伴う改正
↓
Ⅱ　明治五年十一月　行事次第・祭庭・祭器具の改正
↓

Ⅲ　明治七年　十月『神宮明治祭式』制定による行事次第及び祝詞の確立

先ず、Ⅰについては、左の達書等によって常典御饌奉仕員の職掌上の改正が行われたことが認められる。

御改正ニ付、旧祭主判任幷従前宮庁ニ而仕候職掌総廃之事

辛未七月　　　　　神祇官（公文類纂四年ノ条）

今般神宮御改革ニ付、件々別紙之通被二　仰出一候条、此旨相達候事

〔別紙〕

（略）

一、大内人以下物忌父等諸職掌、総テ主典・権主典・宮掌等ニテ分課奉務可レ致事

（略）　　　　（太政官日誌四年七月十二日、太政官達第三四六号）

〔松木素彦氏「明治四年の神宮御改革」（『神宮明治百年史』上巻所収、一五一・一五二頁）より右史料抄出〕

次に、Ⅱについての改正内容は、『外宮常奠御饌奉仕式』掲載の神宮司廳祭典課から明治五年十一月朔日に出された達書の写しによって確かめられる。つまり、

常典御饌改正條々

一、従前御散飯ト唱ヘ朝夕供進ノ時、御饌・御塩・御湯ヲ土器一口ニ盛リ、御饌殿北ノ御床ニ供シ候儀、自今廃止ノ事

一、殿内北側ヘ高棚ヲ構ヘ御湯・御塩ヲ供進ノ儀、同上

一、豊受宮別宮御饌、是迄六度其宮ニ到リ供進ノ分、自今相改御饌殿内ヘ皇大神宮ノ別宮・豊受宮ノ別宮ノ神坐幷饌案ヲ設ケ、毎日朝夕供進ノ事

一、御饌殿内ノ制、南北ニ御扉有レ之候處、今般改典ノ上ハ不都合ニ付、尓来北扉ノ開閉ヲ相止メ御壁代ヲ張リ別紙圖面ノ通、殿内ヘ神坐幷饌案ヲ設ケ候事

一、今般饌具改正ニ付テハ、従前ノ膳案ニテハ不都合ニ付、自今相廃シ更ニ辛櫃ヲ用ヒ候事

一、従前御饌供進ノ節奉拝ノ儀、御床下ニ於テ致シ来候所、尓来相改御饌殿階下ニ於テ北面拝シ可レ申事（但拝式ハ別紙行事記ニアリ）

と見られるものであり、併せて次の改正記事も収載されている。

徳辰云、右朝夕御饌式改典ニツキ御饌殿前ノ中庭ニアリシ御饌机ヲ置ク二石及雨儀ノ時同机ノ片脚ヲ置ク同殿南檐下ノ一石ヲ取退ケ、又牀下ニアリシ〈図a〉・〈図b〉等ヲモ取退ケタリ、又御垣内艮隅ニアリシ散飯壺〈図c〉ヲモ取退ケタリ、又御炊殿前ニアリシ御饌机ヲ置ク二石又同殿前ニアリシ禰宜ノ石壺〈図d〉ヲモ取退ケタリ、又御饌供進終ヲ告ル為メニ鳴ラス木版・木槌ノ御炊殿南檐下西寄リニ立テアリシヲモ取退ケタリ〈図e〉

図a

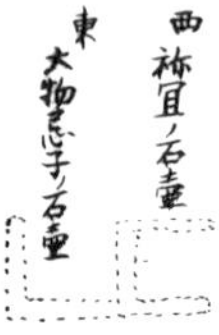

図b

図c

図d

図e

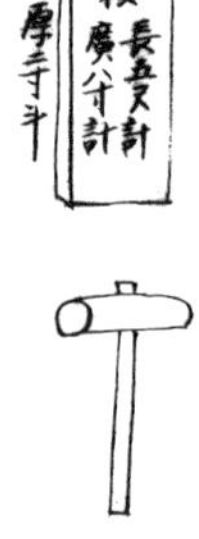

この明治五年十一月を以て、後の『神宮明治祭式』における常典御饌の行事次第がほぼ整備されたと考えてよい。

そして、Ⅲについては、明治七年十月七日付『神宮祭式上申書』に、

一、皇大神宮明治祭式　　弐冊
一、同附録　　壱冊
一、豊受大神宮明治祭式　　壱冊

右者、本年六月廿日神嘗祭式御改定、自餘之諸祭モ右ニ準拠奉仕可ㇾ致旨、教部省ヨリ御達ニ付、則古儀ヲ斟酌折衷シ改定整理仕、前書祭式四冊進達、此段上申仕候也

明治七年十月七日　　祭主　三条西季知

式部頭　坊城　俊政殿

（神宮司庁公文類纂祭儀篇）

〔胡麻鶴醇之氏「神宮の祭祀」（『神宮明治百年史』上巻所収、二九三頁）より右史料抄出〕

とあるように、神宮祭主より教部省並びに式部寮へ『神宮明治祭式』が進達されているのを確認することができる。

(64)『外宮常奠御饌奉仕式』(神宮文庫所蔵、第一門一一四六九号)。
本書は皇大神宮権主典井阪徳辰が神宮奉職中に書記したものを底本とし、明治十一年九月二十一日に神宮主典杉山直樹が書写したものである。
(65)『神宮明治祭式』(神宮文庫所蔵、第一門一八六六号)。
中西正幸氏は「神宮明治祭式について」(『神道学』第一五七号)において、明治の神宮御改正と『神宮明治祭式』成立の過程とが相呼応する関係にあることを詳細に論述しておられる。
(66)『神宮神事考證』中篇所収、三三~四四頁。
尚、清直が使用した『外宮子良物忌父年中行事』は、現在『外宮子良物忌父等年中行事』として神宮文庫(第一門一一四八九号)に所蔵されている。この書は清直が慶応二年二月、福村覆正本を以て筆工に書写させたものを元とするが、同年四月に本書を散乱したため、同十五年二月、河合三郎をして補闕させ冊子としたものである。
(67)註(63)参照。
(68)註(61)に同じ。
『外宮子良館祭奠式』「正月元日夕御饌供進行事」の項(『神宮年中行事大成』後篇所収、五五六頁)にも同内容のことが記載されている。
(69)註(63)参照。
(70)『神宮神事考證』中篇所収、三四頁。
(71)註(63)参照。
(72)『神宮年中行事大成』後篇所収、五五一頁。
この御塩柱の説明で見逃せないのは、『常典御饌奉仕次第』に「御塩湯ハ豫テ榊樹ノ下ニ設置ク」と見られることである。この説明と本文で引用した『外宮子良館祭奠式』の条文とを考え合わせると、御塩柱は黒木の榊の標柱的なものと見なされるであろう。従って、この柱は修禊を司る神が依ります神籬とも解すことができるのではないだろうか。

(73)『神宮年中行事大成』前篇所収、一五五頁。

(74)同右書所収、一六九・一七〇頁。

(75)『神宮年中行事大成』後篇所収、三一一頁。

(76)川出清彦氏『祭祀概説』「第二部　各論　祭典とその趣旨　第一章大嘗と神嘗第一九節　神饌行立」所収、三三九・三四〇頁。

(77)註(63)参照。

(78)同右。

(79)この神座移動の変遷は註(1)論文に詳しい。

(80)註(63)参照。

(81)御饌品目の充実とは、日々斎行される常典御饌の基本神饌である御水・御米・御塩に、神宮御改正の明治四年以前では節供等にしか供進されなかった御贄の品目が増加されて大御神以下に奉奠するようになったことを意味する(また、この時より清酒が新たに付け加えられた)。『外宮常奠御饌奉仕式』には、左の品目を以て御饌供進がなされるようになったことが記載されており、後に制定された『神宮明治祭式』とも一致する。

皇大神
豊受大神　　御饌色目

一、御飯　三盛　柏葉ヲ土器ニ敷キ其上ニ盛ル、高經各三寸
一、御酒　三盛　柏葉ヲ土器ニ敷キ之ヲ高坏ニ居エ其上ニ盛ル
一、魚　一盛　柏葉ヲ六寸ノ平瓫ニ敷キ調理セス其姿ノ侭之ヲ供
　右ノ内一品
　鯛喉一　鱸喉一　鮎喉五　海老具一　鰒具一
一、果　一盛　同上　但時令ノ物ヲ供ス

蜜柑顆十五　栗同　柿顆七　梨同　葡萄枝五

右ノ内一品

一、海藻　一盛　同上

昆布枚十　荒布把五　若布同

右ノ内一品

一、御塩　一盛　柏葉ヲ土器ニ敷キ其上ニ盛ル

一、御水　一盛　之ヲ水真利ニ盛ル

合七品

相殿神
別宮神　御饌色目

一、御飯　三盛　同上

一、御酒　三盛　同上

一、魚　一盛　同上

鯛喉一　鱸喉一　鮎喉三　海老具一　鰒具一

右ノ内一品

一、菓　一盛　同上

蜜柑顆十　栗同　柿顆五　梨同　葡萄枝三

右ノ内一品

一、御塩　一盛　同上

一、御水　一盛　同上

合六品

尚、このような御饌品目の充実がはかられたのは、神宮御改正の明治四・五年から『神宮明治祭式』が制定される同七年にかけて、常典御饌も含めた年中諸祭儀全般をできるだけ神嘗祭の様式に統一すべく試行されたことや、明治政府の太陽暦採用の影響によって五節供等が廃止されたこと等に起因が求められると推察される。次の史料がそのことをよく表明しているであろう。

神宮祭典之儀ニ付届

神宮年中御祭典之内、従来之因襲ニ而不都合之廉々不ㇾ尠、依ㇾ之先般神嘗祭之式、式部寮伺御改ニ相成候振ニ照準シ、諸祭供進品目幷御供等之次第相改候向有ㇾ之候間、別冊差出、此段御届申候也

壬申十一月七日

神宮少宮司　浦田　長民

神宮大宮司　北小路随光

大木教部卿殿

宍戸教部大輔殿

黒田教部少輔殿

神宮祭典之儀ニ付届

神宮年中御祭典之内、従来之因襲ニ而不都合之廉々不ㇾ少、依ㇾ之先般神嘗祭御改正之振ニ照準シ、諸祭供進品目幷御供等之次第相改候向有ㇾ之候間、別冊差出、此段御届申候也

壬申十一月

神宮少宮司　浦田　長民

神宮大宮司　北小路随光

坊城式部頭殿

橋本式部助殿

以上

今般改暦ニ付、人日・上巳・端午・七夕・重陽之五節ヲ廃シ、神武天皇御即位日・天長節之両日ヲ自今祝日ト被レ定候事

明治六年一月四日

（神宮司廳公文類纂、祭儀篇）

（法令全書、太政官布告第一号、明治六年一月四日）

神宮神饌之儀ニ付伺

従前之五節句、神宮御祭典神饌供進致来候処、今般之御布告ニ照準右相廃シ、神武天皇御即位日・天長節之両日而巳供進致度、此段相伺候、至急御指揮有レ之度候也

明治六年一月九日

神宮少宮司　浦田　長民

大木教部卿殿

宍戸教部大輔殿

黒田教部少輔殿

（祭典課日誌、明治六年一月）

〔胡麻鶴醇之氏「神宮の祭祀」（『神宮明治百年史』上巻所収、二七八・二七九・二八三頁）より右史料抄出〕

(82)『神宮神事考證』中篇所収、一六・一九頁。

(83)註（15）に同じ。

(84)『神宮神事考證』上篇所収、七四七・七四八頁。

(85)川出清彦氏『祭祀概説』「第一部　総論　祭祀の構成と制度、第二章　接神行事（本儀・致斎）第二節　みてぐら（神饌と幣帛）、槲葉神饌」所収、一〇四・一〇五頁。

(86)同右書同項所収、一〇一〜一〇三・一〇五頁。

(87)『神宮神事考證』中篇所収、三二・三三頁。

(88) 川出清彦氏『祭祀概説』「第一部　総論　祭祀の構成と制度、第二章　接神行事（本儀・致斎）、第二節　みてぐら（神饌と幣帛）、散飯の思想」所収、九一頁。

また、この川出氏と同じ立場をとられるのが、中西氏『神宮祭祀の研究』「二、恒例祭　日別朝夕大御饌祭　五、次第」の項（一四一頁）における「御生飯とは神饌の一部を箱に入れ、さらに御水を瑞垣巽隅の石上に注ぐもので、近江国一宮多賀大社の先食や諸社の御鳥喰に通じるものであろう。」との説明である。

(89) 『神宮年中行事大成』前篇所収、一九七頁。

(90) 『神宮年中行事大成』後篇所収、三二八頁。

(91) 『神宮遷宮記』第七巻図録篇所収「両宮遷宮旧式祭典図（皇大神宮）地鎮祭図」解題、三〇四頁。

(92) 『神宮神事考證』中篇所収、四〇・四一頁。

(93) 同右書所収、三五・四〇・四一頁。

(94) 櫻井氏『伊勢神宮の祖型と展開』「第五　神宮祭祀の諸問題、一　年中行事」所収、二〇八・二〇九頁。

(95) 註（61）に同じ。

(96) 岡田荘司氏『大嘗の祭り』「第三章〝真床覆衾論〟と寝座の意味　5祭神と共食儀礼」所収、一〇六〜一〇八頁。

(97) 禰宜の常典御饌勤番最後の朝御饌において帰着祝詞の奏上が終了すると、『外宮子良館祭奠式』正月三日の条に、

朝ノ御饌一ノ禰宜参勤如レク例ノ訖テ著二テ御炊殿ノ前之《ノ》石壺一ニ屈拝スル之《ノ》後、大物忌ノ父倚《ヨッ》二テ一ノ禰宜ノ側一ニ而蹲踞シテ祝言シテ言二フ御目出度《ヲメテタフ》一ト、一ノ禰宜答テ曰二フ自他《ジタ》倶《トモ》一ニト、此祝事非二唯今朝為一レ然、毎二自餘禰宜勤番訖日一亦皆如レ此、

（『神宮年中行事大成』後篇所収、五六〇頁。）

とあって、大物忌父が禰宜に祝言を述べると、これを受けて禰宜が大物忌父に返答をする儀式が行われた。今でも神宮では祭典が終了すると、斎館で奉仕員が互いに感謝の意を表す挨拶を交わすことが行われている。おそらくこのような伝統に基づいてのことであろう。

(98) 松木素彦氏『詞林往来』所収、一四五頁。

中西氏は『神宮祭祀の研究』「二、恒例祭　日別朝夕大御饌祭　一、古今の風景」の項（一二七頁）で、

大祭や佳節には番外の禰宜・物忌がうち揃って奉仕し、これを総御饌と称している。換言すれば常典御饌の内には、禰宜一人による日毎の分番奉仕に加えて、式日には総員奉仕による総御饌、また連御饌の形式をとってきたのである。それにしても総御饌とは、禰宜が加補されたのは天暦四年（九五〇）以後、ことに禰宜が七八員となった鎌倉期、『神宮雑例集』の時代を反映したものと考えられよう。と総御饌の定着を鎌倉期と見ておられるが、首肯すべき見解であろう。

(99) 常典御饌の御贄の中で、特に鮎（年魚）が供進される（御河神事も含めて）ことについては『豊受皇太神御鎮座本紀』に、

亦度相河邉ニ有二リ一人《ヒトリ》ノ漁人《ニエウト》一。名號二ス天忍海人《アメヲシヲノアマヒト》一ト。今謂二之掃守氏一。取二年魚《アユ》一ヲ蓄《ソナ》二フ神膳食一矣。（略）天照皇太神御前。御飯二八具。御水四毛比。御鹽四坏。諸御贄類。御河年魚等供進奉。止由氣皇太神御前。御飯二八具。御水四毛比。御鹽四坏。諸御贄類。御河年魚等供進奉。相殿神御前。御飯三八具。御水六毛比。御鹽六坏。御贄年魚等供進奉。

（『度會神道大成』前篇所収、三五・三六頁。）

との古伝承が存する。

(100) 註（36）（59）に同じ。

(101) 『神宮要綱』所収、四四八〜四五五頁。

この表は皇太神宮（内宮）は『元文年中行事』、豊受大神宮（外宮）は『豊受皇太神宮年中行事今式』に依拠して作成されたものである。

(102) 註（59）に同じ。

(103) 註（36）に同じ。

(104) 櫻井氏『伊勢神宮の祖型と展開』「第五　神宮祭祀の諸問題　一　年中行事」所収、二一一・二一二頁。

(105) 櫻井氏『伊勢の大神の宮』「六　朝夕の大御食」所収、三三頁。

(106) 櫻井氏『伊勢神宮』「二　高倉山のふもと　ミケツカミ」所収、三六・三七頁。

(107) 所功氏『伊勢の神宮』「二　鎮座の由来―どういう神さまが、いつ祀られたか―」所収、九四〜九六頁。

(108)矢野憲一氏『伊勢神宮』「第二章　食　お米のまつり―種下しとお田植」所収、一二九・一三〇頁。
(109)『神宮神事考證』中篇所収、二七〜三一頁。
(110)註(36)に同じ。
(111)註(64)に同じ。
(112)註(65)に同じ。
(113)『神宮神事考證』中篇所収、二九頁。
(114)註(1)に同じ。
(115)『神宮神事考證』中篇所収、三一頁。
(116)櫻井氏『伊勢神宮の祖型と展開』「第三　伊勢神宮の原像、三　礒宮と外つ宮」所収、九一・九二頁。
(117)『神道大系』神宮篇一『皇太神宮儀式帳　止由気宮儀式帳　太神宮諸雑事記』所収、二三四頁。
(118)『神宮神事考證』中篇所収、一八・二六頁。
(119)柳田國男氏『日本の祭』「祭から祭礼へ　六」所収、四一〜四三頁。
(120)註(36)に同じ。
(121)『神宮年中行事大成』後篇所収、五五六・五六〇・五六三・五六五・五六六・五六七・五六九・五七〇頁。
(122)『大神宮儀式解』前篇所収、四四七頁。
(123)『神道大系』神宮篇一『皇太神宮儀式帳　止由気宮儀式帳　太神宮諸雑事記』所収、一九三頁。
(124)補注(65)に同じ。
『止由氣宮儀式帳』記載の豊受大御神の伊勢鎮座(外宮の創祀)と御饌殿で執行される常典御饌の起源伝承が、『神宮明治祭式』の常典御饌祝詞に反映されていることは、既に阪本健一氏の註(1)論文で指摘されている。

補論　御巫清直考証神宮神事絵画について

神宮の神事を描写する絵画については、現在その多くが神宮文庫と神宮徴古館とに収蔵されている。その両文化施設に所蔵される絵画の中で、特に本書で取り扱った御巫清直の考証によって描画された絵画を紹介することは有意義であると思慮されるので次に解説を施しておきたい。

一　齋内親王参宮圖

御巫清直考証。中村左洲画。清書図。神宮徴古館所蔵、一四四号、一巻、紙本着色。縦六一八・〇糎、横五三・五糎。桐箱付。

本図作成の考証を担当し幕末から明治にかけて活躍した神宮考証学の大成者、御巫清直（一八一二～一八九四）の詳細な履歴と人物像については、既に増補大神宮叢書『神宮神事考證』後篇附録「御巫清直翁傳」において明らかにされているので、ここでは敢へて解説は加へない。

また、本図を描いた中村左洲は、明治六年（一八七三）七月十二日に度會郡二見町字今一色に生まれた。本名は佐十。同十七年三月、十歳の時に父を亡くし母を助けて漁業に従事し、一家の生計を助けるかたわら寸暇を惜しんで絵画を学んだ。郷土の三村亘がその志と姿勢を愛でて南画の手絵本を貸与した。同二十四年三村の紹介により宇治在住の神宮祠官磯部百鱗に入門して四條派を学習した。同門には伊藤小坡・川口呉川・井村方外等がいる。

同二十八年七月、百鱗の勧めにより第四回内国勧業博覧会へ『製塩図』を出品し賞を受ける。この時、昭憲皇太后が同会場へ御臨席になられ、既に売約済となっていた同画を御覧になり、強く御所望になられたので改めて同一画を描いて献上した。同年八月には、二見浦賓日館滞在中の松方正義に招かれ、松方と共に京都・大阪に赴き川合玉堂・寺崎広業・小堀鞆音等に接し教えを受けた。同二十九年十月、日本美術協会へ『左甚五郎ノ図』を出品し三等入賞、この頃より岸竹堂・今尾景年・鈴木松年・川端玉嶂・久保田米僊・木村金秋・織田香齋等の知遇を得る。同三十二年一月に、東京感化院慈善絵画展覧会へ『雪中金閣寺ノ図』を寄贈し東宮職御用品となった。同年四月、全国絵画共進会へ『志海泊船図』を出品し一等入賞、宮内省御用品となった。同三十八年秋に、神宮祭主賀陽宮殿下の官舎に招かれ御前揮毫を果たした。

大正四年（一九一五）の大正天皇神宮御親謁に際しては、『二見浦ノ図』を謹写し献上した。同六年には、文部省美術展覧会へ『群がれる鯛』を出品し入選。同九年十月の閑院宮妃智恵子殿下御来勢の折、『内宮図』等を御前揮毫した。同十二年五月の久邇宮殿下及び良子女王殿下御来勢に際して、神宮祭主官舎に招かれて『二見浦』『松上鶴』の二図の御前揮毫を果たした。同十四年一月の高松宮殿下御来勢に際し、敕使齋館において『海老』『鯛』の二図を御前揮毫した。同十五年三月のスウェーデン皇太子殿下御来勢時には、『内宮の春景』『外宮の秋色』の二図を描いた。また、澄宮殿下御来勢の折には、『五十鈴川春景図』『二見浦曙ノ図』を描いた。

昭和三年（一九二八）十月には、神宮祭主久邇宮多嘉王殿下より官舎に招かれ『菊の図』『鯛海老図』の二図の御前揮毫を果たし、同四年十月二日には、第五十八回神宮式年遷宮内宮遷御儀の庭燎奉仕を勤めた。同六年十二月の宇治山田市制二十五年祭の記念として、多嘉王殿下へ献上の屏風絵『五十鈴川ノ春景』を揮毫し、同十三年四月のイタリア使節団神宮参拝の折は、『内宮謹写図』を献納した。同二十八年十一月二十六日、逝去（享年八十歳）。今一色の墓地に葬られる。同三十一年（一九五六）十一月、今一色の高城神社域内に門下生により「左洲の筆塚」が建立される。以上のような履歴となるが、左洲が好んで描いた画題の特徴は、専ら伊勢の神宮を中心とした伊勢・志摩の名所・旧跡や海産物にあったといえる。

そこで次には、本図がどのような経緯で成立したのか見てみたい。増補大神宮叢書『神宮神事考證』後篇附録「御巫清直翁傳」には、

更に廿六年十月十二日神苑會總裁有栖川宮熾仁親王殿下より神苑會委員を囑託せられ、神宮古儀式の圖の取調に従事し、取調費として一ケ月金貳拾圓を交付せらるゝ旨花房會頭より辭令ありき。時に翁八十二歳の高年なり。されどその事業漸くその緒につき、中村左洲を指揮してなれる神嘗祭舊式圖、齋宮群行圖等下圖の完成を見しが、翌廿七年七月四日二豎の冒すところとなり遂に逝去せられぬ。今此の下圖は御巫家に存し徴古館にその清書せるものを蔵す。

とあり、御巫清白著『神宮儀典古式図解 斎内親王参宮図之部』奥書（増補大神宮叢書『神宮神事考證』補遺下所収）に、

故祖父正八位清直嘗テ
有栖川神苑會總裁宮殿下ノ令旨ヲ奉シ

神宮儀典舊式之圖ヲ著作スルヤ、先ツ神嘗祭及ヒ齋内親王參宮之圖ヲ草シ、畫工中村左十ニ授ケ、且指揮シテ之ヲ調理セシム、半途疾ニ嬰リ稍篤キニ至ルモ、尚考覈ヲ軽メス、其稿成ルノ後、數日ニシテ易簀シ、竟ニ復親ラ解説ヲ草スル能ハス、遺憾ト謂フ可シ、爰ニ神苑會其後事ヲ清白ニ嘱セラル、清白ノ不肖固ヨリ其任ニ當ル可キニ非スト雖、祖父ノ遺意ヲ全カラシメンカ為メ意ヲ決シテ之ニ從事ス、因テ又遺稿ヲ中村左十ニ托シテ淨模シ、且此解説ヲ併セテ之ヲ神苑會ニ納ム、初メ祖父ノ此圖ヲ草スルヤ清白他ノ勤務ヲ以テ日ニ宮廳ニ出仕シ曾テ其事ニ與ラス、故ニ此解説ヲ為スヤ困苦不レ尠、然レトモ幸ニ祖父ノ遺書ニ依リ皆其稿原據ヲ知ルヲ得タリ、蓋シ解説ノ要専ラ祖父ノ遺意ヲ闡明ナラシムルコトヲ勉ムト雖モ布字渋蹇、或ハ其趣向ヲ詳悉シ能ハサル者アランコトヲ怕ル、請フ覧者之ヲ諒セラレヨ

明治廿八年三月　　　　　　　　　孫　神宮宮掌　御巫清白識

と記されている。これらの記述より本図成立の経緯を考察してみると、

（一）清直（八十二歳）が神苑会総裁有栖川宮熾仁親王殿下より神苑会委員を委嘱され、殿下の令旨を奉じて本図の取り調べに従事し考証を施して、直接左洲を指導して本図が描かれたこと

（二）本図の成立時期は、清直が神苑会委員を委嘱された明治二十六年十月十二日から清直が歿する同二十七年七月四日までであり、完成に要した時間は約九ケ月間であること（左洲二十・二十一歳）。但し、この時の本図は下絵であること

（三）本図の下絵を左洲が清書し（清書の時期は明治二十七年七月四日から同二十八年三月までの間）、清白著『神宮儀典古式図解 斎内親王参宮図之部』と共に神宮徴古館に納められたこと

という三点を看取することができる。中でも（二）は重要であって、本図には清直最晩年の研究、即ち清直の斎王研究の集大成ともいうべき内容が反映されていることを意味している。顧みれば清直の神宮考証学研究の処女作は、宮川左岸の小俣に位置する斎王の離宮であった離宮院を考証して、天保四年（一八三三・清直二十二歳）に成立した『離宮院考證』（増補大神宮叢書『神宮神事考證』中篇所収）であって、この書は伴信友や宇治久守等斯界の国学者の好評を博したものであった。以来、清直の斎王研究は謂わばライフワークの一つとして継続され、とりわけ文久二年・同三年（一八六二・一八六三、清直五十・五十一歳）には、朝廷はじめ神都伊勢でも南北朝に廃絶した斎王再興の機運が昂揚、清直は津藩主藤堂高猷より斎宮寮再興建白のための資料として同寮の古儀考証を依頼され、その成果として『齋宮寮考證』『齋宮寮内中外院之圖』『齋宮寮廃蹟考』『齋宮寮廃蹟之圖』（四点とも『神宮神事考證』中篇・同書附録所収）等、次々と斎王研究に有益な書物や図面を著作した。このような生涯を通じた清直の斎王研究の中核をなすのは、第二代斎王倭姫命の御一代記ともいうべき『倭姫命世記』の研究、つまり『太神宮本記歸正鈔』（『神宮神事考證』前篇所収）であったことを考え合わせると、清直の神宮考証学研究の幕は斎王研究によって開かれ、斎王研究によって幕を閉じたといえる。

本図絵の主題は、斎王が皇大神宮に御参向、宮域の五十鈴川右岸にあった斎内親王川原殿院へ御輿で進まれる模様を描くことにあった。その考証の基本となった文献資料は、『皇太神宮儀式帳』『止由気宮儀式帳』『皇太神宮建久年中行事』『延喜大神宮式』『延喜齋宮式』の五書であった。そして、本図における個々の描画や彩色、また人物や施設の配置等の細部にわたる清直の考証並びに絵様等については、清白が著した『神宮儀典古式図解 斎内親王参宮図之部』に詳細であるので、本図絵読解の折には必ず机右において参考としていただきたい。また、本場面をより理解するには、清直が考証作図した『皇大神宮大宮院舊制之圖』「齋内親王川原殿院」部分

（『神宮神事考證』中篇附録所収）と照合するとよいので掲示しておく（図1）。

次に、本図の御列の構図について触れておきたい。本図の御列を簡単に図示すると、

〈本図の御列図〉

神郡検　宮主　乳母　童女（菅翳二枚）
非違使　三所（宣司）中等　奏舞　官僚の
寮職員　中臣　寮頭　齋王（御輿）寮助　曹司（内侍）女孺　女孺　陪従
（女別當）
国司
庁員　忌部　乳母　童女（几帳三本）

右の御列図のようになるが、清直はいったいこの御列の人員をどのような考証を以て配置したのであろうか。それを解くには、やはり清直が天照大御神の祭祀に奉仕される斎王をどのように見ていたかが重要であろう。即ち、清直著『齋宮寮考證』「内院」「御殿」の項には、

按ルニ内院ハ字書ニ、天子ノ宮禁ヲ曰フレ内ト、又有ルニ垣牆一者曰フレ院ト、トアル義ニシテ、齋王ハ毎事宸儀ニ准セラルヽ例ナリ。故ニ常居シ給フ御殿ノ一郭ヲ内院ト稱ス。

按ルニ延喜式、日本紀略、北山鈔、江家次第、拾芥鈔等ノ諸書ニ、内裏ノ清涼殿ヲ御殿ト稱ス。清涼殿ハ天皇常ニ宸居シ給フ殿ニシテ、九間四面アリト云ヘリ。齋宮ノ御殿ハ齋王常居ノ殿ナルヲ以テ、清涼殿ニ准

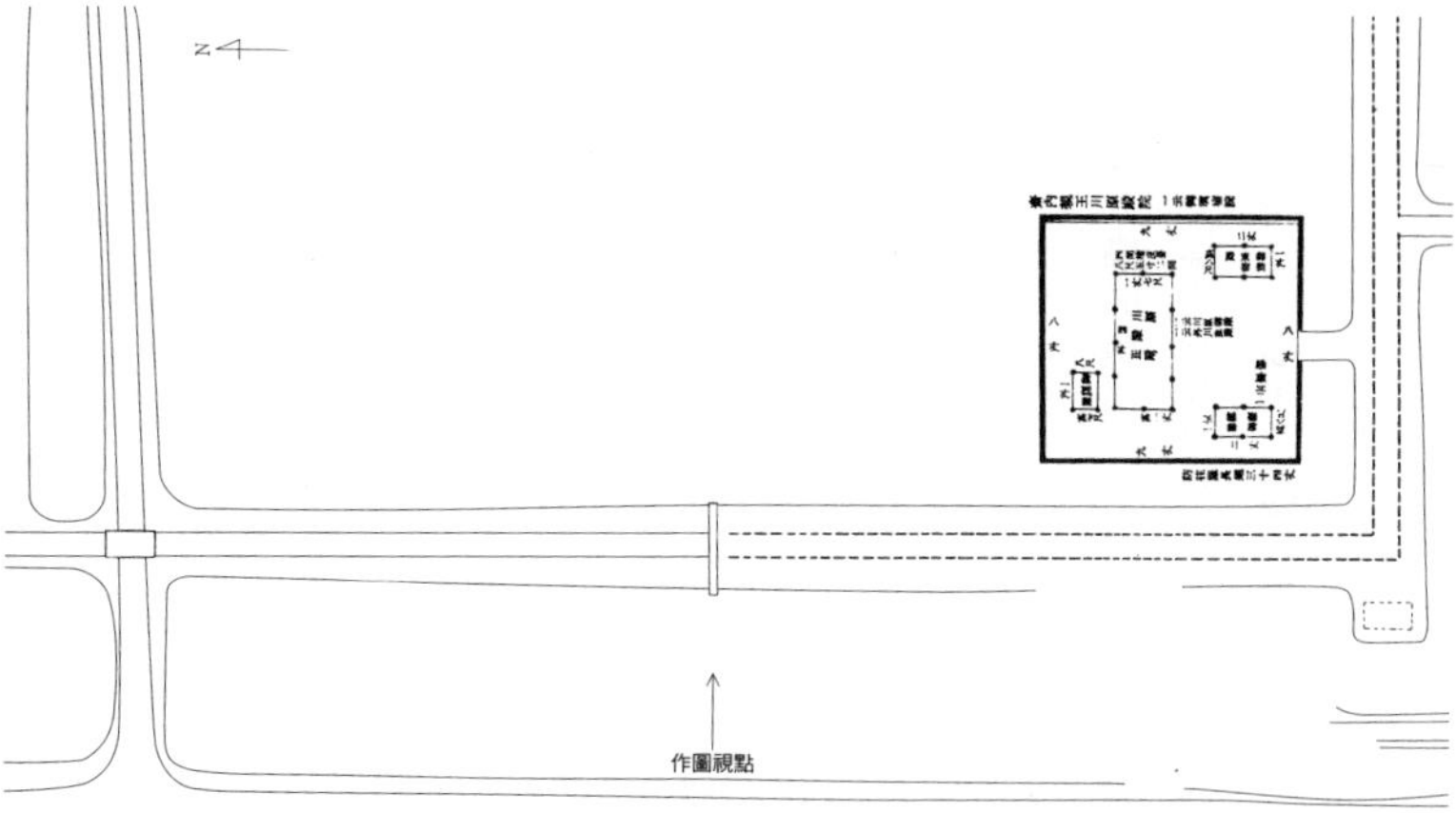

図1『皇大神宮大宮院舊制之圖』「齋内親王川原殿院」（『神宮神事考證』中篇附録より転載）

シ、御殿ト稱スルナリ。然シテ清涼殿ハ東面ナレト、此御殿ハ南面タルコト神宮雑事記ニ、齋宮南面御前ニシ天奉二拝賀一、トアルヲ以テ證トスヘシ。南面ナルコトハ紫宸殿ニ准セラルヽモノナラム。

と見え、また『大神宮ノ事ハ諸社ニ異ナル事考』（『神宮神事考證』補遺上所収）には

實ニ太神宮ハ天皇ノ大祖猶視ノ礼ヲ以テ奉齋セラルヽ大宮ナルカ故ニ、同殿共床ニ齋キ賜ヒシ故實ヲ存シテ齋宮《イツキノミヤ》ト稱號シ、其御杖代ト為テ令レ奉ラレ齋キ賜フ皇女ヲ齋内親王ト稱シ、其皇女ノ常住ノ殿ヲ齋宮寮ト號セラレ、其レニ奉侍スル寮司ノ官員等ノ名目ハ、大寶ノ令前朝廷ニテ稱セラレシ名稱ヲ其儘ニ遺サレテ存シタリキ、是レ他ナシ、天皇ニ代リテ齋キ賜フ皇女ナレハ、宸儀ニ准セラルヽニコソ

とあって、清直は斎王の姿に天皇を重ね合わせて見ていたのである（斎王は宸儀に准ぜられる）。ならば天皇が天照大御神を祭られるにあたり最も象徴的で、且つ最重儀の祭祀はというと、大嘗

祭（新嘗祭）であって、おそらくその渡御儀の列次を連想するのではないだろうか。そこで川出清彦氏が作成し『祭祀概説』の中で紹介している〈大嘗祭渡御儀の列次図〉（付案文）を左に掲出することとする。

〈大嘗祭渡御儀の列次図「伏見院御記参考」〉

（主殿官人）（右中将）（宮内少輔）
忌部　猿女　秉燭　璽　葉薦役　執綱（笠取）
大臣　上　執蓋（車持）　関白
中臣　御巫　秉燭　剣　葉薦役　執綱（子部）　葉薦役（掃部寮）
（主殿官人）（左中将）（宮内大輔）

（案）この列次については後述するところであるが、一見して天孫降臨の列に比して考えられるといっても過言ではあるまい。ちなみに江家次第には、供奉として「小忌親王納言参議各一人供奉如常」と見へている。

（筆者傍点付す）

この図の構成員及び取物と先の〈本図の御列図〉を比較すると、表1のように〈本図の御列図〉の構成員及び取物は〈大嘗祭渡御儀の列次図〉のものに相当していることが確認でき、前者は後者を思い浮かべながら人員や取物を配置して描かれたと考えられる。

表1 〈本図の御列図〉と〈大嘗祭渡御儀の列次図〉との構成員及び取物対応表

〈本図の御列図〉	〈大嘗祭渡御儀の列次図〉
主神司（中臣・忌部・宮主）	中臣・忌部・猿女・御巫
寮頭	大臣
斎王	上（天皇）
御輿	葉薦
取物（菅翳二枚・几帳三本）	蓋・秉燭
寮助	関白

そして、川出氏が案文で指摘している〈大嘗祭渡御儀の列次図〉が天孫降臨の御列に比しているとの説は、そのまま〈本図の御列図〉でも転用することが可能である。天孫降臨の御列における先導役ともいえる猿田彦神は、本図では齋宮寮職員に、御列の前にあって警護役を勤めた天忍日命と天久米命とは、本図の神郡検非違使と国司庁員とにあたるといえるだろう。清直は本図御列の人員配置を、大嘗祭渡御儀の列次並びに天孫降臨の御列の人員配置に従って行い、その構図を決めたものと推察される。

尚、平成十九年（二〇〇七）三月御巫清和氏より本図の下絵が神宮徴古館に献納されている。

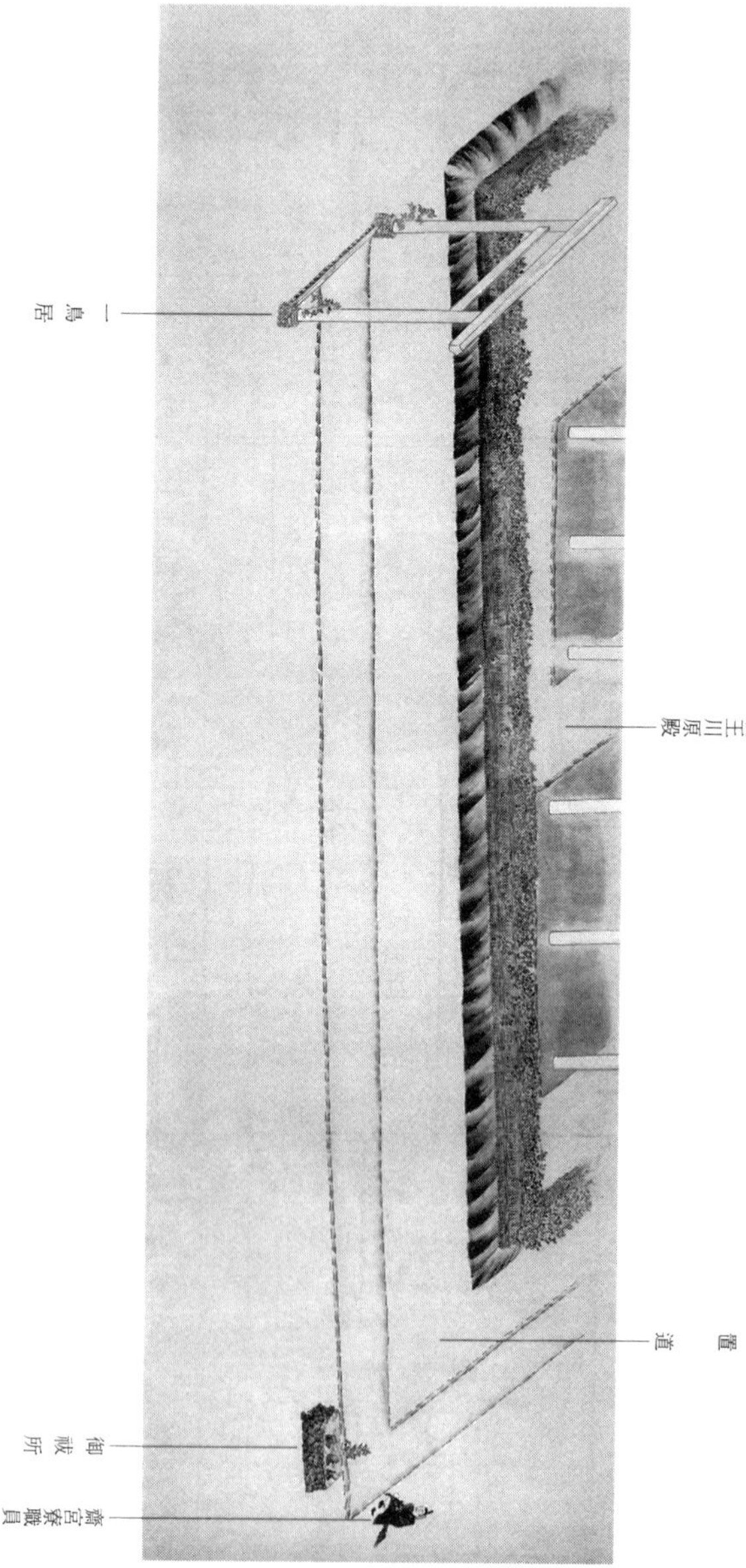

図2-① 本図構成人員並びに取物・祭祀施設等の図（神宮徴古館所蔵）

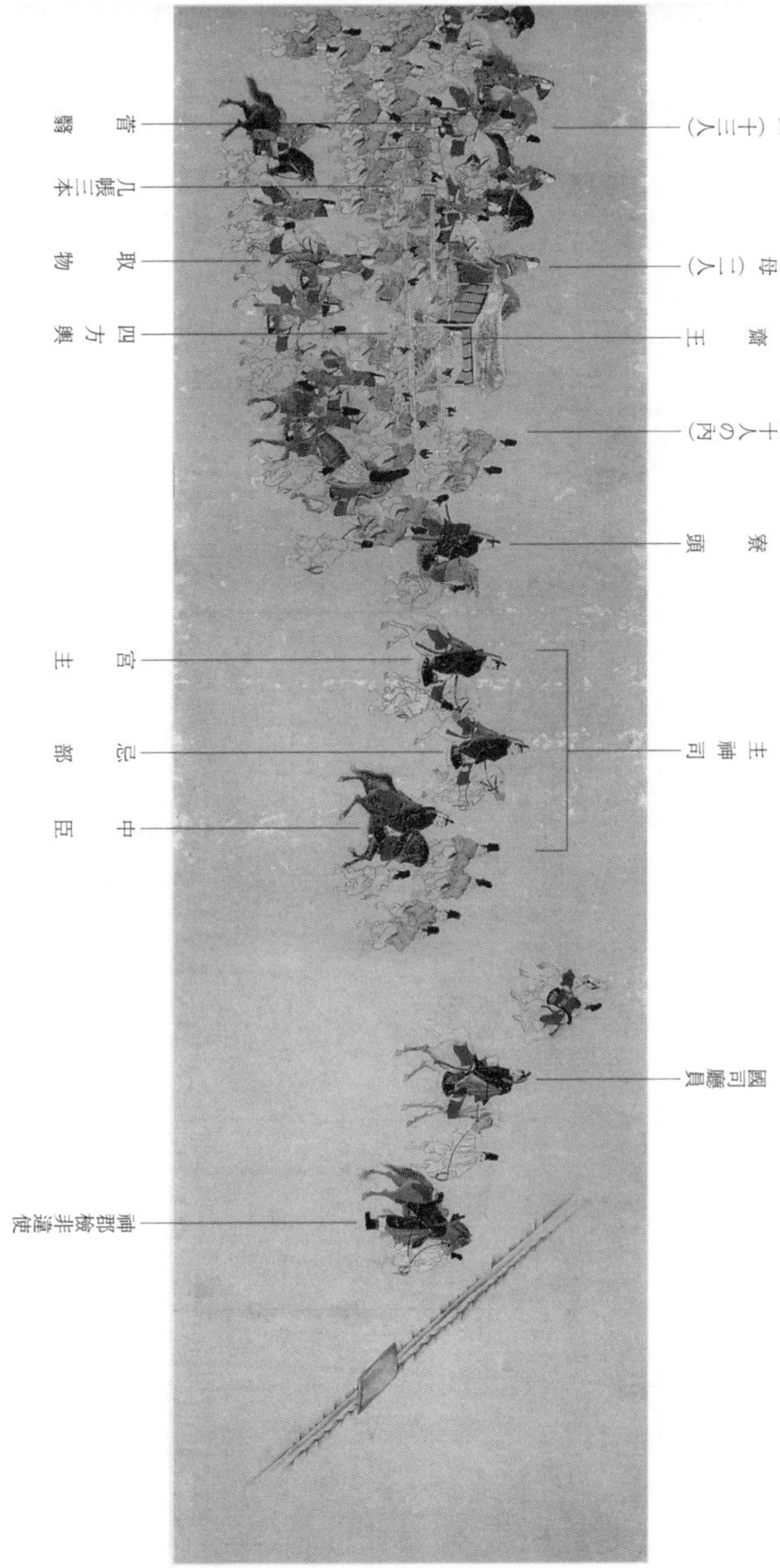

図2-② 本図構成人員並びに取物・祭祀施設等の図（神宮徴古館所蔵）

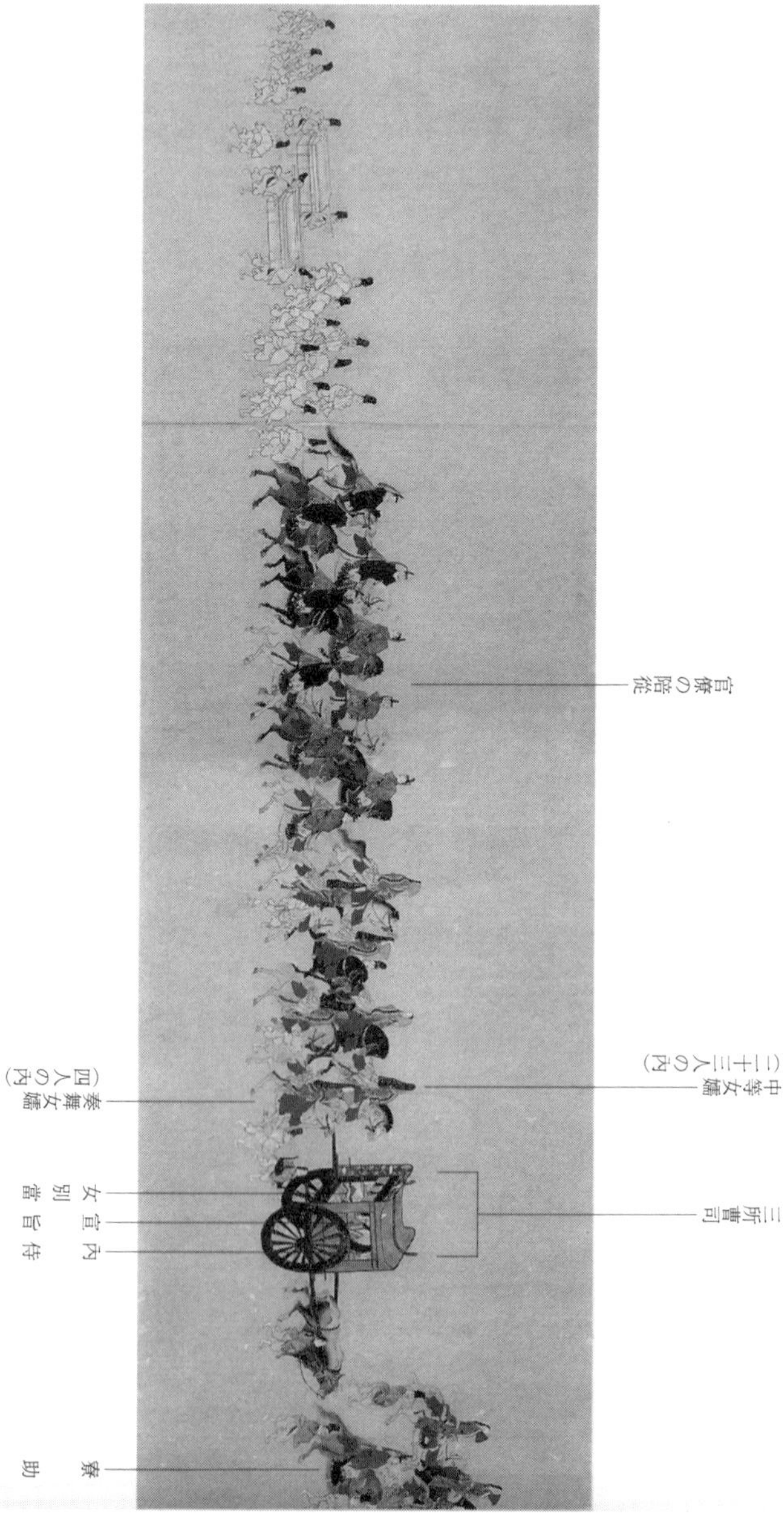

図2-③　本図構成人員並びに取物・祭祀施設等の図（神宮徴古館所蔵）

二　皇大神宮神嘗祭舊式祭典圖（奉幣之儀）

御巫清直考証。中村左洲画。神宮徴古館所蔵、五三二一―一号、一幅。紙本着色。縦一一八・〇糎、横一七九・〇糎。下絵。

本図の清書本は残念ながら戦災により灰燼に帰してしまったが、幸いにして御巫家に伝えられていた下絵が『皇大神宮舊式遷御圖』（下絵）と共に、平成九年（一九九七）三月に御巫清尚氏より神宮徴古館に献納され、表装が施されて現在に至っている。本図制作の経緯と時期については『齋内親王参宮圖』の成立事情と同じである。

毎年九月十七日に斎行された皇大神宮神嘗祭奉幣之儀（例幣）における主要儀礼は、同宮御垣内の中重と呼ばれる斎庭で執り行われた。当日官幣及び幣馬、並びに敕使一行が同宮に参着すると、先ず第二鳥居で修祓が執行され、続いて正宮に至る参道の途中で幣帛読合行事が執り行われる。その後、大宮司以下・幣馬・官幣・敕使以下の順で御列が組まれ正宮へと参進（この御列の模様については『明治元年神宮神嘗祭參進列圖』〈増補大神宮叢書『神宮神事圖録』所収〉を参照）。大宮司・權大宮司・少宮司は中重の正中を挟んで左面（向って右）の各版位に、禰宜以下は同右面（向って左）の各版位に着き、幣馬は同宮中重の内玉垣南御門（玉串御門）前東南の少し離れた位置に牽き立てられる。また大御神に捧げられる官幣奉安の高案に従って忌部使も中重に参入、玉串御門前に無事幣帛が奉奠されると、同使がその案前に蹲る。次に王使・中臣使・卜部使も中重に参入、中重左面の大宮司横東方のそれぞれの版位に着く。そして座が定まると、当儀における最重要儀式である中臣使の宣命奏上となる。本図の主題は、この中臣使が宣命奏上のため丸石壺の版位に向って歩み行く場面を描くことにあり、その年

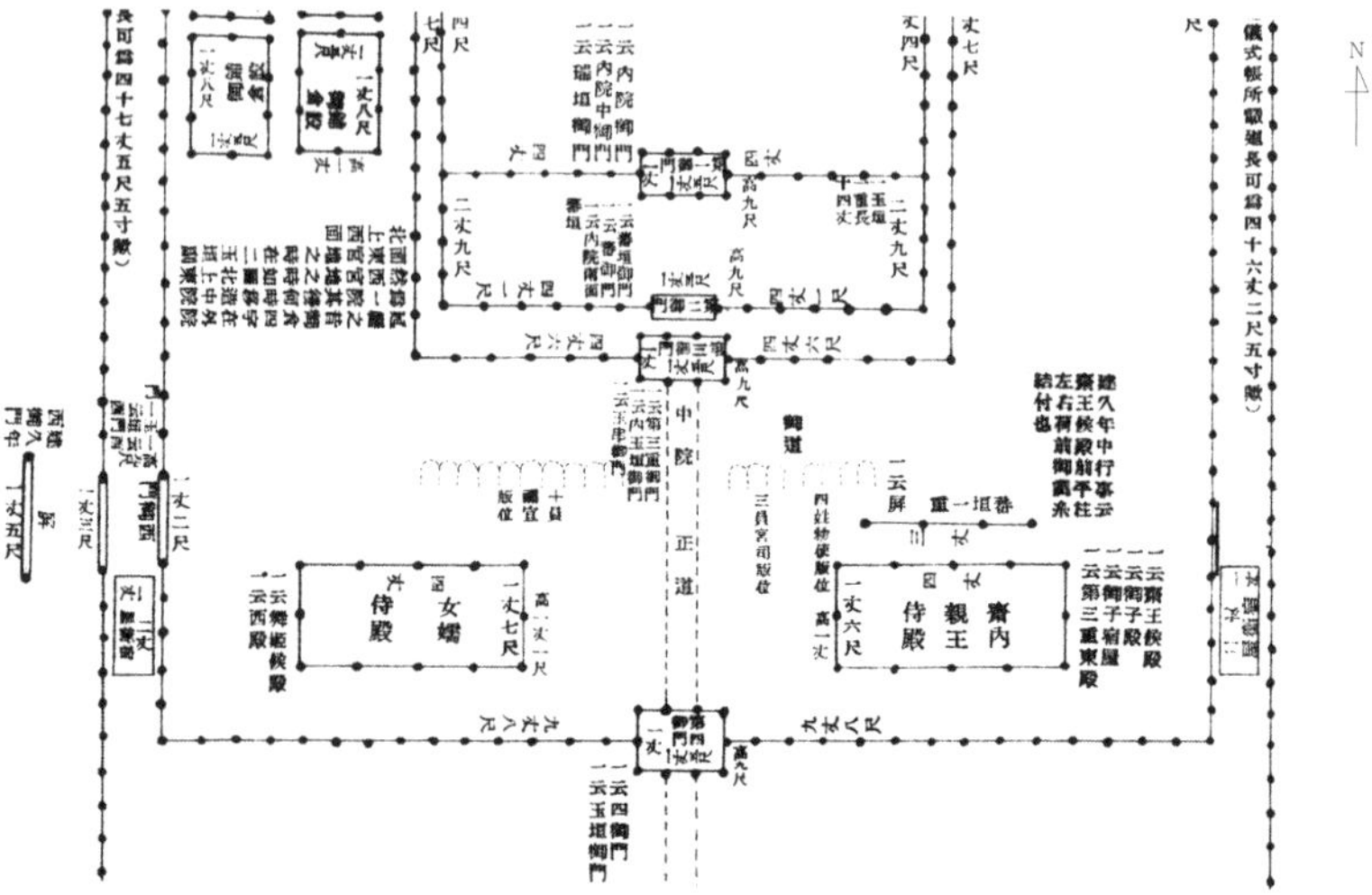

図３『皇大神宮大宮院舊制之圖』「中院」（『神宮神事考證』中篇附録より転載）

代設定は皇大神宮禰宜八員制の時期であった鎌倉時代の承久三年（一二二一）から嘉元二年（一三〇四）の頃であった。

そもそも神嘗祭奉幣之儀の初見は、『続日本紀』養老五年（七二一）九月己卯条（元正天皇の御代）の「天皇御二内安殿一遣レ使供二幣帛於伊勢太神宮一」の記事に求められるが、本図が作成されるにあたり、清直の考証の基本となった文献資料は、当儀のことが詳しく記された『皇太神宮儀式帳』『止由気宮儀式帳』『延喜大神宮式』『延喜太政官式』『神宮雑例集』『皇太神宮建久年中行事』の六書であった。そして、本図における個々の描画や彩色、また人物や祭祀施設の配置等の細部にわたる清直の考証や絵様等については、清白の著した『神宮儀典古式図解 神嘗祭之部』（増補大神宮叢書『神宮神事考證』補遺下所収）に詳細であるので、本図を読解する時には必ず机右において参考とされたい。また、本場面をより理解しやすくするには、清直が考証作図した『皇大神宮大宮院舊制之圖』「中院」部分（『神宮神事考證』中篇附録所収）と照合するのがよいので上に掲示しおく（図3）。

本図が作成されるおよそ二十五年前、慶応元年（一八六五）の神嘗祭古儀復興の頃に、清直は豊受大神宮同

図４『豐受大神宮三時祭奉幣之圖』（『神宮神事考證』補遺下より転載）

図５『神宮舊式祭典圖』「九月十七日神嘗祭中重行事圖」（神宮文庫所藏）

儀同場面を描くべく考証を重ね、『豊受大神宮三時祭奉幣之圖』（増補大神宮叢書『神宮神事考證』補遺上所収）を自ら描いているが（図4）、本図とその図の祭祀施設や人員配置等の構図を比較すると、皇大神宮と豊受大神宮の殿舎形態の相違、大物忌をはじめとする物忌等の参列の有無の他は、ほとんど差は見られない。しかし本図は『豊受大神宮三時祭奉幣之圖』よりも古い時代の例幣の盛儀の様子を復元すべく、清直の考証学の粋が傾注された図であることが指摘できる。例えば本図では『豊受大神宮三時祭奉幣之圖』で描かれていない斎王侯殿（及び女孺侍殿）を清直著『齋内親王殿』「齋王侯殿古制之圖」（『神宮神事考證』中篇所収）に基づき描いており（斎王侯殿及び女孺侍殿を描くことは斎王の御参向があったことを示唆していると捉えられる）、また清直著『八重榊八重疊位置考證』の研究成果を以て、『豊受大神宮三時祭奉幣之圖』に存する中重鳥居を描くことなく（清直は本来、両宮中重鳥居はなかったとしている）、現行の中重鳥居両脇にある八重榊について、玉串御門前軒下の左右に位置したと考えた八重畳に差林《さしはや》した模様を描いているからである。

本図作成の後に当儀について描かれたものとしては、神宮司廳で『古事類苑』神祇部大神宮篇の資料纂集に併せ、明治四年（一八七一）の神宮御改正以前の旧式の祭典風景や世襲職掌人の奉仕ぶりを銘記したものを、後世に遺しておく重要性が強く意識され、同三十二年から約十二年の歳月をかけて『大神宮故事類纂』全三百七十一冊が編纂され、その附録として『神宮舊式祭典圖』全三十六巻が描画された（元神宮禰宜松木美彦・元神宮権禰宜福井清生考証、小西左文画）。その巻十六に「九月十七日神嘗祭中重行事圖」（図5）が収載され（『神宮遷宮記』第七巻圖録篇所収）、この図が江戸期の当儀同場面を描いたものである。

本図と図5との構図上における相違点は表2の通りである。

表2　二図の相違点

	皇大神宮神嘗祭舊式祭典圖（奉幣之儀）	九月十七日神嘗祭中重 行事圖
内玉垣内右方宿衛屋	無し	有り
中重鳥居	無し	有り
女嬬侍殿	有り	無し
卜部使の参列	有り	無し
大宮司以下の版位	正道左方	正道右方
大物忌はじめ各物忌の参列	有り	無し
庭燎	無し	有り
八重榊の位置	玉串御門前軒下左右	中重鳥居両脇
官幣奉奠の位置	玉串御門内	中重鳥居北方
御鑰辛櫃奉安の位置	玉串御門右方軒外	中重鳥居右方前
幣馬の数	一頭	二頭

この中でもとりわけ幣馬については、本図は一頭であるのに対して図5では二頭となっている。皇大神宮例祭における幣馬は本来、朝廷の左右馬寮からそれぞれ一頭づつ奉献されることになっていたので（豊受大神宮の場合は一頭）、本図よりもむしろ「九月十七日神嘗祭中重行事圖」の方が正しく描かれているといえようが、なぜ一頭だけ描かれることになったのかその根拠は不明であり、いはば本図における唯一の不備な点であるともいえる。しかしながら本図は慶応元年の神嘗祭古儀復興の実現における考証面で清直が多大な功績を果したことにも象徴されるように、清直が生涯をかけて追い求めた皇大神宮神嘗祭奉幣之儀における真姿顕現の盛儀を表現し

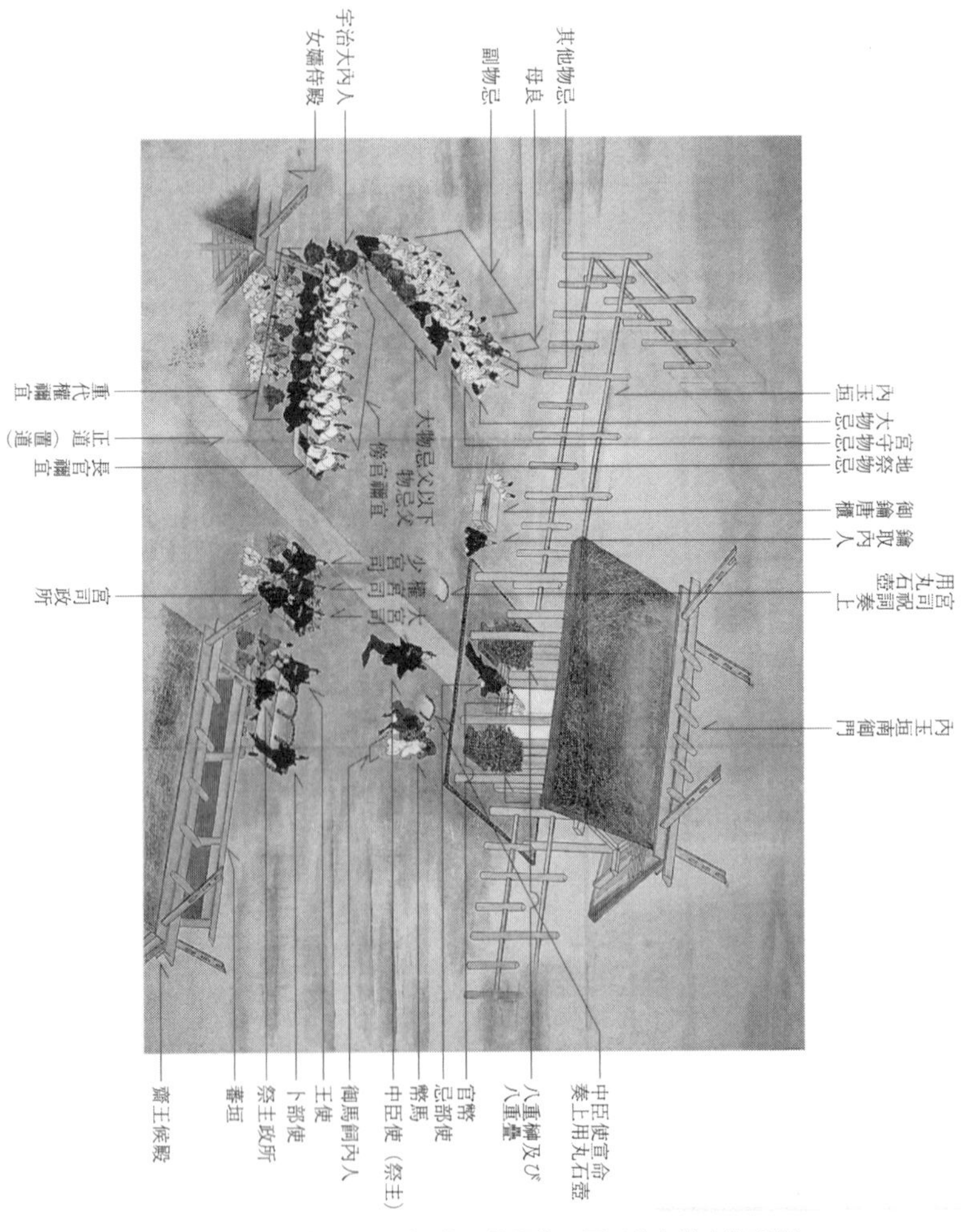

図６　本図構成人員並びに祭祀施設等の図（神宮徴古館所蔵）

た貴重な絵画であることに変わりはない。

三　皇大神宮舊式遷御圖

御巫清直考証。中村左洲画。神宮徴古館所蔵、五三二一—二号、一幅。紙本着色。縦一一八・〇糎、横一六五・〇糎。下絵。桐箱付。

本図が下絵であるのはまったく『皇大神宮神嘗祭舊式祭典圖（奉幣之儀）』と同じ理由による。また制作の経緯と時期についても前二図成立の事情と同様である。

式年遷宮は第四十代天武天皇が発意され、次の第四十一代持統天皇の四年（六九〇）に皇大神宮、同六年に豊受大神宮ではじめて斎行された。式年遷宮は現在概ね三十三の諸祭式より構成され約八年の歳月をかけて執り行われるが、時代的にその祭式数や年数については種々変遷があるものの、古来より最高潮に達するのは、檜の香もかぐわしい新宮に大御神（神儀・御神体）のお遷りを仰ぐ浄闇の秘儀である「遷御の儀」であった。

その遷御の儀の御列の模様については、およそ旧正殿から出御した神儀（御神体の捧持について、大御神は禰宜、東西相殿神は宇治大内人と大物忌父）は、権禰宜によって絹垣という絹の垣根で囲まれ、絹垣の前には行障が翳されて、神儀が進み行く正道には道敷が繰り延べられる。奉遷使は行障前に出立ち御前追を勤め、大宮司は絹垣のすぐ後で供奉する。遷御の御列は絹垣を中心にその前を前陣、その後を後陣と称し、前陣と後陣とにはそれぞれ種々の御装束神宝が権禰宜によって捧持される（神儀との距離がより近くなる御装束神宝ほど上位とされている）。御装束神宝の前後には秉燭内人による御火の奉仕があり、御列の最前列と最後尾には宮掌大内人がそれぞれ前陣供奉・後陣供奉を勤めて遷御の御列は構成される。このような御列を以て神儀が旧外玉垣南御門を出て新正宮へ向かってまさしく幸行する神秘の様を描くことが本図の主題であった。その時代設定は元来『皇太神宮儀式帳』の平安時代初期を設定するも、禰宜等の妻子が遷御に供奉した詳細な事蹟の欠如により、現存最古の遷宮記録である『建久元年遷宮記』や『建久九年假殿遷宮記』が存する鎌倉時代初期の建久年間（一一九〇〜一一九八）頃が撰定されたものと思われる。

本図が作成されるにあたり、清直の考証の基本となった文献資料は、当儀のことが詳しく記された『皇太神宮儀式帳』『延喜大神宮式』『建久元年遷宮記』『建久九年假殿遷宮記』『弘安二年假殿遷宮記』『寛正造内宮記』の六書であった。そして本図における個々の描画や彩色、また人物や祭祀施設の配置等の細部にわたる清直の考証並びに図様等については、清白の著した『神宮儀典古式図解 遷宮之部』（『神宮神事考證』補遺下所収）に詳しいので、本図を読解する際には必ず机右において参考にしていただきたい。

ところで清直の式年遷宮における古儀復興の事歴については、先ず嘉永二年（一八四九）の豊受大神宮式年遷宮で、山口祭・地曳祭・御船代祭・後鎮祭といった御巫内人奉仕の遷宮祭の旧儀慣例や供物等を考証して、その復興を成し遂げたことが挙げられるが、とりわけ本義が失われて久しかった木本祭を古儀に復して斎行したこと（『造宮祭物沿革考』〈『神宮神事考證』中篇所収〉）、及び遷御の儀における鶏鳴所役の作法を古儀に戻して勤仕したことは特筆されよう。続く明治二年（一八六九）の式年遷宮では、皇大神宮・豊受大神宮両大宮院整備のため室町後期より廃絶していた外玉垣及び板垣（荒垣）の考証を一手に担い、その概観図（『御再興御垣二重附蕃垣之圖』〈『神宮神事考證』補遺下所収〉）を作成し、この図に基づいて二重の御垣が両宮において再興される運びとなったこと等が指摘できる。

本図は神儀が東の御敷地にある旧外玉垣南御門を出て西の御敷地の新正宮へ向かう遷御の御列を描くという構図となっているが、この構図は一勇齋國芳の筆になる錦絵『伊勢太神宮遷御之圖』（神宮文庫所蔵、第一門

図７『伊勢太神宮遷御之圖』（一勇齋國芳画・神宮文庫所蔵）

五四五七号『遷宮温故帖』の内）（図７）と同じ構図が採られているといえよう。この構図を清直が採用したのは、國芳の『伊勢太神宮遷御之圖』に準拠したというより、先述の清直の式年遷宮における古儀復興の事歴及びその奉仕体験によるところが、大きく左右しているものと思われる。なぜならば旧御巫内人の所役であった鶏鳴所役を皇大神宮で奉仕した明治二十二年度式年遷宮は東の御敷地より西の御敷地への遷御であったし（清直は生涯に嘉永二年度と明治二十二年度の二度の遷御に奉仕しているが、嘉永二年度も東から西への遷御であった）、また旧外玉垣・荒垣は明治二年度式年遷宮で清直の考証のもと再興されたものであったこと等を鑑みれば、自ずと理解できるのではないだろうか。因みに本図では『皇大神宮神嘗祭舊式祭典圖（奉幣之儀）』と同じく大宮院に中重鳥居はなく、八重榊及び八重畳が玉串御門軒下左右に位置しているのは、遷御の儀における中重行事のはじめに執行される大宮司・禰宜・宇治大内人奉納の太玉串が、即ち八重榊となることを清直は意図したものと思われる。

本図成立以前に遷御の儀が画題として採り上げられ、

図８『豊受大神宮遷御之圖』（神宮文庫所蔵）

詳細を極めて描画されたものとしては、寛政元年の豊受大神宮遷宮の様を岩出末純が描いた『豊受大神宮寛政御遷宮繪巻』中の「御遷幸神寶移之躰」や、同じく遷御の様が描かれた作者不詳の『豊受大神宮遷御之圖』一巻（図８）があり、また明治二年の両宮遷御の模様を喜多村豊景が描いた『両宮遷御之圖』二巻が、遷御絵巻の白眉であり、明治天皇の天覧にも浴したといわれる（四巻とも『神宮遷宮記』第七巻圖録篇所収）。また錦絵としては先の『伊勢太神宮遷御之圖』や玉蘭齋貞秀画『伊勢御遷宮之圖』（図９）『伊勢太神御遷宮圖』（図10）の二図（神宮文庫所蔵、第一門五四五七号『遷宮温故帖』の内）等を挙げることができる。尚、本図成立以後のものとしては、『大神宮故事類纂』附録の江戸期の式年遷宮を主題として松木美彦・福井清生が考証し、小西左文が描画した『兩宮遷宮舊式祭典圖』皇大神宮・豊受大神宮各五巻所収の「遷御内院圖」（玉蘭齋貞秀画『伊勢太神御遷宮圖』の構図に類似）「遷御新殿渡御圖」があり、また昭和四年度（一九二九）の模様を描写した高取稚成の『昭和四年度御遷宮繪巻』全十二巻の内『遷御』一巻（神宮徴古館所蔵、三一九九号）等の存在が認められる。

以上の図との比較において見えてくる本図の特徴として、その主な類似点としては御列で捧持される御装束神宝の多くは本来錦御袋等に入れられ露出して捧持されることはないが、その形状と御列における位置とを理解しやすくすべく、『豊受大神宮寛政御遷宮繪巻』をはじめほとんどの絵巻において採られた手法である御装束神宝を露出して捧持する状態で、御列を描いていることが本図でも見受けられる。またその主な相違点としては本図で取り扱われた遷御の時代設定が一番古いこともあって、それに伴い皇大神宮大宮院の御垣の形状や中重鳥居の有無等に変更があり、御列の列次で捧持される御装束神宝の形状や種類、数量やその配置（特に御鎊鞆）、或いは奉仕者の装束（特に権禰宜の明衣）にも違いがある。全体を通して、本図は清直の遷御の御列における古儀を可能な限り追求した考証の成果が遺憾なく反映されているところに、他の図とは一線を画した重要な点が存するといえよう。

図９『伊勢御遷宮之圖』（玉蘭斎貞秀画・神宮文庫所蔵）

図 10『伊勢太神御遷宮圖』（玉蘭斎貞秀画・神宮文庫所蔵）

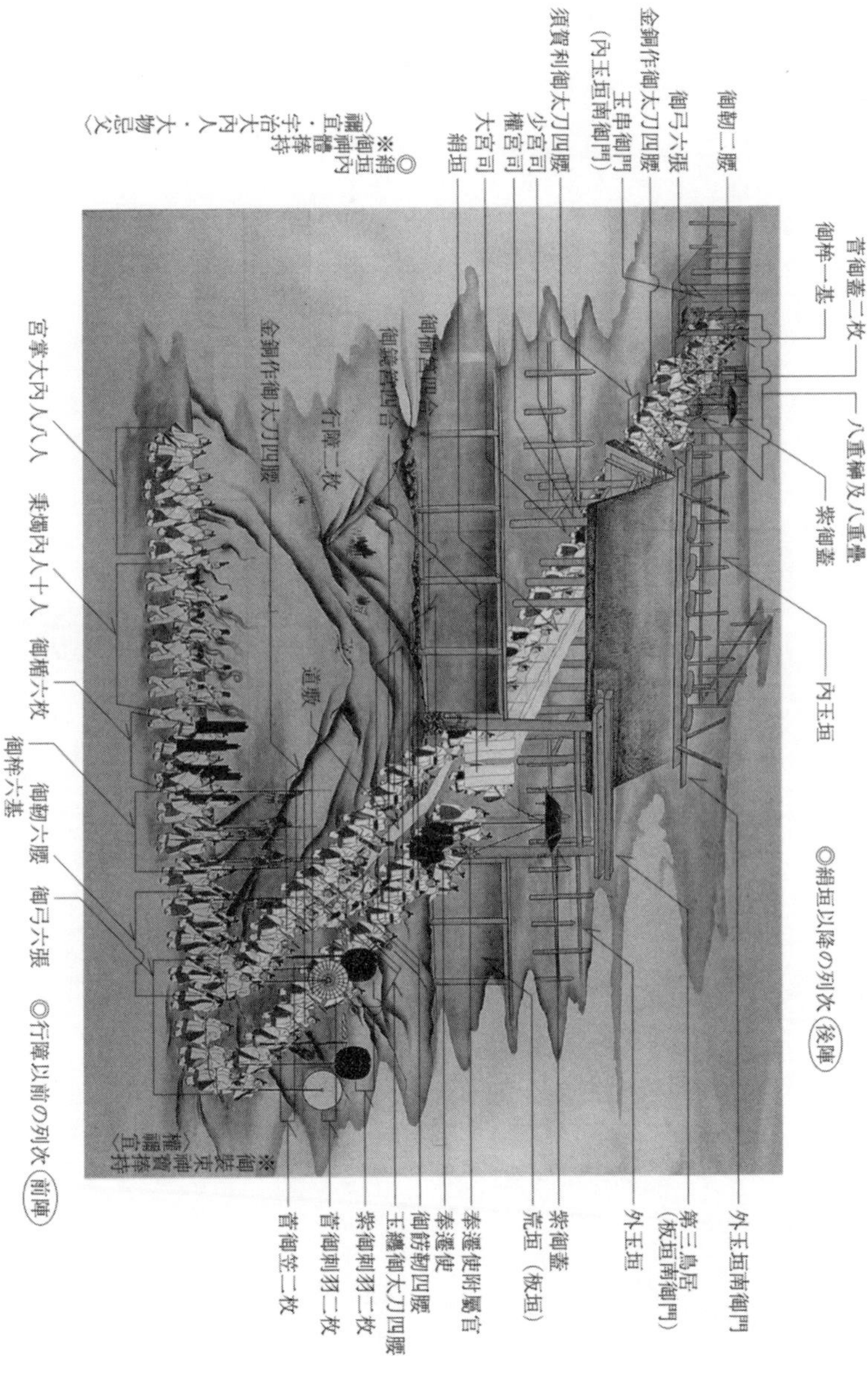

図 11　本図構成人員並びに御神宝・取物・祭祀施設等の図（神宮徴古館所蔵）

あとがき

私が本格的に神道を奉じることを決意してから早三十余年の歳月が経過しようとしている。そもそも斯の道に踏み入ることとなったきっかけは、偏に父母の篤い敬神の念のもとに育った家庭環境にあったことは間違いない。日々の神棚祭祀をはじめ事あるごとに神社参詣へと父母が誘ってくれたことを今も思い出す。そして神道宗教の提唱者である折口信夫が教鞭をとっていたことのある大阪府立今宮高校三年生の時に鎌田純一先生に師事すべく皇學館大学文学部国史学科に進学、入学当初より大学院までの計六年間にわたって鎌田先生より専ら中世伊勢神道のご指導を受け、また皇室と神宮を護持する学問について懇篤なるご教示を賜った。併せて在学中には神宮の礎を築かれ「みまつり神」と讃えられる倭姫命さまを祀る皇大神宮別宮倭姫宮には雨の日も風の日も欠かさず日参を続けた。その時宮中歌会始入選の栄に浴された同宮勤務の谷分道長先輩には大変お世話になった。それから西川順土先生からは神宮に奉職が決まった際に「働き出してからは勉強が出来る時もあれば出来ない時もある。しかし生涯にわたって学問は絶対捨ててはならず倦まず怠らず小さなものでもコツコツあてて研鑽していきなさい。そしたらいずれは志した学問の大樹が伐れているよ」「学問的水準が非常に昂揚した近世神道学者の視点を通して日本古代の信仰や神道の本質、或いは祭祀の核心に迫る研究をし、それも実践で役立つ研究を常に心懸けるように」とのはなむけのお言葉を頂戴し、以後、私の神宮学研究における大きな指針となっている。

奉職後は神宮の奉護と両先生の学恩に報いるべく公務の余暇を利用して、先ずは御巫清直の研究をライフワークにすることを決め、続いて中川経雅と彼に繋がる神宮祠官たちの研究を志向して、紆余曲折はあったものの何とかコツコツと研究に取り組んでは拙い論文を執筆し、元皇學館大学神道研究所の牟禮仁先生のご助力を得て同研究所紀要を中心にこれまで発表してきた。今般図らずも皇學館大学教授櫻井治男先生と神宮参事杉谷正雄氏のご推薦を賜って神道文化会の叢書の一つとして出版していただく絶好の機会に恵まれることとなった。これも偏に大御神さまの恩頼をはじめ、元神宮禰宜で神社本庁総長も務められた櫻井勝之進先生や國學院大學教授の中西正幸先生等の諸先生方、また元神宮禰宜の古川真澄氏・森口彊氏・神原佑司氏、或いは神宮禰宜の河合真如氏等から学問に裏付けされた神明奉仕の大切さと実際の祭典を通じて斎庭から得る体感や感性の重要性を訓育していただけた諸先輩方のお蔭であるとただただ感謝している。

本書の刊行にあたり、史料提供をいただいた神宮文庫並びに神宮徴古館はもとより神宮禰宜の齊藤郁雄氏、神社本庁主事の浅山雅司氏と同嘱託の阪本和子女史には深いご理解とご支援を頂戴した。またかつて神宮学の研鑽に共に励んだ元神宮権禰宜・呼子八幡神社宮司の八幡崇経学兄と神宮主事の三輪和平氏・音羽悟氏、神宮主事補の窪寺恭秀氏の学友たちからは貴重なご意見や数多くのご助言をいただいた。とりわけ神社本庁録事の岡市仁志氏と弘文堂編集部の三徳洋一氏には編集作業に並々ならぬお力添えとご協力を賜り感謝に堪えない次第である。ここに厚く御礼申し上げる。

尚、本書は亡父稔・母秋美と妻美穂・長女千絢・長男虎太朗の我が家族たち、そして何かと公私にわたりお世話になっている御巫家ご当主の清和氏はじめ清美・とし子ご夫妻等清直の子孫の方々に捧げたく思うと共に、母校皇學館大学に提出する博士学位申請論文であることを申し添えておきたい。

平成二十八年五月二十三日

吉川竜実

初出一覧

第一編　「近世神宮考証学成立の過程—神宮古典系譜図について—（総論）」（『皇學館大学神道研究所紀要』二十九輯所収「平成二十三年度皇學館大学神道研究所公開学術シンポジウム—神宮祠官の学問—」総説、平成二十五年三月）

第二編　中川経雅の儀式研究
第一章　「経雅の『大神宮儀式解』執筆」（皇學館大学創立百三十周年・再興五十周年記念『荒木田経雅著作撰集』、平成二十七年五月）
第二章　「経雅著『慈裔真語』について」（『皇學館大学神道研究所紀要』二十四輯、平成二十年三月）

第三編　御巫清直の神宮古伝研究
第一章　「清直の神宮観—神朝廷論を中心として—」（『明治聖徳記念学会紀要』復刊八号、平成五年七月）
第二章　「清直著『神朝尚史』の研究」新稿

第三章　「神宮常典御饌考―清直著『御饌殿事類鈔』を通して―」（『神道宗教』百七十一・百七十二号、平成十年六月・同年九月及び『皇學館論叢』三十五巻六号、平成九年十二月）

補　論「御巫清直考証神宮神事絵画について」（大神宮叢書『神宮神事図録』解題、平成二十四年十二月）

※既発表論文においては重複を削ると共に補筆・訂正を施した箇所が少なくないことを申し添える

マ行

ヤ行

ワ

タ行

ナ行

ハ行

人名索引

ア行

カ行

サ行

吉川竜実（よしかわ・たつみ）

昭和39年、大阪府生まれ
平成元年、皇學館大学大学院文学研究科国史学専攻修士課程修了
現在、神宮権禰宜、神宮司庁祭儀部儀式課長兼考証課長・神宝装束課長兼教学課主任研究員、皇學館大学非常勤講師
〔単著〕
『遷宮物語—江戸時代の遷宮啓蒙誌を読む—』（伊勢神宮崇敬会叢書16、伊勢神宮崇敬会、平成24年）
〔共著〕
『わかりやすい神道の歴史』（神社本庁、平成17年）
『伊勢神宮—悠久の歴史と祭り—』（別冊太陽208、平凡社、平成25年）
〔共編〕
『神宮遷宮記』第5巻（国書刊行会、平成7年）
『神宮史年表』（戎光祥出版、平成17年）
『神宮神事考證』補遺上・下（大神宮叢書、吉川弘文館、平成22年・23年）
『神宮神事図録』（大神宮叢書、吉川弘文館、平成24年）
『二宮叢典』後篇（大神宮叢書、吉川弘文館、平成26年）
『御巫清直未公刊資料集—神宮神事考證拾遺—』（神道資料叢刊5、皇學館大学神道研究所、平成８年）
『薗田守宣未公刊資料集』（神道資料叢刊12、皇學館大学神道研究所、平成23年）
『荒木田経雅著作撰集』（学校法人皇學館、平成27年）
〔主要論文〕
「中臣祓訓解と法華経」（『皇學館論叢』21巻１号、昭和63年）
「明治天皇の伊勢行幸—明治二年の御参拝次第を中心として—」（『明治聖徳記念学会紀要』復刊21号、平成９年）
「菊屋末偶著『寛政遷宮物語』考」（『皇學館大学神道研究所紀要』22輯、平成18年）
「益谷末寿著『みつかひ御詣記』考」（『皇學大学神道研究所紀要』26輯、平成22年）
「神宮式年遷宮遷御儀について—中川経雅の皇大神宮遷御儀研究を通して—」（『皇學館大学神道研究所紀要』28輯、平成24年）
〔受賞〕
平成11年1月　第１回神宮大宮司学術奨励賞

千古の流れ——近世神宮考証学——

2016（平成28）年６月30日　初版１刷発行

著　者　吉川 竜実
発行者　鯉渕 友南
発行所　株式会社 弘文堂　101-0062 東京都千代田区神田駿河台１の７
TEL03(3294)4801　振替00120-6-53909
http://www.koubundou.co.jp

装　丁　松村大輔
印　刷　大盛印刷
製　本　井上製本所

ISBN978-4-335-16083-7